石　龙　区

中心文化广场

PING DING SHAN YEAR BOOK

平顶山年鉴

（2005）

平顶山市人民政府主办
平顶山市地方史志办公室编

领导活动

省委书记徐光春（中）在市委书记邓永俭（右一）、市长赵顷霖（右二）的陪同下到神马集团视察

李志勇 摄

领导活动

省长李成玉（中）在市委书记邓永俭（右一）、市长赵顷霖（左二）的陪同下到汝州视察民营企业

李志勇 摄

省长李成玉（中）在市委书记邓永俭（左一）、市长赵顷霖（右二）的陪同下在舞钢公司视察

李志勇 摄

副省长李新民(左四)在市委书记邓永俭(左三)、市长赵顷霖（右三）的陪同下到新城区调研

李志勇 摄

领导活动

全国人大副委员长许嘉璐（左二）在市委书记邓永俭（前右二）的陪同下在平煤集团二矿视察

李志勇 摄

省委副书记王全书（左一）在市长赵顷霖（左三）的陪同下深入抗洪第一线，并接见解放军官兵

李志勇 摄

市委书记邓永俭（中）、市长赵顷霖（左三）率领各县（市）区负责同志到基层视察

李志勇　摄

2004年11月29日，市长王照平（左三）在朝川矿检查指导工作

李志勇 摄

市长赵顷霖看望儿童

李志勇 摄

丰 富 多 彩 的 文 化 活 动

李志勇 摄

发 展 建 设

开发建设新城区是平顶山市委、市政府的重大战略决策，是“实施二次创业，打造经济强市”、建设新型能源和工业城市、率先实现全面建设小康社会目标的重大举措，也是我市“建设大城市，发展大工业”的“龙头工程”。

新城区发展前景广阔，一期建设规划25平方公里，容纳城市人口25万左右；二期达到50平方公里，容纳城市人口50万左右；远期框架按100平方公里控制。2005年，争取30家以上单位入驻，院校、文化事业形成气候，宾馆、旅游业开始启动，房地产、部分产业开工建设，居住人口达到3万至5万人；到2008年起步区10平方公里全部建成，形成10万至12万人的规模；到2012年，完成25平方公里的土地开发量，聚集人口20万至25万人，湖滨生态园林城市初具规模。

新城区地理位置优越，南临白龟山水库，北依香山，铁路主干线、高速公路在北面穿过。新城区的规划引入生态城市、共生城市、新陈代谢城市等先进理念，体现“以人为本”和改善人居环境的意愿。新城区的决策和建设者们，将通过制定土地利用、房地产开发、亲商服务、广揽人才等一系列优惠政策，打造一流的投资环境，实现最大的投资回报。不久的将来，一个环境优美、独具特色、装扮靓丽的山水园林新城必将屹立在中原大地。

中的新城区

2005年5月25日，省委书记徐光春(前左二)在市委书记邓永俭(前左一)、副书记赵琛(后右一)、市委常委、统战部长汤宗领(后左一)的陪同下在新城区察看基础设施建设情况

舞　钢　市

中共舞钢市委书记　祝义方

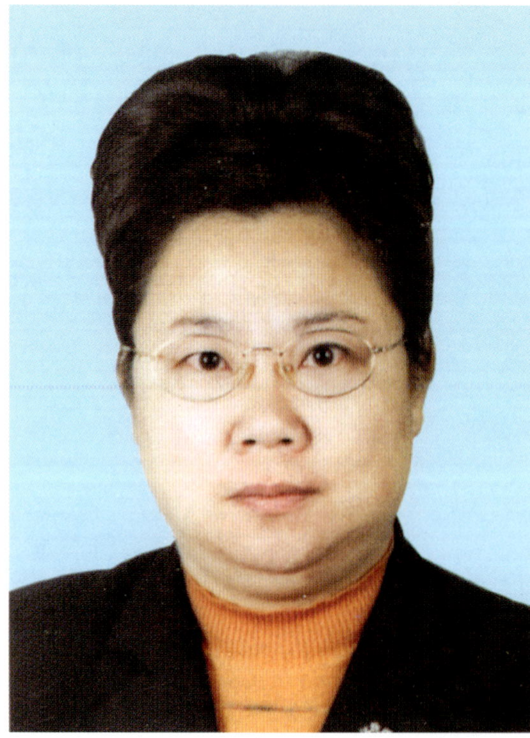

舞钢市人民政府市长　于　玲

依山傍水的寺坡居民区

天池飞泉抛珠溅玉

虎头山爱国主义教育基地

省级文明企业——邯钢集团舞钢公司

黄牛育肥场

汝 州 市

中共汝州市委书记 吴孟铎

汝州市人民政府市长 李全胜

省长李成玉（左一）在汝州市视察

市区鸟瞰

汝州市委办公楼

汝州市安居苑小区

汝州市风穴寺全景

汝州市汝南工业园区

叶　　县

中共叶县县委书记　张朝昱

叶县人民政府县长　闫廷瑞

叶县是平顶山市近郊县，总面积1387平方公里，总人口86万。2004年完成国内生产总值46.36亿元，财政收入1.0726亿元，城镇居民人均可支配收入4390元，农民人均纯收入2240元。

矿产资源丰富，以岩盐、煤、铁为主，其中岩盐储量2300亿吨，是全国第二大内陆盐田，品位居全国第一。旅游资源有较大的开发潜力。县衙是全国保存较好的3个县级官署衙门之一，也是唯一的明代县衙；叶县是海内外叶姓华人的祖地，叶公陵园每年吸引大量叶公后裔回祖地祭祖观光；春秋编钟、金代文庙、黄庭坚《幽兰赋》碑文等有较高的历史文化价值。

第二届世界叶氏联谊会、燕山水库开工仪式、“叶公好龙”邮票首发式等活动，扩大了招商规模和渠道。2004年合同利用外资16.8亿元，实际到位资金6.1亿元，初步形成制盐与盐化工、清真牛羊肉加工、皮鞋、三轮摩托车、粮食深加工、机械零部件加工6大主导产业。

农业总产值23.16亿元，居全市第一，其中畜牧业产值占农业总产值50%以上，成为“全国肉类百强县”和河南省10个畜牧大县之一。外出务工人员10.8万人，务工收入达5.4亿元。

燕山水库开工仪式

省委副书记支树平（右二）在市委书记邓永俭（左一）的陪同下在叶县抗洪抢险第一线指挥抢险

第二届世界叶氏联谊会开幕式

叶公邮票首发仪式

宝 丰 县

中共宝丰县委书记　王小平

宝丰县人民政府县长　严寄音

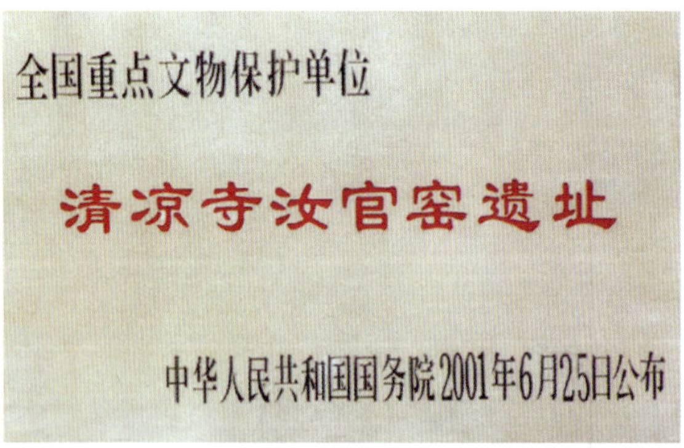

新世纪广场夜景

诺贝尔奖获得者崔琦教授事迹展览馆

裕宝源药业有限公司

宝丰洁石建材有限公司

源源乳业有限公司

宝丰马街书会

鲁　山　县

中共鲁山县委书记　刘全新

鲁山县人民政府县长　贺国营

鲁山县位于河南省中西部，伏牛山东麓。北依洛阳，南临南阳，东接平顶山。鲁山县交通便利，311、207国道横贯东西，焦枝铁路纵穿南北。鲁山县矿产资源丰富。已探明有7大类41种，分布212处，其中，原煤年产量百万吨以上。境内水、电资源充足。鲁山县历史悠久，古称鲁阳。夏代为尧之裔孙刘累邑。汉置鲁阳县，唐始名鲁山，现属河南省平顶山市。鲁山县古今人才辈出。夏朝的刘累是世界刘姓的始祖；春秋战国时伟大的思想家墨子、唐代文学家元结、宋代抗金名将牛皋都出生于此。鲁山县自然资源得天独厚。野生植物有1400多种，列入国家保护的80余种，野生动物1100多种，列入国家保护的有10余种。

畅销全国的瀼河雨搭

石人山姊妹峰巍然峻拔

六羊山清秀典雅瀑布连环

境内的石人山名胜自然保护区，是一个天然公园。景区总面积268平方公里。风景区内保存着大片的原始森林。秀峰怪石、山花云海、古木奇松、飞瀑溪流、秋林红叶构成了石人山独具魅力的自然景观。目前，石人山风景区、昭平湖游览区、温泉疗养区、亚洲最大的航空展览馆、秘洞山庄、文殊寺、神牛大峡谷、画眉谷、六羊川、龙潭峡、十八垛等，已形成集旅游、观光、度假、疗养、探险、娱乐为一体的完备的旅游体系。

神牛谷万紫千红百花争艳

文殊寺银杏树苍老遒劲

湛 河 区

中共湛河区委书记　李丰海

湛河区人民政府区长　丁林平

湛河区位于市区南半部，辖区总面积123.5平方公里，总人口24.5万人，其中农业人口10万人。

2004年，湛河区规模以上工业实现总产值116427万元，增长22.4%，实现利税11316万元，增长83.8%，工业经济综合效益指数达到130.1%，位居全市前列。实现全社会固定资产投资43687万元，增长94%，新上百万元以上项目60个。全区生产总值116529万元，比2003年增长18.9%，实现财政收入9584万元，增长37.7%，农民人均纯收入达到3226元，增长10.8%，在岗职工平均工资达到10613元，增长7.5%。实现社会消费品零售总额58389万元，增长14.7%。新增非公有制企业41家，新增商户803户，全区非公有制经济单位达5590家。

农业结构调整全市领先。2004年，新发展高效农业面积3500亩，蔬菜面积达18500亩，粮经比例调整为55：45；奶牛饲养总数达3000头，成为三鹿花花牛集团的供奶基地。建成了10多个较大规模的基地和10多个专业村，初步形成了龙头企业带基地、专业基地带农户的产业化经营新格局。

近年来，湛河区人口和计划生育工作连年夺得省级先进，科技工作荣获“全国科技进步先进区”称号，农业产业化工作获河南省农业结构调整先进单位及农业产业化经营工作先进集体。

三和热电厂

沁园社区

行政服务大厅

天润良种乳牛繁育中心

蔬菜大棚

平顶山市地方

市委常委、常务副市长吕彩霞修改地方志工作报告

平顶山市史志事业起步于1982年。1994年首部《平顶山市志》出版，到1996年底，所辖县（市）区志书全部出版，提前2年完成省定目标。1999年出版《平顶山市志》（续志），是全省二轮修志中首部出版的地市级志书。2002年底，《郏县志》（续志）正式出版，成为二轮修志中全省首家出版的县级志书。《平顶山年鉴》1999年创刊，至今已出版7部。此外，还出版了20余部部门志、企业志。已出版的各类志书、年鉴总体质量较高，《平顶山市志》获河南省优秀史志成果一等奖，《宝丰县志》、《舞钢市志》分获全国优秀志书二等奖和三等奖，《平顶山矿务局志》获全国企业史志最高奖——金龙奖。2002年以来，《平顶山年鉴》（2001—2003）均获全省史志（年鉴）优秀成果二等奖；《平顶山年鉴》（2004）获首届中国地方志年鉴奖优秀奖，并被中国版协年鉴研究会授予“中国年鉴资源全文数据库核心年鉴”称号。2005年7月，平顶山市地方史志办公室被评为全国史志先进集体。

平顶山市史志办把史志工作融入全市“实施二次创业，打造经济强市”及构建和谐社会，早日实现小康目标的宏伟事业中，在招商引资、经贸洽谈、重大工程建设、对外宣传等方面发挥了积极作用，受到党政领导的高度重视和大力支持。全市史志工作者正以饱满的热情，与时俱进，开拓创新，为圆满完成全市二轮修志任务，进一步为“三个文明”建设服务而奋发努力。

市委常委、常务副市长吕彩霞（左）与市地方史志办公室主任杨炜在研讨史志工作

史志办公室

市政协原主席、市地方史志编委会顾问赵玉亭在续志工作督查会议上

市政协原主席、市地方史志编委会顾问赵玉亭（中）与市地方史志办公室领导班子成员一起研究史志工作

市史志办领导成员与参加“评先”会议的县（市）区史志办主任合影

平顶山市城市信用社

办公大楼

市城市信用社2001年11月22日重组开业以来，充分发挥体制新、机制活的优势，不断健全完善公司治理和法人治理，坚持“立足地方、服务城市、服务企业、服务市民”的经营理念，以经济效益为中心，以业务创新为突破口，深化机构、人事和薪酬制度改革，推行目标管理，实施绩效考核。截止2004年末，市城市信用社资产总额238065万元，各项存款220007万元，各项贷款153220万元，分别比重组时增长了2.6倍、2.7倍和3.2倍，实现利润1456万元。

宽敞明亮的营业大厅

平顶山市史志(年鉴)编纂委员会名单

主　　任　赵顷霖(市委副书记、市政府市长)
副 主 任　吕彩霞(市委常委、市政府副市长)
　　　　　邢文杰(市委常委、市委秘书长)
　　　　　杨生华(市委常委、平顶山军分区政委)
　　　　　贾廷寅(市人大副主任)
　　　　　贾　汉(市政协副主席)
顾　　问　赵玉亭(原市政协主席)
委　　员　王保华(市政府秘书长)
　　　　　李建生(市委常务副秘书长)
　　　　　白进忠(市纪委常务副书记)
　　　　　黄林森(市委组织部副部长)
　　　　　肖元欣(市委宣传部常务副部长)
　　　　　李昆武(市人大教科文卫委主任)
　　　　　闻伴功(市政协学习文史委主任)
　　　　　杨　炜(市史志办主任)
　　　　　晏树斌(市发改委主任)
　　　　　何照伟(市教育局局长)
　　　　　王松涛(市科技局局长)
　　　　　张坤子(市财政局局长)
　　　　　高永华(市建委主任兼新城区工委副书记、管委会常务副主任)
　　　　　陈聚山(市统计局局长)
　　　　　牛宪政(市档案局局长)
　　　　　宋新华(市史志办副主任)
　　　　　师万里(市史志办副主任)
　　　　　甘枝梅(市史志办副主任)

《平顶山年鉴》编辑工作人员

（2005）

主　　编　杨　炜

执行主编　宋新华

副 主 编　师万里　甘枝梅

执行副主编　朱富才　尹　涛　关宏毅

编　　辑　（以姓氏笔划为序）

王亚红　尹　涛　冯春梅　关宏毅

朱富才　张　杰　张　征　张晓丽

赵桂荣　姬廷宣　盛　刚　翟红果

工作人员　孙凤君　杨　建

编辑说明

一、《平顶山年鉴》是一部由中共平顶山市委领导、平顶山市人民政府主办、市地方史志办公室组织编辑出版的大型资料性工具书。对国内外公开发行。

二、《平顶山年鉴》以马克思主义、毛泽东思想、邓小平理论和江泽民“三个代表”重要思想为指导，全面、系统、准确地记载平顶山市社会进步和经济发展的基本情况，总结经验教训，为各级领导决策提供借鉴，为平顶山市的全面振兴服务。

三、《平顶山年鉴》1999年首卷出版发行，每年出版一卷，逐年排列卷次。本卷为第七卷，时间起止于2004年1月1日至12月31日。

四、本卷设26个类目。依次是：特载、大事记、概况、人物、政治、军事、政法、工业、农业、交通、信息产业、城建环保、贸易、非公有制经济、旅游业、财税金融保险、经济管理与监督、科学、教育、文艺新闻媒体、卫生体育、社会生活、县(市)区概况、县(市)区经济发展论坛、附录、单位和个人选介。为便于读者检索，卷首设目录，卷末附索引。

五、本卷记述的组织、机构、会议及政治和专业性术语，首次出现时用全称，之后用简称，如“中共平顶山市委员会”简称“市委”、“平顶山市人民代表大会常务委员会”简称“市人大常委会”等。

六、本卷内容由市直各单位、各县(市)区及驻平各单位的特约撰稿人提供，并经领导审核入鉴。个别条目、资料源于《平顶山日报》。主要数据以统计局资料为准，部分以业务部门提供的数字为准，计量单位、标点符号的使用以国家规定为准。

七、撰稿人姓名署在条目之后，不再单列本卷撰稿人员名单。

鹰城便览

单　位	总人口(万)	农业人口(万)	辖　镇	辖　乡	辖街道办事处
汝州市	94	83.2	4	11	5
舞钢市	31.67	20.2	3	5	4
宝丰县	48.18	39.33	8	5	1
郏　县	56.82	52.11	6	8	
鲁山县	83.87	73.06	6	14	
叶　县	85.69	78.27	5	13	
卫东区	28.11	3.15		1	10
新华区	34.69	5.55	2		8
湛河区	24.13	11.46	1	1	6
石龙区	5.45	2.34			4

单　位	总面积(平方公里)	耕地面积(公顷)	人均耕地面积(公顷)
汝州市	1573	57362	0.07
舞钢市	645.67	20100	0.1
宝丰县	722	41846	0.11
郏　县	737	46441	0.089
鲁山县	2407	47340	0.065
叶　县	1387	80000	0.1
卫东区	126.5	1956	0.062
新华区	152	3540	0.064
湛河区	123.5	4466.7	0.039
石龙区	37.97	970	0.041

(上述统计以各县〈市〉区所报为据)

经济指标

全市2004年国内生产总值470.7亿元，按可比价格计算(下同)，比上年增长15.6%。

第一产业增加值60.9亿元，增长9%。

第二产业增加值273.4亿元，增长18.9%。

第三产业增加值136.3亿元，增长12.9%。

人均国内生产总值9616元，比上年增长15%。

全市人均GDP突破1000美元。

市场物价

2004年全市居民消费价格总水平比上年涨5.3%，其中食品类价格上涨13.4%，居住类价格上涨5.8%，医疗保健和个人用品类价格下降0.1%，烟酒及用品类价格上涨7%，衣着类价格下降1.3%，交通和通信类价格下降0.3%，商品零售价格总水平上涨4.5%。

人民生活

2004年全市城镇居民人均可支配收入7631元，比上年增长14%，扣除物价上涨因素实际增长8.3%；人均消费性支出5392元，增长6.9%。

全市在岗职工平均工资12089元，增长16.6%，扣除物价上涨因素实际增长10.7%。

农民人均纯收入2369元，增长13.5%，扣除物价上涨因素实际增长7.8%；农民人均现金收入2682元，增长16.6%。

城镇居民每百户拥有彩电117台，冰箱89台，空调器105台，移动电话112.6部，家用电脑26.9台，洗衣机100台。

农民每百户拥有彩电68台，冰箱20台，空调器7台，洗衣机52台。

科　　学

2004年末全市拥有各类专业技术人员6.6万人。申请专利150项，审批119项。

获市级以上科技成果177项，其中省级科技进步奖13项。

全市共认定技术合同646件，技术合同交易额1300万元。

教　育

2004年末全市各级各类学校总数3779所，在校生100万人。其中普通高等学校4所，在校生26854人；中等专业学校8所，在校生1.4万人；普通中学307所，在校生33.9万人。

学龄儿童入学率100%，小学、初中、高中升学率分别为82.3%、39.2%和68.4%。

全市高招录取人数19129人，录取率达66.8%，比上年提高7.4个百分点。

环境状况

2004年环境空气质量优良天数为196天，优良天数率为53.6%，比上年增长0.7%。

全年没有出现酸雨。

全市地表水饮用水水质较好，水质级别属于优良。地下水水质较好，水质级别为良好。

全市河流水质由优到差依次为：沙河、澧河、滚河、入库河流（澎河、大浪河、应河）、北汝河、湛河。

全市水库水质：昭平台水库水质为Ⅰ类，孤石滩水库、白龟山水库、石漫滩水库为Ⅱ类。

2004年全市平均等效声级为53分贝，比去年下降0.3分贝，质量级别为较好。

气象记录

2004年全市年平均气温15.2～15.8℃，与常年平均值相比显著偏高0.6～1.1℃。

年极端最低气温为－10.4℃；年极端最高气温为40.4℃。

全市年降水量为612～1287mm，较常年同期除叶县、舞钢偏多3～4成外，其它县（市）正常。

全市年总日照时数为1868～2378小时，较常年平均值相比属正常。

维生素C的功与过

维C可防被动吸烟之害　非吸烟者每天服用500毫克维生素C，可以降低并预防被动吸烟所带来的各种健康危害，同时还可避免被动吸烟造成的氧化性损害。

维C过量有害　维生素C是营养素，但每天摄入量超过8克就会有害，症状包括：恶心，腹部痉挛，腹泻，铁的过量吸收，红血球破坏，骨骼矿物质代谢增强，妨碍抗凝剂的治疗，血浆胆固醇升高，并可能对大剂量维生素C形成依赖。

海鲜＋维C＝砒霜　虾等软壳类食物含有大量浓度较高的五钾砷化合物。这种物质食入体内，本身对人体无毒害作用，但在服用“维生素C”之后，由于化学作用，使原来无毒的砷酸酐转变为有毒的亚砷酸酐，这就是人们俗称的砒霜！（《科技日报》11.18）

平顶山站旅客列车到发时刻表

车　次	区　间	平顶山到发	车　次	区　间	平顶山到发
K206	成都—青岛	12:15—12:25	k205	青岛—成都	8:48—8:58
K240	太原—广州东	11:36—11:40	k239	广州东—太原	18:04—18:08
K280	十堰—北京西	0:22—0:30	k279	北京西—十堰	6:53—6:59
K262	汉中—北京西	9:27—9:33	k261	北京西—汉中	20:50—20:53
1514	宜昌—无锡	19:10—19:18	1513	无锡—宜昌	6:26—6:29
2204	西安—南昌	1:07—1:10	2203	南昌—西安	5:42—5:52
2222	重庆—郑州	13:08—13:10	2221	郑州—重庆	14:54—14:58

世卫组织发布十种垃圾食品

油炸类食品　1.导致心血管疾病的元凶(油炸淀粉);2.含致癌物质;3.破坏维生素,使蛋白质变性。

腌制类食品　1.导致高血压、肾负担过重,导致鼻咽癌;2.影响黏膜系统(对肠胃有害);3.易得溃疡和发炎。

加工类肉食品　(肉干、肉松、香肠等)1.含三大致癌物质之一:亚硝酸盐;2.含大量防腐剂(加重肝脏负担)。

饼干类食品　(不含低温烘烤和全麦饼干)1.食用香精和色素过多(对肝脏功能造成负担);2.严重破坏维生素;3.热量过多,营养成分低。

汽水可乐类食品　1.含磷酸、碳酸,会带走体内大量的钙;2.含糖量过高,喝后有饱胀感,影响正餐。

方便类食品　(主要指方便面和膨化食品)1.盐分过高,含防腐剂、香精(损肝);2.只有热量,没有营养。

罐头类食品　(包括鱼肉类和水果类)1.破坏维生素;2.热量过多,营养成分低。

话梅蜜饯类食品　(果脯)1.含亚硝酸盐;2.盐分过高,含防腐剂、香精(损肝)。

冷冻甜品类食品　(冰淇淋、冰棒和各种雪糕)1.含奶油极易引起肥胖;2.含糖量过高,影响正餐。

烧烤类食品　1.含大量"三苯四丙吡"(三大致癌物质之首);2.导致蛋白质炭化变性(加重肾脏、肝脏负担)。

(《北京晚报》4.22)

目　录

特　载

大事记

概　况

自然环境

历史沿革

行政区划

人　口

民　族

宗　教

组织机构

人　物

党政军领导

鹰城人在外地

英雄模范

政　治

中共平顶山市委

纪检　监察

市人民代表大会

市人民政府

政协平顶山市委员会

民主党派

民革平顶山市委

社会团体

市总工会

军　事

地方军事

武装警察

人防建设

政　法

综　述

审　判

典型案例

检　察

公　安

重大案件

司法行政

仲　裁

工　业

煤炭工业

电力工业

冶金工业

纺织工业

食品工业

农　业

综　述

种植业

林　业

水　利

农机管理

蔬　菜

畜牧业

农业综合开发

烟　草

交　通

公路建设与管理

城市公共交通

铁路运输

信息产业

邮　　政

通　　信

移动通信

城建　环保

城市建设与管理

新城区建设

公用事业

环境保护

房地产业

贸　　易

商　　业

粮油购销

供销合作事业

物资流通

石　　油

非公有制经济

综　　述

利用外资

个体工商户

明星民营企业

旅　游　业

综　　述

旅游景点

旅行社简介

财税　金融　保险

财　　政

经济管理与监督

综 述

统 计

审 计

国有资产管理

工商行政管理

物价管理

质量技术监督

国土资源管理

安全生产管理

食品药品监督

盐业管理

科　　学

综　　述

科学普及

社会科学

农业科研

高新技术

气　　象

广播电视

图书馆

档案事业

史志编纂

党史研究

卫生　体育

卫　生

体　育

社会生活

人口与计划生育

劳动保障

人民生活

社会事务管理

消费者权益保护

县(市)区概况

汝州市

舞钢市

宝丰县

郏 县

鲁山县

叶 县

卫东区

新华区

湛河区

石龙区

县(市)区经济发展论坛

附 录

单位和个人选介

单位选介

个人选介

特　　载

政　府　工　作　报　告

——2005年2月26日在市八届人大二次会议上

市　长　王照平

各位代表：

现在，我代表市人民政府，向大会作政府工作报告，请予审议，并请各位政协委员提出意见。

一、2004年工作回顾

2004年是我市"实施二次创业、打造经济强市"，全面建设小康社会的第一年。一年来，市人民政府在省委、省政府和市委的正确领导下，团结带领全市人民，抢抓机遇，加快发展，圆满完成了市八届人大一次会议确定的各项任务。

——经济总量跃上新台阶。初步核算，全市生产总值达470.7亿元，新增105亿元，增长15.6%，为1994年以来最高，总量和增速均居全省第6位。人均生产总值突破1000美元，达到9616元，增长15%。

——财政收支大幅增长。全市地方财政收入21.5亿元，增收7亿元，增长46.6%，其中一般预算收入19.96亿元，增长43.5%；财政支出37.96亿元，增长32.3%，财政实力明显增强。

——工业经济速度效益同步提高。规模以上工业企业实现增加值143.8亿元，增长23%；综合经济效益指数128.2%，提高17个百分点；实现利税45.3亿元，增长57.5%，其中利润19.6亿元，增长96%，均创历史最高水平。

——农村经济取得新进展。农林牧渔业实现增加值60.9亿元，增长9%，增速比上年提高6.4个百分点。全年粮食总产161.3万吨，增长11.4%，是近年来又一个高产年。

——内外贸易快速发展。全市进出口总值2.99亿美元，增长64.5%，其中出口1.25亿美元，增长25.8%；社会消费品零售总额131.6亿元，扣除物价上涨因素增长10.9%。

——就业再就业工作成效显著。全市城镇新增就业岗位6.4万个，2.7万名下岗失业人员实现再就业，其中"4050"人员9217人，均超额完成预期目标。城镇登记失业率控制在3.4%。

——人民生活进一步改善。全市城镇居民人均可支配收入7631元，扣除物价上涨因素增长8.3%；农民人均纯收入2369元，扣除物价上涨因素增长7.8%，扭转了多年来低速徘徊的局面。

这些成就，标志着我市经济社会发展跃上了一个新的战略起点。一年来，我们坚持科学发展观，在宏观调控中谋求发展，着力实现经济社会全面协调可持续发展。回顾过去的一年，我们主要做了以下工作：

（一）狠抓重点项目建设，经济社会发展支撑能力显著增强

抓住国家有保有压调整投资重点的机遇，乘势而上，充分发挥资源优势，千方百计克服资金、用地等制约因素，强力推进符合国家产业政策的重点项目建设，建成和开工了一批对经济社会发展带动能力强的重点项目。年初安排的81个重点项目，完成投资42.3亿元，建成投产11个。全市新增发电装机27万千瓦、日供水能力10万吨、日污水处理能力15万吨、有效灌溉面积3.1万亩、高速公路通车里程52公里、国省干线公路53公里、县乡公路294公里。投资对经济增长的拉动作用明显增强，全年全社会固定资产

投资113.7亿元,增长45.1%,其中城镇固定资产投资94.9亿元,增长60.2%。投资自主增长机制初步形成,民间投资37.1亿元,增长1.2倍,占投资的比重由28.3%提高到39.1%。

(二)加快结构调整步伐,综合竞争力进一步提高

推进工业结构优化升级。坚持把工业结构调整作为经济工作的重中之重,贯彻到实施"工业强市"战略的全过程,着力发展三大产业集群,全面推进八大工业基地建设。全年安排重点工业项目46个,完成投资15.5亿元;实施更新改造项目29个,投入技改资金16亿元。平煤集团80型焦炉改造、叶县蓝光电厂一期、汇源三期、海明黑液资源化、虹剑焦化、西气东输管线钢材技改、天鹰轨道交通电器、姚孟粉煤灰煤矸石多孔烧结砖等项目建成投产。全市规模以上工业新产品产值27.6亿元,增长22.2%。加快推进煤炭、铝土矿等资源整合,强力推动资源向优势企业集中,支持骨干企业做大做强。平煤集团与武钢、宝钢集团开展了广泛的合资合作,整合了梨园、新峰、白庙3家地方煤矿,全年销售收入110亿元,成为全省4家销售收入超百亿元企业之一。平煤、舞钢、神马、姚电、天瑞、天鹰6家企业进入全省100户成长性较好的重点企业行列,完成增加值92.4亿元,增长19%,对全市规模以上工业增加值贡献率达61.8%,拉动规模以上工业增长12.5个百分点。

加快服务业发展。在积极发展传统服务业的同时,重点支持现代服务业发展。全市实现旅游总收入8.6亿元,增长18.3%;接待游客200万人次,增长24.5%。规范房地产开发秩序,城镇以上房地产开发投资4.9亿元,增长40.9%。积极发展物流业,交通运输、仓储、邮电通信业增加值达到32.3亿元,增长21.4%。稳步发展金融业,年末金融机构存款余额390.2亿元,增长24%,其中城乡居民储蓄274.5亿元,增长18.7%;贷款余额221.8亿元,增长5.5%。全市第三产业增加值达到136.3亿元,增长12.9%。

大力实施县域经济突破。把发展壮大县域经济作为事关全局的重点工作,按照"工业首位、民营主体、项目带动、城乡一体"的总体思路,大力发展县域工业和民营经济。6县市实现生产总值300.4亿元,增速均在12%以上,占全市GDP的比重达63.8%。完成城镇固定资产投资45.6亿元,增长1.2倍;规模以上工业实现增加值52亿元,增长25.8%。舞钢、汝州、宝丰、叶县、新华和卫东6个县(市)区财政收入过亿元,其中舞钢市突破2亿元。全市规模以上非公有制企业实现增加值50.4亿元,增长28.1%,实现税金7.8亿元,增长43.9%。小城镇建设步伐加快,全市城镇化率达到33.5%,是近年来城镇化步伐最快的一年。

(三)高度重视"三农"问题,农业基础地位得到巩固

坚持把解决"三农"问题作为各项工作的重中之重,围绕粮食增产、农业增效、农民增收,突出"六大产业",推进"四大结构调整"工程,农业产业化和现代化步伐明显加快。畜牧业产值53.1亿元,增长6.8%,占第一产业产值的48.6%。完成造林面积22.3万亩,其中新增经济林5.9万亩。加强农产品质量安全体系建设,35家企业通过省无公害农产品产地认证。安排500万元农业结构调整资金,鼓励龙头企业、专业基地、产地批发市场建设,2家企业被确定为省级重点龙头企业,改扩建农产品市场18个。争取农口项目24个,新增国家和省投资2389万元。认真落实国家"降点直补"政策,农民实际减负增收9769万元。实施"农村百万劳动力转移工程",完成农村劳动力转移培训11万人,新增劳务输出7.8万人,输出总量达50.8万人,农民外出务工收入达25.4亿元。

(四)城市建设取得新进展,承载能力不断增强

光明路南延全线贯通,三座湛河桥已完成工程量的80%,高阳路二期、鹰城广场改造正在稳步实施,文园路步行桥、快速通道连接线及明珠广场、七彩虹游园等一批街头游园建成投入使用。旧城改造步伐加快,锦绣花园、明珠城市花园、东方竣景小区主体已完工,繁荣街改造工程已开工建设。中水回用、西气东输天燃气支线工程等公用事业建设步伐加快。开展了市容环境综合整治活动,占道经营、垃圾围城等问题得到进一步整治。新城区起步区7.6平方公里的各项规划设计已全部完成,出让划拨土地3857亩,20.5公里的道路已建成通车,水、电、气、暖基础设施配套已大部分完成,新城区已具备大开发、大建设的基础条件。

(五)各项改革稳步推进,对外开放成效明显

以贯彻实施《行政许可法》为契机,进一步转变政府职能,加快服务型、责任型政府建设,基本完成了政府机构改革和乡镇机关人员分流工作,行政审批制度改革进一步深化,保留市直行政许可主体40个,第一批保留行政许可事项215项。继续深化国有企业改革,积极推进粮食流通体制、农村信用社等改革。平煤、舞钢、神马、姚电四家大型企业通过项目合作、资本引入等形式,实现了强强联合和产权多元化;154户国有中小工业企业已改制141家,剩余13家企业7

家进入破产程序,6家正在进行破产或转让前的准备工作。已有10家企业的13所学校基本与企业分离,平煤集团32所学校的分离工作进入实质性操作阶段。国有粮食购销企业分流安置职工4413人。农村信用社完成了10家县级联社及所属122家基层社的清产核资工作,增资扩股2.4亿元,清收不良贷款1.3亿元。坚持实施开放带动战略,扩大对内对外开放。加强对招商引资工作的指导和协调,成功举办了杭州、上海招商会、"世刘会"、"世叶会"、宝丰(上海)推介会等招商引资活动。全年共引进区外资金28.5亿元,实际利用外资3443万美元,增长29%,新批外商投资企业17家。加大对高压开关、碳化硅等拳头出口产品的扶持力度,实行进出口权备案制度,32家企业获得进出口经营权。

(六)加大就业和社会保障工作力度,切实维护群众利益

认真落实就业再就业扶持政策,新增城镇就业人数为近年来最高。做好"两个确保"和城市"低保"工作,推进三条保障线的衔接。调高了行政事业单位人员工资、企业退休人员养老金标准和城镇居民最低生活保障标准。发放下岗职工基本生活保障金7254万元。企业离退休人员养老金3.56亿元,均做到了按时足额发放。为8.1万名低保对象发放低保金5010万元,实现了应保尽保;投入413万元对4.3万农村特困人口实施救助,初步建立了城乡救助体系。在全省率先创办了"爱心超市"。筹措5846万元资金用于农村道路建设,完成"村村通"工程329公里,140个行政村实现通油路。筹措1528万元,实施农村饮水和饮水安全工程65处。加大扶贫开发力度,3.3万人口脱贫和解决温饱。战胜了百年一遇的严重洪涝灾害,安排救灾资金1631万元,开仓借粮50万斤,重建倒房6708间。全市清理建筑领域拖欠工程款1.5亿元,清欠农民工工资2560万元。全面落实安全生产责任制,深入开展了煤矿、非煤矿山、道路交通等7个重点领域的安全生产专项整治,大力推行安全质量标准化,提高了重点行业、重点领域的安全生产基础水平。大力整顿和规范市场经济秩序,实施食品、药品放心工程,保障人民群众身体健康和饮食、用药安全。

(七)加快发展社会事业,精神文明和民主法制建设得到加强

大力实施科教兴平和人才强市战略,实施科技计划项目102项、资金780万元,争取省科技计划项目21项、资金108万元。5家企业、7种产品被认定为省级高新技术企业和高新技术产品。投资2122万元,改造中小学D级危房1.5万平方米。筹资1605万元,对市一中、市二中、市一高进行建设改造。全市普通高中升学率达68.4%。平顶山学院挂牌成立,实现了当年本科招生。全市普通高等教育在校学生达到3.5万人。蒲城店遗址、汝州张公巷瓷窑遗址考古发掘取得重要收获。疾病防控和医疗救助体系建设进展顺利,投资改造乡镇中心卫生院15所。继续搞好新型农村合作医疗试点,参合农民达37.7万人。对全市既往有偿供血者进行普查,建立了艾滋病患者防治救助体系,实行患者免费救治。成功举办了市六运会和第八届全民健身节。继续做好人口和计划生育工作,稳定低生育水平,人口自然增长率4.9‰。加强环境保护,整治环境违法企业107家,取缔小炼焦池900道,违法煤堆、煤泥堆437堆,固化矸石山6座。民族宗教、审计统计、新闻出版、广播电视、人防、史志等各项社会事业不断进步。

深入学习贯彻"三个代表"重要思想,大力弘扬焦裕禄精神、"红旗渠"精神和"愚公移山"精神,广泛开展向任长霞等先进典型的学习活动。选派干部开展驻村帮扶工作。深入开展"道德规范进万家、诚实守信万人行"活动。大力推进未成年人思想道德建设,集中开展了网吧、互联网等专项整治。扎实推进精神文明创建活动,文明景区、文明城市创建活动取得新成效。拥有创建全国文明村镇工作先进村镇2个、全国精神文明建设工作先进单位2个、全国创建文明行业先进单位3个、全国社区建设示范区1个、省级文明单位166个。宝丰县创建为国家卫生县城。严格执行人大及其常委会通过的决议和决定,自觉接受人大法律、工作监督和政协民主监督,办理人大代表议案、建议和政协委员提案489件,办复率达100%。坚持科学民主决策,强力推进依法行政,政府工作法制化水平进一步提高。以创建综治先进市为契机,大力推进治安防控体系建设,组织开展"命案侦破攻坚战",取得了明显成效。组织市县两级干部下访,着力化解信访积案,省交办的180件信访案件全部办结。制定突发事件应急预案,完善了应急机制。廉政建设和反腐败斗争取得新成效。驻平部队、武警官兵在抗洪抢险、维护社会稳定、支持地方经济建设中做出了重要贡献。

各位代表,这些成绩的取得,是省委、省政府和市委正确领导的结果,是人大、政协积极支持的结果,是全市人民共同奋斗的结果。在此,我代表市人民政府,向工作在全市各条战线的广大工人、农民、知识分子、干部、人民解放军驻平部队、武警官兵和公安民警

致以崇高的敬意！向关心、支持我市现代化建设的各界人士表示衷心的感谢！

在肯定成绩的同时，我们也清醒地看到，我市与先进地市差距仍然较大，经济社会发展中仍然存在着一些突出矛盾和问题。农业生产基础还不稳固，农民增收难度加大；非公有制经济占 GDP 的比重偏小，经济外向度较低；信贷资金、建设用地供应偏紧，影响了城建、工业项目的实施；城乡新增劳动力较多，就业压力增大；物价上涨幅度较高，部分低收入群众的生活受到影响；煤矿安全生产形势相当严峻，一些地方和部门安全生产意识不强，责任落实不到位，重特大事故接连发生，给人民群众生命财产造成了不可挽回的损失；一些领导干部作风浮漂、形式主义比较严重；经济发展环境还不够宽松，一些结构性和体制性矛盾依然存在。对此，我们一定高度重视，在今后工作中认真加以解决。

二、突出经济建设中心，努力实现经济跨越式发展

今年经济工作的总体要求是：坚持以邓小平理论和"三个代表"重要思想为指导，以科学发展观统领全局，围绕"实施二次创业、打造经济强市"，牢牢把握发展第一要务，大力调整经济结构，更加重视"三农"问题，积极推进改革创新，转变经济增长方式，以八大工业基地为依托，加快建设新型能源和工业基地，进一步推动经济的跨越式发展。主要预期目标为：生产总值增长 11%左右，全社会固定资产投资增长 18%，地方财政一般预算收入增长 12%，社会消费品零售总额增长 11%，外贸出口增长 15%，实际利用外商直接投资增长 25%，居民消费价格总水平上涨 4%，城镇居民人均可支配收入增长 7%，农民人均纯收入增长 5%，城镇新增就业岗位 5.5 万个，城镇登记失业率控制在 4.5%以内，人口自然增长率控制在 6‰以内，工业企业质量和效益指标进一步提高。

为实现上述目标，重点做好以下八项经济工作。

(一)继续实施项目带动战略，着力增强发展后劲

紧紧围绕建设新型能源和工业基地，加快重点产业发展，加大对基础产业、基础设施的投入，积极实施一批事关经济社会发展全局的重大建设项目。今年初步安排固定资产投资项目(总投资 500 万元以上)262 个，其中亿元以上项目 89 个。当年预期完成投资 151 亿元，其中亿元以上项目完成投资 129 亿元。

继续抓好电力项目建设。年内要完成平煤集团坑口电厂二期项目；加快姚电四期 2×60 万千瓦机组扩建、平顶山电厂 2×20 万千瓦热电联产机组扩建和瑞平公司 2×15 万千瓦热电机组项目。开工建设 220 千伏蒲楼等 4 个变电站、110 千伏代庄等 3 个变电站。全年力争开工建设电力项目装机容量达 157.5 万千瓦，新增装机容量 21.9 万千瓦。加快平顶山电厂二厂 4×90 万千瓦机组、华电汝州电厂 4×90 万千瓦机组、叶县蓝光电厂二期等项目的前期工作。加大主电网建设力度，全面完成农网三期改造工程。

加速壮大煤炭产业。加快新井新矿建设，依托平煤集团建设超亿吨特大型煤炭基地。加快平煤集团十一矿改扩建、宁庄矿、张村矿和动力煤洗配中心技改工程建设进度。完成平煤集团庇山矿、朝川矿年产 60 万吨机焦项目一期工程。开工建设煤炭采掘信息化示范项目和汝州万和 70 万吨捣固焦工程。新增煤炭生产能力 45 万吨，新开工规模达到 60 万吨左右。做好平煤集团 100 万吨焦炭、夏店煤矿等项目的前期工作。抓好煤矿安全改造和采煤沉陷区治理。

加快重点基础设施和水利项目建设。漯平高速公路平顶山段年内建成通车，加快平临高速公路境内段工程。实施国省干线公路项目 28 个，完成干线公路改建 415.6 公里；改建县乡公路 300 公里，实现 110 个行政村通油路。完成昭平台灌区节水续建六七期、白龟山水库除险加固、老虎洞等 12 座中小型水库除险加固等工程的年度建设任务，完成西气东输平顶山支线和第四水厂等项目，加快建设燕山水库。争取早日开工建设南水北调中线平顶山段工程。

继续落实有保有压、松紧适度的投资调控政策，对投资项目"保重点、保续建、保投产达效"。同时，要筛选、储备一批科技含量高、能够带动产业结构优化升级的重点项目，尤其是重点工业项目，进一步提高重点项目对全市经济的支撑带动作用。

(二)加快推进工业结构调整，着力转变经济增长方式

要按照走新型工业化道路的要求，继续加大工业结构调整力度，加快经济增长方式转变，以八大工业基地为依托，以重点企业为龙头，集中力量抓好优势产业，促进传统产业新型化和新兴产业规模化，努力建设新型能源和工业基地，提升经济整体竞争力。

做大做强传统产业。把工业结构调整作为经济工作的重中之重，充分发挥煤、盐、铁、铝等资源优势，用高新技术和先进适用技术改造传统产业，延伸产业链条，开发高端产品，形成产业集聚，提升行业集中度和竞争力，实现产业结构优化升级。完成中加钢铁二期、神马集团新增 10 万吨尼龙 66 盐和 2 万吨连续聚合切片、天瑞集团日产 5000 吨水泥熟料生产线及铁

路重载合金钢铸件、中盐皓龙新增60万吨盐、汇源公司10万吨离子膜烧碱和10万吨专用树脂等项目。开工建设舞钢公司100万吨中厚板生产线项目。

培育壮大新兴产业。大力推进新兴产业发展,支持企业在高新技术领域开发战略性产品,扶持一批从事应用技术、信息技术开发的新兴企业。加大对具有潜在优势的新材料及环保领域的高新技术产品的开发力度,实现从煤炭产业到非煤产业、从地下企业到地面企业、从初加工产品向高附加值产品的转变,努力扩大非煤产业、高新技术产业和高附加值、深加工产品在工业经济和工业产品中的比重,逐步扩大高新技术产业在生产总值中的比重。抓好神马集团高模低缩涤纶工业丝项目建设,做好平煤集团50万吨甲醇、10万吨煤焦油工程、天鹰集团80—100万伏高压隔离开关、中材环保新型环保设备等项目的前期工作。抓紧神马集团安全气囊丝、芳纶帘子布产品的试验和项目前期工作。

强力推进大公司、大集团战略。省级财政将增加工业结构调整和高新技术产业化专项资金,积极引导信贷资金和社会资金,加快百户重点企业规划项目实施。我们要进一步加大工作力度,大力推进以我市6家大型企业为代表的大公司、大集团发展战略,支持企业深化改革、加强管理和技术创新。平煤集团要努力延伸煤电建(材)、煤焦化(炭素)和煤炭—气化—尿素、甲醇化工产品产业链,加大与下游产品生产企业的联合、兼并、重组力度,实现投资主体多元化,力争销售收入达到120亿元。舞钢、神马、天鹰、天瑞、姚电公司销售收入要力争分别达到62亿元、32亿元、20亿元、15亿元、13亿元。同时,从全市九大行业中按年度销售收入选择30户企业作为市级重点企业予以倾斜支持。加强工业经济运行调节,抓好煤炭、电力供需衔接和运力协调,规范成品油市场管理,努力缓解煤电油运供求矛盾。

努力转变经济增长方式。广泛开展资源节约和综合利用,大力发展循环经济,切实做到从节约资源中求发展,从保护环境中求发展,逐步构建节约型的产业结构和消费结构,建设节约型社会。继续加大对高耗能、高污染等生产能力落后企业的淘汰力度,积极推行清洁生产。加快实施煤炭、铝土矿等资源整合。支持和鼓励平煤集团采取收购、兼并、控股、联合等方式,实施煤炭企业间的并购。严格控制焦化项目。重点搞好煤矸石、粉煤灰、垃圾等综合开发利用,推进中水回用、机焦废气回收利用工作,推广应用先进技术,提高资源节约的整体水平。

(三)进一步加强"三农"工作,促进农业增产和农民增收

解决好"三农"问题仍然是各项工作的重中之重。要认真落实中央一号文件,加快农村经济结构调整,着力提高农业综合生产能力,进一步强化政策支持,加强农村基础设施建设,积极推进农业产业化和现代化,努力实现粮食增产、农业增效、农民增收,促进农村经济社会全面发展。

围绕"六大产业",继续抓好"四大调整"。一是调整种植业结构,突出发展优质粮油生产和高效经济作物。稳定提高优质粮油和优质烟叶种植面积,抓好叶县国家优质专用粮食基地建设,加快特色农业基地建设。二是调整农业产业结构,突出发展畜牧业、林果业。继续推进优质畜产品生产加工基地建设,大力发展规模养殖和畜牧园区,加快龙头企业建设步伐,推进畜牧产业化经营。加快奶源基地建设,大力发展乳制品加工龙头企业。抓好畜产品质量监测和动物疫病防治工作。大力发展林业生产,继续抓好退耕还林和平原绿化。三是调整农村经济结构,突出发展二、三产业。走工业化、集约化经营的道路,增强农产品加工业的辐射带动能力。大力发展服务业和劳动密集型企业。四是调整农村劳动力结构,突出发展劳务产业。强力实施"农村百万劳动力转移工程",切实做好农民工的转移、培训、服务和管理工作,加强劳务基地建设,全年农村劳动力转移新增10万人。

提高农业科技和产业化经营水平。加强农业技术推广体系建设,提高农机装备水平,加大良种良法的推广力度。做好农产品质量认证和检验检测工作,促进农产品的绿色安全无害化和标准化生产,为实施农产品市场准入制度创造条件。大力发展农业产业化经营,抓好特色农产品的规模化种植和专业化生产。集中使用农业结构调整资金,重点加大对农业产业化经营龙头企业的扶持力度,提高粮食及畜产品加工转化能力。规划建设一批县域综合生产资料市场、乡镇生产资料配送中心和网点,形成相对完善的农产品市场服务体系,切实解决秸秆利用、农产品销售难等问题。积极发展农民专业合作组织和行业协会,提高企业生产经营和农民的组织化程度。

加强农村基础设施建设。积极利用国债项目,加快农村沼气、节水灌溉、人畜饮水、乡村道路等"六小工程"建设。大力开展土地治理和中低产田改造。搞好农业综合开发和大型灌区配套建设。新建沼气池5000座、旱地小水窖4000座,发展有效灌溉面积3万亩、旱涝保收田4万亩、节水灌溉面积5万亩,解决

3.2万农村群众饮水困难和1.4万群众饮水安全问题。

(四)搞好城市建设与管理,加快小城镇建设步伐

严格落实城市总体规划。城市总体规划已经修编完毕,要抓紧进行上报审批工作。强化规划实施监督,坚决维护城市规划的严肃性和权威性,进一步完善以总体规划为指导,专业规划、详细规划配套协调的城市规划体系,着手编制近期建设规划,完成绿地系统规划,加快编制市区管网综合规划和都市村庄及城乡结合部规划。及时编制新城区起步区以西发展规划。

强力推进新城区建设。新城区开发建设是我市城市建设的新亮点,也是我市经济发展的新高地。要加大起步区内的基础设施和重点项目建设力度。市政大厦和湖光小区要确保6月底投入使用,会议中心、深圳朗曼“0375首府”房地产、香港建业“森林半岛”房地产、上海懿龙“青山绿水”四星级宾馆、台湾伟立纺织品项目等一批重点项目要在5月底前全部开工建设,市政中心文化公园、湖滨大道及生态景观带、纬二路、经三路、污水处理以及水、电、气、暖、弱电等基础设施建设要加快步伐,确保年内配套到位。法院审判大厅、建委检测中心、市疾病控制中心、交通大厦、财政大厦、燃气大厦等17个项目要抓紧开工和建设,力争早出形象。加大融资力度,强化产业支撑,加快发展步伐,为实现“三年出形象、五年成规模、十年铸精品”的目标打下坚实基础。

加快老城区改造步伐。完成高阳路二期续建、体育路中段、曙光街东段、大众路、劳动路中段、大乌路中段、湛南路东段、开源路北段维修改造工程,改善城市道路微循环。美化城市出入口,完成东出入口绿化工程。尽快实施湛河三桥引线工程,确保三桥竣工即时发挥效益。开工建设市污水处理二期工程。加快生态园一期、文化宫联盟路连片开发与繁荣街、和平路商业步行街改造步伐,推进大营、马庄、西高皇等都市村庄改造工作,改善城市人居环境。重视高新区的发展,加强基础设施建设,优化东部城区功能,拓展东部发展空间。

加强城市管理与经营。结合创建国家卫生城市、优秀旅游城市、园林城市和省级文明城市活动,充分发挥三区城市建管作用,着力解决城市卫生、占道经营、垃圾围城、交通秩序,特别是背街小巷、城乡结合部脏乱差等人民群众反映强烈的突出问题,不断提高城市管理水平。盘活城市存量资产,争取金融资金,吸引民间资本,加大投入力度,加快城市建设,逐步实现由单纯靠财政资金搞建设,向全民参与、全社会投入城市建设的转变。特别要充分利用好新建城市道路、新城区建设拉动升值的土地,依法经营,公开拍卖,为城市基础设施建设筹措资金。

进一步加快小城镇建设步伐。坚持规划先行、分类指导、分步推进的原则,以城关镇和中心集镇为重点,增强城镇的聚集效应和辐射效应,促进农村人口、生产要素向城镇集中,努力使城镇成为区域经济的发展平台,提高农村城镇化水平。大力支持争创文明县城、园林县城、生态县城、卫生县城工作,重点建设一批产业优势突出、各具特色的建制镇。省对重点县市拨付的城镇化建设引导资金已提前一年到位,要切实加强管理,确保资金使用效益。

(五)进一步扩大消费需求,加快发展第三产业

增加城乡居民收入,扩大消费需求。要把适当提高消费率作为经济发展的一项重要任务,逐步改变高投资、低消费的经济发展格局。要多渠道增加居民收入,加快社会保障制度建设,稳定居民收支预期,提高消费者信心。严密监测农业生产资料价格的上涨,降低农业生产成本。着力培育消费热点,促进消费结构优化升级。完善市场经济秩序,加强消费者权益保护,改善居民消费环境。

加快发展第三产业,培育新的经济增长点。进一步放宽政策,放开经营范围,鼓励各种经济成分的资金、技术、设备、房产、信息、劳务等投入第三产业,逐步提高第三产业在生产总值中的比重。完善促进服务业发展的政策措施,用先进理念和现代技术提升服务业水平。加强市场体系建设,进一步深化服务业各领域的产业分工,引导服务业向专业化方向发展。优先发展现代物流业,整合重组物流资源,培育现代大型物流集团。积极发展文化、体育等需求潜力大的行业。加快发展现代金融、信息服务、电子商务等新兴服务业和咨询、法律服务、科技服务等中介服务业。

围绕全国优秀旅游城市创建活动,做大做强旅游业。要综合开发旅游资源,努力把旅游业培育成为我市国民经济的支柱产业。今年,要完成全市旅游总体规划编制工作,建立完善旅游资源和旅游项目数据库。整合旅游资源,加大旅游投入,高品位实施景区建设,打造旅游精品景区。强力做好石人山景区宣传推介工作,加大香山寺的保护开发力度。继续开展创建A级旅游景区工作,确保石漫滩国家森林公园二郎山、昭平湖、叶县县衙景区进入国家2A级景区,力争风穴寺、三苏园进入国家3A级景区行列。

(六)不断深化经济体制改革,全面提高对外开放

水平

大力推进经济体制改革。一要继续深化国有企业改革。继续以产权制度改革为核心，以股份制为主要形式，大力发展混合所有制经济。规范国有企业改革行为，认真解决改制企业的突出问题。今年争取使已改制的13家国有大中型工业企业全部实现股权多元化，并在主辅分离、辅业改制方面取得进展。对7家进入破产程序的国有中小工业企业，尽快破产终结；其他6家实行一企一策，加快改革步伐。以企业办学校分离工作为重点，扩大分离企业办社会职能工作成果。以落实出资人职责为中心，健全国有资产监管体系。二要继续推进专项改革。今年，国家继续对农业生产实施“三补一免”政策，同时，省委、省政府决定，今年起我省全部免除农业税。各级各部门一定要抓好落实，确保农民得到比上年更大的实惠。要积极稳妥地推进县乡公共财政制度改革，制止发生新的乡村不良债务，防止农民负担反弹。粮食流通体制改革要争取10月底完成企业改制和减员分流任务。农村信用社改革要切实做好增资扩股、清收不良贷款工作，确保第一批9家农村信用联社顺利取得央行票据资金。三要继续推进其他领域的改革。进一步深化投资体制改革，规范政府投资范围和行为，减少、规范投资审批，落实企业投资自主权。继续抓好交通、城建、公用事业、水利等建管体制改革和社会事业领域改革，力求取得新的进展。

进一步扩大对外开放。一要进一步扩大出口规模。完善鼓励外贸出口的政策支持体系，进一步调整出口商品结构，继续抓好高压开关、电收尘器、碳化硅等机电和高新技术产品出口。积极组织和支持30户企业开拓国际市场，保持外贸出口持续快速增长。积极推进进出口经营权备案登记制，争取今年再使100家企业获得进出口经营权。二要扩大对外经济技术合作。支持已获外经签约权的平煤集团、火电一公司和天鹰集团搞好对外工程承包，力争使更多具备条件的企业获得外经签约权。鼓励和组织符合外方要求的企业职工及农民出国从事劳务活动，大力支持具有比较优势的高科技、名牌产品生产企业加快“走出去”步伐。三要继续加大招商引资力度。充分发挥产业和资源优势，主动承接、吸纳发达地区、知名企业的产业转移和辐射。组织好“郑交会”、“乌洽会”、乡镇企业东西合作洽谈会、上海、厦门、深圳和省政府赴香港、美国旧金山等大型招商活动参会工作，巩固杭州、上海招商成果，抓紧落实签约项目，建立“长三角”地区稳定的招商平台。进一步拓宽招商引资领域，力争在商业、交通、城市公用设施等方面有新的突破。

(七)发展壮大县域经济，扩大非公有制经济规模

按照“工业首位、民营主体、项目带动、城乡一体”的总体思路，以工业化为主导，以非公有制经济为重点，发展壮大县域经济。要切实用足用活中央、省、市的各项政策和规定，从简化行政审批、加大财政支持、拓宽融资渠道、改进建设用地管理等方面赋予县(市)区更大的自主权和决策权。继续探索并进一步明确各县(市)区的功能定位，完善县域经济目标管理体系和县域经济发展工作推进机制，加强对其经济社会发展的宏观指导，鼓励和支持各县(市)区突出发展重点，培育壮大各具特色的支柱产业。六县(市)力争在全省综合经济实力排序中位次前移，人均GDP、人均财政收入、农民人均纯收入等指标赶上或超过全省平均水平，工业增加值、非公有制经济增加值占县域GDP的比重明显提高。

加快非公有制经济发展。要认真落实政策，加强和改进政府服务和管理，建立健全社会化服务体系，为非公有制经济发展创造平等竞争、一视同仁的法制环境、政策环境和市场环境。进一步放宽市场准入，鼓励和支持非公有资本进入基础设施、垄断行业、公用事业以及法律未禁止的其他行业和领域。支持天瑞集团、中加钢铁、汇源公司、洁石建材、九头崖集团、银龙集团、巨龙淀粉等一批带动能力强、科技含量高和就业岗位多的企业加速规模扩张，尽快做大做强。大力实施中小企业培训、创业和融资信用担保三大工程，加快完善中小企业信用担保体系和政府资金支持体系，促进非公有制经济快速健康发展。

(八)进一步加强财政收支管理，努力做好金融工作

继续强力组织财政收入。严格依法治税、依率计征，堵塞跑、冒、滴、漏，努力做到应收尽收，确保税款及时足额入库。狠抓财源建设，积极培育新兴财源，重点培植骨干财源。强化对重点税源的征管，同时管好零星税源。认真开展税收秩序整顿工作，加大非税收入征管和稽查力度，努力增加政府可用财力。

继续强化支出管理。树立过紧日子思想，严格控制一般性支出，保证农业、教育、科技、工资、再就业、社会保障等法定和重点支出需要。继续调整支出结构，整合财政专项资金，集中财力支持县域经济、重点企业和社会事业发展。全面推行“乡财县管”，认真落实“三奖一补”政策，积极争取转移支付，缓解县乡财政困难。深化财政体制改革，完善部门预算、国库集中收付、政府采购和“收支两条线”管理等制度。严格

控制编制,减少财政供给。

积极协调金融部门支持地方经济发展。各金融机构要把握信贷重点,加强银企合作,确保重点企业、重点项目建设的资金需求,进一步扩大对中小企业、民营企业和县域经济发展的贷款规模。加大金融支农力度,积极扩大农户小额贷款和联保贷款规模。加强信用体系建设,优化金融发展环境。

三、注重统筹协调,努力构建社会主义和谐社会

(一)实施科教兴平和人才强市战略,坚持走可持续发展之路

大力推进科技进步与创新。加强与大专院校、科研院所的合作,打造科技创新平台。加快科技成果转化步伐,抓好科技计划项目推荐申报工作。加大科技投入,完善科技奖励制度,建成市、县科技推广网站。成立市技术市场协会,制订民营科技企业发展规划纲要。搞好县(市)科技工作试点。加大对企业和农业的支持力度。注重对自主知识产权的开发、利用和保护,培育优势品牌。

坚持优先发展教育。加大农村教育投入,整合教育资源,改善办学条件,努力消除中小学D级危房。大力发展高中阶段教育,争创国家级、省级示范性高中。做好"普九"巩固提高工作,确保通过"普九"复验。落实"两免一补"政策,解决贫困学生辍学问题。发展中小学现代远程教育,推进教育信息化。加强教育教学改革,全面推进素质教育。支持平顶山工学院、平顶山学院继续改善办学条件,加强重点专业建设。大力发展民办教育、职业教育和成人教育,促进各级各类教育协调发展,积极构建终身教育体系。

大力实施人才强市战略。牢固树立人才是第一资源的观念,注重培养、吸纳、用好和稳定各类人才,建立整体推进人才资源开发的政策体系。完善人才培养、引进、使用的各项具体政策,营造尊重人才、培养人才、留住人才、鼓励创新的良好氛围。加大紧缺人才、高层次人才和国外智力引进工作力度,加强专业技术人员队伍建设。做好农村人才资源开发培养工程,变人口压力为人才资源。完善人才市场功能,为各类经济组织提供人才服务。

坚持可持续发展。依法加强环境保护和生态建设,以大气污染防治为重点,全面推进蓝天工程;突出水污染防治,提高城市居民饮用水质量;继续开展对不法排污企业的治理整顿,加大项目监管力度,加快环保基础设施建设。强化矿权管理,加强地质环境保护和地质灾害监测预防;深化国土资源有偿使用制度,大力开展矿产资源管理秩序整顿,提高资源的开发利用率。强力推进计划生育工作综合改革,做好基层基础工作,加强流动人口管理,搞好性别比专项治理、农村计划生育家庭小康工程,严格控制人口出生率,确保计划生育工作在全省的先进位次。

(二)加强精神文明建设,繁荣各项社会事业

全面贯彻落实《公民道德建设实施纲要》,深入开展社会公德、职业道德和家庭美德教育。进一步弘扬焦裕禄精神、红旗渠精神和愚公移山精神。加强未成年人思想道德建设和大学生思想政治教育。全面加大"四城"联创力度。深入开展群众性精神文明创建活动,继续抓好文明单位创建工作。加强诚信教育,倡导诚实守信的良好社会风气。加强国防教育,搞好国防动员、人民防空和民兵预备役建设,巩固双拥模范城成果。充分发挥工会、共青团、妇联等人民团体的桥梁纽带作用。巩固和扩大基层民主,继续大力推进厂务公开、村务公开,完善村民自治、社区民主管理和企业民主管理制度。做好第五届村民委员会换届工作。

实施文化精品战略,繁荣文学艺术、新闻出版、广播影视等各类文化事业。加快文化基础设施建设步伐,做好文物古迹的保护、利用和管理工作;大力推进基层文化建设,积极启动民间文化保护工程,依法加强文化市场的管理和整治。积极推进有线电视数字化和自然村广播电视"村村通"工程。切实抓好市第一人民医院病房楼、疾控中心、市传染病医院等重点项目建设;进一步健全和完善突发公共卫生事件应急机制、疾病防控体系和卫生执法监督体系;加大艾滋病等传染病防治工作力度,加快农村医疗卫生体系建设,大力发展城市社区卫生服务。广泛开展全民健身运动,提高竞技体育水平。推进统计改革和建设,认真做好第一次全国经济普查工作。继续做好民族宗教、盐业管理、史志、对台、侨务、档案、气象、残疾人、老龄等工作。

(三)做好就业再就业和社会保障工作,维护群众切身利益

进一步加大就业再就业工作力度。大力发展劳动密集型产业、就业容量大的非公有制经济和中小企业,努力开发社区服务和物业管理、养老托幼、家政服务、医疗保障、文化娱乐等社会性就业岗位。鼓励国有大中型企业实施主辅分离和辅业改制,拓宽富余人员的分流安置渠道。加大再就业资金投入,继续抓好小额贷款、税费减免等优惠政策的落实。健全再就业援助制度,搞好职业介绍、就业培训等再就业服务。引导下岗失业人员转变就业观念,鼓励下岗失业人员

自谋职业和自主创业。大力开发公益性岗位，对“4050”人员等特殊就业困难群体实行就业援助。做好高校毕业生的就业指导服务和复员转业军人、城镇新增劳动力的安置工作。加大劳动保障监察执法力度，维护劳动者的合法权益。

切实做好社会保障工作。巩固“两个确保”，确保“两金”按时足额发放。积极稳妥地推进下岗职工基本生活保障向失业保险并轨，实行企业职工基本养老保险市级统筹。继续扩大城镇社会保险覆盖面，提高非公有制企业职工参保率，强化社会保险费的征缴、清欠和支出管理。强力推进医疗保险制度改革和工伤保险制度改革，搞好农村新型合作医疗制度试点工作。继续抓好低保政策的落实，做到动态管理下的应保尽保。切实保障妇女、未成年人、老年人、残疾人的合法权益，在全社会形成尊老助残的氛围。

认真解决关系人民群众切身利益的问题。进一步规范土地征用、城镇拆迁、企业改制工作，加大清理拖欠工程款和农民工工资力度，切实保护城乡居民的合法权益。做好受灾群众生产生活救济工作。认真实施“整村推进”扶贫计划，搞好定点帮扶，积极开展智力扶贫和科技扶贫，增强贫困地区的造血功能，尽快消除绝对贫困并巩固扶贫成果。逐步完善农村特困户生活救助制度，确保困难群众有饭吃、有衣穿、有房住、有病能得到及时医治，不让学生因家庭贫困而失学。继续整顿和规范市场经济秩序，严厉打击制售假冒伪劣食品、药品等违法犯罪活动，保护人民群众生命安全和身体健康。继续加大清理整顿“三会一部”工作力度。做好社会福利、社会救济、优抚安置和社会互助等工作，努力实现社会公平。

（四）坚持以人为本、安全第一，强化安全生产监督管理

全面落实安全生产责任制，突出企业主体责任，强化部门监督管理责任，落实各级领导责任，完善责任目标管理体系。要把煤矿安全生产作为安全工作的重中之重，贯彻落实《安全生产法》，严格执行“五个政府令”、“四个委派”、领导包矿和严防死守及事故责任追究制度。认真开展煤矿安全稽查活动，加大行业管理、执法监督力度，严厉打击违法违规生产行为。狠抓现场管理、技术管理和安全装备投入，强化全员培训，强力推进质量标准化，加快构建煤矿安全监管工作的长效机制。

进一步深化安全生产专项整治工作，突出抓好煤矿、非煤矿山、危险化学品、交通运输、公众聚集场所、民爆器材、烟花爆竹、燃气管道八项专项治理整顿工作，特别是做好煤炭资源整合期间的监管监控工作。继续抓好重点地区、重点行业、重点企业、重点场所、重点部位和重大危险源的安全监管工作，加大隐患排查、整改和监管监控力度。同时，认真做好消防安全、校园安全、防汛安全、森林防火等各项安全基础工作。

（五）高度重视信访稳定工作，打造“平安平顶山”

要把改革的力度、发展的速度和社会可承受程度统一起来，以维护人民群众利益为根本出发点和落脚点，在各项决策和实际工作中高度重视并切实维护群众利益。努力做好群众来信来访和人民内部矛盾纠纷排查调处工作，进一步完善信访制度，确保信访渠道畅通，力争把矛盾解决在基层、化解在萌芽状态。围绕创建综合治理先进市，深入开展以“命案攻坚”为龙头的“严打”整治斗争，严厉打击、严密防范各类刑事犯罪活动，坚决遏制和减少重大刑事案件的发生。防范和打击“法轮功”等邪教组织和境外敌对势力的渗透破坏活动。扎实推进社会治安防控体系建设，加强基层安全创建工作，形成覆盖城乡的治安防控网络，创建“平安社区”、“平安单位”、“平安村镇”，建设“平安平顶山”。

四、加强政府自身建设，提高依法行政能力

面对改革开放和现代化建设的新形势、新任务、新要求，各级政府必须牢固树立科学发展观和正确政绩观，按照科学执政、民主执政、依法执政对政府的要求，不断提高行政能力，努力建设勤政、廉洁、务实、高效的政府，建设全市人民满意的政府。

全面推进依法行政，建设法治政府。坚持依法治市，认真贯彻《行政许可法》，落实《全面推进依法行政实施纲要》，更新政府行政理念，完善行政程序，规范行政行为，健全行政监督机制，把依法行政贯穿于政府工作的全过程，努力做到合法行政、程序正当、高效便民、诚实守信、权责统一。要健全公众参与、专家论证和政府决策相结合的科学民主决策机制，完善行政决策程序，建立决策跟踪反馈和责任追究制度。继续推行行政执法责任制和执法过错追究制，认真解决有法不依、执法不公和多头执法、执法扰民等群众反映强烈的问题，把政府行为纳入法制化轨道，做到有权必有责、用权受监督、侵权要赔偿、违法要追究。要坚决贯彻市人大及其常委会各项决议和决定，坚持重大事项报告制度，自觉接受法律和工作监督。坚持重大问题决策前认真听取政协及各民主党派、工商联、无党派代表人士的意见，自觉接受民主监督。认真办理人大议案、建议和政协提案。进一步加强监察、审计等部门的专项监督和行政机关内部监督，自觉接受司

法监督和社会监督。

转变政府职能,提高行政能力。在继续加强经济调节和市场监管的同时,更加重视政府的社会管理和公共服务职能,把精力和财力更多地放到推进社会发展和解决民生问题上来,把不该管、管不了、也管不好的事情进一步交给企业、市场和中介机构。增强贯彻落实科学发展观的自觉性和坚定性,着力提高五种能力:一是结合实际,创造性地贯彻执行党的路线方针政策的能力。二是以经济建设为中心,促进经济发展的能力。三是统筹兼顾,促进协调发展的能力。四是加强社会管理,搞好公共服务的能力。五是维护稳定,应对复杂局面和处理突发事件的能力。加强政府对国民经济和社会发展的规划管理,以科学发展观为指导,抓好"十一五"规划的编制工作。积极推进政府管理创新,合理确定部门职能。加强行政效能监察,严格执行工作责任制和责任追究制,确保各项决定不折不扣地得到执行,落到实处。加强电子政务建设,大力促进政府办公网络化、信息化,提高政府工作效率。

搞好政风建设,做到为政清廉。以"保持共产党员先进性教育活动"为契机,认真解决在思想、组织、作风以及工作方面存在的突出问题,使人民政府始终成为人民利益的忠实维护者,使广大公务员树立正确的理想信念和高尚的道德情操,永葆人民公仆的本色。要坚持实事求是,严格按照客观规律办事,多做打基础、管长远、惠百姓的工作,努力使各项工作经得起实践、历史和群众的检验;坚持群众路线,认真听取群众意见,自觉接受群众监督,充分调动人民群众的积极性和创造性,发挥人民群众在全市改革开放和现代化建设中的主体作用;坚持求真务实,说实话、办实事、求实效,力戒作风浮漂和推诿扯皮,把更多的时间和精力用在调查研究和工作落实上;坚持勤俭节约,反对铺张浪费,坚决制止不切实际、不计成本、不问效果的错误做法;坚持勤政廉政,积极推行政务公开,加大源头治理力度,切实解决人民群众反映强烈的热点、难点问题,进一步加强廉政建设和反腐败斗争,真正做到"为民、务实、清廉"。

各位代表,"实施二次创业、打造经济强市",全面建设小康社会,是492万平顶山人民共同的奋斗目标。我们面临的任务艰巨而繁重,我们肩负的责任重大而光荣。让我们高举邓小平理论和"三个代表"重要思想伟大旗帜,在省委、省政府和市委的坚强领导下,抓住机遇,开拓创新,求真务实,埋头苦干,努力完成今年经济和社会发展的各项任务,为全面实现经济振兴、社会和谐、人民富足而努力奋斗!

消除口臭的食物

柠檬　一杯沸水里,加入一些薄荷,同时加一些新鲜柠檬汁饮用,可去口臭。

柚子　新鲜柚子去皮食肉,细细嚼服。去胃中恶气,解酒毒,消除饮酒后口中异味,有消食健脾、芳香除臭的功能。

金橘　新鲜金橘5~6枚,洗净嚼服。有理气解郁、化痰醒酒的功效。对口臭伴胸闷食滞很有效。

蜂蜜　蜂蜜一匙,温开水一小杯冲服,每日晨起空腹即饮。蜂蜜具有润肠通腑、化消去腐的功效,对便秘引起的口臭颇有效。

山楂　有散淤消积、清胃、除口酸臭的功效。山楂30枚,文火煨黄、煮汤,加冰糖少量,每次一小碗。

茶叶　浓茶漱口或口嚼茶叶可除口臭。进食大蒜、羊肉等食物后,用茶叶一小撮,分次置于口中,慢嚼,待唾液化解茶叶后徐徐咽下,疗效颇佳。

牛奶　吃大蒜后喝一杯牛奶,大蒜臭味即可消除。

(《中国劳动保障》9.2　文雨文)

大 事 记

1月

1月5日　平煤集团总工程师张铁岗被中国工程院增选为院士，实现了我省本土中国工程院士“零”的突破。

1月7日　舞钢公司成功开发生产出非调质准贝氏体耐磨钢，填补了国内空白。

是日　平煤集团立项研究的“三维锚索与钻孔卸压相结合的支护新技术”获国家知识产权实用新型专利。这一技术目前在世界上居领先水平，能有效避免矿井冒顶事故的发生。

1月9日　市委经济工作会议在平顶山饭店召开。市委书记邓永俭在会上讲话。会议对全市的经济工作提出总体要求：牢固树立和认真落实全面协调可持续发展观，以全面建设小康社会统揽工作全局，以“建设大城市，发展大工业”为总体目标，大力调整经济结构，加快推进工业化、城镇化和农业现代化，深化改革，扩大开放，创新体制，不断增强经济发展的动力和活力，促进国民经济持续快速健康发展和社会进步。

1月29日　宝丰酒荣获河南省名牌产品称号。

2月

2月19日　市人大常委会第41次会议决定，任命冯刘成为市人民政府副市长，任命江金贵为市中级人民法院副院长，代理院长。

2月25～28日　中共平顶山第六次代表大会在平声影剧院举行。大会应到代表489名，实到482名。大会的主题是高举邓小平理论和“三个代表”重要思想伟大旗帜，动员全市各级党组织、广大党员和全市人民，以“建设大城市，发展大工业”为总体目标，全面实施二次创业，奋力打造经济强市，为率先实现全面建设小康社会的宏伟目标而奋斗。大会听取、审议并通过邓永俭代表中共平顶山市第五届委员会向大会作的工作报告；审议并通过中共平顶山市纪律检查委员会工作报告；选举产生了中共平顶山市第六届委员会；选举产生了中共平顶山市纪律检查委员会。邓永俭、王照平、董金友、赵琛、乔新国、吕彩霞、汤宗领、张浩侠、薛新生、段玉良、邢文杰、杨生华出席大会。

2月28日　中共平顶山市六届一次全会在市宾馆召开。会议采用无记名投票方式，选举邓永俭为市委书记，王照平、董金友、赵琛、乔新国为市委副书记；选举邓永俭、王照平、董金友、赵琛、乔新国、吕彩霞、汤宗领、张浩侠、薛新生、段玉良、邢文杰、杨生华为市委常委；通过了市纪委一次全会选举结果的报告；邓永俭主持会议并讲话。

是日　中共平顶山市纪律检查委员会在市宾馆举行第一次全体会议。会议采取无记名投票方式选举董金友为市纪检委书记，白进忠、郭新志、宋振京为副书记；会议选举产生9名市纪委常委。

△　全市公开选拔的967名大专以上学历优秀青年被派往全市967个行政村任职。该项活动始于2003年10月，经过报名、资格审查、笔试、面试、考察、公示等程序，共有967名青年被录用，其中，在职人员630名，非在职人员337名。

3月

3月4日　2003年7月24日，被告人冯某、孙某在宝丰县城关大桥收废品时将马某（另案处理）明知装有危害性液氯的钢瓶以380元价格收购后，冯、孙二人将该瓶运到宝丰县商酒务镇大王村西南小泥河北岸将瓶内的液氯排放，致使在附近农田干活的25名村民出现中毒症状，并使十亩庄稼遭受不同程度的损失。经宝丰县公安局法医检验，村民的临床症状符合化学物品刺激所致。宝丰县检察院认为,被告人冯、孙二人的行为已构成重大环境污染事故罪,依法提起公诉。该案件是平顶山市检察机关向人民法院提起公诉的首例重大环境污染事故案。

3月8日　平煤集团被国家人事部确定为“博士后科研工作站”,这是平顶山市第一个被定为“博士后科研工作站”的单位。

3月19日　市一高率先推行首席教师制。

3月22日　平煤集团十二矿被中国煤炭工业技术委员会评为“全国科技进步双十佳矿井”。

3月25日　全省企业管理现代化创新成果现场经验交流会在博泰宾馆召开。平煤集团的《以资源整合为核心的矿区物流再造》、市燃气总公司的《公用事业企业以提升用户满意度为目标的有效管理》、平煤集团一矿的《煤矿内部聚能管理》、平顶山鸿翔热电公司的《“质量、环境、职业健康安全”三标一体优化管理》等4项成果获奖。省企业管理现代化创新成果奖是全省企业管理成果的最高荣誉。

3月26日　国务委员兼国务院秘书长、国务院安全生产委员会副主任华建敏、国家安全生产监督管理局局长王显政在省委书记李克强、副省长史济春、市委书记邓永俭、代市长王照平等陪同下,到市卫东区的金牛山煤矿和平煤集团一矿对煤矿安全生产工作进行实地察看。华建敏在察看中强调,各级党委政府要认真解决安全生产中的薄弱环节和突出问题,真正使煤矿安全生产工作做到严肃得起来,落实得下去,做到少出事故多出煤,实现经济建设、社会进步和安全生产协调发展。

3月27日　在省首届“奋进杯”新形象·新河南代表单位人物评选活动中,市急救中心荣获金奖;市急救中心主任武秀昆被评为先进个人。

3月30日　中共平顶山市委决定在全市开展向荆建刚同志学习活动。同日,中共平顶山市委调查组以“情系鹰城”题目在《平顶山日报》全面报导了荆建刚的事迹。荆建刚在工作中坚持原则,秉公办事,抵制利诱,敢抓敢管,在不同的岗位上作出了突出贡献,树立了领导干部良好形象。2003年3月25日晚遭到非法个体建筑商的雇凶报复。伤愈后一如既往,尽责尽职。

3月31日　汝州市小屯镇顺发煤矿东平巷发生冒顶事故,造成4名矿工死亡,直接损失约82.5万元。

4月

4月2日　经国家邮政局批准,由河南省邮政局、平顶山市人民政府主办,市邮政局、叶县人民政府承办的《成语典故(一)》特种邮票《叶公好龙》首发式在叶公故里叶县的文化路东段举行。此套邮票共4枚,分别为《邯郸学步》、《叶公好龙》、《滥竽充数》、《鹬蚌相争》,面值均为80分。

4月15日　汝州市炸毁了顺发煤矿和曾在2003年11月22日发生特大瓦斯爆炸事故,造成23人死亡的小屯镇联营孙店煤矿。

4月16日　市委选派10名干部赴广东省汕头市跟班学习。这10名干部7人为乡(镇)党委书记,3人为乡(镇)长。他们被分派到汕头市5个乡(镇)跟班学习,不安排职务。

4月21日　平煤集团天成环保工程公司技术人员采用先进技术攻破矸石山绿化难关。此项技术在国内矸石山治理中实属首创。

4月23日　市公安局举行首次新闻发布会。首席发言人孙宗杰向媒体发布了第一季度全市社会治安基本情况,几类严重刑事犯罪特点,并就预防和应对此类案件作出警示揭示。同时就平顶山市“01.11.14”恶性案件向全市政法系统发布公开招标破案信息。

作为一项制度,每月15日、30日市公安机关都在市公安局举行例行新闻发布会,重特大警情随时举行现场新闻发布会。各县(市)区公安机关的治安情况由市公安局新闻发言人办公室组织发布。

中央、省、市十多家媒体和互联网站的记者参加了此次新闻发布会。

4月28日　神马集团新增10万吨尼龙66盐项目开工。项目建成后,可使神马尼龙66盐生产能力增加一倍,成为亚洲最大的尼龙66盐生产企业。

是日　在石家庄举行的全国残疾人游泳锦标赛上,平顶山市12岁选手许庆在男子S6级200米个人混合泳比赛中夺得冠军,在男子肢残组S6级50米蝶泳比赛中获得亚军。

5月

5月2日　叶县旧县乡沈湾村西侧一载32人的

豫R51018长途客车，因车速较高等原因与路上行驶的鄂H26745农用三轮车相撞。客车失控冲向路边，又与停靠在路边的两辆货车碰撞，导致3人死亡，20余人受伤，其中3人重伤的重大交通事故。

5月6日　由中央电视台电影频道投拍的河南省首部高清晰度电视电影《摊牌》在郏县堂街镇的临沣寨开拍。该片是根据平顶山市作家李建军创作的同名中篇小说改编而成。

5月11日　平顶山矿区采煤沉陷区综合治理评估会在神马大酒店召开。会议由中国国际工程咨询公司能源业务部煤炭处处长张豫生主持。辽宁工程技术大学副校长、教授、本次评估会专家组组长刘文生代表专家组向与会人员通报了平顶山矿区采煤沉陷区综合治理方案的现场评估意见。专家组认为，平煤集团是我国自行设计建设的第一个特大型煤炭生产基地。近50年来，改造和新建国有重点煤矿16座，累计生产原煤5.53亿吨。由于16对矿井的地下采煤，使其形成大面积的地下采空区和地面采煤沉陷区，导致大量城乡居民住宅、学校、医院、企事业单位、城市基础设施、农田受损。矿区采煤沉陷区灾害是严重的，治理工作十分迫切，应抓紧立项并尽快实施。会议原则通过了专家组对平顶山矿区采煤沉陷区综合治理方案的评估。出席会议的专家有崔继宏、李树志、邓喀中、郭广礼、王志宏、林丽、李博、王崴。代市长王照平、市委副书记赵琛、副市长李永胜、平煤集团领导及省、市有关部门的负责人出席了会议。

中国国际工程咨询公司是受国家发展和改革委员会委托，组织专家于5月9日开始对平顶山矿区采煤沉陷区综合治理进行评估的。

5月13日　平顶山学院成立。该学院是在平顶山师专基础上建立的普通高等教育本科院校。为庆贺该学院成立，省集邮公司于6月9日发行平顶山学院个性化邮票一枚，纪念封一枚。

5月14日　市降低农业税税率实施办法方案出台。该方案的主要内容包括降低农业税税率、调整农业特产税政策及其实施办法和步骤。

5月24日　参加为期4天的全国民间职业演出团体团长学习班开班仪式在宝丰县人民会堂广场举行。来自全国28个省(自治区、直辖市)的200多名民间职业演出团体团长参加了此次学习班的学习。国务院法制办、文化部市场司、中国文化报社、中宣部文艺局、省政府法制办和市政府有关方面负责人参加开班仪式。25日，省文化厅在宝丰县新世纪大酒店举办主题为“让中原艺术走向全国”的2004年河南·宝丰民间艺术论坛，邀请学习班的专家、学者及有关人士共同讨论民间艺术发展问题。国务院法制办教科文司司长史敏、文化部市场司副司长张新建、省文化厅副厅长谢文明、中国艺术研究院副院长刘茜、省艺术院研究员刘景亮和宝丰县民间艺术演出团体代表，分别在论坛上就民间文艺演出市场现状及民间艺术发展问题发表了自己的观点和看法。谢文明在发言中说，宝丰县48万人口，却拥有870多家民间职业艺术表演团体，从业人员有5万多人，仅去年的演出收入就超过1亿元。以宝丰为代表的中原民间艺术表演能够如此风起云涌，确实是一个值得我们认真关注的文化现象。

5月26日　世界刘氏第四届(寻根)联谊大会在市体育村开幕。大会的主题是“寻根、联谊、合作、发展”。中国侨联副主席林其珍、中央文献研究室副主任黄峥、省人大副主任李长铎、副省长贾连朝、省政协副主席张洪华等领导出席会议。泰国、印度尼西亚、新加坡、马来西亚等国刘氏宗亲总会(宗祠互助会、工会)及广东省、福建省组团参加大会。邓永俭、王照平等党政领导参加开幕式。全国政协副主席罗豪才和中国侨联向大会发来贺电。代市长王照平致词。

刘氏的主支源自祁姓，为帝尧之后。刘氏始祖为刘累。刘累自夏都迁于鲁县，并终老于此，而鲁县即为今鲁山县。11月17日，刘氏始祖殿在鲁山县昭平湖畔刘累陵园落成。会议期间举行了祭祖、经贸、刘氏与龙文化学术论坛等活动，并发行刘姓邮票珍藏册等系列邮品。大会于29日结束。

是日　市招商局成立。

6月

6月11～17日　政协平顶山市六届一次会议在平声影剧院举行。刘振军受主席团委托主持大会，郭松霄受五届常委会委托作工作报告。市党政军领导邓永俭、王照平等到会祝贺。大会通过无记名投票方式选举刘振军为市六届政协委员会主席；选举郭松霄、王月林、宋景峰、史正廉、张柳松、贾汉、张弓、潘民中、马四海为副主席，关源良为秘书长。大会通过了市政协六届一次会议提案审查情况报告；通过了市政协六届一次会议关于第五届委员会常务委员会工作报告的决议；通过了市政协六届一次会议政治决议。

6月12～18日　市八届人大一次会议在平声影剧院举行。大会由主席团常务主席主持。大会听取和审议了代市长王照平作的政府工作报告;市计委主任晏树斌作的平顶山市2003年国民经济和社会发展计划执行情况与2004年计划(草案)报告;市财政局长郭松霄作的平顶山市2003年财政预算执行情况和2004年财政预算(草案)的报告;市七届人大常委会主任侯玉德代表市七届人大常委会作的工作报告;代院长江金贵代表市中级人民法院作的工作报告;代检察长阎河川代表市人民检察院作的工作报告。大会通过了上述各项报告的决议。大会采用无记名投票方式选举侯玉德为八届人大常委会主任,贾廷寅、吴晓东、聂光国、巩国顺、孙同庆、肖来福、王改枝(女)、王金山为副主任,陈民政为秘书长;选举王照平为平顶山市人民政府市长,吕彩霞(女)、阎红心、李振、蒋克勤、李永胜、冯刘成、郑茂杰(回族)为副市长;选举江金贵为平顶山市中级人民法院院长;选举阎河川为平顶山市人民检察院检察长,并根据有关法律规定报经省人民检察院检察长提请省人大常委会批准。

6月14日　文园路湛河步行桥启用。该桥属V形钢架桥,全长128米,桥面宽6米。

6月20日　舞阳县人朱克平因在舞钢市交通肇事后弃车逃逸,被市公安局交警支队吊销驾驶证,成为《道路交通安全法》实施以来平顶山市首名因肇事逃逸被终身禁驾的机动车驾驶员。

6月30日　市首家职工法律援助站成立。

7月

7月4日　石龙区取消农业税。实行农业税全免政策,成为全市第一个取消农业税的县(市)区。

7月6日　汝州市一起因与他人发生经济纠纷而迁怒于社会的罕见的家族连环爆炸报复案告破。陈振学、黄玉范等4名犯罪嫌疑人被逮捕。

7月13日　市第一人民医院荣获“全国百姓放心示范医院”称号。

7月16日　市八届人大常委会第二次会议在市人大会堂常委会议室举行。会议审议通过了关于市人大常委会《议事规则(修订草案)》、《监督工作暂行办法(修订草案)》、《决定重大事项的规定(草案)》、《聘任各工作委员会委员监督暂行办法》,通过了王保华等33名市政府组成人员名单,并向他们颁发任命书。

市委书记邓永俭、市长王照平参加会议并分别讲话,市人大常委会主任侯玉德主持会议。

是日　国家质量监督检验检疫总局发布公告,对汝瓷实施原产地域产品保护。按照原产地域产品保护相关政策的规定,今后只有在汝州市行政区域内生产的汝瓷产品才能称为汝瓷。

7月20日　中共平顶山市第六届委员会第三次全体会议在平顶山宾馆举行。市委常委会主持会议,市委书记邓永俭作重要讲话;全会审议并通过了《平顶山市全面建设小康社会规划纲要》,董金友作关于《平顶山市全面建设小康社会规划纲要》起草情况的说明。

7月21日　省级重点文物保护单位蒲城店遗址考古发掘仪式在卫东区东高皇乡举行。

该遗址位于卫东区东高皇乡蒲城店村北,是一处含新石器时代以及夏、商、周、汉等时代的古代遗址,是平顶山乃至豫中地区罕见的一较大古代聚落遗址。遗址面积为15万平方米。以龙山文化为主的蒲城店遗址,上世纪50年代发现,1963年成为省第一批重点文物保护单位。此次发掘,也是首次对史前遗址进行考古发掘。

7月28日　市首支女子保安大队成立。

8月

8月2日　《平顶山失业登记办法》开始实施。该办法的出台是市首次对登记失业的对象、失业人员的权利和义务作出明文规定。《办法》还要求职业介绍服务机构履行相应责任。

8月11日　全市机构改革动员大会在平顶山宾馆召开。会议的主要内容是:贯彻落实省委、省政府批准《平顶山市人民政府机构改革方案》,安排部署全市的政府机构改革工作。市长王照平在会上讲话,指出:改革将从过去机构简单撤并,人员数量增减的“算术”式运转阶段进入以解决政府职能越位、错位、缺位问题为重点的实质性改革,逐步实现从全能向有限,从管理向服务,从权力向责任的职能转变。改革后的市政府工作部门为32个,直属特设机构1个,议事协调机构的办事机构1个。市委副书记赵琛主持会议。

8月13日　汝州市小屯镇运昌煤矿发生冒顶事故,造成3人死亡,1人遇险。

8月18日　邓小平铜像揭幕暨豫西革命纪念馆

开馆仪式在鲁山县举行。在解放战争时期,豫陕鄂、豫西解放区的党、政、军领导机关先后在鲁山设立。

8月20日 市劳动保障监察"110"举报电话开通,号码为"2988110"。

8月23日 平煤总医院院长任文杰在省首届优秀院长表彰大会上被评为优秀院长。

8月28日 "墨子故里"碑揭幕仪式在鲁山县尧山镇二郎庙村举行。31日,墨学与现代社会国际学术研讨会在鲁山县召开。省、市有关部门的负责人出席会议,来自国内和日本、韩国、美国等国家和地区的70多名专家、教授参加会议。大会共收到论文50多篇,部分论文受到好评。与会者认为,专题探讨墨子学术思想及其对现代社会发展的作用,对促进社会发展意义重大。

会议期间,与会者还参观、考察了墨子著经阁、墨子故里碑、墨庙等墨子遗址。

8月31日 市检察院党组决定,在全市检察机关开展向霍新泰学习活动。此前,舞钢市检察院、舞钢市委已先后作出决定开展学习霍新泰的活动。同年10月,省人民检察院决定为霍新泰追记个人一等功。2005年1月,中共平顶山市委决定在全市开展向霍新泰学习的活动。

霍新泰是舞钢市检察院反贪局副科级检察员,从事检察工作17年,淡泊名利、执法为民,因办理案件连续加班劳累过度,引起心脏病突发,以身殉职。

9月

9月8日 省民族民间文化保护工程确定宝丰县马街书会为首批保护工程试点。

9月10日 市劳动服务输出局成立。

9月23日 省委副书记支树平在邓永俭、董金友等市领导陪同下,视察了新城区建设和全市工农业发展情况。支树平强调,要牢固树立以人为本的科学发展观,将平顶山市新城区规划好、建设好,走出一条内陆省份城市建设的新路子;要积极推进工业化、城镇化进程,实现经济社会全面、协调、可持续发展。

9月25日 舞钢市通过省级园林城市验收,这是平顶山市第一个达到省级园林城市标准的县级市。

9月27日 传说中的汉字鼻祖仓颉的铜像被安放在鲁山县仓颉祠。仓颉铜像高2.26米,重达1吨,总投资30万元。仓颉墓冢在该县仓头乡上仓头村,冢上建有仓颉祠。北京书院画家杨成万创作仓颉画像。湖北籍商人刘道成出资铸像。

10月

10月10日 市第六届运动会暨第八届全民健身节在市体育村体育馆开幕。省体育局局长张振河出席开幕式并致词,市长王照平致开幕词,副市长李振主持开、闭幕式。

参加该届运动会的1124名运动员组成11个体育代表团,参加了田径、游泳、划船等15个项目的角逐,有15人15次破8项市运会记录。运动会20日闭幕。

10月20日 《香山寺历史文化研究》作品座谈会在市总工会举行。市政协副主席潘民中,市委宣传部、市社科联等部门负责人及有关专家学者参加座谈会。《香山寺历史文化研究》是任学用20余年完成的。作者在占有大量历史文献基础上,考证出香山寺建于东汉灵帝光和四年(公元181年),至今已有1820多年历史,是我国最早的佛教寺院之一,解决了香山寺建寺年代的历史悬念。该书以大量的古今资料证明,香山寺为我国佛教圣地之一。该书的出版,填补了一项中国佛教史研究的空白。

10月21日 市首家与台湾人合资兴建的健康体检中心在北大医院集团平顶山中心医院成立。

11月

11月4日 市首届"十佳检察官"表彰大会在市检察院举行。市委副书记乔新国、市人大常委会副主任聂光国、市检察院检察长闫河川参加会议。受表彰的"十佳检察官"分别是:舞钢市检察院反贪局原检察员霍新泰、湛河区检察院检察长库彦芳、市检察院控申处处长白宪法、市检察院公诉处主诉检察官闻延菲、汝州市检察院公诉科科长郭建民、鲁山县检察院公诉科科长潘天民、宝丰县检察院控申科科长李提、叶县检察院反贪局局长刘恩玲、市检察院办公室检察员饶爱兰、市检察院反贪局主办检察官张红彬。

11月6日 平煤集团煤炭交易大厅正式启用。这是中国煤炭行业首家由生产企业自己创建的煤炭交易大厅。

11月8日 许平南高速公路连接线工程建成试

通车。12月12日全线通车。

11月11日　鲁山县梁洼镇新生二矿非法小井无证开采发生瓦斯爆炸,造成34人死亡的特大责任事故。7名责任人被停职。

11月15日　汝州大峪乡发现11座保存完好的古山寨。这些山寨大部分建于清朝中后期。当时老百姓为避战乱,或以家族、村为单位,或依附大户,集资建寨并不断修葺。

11月16日　市政府公布我市徐玉诺之墓等16处文物古迹为首批市级文物保护单位。

11月17日　省长李成玉带领省政府、省发改委、省民政厅、省交通厅有关负责人到我市视察指导工作。他对平顶山的执政能力、新城区建设、高等教育、经济建设、乡村道路、灾后重建等工作提出要求。并反复强调,要深刻吸取"11.11"特大瓦斯事故的教训,真正把安全生产特别是煤矿安全生产放在重中之重的位置,坚决防止各类安全事故的再次发生。

11月23日　市工商局向经销叶县遵化店镇张村面粉厂生产的"书山"牌不合格小麦粉的商户送达《商品召回通知书》。这是平顶山市首次启用商品公告召回制度。

11月26日　宝丰县实验小学蓝天俱乐部获"全国青少年体育俱乐部"称号。这在全省县级小学中尚属首家。

是日　河南大学艺术学院教学实习基地在市八中挂牌。

12月

12月9日　平煤集团供水总厂荣获中国城镇供水先进单位称号,这是河南省唯一获此荣誉的企业供水单位。

12月16日　市爱心救助超市开业。爱心超市的服务宗旨是"救弱济困、传递爱心,为民解难",救助物品的来源主要是社会各界的捐助。

速冻食品会提前"过期"

很多人埋怨速冻饺子不新鲜,却不知道速冻食品在保质期之内不但会使营养成分大量丢失,还可能发生变质。

例如,某速冻食品在-18℃的保存期为3个月,但绝不意味着在-8℃也能保存3个月。如果出厂后一直保存在-18℃,那么3个月之内可以放心食用,否则就不能保证3个月之内不发生质变。因为所有的化学和酶反应速度都受温度的影响,在冷冻条件下,微生物基本上不会繁殖,但口感、风味还是在慢慢变化,脂肪会缓慢氧化,维生素也在缓慢分解。

一般来说,温度越低,营养素的分解、风味的损失、脂肪的氧化等速度就越慢,产品的品质也就能更长时间保持稳定。可实际上,超市的冰柜口往往是敞开的,人们对各种食品翻来翻去,温度不可能一直保持-18℃。在买回家的路上,如果环境温度很高,产品虽然没有完全融化,但温度也会随之升高。回到家里,普通冰箱的冷冻室很少能维持恒定的-18℃。

研究表明,食物在-1℃~-8℃之间存放,很多维生素的损失比0℃~4℃还要快。也就是说,人们在打开速冻食品准备食用的时候,很多产品也提前过了"保质期"。

(《现代健康报》3.22　范志红文)

概　况

自然环境

【区域位置】 平顶山市位于中国河南省中南部,北纬33°08′～34°20′,东经112°14′～113°45′之间。东与许昌市的襄城,漯河市的舞阳,驻马店市的西平、遂平县交界;西与洛阳市的汝阳、嵩县毗邻;南与驻马店市的泌阳县,南阳市的方城、南召县缘连;北与洛阳市伊川县,郑州市的登封市,许昌市的襄城县接壤。总面积7925平方公里,市区面积459平方公里。

【地形地貌】 平顶山市处于豫西山地和淮河平原的过渡地带。西部以山地为主,其多数山峰海拔高度500～1000米,部分山峰海拔高度在1000～1600米,最高山峰是鲁山县西部边界的石人山,海拔2153.1米。东部以平原为主。在低山和平原之间,分布着高低起伏的丘陵。从南北看,大体有三列呈北西～南东展布的山地夹两组河谷平原。北部是箕山,中部是外方山东段及平顶山市区以北低山,南部是伏牛山东段及其余脉。北部夹北汝河冲洪积平原,南部夹沙河、澧河等冲洪积平原。其海拔高度大多在300～700米之间,具有西高东低的特征。

【气候水文】 平顶山市处于暖温带和亚热带气候交错的边缘地区,具有明显的过渡性特征。全市年平均总日照时数为1868～2378小时。年平均气温在15.2～15.8℃之间;与常年平均值相比显著偏高0.6～1.1℃。年极端最低气温为－10.4℃,2004年1月25日出现在鲁山;极端最高气温为40.4℃,7月15日出现在平顶山市区。全市年平均降水量为612～1287毫米,较常年同期,除叶县、舞钢市偏多3～4成外,其它县(市)正常。

平顶山市境内河流众多,均属淮河水系。流域面积100平方公里以上的25条,建有各类水库170座,其中大型水库5座,即白龟山、昭平台、石漫滩、田岗、孤石滩水库,较大的河流有沙河、北汝河、澧河、干江河等。沙河,发源于鲁山县石人山,流经鲁山县、湛河区、叶县进入舞阳县境,境内流长175.8公里,流域面积3910.46平方公里,多年平均径流量为11.2亿立方米。北汝河,发源于嵩县东部跑马岭,经汝阳县入境,流经汝州市、郏县、宝丰县、叶县,汇入沙河。澧河,发源于方城县,由叶县常村乡入境,于漯河市区汇入沙河,境内流长60公里,境内流域面积253.3平方公里。澧河两岸植被较好,河水含沙量小。全市河流以雨水补给为主,故河川径流年际变化大,年内径流也极不均匀,一般与大气降水趋势一致。平顶山一带冷暖空气交汇频繁,季风气候特别明显。虽然四季分明,但也易出现旱、涝和大风、暴雨、冰雹以及霜冻等多种自然灾害。

【自然资源】 平顶山市物华天宝,资源丰富,煤炭、烟草以及钠盐在全省、全国都占有重要地位。

矿产资源 平顶山市地质构造复杂,成矿条件优越,已知矿产57种。其中优势矿产有煤、盐、铁、铅、耐火粘土、石灰石、熔剂灰石和硅石8种。此外,还有石膏、石墨、磷矿石、黄金等具有潜在优势的矿产资源。煤炭蕴藏极其丰富。位于市区和宝丰县、郏县、襄城县交界地带的平顶山煤田及新中国建立后在此开发建设的大型矿区,面积约650平方公里。储量103亿吨,多为肥煤、气煤、焦煤。位于叶县南部的叶县盐田,面积约400平方公里(包括舞阳县一部分),远景储量2000亿吨,叶县境内地质储量为1025万吨,属特大型盐矿床,居全省第一位,是中国东部第二大井盐田。铁矿工业储量6.61亿吨,占全省的56.6%。其他矿产如水泥灰岩、水泥粘土、大理石、铝土矿、金矿、白云矿、萤石、石膏等都有一定的开采价值。

土地资源 平顶山市土壤类型属南方的黄红壤向北方的褐土过渡地带。土壤种类多样,主要有黄棕壤、棕壤、褐土、潮土、砂疆黑土、粗骨土、红粘土、石质

土、紫色土、水稻土10个土壤类型。全市土地利用状况:耕地面积约占土地总面积的40%;园地占2.6%;林地占14%;水域占7%;居民点及工矿用地占11%;交通占2.4%,还有少量牧草地及暂未利用土地。

水资源　平顶山市水资源比较丰富,主要由降水补给,故在时空分布上非常不均匀。全市多年地表径流量为21.62亿立方米,地表水资源为24.6亿立方米,浅层地下水储量为7.45亿立方米,水资源总量为32.1亿立方米。

动植物资源　平顶山市位于华中动、植物区系与华北动、植物区系的过渡带上,动、植物种类较多。植物总计248科1014属2376种,经济价值较大的1000多种,全市林木覆盖率为16.9%。用材树种主要有松、杉、泡桐、杨、柳、椿、榆、槐、楝、楸等;其他林木主要有核桃、桃、梨、柿子、苹果、辛夷、猕猴桃等。主要农作物有小麦、玉米、烟叶、红薯、大豆、高粱、谷子、绿豆、芝麻、油菜、棉花、荞麦、豇豆等。建有叶县、宝丰、鲁山等商品粮基地。境内野生动物资源有陆栖脊椎动物226种,占河南省的46.6%。属国家和省重点的动物31种,其中列入国家级保护动物有:金钱豹、水獭、青羊、金雕、麇、红隼、鸳鸯、长耳鹈鸥、短耳鸥、白头鹞、红脚隼、苍鹰、大鲵、红腹锦鸡、灵猫等。饲养动物主要品种有南阳黄牛、郏县红牛、驴、长白猪、约克夏猪、山羊、绵羊、寒羊、兔、鸡、鸭、鹅、鸽子等。鱼类资源主要有鲤、鲫、草鱼、鲢、甲鱼。近年来白龟山水库引进的银鱼放养成功,为当地水族增添一个新的成份。

【旅游资源】平顶山市有丰富的人文景观和自然景观资料,发展旅游业得天独厚。

石人山　石人山在鲁山县城西约60公里,景区总面积55平方公里,最高峰海拔2153.1米,整个景区重峦叠嶂,山峰挺拔险峻,云雾缭绕,山中林木参天,清泉飞瀑,引人入胜。

风穴寺　风穴寺位于汝州市东北9公里处的嵩山少室南麓,始建于魏,距今已1400多年,寺内梵塔巍峨,殿阁参差掩映,具有江南园林风格。

三苏坟　三苏坟位于郏县城西27公里处的小峨嵋东侧,北宋苏轼、苏辙与其父苏洵衣冠葬此。现在的三苏坟由三苏陵园、三苏纪念馆和东坡塑像三部分组成,占地面积29394平方米,建筑面积1537平方米。陵园中"青山玉瘗"石牌坊上镌刻的苏轼"是处青山可埋骨,他年夜雨独伤神",堪为伤情佳句。

此外,汝州温泉、舞钢市石漫滩国家森林公园、白龟山水库风景区、昭平湖风景区、香山寺、叶县明清县衙以及湛河公园等,都堪称一方胜景。而一年一度的宝丰马街书会绵延600余年而不衰,成为中国文化史上的一大奇观。

历史沿革

今平顶山市所辖地域文化发源较早,约在8000年前,这里就有人类的活动。境内发现有新石器时代裴李岗文化、仰韶文化和龙山文化遗址。20世纪80年代,在平顶山市新华区发现的古应国墓地及其出土文物,对西周至春秋早期的礼制、贵族丧葬制以及应国史的研究都有重要作用。世人春秋,这里属楚,至今尚存的楚长城遗址,在中国长城历史上亦占有一席之地。此外,还有汉代冶铁遗址和闻名遐迩的风穴寺、香山寺等文物胜迹,都向世人展示着灿烂的古代文明。

历史上,平顶山境内也出现过许多彪炳青史的人物。春秋时的叶公沈诸梁,曾任楚国令尹兼司马。战国的鲁阳人墨翟,创立墨家学说。南宋初期抗金名将牛皋、清代著《歧路灯》的李绿园、清末民初的农民起义领袖白朗、倍受孙中山赞誉的民国名将樊钟秀等,都在历史上留下了闪光的足迹。

1927年后,在今平顶山市各地,中国共产党人的革命活动非常活跃。抗日战争、解放战争时,党领导的人民武装在这里进行了艰苦卓绝的斗争。1948年5月,中共中央中原局、中原军区移驻宝丰县和鲁山县。刘伯承、邓小平、陈毅、邓子恢在此主持召开了柳林会议、宝丰会议和鲁山会议,运筹帷幄,逐鹿中原,之后指挥了宛西、宛东、江汉、襄樊、睢杞、开封、郑州诸战役,在中国人民解放史上写下了光辉的一页。

1953年,平顶山煤田开始勘探开发。平顶山人艰苦创业,奋发图强,用汗水孕育了平顶山市的诞生。1957年建市后,党组织带领广大职工群众,集中精力抓煤矿生产建设,到1966年,先后建成11对矿井,原煤年产量达584万吨,初步把平顶山建成全国重要的煤炭基地之一。"文化大革命"10年中,平顶山人民在艰难曲折中前进。进入社会主义建设新时期后,市委、市政府贯彻中共十一届三中全会的路线、方针和政策,拨乱反正,坚定地执行调整经济和改革开放的方针，以能源工业为主体，合理调整产业结构，经济建设开始突飞猛进向前发展。20世纪90年代后，特别是进入21世纪后，中共平顶山市委、市政府以马列主义、毛泽东思想、邓小平理论和江泽民同志“三个代表”重要思想为指导，围绕“十五”计划，以经济结构调整为主线，以改革开放和科技进步为动力，以提高人民生活水平为根本出发点，继续实施科教兴平、开放带动和可持续发展战略，突出抓好体制创新、结构调整、城镇带动、优化工程、人才工程五大工作重点，积极“实施二次创业，打造经济强市”、“建设大城市，发展大工业”，积极培育煤炭、纺织、钢铁、电力、输变电设备、水泥、盐业、酒等八大工业基地，强力实施国有企业改革、经济结构调整、县域经济发展、城市建设与管理、煤矿安全生产、优化发展环境等六大攻坚战，努力把平顶山市建设成为河南的现代工业强市，中原城市群中重要的大城市。

行政区划

【县(市)区行政区划】 2004年，平顶山市管辖4个县(叶县、郏县、宝丰县、鲁山县)、4个区(新华区、卫东区、湛河区、石龙区)，代管两个县级市(汝州市、舞钢市)。

【乡(镇)行政区划】 2004年，全市共有乡(镇)人民政府93个，其中镇人民政府35个，乡人民政府58个，另有街道38个。其中平顶山市新华区2个镇，8个街道；卫东区1个乡，10个街道；湛河区2个乡(镇)，6个街道；石龙区4个街道；宝丰县13个乡(镇)，1个铁路地区；叶县18个乡(镇)；鲁山县20个乡(镇)；郏县14个乡(镇)；舞钢市8个乡(镇)，4个街道；汝州市15个乡(镇)，5个街道。

人 口

2004年末，全市总人口489.21万人，其中农业人口368.4万人，非农业人口120.81万人，人口自然增长率4.9‰。

民 族

平顶山市37个民族，其中人数较多的是汉、回、满、蒙古等几个民族。汉族人口所占比例最大，其次为回族。少数民族人口在地域分布上具有大分散、小集中的特点。回族在各县(市)区均有分布，以叶县为多，已超过10000人；满族各县(市)区均有分布，其中叶县超过1000人；蒙古族各县(市)区均有分布，超过1000人的有叶县、湛河区，其中湛河区北渡乡荆山村聚居人口最多，也是平顶山市蒙古族的历史发祥地。

2004年末，全市有少数民族乡2个，少数民族聚居村31个。全市少数民族人口68350人。

宗 教

平顶山市传布的宗教有基督教、伊斯兰教、天主教、佛教、道教5种。2004年末，全市信仰基督教的总人数15.46万人，有活动场所293处。信仰伊斯兰教的总人数5.31万人，有清真寺64坊。天主教教徒0.10万人，活动场所1处。信仰佛教的信徒10.4万人，有寺院55处。道教，全市共有道观77处，有道教信徒10.4万人。

组织机构

中共平顶山市委

书　　记 邓永俭
副 书 记 王照平　董金友　赵　琛　乔新国
市长级领导干部 邹积余
常　　委 邓永俭　王照平　董金友　赵　琛　乔新国　吕彩霞　汤宗领　张浩侠　薛新生　段玉良　邢文杰　杨生华
秘 书 长 邢文杰
副秘书长 闻伴功(5月离任)　李建生　侯红光(6月离任)　刘　柱　郑曙华　曾宪敏　梁万义(5月离任)

王洪军　程志强　王义修
李庆豪(7月任)

(一)工作部门

市委办公室
主　任　邢文杰(兼)
副主任　王洪军　程志强　王义修
机要局
局　长　洪　霞
副局长　王林晓
保密局
局　长　马建明
政策研究室
主　任　程志强(8月兼任)
副主任　贾夫立(8月任)　朱　斌(8月任)
档案局
局　长　牛宪政
副局长　苏　然　王京立　王支建(10月任)
党史研究室
主　任　王建玉(8月离任)　王洪军(8月任)
副主任　周万庭　吕风云
市委组织部
部　长　薛新生
副部长　周权生　黄林森　张义兴
齐俊禄(1月任)
老干部局
局　长　薛　学
副局长　郑发言　王惠玲
市委宣传部
部　长　张浩侠
副部长　肖元欣　石爱民　张凤岭　可运领
文明办
主　任　石爱民
副主任　刘建华　李　虹(8月任)
杨晓宇(11月任)
市委统战部
部　长　汤宗领
副部长　王炳耀　王广瑞　马占国
任双喜(8月任)　滕宝贤(8月任)
励伟英(8月任)　姜俊岭(6月离任)
市委政法委(综治办)
书　记　段玉良
副书记　李富生　宁富国(8月任)
纪　超(8月任)　李志昂(8月任)
政治部主任　刘玉萍
综治办主任　宁富国(兼)
副主任　吕绍廷　张松纪(10月任)
610办公室
主　任　纪　超(兼)
副主任　任义平
信访局
局　长　邢庆午
副局长　徐同江　杨进山　关绍英
市直机关工作委员会
书　　记　白　桥
副　书　记　潘世彦(10月离任)　谢松乾
海福五(10月任)　梁国定(11月任)
纪工委书记　孔维羚(10月任)

(二)直属事业单位

市委党校
校　　长　赵　琛
党委书记　副校长　杨文正
副　校　长　陈宝山(10月离任)　张本灿
毛炽鑫(10月任)　秦　健(10月任)
纪委书记　孙孝德(10月离任)　许占锡(10月任)
平顶山日报社
社　　长　韩玉民(7月任)
总　编　辑　娄禾青(10月任)
副　社　长　张文生(10月任)　聂世锋(10月任)
副总编辑　李建国　何金许
郭新民(10月任)　陶向军(10月任)
纪委书记　马登科(10月任)

中共平顶山市纪律检查委员会

书　记　董金友
副书记　白进忠　郭新志　宋振京
常　委　董金友　白进忠　郭新志　宋振京
毛爱国　张建明　肖玉兰　张荣海
李贡臻

平顶山市第八届人民代表大会常务委员会

主　　任　侯玉德
副　主　任　王念鸿(6月离任)　侯　邦(6月离任)
张朝俊(6月离任)　姚世明(6月离任)

胡武林(6月离任) 贾廷寅
吴晓东(6月任) 聂光国(6月任)
巩国顺(6月任) 孙同庆(6月任)
肖来福(6月任) 王改枝(6月任)
王金山(6月任)

秘 书 长 史庚申(6月离任) 陈民政(6月任)

副秘书长 陈民政(6月离任) 王新胜(6月离任)
牛运祥(6月任) 魏怀军(6月任)
石金成(6月任) 梁万义(6月任)
李学良(11月任)

办公室

主 任 陈民政(6月离任) 梁万义(6月任)

副主任 李学良(6月离任) 马廷轩
霍世卿(11月任)

调研室

主 任 牛运祥(6月离任) 乔国乾(6月任)

副主任 杨占国(6月离任) 师振旗(11月任)

财政经济工作委员会

主 任 乔全兴(6月离任) 姚银柱(6月任)

副主任 庞迎新(11月离任)

法律工作委员会

主 任 魏怀军(6月离任) 邓永康(6月任)

副主任 杨明光(4月离任) 乔国乾(6月离任)

城乡建设委员会

主 任 史代亭(6月离任) 范继业(6月任)

副主任 王根山

农村工作委员会

主 任 谢保廷(6月离任) 李福正(6月任)

副主任 徐自乾(6月离任) 沈太平(11月离任)
李高升(7月任)

科学教育文化卫生委员会

主 任 王耀忠(6月离任) 李昆武(6月任)

副主任 景大钊(4月离任) 梅国建(11月任)

选举任免代表联络工作委员会

主 任 张银龙

副主任 郭长新(12月离任) 罗松华

预算工作委员会

主 任 姚银柱(6月离任) 乔全兴(6月任)

副主任 王长现(11月任)

环境资源保护委员会

主 任 王子奇(6月离任) 张红普(6月任)

副主任 郑玉合(4月离任) 孙国谭(12月任)

民族侨务外事工作委员会

主 任 曹 珊(6月离任)
李学良(6月任,11月离任)
曹保强(11月任)

副主任 石金成(6月离任) 王长现(11月离任)
刘 颖(11月任)

平顶山市人民政府

代 市 长 王照平(6月离任)

市 长 王照平(6月任)

常务副市长 吕彩霞

市长级领导干部 梁光中(6月任)

副 市 长 梁光中(6月离任)
阎红心 李 振 蒋克勤 李永胜
冯刘成(2月任) 郑茂杰(6月任)

市长助理 郑曙林

秘 书 长 肖来福(6月离任) 王保华(7月任)

副秘书长 王富胜 张国旗
范继业(6月离任) 王胜文
贺国营(5月离任) 秦忠福
吴大明 朱敬海 姬保家
王 朴(5月离任) 范 海(8月任)
周炳文(8月任) 郭巧敏
马国欣(8月任) 王 涛
牛君彬(12月任)

(一)工作部门

市政府办公室

主 任 肖来福(8月离任)
王保华(8月任)

副主任 姬保家 王 朴(5月离任) 郭巧敏

纪检组长 郭建文

法制办公室

主 任 袁翠竹

副主任 刘平骅

地方史志办公室

主 任 杨 炜

副主任 宋新华 师万里 甘枝梅(10月任)

经济研究中心

主 任 马国欣(8月任)

副主任 王国栋(10月离任) 郭栓谨
王军佑(8月任) 徐宏义(10月任)

工农关系协调办公室

主 任 贺国营(3月离任) 周炳文(7月兼任)

副主任 宁锡芝 李长有 赵忠林

目标管理办公室

主　任　赵富章(7月离任)　郭巧敏(7月兼任)
副主任　王庚臣　李　萍

无线电管理处

主　任　宋丕勋(7月离任)　董艳丽(7月任)

移民安置办公室

主　任　边国志
书　记　田建国

市政府驻北京办事处

主　任　崔书正

市政府驻广州、深圳办事处

主　任　赵立宪

发展和改革委员会

主　　任　晏树斌
副 主 任　孙建豪(7月任,12月离任)
　　　　郭新芳(12月任)　陶同川(12月任)
　　　　张清林(9月离任)　李天甫(12月离任)
　　　　贾小平　史长现(5月任)
纪检组长　孔维羚(10月离任)　常勤涛(10月任)

物价局

局　　长　郭同生
党组书记　许全中(10月任)
副 局 长　宋中敏　毛建平　李广运
　　　　王　好(10月离任)　董松山(10月离任)
纪检组长　张中安(10月离任)　王海照(10月任)

教育局

局　　长　谷永涛(7月离任)　何照伟(7月任)
书　　记　谷永涛
副 局 长　元树林　张玉亭　孙根生
　　　　何照伟(7月离任)　冯　军(7月任)
　　　　郑东丽(7月任)　魏建平(7月任)
　　　　徐宗华(7月任)
纪委书记　郭劲辉(7月离任)　陈庄运(7月任)

科学技术局

局　　长　张红普(7月离任)　王松涛(7月任)
副 局 长　康　政(7月离任)　郭光明
　　　　李蔚田　和新力
纪检组长　严国庆

民族宗教局

局　长　郑茂杰(6月离任)　马占国(6月任)
副局长　虎小满(10月离任)　赵东亮(10月离任)
　　　　佟永慧(10月任)　李德强(10月任)
纪检组长　佟永慧(10月离任)

公安局

局长　党委书记　阎红心(兼)
常务副局长　王向阳
副书记　张才兴(7月任)
副局长　张宣美　刘跃武　高豫平　赵开生
　　　　李金发　宋路喜(7月任)
纪委书记　张才兴(7月兼任)

监察局

局　长　姜壮喜(7月离任)　宋振京(7月任)
副局长　肖玉兰　郭祥生(10月任)

民政局

局　长　孙天兴
副局长　苗德宇　郑之伟　孔国群
　　　　王　雷(10月任)
纪检组长　苏汉贞(10月任)

司法局

局　长　王新有(10月任)
副局长　王长海　段根龙　伍舒娅
纪委书记　刘大学

财政局

局　长　郭松霄(7月离任)　张坤子(7月任)
副局长　周炳文(7月离任)　张中俊(7月任)
　　　　杨德川　曲　岭　刘景周(8月离任)
　　　　黄宝森　上官洪洋(10月任)
纪检组长　魏留庆

人事局

局　长　赵　更
副局长　王相卿(10月离任)　程献华
　　　　杨刘娜(1月任)　罗运祥(1月任)
　　　　贾宏亚(8月任)
纪检组长　杜小红(2月任)

机构编制委员会办公室

主　任　赵　更(兼)
副主任　杨刘娜(兼)

劳动和社会保障局

局　长　江安俊(7月离任)　侯红光(7月任)
副局长　陈凯华　赵铁流　付国文(1月任)
　　　　郝新强(1月任)
经检组长　王伟嵘(1月任)

国土资源管理局

局　长　李　广
副局长　王宏伟(11月离任)　谢学德(10月离任)
　　　　张立森(10月离任)　李新桢　袁国欣
　　　　孟宪友　王建民(10月任)
　　　　段松泉(5月任)
纪检组长　李书榜

建设委员会

主　任　高永华

副主任　徐延杰　赵成志　邱金剑　翟振河

凌兵奎(5月任)

党委委员　规划设计院党委书记　代新民

纪委书记　徐忠孝(10月任)

交通局

局　　长　张柳松(7月离任)　张国需(7月任)

党委副书记　郭新芳(10月离任)

孙建豪(10月任)

副局长　赵国修　张帅旗　王建修

纪委书记　徐忠孝(10月离任)　刘　忠(10月任)

公路局

局　　长　郭新芳(10月离任)　孙建豪(10月任)

党委书记　吴　建

副局长　马华堂　宋东辉　李中杰

纪委书记　吴新潮

水利局

局　　长　卞天才

副局长　董发根　曹宝柱　王中文

赵庆民(5月任)　孙建光(10月离任)

李振山(10月离任)

纪检组长　马建林(1月任)

农业局

局　　长　张德欣

副局长　史建波(10月离任)　陈章发　刘东兴

马爱锄(2月任)　陈岱威(5月任)

纪检组长　史建波(1月离任)　魏双富(1月任)

蔬菜办

主　任　杨长吉(8月离任)　谭留长(10月任)

商务局

局　　长　常洪锁(7月任)

党委书记　张清林(7月任)

副局长　王长海(10月任)　郭　党(10月任)

孙仲权(10月任)　孙　军(10月任)

张振明(10月任)　王晓明(10月任)

文　化　局

新闻出版局

局　　长　贾宪生

副局长　丁　红　李　敏　李会良(9月离任)

许晓鹏(9月任)

纪检组长　范中阳(10月离任)　赵晓梅(10月任)

卫生局

局　　长　刘绍卿

副局长　侯德军　齐冠丽　杨振民

纪委书记　张湛华

人口和计划生育委员会

主　　任　王改枝(7月离任)　郑　枝(7月任)

副主任　孙宗贤(10月离任)　杨国民(10月离任)

李留兴　李志强(10月任)

卢玉杰(10月任)　牛全平(11月任)

纪检组长　张湛华(10月离任)　李　兵(10月任)

审计局

局　　长　吴耀成(7月离任)　刘二华(7月任)

副局长　杜　磊(7月任)　乔玉民

邵小红(4月任)　高惠珍(11月任)

李湘江(10月离任)　李世良(10月离任)

纪检组长　张松岩(10月离任)　刘书芳(10月任)

环境保护局

局　　长　艾立谱

党组书记　艾立谱(7月离任)　康　政(7月任)

副局长　李仁广　赵振清　苏改铭　何　烨

吴耀辉(5月任)

纪检组长　丁爱华(10月离)　张　浩(10月任)

统计局

局　　长　陈聚山

副局长　牛继庆　陈卫华　赵秋兰(10月离任)

党玉东(5月任)　华丛玉(10月任)

纪检组长　许耀生

体育局

局　　长　贾利众(7月离任)　倪建民(7月任)

党组书记　倪建民(7月离任)　贾利众(7月任)

副局长　李宏祥　张跃峰　王军民(10月任)

纪检组长　尚金水

粮食局

局　　长　李顺和

副局长　李保平(10月离任)　胡国顺　杨天增

赵广增(10月任)　宋　岚(10月离任)

王火宣(11月任)

纪委书记　赵广增(10月离任)　徐志浩(10月任)

广播电视局

局　　长　张留成

总编辑　兰　战

副局长　余春记　张庆一　闫新喜　裴秋德

纪检组长　王海林

林业局

局　　长　王文彬

党组书记　王清河(7月任)

副局长　宋国元(10月离任)　王建甫(10月离任)

闫惠吾　宋建波　侯会芳
曹冬青(5月任)
纪检组长　王海照(10月离任)　尹宣登(10月任)

煤炭工业局

局　　长　王　廷(3月离任)　张举峰(7月任)
副 局 长　杜玉印　刘　臣　陈瑞和
纪检组长　高　增

旅　游　局

外事侨务办公室

局 长 主　任　王松涛(7月离任)
蒋　梨(7月任)
副局长 副主任　蒋　梨(7月离任)　牛建中
马新云(10月任)
纪检组长　蒋俊川(10月离任)　谢　炜(10月任)

公用事业局

局　　长　李国臣
副 局 长　赵远景　王亚军　石树成
马　琳(5月任)
纪委书记　徐忠洲

规划局

局　　长　荆建刚
副 局 长　王文德　陈振江　冯明强(5月任)
纪检组长　陈明阁

中小企业服务局

非公有制经济发展局

局　　长　郑　枝(7月离任)　李红兵(7月任)
副 局 长　孙国安　王慧如(10月任)
马军占　张一平(10月离任)
姬发根(10月离任)
纪检组长　王慧如(10月离任)　甘少华(10月任)

(二)直属特设机构

国有资产监督管理委员会

党 委 书 记　薛新生(兼)
主　　　任　李永胜(兼)
常务副主任　郭斌献
副　书　记　宋彩敏
副　主　任　翟继全　赵金山　刘景周
纪 委 书 记　盛天彦

(三)议事协调机构的办事机构

人民防空办公室

主　　任　周建国
书　　记　宋国元(10月任)
副 主 任　陈家成　王彦昌　方延民
张顺松(10月任)
纪检组长　杨国武(10月离任)　田丽萍(10月任)

(四)直属事业单位

农业综合开发办公室

主　　任　李福正(3月离任)　陈中宇(8月任)
副 主 任　远全忠　安志坤　袁　炜(12月任)
纪检组长　于丽萍

房产管理局

局　　长　王惠琴
副 局 长　高太军　王向东　贾中伟
纪检组长　吴玉坤

盐业管理局

盐业总公司

局　长　总经理　孔新民
副局长　副总经理
郭　党(10月离任)　吉文化　娄彦全
岳希溥(10月任)　范中阳(10月任)
纪检组长　邓　君(10月离任)　刘秋军(10月任)

安全生产监督管理局

煤矿安全监察局

局　　长　张举峰(7月离任)　王喜成(7月任)
书　　记　范　海(7月离任)
副 局 长　苗发林　刘学范(10月离任)
纪检组长　李红亮(1月任)

农业机械管理局

局　　长　董庚午
副 局 长　叶东方　卫满库　张　权(10月任)
赵金山(10月离任)
纪检组长　李胜利

畜牧局

局　　长　孙文常
副 局 长　张军献　陈国重(5月离任)　王雪峰
赵志伟(2月任)　张铎岳(5月任)
纪检组长　尹宣登(10月离任)　王　鑫(10月任)

农业科学研究所

所　长　刘宏敏
副所长　杨宛玉　余汉党(10月任)
张山林(10月任)

供销合作社

主　　任　郭保国
监事会主任　谭鲁新

副 主 任 王少堂 张宗龙 胡长伟
王改枝(10月离任) 杨记栓(10月任)
纪检组长 仵自卫(10月任)

招商局

局 长 张耀国(4月兼任)
副局长 赵水才(4月任) 姜新夏(7月任)

(五)其 它

新城区管理委员会

党工委书记 汤宗领(兼)
管委会主任 冯刘成(兼)
常务副主任 高永华(兼)
副 书 记 梁中瑞
副 主 任 王新伟(兼) 郭金钟 尚胜利
丁 军 刘宏奎
纪委书记 潘世彦

高新技术产业开发区管理委员会

工委书记 副主任 张耀国
副 主 任 冯中涛 郭明善 李自军(5月任)
纪工委书记 郭保国(1月任)

白龟山水库管理局

局 长 马朝运
副局长 杜惠民 聂素芬(8月离任)
于善营(6月任) 魏恒志(6月任)
纪委书记 许 春(10月任)

孤石滩水库管理局

局 长 任世奇(8月离任) 彭德惠(8月任)
副局长 刘付军 董中来

石漫滩水库管理局

局 长 方法明
书 记 林四庆
副局长 藩祖华 康万营(6月离任)
袁自立(8月任)

昭平台水库管理局

局 长 何俊章
副局长 杨 威(10月任) 王三槐
罗学忠(10月任) 张小闯(10月离任)
马清志(10月离任)
纪委书记 杨 威(10月离任)

政协平顶山市第六届委员会

主 席 赵玉亭(6月离任) 刘振军(6月任)
副主席 徐玉昌(6月离任) 郭松霄
谢照明(6月离任) 王月林
巩国顺(6月离任) 宋景峰(6月任)
史正廉(6月任) 张柳松(6月任)
贾 汉(6月任) 张 弓(6月任)
潘民中(6月任) 马四海(6月任)

秘书长 任双喜(6月离任) 关源良(6月任)
副秘书长 张 兴 郭 敏 吴 立(6月任)

办公室

主 任 张 兴
副主任 王军民(10月离任) 张有正(6月离任)
丁少革(10月任)

研究室

主 任 张德顺(6月离任) 张有正(6月任)
副主任 潘 震(1月任,7月离任)

提案委员会

主 任 张洪祥(6月离任) 吴耀成(6月任)
副主任 杜兴业(10月离任)

农村委员会

主 任 李敬申(6月离任) 姜壮喜(6月任)
副主任 穆育学

经济委员会

主 任 樊 科(6月离任) 宋二创(6月任)
副主任 姬书敏

民族宗教港澳台侨委员会

主 任 李茂贵(6月离任) 姜俊岭(6月任)

教科文卫体委员会

主 任 宛芳卿(6月离任) 多魁良(6月任)
副主任 丁学峰

工青妇委员会

主 任 张德顺(6月任)
副主任 郑曙明(10月任) 袁桂珍

学习文史委员会

主 任 张德卿(6月离任) 闻伴功(6月任)
副主任 海福吾(10月离任) 王建玉(10月任)

法制委员会

主 任 赵怀吉(6月离任) 李言正(6月任)
副主任 孙义汉

县(市)区政协工作委员会

主 任 江安俊(6月任)
副主任 张华琪

民主党派和工商联

民革平顶山市第五届委员会

主任委员 闫永胜

副主任委员　张　弓　赵振业　宣福根

民盟平顶山市第三届委员会

主 任 委 员　潘民中

副主任委员　腾国庆　杨延钧　王德润

民建平顶山市第三届委员会

主 任 委 员　巩国顺

副主任委员　丁富国　朱德昌　刘　伟　赵世钧

民进平顶山市第一届委员会

主 任 委 员　马四海

副主任委员　吴来安　高惠珍

农工民主党平顶山市第五届委员会

主 任 委 员　王月林

副主任委员　李建华

九三学社平顶山市第四届委员会

主 任 委 员　梁光中

副主任委员　吴艳平　张电子　宋民献

平顶山市工商联第四届执行委员会

党组书记　滕宝贤

会　　长　张顺义

副 会 长　滕宝贤　何远伟　苏太平　高勤良
杨根水　傅显宁　王顺祥　陈晓明
李恒建　关晓彦　李留法　王德林
董志强　孙新富

秘 书 长　高勤良

平顶山市中级人民法院

代 院 长　江金贵(6月离任)

院　　长　江金贵(6月任)

副 院 长　李言正(7月离任)　赵明章　周留柱
万刚俊　史立民　任建军(8月任)
张建鸿(8月任)　赵鹏举(8月任)

纪检组长　徐有志

平顶山市人民检察院

检 察 长　阎河川(8月任)

副检察长　许晓伟　李　伟　孙忠民　邵志怀
张建民(8月任)　李东升(8月任)

纪检组长　屈元华

中国人民解放军平顶山市军分区

司 令 员　熊　辉

政 治 委 员　杨生华

副 司 令 员　夏　晨(10月任)

副政治委员　陈中和

参　谋　长　杨家济(10月任)

政治部主任　田国轩

后勤部部长　刘　良

中国人民武装警察部队平顶山市支队

支 队 长　师志刚

第一政治委员　宋景峰(6月离任)
阎红心(6月任)

政治委员　李新文

副支队长　赵军召(12月离任)　贾建国
刘敏之(12月任)　程广海(12月任)

副政治委员　黄业奇

参　谋　长　李庆军

政治处主任　袁建立

后勤处处长　程广海(12月离任)

中国人民武装警察部队平顶山市消防支队

支　队　长　延少贤

政 治 委 员　孙跃宏

副 支 队 长　李　青　王化齐

参　谋　长　吴文献

政治处主任　郑明贤(8月离任)　孙启国(8月任)

后 勤 处 长　侯少清

防 火 处 长　郭志新

社 会 团 体

总工会

主　　席　张遂兴

副 主 席　李全森　王运洲　张国昌

纪检组长　王铁信(10月离任)　余文英(10月任)

共青团平顶山市委

书　记　董汉生(4月离任)　陈英杰(4月任)

副书记　郭东晓　张跃欣(7月离任)

妇女联合会

主　席　何振华

副主席　师戌平　梁丽萍

科学技术协会

主　席　冯中南

副主席　杨承军　陈高科　赵桂枝

社科联

主　席　刘耀华

书　记　杨长吉(8月任)

副主席　米东山(10月离任)　杨晓宇(10月离任)
　　　　田新志(8月任)　吕晋京(10月任)

文　联

主　席　訾智民

书　记　朱建华(8月离任)　张凤岭(8月任)

副主席　姚剑宝　岳书敏　李建军

残　联

理事长　王新义

党组书记　宋　岚(10月任)

副理事长　吕天福　王胜利

垂直领导部门

平顶山市国税局

局　　长　李和圈(4月离任)　韩玉民(4月任)

副局长　王大国　孔付军　胡春田(7月离任)
　　　　张培红(4月离任)　闻传国(4月任)

纪检组长　徐　浩(4月离任)　李艳民(4月任)

平顶山市地方税务局

局　　长　李云生

副局长　徐天宏　李中良

纪检组长　张晓玲

平顶山市工商行政管理局

局　　长　陶洪臻

副局长　杨云祥　侯予生　魏亚彬
　　　　仝宛鎏　王龙恩

纪检组长　王诺玲

平顶山市质量技术监督局

局　　长　袁文忠

副局长　轩西铭(4月离任)　万天祥
　　　　孙国温(2月离任)　徐振华(3月任)
　　　　唐朝伟(3月任)

纪检组长　韩福兰

电业局

局　　长　刘书来(12月离任)　付红军(12月任)

党委书记　孟有富(12月离任)　刘德文(12月任)

副局长　刘德文(12月离任)　张国保　李庆安
　　　　王　军　秦冀川　高　峰(12月任)

纪委书记　高天增(12月离任)　杨舍近(12月任)

气象局

局　　长　魏纪滨

副局长　方安民　李锡营

纪检组长　王　翔

邮政局

局　　长　宠殿超(8月任)

党委书记　贾运良

副局长　刘宪宾　贾群生(2月任)

纪委书记　刘宪宾

食品药品监督管理局
市人民政府食品安全监督管理办公室

局长　主任　陈善民

副局长　范汉杰　许战国

纪检组长　贺周南

平顶山市烟草局
平顶山烟草分公司

局长　经理　王忠伟

副局长　胡晓洲

副经理　石清中　王振海

纪检组长　张明阳

金融管理机构

中国人民银行平顶山中心支行

行　　长　李高建

副行长　张永志　徐庆炜

纪委书记　陈富才

平顶山银监分局

局　　长　张本尧

副局长　马廷珍　李元元

纪检书记　李元元(兼)

中国工商银行平顶山分行

行　　长　任跃玲

副行长　张子玉　吴新慧　徐亚军　王　祥

纪委书记　程河云

中国建设银行平顶山分行

行　　长　金泽民

副行长　牛彦洁　武秀仑　张中歌

纪委书记　王全祥

中国农业银行平顶山分行

行　　长　赵天民(11月任)

副行长　董洪武(10月离任)　王　涛(9月离任)
　　　　杨　杰　王宪华(2月任)
　　　　李庆哲(11月任)

纪委书记　何保金(1月离任)
　　　　董洪武(1月任,10月离任)

中国农业发展银行平顶山分行

行　　长　郭文杰
副 行 长　王玉亭　李效军
纪委书记　李效军(兼)
中国银行平顶山市分行
行　　长　安振虎
副 行 长　韩溢革　徐豫鄂
纪委书记　彭　炎
平顶山市城市信用社
理 事 长　周新奇
监 事 长　张国民
副 主 任　杨　军　张　森　聂红玲
纪委书记　王海洋
中国人民财产保险股份有限公司
平顶山市分公司
总 经 理　徐宏伟
副总经理　杨长德　张铁山　王俊峰
纪委书记　李　勇(2月离任)
中国人寿平顶山分公司
总　经　理　朱清贤
总经理助理　陈志刚　宋宗仁　周二伟
泰康人寿平顶山中心支公司
总 经 理　何　强(12月离任)　郭　升(12月任)
副总经理　孙晓利(12月离任)　别国范(12月任)

大中专院校

平顶山学院
党委书记　张力奎
校　　长　孙陶生
副 书 记　石体民
副 校 长　千知觉　闫天德　罗士喜
纪委书记　黄林江
平顶山工学院
党委书记　刘振军(6月离任)
院　　长　李德平
副 书 记　朱爱东　张莉蓉
副 院 长　李生平　王召东　陈丙义　杨留栓
纪委书记　焦卫东
河南质量工程职业学院
校　长　马连凤
书　记　白君堂
副校长　胡永欣　张晓东　葛长龙
市卫生学校
校　长　王怀生(10月任)
书　记　孔祥明
副书记　副校长　刘晓平
副校长　龚富山(10月任)
市工业学校
校　长　冯　军(10月离任)　李爱民(10月任)
书　记　余文英(10月离任)　苑建平(10月任)
副校长　王若霞　王志翔

县(市)区四大班子主要领导

汝州市
市委书记　史正廉(3月离任)　吴孟铎(3月任)
人大主任　秦　亭
市　　长　吴孟铎(3月离任)　李全胜(4月任)
政协主席　鲁更臣
舞钢市
市委书记　祝义方
人大主任　祝义方(兼)　王国梁(6月病故)
市　　长　于　玲
政协主席　高宝山
鲁山县
县委书记　张坤子(2月离任)　刘全新(2月任)
人大主任　辛根义
县　　长　刘全新(2月离任)　贺国营(4月任)
政协主席　郝元方
宝丰县
县委书记　王小平
人大主任　王小平(兼)
县　　长　严寄音
政协主席　胡成义
郏　县
县委书记　王天顺
人大主任　刘福文
县　　长　王保华(3月离任)　郑　理(3月任)
政协主席　李拴勤
叶　县
县委书记　张朝显
人大主任　杜学鹏
县　　长　闫廷瑞
政协主席　冯国堂
新华区
区委书记　杜　欣
人大主任　孔金炳
区　　长　王新伟
政协主席　隋国忠

卫东区

区委书记 王金山(3月离任) 丁少青(3月任)

人大主任 李锦国

区 长 丁少青(3月离任) 王 朴(3月任)

政协主席 王星聚

湛河区

区委书记 李丰海

人大主任 崔仁逸

区 长 丁林平

政协主席 王章记

石龙区

区委书记 陈党义(3月离任) 王 廷(3月任)

人大主任 李东林

区 长 赵 军(3月任)

政协主席 陈风云

(注:除四大班子领导外,其它单位部分人员按年鉴体要求排列)

小心过冬菜变"毒药"

白菜:吃不好要人命 白菜放置时间长了,难免有些叶子似烂非烂,或者出现少许黑点,这样的白菜叶对健康有害。白菜中含有硝酸盐,硝酸盐本来没有毒,但腐烂之后,硝酸盐就会还原成有毒的亚硝酸盐。亚硝酸盐进入血液后,会使低铁血红蛋白氧化成高铁血红蛋白,让血液丧失携带氧的能力。吃了腐烂的白菜,哪怕是稍稍有些烂的白菜叶,身体都会因为缺氧在两三个小时内出现头晕、头痛、恶心、呕吐、心慌、气短、皮肤发青紫的现象,严重时还会抽筋、昏迷,甚至有生命危险。而且做熟了的白菜隔夜后也不要吃,因为白菜会在放置的时间里,通过细菌作用使硝酸盐还原成亚硝酸盐。

生姜:吃不好肚子疼 生姜是冬天对身体最有益的食物之一,可以驱寒暖胃。但腐烂的生姜会产生一种毒性很强的物质,叫黄樟素。黄樟素是公认的致癌物,本身会引起呕吐、休克、精神错乱、痉挛等症状。人吃了带这种毒素的姜,即使量很少,也有可能引起肝细胞中毒和变性。

土豆:发芽变绿有剧毒 土豆炒不熟吃了会中毒,发芽的土豆,即使炒熟了,也容易中毒。吃了发芽的土豆出现中毒的潜伏期,最短的只有30分钟,最长的达3个小时,最先出现的是消化道的不适,觉得咽喉和口腔有烧灼感、发痒,上腹部有烧灼一样的疼痛,继而出现恶心、呕吐、腹泻,有的还会便血,严重的人还会昏迷、瞳孔散大、呼吸困难。已经发芽的土豆,吃时必须把芽和芽根及土豆表皮变绿的部分挖去,在清水里泡两小时以上,才可以食用,烹调时最好炖、煮。

木耳:新鲜货不能吃 新鲜木耳不但不能吃,而且对身体的影响还非常明显。新鲜木耳里含有一种对光线特别敏感的琳类光感物质,直接吃新鲜木耳后,在太阳光的照射下,会引起日光性皮炎,暴露在阳光下的部位会明显感觉到痒、水肿,发痒部位的皮肤还有可能会坏死,严重的人连带着咽喉都会出现水肿,造成呼吸困难。

胡萝卜:生吃没营养 与上述的食物不同,胡萝卜里没有毒素,只是生吃几乎没有营养。生吃胡萝卜会损失90%的类胡萝卜素,用炒菜的方法能保存76%~94%。吃胡萝卜时重视烹饪的方法,比如素炒胡萝卜丝、牛肉炖胡萝卜等,都能使β-胡萝卜素被人体充分吸收。

(《北京娱乐信报》11.16 齐鸣文)

人　物

党政军领导

邓永俭　1950年10月生,男,汉族,湖北红安人,中共党员,大学文化。1968年10月下乡。1971年6月到化工部三门峡化工矿山机械厂工作。1980年7月到河南省劳动厅工作。1981年10月任河南省劳动保护科学研究所办公室主任。1985年10月任河南省劳动人事厅办公室副主任。1988年5月任河南省劳动就业局副局长、省劳务输出总公司总经理。1990年8月任河南省劳动厅人事处处长。1992年4月任河南省劳动厅副厅长、党组成员、厅机关党委书记。1998年5月任中共平顶山市委副书记、平顶山市人民政府市长。2003年5月至8月任平顶山市委书记、市长。2003年8月任平顶山市委书记。

王照平　男,汉族,1958年2月生,河南镇平人,1983年4月加入中国共产党,1975年8月参加工作,研究生学历。1975年8月至1978年2月,在河南省南召县、唐河县农村插队。1978年3月至1982年1月,在郑州工学院化工系学习。1982年2月至1992年5月,在河南省南阳县工作,先后任公社团委书记、县化肥厂厂长、团县委书记、副县长、县委副书记兼副县长、县长。期间:1985年9月至1988年8月,在中央党校全日制研究生(三年制)培训班学习。1992年6月至1994年9月任河南省社旗县委书记兼人大主任。1994年10月至1998年11月,任河南省南阳市人民政府副市长、党组成员。1998年12月至2003年7月任河南省人民政府农村经济工作领导小组(省扶贫开发领导小组)办公室主任、省农业综合开发领导小组(省扶贫开发领导小组)办公室主任、党组书记。2003年8月至2004年5月任河南省平顶山市委副书记、平顶山市人民政府代市长。2004年6月当选为平顶山市人民政府市长。

董金友　男,1954年7月生,河南信阳人,汉族,中共党员,研究生学历。1973年12月在海军38543部队服兵役。1978年5月在信阳县游河高中任教。1978年10月至1981年6月在信阳师范学院政治系读书。1981年7月任信阳县委党校教员。1983年2月至1988年8月分别在信阳县高梁店乡、平昌乡、洋河乡、五里店乡先后任乡长、书记。1988年8月任信阳县政府县长助理。1988年10月在淮滨县先后任政府常务副县长、县长、县委书记。1998年12月任平顶山市政府副市长。2001年6月任中共平顶山市委副书记、市纪委书记。

赵　琛　男,汉族,1951年9月出生,河南济源人,中共党员,研究生学历,经济学硕士,高级工程师。

1969年1月参加工作。1969年1月至1971年12月,在荥阳县广武乡下乡。1971年至1978年10月,在开封冶炼厂、第二通用机械厂当工人。1978年10月至1982年8月,在武汉建材工学院读书。1982年8月至1985年5月在河南建筑材料研究所工作。1985年5月至1996年11月先后任河南建筑材料研究设计院科研管理科科长、副院长、院长兼党委书记。(1993年9月至1996年7月在中国人民大学研究生班学习)。1996年11月至2000年5月任河南省科学技术委员会副主任、党组成员。2000年5月至2003年8月任河南省科技厅副厅长、党组成员兼省科协副主席。2003年8月,任中共平顶山市委副书记。

乔新国　男,汉族,1952年8月生,河南杞县人,大学文化。1971年参加工作,任河南省通许县委办公室、

城郊公社办事员。1974年6月开始,先后在开封地委组织部、地区人事局、地委办公室工作,任干事、秘书。1982年7月任共青团开封地委副书记。1983年9月调任共青团郑州市委副书记(1983年9月至1985年9月在郑州大学政治系学习)。1985年9月,先后任郑州市金海区、金水区人民政府副区长。1988年12月,任邙山区委副书记、区人民政府代区长、区长。1992年8月任邙山区委书记。1995年7月任中共郑州市纪律检查委员会副书记、市监察局局长。1998年8月任中共郑州市委组织部常务副部长。1999年1月任郑州市人民政府副市长。2001年6月调任中共平顶山市委常委、组织部长。2003年8月任中共平顶山市委副书记。

吕彩霞　女,1956年10月出生于河南郏县,汉族,中共党员,大学文化。1974年9月参加工作,在郏县冢头乡陈砦学校任民办教师。1982年7月毕业于河南师范大学数学系,分配到平顶山市郊区焦店乡工作,1983年9月任该乡副乡长。1984年6月加入中国共产党。1986年11月调任平顶山市郊区计划生育委员会主任。1989年11月任平顶山市郊区政府副区长。1994年5月任湛河区政府区长。1996年9月调任新华区委书记。1999年1月任平顶山市政府副市长。2001年6月任中共平顶山市委常委、宣传部长。2003年8月任平顶山市人民政府常务副市长。

汤宗领　男,汉族,1954年8月生,河南孟县人,大专文化,中共党员。1970年12月至1986年9月在郑州武警支队服役,历任班长、中队长、助理员、科长等职务。1986年9月至1992年3月历任河南省计划经济委员会秘书、科长、省政府大项目办公室综合组组长。1992年3月至1992年10月任夏邑县人民政府副县长,1992年10月至1994年2月任中共夏邑县委常委、副书记兼县人民政府党组副书记、副县长。1994年2月至2000年元月历任中共夏邑县委常委、副书记、县人民政府党组书记、县长、县委书记。2000年1月至2001年6月任中共商丘市梁园区委书记。2001年6月任中共平顶山市委常委、统战部长,2002年8月兼任市新城区管委会主任。

张浩侠　男,汉族,1947年8月出生,1971年12月参加工作,1985年2月入党,河南平顶山人,大专学历。1971年12月至1976年4月,平顶山市郊区东风公社焦厂、建筑队工人。1976年4月至1981年6月,在平顶山市郊区药厂任采购员、供销科长。1981年6月至1984年8月,任平顶山市郊区工交局办公室副主任。1984年4月至1989年5月,任平顶山市郊区工业生产办公室主任兼来苏厂厂长。1989年5月至1992年6月,任平顶山市医药管理局局长。1992年6月至1993年1月任平顶山医药联合集团公司总经理、党委副书记。1993年1月至1997年8月任平顶山医药联合集团公司总经理、党委书记。1997年8月至2003年8月任平顶山市人民政府副市长。2003年8月任平顶山市委常委、宣传部长。

薛新生　男,1955年4月出生,河南修武县人,汉族,中共党员,研究生学历。1970年至1982年任新密矿务局机修总厂团支书、团委副书记。1982年至1985年任郑州市新密区政府办公室副主任、区委办公室副主任。1985年至1990年任郑州市信访办公室科长。1990年至1994年任郑州市上街区政府副区长。1994年至1996年任郑州市政府副秘书长兼信访办主任。1996年至1997年任中共郑州市金水区委副书记、金水区政府区长。1997年至2001年任郑州市金水区委书记。2001年至2003年任平顶山市人民政府副市长。2003年8月任中共平顶山市委常委、组织部长。

段玉良　男,汉族,1955年10月生,河南省博爱县人,大学文化程度,法学学士,1971年3月参加工作,1987年10月加入中国共产党。

1971年3月至1974年6月,在河南博爱县界沟"五七"青年农场下乡。1974年6月至1979年7月,河南博爱县化肥厂工会秘书。1979年7月至1983年7月,西南政法学院学生。1983年7月至1986年2月,河南省司法厅劳改局科员。1986年2月至1989年6月,河南省委政法委调研处主任干事。1989年6月至1996年5月,河南省委政法委调研处副处长。1996年5月至1997年12月,河南省委政法委研究室副主任(调研员)。1997年12月至2000年8月任河南省委政法委研究室主任。2000年8月至2003年8月任平顶山市人民检察院检察长。2003年8月任平顶山市委常委、政法委书记。

邢文杰　男，汉族，1953年9月出生，河南南阳人，大学文化，中共党员。1973年3月参加工作，先后在南阳牛岗学校、青华学校任民办教师。1975年9月至1977年7月在南阳地区师范学校学习。1977年7月至1978年11月在南阳县牛岗学校教书。1978年11月至1994年6月在洛阳市教育局工作，先后任洛阳市教育局干事、办公室副主任、主任。1994年6月至1996年8月任洛阳市教委副主任、党组成员。1996年8月至1999年4月任洛阳市西工区委副书记、区长。1999年4月至2003年8月任伊川县委书记、县人大常委会主任。2003年8月任平顶山市委常委、秘书长兼办公室主任。

杨生华　男，1954年12月出生，祖籍河南淅川，汉族，1975年1月入伍，1978年2月加入中国共产党，大学文化，大校军衔。

1975年1月在步兵第381团二营六连服役。1978年7月任步兵第381团排长、干事、政治指导员、正连职干事。1979年2月参加对越自卫反击战，任团组织股干事。1984年11月任步兵第127师政治部组织科副营职干事。1985年12月任步兵第127师政治部宣传科副科长。1988年4月任步兵第127师政治部组织科科长。1990年10月任步兵第127师坦克团政委。1996年3月任127师政治部主任。1999年1月任步兵第127师副政委。2003年12月任河南省平顶山军分区政治委员，平顶山市委常委。

侯玉德　男，汉族，1947年2月出生，南阳市宛城区瓦店镇岳庙村人，1970年7月参加工作，1973年10月加入中国共产党，大学文化程度。

1968年10月在南阳三高高中毕业。1970年7月至1972年2月，在南阳光辉机械厂工作。1972年2月至1975年2月，在洛阳农机学院大专毕业。1975年2月至1977年元月，在南阳县光辉机械厂任技术员。1977年元月至1980年4月，在南阳县经委工作。1980年4月至1983年12月，任南阳县档案局副局长。1983年12月至1984年4月，任南阳县王村乡党委书记。1984年4月至1985年12月，任南阳县县委副书记兼纪委书记。1985年12月至1988年12月，任社旗县县委副书记、县长。1988年12月至1991年2月，任社旗县县委书记兼人大主任。1991年2月至1994年10月，任南阳市委书记(县级)。1994年10月至1997年7月，任南阳市委副书记(副地级)。1997年7月至2003年2月，任平顶山市委副书记。2003年2月至今任平顶山市人大常委会主任、党组书记。

王念鸿　男，1941年4月生，汉族，河南封丘人，大学文化，中共党员。1960年9月至1963年5月，郑州煤炭工业学院、焦作矿院学生。1963年5月任平顶山矿务局五矿劳动工资科、六矿政工组干部。1969年12月任平顶山矿务局劳资处技术定额员。1973年5月任平顶山矿务局劳资处劳动工资科副科长。1978年5月任平顶山矿务局劳资处副处长。1982年10月任平顶山市计委副主任、市计经委副主任、党组副书记(正县级)。1989年1月，任平顶山市外经贸委主任、党委书记。1989年5月任平顶山市人民政府副市长。1994年2月任中共平顶山市委常委、副市长。1999年1月任平顶山市七届人大常委会副主任。2004年6月离任。

侯　邦　男，1941年11月生，汉族，河南鲁山县人，高中毕业，中共党员。1964年8月，鲁山县“四清”工作队、许昌地委“四清”工作队队员。1966年8月，许昌地委机关办事员，地区银行办事员。1970年12月任鲁山钢厂车间主任、党支部书记，厂党的核心小组成员、党委常委，厂革委会副主任。1981年5月任许昌地区财政局党组成员、监检科科长。1983年7月任宝丰县委副书记、副县长。1984年4月任宝丰县委副书记、县长。1986年12月，任宝丰县委书记、县人大常委会主任兼县人武部党委书记。1993年5月任中共平顶山市委常委、政法委书记(其间1994年3月至1995年3月兼平顶山市中级人民法院院长)。1998年5月任平顶山市六届人大常委会副主任。1999年1月任平顶山市七届人大常委会副主任。2004年6月离任。

张朝俊　男，1941年5月生，汉族，河南襄城人，大学毕业，中共党员。1960年9月至1964年8月，焦作矿院学生。1964年8月至1970年5月，平顶山煤校教师。1970年5月任平顶山矿务局三矿技术员、七矿

更生厂副厂长、工程师，七矿副矿长。1983年4月历任平顶山市西区副区长，宝丰县副县长、县委副书记、县长。1989年12月任平顶山市乡镇企业委主任、党组书记。1993年4月任平顶山市人民政府副市长。1999年1月任平顶山市七届人大常委会副主任。2004年6月离任。

姚世明 男，1941年11月生，汉族，河南邓州人，大专毕业，中共党员。1960年9月至1963年8月，南阳农专学生。1963年8月，任许昌地区农业试验站技术员。1969年1月至1970年12月，许昌县“五七”干校学员。1970年12月，在平舞工程许昌民兵团办公室、舞阳工区郊委办公室、舞钢区农业办公室工作。1980年3月任平顶山市舞钢区委办公室秘书、副主任。1984年4月任平顶山市舞钢区委副书记、区长。1988年4月任舞钢市委书记、舞钢市人大常委会主任(其间:1990年2月至1990年7月，省委党校学习;1991年7月至1992年5月，省委办公厅任职锻炼)。1993年3月任舞钢市委书记。1994年3月任平顶山市六届人大常委会副主任。1999年1月，任平顶山市七届人大常委会副主任。2004年6月离任。

胡武林 男，1939年12月生，汉族，浙江建德人，中专毕业，民革党员。1959年2月至1961年4月，新疆建设兵团五农校学生。1961年4月任新疆建设兵团红星一牧场会计。1963年9月任铁道部平顶山轨枕厂会计、厂劳动服务公司副经理。1990年1月任铁道部平顶山市轨枕厂劳动服务公司经理兼平顶山市新华区政协副主席。1992年2月任平顶山市监察局副局长。1994年5月任平顶山市审计局副局长。1995年2月任市政协副主席，民革市委主委。1999年1月任市七届人大常委会副主任、民革市委主委。2004年6月离任。

贾廷寅 男，汉族，1946年11月生，河南省叶县人，中共党员，大专文化，高级工程师。

1965年3月参加许昌地委社会主义教育工作队，1968年2月受“文化大革命”错误路线迫害返乡。1971年3月任叶县常村党支部书记、工作片党总支书记。1984年4月落实政策任常村乡党委委员、党

委副书记(正科级)，期间1989年9月至1991年7月郑州航空学院经济系函授学习。1990年元月至1991年12月任叶县盐管局副局长、党组副书记。1992年元月至1993年8月任平顶山市机动车检测中心主任。1993年8月至1994年8月任平顶山市公安局交警支队副支队长、党委委员。1994年8月至1999年3月历任平顶山市公安局交警支队政委、支队长、党委副书记、党委书记。1999年3月至2002年3月任平顶山市公安局政委、党委副书记。2002年3月任平顶山市第七届人大常委会副主任、党组成员。2004年6月任平顶山市第八届人人常委会副主任、党组副书记。

吴晓东 男，汉族，1944年1月出生，河南灵宝人，1969年8月参加工作，1984年加入中国共产党，1969年7月毕业于北京政法学院法律系。

1965年8月至1969年7月在北京政法学院(现中国政法大学)法律系学习。1969年8月至1970年7月，因文化大革命原因在校待分配。1970年8月至1972年1月在湖北沉湖军垦农场锻炼。1972年元月至1974年6月在洛阳市第二十二中任教。1974年6月至1982年4月，在洛阳市郊区人民法院工作。1982年4月至1984年4月，在洛阳市郊区政法办工作。1984年4月至1986年5月在洛阳市郊区人民法院任副院长。1986年5月至1995年8月在三门峡市中级人民法院工作，历任办公室主任、工会主席、副院长、党组副书记(期间1988年3月至1989年1月在最高人民法院交流锻炼)。1995年8月至2003年8月任平顶山市中级人民法院院长、党组书记。2003年8月至2004年6月，任平顶山人大常委会党组成员。2004年6月，任平顶山市人大常委会副主任、党组成员。

聂光国 男，汉族，1945年出生，1970年8月参加工作，1984年加入中国共产党，河南临颍人，大学学历，教授级高级工程师。

1964年9月至1970年8月，在焦作矿院采煤系采煤专业学习(期间1969年7月至1970年7月河南原阳农村参加劳动锻炼)。1970年8月至1979年12月，任湖南衡阳柏坊煤矿技术员。1979年12月至

1995年10月,平顶山矿务局一矿工作,历任总办公室技术员、工程师、开拓科副科长、科长、副总工程师、副矿长、矿长。1995年11月至1996年9月,任平煤集团副总经理兼总工程师、董事。1996年8月至1999年12月,任平煤集团总经理助理、专职董事。1999年12月至2000年9月,任平煤集团副总经理。2000年9月至2004年1月任平煤集团总经理、副董事长。2004年2月至2004年6月,任平顶山市人大常委会党组成员。2004年6月任平顶山市人大常委会副主任、党组成员。

巩国顺　男,汉族,1961年12月出生。河南密县人,博士、高级经济师。民建中央委员会六届、民建河南省委员会六届常委,河南省九届政协常委。

1979年至1983年在成都科技大学学习,获工学学士学位。1983年至1987年在平顶山锦纶帘子布厂生产调度室工作。1987年至1989年在西北工业大学读研究生。1989年至1990年在英国兰卡斯特大学管理学院工商管理(MBA)专业学习,获工商管理硕士学位。1992年至1994年任中国神马(集团)帘子布公司(前身为平顶山锦纶帘子布厂)供销公司外贸科科长。1994年至1996年任中国神马(集团)帘子布公司总经济师。1996年至2004年任中国神马集团有限责任公司副总经理、平顶山市政协副主席(兼民主建国会平顶山市主委),期间的2000年至2003年在中国科学技术大学读研,获管理科学与工程博士学位。2004年6月任中国神马集团有限责任公司副总经理、平顶山市人大常委会副主任(兼民主建国会平顶山市主委)。

孙同庆　男,汉族,1948年出生,河南鄢陵人,1967年8月参加工作,1971年1月入党,大学普通班学历。

1967年8月至1972年3月,下乡锻炼、鄢陵县物资供应站职工、医药公司技术员。1972年3月至1975年3月,在河南农学院园林专业学习。1975年3月至1982年12月,历任鄢陵县南坞公社党委委员、革委会副主任、党委副书记、县园艺场场长、书记、鄢陵县委委员。1982年12月至1984年4月,任鄢陵县人民政府副县长。1984年4月至1986年4月,任襄城县人民政府副县长。1986年4月至1989年3月,任襄城县县委副书记、县长。1989年3月至1993年3月,任平顶山市郊区区委书记。1993年3月至1994年5月,任平顶山市郊区区委书记兼人大主任。1994年5月至1995年3月,任平顶山市中级人民法院副院长、党组副书记(正县级)。1995年3月至1995年8月,任平顶山市中级人民法院院长、党组书记。1995年8月至2004年3月,任南阳市中级人民法院院长、党组书记。2004年3月至2004年6月,任平顶山市人大常委会党组成员。2004年6月,任平顶山市人大常委会副主任、党组成员。

肖来福　男,汉族,1950年8月出生,河南舞钢人,1969年3月参加工作,1970年9月入党,大学学历。

1969年3月至1974年9月,部队战士、平顶山市舞钢区杨庄公社小学教师。1974年9月至1977年8月在郑州大学政治历史系学习。1977年8月至1989年8月,任平顶山市委组织部干事、副科长、科长。1989年8月至1991年8月,任平顶山市委组织员(副县级)。1991年8月至1994年4月,任平顶山市委组织部副部长。1994年4月至1997年12月,任平顶山市委副秘书长、办公室主任。1997年12月至1999年2月,任平顶山市湛河区委书记。1999年2月至2002年12月,任平顶山市人民政府党组成员、秘书长、办公室党组书记。2002年12月至2003年7月,任平顶山市人民政府党组成员、秘书长、办公室主任、办公室党组书记、市政府行政审批中心主任。2003年7月至2004年2月,任平顶山市人民政府党组成员、秘书长、办公室主任、办公室党组书记。2004年2月,任平顶山市人大常委会党组成员、人民政府党组成员、秘书长、办公室主任。2004年6月,任平顶山市人大常委会副主任、党组成员。

王改枝　女,汉族,1949年3月出生,河南长葛人,1968年10月参加工作,1973年4月入党,大专学历。

1968年10月至1972年8月,郏县李口公社下乡知青。1972年8月至1976年10月,任郏县王集公社团委书记、党委副书记。1976年10月至1979年11月,任舞钢工区郊委办公室干部、农业局办公室副主任。1979年11月至1984年6月,任平顶山市舞钢区妇联会副主任(期间:1982年9月至1984年7月在郑州大学经济系干部专修科经济管理专业学习)。1984年6月至1987年1月,任平顶山市舞钢区计委主任、党组书记。1987年1月至1989年12月,任鲁山县委常委、组织部长。1989年12月至

1992年12月,任舞钢市委常委、副市长。1992年12月至1996年9月,任叶县县委副书记、县长。1996年9月至2004年2月,任平顶山市计划生育委员会主任、党组书记。2004年2月至2004年6月,任平顶山市计划生育委员会主任、党组书记,平顶山市人大常委会党组成员。2004年6月,任平顶山市人大常委会副主任、党组成员。

王金山 男,汉族,1952年9月出生,河南叶县人,1972年12月参加工作,1975年1月入党,大学学历。

1972年12月至1983年3月,部队战士、排长、助理员。1983年3月至1986年4月,叶县旧县乡干部、乡党委副书记。1986年4月至1989年12月,叶县龙泉乡、廉村乡党委书记(期间1985年9月至1988年7月在河南大学中文专业函授学习)。1989年12月至1991年12月,任舞钢市人民政府副市长。1992年12月至1997年12月,平顶山市卫东区委常委、副区长。1997年12月至2001年6月,平顶山市卫东区副书记、区长。2001年6月至2004年2月,平顶山市卫东区委书记(期间1999年9月至2002年7月在中国人民解放军工程兵指挥学院法律专业函授学习)。2004年2月至2004年3月,平顶山市人大常委会党组成员、卫东区委书记。2004年3月至2004年6月,平顶山市人大常委会党组成员。2004年6月平顶山市人大常委会副主任、党组成员。

梁光中 男,汉族,1945年1月27日出生,大学本科毕业,浙江鄞县人,九三学社社员。1951年9月分别在上海市武进路小学、上海市虹口中学就读。1962年9月在上海交通大学就读。1968年7月在平顶山矿务局机电总厂工作,历任技术员、助理工程师、副厂长。1992年4月在平顶山市郊区人民政府工作,任副区长。1994年4月任平顶山市人民政府副市长,2004年6月离任,同时被省委任命为省辖市市长级领导干部。

阎红心 男,汉族,1960年11月生,河南省内黄县人。1981年7月参加工作,1983年10月入党,大学文化程度。1978年9月在安阳师院读书。1981年7月任内黄县后河乡团委副书记、副乡长。1984年6月任濮阳市委办公室秘书、主任干事。1989年8月任濮阳市委组织部青干科科长、副处级组织员、副部长。1996年12月任范县人民政府县长、县委书记。1999年至2001年参加省委党校经济管理函授学习。2001年6月任平顶山市人民政府副市长。2004年5月兼任市公安局长。

李 振 男,汉族,中共党员,在职研究生学历。1956年10月出生于河南省商丘县。1980年4月从河南省财税高等专科学校毕业分配到商丘地区财政局工作,历任科员、副科长、科长(期间在宁陵县城关镇挂职锻炼二年,任镇党委副书记)、副局长、局长兼党组书记。商丘撤地建市后,任中共商丘市委委员、商丘市财政局局长兼党组书记。2001年6月,任平顶山市人民政府副市长。

蒋克勤 男,1957年9月出生,汉族,河南郑州人,大学学历,1978年8月入党,1974年12月参加工作。1974年12月至1979年9月,二炮53基地808团二营四连战士。1979年9月至1981年7月,在南京政治学校学习。1981年7月至1986年2月任二炮53基地808团干事、政治指导员。1986年2月至1987年2月任二炮54基地804旅政治部副营职干事。1987年2月至1987年11月任河南省郑州军分区教导队副营职教员。1987年11月至1989年8月任河南省林业厅纪检组副主任科员、主任科员。1989年8月至1992年3月任河南省林业厅人事处主任科员。1992年3月至1996年5月任河南省林业厅人事处副处长。1996年5月至2001年12月任河南省林业厅人事教育处处长(其间:1998年2月至1998年5月在省委党校第十七期处长进修班学习;1999年9月至1999年12月在省委党校第二十五期中青班学习)。2001年12月至2003年8月任河南省林业厅助理巡视员。2003年8月任平顶山市人民政府副市长。

李永胜 男,汉族,祖籍河南杞县,1955年12月出生,1971年11月参加工作,1983年5月入党,经济学研究生学历,现任平顶山市人民政府副市长。1971年11月至1975年8月在河南省杞县葛岗公社、县委办公室、杞县第一化肥厂等单位工作。1975年8月至1978年9月在郑州工学院化学工程系学习。1978年9月至1984年1月在原开封地区计委、环保办、煤化局等单位工作。1984年1月至1991年6月在开封市化工局工作,历任技术员、助理工程师、副科长、科长。1991年6月至1993年12月任河南省通许县人民政府副县长、开封市化工局局长助理。1993年12月至1998年5月任开封市经贸委副主任(1995年9月兼任开封亚太啤酒有限公司党委书记)。1998年5月至2001年7月任开封市郊区区委副书记、区长。2001年7月至2003年8月任开封市郊区区委书记、人大常委会主任、开封市八届市委委员。2003年8月任现职。

冯刘成　男,汉族,1957年1月出生,河南中牟人,1973年12月参加工作,1977年5月加入中国共产党。

1973年12月至1980年8月,任秦皇岛部队报务员、排长。1980年8月至1984年10月,任北京军区炮兵政治部联络干事、秘书、通信连指导员。1984年10月至1985年3月,任河南省军区独立营教导员。1985年3月至1987年3月,为河南大学政治系学员。1987年3月至1990年3月,任河南省军区政治部少校干事。1990年3月至1994年4月,任郑州市委组织部干事、县区干部处副处长(期间1991年9月至1993年7月在省委党校政治管理专业学习)。1994年4月至1996年4月,任郑州市医药管理局副局长、副书记。1996年4月至1997年3月任郑州市水利局党委副书记、副局长。1997年3月至1999年7月任郑州市水利局党委书记、局长。1999年7月至2004年2月,任郑州市邙山区委书记。2004年2月,任平顶山市人民政府副市长。

郑茂杰　男,回族,河南开封县人,1963年10月出生,1984年7月参加工作,研究生学历,工学硕士学位,工程师。

1980年9月至1984年7月,在焦作矿业学院地质专业学习、获工学学士学位。1984年7月至1986年8月,任山西雁北煤炭工业学校教师。1986年9月至1989年7月,在中国矿业大学北京研究生部获工学硕士学位。1989年7月至1992年10月,任平顶山市盐业管理局工程师。1992年10月至1994年10月,任中房集团平顶山房地产开发公司办公室副主任(正科)。1994年11月至2002年12月,任宝丰县人民政府副县长(期间:1997年12月被选为政协河南省八届委员会委员。1998年12月当选为平顶山市七届人大代表。1999年1月至2002年12月兼任宝丰县妇女儿童工作委员会主任、宝丰县爱国卫生运动委员会主任、宝丰县计划生育协会会长、宝丰县精神文明建设指导委员会副主任、宝丰县红十字会会长)。2002年12月至2004年6月,任平顶山市民族宗教局局长(期间:2003年元月当选为第十届全国人大代表;2003年4月当选为河南省工会第十二届委员会委员;2003年3月至7月中共河南省委党校32期中青班学习)。2004年6月,任平顶山市人民政府副市长。

赵玉亭　男,1940年10月生,河南省遂平县人,中共党员。1950年至1962年先后在遂平县斗沟小学、阳丰小学、遂平一中、信阳师范学习。1962年到河南大学学习。1966年8月河大毕业,先后任泌阳县高中教师、泌阳县革委会副主任。1974年8月调入舞阳工区办事处,先后任二中党支部书记兼校长,舞钢区教育局副局长、党组书记兼一中支部书记。1982年9月到省委党校学习。1983年7月调入平顶山市工作,历任市委常委、农工部长、政法委书记、常务副市长、市委副书记。1997年2月当选为市政协主席。2004年6月离任。

刘振军　男,汉族,副教授,河南鲁山县人,1943年10月出生,1965年6月加入中国共产党,1968年8月毕业于焦作矿业学院煤田地质与勘探专业,本科学历,同年9月参加工作,先后在平顶山矿务局任《平顶山矿工报》编辑、记者、记者组组长,党委宣传部科长、副部长,建井二处党委副书记、六处党委书记。1989年8月至1995年7月任中共平顶山市委组织部副部长(期间1992年9月至1994年5月兼任市人事劳动局局长、党组书记)。1995年8月至2002年8月任河南城建高等专科学校党委书记。2002年8月至2004年6月任平顶山工学院党委书记。2004年2月至2004年6月任市政协党组书记、平顶山工学院党委书记。2004年6月任平顶山市政协主席、党组书记。现为河南省高校党建学会理事,世界文化艺术研究中心理事。

徐玉昌　男,出生于1937年11月,河南临颍县人,无党派人士,大专文化,高级工程师,省政协第七、第八届委员,全国工商联第八届会员代表大会代表。

1958年毕业于焦作煤校矿山机电专业并于当年分配到平顶山矿务局四矿工作，后又到焦作矿院大专进行学历培训。1960年任机电技术员负责电气工作。1966年晋升为机电工程师。1973年任机电科长。1975年任机电副总工程师。1986年11月任四矿副矿长。1988年被煤炭工业部晋升为高级工程师。1993年8月任平顶山市工商联主任委员、民间商会会长。1994年3月任市政协副主席。2004年6月离任。

郭松霄 男，汉族，1946年11月出生，中共党员，大专文化，高级会计师。

1966年12月参加工作，历任市阀门厂、计划局、市工业局、重工业局计划员、副科长、科长、副局长、党委委员，市经济委员会副主任、党组成员，市财政局副局长、党组副书记，1992年7月任局长、党组书记，2002年2月任市政协副主席，2004年任政协党组副书记。

王月林 男，汉族，1944年12月出生，1968年12月参加工作，1985年6月加入农工党，河南襄城人，大学学历，主任医师。

1963年9月至1968年12月，河南中医学院中医专业学生（1965年至1966年在许昌参加社教）。1968年12月至1979年7月在商城县上石桥公社卫生院、县卫校工作。1979年7月至1984年11月在平顶山市血液病研究所工作。1984年11月至1992年8月为市中医院内科医师、主治医师。1992年8月至1994年3月任市中医院内科副主任医师、市农工党筹委主任。1994年3月至1995年2月任市政协副主席、市中医院内科主任。1995年2月至1998年12月，任市政协副主席、农工党市委主委、市中医院内科主任医师。1998年12月任市政协副主席、农工党市委主委。

宋景峰 男，汉族，1945年10月出生，1968年12月参加工作，1965年11月入党，河南辉县市人，大学学历。

1964年9月至1968年12月，北京政法学院政法专业学生。1968年12月至1974年3月任安阳8302部队学生连教员，辉县高中、百泉中学教师。1974年3月至1983年3月任辉县公安局副股长。1983年3

月至1983年12月任辉县公安局副局长。1983年12月至1986年6月任新乡地区行署公安处副处长。1986年6月至1995年8月任新乡市公安局副局长（正处级）。1995年8月至1999年3月任平顶山市公安局政委、党委副书记。1999年3月至2002年1月任平顶山市公安局局长、党委书记。2002年1月至2004年5月任平顶山市公安局局长、党委书记（享受副地厅级待遇）。2004年5月至2004年6月任平顶山市政协党组成员。2004年6月任平顶山市政协副主席、党组成员。

史正廉 男，汉族，1956年2月生，河南省新野县人，大学本科毕业，学士学位，1984年12月加入中国共产党。

1978年3月至1981年12月在郑州大学经济系学习。1981年12月至1985年12月任平顶山市计委综合计划科科员、副科长。1986年1月至1987年6月任市物资局机电设备公司党支部书记兼经理。1987年6月至1991年12月任市计委研究室主任、副总经济师兼综合计划科科长。1991年12月至1994年5月任市经济发展研究中心（市政府研究室）副主任。1994年5月至1994年7月任市政府副秘书长兼经济发展中心主任。1994年7月至1996年9月任市政府副秘书长。1996年9月至1999年3月任叶县县委副书记、县长。1999年3月至2001年6月任叶县县委书记。2001年6月至2004年3月任汝州市委书记。2004年2月至2004年6月任平顶山市政协党组成员。2004年6月任市政协党组成员、副主席。

张柳松 男，汉族，1954年2月出生，1974年10月参加工作，1984年8月加入中国共产党，河南平顶山人，大学学历。

1974年10月至1978年1月在平顶山市西区南顾庄公社水利所任技术员。1978年1月至1980年7月为河南省汝南园林学校园林系园林专业学生。1980年7月至1984年6月在平顶山市郊区农林局工作。1984年6月至1985年7月任市西区农林水利局副局长、南顾庄乡乡长。1985年7月至1989年12月任市西区副区长，区委常委、办公室主任。1989年12月至1992年12月任宝丰县人民政府副县长，县委常委、纪委书记。1992年12月至1996年9月任鲁山县委副书记、县长。1996年9月至1999年3月任鲁山县委书记(1994年9月至1996年12月在中央党校经济管理专业函授学习;1997年1月至1998年3月兼县人大主任)。1999年3月至2002年1月任平顶山人民政府副秘书长兼市农委主任、党组书记。2002年1月至2004年2月任市交通局局长、党委书记(2002年9月至2003年1月在省委党校中青年干部培训班学习)。2004年2月至2004年6月任平顶山市政协党组成员、市交通局局长。2004年6月任市政协副主席、党组成员。

贾　汉　男,汉族,中共党员,1947年2月生。高级编辑,省管优秀专家,平顶山市拔尖人才。祖籍叶县邓李乡孙寨村,在本县求学至高中毕业,1965年考入北京大学化学系。1970年大学毕业后,先在叶县辛店公社(现辛店乡)徐庄大队(现徐庄村)红沟生产队(现红沟村民组)劳动锻炼,后被分配到叶县文教局工作。1974年调叶县革命委员会生产指挥部工作至1979年。1980年调任县委办公室秘书,1982年改任叶县人民政府办公室副主任,直到1984年初。

1984年3月调平顶山日报社任副总编。1989年任总编辑、党组副书记(当时为总编负责制)。1994年任中共平顶山市委宣传部副部长兼平顶山日报社总编辑。1995年任中共平顶山市委宣传部副部长兼平顶山日报社总编、党委书记。1997年任中共平顶山市委宣传部副部长兼平顶山日报社社长、党委书记,直到2004年7月。2004年6月,任平顶山市政协副主席。

张　弓　男,汉族,1966年12月出生,1990年7月参加工作,1989年11月加入民革,河南太康人,大学学历,农艺师。现任平顶山市政协副主席、民革平顶山市委副主委、汝州市人民政府副市长。

1986年9月至1990年7月为河南农业大学园艺系园艺专业学生。1990年7月至1993年1月为平顶山市农科所园林试验场技术员。1993年1月至1995年1月任市农科所园林试验场副场长、场长。1995年1月至1998年11月任鲁山县人民政府副县长。1998年11月至1999年11月任汝州市人民政府副市长。1999年11月至2004年6月任民革平顶山市委副主委、汝州市人民政府副市长。2004年6月任平顶山市政协副主席、民革平顶山市委副主委。

潘民中　男,汉族,1949年7月生,1968年5月参加工作,1997年9月加入中国民主同盟。河南鲁山人,1982年7月河南大学历史系毕业,大学学历,学士学位,高级讲师。

1968年5月至1978年9月在河南省鲁山县马庄学校任教。1982年7月大学毕业后相继在许昌地区师范学校、平顶山市技工学校工作,任社会科学教研组长,教务科长、校长助理。1984年任河南省历史学会理事,中原姓氏文化研究会理事、河南省墨子学会副会长,河南省社科院墨子研究中心特约研究员,中国唐史学会会员,中国长城学会会员。1997年至今历任民盟平顶山市第二届委员会副主委,第三届委员会主委。民盟河南省第十届委员会常委,政协河南省第九届委员会委员,政协平顶山市第五届委员会委员、常委、学习文史委员会副主任。2004年6月任政协平顶山第六届委员会副主席。

马四海　男,汉族,1965年2月出生,1987年7月参加工作,1999年2月加入民进,河南宝丰人,大学学历,工程师。现任平顶山市政协副主席、民进平顶山市委主委、民进河南省委委员、平顶山市新华区人民政府副区长。

1983年9月至1987年7月为河南农业大学园艺系果树专业学生。1987年7月至1989年10月为平顶山市苗圃技术员。1989年10月至1994年11月任市园林处干事、生产科科长。1994年11月至1997年12月任市湛河区人民政府副区长。1997年12月至2002年10月任市新华区人民政府副区长(1999年9月至2001年7月在河南农业大学经济管理专业研究生班学习)。2002年10月至2004年6月任民进平顶山市委主委,市新华区人民政府副区长。2004年6月任平顶山市政协副主席、民进平顶山市委主委。

熊　辉　男,1952年9月出生,祖籍广西桂林,汉族,1969年2月入伍,1969年12月入党,研究生,大校军衔。

1969年2月在54军161师481团特务连服役。1972年10月任54军161师481团后勤处供应股出纳。1978年4月任54军161师481团后勤处参谋。1978年10月任54军后勤部军需处助理员。1979年

2月参加对越还击作战，时任军需处助理员。1979年9月任54军后勤部战勤处参谋。1984年10月任54军161师后勤部战勤科科长。1985年10月任54军160师后勤部部长。1994年6月任济南陆军学院总务处总务长（副师职）。1999年12月任河南省军区后勤部副部长。2003年6月任河南省平顶山军分区司令员。

江金贵 男，1955年4月出生，汉族，河南信阳人，1970年12月参加工作，1973年4月加入中国共产党，大学文化，三级高级法官。

1970年12月至1976年11月，解放军202部队战士。1976年11月至1979年11月，郑州大学外语系学生。1979年11月至1982年2月，潢川高中、郑州五十七中教师。1982年2月至1987年3月，河南省委组织部党政干部处、地方干部处干部组干事、副组长。1987年3月至1990年2月，郑州市二七区委副书记。1990年2月至1992年11月，郑州市中级人民法院副院长。1992年11月至2001年12月，郑州市中级人民法院副院长（正县级待遇）。2001年12月至2004年2月，郑州市中级人民法院副院长、党组副书记（正县级待遇）。2004年2月至2004年6月，平顶山市中级人民法院代院长、党组书记。2004年6月任平顶山市中级人民法院院长、党组书记。

阎河川 男，于1955年12月生于河北河间，汉族。

1970年12月至1976年4月在陆军40军119师服军役，并于1973年12月加入中国共产党。1976年4月至1979年10月在许昌地区邮电局工作。1979年10月考入中国政法大学法律系接受本科教育，于1983年7月毕业。1983年7月至1985年11月在河南省政法干校从事教育工作。1985年11月至1992年11月任河南省人民检察院干部、1986年被任命为助检员，1989年6月至1992年1月任政研室副主任，其间1990年1月至1992年8月下派挂职锻炼任汝南县副县长。1992年11月至1997年3月任香港特区筹委会助理调研员、1996年9月任筹委会调研员。1997年5月至2003年8月任河南省人民检察院法律政策研究室主任、检察委员会委员。2003年8月任平顶山市人民检察院党组书记、代检察长（副厅级）。2004年8月任市人民检察院党组书记、检察长。

张遂兴 男，汉族，本科毕业。1957年12月出生于河南省襄城县王洛公社郭庄村，1977年3月参加工作，1983年10月入党。

1977年3月，在王洛高中任教。1984年6月至1985年12月任共青团襄城县委副书记、书记。1985年12月至1989年12月，先后任襄城县丁营乡乡长、党委书记。1989年12月调平顶山市委组织部工作，1994年5月任副部长。1997年1月至2001年6月在汝州市历任市委副书记、市长、市委书记。2001年6月任平顶山市总工会主席、党组书记。

鹰城人在外地

安惠元 男，1952年1月出生，河南省平顶山市鲁山县人，中共党员，大学文化。1969年至1972年8月，鲁山县城关二街务农。1971年1月，加入中国共产党，同时任城关镇人民公社二街党支部副书记。1971年3月任鲁山县城关镇人民公社党委委员。1972年9月至1973年5月鲁山县委政工组工作，1973年5月至1982年1月，鲁山团县委书记、团地委常委。1980年4月，当选为鲁山县六届人大常委会委员。1982年1月至1982年12月任鲁山县库区公社党委书记。1982年1月当选为中共鲁山县六届县委委员。1982年12月至1984年2月任中共鲁山县委副书记。1984年2月至1987年9月任中共叶县县委副书记。1987年10月至1989年2月，任中共舞钢区委副书记。1989年2月至1992年9月任中共宝丰县委副书记、政府县长。1989年10月当选为中共河南省第五届代表大会代表。1992年9月至1994年3月任中共襄城县委书记、人大常委会主任。1993年3月当选河南省八届人大代表。1994年4月至1997年8月任平顶山市人民政府副市长。1997年8月至2001年2月任河南省盐业管理局局长、党委书记。2001年3月至2003年2月任河南省发展计划委员会副主任。2003年2月至今任河南省交通厅厅长、党委书记。

刘尊法 男,中共党员,1945年1月7日生于陕西省周至县。1952年8月至1965年7月在原籍读小学、中学。1965年8月至1969年7月在西安工业学院精密机械制造与工艺专业学习。1969年8月至1985年4月在国营第5113厂任技术员,宣传部干事、科长、部长、团委书记等职。1985年5月至1994年5月在平顶山市委宣传部任副部长、常务副部长,兼任市社科联主席、市书协主席、市文化局局长等职。1994年6月至2002年8月任河南城建高等专科学校校长、副教授。2002年9月许昌学院院长、教授。

艺术简历:现为中国书法家协会会员、河南省书画院顾问、平顶山市专业技术拔尖人才。

潘知常 男,汉族,1956年12月出生,湖南省醴陵人,南京大学新闻传播学院教授、博士生导师。1966年至1975年在平顶山市上学,1981年12月毕业于郑州大学中文系。1988年被特聘为郑州大学教授。1993年被特聘为南京大学教授。1992年至1999年任南京大学企业形象研究中心主任,同时历任《美学与文艺研究》副主编、《现代城市研究》编委、《新闻与传播论坛》编委、中国民主同盟中央委员会委员、中华全国青年联合会委员、中华美学理事、中国文艺理论学会理事、中国广播受众研究会理事、中国青年美学研究会副会长、江苏省美学学会副会长以及省青联常委等职。出版学术著作15部,编著5部。享受国务院政府特殊津贴。

解建国 男,汉族,1957年8月出生于平顶山市,山东省莱芜人,教授,博士。1975年8月下乡。1978年8月在平煤集团八矿工作。1978年10月高考就读河南省中医学院本科医疗专业。1983年7月就职平煤集团总医院。1989年9月在陕西省中医药大学攻读中西结合内科硕士学位研究生,拜师于我国著名中医专家、被世人称为"中医西北王"的五代御医之家、前陕西省中医药大学校长张学文教授门下学习;期间参与国家"七五"攻关课题的研究。1992年7月任大连医科大学附属第一临床医学院中医教研室主任兼中医科主任,中西结合内科硕士学位研究生导师。1998年4月至1999年11月在职攻读美国诺贝尔医学研究院博士学位。1999年9月至今,受聘任大连大学附属中心医院中医大科系主任、大连市中医药职称晋升高级评审委员会副主任委员、中华(全国)临床医学会副理事长、中华(全国)老年病学会常委、大连市中医药学会常务理事兼副秘书长、中国全科医学杂志编委、大连市医学专家组专家主委、国家卫生部医保用药遴选委员会专家评委。辽宁省命名的"中医名医",享受国务院政府特殊津贴。北京民族医药研究中心特聘访问学者、中国管理科学研究院特约研究员、美国国际中医研究中心客座教授,香港中医大学客座教授。

师万峰 男,汉族,1971年10月生,河南鲁山人,大专文化,中共党员,1990年12月入伍,1995年7月毕业于廊坊武警学院。现任河北省秦皇岛边防检查站三中队指导员(副营职,上尉警官)。师万峰所带的秦皇岛边防检查站三中队,自1998年以来,连续5年被共青团河北省委、省公安厅授予"青年文明号"称号;1999年以来,连续4年被公安部边防管理局评为全国公安边防部队"基层建设标兵单位",先后荣立集体一等功、二等功和三等功各1次。2001年至2003年,所在党支部连续三年被评为全国公安边防部队先进党支部。他本人因此荣立二等功2次、三等功2次,先后被评为"全国优秀人民警察"和"河北省优秀人民警察",多次被评为"优秀共产党员"、"优秀基层干部标兵"、"优秀警官"。他探索出的"做到'三个到位',狠抓两个经常"的工作经验,即以细求实,规范管理抓到位;精耕细作,思想教育跟到位;情注中队,个人责任心尽到位,狠抓中队的经常性思想政治工作和经常性管理工作,在河北省边防部队推广。2002年,公安部赵永吉副部长视察了三中队全面建设情况后,指出要总结推广三中队的经验,使之成为整个总队乃至全国公安边防部队的财富。

2003年5月16日和6月13日,《中国边防警察》、《人民公安报》相继发表长篇通讯,称赞师万峰是一个和平年代的铁骨柔情带兵人。

张振江 男,汉族,1956年12月出生,大学文化,中共党员,平顶山市石龙区夏庄村委会张庄村人,现任中国人民解放军信息工程大学测绘学院院务部部长(副师职)。1973年12月入伍。1976年9月,入中国人民解放军测绘学院学习。1978年1

月在中国人民解放军测绘学院天文大地测量系一队任党支部委员、区队长；1983 年 6 月，在测绘学院航空摄影测量系三队任党支部副书记、副队长；1986 年 12 月在测绘学院指挥管理系任系党委委员、三队党支部书记、队长；1989 年 1 月在测绘学院天文大地测量系任系党委委员、二队党支部书记、队政治教导员；1989 年 6 月在测绘学院训练部教保处任处党支部委员、正营职参谋；1990 年 6 月在测绘学院训练部教保处任处党支部委员、副团职参谋；1993 年 6 月在测绘学院训练基地任党支部书记、正团职主任；1995 年 7 月在测绘学院摄影测量与遥感系六队任党支部副书记、正团职队长；1999 年 7 月任测绘学院总务处党委委员、副总务长；1999 年 8 月任中国人民解放军信息工程大学测绘学院党委委员、地图学与地理信息工程系党委书记、系政治委员(副师职)；2002 年 5 月至今，任中国人民解放军信息工程大学测绘学院常委、测绘学院院务部党委书记、部长。

郭松涛　男，1949 年 10 月出生，河南省鲁山县马楼乡商峪口村人。1969 年 12 月入伍，1969 年 5 月入党，研究生学历。入伍前任大队党支部委员、初中民办教师、民兵独立连连长。现任武警指挥学院一系政委(正师)。

1969 年 12 月至 1975 年 4 月，任北京卫戍区警卫二师六团一连战士、文书、营部代理书记、班长、排长；1975 年 5 月任北京卫戍区警卫二师政治部秘书、干事；1984 年 6 月任武警北京市总队政治部秘书处副处长、群工处处长；1991 年 2 月任武警总部政治部秘书、干事；1994 年 12 月任武警总部政治部群工部副部长(副师)；1996 年 3 月任武警湖南省部队代职副政委；1996 年 10 月任武警技术学院进修系副政委；1998 年 4 月任武警专科学校政治系政委(正师)；1998 年 12 月任武警指挥学院三系政委(正师)；2001 年 8 月任武警指挥学院一系政委(正师)。曾在《人民日报》、《解放军报》、《现代领导》等 10 多种刊物上发表文章 60 多篇，编书 3 本，出版专著一本(《人生透视》)。在武警学院三系任政委期间，指导本科生队按纲建队，该队连续三年被学院评为先进学员队，被院首长誉为"标杆队"。在一系任政委期间，指导研究生队开展"三学三比"(学政治比思想，学专业比成绩，学条令比纪律)和"述学"等学习成才活动，取得明显成效。研究生队两名学员被学院评为"优秀学员标兵"，研究生队连续三年被评为先进学员队、先进党支部，连续两年荣立集体三等功，2003 年被武警总部评为"学雷锋先进单位"、"基层建设先进集体"，被解放军总政治部评为"全军学习成才先进单位"。入伍以来，十八次受嘉奖，两次荣立三等功，两次被评为全国拥政爱民先进个人，1991 年被授予"首都精神文明建设奖章"，两次受到江泽民主席等党和国家领导人接见。

英雄模范

张铁岗　男，汉族，1945 年生，河南省许昌人，1967 年焦作矿院本科毕业，教授级高级工程师，1985 年加入中国共产党。1967 年 8 月被分配到平煤集团工作。常年致力于煤矿工程设计、科研与安全技术工作。担任国家"九五"重点科技攻关项目《矿井瓦斯综合治理示范配套技术研究》课题组组长，经国家验收，项目总体达国际先进水平，其中三个子专题达到国际领先水平，获国家科技进步二等奖。其研究成果广泛应用于煤矿安全生产，仅平煤集团就增加产值 16.1 亿元，增加利税 5.9 亿元，保证了平煤连续九年实现安全生产，并在全国推广，提高了我国防治瓦斯水平。受国家及地方政府委托，成功指挥特、重大事故的抢险救灾 30 多次，救出 483 人，救活 129 人。著《矿井瓦斯综合治理技术》一书，为我国矿井瓦斯治理提供了一整套系统的理论、技术与方法。并著《复杂、难采煤层的开采》、《煤矿安全工程设计》等书。主持改造老矿两座，设计延深及新建大矿 6 座。有 10 项成果获国家、省、部级一、二等奖，6 项排名第一。2001 年被中国科协评为全国优秀科技工作者。2002 年荣获国家自然科学基金国家孙越崎能源大奖，同年被国务院聘为国家安全生产专家组专家。2003 年当选为中国工程院院士。2004 年荣获"河南省劳动模范"称号。

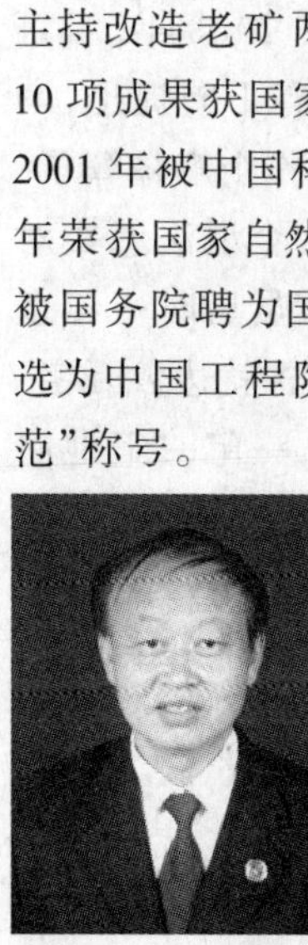

霍新泰　男，1955 年 5 月出生，河南平舆县人，汉族，大专文化，1980 年参加工作，1984 年入党，1988 年调到舞钢市检察院工作，历任举报中心副主任、控申科副科长、科长、反贪局副科级检察员，二级检察官。

2004 年 8 月 25 日晚 24 时许，霍新泰因办理案件连续加班多日，劳累过度，引起心脏病突发,牺牲在工作岗位上。霍新泰去世后,舞钢市检察院、中共舞钢市委、平顶山市检察院分别作出向霍新泰同志学习的决定。2004年10月省检察院为霍新泰追记个人一等功,2005年1月,中共平顶山市委决定在全市开展向其学习的活动。

霍新泰从事检察工作17年来,兢兢业业,任劳任怨,尽职尽责,多次被舞钢市检察院评为优秀检察官、优秀共产党员,被平顶山市检察院评为优秀检察干警,被平顶山市委政法委评为优秀政法工作者。

不惟名利、默默无闻,为检察事业奉献了毕生心血。霍新泰原在舞钢区委、区人大工作,工作任劳任怨,尽职尽责,受到了领导和同志们的一致好评。1986年,组织上根据他的工作表现和能力,有意让他到某乡任职。他得知后主动找到有关领导婉言谢绝。1987年,组织上再次找他谈话,想让他到劳动局任职,他向有关领导说"我不是当官的料,组织如果信任我就让我到检察院工作。到检察院我能学点业务,打击犯罪,扬善除恶,为群众办点实事。"1988年他如愿调到检察院工作。2000年8月,舞钢市检察院按照中层领导干部任职的有关要求,进行中层领导竞争上岗,他主动从科长岗位上退了下来,把岗位让给年轻有为的同志,而自己在反贪局做一名普通干警。多年来他坚持早去晚归,加班加点,在被诊断出患有高血压、心脏病等病后,他隐瞒了病情,带病坚持工作。在他生命的最后4个小时,他还在办公室整理案件笔录。

立检为公、执法为民,永远把群众利益放在首位。霍新泰关心群众疾苦,心中始终装着群众,并想方设法为群众排忧解难。1998年春,他受理一起村干部侵占农民征地款的案件。案件已过去20多年,当事人也已分散到各地,查案难度很大。有干警提出,案件时间太长,证据已经流失,给来访者作个解释算了。但霍新泰说:群众来反映问题,不给一个说法怎么对得起我们的良心?后来他带领办案人员历时一年多时间,形成上百本卷宗材料,仅调查报告就达数万字。案件查清后,霍新泰到举报人所在地,一笔一笔地向几百户群众解释,村民对检察院的工作非常满意。省院领导也对此案给予了高度评价:工作认真,事实清楚,群众满意。多年来霍新泰办理息诉案件达60余起,为群众捐款捐物5000余元,为群众办好事、办实事1000多件。

嫉恶如仇、刚直不阿,坚持维护社会公平正义。1998年,王店乡发生一起贩卖假种子的坑农害农案件,几百户农民玉米颗粒无收,当地群众多次上访,领导安排霍新泰负责办理此案。他冒雨挨门串户走访群众,顶着压力,排除干扰,终于将犯罪分子绳之以法。他在办理一起贪污案件时,犯罪嫌疑人多次对他进行恐吓,要他少管闲事,并扬言如果再查就要小心性命。霍新泰没有被恐吓吓倒,而是在门前贴出告示:我们三日内一定将此案查清。经过艰辛努力,很快将此案查了个水落石出。5年中,他成功办理自侦案件30余起,受到了人民群众的好评。在舞钢市院,霍新泰办理的案件最多,质量最高,他主办的案件,没有出现一件当事人不服上访的。

一身正气、两袖清风,始终保持清正廉洁的良好形象。霍新泰在日记中写到:"做一名合格的检察干部,首先必须有高尚的人品作底子,要始终坚持严以律己。"霍新泰的妻子下岗、弟弟街头摆摊,生活非常困难,但他从未向任何人讲过。他常说:"检察院的职业比较特殊,你今天托别人办事,明天别人就可能因为案件托你办事。不能因为自己办事,将来影响办案,这是我做人的原则。"2004年7月9日,他儿子放假回家,火车行至漯河将近凌晨4点。只要他说一声,哪个科室的车都能去接一下。但他为了不给单位和同事添麻烦,自己披一条毛巾被,在漯河火车站整整等了11个小时,接到儿子后和儿子一同坐公共汽车回到家中。

霍新泰在平凡的岗位践行了"三个代表"重要思想,用实际行动诠释了"维护公平正义"的深刻内涵,塑造了人民检察官忠诚卫士的光辉形象,他的身上充分体现了一个共产党员应有的高贵品质和崇高精神,体现了检察干警"立检为公、执法为民"的本质所在。

英模人物名表

姓 名	工作单位	荣誉称号	命名单位
顾强圻	舞阳钢铁有限责任公司	全国“五一劳动奖章”	全国总工会
吴 如	平煤集团一矿采煤一队	全国“五一劳动奖章”	全国总工会
李艳丽(女)	市公安局出入境管理处	“河南省青年岗位能手”	河南省人民政府
张铁岗	平煤集团	河南省劳动模范	河南省人民政府
董光德	平煤集团二矿	河南省劳动模范	河南省人民政府
仵自连	平顶山工业职业技术学院	河南省劳动模范	河南省人民政府
王松峰	平煤集团十一矿采煤二队	河南省劳动模范	河南省人民政府
赵海峰	平煤集团坑口电厂	河南省劳动模范	河南省人民政府
纪 妹(女)	平煤集团总医院	河南省劳动模范	河南省人民政府
王永红(女)	河南神马实业股份有限公司捻织二厂	河南省劳动模范	河南省人民政府
李本斌	神马尼龙化工有限责任公司	河南省劳动模范	河南省人民政府
赵现发	舞阳钢铁有限责任公司	河南省劳动模范	河南省人民政府
徐建峰	姚孟发电有限责任公司	河南省劳动模范	河南省人民政府
薛益鸣	姚孟发电有限责任公司	河南省劳动模范	河南省人民政府
于满洪	河南第一火电建设公司	河南省劳动模范	河南省人民政府
周志强	河南第一火电建设公司	河南省劳动模范	河南省人民政府
朱武松	平顶山电厂锅炉主管	河南省劳动模范	河南省人民政府
张跃平	中建二局土木公司	河南省劳动模范	河南省人民政府
边彦明	河南区域地质调查队西藏分队	河南省劳动模范	河南省人民政府
李连山	平顶山工学院	河南省劳动模范	河南省人民政府
王豫湘	平顶山市工商行政管理局新华分局迎宾路工商所	河南省劳动模范	河南省人民政府
任跃玲(女)	中国工商银行平顶山分行	河南省劳动模范	河南省人民政府
李和圈	平顶山市国税局	河南省劳动模范	河南省人民政府
李宗献	平顶山市地税局湛河区分局	河南省劳动模范	河南省人民政府
魏纪滨	平顶山市气象局	河南省劳动模范	河南省人民政府
宋云先(女)	平顶山市经济贸易委员会	河南省劳动模范	河南省人民政府
张全民	平顶山天鹰集团公司二厂	河南省劳动模范	河南省人民政府
张惠霞(女)	平顶山物资集团民用爆破器材公司	河南省劳动模范	河南省人民政府

续表

姓　名	工作单位	荣誉称号	命名单位
杜洁凡(女)	平顶山市七彩虹幼儿园	河南省劳动模范	河南省人民政府
张广忠	平顶山市装饰行业管理办公室	河南省劳动模范	河南省人民政府
刘新志	平顶山市燃气总公司石油液化气分公司	河南省劳动模范	河南省人民政府
毛淑琴(女)	平顶山市园林绿化管理处绿化队	河南省劳动模范	河南省人民政府
张衡衡(女)	平顶山市第一中学	河南省劳动模范	河南省人民政府
赵家珍	平顶山市文化艺术学校	河南省劳动模范	河南省人民政府
王正伟	平顶山市体育局水上运动学校	河南省劳动模范	河南省人民政府
董子强	平顶山市中医院	河南省劳动模范	河南省人民政府
刘宏敏	平顶山市农业科学研究所	河南省劳动模范	河南省人民政府
张德欣	平顶山市农业局	河南省劳动模范	河南省人民政府
张山林	平顶山市畜牧局	河南省劳动模范	河南省人民政府
张书献	平顶山市农机局	河南省劳动模范	河南省人民政府
温拥军	平顶山市林业局	河南省劳动模范	河南省人民政府
刘嘉淳	平顶山市水利勘测设计院	河南省劳动模范	河南省人民政府
陈国贤	平顶山市水产技术推广站	河南省劳动模范	河南省人民政府
董少军	平顶山市公安局刑侦支队	河南省劳动模范	河南省人民政府
吴同本	平顶山市总工会	河南省劳动模范	河南省人民政府
朱忠民	平顶山市财政局	河南省劳动模范	河南省人民政府
魏贞祥	平顶山市康立电气有限责任公司	河南省劳动模范	河南省人民政府
李德周	平顶山新型耐材有限公司	河南省劳动模范	河南省人民政府
周清顺	新华区西高皇村	河南省劳动模范	河南省人民政府
马立敏	平顶山金马纺织有限公司	河南省劳动模范	河南省人民政府
陈晓明	平顶山市明珠汽车实业有限公司	河南省劳动模范	河南省人民政府
魏正年	卫东区东环路街道魏寨村	河南省劳动模范	河南省人民政府
胡　朝	石龙区煤炭工业局	河南省劳动模范	河南省人民政府
丁　欣	石龙区龙河街道办事处刘庄村	河南省劳动模范	河南省人民政府
任有亮	平顶山市吕庄煤矿	河南省劳动模范	河南省人民政府
王　开	平顶山市三和热电有限责任公司	河南省劳动模范	河南省人民政府

续表

姓　名	工作单位	荣誉称号	命名单位
海双岭	湛河区北渡镇杨西村	河南省劳动模范	河南省人民政府
王杰士	河南省洁石焦化建材总公司	河南省劳动模范	河南省人民政府
赵　提	宝丰县张八桥镇李庄村	河南省劳动模范	河南省人民政府
刘付秋	宝丰县石桥镇吕寨村	河南省劳动模范	河南省人民政府
高鹏谦	叶县教体局	河南省劳动模范	河南省人民政府
熊玉海	叶县天河盐业有限公司	河南省劳动模范	河南省人民政府
赵长春	叶县遵化店镇黄柏山村	河南省劳动模范	河南省人民政府
姚秋花(女)	叶县农业技术推广站	河南省劳动模范	河南省人民政府
张留常	鲁山县电业局	河南省劳动模范	河南省人民政府
李醒新(女)	鲁山县第一高级中学	河南省劳动模范	河南省人民政府
王玉新	鲁山县张官营镇紫金城村	河南省劳动模范	河南省人民政府
张淑敏(女)	鲁山县农业局	河南省劳动模范	河南省人民政府
赵国晓	平顶山市天广水泥有限公司	河南省劳动模范	河南省人民政府
姜鹏亮	郏县建设局	河南省劳动模范	河南省人民政府
王会岭	郏县黄道乡黄北村	河南省劳动模范	河南省人民政府
卢　强	舞钢市人民医院	河南省劳动模范	河南省人民政府
周民理(女)	舞钢市银龙集团	河南省劳动模范	河南省人民政府
王运箱	舞钢市庙街乡人头山村	河南省劳动模范	河南省人民政府
高鲜会	汝州市中医院	河南省劳动模范	河南省人民政府
李书欣	汝州市第一初级中学	河南省劳动模范	河南省人民政府
李胜伟	汝州市公安局	河南省劳动模范	河南省人民政府
王沧海	汝州市庙下乡	河南省劳动模范	河南省人民政府
曹春方	汝州市寄料镇坡根村	河南省劳动模范	河南省人民政府
谢遂安	汝州市农业技术推广中心	河南省劳动模范	河南省人民政府
张　峰(女)	市邮电局	“全国信息产业系统劳动模范”	国家人事部、国家信息产业部
宋建生	市建委园林处	“全国建设系统先进工作者”	国家人事部、国家建设部
李国恩	郏县第一高中	全国模范教师	国家人事部、国家教育部
王崇云	市发展和改革委员会	“河南省森林防火工作先进个人”	河南省政府

政　　治

中共平顶山市委

工作综述

2004年,中共平顶山市委坚持以邓小平理论和“三个代表”重要思想为指导,全面贯彻党的十六大和十六届三中、四中全会精神,牢固树立和认真落实科学发展观,紧紧依靠全市广大干部群众,坚定不移地推进“二次创业”,促进了经济社会的快速发展,维护了社会大局稳定,党的建设、精神文明建设和民主法制建设取得了新的成绩。全市经济发展呈现出速度快、质量高、效益好、活力强的良好局面,全年完成生产总值470.6亿元,比上年增长15.6%,地方财政收入完成21.52亿元,净增收近7亿元,增长46.6%,实现了“十五”期间赶上或超过全省平均水平的目标。

围绕率先实现全面建设小康社会的目标,集中精力抓好事关全局的重点工作。市委始终坚持把学习贯彻“三个代表”重要思想作为首要的政治任务,不断兴起学习贯彻热潮。继续组织开展农村“三个代表”重要思想学教活动和机关干部驻村工作,推动了“三个代表”重要思想在农村的贯彻落实。隆重组织开展了纪念建党83周年和邓小平诞辰100周年系列宣传教育活动。按照党章和有关法律、章程的规定,认真做好市级领导班子换届工作,保证了中共平顶山市六次党代会和人大、政协“两会”的圆满成功,顺利实现了省、市委的人事安排意图,为进一步加快发展提供了组织保证。根据党的十六大全面建设小康社会的要求和省委、省政府实现“中原崛起”的战略部署,市委把平顶山放在全省、全国的大格局中重新进行审视,对市情进行了认真分析和研究,作出了“实施二次创业、打造经济强市”,率先实现全面建设小康社会目标的重大决策,制定了《平顶山市全面建设小康社会规划纲要》,科学规划了平顶山今后20年的发展蓝图。

围绕加快工业化、城镇化和农业现代化进程,全力推动经济发展上台阶。坚持“经济强市先强工业,强工业先强大工业”的指导思想,通过狠抓结构调整、规模提升和总量扩张,着力打造大企业、大集团和产业集群,工业经济的主体地位进一步得到强化。2004年销售收入超百亿元的企业1家、超55亿元的1家、超30亿元的1家、超20亿元的2家、超过10亿元的5家;全年限额以上工业实现利税45亿元,增长55%;确定投资在500万元以上的工业项目119个,其中已建成投产项目20个,总投资4.6亿元,在建项目99个,总投资123.3亿元。全年工业增加值250.4亿元,占全市生产总值的比重达到52.8%,工业对经济增长的贡献率进一步提高。在加快工业化的同时,大力发展第三产业,第三产业增加值占生产总值的比重达到28.6%。

强力推进“东扩西进”战略,修订完善了城市发展总体规划。调整充实了新城区的领导班子,加强了对新城区建设的领导,积极争取上级的支持,完成了起步区的土地报批工作,先后投入资金8亿多元,基本完成了起步区的基础设施建设,其中行政中心和教育文化功能区初具规模。突出抓了老城区拆迁改造和绿化、美化、亮化工程,城市脏、乱、差的状况有了进一步改观。同时,加强对城镇建设的规划和指导,6县(市)县城和小城镇建设都取得了明显进展,宝丰县被评为国家卫生县城。城镇化率达到34%。

按照“稳定粮食、扩大烟菜、主攻畜牧、提升林果”的思路,积极调整农业和农村经济结构。强力发展优质粮油、高效经济作物等种植业,粮经比例调整到64:36;强力发展畜牧业和林果业,畜牧业占农林牧渔业总产值的比重达到49%,经济林基地达到110万亩;强力发展农副产品加工业,培育壮大了华懋双汇、巨龙淀粉、九头崖等一批龙头企业;强力实施“百万农村劳动力转移工程”,新增输出劳动力10万人,外出务工人员突破50万人。确立了“工业主导、项目带动、联合开发、民营突破”的县域经济发展思路,明确了各县(市)区的发展方向和发展重点，出台了一系列促进县域经济发展的政策措施，县域经济全面提速，有6个县(市)区的财政收入超亿元。

积极推进改革创新，不断增强经济发展的动力和活力。继续深化国有企业改革，支持平煤、神马、舞钢、姚电四家特大型企业通过项目合作、资本引入等形式，实现了强强联合和产权多元化；加快企业主辅分离步伐，分离企业办学进入实质性操作阶段；向13家改制难度较大的国有中小工业企业派驻工作组，改制工作正在抓紧推进。

坚持实施对外开放主战略。在积极开展境外招商的同时，把境内招商、引进内资作为主攻方向，成功举办了第四届世界刘氏寻根联谊大会、第二届叶氏宗亲会和赴浙江、上海招商项目发布会，促进了招商引资的大幅度增加。

放手、放胆、放开发展非公有制经济。全年新开工开业投资在50万元以上的非公有制企业1570个，限额以上非公有制企业达到180家，非公有制经济占国民经济的比重达到38.8%。

围绕三个文明协调发展，大力加强社会主义精神文明建设和民主法制建设。坚持用“三个代表”重要思想武装党员干部，广泛开展了向任长霞、霍新泰等先进典型学习活动；大力加强未成年人思想道德建设，努力构筑学校、家庭、社会“三位一体”的教育网络；坚持正确的舆论导向，先后组织开展了学习贯彻十六届四中全会精神、“弘扬三种精神、实施二次创业、打造经济强市”、“中原崛起看鹰城”等系列宣传活动。围绕创建国家卫生城市、园林城市、优秀旅游城市和省级文明城市“四城联创”工作，深入贯彻《公民道德建设实施纲要》，广泛开展文明社区、文明单位、文明行业、文明村镇和文明景区等精神文明创建活动。制定了文明社区创建规划和方案，开展了科技、文体、法律、卫生四进社区活动，65%的社区达到了“六有”标准。在文明单位中开展了以承担一项城市管理任务、为社区(村镇)办一件实事、资助一名大学生为主要内容的“争做新贡献，共塑新形象”活动，90%以上的省市级文明单位都较好地完成了任务。认真做好统一战线工作，充分发挥各民主党派、工商联在建言献策、招商引资等方面的作用；积极贯彻党的民族宗教和侨务政策，加强对工青妇等群团组织的领导，调动一切积极因素推动改革和建设；广泛推行政务公开、厂务公开和村务公开，进一步扩大了基层民主。积极实施“科教兴平”战略，重视和鼓励技术进步和技术创新，科技对经济发展的贡献率达到42%；依托平顶山师专组建了平顶山学院，实现了三年申报成功两所本科院校、两所专科院校的目标。总结“非典”防治经验，建立了公共卫生突发事件应急处理机制；高度重视艾滋病防治工作，对已确认的病毒感染者进行了政策规定的免费治疗。深入推进计划生育综合改革试点工作，人口自然增长率低于省定控制指标。积极实施“精品”战略，重视繁荣文艺创作，推出了现代豫剧《任长霞》、电视电影《摊牌》等一批优秀文艺作品。体育、新闻出版、广播电视、生态建设和环境保护等各项事业都有了新的发展。

围绕构建社会主义和谐社会，维护社会大局稳定。先后10次召开常委会，研究信访稳定工作，进一步完善了领导接待日、领导包案、联席会议和信访工作责任制等各项制度。组织市、县两级干部1786人下访，集中处理信访突出问题及群体性事件，对重大疑难信访案件和重复信访案件，由市、县领导和有关单位包案解决。从市委常委做起，在县级以上领导干部中深入开展“夜访恳谈”活动，受到了群众的普遍欢迎。在市财政十分困难的情况下，常委会决定财政借钱帮助困难企业解决职工“三金”问题；全年城镇新增就业岗位6.4万个，安排下岗失业人员再就业2.7万人，累计再就业率达到84%；下岗职工基本生活保障金、离退休人员养老金、失业人员保险金全部及时足额发放；全市2560万元农民工拖欠工资全部兑付。坚持开展“扶贫济困送温暖”活动，做好扶贫开发工作，帮助3.9万人实现了脱贫、解决了温饱。把安全生产作为一项生命工程来抓，确立了“宁可牺牲GDP，也要保证安全生产；宁可牺牲发展速度，也要保证可持续发展；宁可牺牲经济效益，也要保证社会效益”的安全生产工作原则，认真贯彻《安全生产法》和有关安全生产的各项规定，严格执行关于煤矿安全生产的五个“市政府令”和“四个委派”制度，坚决落实严防死守责任制，不间断地开展矿业秩序整顿和煤矿安全生产专项治理，努力解决安全责任和安全措施“落实不下去、严格不起来”的问题。以创建全省综合治理工作先进市为目标，进一步加强了对政法工作的领导，保持了全市治安大局的持续稳定。

围绕提高执政能力，切实加强和改进党的建设。严格执行《党政领导干部选拔任用工作条例》，不断深化干部人事制度改革，坚持实行干部任用票决制、公开选拔制、任前公示制、竞争上岗制和用人失察失误责任追究制，防止了选人用人上的不正之风；面向全国公开选拔了20名副县级领导干部和160名机关公务员，引进4名博士充实到副县级领导岗位，进一步提高了干部队伍的整体素质。在农村,配合省委实施的“双强”工程,强力推进“双培双带”工程,从致富能手中发展党员1232名,培养致富能手入党积极分子3400多名,培养选拔“双强”党支部书记1600名,帮带农户60多万户;认真组织选拔任用大学生村官工作,建立了领导干部联村制度。在城市,深入开展分行业创“五好”活动,加强非公有制经济组织党的建设,具备条件的非公有制企业90%以上建立了党组织。在全市广泛开展了“大力弘扬焦裕禄精神、红旗渠精神和愚公移山精神,大兴求真务实之风”活动,进一步建立和完善了市级领导干部分包县(市)区和重点企业、困难企业和下岗职工、重点项目、重点信访案件、煤矿安全生产等八项抓落实责任制和五项责任追究制,初步形成了抓落实的长效机制。认真贯彻《党内监督条例(试行)》和《纪律处分条例》,严肃查处领导干部违法违纪案件,坚决纠正部门和行业不正之风,切实解决发生在群众身边、侵害群众利益的突出问题。全年共立案查处各类违纪违法案件971起,党政纪处分941人,其中县(处)级干部31人。严格执行“四大纪律”、八项要求,市委常委会带头向社会公开做出廉洁自律“六项承诺”,带动全市各级领导干部进一步增强了廉洁从政意识。集中开展领导干部超标准配备公务用车、收受现金、有价证券、支付凭证和参与赌博专项治理活动,有效遏制了节日期间吃喝、跑送等歪风邪气。

全年工作中存在的困难和问题主要是:经济的结构性矛盾还比较突出,资源型城市转型任重道远;农村经济发展不快,城乡一体化进程任务艰巨;非公有制经济发展相对滞后,经济外向度还比较低;就业再就业压力仍然很大,部分群众生活比较困难;各种社会矛盾较多,社会稳定还面临许多新情况;党风、政风、社会风气等方面还存在一些亟待解决的问题。

(贯江涛)

【中共平顶山市第六次代表大会】　2004年2月25日,中共平顶山市第六次代表大会在平声影剧院开幕。大会的主题是:高举邓小平理论和“三个代表”重要思想伟大旗帜,动员全市各级党组织、广大共产党员和全市人民,“全面实施二次创业,奋力打造经济强市”,为率先实现全面建设小康社会的宏伟目标而奋斗。邓永俭代表中共平顶山市第五届委员会向大会作了题为《实施二次创业打造经济强市为率先实现全面建设小康社会的宏伟目标而奋斗》的报告。在主席台前排就座的大会主席团常务委员会成员有邓永俭、王照平、董金友、赵琛、乔新国、吕彩霞、汤宗领、张浩侠、薛新生、段玉良、邢文杰。在主席台就座的还有大会主席团成员。大会由王照平同志主持。王照平宣布,中国共产党平顶山市第六次代表大会应到代表489名,实到482名。邓永俭同志在热烈的掌声中向大会作报告。报告共分八个部分:一、六年的探索与实践,奠定了加快发展的重要基础;二、全面实施二次创业,奋力打造经济强市;三、加快经济结构战略性调整,在推进经济转型上取得重大突破;四、致力建设大城市,在推进城镇化进程上取得重大突破;五、全方位深化改革开放,在推进体制创新上取得重大突破;六、坚持以人为本,在推进人的全面发展和社会全面进步上取得重大突破;七、积极推进三个文明协调发展,为“实施二次创业、打造经济强市”创造良好环境;八、进一步加强和改进党的建设,为“实施二次创业、打造经济强市”提供坚强有力的政治保证。

市六次党代会确定了平顶山市今后五年的指导思想和奋斗目标。邓永俭强调,实施二次创业,打造经济强市,是实施“三个代表”重要思想的集中体现,是全市工作的主题和大局。围绕这一主题和大局,这五年,我们要牢牢把握发展第一要务,全面完成“十五”计划,实现“十一五”的良好开局,确保走在全省发展的前列;这五年,我们要全方位推进体制创新,进一步深化改革、扩大开放,建设统一开放、竞争有序的市场体系,构筑与市场经济相适应的经济运行机制和管理体制;这五年,我们要调整优化经济结构,坚持市场导向,依靠科技进步,推动经济结构向产业高新化、规模集约化的方向发展;这五年,我们要放手发展非公有制经济,强力发展县域经济,着力建设西部新区,突破经济社会发展的薄弱环节;这五年,我们要坚持以人为本,建设“生态鹰城”,按照“五个统筹”的要求,促进经济社会的全面进步和人与自然的和谐发展;这五年,我们要加强政治文明和精神文明建设,加快民主法制进程,提高党建工作水平,构建“实施二次创业、打造经济强市”的支撑体系。全市上下要进一步统一思想,坚持以经济建设为中心,任何时候、任何情况下,都要突出这个主题,把握这个大局,自觉服从和服务于这个主题和大局,万众一心,众志成城,唱响二次创业的主旋律和最强音。中国共产党平顶山市纪律检查委员会向大会作了书面报告。市人大、市政协的非党领导干部,部分担任过市级领导职务的党员离退休老同志,各民主党派、工商联的负责人和无党派爱国人士及驻平部队、中央和省驻平单位的负责同志列席了大会。

(贯江涛)

【中共平顶山市委六届二次全会】 2004年6月9日，中国共产党平顶山市第六届委员会第二次全体会议在平顶山饭店举行。出席这次全会的市委委员35人，市委候补委员6人。全会由市委常委会主持。市委书记邓永俭，市委副书记王照平、赵琛、乔新国，市委常委吕彩霞、薛新生、段玉良、邢文杰出席会议。市委书记邓永俭作了重要讲话。全会审议并原则通过了《中共平顶山市委关于大力弘扬焦裕禄精神、红旗渠精神和愚公移山精神，大兴求真务实之风的决定》。全会认为，大力弘扬三种精神、大兴求真务实之风，是市委立足我市干部队伍的思想作风实际，贯彻落实中央和省委指示精神的重大举措，是"实施二次创业，打造经济强市"，率先实现全面建设小康社会的必然要求。各级党员干部要自觉坚持以"三个代表"重要思想为指导，通过大力弘扬三种精神、大兴求真务实之风，增强加快发展的积极性、主动性和创造性，坚定加快发展的信心，鼓足加快发展的干劲，凝聚加快发展的力量，形成"实施二次创业，打造经济强市"的强大合力，聚精会神搞建设，一心一意谋发展，为实现中原崛起作出积极的贡献。

（贾江涛）

【张纪南来平调研】 5月20日至21日，省委常委、组织部长张纪南来平顶山市调查研究指导工作。张纪南在市领导邓永俭、王照平、董金友、赵琛、薛新生、邢文杰的陪同下，先后到平煤集团一矿、卫东区地质社区、神马集团等地对加强基层党组织建设、切实处理好抓党建与促发展的关系进行了重点调研。每到一处，张纪南都深入基层，与干部群众亲切交谈，详细了解他们的生产经营情况和基层党组织建设情况，对当前的工作给予具体指导。张纪南在详细听取了市委书记邓永俭关于平顶山市经济发展和基层党组织建设等方面的工作汇报后，对平顶山市的各项工作和平顶山在河南的发展中所作出的贡献给予了充分肯定。他强调，一个地方的发展不仅在于规模和速度，而且在于特色。特点是一个地方的立足点，特长是一个地方的优势，特色是一个地方的生命力。只要立足特点，发挥特长，形成特色，就有了位置。平顶山市不论是经济发展方面，还是在基层党建方面，都有不少独具特色的亮点。他希望平顶山市按照既定的工作思路，把特色做足、做大、做深，实现更大的跨越。

（贾江涛）

【华建敏来平调研】 3月26日，国务委员兼国务院秘书长、国务院安全生产委员会副主任华建敏和随行的国家安全生产监督管理局局长王显政，在省委书记李克强、副省长史济春、省政府秘书长卢大伟、省安全生产监督管理局局长李九成的陪同下，轻车简从，来平顶山市视察煤矿安全生产工作。上午，华建敏、李克强等一行莅平后，在市领导邓永俭、王照平、邢文杰、李永胜等陪同下，先后到卫东区的金牛山煤矿和平煤集团一矿对煤矿安全生产工作进行了实地察看。下午，华建敏、李克强认真听取了市委、市政府和平煤集团关于安全生产的工作汇报。市委书记邓永俭代表市委、市政府作了《健全机制依法监管打好煤矿安全生产攻坚战》的汇报。在听取汇报后，华建敏作了重要讲话。他充分肯定平顶山市近年来安全生产工作所取得的成绩后指出：当前经济要发展，煤、油、电等能源非常紧张，要实现煤炭增产和安全事故下降"一增一减"的目标，平顶山有许多值得借鉴和推广的经验。通过对平顶山小煤矿、大煤矿安全生产工作的实地察看，可以看出煤矿事故是可防、可控、可治、可以管得住的。平顶山市委、市政府对小煤矿的安全生产管理进行了大胆探索，派驻"三长一员"的做法为安全生产提供了重要的组织保证。华建敏希望平顶山在今后的安全生产工作中要真正做到严得起来、落实得下去，不断取得新的更大的成绩，实现经济建设、社会进步和安全生产工作的协调发展。李克强指出，党中央、国务院对中部崛起中的中原崛起高度重视，寄寓了厚望。华建敏同志这次视察调研，对实现中原崛起有很强的针对性和指导性。平顶山市作为中原城市群九个中心城市之一，在实现中原崛起中肩负着重任，现在正在向大工业、大城市迈进。平顶山市要以华建敏同志这次视察为契机，认真贯彻落实好华建敏同志的重要指示精神，高标准，严要求，进一步做好安全生产工作，努力开创安全生产工作新局面。

（贾江涛）

【市委经济工作会议】 2004年1月9日，市委经济工作会议在平顶山饭店召开。市领导邓永俭、王照平、董金友、赵琛、乔新国、侯玉德、赵玉亭、邹积余、张浩侠、薛新生、段玉良、邢文杰等出席会议并在主席台就座。会议的主要任务是，学习贯彻中央、省委经济工作会议精神，总结回顾2003年的经济工作，安排部署2004年的经济工作。市委书记邓永俭，市委副书记、代市长王照平在会上作重要讲话。会议指出，总结全市2003年的经济工作，可以概括为两句话：困难比预料的大，成效比预期的好。所谓困难比预料的大，主要是上半年遭遇了突如其来的“非典”疫情,下半年遭受了低温多雨等自然灾害。所谓成效比预期的好,突出表现在:一是经济增长明显加快,比上年增长10.6%;二是经济效益明显提高,预计完成地方财政收入比上年增长17.3%;三是发展后劲明显增强,全年新开工项目183个,预计完成全社会固定资产投资70.8亿元,比上年增长20.2%,投资完成额创历史新高;四是城市建设力度明显加大;五是人民生活明显改善。同时,国企改革、招商引资、非公有制经济发展、就业和社会保障、各项社会事业以及精神文明建设、民主法制建设、党的建设等方面也都取得了较好成绩,社会政治大局稳定。会议指出,做好2004年的经济工作,着重把握好以下几点:一是突出结构调整,大力推进工业化、城镇化和农业现代化进程。二是突出体制创新,不断增强经济发展的生机和活力。三是突出统筹协调,全面发展各项社会事业。四是突出执政为民,诚心诚意为人民群众办实事、谋利益。

(贾江涛)

【市委农村工作会议】 2004年3月18日,全市农村工作会议在平顶山宾馆会议室召开。市委副书记、代市长王照平,市委副书记、市纪委书记董金友,市人大常委会副主任胡武林,副市长蒋克勤,市政协副主席巩国顺参加会议。蒋克勤主持会议。王照平、董金友在会上作重要讲话。王照平要求,要加强领导,改进作风,确保农业和农村工作的各项措施落到实处;在认识上、工作上把解决“三农”问题作为重中之重,放在更加突出的位置上,真抓实干,务求实效。董金友在讲话中对2003年度全市农业和农村工作进行了回顾总结,对2004年的农业和农村工作进行部署。蒋克勤在会上就春耕生产、预防高致病性禽流感、森林防火、植树造林、烟叶生产等工作提出了具体意见和要求。

(贾江涛)

【李成玉来平视察慰问】 2004年元月17日,春节即将来临之际,省长李成玉冒着风雪,轻车简从,来平顶山市视察工作,慰问困难群众。李成玉一行在平顶山市有关领导的陪同下,先后到平煤集团、新城区、郏县等地,深入到煤矿调度室和矿井口、建筑施工工地、困难农户家中视察工作,慰问困难群众。当日上午,李成玉首先来到平煤集团一矿生产调度室,认真察看了煤矿企业的生产和安全情况。在一矿升井口,李成玉与刚刚下班升井的采煤一队矿工朱同立等亲切握手,向辛勤工作在生产一线的矿工致以新春的问候和节日的祝贺。在与平煤集团班子成员进行座谈时,李成玉指出,平煤集团是省里直管的一个特大型国有企业,是国家规划建设的13家大型煤炭基地之一,产量和规模居河南省煤炭行业第一位,为全省的经济发展作出了积极贡献。最近,省委对平煤集团领导班子进行了调整,新一任班子成员之间要加强沟通和交流,相互尊重、理解和支持,充分发挥班子的整体合力,促进企业不断发展壮大。下午,李成玉等视察了新城区建设情况,先后实地察看了新城区市政大厦施工工地和新城区规划模型,听取了新城区建设情况汇报。随后,李成玉又来到郏县李口乡老昝庄村看望慰问了困难群众。在郏县广阔渠工程的青龙湖水利工程建设工地,李成玉认真察看了这一惠泽数十万群众的水利工程。

(贾江涛)

组织工作

【领导班子和干部队伍建设】 本着整体稳定、局部调整、提高素质、完善结构、推进交流、理顺关系、增强活力的原则,认真制定市直单位领导班子换届调整工作方案。在认真考察的基础上,通盘考虑,分批实施,对人大政协机关、常委分管部门及公检法机关、市直单位正副职及非领导职务干部,按照轻重缓急分5批进行了调整。在具体操作过程中,严格领导班子职数管理,尽量消化现有的超职数,因实际情况确实暂时不能消化的,决不允许出现新的超职数。换届后市直单位和换届前相比减少了30名班子成员。这次市直领导班子换届调整和县(市)区个别调整,共调整县级干部684名,其中提拔任用292名,平级调整305名,改任非领导职务87名。调整充实9家市管企业领导班子成员31名。通过调整充实,改善了各级领导班子的年龄文化知识结构,增强了领导班子的生机与活力。坚持“备、管、育、用”相结合的原则,结合干部调整,提拔了一大批优秀后备干部。及时调整补充了508名县级后备干部;对省选调生进行了规范管理;完成了新疆拜城县20名干部来平顶山市挂职锻炼的安排安置工作。

(张耀中)

【干部教育培训】 2004年,各级组织部门按照党的十六大精神要求,坚持用“三个代表”重要思想武装干部头脑,修订了大规模教育培训干部规划,改进培训方法,拓宽培训渠道,丰富培训内容,推进了培训工作的开展。2004年,配合省委组织部及上级有关部门调训干部39人,举办各类培训班148期,培训各类干部22255人次。其中,市委组织部举办培训班22期,培训各级各类干部2464人次。

(张耀中)

【人才队伍建设】　2004年,按照党管人才的要求,市、县两级健全了人才工作协调领导机制,制定了培养、吸引、用好、留住人才的政策措施。市委、市政府制定《关于进一步加强人才工作的实施意见》、《关于加强高层次专业技术人才队伍建设的若干意见》和《平顶山市2004~2010年人才资源开发规划》等。认真做好专家、拔尖人才的选拔与管理工作,提高了专业技术拔尖人才队伍的数量和质量。全年底,全市(含驻平高校、企业)拥有院士1名,博士生18名,硕士生570名,国家级有突出贡献的中青年专家3名,享受国务院特殊津贴的110名,省管优秀专家24名,市级拔尖人才364名。

(张耀中)

【干部人事制度改革】　认真学习贯彻中央"5+1"文件精神,扎实做好面向全国公开选拔20名副县级干部的考察、资历评价、公示和任职工作。市组织人事部门联合公开考录160名公务员。对新提拔的256名县级干部征求了市纪检、监察、计生、审计、综治等有关部门的意见,并全部实行了"票决制"、"试用期制"和任前公示制。坚持贯彻执行《干部任用条例》,切实把握"民主推荐、组织考察、集体讨论研究"三个关键性环节,不断完善干部推荐责任制、考察责任制、用人失察失误责任追究制等,从制度上保证了选人用人质量。对县(市)区贯彻落实《干部任用条例》情况进行了督促检查,维护了《干部任用条例》的严肃性。认真做好"12380"举报电话的受理和查处工作,共受理举报108件,完成省委组织部要结果的举报件5件,做到了件件有落实,事事有回音。

(张耀中)

【选派大学生"村官"】　按照市委要求,市委组织部先后组织选派2000多名大学生村干部进驻农村。第一批958名大学生村干部入村后,引进发展项目1461个,引资3840万元,帮助举办各类培训班、技术讲座885期,帮扶贫困户890户,推荐就业岗位4200个,组织修路134公里,建文化大院47所,受到了广大农民群众的欢迎。《人民日报》、《河南日报》等媒体给予了多次报道,中组部、省委组织部领导也给予了肯定。

(张耀中)

【"双培双带双强"工程】　按照省委的工作部署,围绕"双强"目标,实施了"双培双带双强"工程。围绕这一工程,县、乡、村三级分别制定了符合实际的实施规划和工作计划,层层签订目标责任书和帮带合同书,并在政策、资金、技术、信息等方面给予倾斜和支持。市委组织部会同金融部门专门下发了《关于在"双培双带双强"工程中做好信贷重点扶持工作的意见》,积极帮助解决信贷资金。2004年,全市从优秀致富能手中发展新党员1232名,培养致富能手入党积极分子3400多名,"双强"党员25935名,培养选拔"双强"党支部书记1600名,涌现带头致富农户3万多户,帮带60多万农户走上了致富路。

(张耀中)

【企业和社区党建】　坚持把抓好企业党建和社区党建结合起来,使企业和社区党建得到了加强。切实加强非公有制经济组织党建工作,舞钢市和天瑞集团被推荐确定为省委组织部的非公有制经济组织党建联系点。以社区整合为契机,健全组织网络,完善工作机制,全市123个社区党支部,达到"五好"标准的有88个,占71.5%。

(张耀中)

【党员队伍建设】　充分把握发展与需要的关系,加强宏观调控,抓好培养考察,严格履行程序,推行公示制,确保发展党员质量。2004年共发展党员6600多名,其中高中以上文化程度占71.2%以上,35岁以下的占69.6%以上,农村企业一线占58.4%以上。同时,在农村开展了"双联双创"、"党员联系户"、"党员帮扶"、"党员责任区"等活动,在企业开展了"党员模范岗"、"党员示范区"等活动,在机关企事业单位开展了"两联一带"、"双学双争"等活动,充分发挥党员作用,调动广大党员干事创业的积极性。下发了《关于做好保持共产党员先进性教育活动开展前调研工作的通知》,抽调60多人组成10个调研组深入调研,为开展保持共产党员先进性教育活动作了充分准备。

(张耀中)

【党员电化教育】　认真贯彻落实《河南省党员电化教育工作目标管理考评细则》,2004年共扩建电教网点30多个;召开了全市第四届党员电教片观摩评比会,评出一等奖6部,二等奖9部,三等奖11部;拍摄了反映非公有制经济组织党建工作专题片《银龙家园》和反映全市大学生“村官”专题片《广阔天地任作为》;在市电视台、市教育电视台开辟专栏,播出26部电教电视片;扎实开展党员电教科技致富工程“321”活动;将近年来50多部党员教育电视片解说词汇集成书,为全市党员电化教育工作者提供了一本优秀教材。

(张耀中)

【调研宣传和组织史编纂】 完成省委组织部下达的《非公有制经济组织党建调研》和《混合所有制经济组织党建调研》等课题,指导县(市)区委组织部完成调研课题20多个。全市有150多篇反映组织工作的文章在《人民日报》、《党建研究》等省级以上刊物发表。完成了《中国共产党河南省平顶山市组织史资料》(第三卷)资料收集、整理及文字录入工作,指导汝州市完成了《中国共产党河南省汝州市组织史资料》(第二卷)编纂工作。

(张耀中)

【信息和信访工作】 出台了《组织部门信息工作年度目标管理考评办法》,编发上报信息130多期,较好地发挥了组工信息的作用。制定了《关于加强全市组工信访工作的意见》,认真处理党员干部群众来信来访,服务社会,稳定大局。按照省里的部署,配合有关部门抽调市、县、乡1786名机关干部,认真做好干部下访集中处理信访突出问题及群众性事件工作。切实贯彻落实全省、全市安全生产紧急部署精神,先后三次从部机关抽调15名得力干部,配合有关部门,对全市安全生产情况进行督查。会同有关部门,督促落实企业军转干部解困政策,帮助解决实际问题,维护社会大局稳定。

(张耀中)

【机关干部驻村工作】 在第三批驻村工作中,全市共派驻省、市、县、乡四级工作队员2432名,他们身体力行“三个代表”重要思想,创造性地开展工作,帮助调整种植结构18.6万亩,发展二、三产业项目1864个,修建道路321公里,引进帮扶项目196个,引进帮扶资金690万元,组织科技服务1763次,受益群众18.3万人(次),解决了一大批热点、难点问题,受到了群众的热烈欢迎,得到了省委组织部的充分肯定。召开了全市三年驻村工作总结表彰大会,对2003至2004年驻村工作中涌现出的100名优秀驻村工作队员和50个先进驻村工作队进行了表彰。深入开展副县级以上干部联村帮扶工作,全市有1200多名副县级以上领导干部分别联系一个村庄,帮助发展经济,维护稳定,加强党建,身体力行为群众办实事、办好事。

(张耀中)

【“树组工干部形象”学教活动】 按照中组部、省委、市委的统一部署,全市10个县(市)区、138个市直单位和26家市管企业的2820多名组织人事干部,认真落实省委组织部提出的“8个载体”和“6个机制”,不断深化和拓展了“树组工干部形象”学教活动。2004年,市委组织部被省委、省政府命名为“省级文明单位”。扎实开展“献爱心、救助艾滋病致孤孤儿”活动,全市组织人事老干部系统的干部职工满怀爱心,积极参加,共捐款15.24万元。利用暑假时间,看望慰问了结对救助的100名孤儿,给每个孤儿送去100~300元现金和价值200元左右的学习生活用品。

(张耀中)

宣传工作

【理论学习】 2004年,继续完善市级中心组理论学习和领导干部理论学习考核制度,把“三个代表”重要思想的学习贯彻不断向广度拓展,深度推进。共服务市级领导干部中心组学习12次。加强对县级以上领导干部理论学习的指导,在全市开展县级以上党委中心组理论学习示范单位活动,形成领导干部理论学习制度化、规范化的长效机制。加大对科级党员干部培训轮训的工作力度,举办各级理论骨干培训班20余期,对全市理论骨干进行了普遍培训。在农村党员干部中深入开展“实践‘三个代表’,促进经济发展”主题教育活动,农村党员教育覆盖面达到95%以上。不断加强基层党校建设,全市有8个乡级党校,3个村级党校获全省先进基层党校称号。认真组织了邓小平诞辰100周年大型理论研讨活动,推出了一批优秀理论成果,平顶山市有两篇论文在全省获奖,1000多篇理论文章在市以上报刊发表。

(徐　渊)

【新闻宣传】 牢牢把握正确的舆论导向,狠抓正面宣传报道,努力消除负面影响,大力营造良好的舆论环境。围绕平顶山市“实施二次创业,打造经济强市”战略目标,大力宣传树立和落实科学的发展观、建设和谐社会、国企改革、发展县域经济和非公有制经济、城市建设等一系列重大举措。全年在省以上发稿8800

多篇(条);头版头题 49 篇(条)。在河南卫视发稿名列全省第四;在公共频道、法制频道发稿均居全省第一。实现了 6 个县(市)区在河南日报有头版头题,达到历史最好水平。认真落实党报党刊征订发行有关政策规定,在全省率先完成党报党刊征订工作。

(徐 渊)

【对外宣传】 2004 年,进一步增强对外宣传为经济建设服务的主动性,充分发挥网络优势和把握招商引资活动时机,积极做好互联网新闻宣传、管理和外地新闻推介工作。完成了大型画册《中国·平顶山》的设计、出版,摄制了《中国·平顶山》VCD 光盘和招商引资专题折页。成功组织了第四届世界刘氏联谊会和第二届世界叶氏联谊会外宣协调和宣传报道工作,积极参与省第三届投资经贸洽谈会和赴上海、浙江招商引资的外宣工作。坚持网上正面宣传为主,及时更新网上新闻,并精心制作了马街书会、汝瓷等专题网页。2004 年,卫东区网站被评为全国优秀网站。进一步加强对全市网上信息的监督管理,加大外宣干部培训力度,组织外宣培训班共 18 期,培训 925 人。

(徐 渊)

【思想教育】 2004 年,在主要新闻媒体开辟了"道德规范进万家、诚实守信万人行"专版、专栏,进行集中宣传活动;继续深化"争创星级诚信服务店"活动,进一步健全完善诚信服务规章制度。平顶山市被确定为全省诚信建设首批宣传的三个地市之一,河南电视台制作并播出了"诚信河南·平顶山篇"专题节目;加强和改进思想政治工作,组织开展了"弘扬民族精神,实现中原崛起"主题教育,"中华民族精神大家谈"、"第十一届青少年爱国主义读书教育"等活动,大力宣传"弘扬三种精神,大兴求真务实之风"先进典型,对市规划局局长荆建刚、舞钢市检察院原检察官霍新泰等一批体现时代精神和民族精神的先进典型进行了广泛的宣传,掀起了学习先进的高潮。继续在全市企事业单位深入开展"双争双树"活动,总结推广了一批基层先进经验。

(徐 渊)

【文化艺术】 2004 年,坚持"两为"方向和"双百"方针,以"文艺创作推精品、群众文化创先进"活动为载体,全面落实"五个一工程"目标责任制,推出了一批文艺精品。电视电影《摊牌》在中央电视台播出,电视剧《心结》已完成前期拍摄工作,豫剧《任长霞》在全省多个地市巡演,神话剧《牡丹仙子》获全省第三届戏曲舞蹈大赛一等奖,杂文集《从心集》等十余部文学作品出版发行。群众文化活动丰富多彩,组织了 2004 年春节晚会、"双节"广场文化活动,"世界刘氏宗亲大会"文艺晚会、全国国标舞公开赛、建国 55 周年歌唱比赛、纪念邓小平诞辰 100 周年美术书法摄影展等一系列大型文化活动。加强对文化娱乐场所的管理,持续开展"扫黄打非"活动,进一步净化全市文化市场。

(徐 渊)

精神文明建设

【未成年人思想道德建设】 2004 年,是加强未成年人思想道德建设的开局之年。市委、市政府出台了《关于进一步加强和改进未成年人思想道德建设的实施意见》和《市文明委关于落实市委、市政府实施意见的任务分工》。在全市开展了"三优一争"活动(优化学校、家庭、社会育人环境,争当合格建设者和可靠接班人)。开展了"争做合格父母、培养合格人才"活动。建立了 10 所家长学校,组织了家庭教育专题巡回报告。各中小学开展了"民族精神月"集中教育活动及"加强和改进未成年人思想道德建设"征文活动。组织开展了净化社会育人环境为主题的三项集中整治。新华书店与各学校联合开展的优秀图书进校园活动作为创新案例在全省介绍。文化、体育部门对未成年人免费开放了图书馆、文化馆和体育场所。

(张瑛辉)

【文明环境综合整治】 在全市开展市区市容环境综合整治活动,活动历时 8 个多月,使市区在"净绿亮美畅"各方面有了很大改观,提升了城市品位。出台《平顶山市文明景区标准》,开展了争创文明景区活动。5 月初,石人山景区被命名为省级文明风景旅游区。汝州的风穴寺、怪坡,郏县的三苏园、青龙湖,舞钢的二郎山景区等投入资金达 2000 多万元,实施大投入、大建设,使开发管理上了新的台阶。

(张瑛辉)

【"三个一"活动】 2004 年,在省、市级文明单位积极开展以"三个一"为主要内容的"争做新贡献、共塑新形象"活动(即每个文明单位每年要承担一项文明城市创建中的任务、为所在社区或村镇办一件实事、资助一名当年录取的贫困大学生)。该活动的开展,更好地展示了文明单位的形象,发挥了其示范带头作用,得到社会各界广泛好评。这项活动被河南省文明办在全省给予推广。

(张瑛辉)

【文明社区创建】 2004年,市文明办出台了《文明社区评选标准》,大力推行"六有"工程(即每个社区要建有一所文明市民学校、一个医疗卫生所、一个健身园地、一个宣传橱窗、一支志愿者队伍、一个警务室)。按照评选标准和"六有"工程要求,努力开展好文明社区创建工作。年底,全市65%的社区达到文明社区评选标准。与有关部门联合共同推进"四进社区"工作,其中文化进社区成效明显,卫东区举办的第二届社区艺术节,参加人数近5万人次。

(张瑛辉)

【农村精神文明建设】 在全市各县(市)区开展了"一县一乡一村"创建工程,即每个县(市)区每年培育一个文明乡(镇),每个乡每年培育一个文明村,起培育典型、带动整体作用。汝州市推进文明村镇创建工作,有规划、有标准、有检查,农村创建工作开展的扎实有效。狠抓了宣传文化阵地建设,鲁山县建成了四个高标准的乡(镇)宣传文化站。在全市启动了"百村高标准宣传文化室"建设工程,根据实际情况,确定了105个村按要求两年内完成此项工作。

(张瑛辉)

统战工作

【多党合作】 坚持重大情况通报制度。坚持协商于决策之前,协助市委、市政府分别就中共平顶山市六次党代会报告、政府工作报告及人大、政协换届人事安排等向各民主党派、工商联通报情况、征求意见。建立暑期恳谈会制度。市委组织市各民主党派、工商联负责人赴洛阳栾川考察恳谈。暑期恳谈会制度是中共平顶山市委同民主党派、工商联进行政治协商的一种新的形式,在全市属首次召开。建立政府部门同民主党派对口联系制度。市政府以平政[2004]34号文件形式下发了《平顶山市人民政府关于进一步加强同民主党派、工商联及无党派人士联系的通知》。组织各民主党派、工商联积极参政议政。市六届政协一次会议上,各民主党派提出集体及个人提案共计216件,占提案总数的57%,其中重点提案26件,占会议重点提案的74%。

(王全民)

【党外干部工作】 以人大政协换届为契机,做好党外人士政治安排工作。在市人大换届党外人士的安排工作中,按照市委要求,注意掌握政策,坚持代表条件、代表构成及人员的广泛性、先进性。非中共代表和常委的比例有所提高。在市政协换届的人事安排工作中,通盘考虑,统筹安排,发扬民主,严格按原则、程序办事,六届市政协一次会议共设置27个界别,安排委员401名,其中中共党员160名,占39.9%;非中共人士241人,占60.1%;58名常委中非中共人士39人,占67.2%,符合文件规定的比例。召开全市培养选拔党外干部工作会议,加大党外干部实职安排工作力度。推荐5名优秀无党派人士和党派成员担任市政府职能部门及事业单位领导职务。12月26日,市委统战部、市委组织部联合召开了全市培养选拔党外干部工作会议。会议传达贯彻了全国、全省培养选拔党外干部工作会议精神,与市委组织部共同制定、下发了《关于进一步做好培养选拔党外干部工作的意见》和《关于调整县级党外后备干部的通知》。

(王全民)

【民族宗教工作】 切实加强民族宗教基础工作,推进民族宗教工作的制度化。在全市的127个乡(镇、办事处)全部建立了民族宗教工作领导小组;在少数民族聚居地方建立"民族团结进步促进会"34个;广泛开展"民族团结进步友好乡村"创建活动,建成民族团结进步友好乡村11对;建立城市社区"民族团结联谊会",开展城市社区民族工作。2004年,共举办党政领导干部和民族宗教工作干部培训班69期,培训人员3285人,举办民族宗教界人士和教职工培训班52期,培训人员2147人。举办民族宗教政策法规宣传月(周)活动17次,印发宣传材料1.5万份,《宗教事务条例》2000册。大力加强民族宗教领域的稳定工作。充分发挥"不安定因素排查"和"突发事件应对"机制作用,维护民族团结和社会稳定。排查出的15起涉及民族宗教方面的不安定因素全部得到妥善解决,共妥善处理民族突发事件8起。筹办了市宗教工作座谈会,研究部署全市抵御境外宗教渗透工作。树立科学的发展观,积极帮助少数民族和民族聚居地方加快发展。和市民族宗教局一起认真贯彻落实豫办[2001]43号和平办[2002]51号文件精神,搞好政策扶持。

(王全民)

【海外统战工作】 协助市委、市政府举办世界刘氏第四届联谊大会。经过市委统战部和市侨联的积极争取，刘姓祖地鲁山县最终获得了世界刘氏第四届联谊大会的承办权，并于5月成功举办。来自海内外的近千名刘姓宗亲相聚在鹰城，寻根谒祖，畅叙亲情。11月份，举办了刘累陵园始祖殿落成典礼，在统战部和侨联的积极争取下，马来西亚爱国侨领刘南辉先生慷慨捐资324.4万元，建立刘累陵园刘氏纪念馆，这是平顶山市建市以来接收的华侨华人最大数额的个人无偿捐款。协助叶县举办世界叶氏第二届联谊大会。经过市、县两级统战部门的积极联络，来自世界各地的506名叶公后裔代表参加了这一盛会。叶公后裔还捐款190多万元，支持叶公陵园建设。积极修建诺贝尔物理奖得主崔琦旧居纪念馆。市侨联和宝丰县委统战部协助宝丰县政府在崔琦家乡投资90余万元修建崔琦纪念馆。纪念馆成为平顶山市青少年爱国主义教育基地。由于寻根联谊活动成效显著，市侨联被评为全国、全省侨联工作先进集体。

（王全民）

【非公有制经济领域统战工作】 做好非公有制经济代表人士的思想政治工作。8月份市委统战部和市工商联筹备召开了全市民营企业表彰大会，会上对30名荣获社会主义优秀建设者称号的民营企业家进行了表彰。4月份和11月份先后组织了两期29人非公有制经济代表人士参加在中央党校举办的理论与实务高级培训班。招商引资工作取得重大突破。2004年，市委统战部和市工商联、侨联、台联、台办先后四次组织民营企业和台商、港商、外商参加市政府及新城区组织的招商活动。11月份，市委统战部和市工商联组织民营企业家赴上海等地开展了小分队招商的探索和尝试，取得了一定成效。大力开展光彩事业。全年新增光彩事业项目10个，投入资金5.2亿元，全市工商联会员企业公益事业捐款合计400多万元，安排下岗职工3500多人。加强商会自身建设，为非公有制企业提供服务。乡镇分会、同业商会（行业协会）建设工作取得明显成效。编发《民营内参》2期，所反映会员企业在发展中遇到的问题受到领导高度关注并得到解决；建立市工商联机关干部与会员企业对口联系制度，联合市优化办在部分民营企业派驻了特派员。

（王全民）

【统战宣传　调研　信息工作】 结合大型统战活动，举办“统战杯”书画展，扩大统战工作的社会影响。为庆祝建国55周年、纪念邓小平同志诞辰100周年，市委统战部、平顶山日报社、市书画院、市美术家协会联合主办了“统战杯”书画展活动。活动自5月开始，9月结束，历时5个月。在征集到的400余幅书画作品中，由评审委员会选出123人的126幅作品入展。9月22日，在市文化中心广场，举行了隆重的开展仪式。组织参加全省统一战线知识竞赛。整个竞赛活动中，全市共收缴答题卡16.6万份。有27名市级领导，490名县领导，38个市直单位参与答题活动。在《平顶山日报》开设专版、专栏，开设了共20期的5个宣传专栏，1个专版集中宣传统战工作。认真开展调查研究工作，为领导决策服务。制定下发了《2004年全市统一战线理论研究课题计划》，规划了8个重点调研课题和27个一般调研课题。全市共撰写统战调研文章216篇，召开理论研讨会12场次，选出7篇优秀调研成果上报省委统战部，其中获二等奖一篇，三等奖一篇。建立健全信息工作机制，信息质量有明显提高。2004年，共编发《平顶山统战信息》26期，上报省委统战部信息200余条，被省委统战部《河南统战信息》采用32条，被省委统战部《情况反映》采用42条，其中有8条信息被中央统战部采用，有3条被中央统战部领导批示。信息工作获全省三等奖。

（王全民）

老干部工作

【政治待遇得到落实】 2004年初，全市大部分单位都能把老干部的政治待遇放到突出位置，对照上级要求，逐项抓好落实，并使这项工作进一步制度化、规范化。充分发挥离退休干部党支部在学习贯彻“三个代表”重要思想中的作用，利用学习日、例会、经验交流会、办板报、办学习园地、办培训班、作辅导报告、座谈讨论等多种形式，认真组织学习，提高思想认识，取得良好效果。组织市级老领导座谈“三个代表”学习体会，新闻媒体进行了宣传报道。全市共举办老干部学习十六大、十六届三中、四中全会精神座谈会200多场次，参加学习的离退休干部和工作人员达一万多人次。

（薛　学　雷　声）

【老干部文化生活丰富多彩】 成功地举办了老年人摄影展、书画展、棋类比赛。与市老干部活动中心、市老年书画家协会联合编纂的《老年书画集》出版。在省委老干部局、省老干部大学组织开展的全省老干部大学学员文学艺术作品活动中，平顶山市老干部大学学员作品获得一等奖2个，二等奖1个，三等奖1个。

（薛　学　雷　声）

【切实保障离休干部的生活待遇】 突出抓好离休干部"两费"保障、"三个机制"的完善和运转工作。对县(市)区也经常进行督促、检查和指导,对遇到的问题和困难及时帮助解决。全市离休干部"两费"基本上实现了全年无拖欠。认真贯彻落实省老干部局有关保障离休干部生活待遇的要求,认真做好老干部管理服务工作。由市委组织部、老干部局、国资委、财政局、劳动和社会保障局5家单位抽调人员组成联合检查组,对全市9个县(市)区4个市直单位国有改制、破产企业贯彻落实保障离休干部生活待遇情况进行了督促检查。鲁山县将困难企业离休干部全部收归县级财政保障,彻底解决了企业离休干部的"两费"保障问题。新华、卫东、湛河三个区对下放到各区管理的原市属企业,认真做好调查研究工作,积极帮助解决老干部工作中存在的问题,保证了这些企业老干部工作的正常开展。组织召开了全省离休干部"三个机制"建立、运行工作情况汇报会。对进一步完善和落实离休干部离休费保障机制、医疗费保障机制和财政支持机制,切实解决好离休干部的离休费、医疗费问题提出了具体要求。认真做好两年一次的离休干部健康体检工作,为全市1413名离休干部进行了健康检查。

(薛学雷声)

【发挥余热】 2004年,全市已成立老干部发挥作用组织1082个,有13026名离退休干部在不同领域发挥着作用。有451名老干部积极开展调查研究,为各级党委和政府提建议、当参谋。有267名老干部参与当地经济发展课题研究。有3152名企业的老干部发挥技术专长和经验优势,积极参与企业技术改造、产业结构调整。有4209名回农村的老干部积极投身富民工程,发展"五业"生产,年创产值5731万元,创利税628.5万元。有257名老干部积极参加计生协会,协助党委、政府做好计划生育工作。原市人大副主任杨明理,原市政协副主席杨元璋、王玉忠,原市总工会主席于世才和市建安总公司地专级离休干部李先瑞被市政府聘请为城建巡视员,督促相关部门搞好城市管理,为全市城市建设和管理提出了许多好的建议和意见。

(薛学雷声)

信访工作

【坚持领导接待日制度】 坚持开展领导接待日活动,积极化解各种社会矛盾。2004年,市委常委会研究下发了《关于坚持市级党政领导信访接待日制度的意见》,实行了市级党政领导每周一接待群众来访制度,市党政领导都能够坚持轮流每周一接待上访群众,认真听取群众反映的问题,并及时提出解决问题的办法。同时,各县(市)区也坚持实行了每周三县级领导接待日制度,各乡(镇)也结合本地实际实行了党政领导挂牌接待来访群众,有效地把各种社会矛盾化解在县、乡、村三级。2004年,市级领导共接待群众16次113批4520余人。

(李幸福)

【实行领导分包疑难信访案件制度】 2004年,针对排查出来的重大疑难和群众上访案件实行了领导包案制度,包案的党政领导都坚持亲自抓落实,搞协调,督促进度。11月份,把排查出的152户上访群众和困难职工,分包给市四大班子领导、市直单位主要领导、市委机关主持工作的领导共76人,他们抽出时间到分包对象家中了解情况,解决问题,及时把握群众思想脉搏和社会动向,促使一批久拖不决的信访案件得到了妥善处理。各县(市)区也都结合本地实际,实行了领导包案制度。

(李幸福)

【解决信访突出问题】 2004年,市委、市政府研究下发了《关于建立平顶山市处理信访突出问题及群体性事件联席会议制度的通知》等3个文件,并及时召开了专题会议。联席会议召开后,成立了专项工作组,重点解决信访突出问题及群体性事件,全年共接中央、省交办案件284起,除重复交叉的信访案件外,实际交办180起,办结177起,结案率98.3%。

(李幸福)

【健全和完善现场处理集体上访制度】 为切实加强现场处理群众集体上访工作,平顶山市不断加强驻京、省信访接待工作力度,驻京工作人员经常保持在15人以上,驻省工作人员经常保持在10人以上。当群众越级赴京、省集体上访规模较大时,市、县党政主要领导和分管领导都能坚决按照省、市委信访工作领导小组的要求,亲自赴京、省接待上访群众,认真做好群众的劝返工作,把影响降低到最低限度。

(李幸福)

【坚持矛盾排查和信息上报制度】 高度重视矛盾排查和消除不安定因素工作,切实按照信访工作要求每月进行一次拉网式排查,认真梳理和汇总,发现问题及时上报。对需要解决的问题实行一包一或几包一的方法,促使各种不安定因素得到及时发现和解决。8月份以来,在全市范围内开展了三次大规模的矛盾排查,对发现的新苗头及时逐级上报,并按照"分级负责、归口办理,谁主管、谁负责和属地管理"三原则,对排查出来的200多起案件进行分包,明确责任,限期解决,真正把各种矛盾化解在基层,消除在萌芽状态。

(李幸福)

【建立健全信访工作责任追究制度】 2004年,对信访工作责任追究制度进行了调整和完善,拟出了《关于对信访工作实行责任追究的意见》,根据制订的责任追究制度,对赴京、省集体上访较多的地方和部门实施了责任追究。全年印发通报12期,对多次发生群众越级集体上访的郏县、鲁山县、叶县等单位进行了通报批评。

(李幸福)

党校教育

【干部教育】 2004年,市委党校按照十六届四中全会提出的围绕增强执政意识,提高执政能力,创新培训方法,提高培训质量,大规模培训干部的要求,增强教学的针对性、实效性和吸引力。全年开办县级班2期,中青班2期,市直科长班2期,县(市)区局长班2期,农村支部书记培训班1期,宣传干部班1期,妇女干部班1期,共计11期,692人次。在教学内容上,根据形势发展的需要和全市干部的实际情况,突出针对性、实效性,体现时代性,做到与时俱进、不断创新。在原有教学内容设置的基础上,新增了《行政许可法与行政审批制度改革》、《建立和完善干部监督机制》、《平顶山城市建设与规划》、《平顶山市新城区情况介绍》、《平顶山市反腐倡廉形势》、《文学名篇赏析》、《职业经理人常犯的11种错误》、《加强党的执政能力建设》等内容,更新率达20%。

(彭 伟)

【函授教育】 2004年,函授工作取得新成绩。招生工作:全市招生报名3638人,其中,市直报名1391人,比去年多报227人;全市录取新生3001人,其中,市直录取1192人,比去年多录20人。完成了教学、教务、学籍、教材等工作,全年校内共有37个教学班,开设了88门课程,毕业专科学员564人、本科学员498人,指导毕业论文1062篇。充分利用中央党校远程教育网络,实现优质师资资源共享。2004年开设了16门远程教育课程。

(彭 伟)

【科研工作】 紧紧围绕党校科研为推进党的理论创新服务,为党校教学质量服务,为市委、市政府决策服务,为全市的物质文明、政治文明、精神文明建设服务的方针,根据校科研工作情况,加大了公开发表和省级以上科研成果的奖励制度,引导教职工向高档次的科研成果努力已初见成效。2004年在CN刊号的报刊上发表各类文章共计36篇,参编著作2部,完成省社联、省委党校、市社科规划办重点调研课题22项,申报并中标省社联、省委党校、市社科规划办重点调研课题29项,在地(市)级以上理论研讨会上获得三等奖以上的论文9篇,获得省社联、省委党校、市社科规划办重点调研课题二等奖以上的10项,校刊《平顶山论坛》全年共出版四期,编发各类文章52篇。

(彭 伟)

市直党务

【理论学习】 2004年,市直工委指导市直机关各级党组织认真学习邓小平理论和"三个代表"重要思想,深入贯彻党的十六届三中、四中全会精神,努力运用马克思主义的立场、观点、方法指导工作,把思想真正统一到党的十六大精神上来。指导多数单位结合实际,制定学习计划,安排学习内容,采取集中学习、电化教育、问卷测试、专题讲座、学述报告和写心得体会等多种形式来改进学习方法。注重抓好建设规范化电教点工作,对市直电化教育情况进行检查,使市直一级机构和大多数二级机构基本达标。为提高学习质量,工委精心筛选、复制40多套300多盘紧扣时代脉搏的党课电教片发放到基层。认真抓好干部培训工作,举办了学习十六届四中全会精神理论骨干培训班,80余人参加学习。

"七一"前夕,在平顶山电视台开辟"市直党建风采"专题节目,在《平顶山日报》开设"为党旗增彩"专栏,对市节水办党支部、新华区国税局党支部等先进党组织和市工商局东安路工商所所长杨昌盛、市太阳城商厦经理杨记栓等优秀党员进行系列宣传报道,为党的节日营造了良好氛围。

(许丹丹)

【组织建设】 按照《中国共产党党和国家机关基层组织工作条例》和市委组织部、市直工委《关于健全市直机关各部门主要负责同志带头抓机关党的建设责任制的若干意见》的有关规定,指导各级机关党组织依照市直工委要求的有关规定,结合单位实际,制定了争创“五好”基层党组织活动方案和考评、奖惩办法,进一步改进和完善了考评标准和方式。通过工委检查考核,共评选出“五好”基层党组织114个,优秀共产党员113名,优秀党务工作者109名。

市直工委加强了对基层组织建设的指导。2004年,市直机关新建党组织3个,换届改选14个。规范市直机关各单位党费的收缴使用管理,多数单位都能随着工资变动及时调整党费标准。按照“十六字”方针,认真做好党员发展工作。举办了4期党员发展对象培训班,培训发展对象469名,市直机关全年发展新党员356名。

(许丹丹)

【反腐败工作】 认真贯彻《中国共产党党内监督条例(试行)》,进一步健全了党的民主集中制,逐级建立干部廉政档案,加强对党员特别是党员领导干部的监督。市直纪工委和机关各级党组织认真受理群众来信、来访和电话举报,严肃查处党员违纪问题,6名党员受到党纪政纪处分。

(许丹丹)

【群团工作】 指导各级工会组织开展形式多样的文体活动;动员单位职工捐款捐物,积极参与全市的“心联心、双联系”扶贫救助活动;开展业务技能竞赛,提高业务工作能力。工委加强了工会组织建设,举办了工会主席培训班。共青团工作也进一步加强,指导药监局等3个单位的团组织进行换届选举。举办春季乒乓球比赛,共有34个单位的37个团体、164名队员参赛,14个单位荣获优秀组织奖。8月份举办了游泳比赛,18个单位的113名选手参加,12个单位荣获优秀组织奖。

(许丹丹)

纪检 监察

【党风廉政宣传教育】 2004年,各级党组织充分发挥党风廉政“大宣教”格局作用,先后组织开展了优良传统和作风教育、党政纪条规教育、勤廉兼优的典型教育、警示教育,开展了两个条例集中学习教育活动和党内法规知识竞赛等,在报纸、电台、电视台等开辟了反腐倡廉宣教专栏。通过宣传教育,广大党员干部遵纪守法、廉洁自律的自觉性进一步增强,同时,也营造了反腐倡廉的良好氛围。

(张志华)

【领导干部廉洁自律】 市委常委带头向社会作出廉政承诺,各级各部门领导班子相继作出承诺,主动接受监督,并把执行廉洁自律各项规定的情况,作为领导班子民主生活会和述职述廉的重要内容,认真自查自纠。严格遵守四大纪律八项要求,切实解决领导干部廉洁从政方面存在的突出问题。重点开展“两项集中治理”和“三项清理”。全市各级领导干部上缴现金、有价证券等折合人民币45.2万元,封存、销毁有价证券277万元。党员干部参与赌博的歪风得到有效遏制。清理纠正超标准配备使用小汽车25辆;清理纠正党政领导干部拖欠公款975.4万元;对县处级以上领导干部配偶子女违规从业、党政机关及事业单位用公款为干部职工购买商业保险等问题进行了查纠。在全市推行了领导干部手机话费货币化改革,堵塞了职务消费的漏洞。查处违反廉洁自律规定的案件70余起。加强了对党员领导干部贯彻落实市委“十不准”规定的监督检查。全市各级各部门认真贯彻市委六届二次全会精神,大力弘扬三种精神,大兴求真务实之风,大力精减会议、文件和不必要的应酬,把更多的时间和精力用在深入基层、深入实际、调查研究和为群众办实事上,得到了广大群众的好评。

(张志华)

【查办违纪违法案件】 坚持把查办违纪违法案件特别是大案要案作为反腐败斗争的中心环节,通过完善机制,规范制度,改善环境,强化管理,落实责任,探索新的办案手段和方法,不断加大办案力度。2004年,全市纪检监察机关共受理信访举报1959件,立案971件,结案971件,党政纪处分941人,其中县处级干部31人,挽回直接经济损失4567.18万元。认真做好案件管理、信访举报和案件审理工作,规范案件检查措施,坚持严格依纪依法办案,不断提高办案的质量和水平,取得了较好的政治、经济和社会效果。

(张志华)

【纠正部门和行业不正之风】 认真开展了征用农民土地补偿费管理使用情况的监督检查,切实纠正了城镇房屋拆迁中侵害居民利益和拖欠农民工工资等问题,维护了群众的切身利益。继续治理教育乱收费,落实了“一费制”和“三限”政策,查处乱收费案件22起,党政纪处分14人,向学生退还乱收费金额290余万元。加强了对农村税费改革政策执行情况的监督检查,查处涉及农负担案(事)件19起,党政纪处分17人,减轻农民负担154.5万元。继续治理公路“三乱”,查处公路“三乱”案件46起,党政纪处分109人,全市所有公路基本无“三乱”的成果得到巩固。继续纠正了医药购销中的不正之风,集中招标采购药品1.08亿元,让利患者1800万元。治理党政部门报刊散滥、利用职权发行工作成果进一步扩大。深入开展民主评议行风活动,促进了部门和行业风气的好转。围绕党委、政府的重点工作积极开展执法监察,全市开展执法监察11项,查处违纪金额6150.82万元,党政纪处分83人。参与了重特大事故调查处理和招生、征兵等工作的监督检查。

(张志华)

【从源头上预防和治理腐败】 行政审批制度改革取得新的进展,全市取消行政审批事项1483项。各县(市、区)普遍建立了行政服务大厅、便民服务中心,推行“一站式办公”和首问负责制、服务承诺制、限时办结制等,促进了政府职能的转变和机关工作人员的勤政高效。通过开展行政效能监察,查处行政不作为、乱作为和干扰破坏经济发展环境的案件152件,处理121人。财政管理体制改革进一步深化,认真落实“收支两条线”规定,市本级和部分县(市)区实行了部门预算,建立了国库集中支付中心、会计核算中心,全年共拒付不合理开支5082起,涉及金额1533.2万元,有效规范了财政资金的管理。认真落实《国务院关于投资体制改革的决定》,加强了对政府投资行为的监管。党政领导干部选拔任用制度进一步完善,对干部选拔任用的监督得到加强。建设工程招投标、经营性土地使用权出让、产权交易和政府采购等四项制度得到进一步落实。政务公开、厂务公开、村务公开不断深化。领导干部经济责任审计工作逐步深入。国有企业反腐倡廉工作深入开展。

(张志华)

【党内监督工作】 各级党委、纪委深入开展《中国共产党党内监督条例(试行)》和《中国共产党纪律处分条例》的宣传教育活动,认真落实党内监督的各项制度,加强对执行情况的监督检查,推动了党内监督工作的深入开展。市、县两级纪委负责人同下级党政负责人谈话321人(次),领导干部任前廉政谈话296人(次),诫勉谈话95人(次),领导干部述职述廉5860人(次),领导干部报告个人重大事项286人(次)。对市委拟提拔的281名县处级领导干部进行了审查把关。继续实行了领导干部离任检查制度,对24名离任的县处级领导干部进行严格的离任检查,查纠了存在的问题。

(张志华)

【党风廉政建设责任制】 各级党委、政府认真执行党风廉政建设责任制,健全了以责任分解、责任考核、责任追究、工作报告和廉政档案为主要内容的党风廉政建设责任制工作体系。各级各部门普遍加大责任追究力度,依照党风廉政建设责任制的规定,共追究乡科级以上领导干部93人,其中县处级干部20人。

(张志华)

市人民代表大会

【市七届人大常委会第41次会议】 2004年2月19日,在市人大会堂六楼会议厅举行。市人大常委会主任侯玉德主持会议,副主任王念鸿、侯邦、张朝俊、姚世明、胡武林、贾廷寅,秘书长史庚申及20位委员出席会议。会议听取和审议了市人民政府关于增加农民收入和农村富余劳动力转移情况的报告,关于解决农民工工资拖欠问题情况的报告,通过了人事任免事项。

会议决定任命:

冯刘成为平顶山市人民政府副市长。

任命:

江金贵为平顶山市中级人民法院副院长。

江金贵为平顶山市中级人民法院代理院长。

(孔双林)

【市七届人大常委会第42次会议】 2004年3月5日,在市人大会堂六楼会议厅举行。市人大常委会主任侯玉德主持会议,副主任王念鸿、侯邦、张朝俊、姚世明、胡武林、贾廷寅,秘书长史庚申及19名委员出席会议。会议审议通过了市人大常委会2004年工作要点,会议补选徐宜发为河南省第十届人民代表大会代表。

(孔双林)

【市七届人大常委会第43次会议】 2004年6月4日,在市人大会堂六楼会议厅举行。市人大常委会主任侯玉德主持会议,副主任王念鸿、张朝俊、姚世明、胡武林、贾廷寅,秘书长史庚申及20位委员出席会议。会议听取和审议通过了王念鸿所作的市七届人大常委会代表资格审查委员会关于市八届人大代表资格的审查报告;审议通过了市委常委、组织部长薛新生作的关于提请阎红心为平顶山市公安局局长的提请报告,王念鸿所作的关于提请市人大常委会确认主任会议许可市人民检察院对市人大代表张建平依法拘留的报告;审议通过了市七届人大常委会工作报告,市第七届人民代表大会常务委员会代表资格审查委员会关于终止、补选和选举市八届人民代表大会代表资格的审查报告,市第八届人大一次会议议程,市八届一次会议计划、财政预算审查委员会建议名单,市八届一次会议议案审查委员会名单,市八届人大一次会议列席人员名单,市八届人大一次会议筹备工作情况的报告;通过人事任免事项。

免去:宋景峰的平顶山市公安局局长职务。

任命:阎红心为平顶山市公安局局长。

(孔双林)

【市八届人民代表大会第一次会议】 2004年6月11日至18日,在平声影剧院召开。应到代表426名,实到422名。会议议程10项。1、听取和审议平顶山市人民政府工作报告;2、审议批准平顶山市2003年国民经济与社会发展计划执行情况和2004年计划(草案)的报告;3、审议批准平顶山市2003年财政预算执行情况和2004年财政预算(草案)的报告;4、听取和审议平顶山市人大常委会工作报告;5、听取和审议平顶山市中级人民法院工作报告;6、听取和审议平顶山市人民检察院工作报告;7、选举平顶山市人大常委会主任、副主任、秘书长;8、选举平顶山市人民政府市长、副市长;9、选举平顶山市中级人民法院院长;10、选举平顶山市人民检察院检察长。

2004年6月11日下午举行预备会议,市人大常委会主任、副主任、秘书长在主席台就座,侯玉德主任主持,以举手表决的形式选举产生了大会秘书长,通过了大会议程和大会计划、财政预算审查委员会名单。

2004年6月12日上午举行第一次全体会议。侯玉德主持会议。举行大会开幕式。代市长王照平作平顶山市人民政府工作报告;市计委主任晏树斌作平顶山市人民政府2003年国民经济与社会发展计划执行情况和2004年计划(草案)报告;市财政局局长郭松霄作平顶山市2003年财政预算执行情况和2004年财政预算(草案)的报告。

2004年6月14日上午举行第二次全体会议。市人大常委会主任侯玉德作平顶山市七届人大常委会工作报告;市中级人民法院代院长江金贵作平顶山市中级人民法院工作报告;市人民检察院代检察长阎河川作平顶山市人民检察院工作报告。通过大会选举办法。

2004年6月17日下午,举行第三次全体会议。以举手表决的形式通过了总监票人、监票人名单,以无记名投票的方式选举产生了市人大常委会主任、副主任、秘书长,市人民政府市长、副市长,市中级人民法院院长,市人民检察院检察长。选举结果为:侯玉德当选为市八届人大常委会主任,贾廷寅、吴晓东、聂光国、巩国顺、孙同庆、肖来福、王改枝、王金山当选为市八届人大常委会副主任;陈民政当选为市八届人大常委会秘书长;王照平当选为平顶山市人民政府市长,吕彩霞、阎红心、李振、蒋克勤、李永胜、冯刘成、郑茂杰当选为平顶山市人民政府副市长;江金贵当选为平顶山市中级人民法院院长;阎河川当选为平顶山市人民检察院检察长。

2004年6月18日上午举行第四次全体会议。侯玉德主持会议。以举手表决的形式分别通过了关于市人民政府、市人大常委会、市中级人民法院、市人民检察院工作报告和计划、财政预算的决议。市委书记邓永俭作重要讲话。举行大会闭幕式。

(孔双林)

【市八届人大常委会第1次会议】 2004年6月23日上午,在市人大会堂六楼会议厅举行。市人大常委会主任侯玉德主持会议,副主任贾廷寅、吴晓东、聂光国、孙同庆、肖来福、王改枝、王金山,秘书长陈民政及22位委员出席了会议。会议审议通过了《平顶山市人民代表大会常务委员会关于进一步学习和贯彻宪法的决定》、《平顶山市人民代表大会常务委员会关于加强自身建设的决定》,通过了人事任免事项。

会议任命:

牛运祥为平顶山市人大常委会副秘书长;

魏怀军为平顶山市人大常委会副秘书长;

石金成为平顶山市人大常委会副秘书长;

梁万义为平顶山市人大常委会副秘书长兼办公室主任;

乔国乾为平顶山市人大常委会调查研究室主任;

姚银柱为平顶山市人大常委会财政经济工作委员会主任；

邓永康为平顶山市人大常委会法律工作委员会主任；

范继业为平顶山市人大常委会城乡建设工作委员会主任；

李福正为平顶山市人大常委会农村工作委员会主任；

张银龙为平顶山市人大常委会选举任免代表联络工作委员会主任；

李昆武为平顶山市人大常委会科学教育文化卫生工作委员会主任；

李学良为平顶山市人大常委会民族侨务外事工作委员会主任；

乔全兴为平顶山市人大常委会预算工作委员会主任；

张红普为平顶山市人大常委会环境与资源保护工作委员会主任。

（孔双林）

【市八届人大常委会第2次会议】 2004年7月16日，在市人大会堂六楼会议厅举行。市人大常委会主任侯玉德主持会议，副主任贾廷寅、吴晓东、聂光国、巩国顺、孙同庆、肖来福、王改枝、王金山，秘书长陈民政及25位委员出席了会议。会议审议通过了《平顶山市人民代表大会常务委员会议事规则（修订）》、《平顶山市人民代表大会常务委员会决定重大事项的规定》、《平顶山市人大常委会聘任各工作委员会委员暂行办法》，通过了人事任免事项，依法决定任命了市人民政府组成人员33人。

会议任命：

王保华为平顶山市人民政府秘书长；

晏树斌为平顶山市发展改革委员会主任；

何照伟为平顶山市教育局局长；

王松涛为平顶山市科学技术局局长；

马占国为平顶山市民族宗教事务局局长；

阎红心为平顶山市公安局局长；

宋振京为平顶山市监察局局长；

孙天兴为平顶山市民政局局长；

王新友为平顶山市司法局局长；

张坤子为平顶山市财政局局长；

赵　更为平顶山市人事局局长；

侯红光为平顶山市劳动和社会保障局局长；

李　广为平顶山市国土资源局局长；

高永华为平顶山市城市建设委员会主任；

张国需为平顶山市交通局局长；

卞天才为平顶山市水利局局长；

张德欣为平顶山市农业局局长；

常洪锁为平顶山市商务局局长；

贾宪生为平顶山市文化局局长；

刘绍卿为平顶山市卫生局局长；

郑　枝为平顶山市人口与计划生育委员会主任；

刘二华为平顶山市审计局局长；

艾立谱为平顶山市环保局局长；

陈聚山为平顶山市统计局局长；

倪建民为平顶山市体育局局长；

李顺和为平顶山市粮食局局长；

张留成为平顶山市广播电视局局长；

王文斌为平顶山市林业局局长；

张举峰为平顶山市煤炭局局长；

蒋　梨为平顶山市旅游局局长；

李国臣为平顶山市公用事业局局长；

荆建刚为平顶山市城市规划局局长；

李红兵为平顶山市中小企业局局长。

（孔双林）

【市八届人大常委会第3次会议】 2004年8月26日至27日上午，在市人大会堂六楼会议厅举行。市人大常委会主任侯玉德主持会议，副主任贾廷寅、吴晓东、孙同庆、肖来福、王改枝、王金山，秘书长陈民政及20位委员出席了会议。会议听取和审议了市人民政府关于2004年上半年全市国民经济和社会发展计划执行情况的报告、关于市级2003年财政决算和2004年上半年财政预算执行情况的报告、关于2003年市级预算执行情况和其它行政收支情况的审计工作报告，听取和审议市人民政府关于《中华人民共和国传染病防治法》、《公共卫生突发事件应急条例》贯彻执行情况的报告，审议和通过了《平顶山市人民代表大会代表守则》、《平顶山市人民代表大会代表小组活动办法》和《平顶山市人大常委会关于开展评选优秀市人大代表活动的办法》，通过人事任免事项。

会议任命：

李高升为平顶山市人大常委会农村工作委员会副主任。

免去：

徐自乾的平顶山市人大常委会农村工作委员会副主任职务。

任命：

张建民为平顶山市人民检察院副检察长；

李东升为平顶山市人民检察院副检察长；

任建军为平顶山市中级人民法院副院长；

张建鸿为平顶山市中级人民法院副院长；

赵鹏举为平顶山市中级人民法院副院长；

张全营为平顶山市中级人民法院审判委员会委员；

侯春林为平顶山市中级人民法院审判委员会委员；

李玉武为平顶山市中级人民法院审判委员会委员；

吴海松为平顶山市中级人民法院审判委员会委员。

(孔双林)

【市八届人大常委会第4次会议】 2004年9月27日至28日,在市人大会堂六楼会议厅举行。市人大常委会主任侯玉德主持会议,副主任贾廷寅、吴晓东、聂光国、巩国顺、孙同庆、肖来福、王改枝、王金山,秘书长陈民政及23位委员出席了会议。会议学习了中国共产党第十六届中央委员会第四次全体会议精神,听取和审议了市人民政府关于《中华人民共和国煤炭法》贯彻执行情况的报告、关于旅游业发展和《河南省旅游管理条例》贯彻执行情况的报告、关于违法排污企业整顿情况的报告,对市建设行政主管部门贯彻执行"一法一条例"及相关法律法规情况进行了评议。

(孔双林)

【市八届人大常委会第5次会议】 2004年11月2日至3日,在市人大会堂六楼会议厅举行。市人大常委会主任侯玉德主持会议,副主任贾廷寅、吴晓东、聂光国、巩国顺、孙同庆、肖来福、王改枝、王金山,秘书长陈民政及23位委员出席了会议。会议听取和审议了市人民政府关于全市非公有制经济发展情况的报告、关于全市县域经济发展情况的报告、关于高速公路和干线公路及县乡公路建设情况的报告、关于《中华人民共和国监狱法》贯彻执行情况的报告、关于《中华人民共和国看守所条例》贯彻执行情况的报告,听取和审议了市人大常委会《中华人民共和国文物保护法》执法检查领导小组关于对市人民政府贯彻执行《中华人民共和国文物保护法》和《河南省〈中华人民共和国文物保护法〉实施办法》执法检查情况的报告。会议补选中共河南省委常委、组织部部长叶冬松为河南省第十届人民代表大会代表。通过人事任免事项。

会议任命：

李学良为平顶山市人大常委会副秘书长；

曹保强为平顶山市人大常委会民族侨务外事工作委员会主任；

霍士卿为平顶山市人大常委会办公室副主任；

师振旗为平顶山市人大常委会调查研究室副主任；

梅国建为平顶山市人大常委会教育科学文化卫生工作委员会副主任；

刘　颖为平顶山市人大常委会民族侨务外事工作委员会副主任；

王长现为平顶山市人大常委会预算工作委员会副主任；

孙国谭为平顶山市人大常委会环境与资源保护工作委员会副主任。

免去：

李学良的平顶山市人大常委会民族侨务外事工作委员会主任职务；

庞迎新的平顶山市人大常委会财政经济委员会副主任职务；

沈太平的平顶山市人大常委会农村工作委员会副主任职务；

郭长新的平顶山市人大常委会选举任免代表联络工作委员会副主任职务；

王长现的平顶山市人大常委会民族侨务外事工作委员会副主任职务。

(孔双林)

【市八届人大常委会第6次会议】 2004年11月30日至12月1日,在市人大会堂六楼会议厅举行。市人大常委会主任侯玉德主持会议,副主任贾廷寅、吴晓东、聂光国、巩国顺、孙同庆、肖来福、王改枝,秘书长陈民政及20位委员出席了会议。会议听取和审议了市人民政府关于农业基础设施建设情况的报告、关于利用外资以及外商投资环境情况的报告、关于《中华人民共和国消防法》和《河南省消防条例》贯彻执行情况的报告、关于《中华人民共和国矿产资源法》贯彻执行情况的报告和市人民检察院法律监督工作情况的报告,审议和通过了《平顶山市人民代表大会常务委员会审议意见交办和办理办法(草案)》。

(孔双林)

【市八届人大常委会第7次会议】 2004年12月28日至29日,在市人大会堂六楼会议厅举行。市人大常委会主任侯玉德主持会议,副主任贾廷寅、吴晓东、聂光国、巩国顺、孙同庆、肖来福、王改枝、王金山,秘书长陈民政及24位委员参加会议。会议听取和审议了市人民政府关于平顶山市城市总体规划修编情况的报告,听取和审议了市人民政府关于《中华人民共和国预算法》、《河南省预算监督条例》贯彻执行情况的报告,关于市八届人大一次会议代表建议、批评和意见办理情况的报告;听取和审议市人大常委会执法检查领导小组办公室关于对《中华人民共和国行政许可法》执法检查情况的报告;市人大财工委关于市人大代表在市八届人大一次会议上提出的《关于优化经济发展环境的议案》办理情况的报告、农工委关于市人大代表在八届一次会议上提出的《关于促进非公有制经济发展的议案》办理情况的报告、民侨外工委关于市人大代表在八届一次会议上提出的《关于做大做强旅游经济的议案》办理情况的报告。审议通过了《平顶山市人民代表大会常务委员会关于召开平顶山市第八届人民代表大会第二次会议的决定》(草案),通过了市人大常委会关于平顶山市城市总体规划的决议(草案)。

(孔双林)

【执法检查】 2004年,市人大常委会共对22部法律法规进行了执法检查。

围绕推进市政府依法行政和司法部门公正司法、保护公民、法人和其他组织的合法权益,常委会组织部分代表及常委会组成人员共组成5个检查组,分别深入到市政府有关部门和市行政审批服务中心,采取一听、二看、三查、四评的方式对《行政许可法》执行情况进行执法检查。针对《行政许可法》贯彻实施中存在的问题,提出意见和建议,并要求市政府有关部门进一步加大执法力度,规范执法行为,确保《行政许可法》在本市的贯彻实施。

围绕全市环境、资源保护和科学利用,常委会相继开展了对《环境保护法》、《水法》、《森林法》、《矿产资源法》、《文物保护法》等法律法规贯彻实施情况的执法检查,促进督促市政府及其有关部门从严整顿违法排污企业,严肃查处毁坏资源、危害安全生产、损坏和倒卖文物等违法行为。

为确保市政府财政工作的规范运行,常委会在全市范围内开展了对《预算法》、《河南省预算监督条例》的执法检查,通过动员、自查、抽查三个阶段的工作,较全面地掌握了"一法一条例"的贯彻实施情况。在肯定成绩的同时,针对部分县(市)区预算编制过于简单,透明度低,部分预算编制不完善、不细化,政府采购工作还没有完善,收入征管中存在跑冒滴漏等问题,提出明确的整改措施,以保证全市财政收入稳定快速增长,有效推进依法理财、依法治财。

为提高全市经济科学发展战略的资源保障能力,保护和合理利用资源,实现安全生产。常委会对《煤炭法》、《矿产资源法》的贯彻执行情况开展执法检查,指出存在的问题,提出切实可行的意见和建议,督促政府采取有力措施,加大监督力度,抓好安全生产工作,减少和杜绝重大事件的发生。同时,认真贯彻落实保护和合理利用矿产资源的方针,实行严格的资源管理制度,加强矿产秩序整顿,严厉打击各类矿业违法活动,实现矿产资源管理的法制化、规范化和制度化。

为维护广大公民的切身利益和合法权益,常委会坚持以人为本,对《传染病防治法》、《公共卫生突发事件应急条例》、《监狱法》、《看守所条例》、《消防法》、《河南省消防条例》等法律法规开展了执法检查,督促市政府及有关部门切实建立传染病预防及公共卫生突发事件应对机制;保护在押人员的合法权益,改善生活条件,切实保障人权;提高全社会的消防意识,加强消防设施建设,维护公共安全。

(孔双林)

【依法任免】 任免工作中,市人大常委会根据换届后的工作需要,依据平顶山市人大常委会任免地方国家机关工作人员办法和法律知识考试考察办法,对被任命人员进行了法律知识考试和素质考察,认真听取"一府两院"提请的任职说明和拟任命人员的供职报告。经过充分酝酿、认真评议、投票表决等法定程序,颁发任命书。全年共任免国家机关工作人员80人。其中,任免市人大常委会机关工作人员29名,决定任免政府工作部门负责人33名(批准任免9名),任免审判、检察人员18名。

(孔双林)

【议案办理】 市八届人大一次会议召开期间,代表认真履行职责,提出建议、批评、意见121件,议案3件。121件建议由市人民政府办理113件,由市中级人民法院办理2件,由市人大常委会法工委办理6件。3件议案分别由市人大常委会财工委、农工委和法工委办理。年底,所有建议已办理并答复完毕,其中,所提建议已经解决的100件,占82.6%;因条件限制或其它原因需以后逐步解决的17件,占14.1%;可供有关部门在工作中研究参考的4件,占3.3%。办理过程中,常委会加大督办力度,并组织部分代表跟踪调查,从代表反馈的意见看,代表对办理结果的满意率和基本满意率为90%。

(孔双林)

【代表视察】 2004年,按照省人大常委会的工作安排,市人大常委会认真制定视察方案,联系政府和有关单位积极做好准备。完成了驻南阳市部分省人大代表赴平顶山市视察,组织驻平部分省人大代表赴漯河市视察的任务。组织安排了汝州市、宝丰县、郏县三县(市)的市人大代表进行异地视察。

(孔双林)

【代表评议】 开展了评议城建部门贯彻实施"一法两条例"工作。按照省人大常委会的统一部署,市人大常委会组织各级人大代表对市建设行政主管部门贯彻执行《建筑法》、《河南省建筑市场管理条例》、《河南省城市房屋拆迁管理条例》及相关法律法规情况进行检查评议。通过逐级深入宣传发动,全市近千名各级人大代表直接参与评议。向各级人大代表发征求意见函,设立举报箱、举报电话,召开不同类型的征求意见座谈会,通过新闻媒体广泛征求人民群众的意见,调阅市建委所办案卷170余件。经过7个月的检查评议和城建部门的自查自纠,共查出违反建筑法律法规的问题92条。市人大常委会9月下旬召开评议大会,通过分析问题,剖析原因,作出关于代表评议意见的决议。拍摄专题片《2004人大监督——聚焦建筑业》,在全市公开播放。市政府及建设部门认真贯彻落实决议,边查边改,查处违法违规违章工程60项,下达行政处罚决定书37份,处理群众举报的问题61起,处理违规违纪执法人员5名,建章立制86项,规范了建筑业市场,促进了《建筑法》等法律法规的贯彻落实。

(孔双林)

【信访和监督】 常委会高度重视新形势下的人大信访和个案监督工作,把接待来信来访作为联系人民群众的重要窗口。常委会负责同志亲自接待来访群众,批办重要信访案件,亲自督查重点案件的办理和落实。全年共接到群众来信780件,接访5300余批次。常委会把12件群众反映强烈的司法案件列入个案监督,使案件得到了妥善解决。常委会还承担了市委分配的下访任务,深入到上访群众家中,了解实情,因人制宜地做好思想工作,帮助解决一些实际疑难问题。

(孔双林)

【全国人民代表大会成立50周年庆祝活动】 2004年是全国人民代表大会成立和宪法颁布实施50周年,市人大常委会组织开展了形式多样的百日宣传活动。召开庆祝人大制度建立50周年大会,特邀全国人大制度理论专家张春生讲授人大制度知识;召开全市一届至十届全国人大代表为主参加的人大理论研讨会;在新闻媒体上发表市四大班子领导署名文章,播放领导电视讲话,开办纪念专栏;参加省人大"安彩杯"知识竞赛,取得全省第一名;举办曲艺大赛和"辉煌的历程"文艺晚会;举行人大制度电视知识竞赛;拍摄《肩负人民的重托——平顶山市八届人大常委会活动纪实》;举办人大制度书画展;编印《光辉的历程》大型画册;开展人大及法律知识宣传一条街活动等等,增强了人民群众的人大意识和宪法意识。

(孔双林)

【创新代表工作形式】 常委会结合纪念我国宪法颁布实施和人民代表大会成立50周年之际,创造性地开展了"人大代表进万家、联系选民帮学法"活动。通过活动的开展,对选民进行普法宣传,促进了代表与选民的联系,了解选民的情况,反映选民的意见,帮助选民解决实际问题和困难,体现人大代表管理国家事务的主体作用,建设小康社会的带头作用,联系群众的桥梁纽带作用,推动了代表活动不断开展,使代表联系选民形成经常化、制度化、规范化。

(孔双林)

市人民政府

工作综述

2004年是平顶山市"实施二次创业,打造经济强市",全面建设小康社会的第一年。经济总量跃上新台阶。全市生产总值达470.7亿元,新增105亿元,增长15.6%,为1994年以来最高,总量和增速均居河南省第6位。人均生产总值突破1000美元,达到9616元,增长15%。财政收支大幅增长。全市地方财政收入21.5亿元,增收7亿元,增长46.6%,其中一般预算收入19.96亿元，增长43.5%，居全省第2位；财政支出37.96亿元，增长32.3%。工业经济速度效益同步提高。规模以上工业企业实现增加值143.8亿元，增长23%；综合经济效益指数128.2%，提高17个百分点；实现利税45.3亿元，增长57.5%，其中利润19.6亿元，增长96%，均创历史最高水平。农村经济取得新进展。农林牧渔业实现增加值60.9亿元，增长9%，增速比上年提高6.4个百分点。全年粮食总产161.3万吨，增长11.4%，是近年来又一个高产年。内外贸易快速发展。全市进出口总值2.99亿美元，增长64.5%，其中出口1.25亿美元，增长25.8%；社会消费品零售总额131.6亿元，扣除物价上涨因素增长10.9%。就业再就业工作成效显著。全市城镇新增就业岗位6.4万个，2.7万名下岗失业人员实现再就业，其中“4050”人员9217人，均超额完成预期目标。城镇登记失业率控制在3.4%。人民生活进一步改善。全市城镇居民人均可支配收入7631元，扣除物价上涨因素增长8.3%；农民人均纯收入2369元，扣除物价上涨因素增长7.8%，扭转了多年来低速徘徊的局面。

狠抓重点项目建设，经济社会发展支撑能力显著增强。抓住国家有保有压调整投资重点的机遇，乘势而上，充分发挥资源优势，千方百计克服资金、用地等制约因素，强力推进符合国家产业政策的重点项目建设，建成和开工了一批对经济社会发展带动能力强的重点项目。年初安排的81个重点项目，完成投资42.3亿元，建成投产11个。全市新增发电装机27万千瓦、日供水能力10万吨、日污水处理能力15万吨、有效灌溉面积3.1万亩、高速公路通车里程52公里、国省干线公路53公里、县乡公路294公里。投资对经济增长的拉动作用明显增强，全年全社会固定资产投资113.7亿元，增长45.1%，其中城镇固定资产投资94.9亿元，增长60.2%，居全省第4位。投资自主增长机制初步形成，民间投资37.1亿元，增长1.2倍，占投资的比重由28.3%提高到39.1%。

加快结构调整步伐，综合竞争力进一步提高。推进工业结构优化升级。坚持把工业结构调整作为经济工作的重中之重，贯彻到实施“工业强市”战略的全过程，着力发展三大产业集群，全面推进八大工业基地建设。全年安排重点工业项目46个，完成投资15.5亿元；实施更新改造项目29个，投入技改资金16亿元。平煤集团80型焦炉改造、叶县蓝光电厂一期、汇源三期、海明黑液资源化、虹剑焦化、西气东输管线钢材技改、天鹰轨道交通电器、姚孟粉煤灰煤矸石多孔烧结砖等项目建成投产。全市规模以上工业新产品产值27.6亿元，增长22.2%。加快推进煤炭、铝土矿等资源整合，强力推动资源向优势企业集中，支持骨干企业做大做强。平煤集团与武钢、宝钢集团开展了广泛的合资合作，并整合了梨园、新峰、白庙3家地方煤矿，集团全年销售收入110亿元，成为全省4家销售收入超百亿元企业之一。平煤、舞钢、神马、姚电、天瑞、天鹰6家企业进入全省100户成长性较好的重点企业行列，完成增加值92.4亿元，增长19%，对全市规模以上工业增加值贡献率61.8%，拉动规模以上工业增长12.5个百分点。加快服务业发展。在积极发展传统服务业的同时，重点支持现代服务业发展。全市实现旅游总收入8.6亿元，增长18.3%；接待游客200万人次，增长24.5%。规范房地产开发秩序，城镇以上房地产开发投资4.9亿元，增长40.9%。积极发展物流业，交通运输、仓储、邮电通信业增加值达到32.3亿元，增长21.4%。稳步发展金融业，年末金融机构存款余额390.2亿元，增长24%，其中城乡居民储蓄274.5亿元，增长18.7%；贷款余额221.8亿元，增长5.5%。全市第三产业增加值达到136.3亿元，增长12.9%。大力实施县域经济突破。按照“工业首位、民营主体、项目带动、城乡一体”的总体思路，大力发展县域工业和民营经济。6县市实现生产总值300.4亿元，增速均在12%以上，占全市GDP的比重达63.8%。完成城镇固定资产投资45.6亿元，增长1.2倍；规模以上工业实现增加值52亿元，增长25.8%。舞钢、汝州、宝丰、叶县、新华和卫东6个县(市)区财政收入过亿元，其中舞钢市突破2亿元。全市规模以上非公有制企业实现增加值50.4亿元，增长28.1%，实现税金7.8亿元，增长43.9%。小城镇建设步伐加快，全市城镇化率达到33.5%，是近年来城镇化步伐最快的一年。

高度重视“三农”问题，农业基础地位得到巩固。坚持把解决“三农”问题作为各项工作的重中之重，围绕粮食增产、农业增效、农民增收，突出“六大产业”，推进“四大结构调整”工程，农业产业化和现代化步伐明显加快。畜牧业产值53.1亿元，增长6.8%，占第一产业产值的48.6%。完成造林面积22.3万亩，其中新增经济林5.9万亩。加强农产品质量安全体系建设，35家企业通过省无公害农产品产地认证。安排500万元农业结构调整资金，鼓励龙头企业、专业基地、产地批发市场建设，2家企业被确定为省级重点龙头企业，改扩建农产品市场18个。争取农口项目24个，新增国家和省投资2389万元。认真落实国家"降点直补"政策,农民实际减负增收9769万元。实施"农村百万劳动力转移工程",完成农村劳动力转移培训11万人,新增劳务输出7.8万人,输出总量达50.8万人,农民外出务工收入达25.4亿元。

城市建设取得新进展,承载能力不断增强。光明路南延全线贯通,三座湛河桥已完成工程量的80%,高阳路二期、鹰城广场改造正在稳步实施,文园路步行桥、快速通道连接线及明珠广场、七彩虹游园等一批街头游园建成投入使用。旧城改造步伐加快,锦绣花园、明珠城市花园、东方竣景小区主体已完工,繁荣街改造工程已开工建设。中水回用、西气东输天然气支线工程等公用事业建设步伐加快。开展了市容环境综合整治活动,占道经营、垃圾围城等问题得到进一步整治。新城区起步区7.6平方公里的各项规划设计已全部完成,出让划拨土地3857亩,20.5公里的道路已建成通车,水、电、气、暖基础设施配套已大部分完成,新城区已具备大开发、大建设的基础条件。

各项改革稳步推进,对外开放成效明显。以贯彻实施《行政许可法》为契机,进一步转变政府职能,加快服务型、责任型政府建设,基本完成了政府机构改革和乡镇机关人员分流工作,行政审批制度改革进一步深化。保留市直行政许可主体40个,第一批保留行政许可事项215项。继续深化国有企业改革,积极推进粮食流通体制、农村信用社等改革。平煤、舞钢、神马、姚电四家大型企业通过项目合作、资本引入等形式,实现了强强联合和产权多元化;154户国有中小工业企业已改制141家,剩余13家企业7家进入破产程序,6家正在进行破产或转让前的准备工作。已有10家企业的13所学校基本与企业分离,平煤集团32所学校的分离工作进入实质性操作阶段。国有粮食购销企业分流安置职工4413人。农村信用社完成了10家县级联社及所属122家基层社的清产核资工作,增资扩股2.4亿元,清收不良贷款1.3亿元。坚持实施开放带动战略,扩大对内对外开放。加强对招商引资工作的指导和协调,成功举办了杭州、上海招商会、"世刘会"、"世叶会"、宝丰(上海)推介会等招商引资活动。全年共引进区外资金28.5亿元,实际利用外资3443万美元,增长29%,新批外商投资企业17家。加大对高压开关、碳化硅等拳头出口产品的扶持力度,实行进出口权备案制度,32家企业获得进出口经营权。

加大就业和社会保障工作力度,切实维护群众利益。认真落实就业再就业扶持政策,新增城镇就业人数为近年来最高。做好"两个确保"和城市"低保"工作,推进三条保障线的衔接。调高了行政事业单位人员工资、企业退休人员养老金标准和城镇居民最低生活保障标准。发放下岗职工基本生活保障金7254万元,企业离退休人员养老金3.56亿元,均做到了按时足额发放。为8.1万名低保对象发放低保金5010万元,实现了应保尽保;投入413万元对4.3万农村特困人口实施救助,初步建立了城乡救助体系。在全省率先创办了"爱心超市"。筹措5846万元资金用于农村道路建设,完成"村村通"工程329公里,140个行政村实现通油路。筹措1528万元,实施农村饮水和饮水安全工程65处。加大扶贫开发力度,3.3万人口脱贫和解决温饱。战胜了百年一遇的严重洪涝灾害,安排救灾资金1631万元,开仓借粮50万斤,重建倒房6708间。全市清理建筑领域拖欠工程款1.5亿元,清欠农民工工资2560万元。全面落实安全生产责任制,深入开展了煤矿、非煤矿山、道路交通等7个重点领域的安全生产专项整治,大力推行安全质量标准化,提高了重点行业、重点领域的安全生产基础水平。大力整顿和规范市场经济秩序,实施食品、药品放心工程,保障人民群众身体健康和饮食、用药安全。

加快发展社会事业,精神文明和民主法制建设得到加强。大力实施科教兴平和人才强市战略,实施科技计划项目102项、资金780万元,争取省科技计划项目21项、资金108万元。5家企业、7种产品被认定为省级高新技术企业和高新技术产品。投资2122万元,改造中小学D级危房1.5万平方米。筹资1605万元,对市一中、市二中、市一高进行建设改造。全市普通高中升学率达68.4%。平顶山学院挂牌成立,实现了当年本科招生。全市普通高等教育在校学生达到3.5万人。蒲城店遗址、汝州张公巷瓷窑遗址考古发掘取得重要收获。疾病防控和医疗救助体系建设进展顺利,投资改造乡镇中心卫生院15所。继续搞好新型农村合作医疗试点,参合农民达37.7万人。对全市既往有偿供血者进行普查,建立了艾滋病患者防治救助体系,实行患者免费救治。成功举办了市六运会和第八届全民健身节。继续做好人口和计划生育工作,稳定低生育水平,人口自然增长率4.9‰。加强环境保护,整治环境违法企业107家,取缔小炼焦池900道,违法煤堆、煤泥堆437堆,固化矸石山6座。民族宗教、审计统计、新闻出版、广播电视、人防、史志等各项社会事业不断进步。深入学习贯彻"三个代表"重要思想,大力弘扬焦裕禄精神、"红旗渠"精神和"愚公移山"精神,广泛开展向任长霞等先进典型的学习活动。选派干部开展驻村帮扶工作。深入开展

“道德规范进万家、诚实守信万人行”活动。大力推进未成年人思想道德建设,集中开展了网吧、互联网等专项整治。扎实推进精神文明创建活动,文明景区、文明城市创建活动取得新成效。拥有创建全国文明村镇工作先进村镇2个、全国精神文明建设工作先进单位2个、全国创建文明行业先进单位3个、全国社区建设示范区1个、省级文明单位166个。宝丰县创建为国家卫生县城。严格执行人大及其常委会通过的决议和决定,自觉接受人大法律、工作监督和政协民主监督,办理人大代表议案、建议和政协委员提案489件,办复率达100%。坚持科学民主决策,强力推进依法行政,政府工作法制化水平进一步提高。以创建综治先进市为契机,大力推进治安防控体系建设,组织开展“命案侦破攻坚战”,取得了明显成效。组织市县两级干部下访,着力化解信访积案,省交办的180件信访案件全部办结。制定突发事件应急预案,完善了应急机制。廉政建设和反腐败斗争取得新成效。驻平部队、武警官兵在抗洪抢险、维护社会稳定、支持地方经济建设中作出了重要贡献。加快重点基础设施和水利项目建设。漯平高速公路平顶山段年内建成通车,加快平临高速公路境内段工程建设步伐,开工建设郑石、太澳两条高速公路境内段工程。实施国省干线公路项目28个,完成干线公路改建415.6公里;改建县乡公路300公里,实现110个行政村通油路。完成昭平台灌区节水续建六七期、白龟山水库除险加固、老虎洞等12座中小型水库除险加固等工程的年度建设任务,完成西气东输平顶山支线和第四水厂等项目,加快建设燕山水库。

(刘国会)

重要会议

【市政府全会】 3月16日　代市长王照平主持召开市政府第十二次全体会议。动员全市上下认清形势,统一思想,振奋精神,真抓实干,认真贯彻落实市六次党代会精神,全面实施二次创业,奋力打造经济强市,确保全年各项工作任务圆满完成。王照平在会上作重要讲话。常务副市长吕彩霞就贯彻实施《中华人民共和国行政许可法》进行了安排部署。副市长梁光中、阎红心、李振、李永胜、冯刘成,市公安局局长宋景峰,市长助理郑曙林,市政府秘书长肖来福参加了会议。市人大常委会副主任王念鸿、市政协副主席巩国顺应邀出席了会议。

7月22日　王照平市长主持召开新一届市政府第一次全体会议。会上,各位副市长分别报告了上半年分管工作情况,安排部署了下半年的重点工作。王照平市长作了重要讲话。会议要求,在做好经济工作的同时,要高度重视繁荣发展各项社会事业,切实解决好事关人民群众切身利益的突出问题,实现经济社会的协调发展。会议强调,本届政府受命于加快发展的关键时期,肩负着实施二次创业、打造经济强市的历史重任,必须切实加强自身建设。一要加强学习;二要依法行政;三要团结协作;四要转变作风;五要廉洁自律。副市长吕彩霞、阎红心、李振、蒋克勤、冯刘成、郑茂杰及市长助理郑曙林、市政府秘书长王保华出席会议。

10月22日　王照平市长主持召开市政府第二次全体会议,总结前三季度工作,安排部署第四季度工作。会上,各位副市长分别报告了前三季度分管工作情况,对第四季度重点工作进行了安排。王照平市长作了重要讲话。常务副市长吕彩霞,市长级领导干部梁光中,副市长阎红心、李振、蒋克勤、李永胜、冯刘成、郑茂杰及市长助理郑曙林、市政府秘书长王保华出席会议。市人大常委会副主任吴晓东、市政协副主席郭松霄应邀参加会议。

(刘国会)

【市长办公会】 1月7日　研究设立环城绿色生态屏障问题。会议一致同意构筑市区北部绿色屏障,实施北环路防护林带绿化工程。该工程规划面积10493亩,总长33.4公里。

1月16日　对政府投资工程款拖欠问题进行了专题研究。会议对近年来政府投资工程款拖欠项目逐一进行了研究、确认,要求确保完成今年50%的清欠任务。凡未经政府研究同意,超概算的工程由建设单位自行解决。

2月17日　召开了关于解决中国石油化工股份有限公司河南平顶山石油分公司内部退养人员有关问题的协调会,就其公司改革中分流富余人员的有关问题进行了专题研究,并形成一致意见。距法定退休年龄10年内的81名内部退养人员的医疗、工伤、生育和失业保险费及养老保险费由平顶山石油分公司一次性上交给市社会保险事业局,由社保局按月代缴、代发。

2月27日　专题研究平漯高速公路用土问题。

4月1日　专题研究赵风仙案件中涉及到明月皮件厂企业性质甄别、认定问题。

5月12日　召开解决房产权属登记发证历史遗留问题第一次联席办公会议,研究解决发证工作的有关问题。

6月11日　召开开发路一桥、开发路二桥、城东河路桥湛河三座在建大桥建设工作协调会议。

6月29日　召开姚孟四期2×600MW机组扩建项目集中布置规划方案及相关事宜工作协调会。与会单位赞同扩建项目集中布置规划方案,并对项目涉及的南环路改道、自来水改线等形成一致意见。

6月30日　专题研究湛河三桥建设、消防设施建设、筹措城建和道路建设资金问题。

7月8日　研究卫生工作有关问题。会议决定成立市艾滋病防治工作委员会;会议强调市传染病医院和市疾病预防控制中心国债项目是公益项目,要尽快办理有关手续,争取早日开工。会议还就卫生体制改革和市卫生局办公楼项目建设等问题进行了研究。

7月14日　研究市土地收购储备发展中心贷款问题。会议同意市土地储备中心从市城市信用社贷款6000万元,用于市政大厦建设,市自来水公司、燃气公司各担保3000万元。

8月4日　专题解决神马氯碱化工公司附近居民反映的化工公司环境污染,危害居民身心健康问题。

8月5日　召开湛河三座大桥建设现场办公会议。会议听取了施工企业及各有关单位关于三座大桥建设与资金情况汇报,并就如何落实资金缺口、加快施工进度等问题进行了研究。

8月6日　研究车用乙醇汽油推广使用工作。

8月12日　召开湛河三座大桥建设现场办公会议。会议听取了有关单位情况汇报,并就大桥建设与管理体制等问题进行了研究。

9月1日　召开市供销社综合楼一、二层底商转移登记联席办公会议。会议同意,市供销社出售综合楼一、二层底商部分,所售资金用于综合楼建设。

9月29日　新华区湖滨路街道整体移交新城区管委会一事召开专题会议。会议决定,新华区滍阳镇的西太平、郑营、东王营和焦店镇的东太平、朱砂洞由湖滨路街道办事处代管;湖滨路街道办事处由新城区管委会代管。原行政区划不变。

10月10日　研究解决许平南高速公路工程建设中亟需解决的拖欠材料款、"三改"工程、县乡公路损坏、水淹地等问题,确定了解决办法和时限。

11月23日　①对姚孟电厂四期扩建项目现场实地察看,并召开现场办公会议,对有关项目建设的土地移交、高阳路(姚孟段)建设、建设环境、项目总协调等问题进行了研究。②对如何加强煤矿安全监督管理,搞好煤矿关闭整顿工作进行了认真研究,进一步明确了煤矿管理中的有关问题。

12月1日　专题研究煤矿事故调查处理工作。

12月22日　①召开全市煤矿停产整顿和资源整合工作汇报会议。会议要求,各级各部门要把煤矿资源整合关闭整顿工作当作当前和今后一个时期的重点工作,切实抓紧抓好,抓出成效。②研究解决原香山矿三名伤残职工的工伤待遇和平煤集团朝川矿物华公司福星新井的有关问题。

(刘国会)

熬夜后的自我保健

很多人一熬夜脸色就会变得暗淡,出现黑眼圈,这时可用棉布包起陈茶茶叶敷在眼睛上,然后躺下休息10~15分钟后,用清水洗净,涂上眼霜。

还可以自制安神养眼茶,将枸杞一小把、红枣3~4粒,放入玻璃杯中,注入开水让枸杞和红枣充分浸泡后服用。如熬夜后口干舌燥很重,或者火气很大,可另加白菊花1~2朵一起冲服。

(《上海大众卫生》11.26　罗忠芬文)

【第七届市政府常务会议】

会 次	时 间	主 要 内 容
122	2月2日	研究湛河花园建设和联盟路改造综合开发规划
123	2月3日	①研究全市人民义务植树、目标管理、新城区征迁安置；②研究市政大厦、湖光花园小区有关费用减免
124	2月20日	①研究清理整顿“三会一部”部分单位土地出让金返还；②给拟表彰的“人民满意的公务员”记功，市直机关2004年度统一录用国家公务员、招录人民警察、行政处分；③人事任免
125	3月5日	①传达省人代会、省政府全会精神；②听取了市监察局、农业局、卫生局、安监局、煤炭局关于廉政建设、农村工作、传染病医院建设及安全生产等方面的汇报，并对有关具体问题进行了认真研究
126	3月5日	研究北环路东段、程平路东段和开源路国铁立交桥改造方案
127	3月18日	听取了市劳动和社会保障局、国土资源局、公用事业局关于灵活从业人员的医疗保险；修编《平顶山市土地利用总体规划》；开展“空心村”、砖瓦窑场和工矿废弃地整治；市辖县(市)发展出租车等方面的工作并进行认真研究
128	3月19日	研究在市第八届一次人代会上所作《政府工作报告》(征求意见稿)
129	3月24日	①研究财政工作；②听取了平药集团破产进展情况的汇报
130	4月6日	研究城市管理体制、湛河三桥工程建设、交通公路建设、城区土地储备及市委、市政府现场办公用地处置
131	4月7日	①听取市民政局工作汇报；②听取非公有制经济发展局工作汇报
132	4月9日	听取市体育局、环保局、建委、监察局关于体育工作、环保工作、城建工作及行政处分事项等方面的汇报，并进行认真研究
133	5月14日	听取了市安监局、煤炭局、新城区关于安全生产及新城区建设工作汇报
134	5月9日	①听取市水利局关于防汛的工作汇报；②听取民宗局关于宗教工作的汇报

（刘国会）

【第八届市政府常务会议】

会 次	时 间	主 要 内 容
1	6月18日	①研究市政府领导成员分工；②研究《平顶山市人民政府党组关于进一步加强自身建设的意见》和《平顶山市人民政府工作规则》
2	6月25日	①研究在新城区新建办公设施需要解决的问题；②贯彻《行政许可法》工作；③调整城镇土地使用税征税范围、土地等级和使用税额意见
3	7月7日	①研究市安全生产、粮食流通体制改革工作；②听取了市监察局关于行政案件处理意见的汇报
4	7月14、15日	听取市统计局等13个单位关于上半年经济工作情况的汇报
5	7月28日	①研究市中级法院整体搬迁；②听取市城市建设与管理考察情况汇报；③建设领域拖欠工程款；④农民工工资清欠工作；⑤军转干部安置；⑥“数字平顶山”；⑦全市换发第二代居民身份证工作

续表

会 次	时 间	主 要 内 容
6	8月18日	①研究市救灾、城市道路命名设标、城市供水价格改革及调整、鸿翔热力有限公司热力价格调整;②黄楝树小区和平顶山贸易广场有关土地遗留问题
7	8月20日	①研究三座湛河大桥建设;②研究市政府与中国太平洋建设集团签约37亿用于旧城改造和城市基本建设;③研究"十一五"项目规划;④具体研究《市委、市政府关于推进国有企业改革的若干规定》第22条修改意见
8	8月25日	①研究市人口与计划生育;②华章公司出路;③公安工作;④通过了人事任免和行政处分事项
9	8月31日	①研究有线电视数字化推进工作;②研究司法干警更换服装经费;③研究市区"城市村庄"改造享受优惠政策问题
10	9月3日	研究旅游工作、部分规划设计专项经费支出、市重点项目及国债项目推进工作
11	9月9日	①研究市务工办人员分流资产处置、违纪人员的行政处分;②讨论2004年市人大代表建议政协委员提案办理;③研究2004~2005年城市建设改造工程、劳务输出、农村劳动力转移培训以及鼓励吸引外出务工人员回乡创业
12	9月10日	专题研究市政府驻京联络处办公新址问题
13	9月16日	专题研究星峰集团改制问题
14	9月27日	专题研究全市安全生产工作
15	10月10日	①听取了市银监局、粮食局关于农村信用社以及粮食系统改革工作的汇报;②研究市公安局服装经费
16	10月20日	①研究市政协所提发展市旅游产业建议案;②研究建筑领域清欠、建筑安装总公司改制的有关问题;③研究平煤集团分离办学校
17	11月9日	①讨论原韩庄矿务局改制后有关遗留问题;②召开全市科技大会、2004年质量兴市暨实施名牌战略表彰大会;③研究取缔非法煤堆、煤泥堆、矸石堆;④通过了解除干部行政处分事项
18	11月25日	①研究全市安全生产;②研究汝州陆浑水库移民冬季救助及有关安置工作
19	12月2日	①听取市建设领域清理拖欠工程款及农民工工资工作情况汇报;②研究市国土资源管理体制改革方案
20	12月3日	①研究全市地方煤矿资源整合关闭整顿;②审查通过市城市总体规划
21	12月7日	专题研究部分企业职工上访反映的几个突出问题
22	12月9日	听取了市财政局、"三会一部"办公室、国资委关于财政工作、清理整顿"三会一部"工作及部分改制企业资金问题解决意见的汇报
23	12月30日	①听取了市建委、发改委、财政局关于学校建设中涉及收费问题的汇报;②听取市"十一五"规划编制以及财政工作的汇报

（刘国会）

重要文件

2004年平顶山市人民政府重要文件一览表

类别	时间	标题
请示	1月2日	《关于解决郏县青龙湖蓄水节灌工程项目的请示》
	3月3日	《关于解决许平南高速公路平顶山段旧县南立交引线有关问题的请示》
	3月18日	《关于许平南高速公路平顶山连接线穿越蒲城店遗址的请示》
	4月9日	《关于局部调整新华区卫东区和叶县土地利用总体规划的请示》
	4月20日	《关于将飞行集团公司国有股权划拨给平煤集团公司的请示》
	4月23日	《关于把汝州市确定为全省县域经济发展扩权县(市)的请示》
	5月9日	《关于在省道242庙洪线设立公路通行费收费站的请示》
	7月2日	《关于解决平顶山市2004年主要河道及中型水库应急度汛工程经费的请示》
	7月2日	《关于解决孤石滩昭平台水库应急度汛工程经费的请示》
	7月23日	《关于解决洪涝灾害救济款及救灾物资的请示》
	8月14日	《关于修建郑州至石人山高速公路的请示》
	9月8日	《关于对石门郭冶铁遗址进行抢救性发掘的请示》
	9月10日	《关于解决企业离退休人员住房补贴的请示》
	10月11日	《关于平顶山市车用乙醇汽油推广工作实施方案可行性的请示》
	10月19日	《关于解决郏县青龙湖蓄水节灌工程建设资金缺口的请示》
	11月2日	《关于解决平顶山市冬令救灾资金的请示》
	11月26日	《关于减免农业税的请示》
	11月30日	《关于平顶山市铝土矿资源配置问题的请示》
	12月2日	《关于平顶山工学院更名为河南城建学院的请示》
	12月10日	《关于在河南质量工程职业学院基础上建立国家食品安全检测科研中心急需用款的请示》
	12月24日	《关于参加全国农村中小学现代远程教育工程项目的请示》、《关于申报宝丰县为革命老区县及前营等10个乡镇为重点老区乡镇的请示》、《关于申报汝州市焦村乡尚庄乡为重点革命老区乡的请示》、《关于申报鲁山县鲁阳镇等8个乡镇为重点革命老区乡镇的请示》、《关于申报叶县为革命老区县及城关镇等10个乡镇为重点老区乡镇的请示》、《关于申报舞钢市八台镇枣林乡尚店镇铁山乡为重点革命老区乡镇的请示》
	12月28日	《关于报批平顶山市城市总体规划的请示》
报告	1月30日	《关于2003年度责任目标完成情况的报告》
	2月19日	《关于认真落实中央经济工作会议精神的自查报告》
	2月27日	《关于春季灾民口粮救灾有关数据的报告》
	4月7日	《关于行政许可规定和行政许可实施机关清理工作情况的报告》
	8月9日	《关于解决建设领域拖欠工程款和农民工工资问题近期工作情况的报告》
	9月21日	《关于查处“3.31”重大顶板事故的报告》
	10月26日	《关于贯彻落实省政府第74次常务会议情况的报告》
	12月16日	《关于开展基本农田保护检查工作的报告》

续表

类别	时间	标题
决定	4月20日	《关于表彰2003年度全市安全生产目标管理先进单位的决定》
	5月20日	《关于给予毛中领行政开除处分的决定》、《关于给予贺高坡行政开除处分的决定》
	6月26日	《关于公布保留的行政许可实施主体暨行政许可事项(第一批)的决定》
	9月3日	《关于给予侯成显行政开除处分的决定》
	11月23日	《关于表彰省名牌产品优质产品和质量管理先进企业的决定》
通知	1月15日	《关于下达2004年平顶山市第一批重点建设项目的通知》、《关于印发平顶山市人民政府保留的行政审批事项的通知》、《关于印发平顶山市人民政府进入行政审批服务中心的行政审批和行政服务事项的通知》
	1月16日	《关于印发〈平顶山市落实劳动模范待遇规定〉的通知》
	2月3日	《关于印发〈平顶山市高致病性禽流感防治应急预案〉的通知》
	2月16日	《关于印发〈平顶山市全民义务植树实施办法〉的通知》
	3月3日	《关于认真做好第一次全市经济普查工作的通知》
	4月7日	《关于印发〈平顶山市城镇灵活从业人员基本医疗保险暂行办法〉的通知》
	4月17日	《关于印发〈平顶山市非公有制经济工作考核奖惩办法〉的通知》
	4月30日	《关于下达2004年度责任目标的通知》
	5月11日	《关于印发〈平顶山市民兵组织整顿工作实施方案〉的通知》
	6月4日	《关于印发〈平顶山市发展应用新型墙体材料管理规定〉的通知》
	6月21日	《关于印发〈平顶山市人民政府工作规则〉的通知》
	6月25日	《关于印发〈平顶山市实施行政许可听证程序规定〉的通知》
	9月9日	《关于印发〈鼓励外出务工人员回乡创业实施意见〉的通知》、《关于印发〈平顶山市加强农村劳动力转移培训工作的意见〉的通知》
	9月27日	《关于进一步加强全市煤矿安全稽查工作的通知》
	11月2日	《关于严格规范和控制各种检查的通知》
	11月16日	《关于加强当前全市煤矿安全生产工作的紧急通知》
	12月6日	《关于印发〈平顶山市加强煤矿安全监管强力推进资源整合实施煤矿关闭整顿工作实施方案〉的通知》
通告	3月23日	《关于全市重点道路实行全线封闭施工管理的通告》([2004]1号)
	4月29日	《关于禁烧农作物秸秆的通告》([2004]2号)
	11月10日	《关于取缔违法堆放煤堆煤泥堆的通告》([2004]3号)
	11月26日	《关于加强许平南高速公路平顶山段管理的通告》([2004]4号)

(刘国会)

经济研究

【调研活动】 2004 年,按照市委、市政府“实施二次创业、打造经济强市”的决策部署,坚持以科学的发展观为指导,围绕市委、市政府工作大局,抓住经济社会发展关键环节和热点难点问题,深入开展调研工作,编发《决策参考》四期。组织有关部门对全市县域经济发展情况进行了全面调查,为市委市政府贯彻落实全省县域经济发展工作会议精神,指导全市县域经济发展提供了理论和实践依据;对平顶山鑫顺达矿山机械有限公司扭亏增盈工作进行了专题调研,为指导全市企业扭亏增盈提供了借鉴;根据平顶山列入中原城市群发展规划,提前 5 年全面建成小康社会的目标,专门研究了平顶山市如何融入中原城市群发展问题。针对 2004 年全市工业经济出现了近 10 年少有的良好发展势头,全面分析了工业经济运行态势和发展思路,提出了有价值的对策建议,得到市领导赞赏。

(郭栓谨)

法制工作

【实施《行政许可法》】 《行政许可法》经第十届全国人民代表大会常务委员会第四次会议通过,于 2004 年 7 月 1 日正式施行。为此市法制办筹备召开了全市贯彻实施行政许可法工作会议,对全市贯彻实施行政许可法工作中涉及的宣传、学习、培训、双清、配套制度建设、经费保障以及监督检查等工作进行了具体安排部署。全年先后组织举办 4 期行政许可法培训班,对市直从事行政许可工作和对行政许可实施监督的 800 余名行政机关工作人员进行了培训和考试。指导、监督或派人参与各县(市)区和市直各部门培训活动,全年共举办各类培训班、研讨班、讲座 70 多期,先后有 20000 多人次听取了行政许可法知识讲座。认真开展“清理行政许可规定和行政许可事项”工作。市政府成立“双清”办公室,由法制办牵头,进行审查确认,共审查市政府发布的规范性文件 379 份,市委、市政府联合发文 28 份,有关法律、法规、规章和文件依据 1000 余份,在平顶山日报上公布了清理结果,保留市直行政许可实施主体 40 个,第一批保留行政许可事项 215 项。同时,认真指导各县(市)区开展“双清”工作,6 月 30 日前,10 个县(市)区公布保留实施主体 261 个,第一批保留行政许可事项 1416 项。加强配套制度建设。起草并报市政府同意,由市政府办公室下发了《关于加强行政许可法配套制度建设的通知》,明确指出了各县(市)区政府和市政府各部门应该建立的与行政许可法相配套的各项制度,要求各县(市)区政府和市直各部门迅速行动,完善制度。市政府制定并颁布了《平顶山市实施行政许可听证程序规定》。与市行政审批服务中心配合,组织进中心的 40 多个单位对各自行政许可事项的依据、条件、程序等进行逐一梳理、规范,确保所有行政许可事项都按照行政许可法的要求依法实施。

(马军义 赵 飞)

【规范性文件法制审查】 组织起草或审查市政府发布的涉法文件 45 件,其中规范性文件 27 件,提出修改意见和建议 400 条,保障了政府规范性文件的合法性。办理省政府、市人大转来的法规、规章征求意见稿 15 件,提出修改建议 120 余条。向省政府备案规范性文件 7 件,审查各县(市)区政府和市政府各部门备案文件 120 件,其中规范性文件 51 件,经审查准予备案的 44 件,对另外 7 件提出了修改或撤销的监督意见,维护了法制和政令的统一。

(马军义 赵 飞)

【行政复议应诉】 2004 年,全年受理行政复议案件 116 起,审结 85 起,其中维持 47 起,撤销 18 起,变更 4 起,当事人撤诉 16 起。代理市政府应诉 23 起,已审结 17 起,共中维持 14 起,胜诉率 82.35%。

(马军义 赵 飞)

【行政执法监督】 贯彻持证上岗亮证执法制度,换发执法证件 2000 余个,对 78 名调离执法岗位或不合格人员的执法证件予以吊销。指导和帮助市公路局、气象局、旅游局、安监局、广电局等单位健全执法制度,完善执法文书,严格执法程序。配合优化办积极开展了涉企证照及其相关收费事项的清理工作,对市直 36 个单位 265 个面向企业的许可证照进行了认真清理。经清理,决定保留证照 244 个,取消 21 个,降低相关收费标准 13 项。配合市反腐败抓源头办公室加强对各执法单位行政执法行为的监督检查力度,取得良好效果。获得了“市优化企业发展环境先进集体”、“市反腐败抓源头先进集体”和“市纳税人满意的优秀服务单位”称号。落实行政执法错案责任追究制度,指导、监督市直各部门建立并积极实施执法过错追究制度,接受群众举报乱处罚、乱收费、乱扣押等案件 28 起,立案查处 16 起。

(马军义 赵 飞)

人事工作

【机构改革】　2004年,根据《中共平顶山市委、平顶山市人民政府关于平顶山市人民政府机构改革的实施意见》,对原经贸委的职能、编制、人员分别进行了划转,制定下发了市政府国有资产管理委员会、市发展和改革委员会、市商务局、市中小企业服务局机构改革的三定方案。改革后各部门的人员定岗分流工作也于2004年底结束。对10个县(市)区政府机构改革方案进行了批复。其中,舞钢市、郏县、石龙区、湛河区、新华区、卫东区的机构改革工作基本完成。全市93个乡镇机关超编人员通过提前退休、编外离岗、到企事业单位任职、承办企业等办法,已基本分流完毕。同时,积极推进事业单位机构改革,同有关部门研究提出了关于深化工程勘察设计、公路养护维修、交通规费征稽、社会保险机构改革以及市政公用行业、城建管理体制、城市投融资、招商引资体制、文化体制改革试点的意见,完成了部分事业单位的结构布局和编制审核。基本完成了企业剥离办社会职能中接收学校的编制核实和协调工作。事业单位登记管理工作进一步规范,全市共进行事业单位法人登记1200家,其中新增146家,按规定应纳入年检974家,已完成年检890家,年检率达到91%。市直、鲁山县、卫东区、石龙区等年检率达到100%。平顶山市加强编制管理的做法受到省编办的肯定,相关经验在全省人事编制工作会议上进行了交流。

(纪曙光)

【人才资源开发】　全市各级人事部门把实施人才强市战略作为服务全市经济发展的重点。编制了《平顶山市人才需求目录》,推动了整体性人才资源开发工作。实行柔性人才引进政策,开展多种形式的引才活动,吸纳引进本科以上高层次人才800多名。大力培养选拔高层次人才,实施《平顶山市"222"人才工程计划》,全年推荐上报省级学术技术带头人2人,享受国务院特殊津贴专家2人。神马集团、平煤集团博士后科研工作站建设和评估工作进展顺利,省人事厅授予平顶山市博士后工作先进单位。加强专业技术人员继续教育工作,全年指导培训专业技术人员3万多人次。搞好农村优秀乡土人才选拔管理工作,全市10名同志被授予"河南省农村优秀乡土人才"称号。服务经济发展需要,加强对企业引进国外智力工作的指导。省批13个引智项目全部实施,引进外国专家60人次,促进了企业产品升级和技术进步,市人事局获"全省引进国外智力工作先进集体"。

(纪曙光)

【公务员队伍建设】　坚持"凡进必考",严把公务员入口关,全年新录用国家公务员236名,其中,市直46个单位面向社会统一公开招录160名国家公务员,改善和优化了全市公务员和机关工作人员的文化层次、年龄结构。党政机关竞争上岗工作力度加大,职位管理工作进一步规范。坚持优秀比例申报审批制度,建立定量与定性相结合的科学化、规范化的考核评价体系,完成了年度考核任务。多种类型的公务员培训工作广泛开展,全年各类培训参训人员达2.6万人次,初任培训率达95%以上。深入开展"做人民满意的公务员"活动,对15个人民满意的公务员集体和30名人民满意的公务员进行了表彰。

(纪曙光)

【事业单位人事制度改革】　2004年,进一步推进以聘用制为核心的事业单位人事制度改革,全市3490个事业单位全部实行了聘用制度,改革覆盖面达100%,签订聘用合同职工98851人,占职工总数的99.5%以上,3646名落聘职工有3032人已得到妥善安置。

(纪曙光)

【职称评聘制度改革】　2004年,对全市的职称评聘制度进行了改革。对中级职称实行无实名制评审;在中小学系列评审中实行本地评委与外地评委相结合的办法;对部分系列推行同行专家评议;对宝丰县、叶县、鲁山县的中、高级职称的结构比例实行一次性审批,充分提高了职称评审透明度。全年申报高级职称674人,评审通过中级职称1444人。完善和扩大岗位设置、评聘分离的改革试点,破除了专业技术职务终身制。

(纪曙光)

【人才市场建设】　全市共建14个人才市场,人才服务网络初具规模。全年举办各类人才招聘会45场次,提供就业岗位4000多个,有近万人入场求职,签订流动意向3000余人。人事代理工作力度加大。市政府办公室出台了《关于全面实行人事代理进一步规范人才招聘行为有关问题的通知》,人事代理总人数达8526人,促进了人才流动和大中专毕业生就业。

(纪曙光)

【业务工作】 配合人事部、人事厅开展了政策外津贴的专题调研,对全市的津贴制度进行了完善。完成了56850人次的工资和奖金审批工作;启动了机关事业单位工人技师考核工作,考核认定合格工人技师529名,培训考核机关事业单位技术工人7000多人。深化毕业生就业制度改革,健全就业指导和服务体系,全年接收毕业生4952人,就业1783人,就业率36%。圆满完成了18次人事考试任务,参考人员1.1万余人;接收安置军转干部122人,其中计划分配98名,自主择业24名。安置随调配偶17人。2004年,市人事局被命名为"依法治市先进集体"。

(纪曙光)

民族 宗教

【民族】 平顶山市有37个民族,除汉族外,还有回、满、蒙古族等36个少数民族。汉族人口所占比例最大,其次为回族、蒙古族。少数民族人口在地域分布上具有大分散、小集中的特点。回族在各县(市)区均有分布,以叶县最多,已超过10000人;满族各县(市)区均有分布,其中叶县超过1000人;蒙古族各县(市)区均有分布,超过1000人的有叶县、湛河区,其中湛河区北渡乡荆山村聚居人口最多,也是平顶山市蒙古族的历史发祥地。2004年末,全市少数民族人口68350人。

(李怀甫)

【宗教】 平顶山市有基督教、伊斯兰教、天主教、佛教、道教5种宗教。2004年,全市有信仰群众41.80万人,占全市人口的8.5%;有各类正式登记的宗教活动场所490处。其中基督教15.46万人,有堂点293处;伊斯兰教5.31万人,有清真寺64坊;天主教0.10万人,有教堂1座;佛教10.40万人,有寺庵55座;道教10.42万人,有道观77座。

(李怀甫)

【基层组织建设】 2004年,全市调整充实和健全了市、县、乡、村四级民族宗教工作领导小组和村管小组。全市的127个乡、镇、街道已全部建立了民族宗教工作领导小组。完善了"民促会"理事会按时换届制度,全面落实了"民促会"工作达标措施,促进"民促会"工作的制度化、正常化。开展"民族团结进步友好乡村"创建活动。制定下发了《关于全面开展民族团结友好乡村建设工作的通知》,全市有2个乡、21个村签订友好乡村协议书,建成民族团结进步友好乡村11对,开展城市民族工作进社区活动,以建立城市社区"民族团结联谊会"为载体,下发了《关于在城市社区开展民族团结联谊会工作的通知》。新华区光明路办事处迎宾社区"民族团结联谊会"成立后,与社区居委会、劳动保障工作站相互配合,帮助辖区少数民族居民申请低保救济金,扶持少数民族下岗职工再就业。使少数民族下岗人员全部得到安置。

(李怀甫)

【团结稳定工作】 2004年,制定下发了《平顶山市民族宗教局"关于正确及时处理涉及民族宗教领域信访突出问题、群体性突发事件和严防重大安全事故"的工作预案》,宝丰县出台了《关于建立民族宗教稳定工作新机制的意见》。坚持不安定因素排查制度,共排查出涉及民族宗教方面的不安定因素15起,全部得到妥善解决。12月份召开了平顶山市第六次民族团结进步表彰大会,对29个模范单位,90个模范个人进行表彰,并协调市电视台和日报社对模范单位、模范个人的典型事迹进行了专题集中采访和报导。

(李怀甫)

【清真食品生产经营者年检】 依据《河南省清真食品管理办法》,与工商、公安等部门联合,依法对全市2243家清真食品生产者进行了检查,共收缴非法清真牌72块,责令停业整顿3家。在"中秋节"、"国庆节"期间对全市清真食品市场进行了整顿。在全市开展了"清真食品生产经营模范单位"创建活动。与工商、质检、卫生、食品办联合下发了《关于开展清真食品生产经营模范单位争创活动的通知》,并组成了验收小组,对提出申请的19家单位进行考核验收。对8家达到"清真食品生产经营模范单位"标准的予以命名,举行了挂牌仪式。

(李怀甫)

【发展少数民族经济】 2004年,市民族宗教局帮助少数民族企业协调贷款140.2万元、农户协调小额贷款123万元、建设基础设施项目8个、协调地方财政资金74万元。根据《少数民族专项资金使用办法》的有关规定,帮助少数民族乡村考察、论证少数民族专项资金使用项目,争取省少数民族发展资金129万元,市少数民族发展资金20万元,科技"三费"资金10万元;并配合省少数民族专项资金审计工作组,对全市1998年以来的少数民族专项资金使用情况进行了审计。积极协调市人行帮助迪可和三益两个少数民族用品定点企业完成减息流动资金贷款703万元,落实优惠利息20.7万元。

(李怀甫)

【少数民族干部培养选拔】 全市各级民族工作部门,继续开展对全市少数民族干部的调查摸底工作,建立了平顶山市少数民族干部人才库。通过调查了解,在全市17个少数民族人口千人以上乡(镇、街道)领导班子中全部配备了少数民族干部。湛河区高度重视少数民族干部的培养选拔和使用工作,先后配备了1名少数民族党委副书记和1名少数民族副乡长。

(李怀甫)

【宗教活动场所年检】 全市共有正式登记开放宗教活动场所504处,参加年检的492处,参加年检率97.6%,年检合格的场所475处,合格率96.54%,对未参加年检和年检不合格的场所,区别不同情况依法作出了妥善处理。其中限期整改17处,撤销登记7处,警告5处。

(李怀甫)

【香山寺的保护治理】 对上山道路进行了平整,并协调有关部门为香山寺架设了用电负荷100千瓦的用电专线,安装了变压器,解决了用电不足的问题。同时,与水利、交通、设计等部门对香山寺的用水、道路、寺院进行了规划设计。修建了平郏线通往香山寺的道路。

(李怀甫)

【宗教活动场所规范化管理】 制定了《平顶山市民族宗教局关于对宗教活动场所实行规范化管理的意见》,指导县(市)区依法加强对宗教活动场所实施规范化管理,并对宗教活动场所规范化管理进行探索。总结推广叶县在宗教活动场所规范化管理工作中的经验,在全市实行了"四管"(即:管教职人员、管场所财务、管场所财产、管场所活动)、"五统一"(即:统一账本、统一票据、统一记帐方式、统一审帐时间、统一账册保管);湛河区民宗局在宗教活动场所规范化管理中,实行了登记注册、制度上墙、版面统一。并在全省宗教活动场所规范化管理现场经验交流会上交流经验。在全市各宗教活动场所开展了"爱国、守法、致富、奉献"为主题的争创模范宗教活动场所活动。全市共评选出县级模范宗教活动场所44个,市级模范宗教活动场所17个,对评选出的市级模范宗教活动场所进行了命名挂牌。

(李怀甫)

【爱国宗教团体建设】 做好市佛协、伊协、道协、基督教"两会"的换届筹备工作。制定出换届选举工作的具体实施方案,指导市佛协、道协做好换届人选推荐工作,为充分发挥市级宗教团体的作用提供组织保证,为下届的换届选举奠定基础。加强对基督教传道员的管理,按照省宗教局"关于加强基督教工作"的要求,采取有效措施,加强对基督教传道人员管理,指导市基督教"两会"对全市基督教堂点的传道人员进行摸底登记,并分期、分批进行了培训考核。2004年,市、县两级共举办传道人员培训班7期,培训考核1200余人。对考核合格的人员,由市"两会"统一颁发传道员证,持证上岗,实行年度审核。

(李怀甫)

外事侨务

【出国(境)管理】 2004年,认真贯彻落实国家有关外事政策、规定和《河南省外事工作若干规定》,强化外事归口管理机制。对本市人员参加国家部委和外省团组出国(境)等问题做出了严格而具体的规定;根据国家、省有关精神,以市委市政府两办名义下发了《关于进一步加强因公出国(境)管理工作的若干规定》,以此作为本市因公出国(境)工作的规范性文件,进一步规范审批程序,并针对新形势下因公出国(境)工作中出现的新情况、新问题做出了新的要求。2004年,全市办理因公出访手续80批157人次,其中市侨办直接受理54批116人次。

(李新民)

【外事接待】 2004年,全市共接待来自20多个国家和地区的国际友人182批1040人次。8月份，市平高东芝公司技术支持方——日本TM输配电株式会社社长古贺孝也一行来访，并同李成玉省长商谈了合作事宜。在本市举办的世界第四届刘氏联谊大会和世界第二届叶氏联谊大会活动中，对各涉外接待单位的工作人员进行了接待礼仪培训，严格了外事纪律，制定了接待计划，加强了接待指导，确保了两项活动的圆满成功。

（李新民）

2004年8月20日市政府王照平市长在神马大酒店会见日本TM输配电株式会社社长古贺孝也。

【外国专家的服务与管理】　根据国家外国专家局和省外侨办的有关规定，认真贯彻执行有关外国经济专家和文教专家政策，经常与聘请的外国文教专家单位进行沟通，协调解决外国专家在工作、生活以及签证延期等方面遇到的困难和问题，努力为外国专家创造良好的工作条件和生活环境，并且为平顶山市社会发展做出积极贡献的平高东芝公司总经理大山敏申报了国家级外国专家“友谊奖”。严格按照国家外事规定妥善处理突发涉外事件。2004年11月份汝州市发生一起重大校园刑事案件，日本朝日新闻上海支局3名记者在未经外事部门批准的情况下，擅自赴汝州非法采访。在市安全、公安等部门的配合下，及时遏制了境外媒体对这一突发事件的新闻炒作，避免了可能在国际上造成的不良影响。

（李新民）

【解决归侨侨眷热点难点问题】　在2004年春节前通过对全市困难归侨侨眷的走访调查，对生活特别困难的30多户归侨侨眷进行了救济，送了救济金。市侨办从国务院侨办争取到了海外助学捐款25000元，对25名侨眷贫困生和26名“春蕾桥”贫困女生进行了救助，并陆续解决了一些归侨侨眷反映的房产权、工作安排和子女入学问题。

（李新民）

【世界刘氏第四届（寻根）联谊大会】　2004年5月26日至5月29日世界刘氏第四届（寻根）联谊大会在平顶山召开。本次大会的主题是：联谊、寻根、合作、发展。本届大会共有20个代表团，900多名代表参会。其中，海外有马来西亚、新加坡、泰国等10个国家和地区，15个代表团，240多名代表。5月27日上午，出席世界刘氏第四届（寻根）联谊大会的代表在鲁山昭平台水库刘陵园，首先举行了始祖刘累铜像揭幕仪式，而后举行了庄严的祭拜大典。刘累是帝尧后裔，是史书上第一位有明确记载的刘氏先人，被后世尊为始祖。昭平湖内邱公城为新石器时代文化遗址，是刘累的故邑，为两汉时期鲁阳城故城，有刘累墓、刘累亭、刘氏宗祠等遗迹。5月28日下午，“世刘会”平顶山项目发布暨签约仪式在神马大酒店二楼会议室举行，32个项目在此进行了签约。平顶山市以第四届世界刘氏联谊大会举办为契机，经过4个多月的外引内联，共向外推介项目8大类73个。在签约的32个项目中，签约金额共计124510万元人民币。其中，合同金额为110360万元人民币，意向金额为14150万元人民币。在签约的项目中，鲁山县有18个项目，签约金额为51210万元，其中合同项目12个，签约金额为42060万元，意向金额为9150万元。

（李新民）

政协平顶山市委员会

【市政协工作会议】　市政协换届后，党委会就积极着手协助中共平顶山市委筹备召开市委政协工作会议的各项工作，主席、副主席分别带队到县（市）区调研，摸清了全市贯彻2000年省委政协工作会议的情况和存在的问题，向市委常委会议提出了如何开好市委政协工作会议的建议，并草拟了会议的文件。2004年9月28日，召开了市委政协工作会议。市委、市政府主要领导在会上讲话，充分肯定了近年来政协工作的成绩，深刻阐述了新形势下做好人民政协工作的重大意义，对各级党委、政府如何进一步重视支持政协工作，更好地发挥人民政协在全面建设小康社会伟大事业中的重要作用提出了明确要求。会后出台的《中共平顶山市委关于进一步加强人民政协工作的意见》，从适应新形势的要求为出发点,对健全政治协商程序、完善民主监督机制、增强参政议政实效、加强政协组织建设等方面,作出了一系列新的规定,为全市各级政协更好地履行职能提供了制度保证,对全市政协工作的健康发展起到了有力的推动作用。

(张有正)

【市政协六届一次会议】 2004年6月11日至6月17日,政协平顶山市六届一次会议在平声影剧院召开。市党政军领导邓永俭、王照平等出席开幕式,并在主席台就座。历届市党政军领导也出席了开幕式。中共平顶山市委书记邓永俭在开幕式上讲话。

会议听取审议通过了郭松霄受政协平顶山市第五届委员会常务委员会委托,向大会作的工作报告;审议通过了政协平顶山市第五届委员会常务委员会提案工作情况报告;列席了市八届人大一次会议,并讨论了政府工作报告及有关报告;选举产生了政协平顶山市第六届委员会主席、副主席、秘书长、常务委员;审议通过了政协平顶山市六届一次会议提案审查情况的报告;审议通过了政协平顶山市六届一次会议有关决议。

(李 庆)

【市政协常委会议】 市政协五届二十三次常委会议。2004年4月28日上午在市政协会堂召开。市政协主席赵玉亭,副主席王月林、谢照明、郭松霄、巩国顺,市政协秘书长任双喜参加会议。市委常委、统战部长汤宗领受中共平顶山市委换届领导小组委托,到会就市政协六届委员会委员建议名单作了说明。会议由郭松霄主持。会议协商讨论了市政协六届委员会委员建议名单和即将提交市八届人大一次会议审议的《政府工作报告》(征求意见稿)。会议表决通过了市政协六届委员会委员建议名单。

五届二十四次常委会议。2004年5月28日下午在市政协会堂举行。会议决定市政协六届一次会议于6月11日召开。市政协主席赵玉亭、副主席徐玉昌、王月林、郭松霄、谢照明,秘书长任双喜和常委会委员等参加会议。会议通过增补宋景峰同志为市政协六届委员会委员的决议;审议通过市政协六届一次会议的有关事宜。

六届一次常委会议。2004年6月29日上午在市政协会堂举行。市政协主席刘振军,副主席郭松霄、王月林、宋景峰、史正廉、张柳松、贾汉、张弓、潘民中、马四海及秘书长关源良出席会议。会议由郭松霄主持。会议审议通过了《政协平顶山市委员会关于进一步学习贯彻〈中国人民政治协商会议章程〉的决定》;审议通过了《政协平顶山市委员会〈关于大力弘扬三种精神,大兴求真务实之风,加强市政协自身建设的意见〉》;审议通过了政协平顶山市委员会专门委员会通则;审议通过了政协平顶山市委员会关于加强市政协委员管理的意见;通过了人事任免事项。

六届二次常委会议。2004年10月11日上午在市政协会堂举行。市政协主席刘振军,副主席郭松霄、王月林、宋景峰、史正廉、张柳松、贾汉、张弓、潘民中,秘书长关源良等出席会议。各县(市、区)政协主席列席会议。郭松霄传达了《中共平顶山市委关于进一步加强人民政协工作的意见》,张柳松作了关于平顶山市旅游产业发展情况的调研报告。会议审议通过了《关于大力发展我市旅游产业的建议案》、《政协平顶山市委员会常务委员会议事规则》、《政协平顶山市委员会关于加强与市政协委员联系的办法》、《关于建立市政协主席接待日制度的意见》、《政协平顶山市委员会评选优秀市政协委员办法》。

六届三次常委会议。2004年12月23日上午在市政协会堂举行。市政协主席刘振军,副主席郭松霄、宋景峰、史正廉、张柳松、贾汉、张弓、潘民中、马四海及秘书长关源良和常委会委员58人出席会议。副市长李永胜应邀参加会议。与会人员学习了《中共平顶山市委关于认真学习贯彻党的十六届四中全会精神的通知》,听取并通过了市政协对平顶山市非公有制经济发展和农村劳务经济情况的调研报告;会议通过了各专委会兼职副主任名单和民族宗教三胞联谊委员会更名的议案;通过了市政协2005年工作要点。

(李 庆)

【提案办理】 六届一次会议期间,广大政协委员、各民主党派、工商联、有关人民团体和政协各专门委员会,共提出提案435件,建议案1件。经审查立案409件,其中政协组成单位以组织名义提出47件,委员联名提案98件,个人提案264件,交市委、市人大、市政府等92个承办单位研究处理,未予立案的26件提案以其他方式妥善处理。在立案的提案中,有关经济建设方面的208件,占51%;教科文卫体方面的115件,占28%;政法、统战、劳动人事方面的86件,占21%。截止2004年12月,提案已全部办复。从办理结果看,所提意见和建议已经解决或基本解决的85件,占20.8%;正在解决和列入计划逐步解决的307件,占75%;因各种原因难以解决的17件,占4.2%。从反馈的意见看，对提案办理满意或基本满意的达到95%。

（王 浩）

【专题调研】 市政协第六届常委会把专题调研作为开局之年的重头戏，把“突出抓好旅游产业，促进我市经济发展”、“发展劳务经济，促进农民增收”、“我市非公有制经济发展现状及对策”三个题目，作为市政协2004年的重点调研课题，由分管主席具体负责，对口专委会牵头，有关专委会共同参与，确保调研取得实实在在的成果。

为搞好全市旅游产业发展现状及对策的调研，张柳松、潘民中副主席，利用节假日到全市各旅游景区收集资料、拍摄照片、请专家现场考察论证，所形成的调研报告和建议案，图文并茂、重点突出、论证到位，充分显示了平顶山市旅游资源的特点、优势，并围绕改制、建设、促销、服务等方面，提出了一系列具体建议，引起市委、市政府的高度重视。市政府常务会议、市四大班子联席会议先后听取了调研报告，并研究政协的建议案。在市四大班子会上，市委、市政府主要领导对政协的建议案给予了高度评价，责成有关部门抓好落实。为搞好非公有制经济发展情况的调研，史正廉副主席带领有关专委会的同志深入10个县（市）区和省、市有关部门，查阅资料，了解情况，召开不同类型的座谈会17次，发放调查问卷1000多份，并专程赴浙江温州等非公有制经济发达地区实地考察，形成了全面反映平顶山市非公有制经济发展现状的《关于非公有制经济发展情况的调研报告》。《报告》从更新观念、推进改革、完善制度、建立监测、评估体系等10个方面提出了具有针对性、可行性的意见和建议，受到市委、市政府领导的充分肯定和高度评价。由张柳松、马四海副主席主持带领市、县两级政协委员60多人参加，调研范围涉及市直、县直10多个单位、30多个乡镇、60多个行政村，召开各种形式的座谈会80多次，并赴新乡、安阳等劳务输出先进市考察取经所形成的《关于我市农村劳务输出情况的调研》，基本上摸清了全市农村富余劳动力资源和输出情况，找出存在的问题，并对进一步发展本市劳务经济提出了建设性意见。

（张有正）

【团结联谊活动】 通过各民主党派、人民团体、无党派人士的提案办理、大会发言安排和意见、建议的反馈工作，以及政协领导到民主党派机关走访、召开民主党派负责人座谈会、邀请民主党派、无党派人士参加政协活动等形式，为各党派、团体和无党派人士履行职能创造条件。

广泛开展与港澳台同胞、海外侨胞和有关人士的联谊活动。与侨联、台联配合开展了对平顶山籍在台人员、定居台胞、在平台商及其亲属的普查工作和平顶山籍在外知名人士的摸底调查工作。利用新闻媒体、接待台胞回乡探亲、观光和节日发慰问信、发贺卡等形式，积极宣传“一国两制、和平统一”祖国的方针政策，宣传家乡改革开放的巨大成就，使台胞感受到家乡的亲情与温暖，坚决反对“台独”。并通过维护港澳台胞及海外侨胞的合法权益，帮助他们排忧解难，吸引港澳台胞及海外侨胞到本市寻根问祖，投资置业。与有关部门配合，为“世界刘氏第四届联谊大会”、“世界叶氏第二届联谊大会”、“刘累陵园始祖殿落成典礼”三次重大活动的成功举办做了大量工作。通过看望宗教界委员，参加少数民族和宗教界的重大节日、重要活动，宣传党的宗教政策和相关法律法规，使信教群众正确行使自己的民主权力，促进了宗教工作的健康发展。认真做好联系帮扶困难户、上访户工作，元旦前夕，政协主席和各位副主席顶风冒雪到联系户家中看望，帮助他们解决困难，使他们感受到了党和政府的温暖和关怀。市政协机关干部职工积极参与扶贫济困活动，共计捐款10000余元。市政协还组织开展“科技、文化、卫生”三下乡活动，为群众义诊、演出文艺节目，并发放种植、养殖技术资料4000多份。

加强政协工作的横向联系和纵向指导。接待省政协和兄弟市政协来平调研、考察团组16个；参加了全国22个城市政协联谊会、河南省省辖市政协主席、秘书长联系会；召开了县（市）区政协工作研讨会等。各专委会也积极加强与对口委局和县（市）区政协专委会的联系，及时沟通情况，搞好协作，促进了各项工作的顺利开展。

（张有正）

民主党派

民革平顶山市委

【参政议政】 2004年，在人大政协会议期间，民革平顶山市委共提出集体提案5件，和其它党派联合提案2件，市政协委员个人提案30件，人大建议案1件。

针对本市在城市建设规划方面,尤其是在地下空间规划利用方面存在的地下管线资料欠缺,管线情况不明,房屋占压管线,管线埋设混乱,浪费地下空间资源,甚至施工中挖断管线,造成停水、停电、通信中断、煤气泄漏甚至爆炸等问题,提出了《关于加强我市地下空间规划利用》的建议,被列为重点提案,得到市城市规划局、市建委、市公用事业局、人民防空办公室等4家单位的分别答复。

针对平顶山作为煤炭城市采煤过后,许多地段形成塌陷区的实际情况,民革市委提出了国家征用塌陷地,塌陷地进入生产要素市场,并将其作为平顶山城市和工业发展的贮备用地等建议,被列为重点提案。平煤集团在答复中称:“今后将结合不同区域,不同类型的采煤塌陷地,规划出不同的土地治理利用方向。”这一建议对能源城市的可持续发展具有重要意义。

(王来群)

【两岸交流】 市委会把促进祖国统一,促进两岸交流作为全年工作重点。坚决贯彻“和平统一,一国两制”的基本方针,针对陈水扁连任后继续顽固坚持“台独”分裂路线,台海局势不稳定因素增加的复杂、严峻形势,及时召开台属党员座谈会,学习有关台情资料,学习传达全市对台工作会议精神。

全年全市台属党员贯彻“走出去,请进来”的方针,认真做好联络和接待工作。据不完全统计,全年中台属党员接待台胞13人次。一些党员还把自己的书画作品寄到了台湾,加深彼此间的了解,推动两岸的文化交流。

(王来群)

【组织建设】 2004年,民革党员的政治安排和实职安排有新的进展。张弓同志被安排为市政协副主席,党员袁炜同志被安排在市政府农业综合开发办副主任的工作岗位上。组织发展工作稳步推进。年内共发展新党员10人,平均年龄38.3岁,其中:本科4人,大专5人,中专1人,高级职称1人,中级职称6人。年底市委会下设总支委员会3个,基层支部14个,有党员169人。在省委会召开的纪念河南民革成立五十周年大会上,民革鲁山支部作为省级先进支部受到表彰。

年底,全市民革组织有省政协委员1人,市政协副主席1人,常委3人,市政协委员13人。市人大常委1人,市人大代表4人,区政协副主席1人,区人大常委1人,县、区政协常委4人,县、区政协委员22人,区人大副主任1人,区政协常委2人。

(王来群)

【党员风采】 2004年,民营企业家徐云峰为安排下岗职工再就业所办的企业,被市税务局评为“重合同守信用”纳税先进企业,其本人被市政协评为优秀政协委员。陈勇积极推进企业产业化,企业年产值达3000多万。他的事迹被刊登在2004年4月15日《团结报》第一版上。鄢列材认真收集台湾及日本有关石鼓文方面的资料,对先秦时代的石鼓文的释文、残字、缺字进行探究,填补了我国关于石鼓文研究的空白。

(王来群)

民盟平顶山市委

【参政议政】 在市政协六届一次全会上,盟市委及盟内政协委员共提交并立案提案56件(其中民主党派共同提案1件,盟市委集体提案10件,盟员个人提案45件)占全会提案总数的15%,被列入重点提案9件,占全会重点提案总数的26%。提案数量质量创盟市委在历届历次市政协全会上的最高纪录和最好水平,如盟市委提出的《加强我市地方乡镇煤矿规范化管理,构建安全生产可靠体系的建议》,被市委、市政府采纳实施。盟市委提出的《政府应及时开展艾滋病控制和干预工作,确保公共卫生安全和经济建设持续发展》的提案,市委、市政府高度重视。市委书记邓永俭、市长王照平多次听取市卫生局艾滋病防治工作汇报,并分别主持召开市委常委会、政府常委会议,将艾滋病防治工作列入政府工作日程,制定中长期规划和行动计划,建设疾病控制中心,进行既往有偿供血人员普查。盟市委高度关注三农问题,《关于对我市农村职业教育和培训的调查及建议》提出后,市委、市政府领导要求有关部门,将农村职业教育培训与百万劳动力转移工程结合起来认真加以落实。市劳动局针对此建议先后向市人大第41次会议、市政府、市委常委会扩大会议做了专题报告,提出了农民工培训的建议和打算。盟市委还就市政协工作机制建设提出了《建立稳定、长效的政协委员活动机制,切实提高政协委员参政议政能力》的提案,市政协领导班子专题研究后,对提案所提出的建议全部予以采纳。

盟市委还将参政议政和调研工作融入参观考察和节庆活动之中。“五一”节通过组织对郏县堂街镇的观光考察,提出了《关于建立郏县临沣寨中原民居博物馆的建议》;教师节就家庭教育问题进行座谈,盟市委提出了《办好家长学校,提高未成年人素质》的提案，得到市教育局的采纳。

（滕国庆）

【组织建设】 2004年，盟市委共发展新盟员9人，其中高级职称2人，中级职称5人，企业正科级干部1人，政府部门副科级干部1人。平均年龄34岁。

2004年市人大、政协换届，盟员中当选市八届人大代表2人、市六届政协委员20人。

（滕国庆）

【拓宽社会服务渠道】 2004年，盟市委积极为构建和谐社会贡献才智，努力拓宽服务渠道。5月23日至25日，盟市委与盟省委在宝丰县联合举行了医疗专家送医下乡和讲学咨询服务活动，为宝丰县1200多名群众进行了义诊，400多名宝丰医疗人员作了6个医学临床专题讲座。盟市委配合盟省委教育专家团对平顶山市高等职业教育现状进行了调研。盟员王宝郑筹集上千册书籍参与了市政协、盟市委的送书下乡及盟省委发起的向鹤壁市高等职业学院的捐书活动。盟员张献朝多次到社区作医疗健康知识讲座和肾功能不全患者健康知识讲座，接受其健康教育的居民达5000多人次，并组织举办了"平顶山市第二届腹膜透析学习班"。潘民中主委组织参与对平顶山市历史文化遗迹的考察50多次，围绕《根在中原》、《根在鹰城》活动撰写发表有关挖掘河南省、平顶山市历史文化底蕴的论文20多篇。盟员邵利杰所创办的电脑外语学校积极参与"阳光工程"活动，对160多名农民工进行了电脑操作知识和技能培训。

（滕国庆）

【盟员风采】 2004年，盟员获各种荣誉称号和奖励140多个，发表论文、文章230多篇，出版专著16本。许大森在河南省戏剧小品大赛上获河南省政府"群星"奖。何军委被聘为省书画院画师，其国画作品获河南省第三届国画佳作奖入选全国优秀作品展。王琴尊被评为河南省普通高校"两课"优秀教师，获省教育厅奖励基金二等奖，所著《中国共产党建设实践与理论》、《思想道德修养》等3部专著出版，还在CN级刊物上发表论文4篇。杨维春主持的《叶县区域农业地质化学背景调查研究》项目通过省级鉴定，还在CN级刊物上发表论文1篇。王林军在国家级、省市级学术刊物上发表论文14篇，获河南省高校图书馆学术成果一等奖和三等奖。娄洪彬获《中国井矿盐》杂志优秀编委称号和平顶山市科技进步成果二等奖。白学义摄影集《阿曼风情》由阿曼苏丹新闻部出版。6月30日至7月5日在北京民族文化宫举行了由中国艺术摄影学会和中国回族学会主办的《阿拉伯海湾六国风情——白学义大型艺术摄影作品展》，观众达12000多人次。人民日报、光明日报、中央电视台、中央人民广播电台等19家重点新闻单位作了报道。侯国军的杂文集《说说而已》由香港华泰出版社出版。王宝郑的论文获中国图书馆学会2004年年会优秀论文奖和省文化厅优秀调研论文三等奖。

（滕国庆）

民建平顶山市委

【参政议政】 在市、区人大、政协两会召开期间，民建平顶山市委参加人大会议的代表共提交议案8件，其中市人大会议议案5件；参加政协会议的委员共提交提案81件，其中市政协会议集体提案5件、个人提案42件。9、10月间，市委会与兄弟民主党派一道，按照中共平顶山市委提出的要求，就市文化宫是否改造的课题任务，开展调查研究，为中共平顶山市委和政府的决策提供了详实可靠的第一手材料及可行性建议，受到了中共平顶山市委领导的高度重视。

（尹宝凤）

【组织建设】 发展会员工作。年底，全市共发展会员18人，平均年龄36.78岁，均具有大专以上学历，中高级职称的占44.4%。本会有3名会员被选为市人大代表，有21名会员被确定为市政协委员。参加省、市、区三级"两会"的人大代表数额达到5名，政协委员数额达到51名。

（尹宝凤）

民进平顶山市委

【参政议政】 在省政协九届二次会议期间，民进市委会的省政协委员提出了《关于促进困难老工业基地振兴的建议》和《调整襄城县的区划归属，为平顶山发展大工业、建设大城市拓展空间》的提案，受到省劳动和社会保障厅、省民政厅的重视。在市八届人大一次会议、市政协六届一次会议及区人大、政协会议上，市委会人大代表、政协委员共向市、区人大、政协提交议案、提案20件。其中，邹溪清、张连营、邵国金、李国范委员提出的《保障人民生命安全，健全湛河水域管理》的提案被市政协列为紧急提案。市城建委、市水利局、市公安局分别召开紧急会议，采纳提案中的建议，采取相应措施。邹溪清委员写的《改善投资环境，培养经济发展新的增长点》和《加强城市交通管理,完善城市交通功能,严格执行〈交通法〉》的提案,被有关部门采纳。魏薇委员提出的《发展现代化物流产业,增加我区新的经济增长点的建议》,受到新华区委、区政府的高度重视,被列为年度工作重点。区政府常务会议多次专题研究,并指定1名副区长负责办理落实。李福洪委员提出的《加强五一路老街改造》的提案被卫东区政府采纳,并付诸实施。

(张连营)

【组织建设】 2004年,民进平顶山市委发展新会员5人。其中高级职称1人,中级职称4人,平均年龄39岁。年内全市共有会员58人,基层支部3个,专委会4个。

12月10日,依据章程规定,在市委统战部和卫东区委的指导帮助下,民进卫东区支部进行了换届选举。

2004年,民进会员的实职安排又有新的进展。有2名会员成为省政协委员,2名会员当选市八届人大代表,11名会员成为六届市政协委员,其中,马四海当选市政协副主席,吴来安当选市人大常委,高惠珍当选市政协常委。还有11名会员成为3个区政协委员,其中,张连营当选新华区政协常委,吴来安当选湛河区政协委员常委。10月份,高惠珍副主委又被安排到市审计局副局长岗位上。

(张连营)

【会员风采】 2004年,会员邵国金被评为民进河南省先进会员。市豫剧团骨干国家一级演员楚淑珍1月9日,举办了"楚淑珍专场演唱会",开创了全市戏曲演员举办专场演唱会的先河。何素叶被评为省级优质课一等奖,获市级综合治理先进个人、巾帼建功标兵等称号。 (张连营)

农工民主党平顶山市委

【参政议政】 2004年,农工党平顶山市(区)的人大代表和政协委员积极参政议政,主动深入实际,开展调研活动。写出《关于"二次创业"的认识与建议》等86份提案,其中《完善不合理用药监管体制,提高合理用药水平》、《关于社区文化的几点建议》和《我市农村基层医疗机构药品质量管理现状及建议》被定为重点提案,受到省、市有关部门的高度重视。省食品药品检查局还发出通知,特邀《完善不合理用药监管体制,提高合理用药水平》的提案人、农工党员赵红旗,参加在郑州召开的人大政协建议和提案办理工作座谈会。

(赵光先)

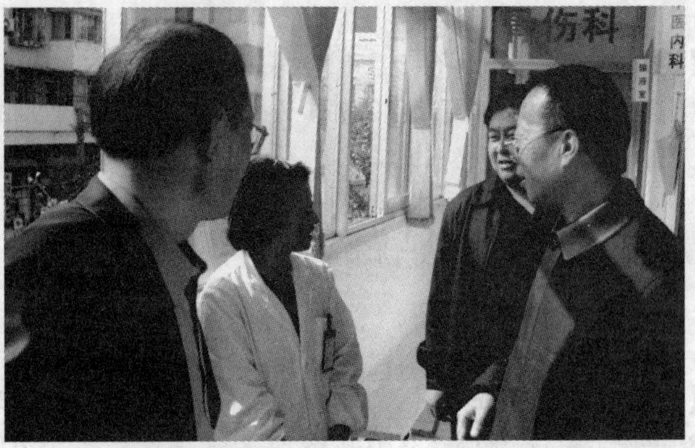

市政协副主席、农工党主委王月林(右一)等同志在杭州视察时,在农工党杭州市委领导同志陪同下,对党派下属的公费医疗定点医院进行考察。

【招商引资】 农工党平顶山市委利用党员海外亲属、社会关系和本职工作方便条件,为地方经济建设加大资金项目引进力度,为社会生产发展做出了贡献。舞钢市副市长、农工党员张哈生先后赴福建、甘肃、新疆、西安等省市招商引资。2004年6月,为舞钢市引进了外商投资2600万元的盛博钢板加工厂项目。另外,他先后引进18个项目,并已建成投产或营运,资金总到位已达6亿元,为舞钢市经济发展注入了新的活力。卫东区副区长、农工党员李建华帮助农民引进养殖业项目12个。他帮助贷款2000多万元,引进资金1500多万元,建成的平顶山花卉大世界和三佳化工厂,均全面投产。

(赵光先)

【党员风采】 在中国共产党建党83周年和纪念邓小平诞辰100周年之际,中国农工民主党平顶山市委组织广大党员结合工作实际,编写出27篇应用理论研究文章和33篇农工人物传记,受到农工党中央表扬,其中王月林主委撰写的《关于民主党派的政治交接》被中央内部参阅采用,荣获三等奖;《灿烂人生》和《从放羊娃到作家》两篇传记在中央《前进论坛》杂志发表。党员作曲家崔凯为中央电视台录制并编曲的七集电视连续剧《古道情》荣获河南省抗"非典"汇演一等奖。青年书法家沈长坡的书法作品在《全国消防书画大赛》和《全国人口杯》书法美术画展中均获三等奖,隶书作品在《全省平艺馆系统书画展》中获银奖,其作品还参加了《现代国际临书大展》,多次在专业刊物上发表,并收入多种书法作品集。其装裱作品在全国大赛中荣获金奖,有三件作品还参加了《中日装裱艺术交流展》,荣获河南省文联和团省委联合举办的第二届"五四"文艺金奖和联合国世界和平美术书法大展书法三等奖。作曲家周公明在全国映山红戏剧节中获得作曲二等奖。舞蹈专家王昆在全国舞蹈大赛中荣获大奖。

(赵光先)

【郭进拴作品获奖】 农工党党员、中国作家协会会员、市作协副主席郭进拴同志在2004年度创作丰收,连获大奖。他创作的以描写新城区建设为主要内容,中共平顶山市委书记邓永俭作序的52万字报告文学集《鹰击长空》,7月份由华泰出版社正式出版发行;另一部讴歌抗洪抢险英模事迹的报告文学散文集《洪流滚滚》由人民日报出版社出版,全书共计56万字。中共平顶山市委书记邓永俭为该书作序。

在《鹰击长空》一书中首发的报告文学《大潮,卷过这片热土》、《汝瓷传人的故事》双双荣获由人民日报社市场报、中国新闻出版报社、中华全国工商联、中国作家杂志社、中国文化报社、全国政协《纵横》杂志社共同举办的第四届"新世纪之声"《共和国赞歌》征文一等奖,并被收入《共和国赞歌获奖作品选》。郭进拴被评为全国十佳"优秀新闻文化工作者"第一名。郭进拴创作的文学评论《张一弓和他的春妞儿》、散文《情满普救寺》被中国作家协会、文艺报社、中国作家世纪论坛专家评委会评为全国作品评比一等奖,并被收入《中国作家世纪论坛获奖作品集》。郭进拴被评为"中国作家世纪论坛新时期优秀作家"。

(赵光先)

九三学社平顶山市委

【参政议政】 2004年市"两会"期间,九三学社提交集体提案11份、委员个人或联名提案38份。其中由张明撰写的《关于加大农业科研投入,增强科技创新能力的建议》和梁幸慈撰写的《严打掺假煤炭,维护我市形象》、《关于尽快将平顶山建设成为国家园林城市的建议》3份集体提案选入市党政领导参阅的9件重点提案中。

社市委组织完成了《城市公用事业进行国有民办改革思考》、《农业的企业化问题思考》、《网络时代如何面对青少年教育》三个参政议政课题材料,参加了社省委的参政议政课题招标活动。其中:罗义英撰写的《城市公用事业进行国有民办改革思考》被选为在省政协九届八次常委会上的发言材料。

(兰 菊)

【组织与发展】 九三学社2004年,发展新社员6名,其中:本科学历5名、大专学历1名,教授级高级工程师1名,平均年龄39.2岁。

年底,全市有3个基层委员会,11个支社,1个支社筹备组;共有社员244名,平均年龄54.22岁,其中:在职社员122人,占50%;女社员72名,占30%;具有高级职称的社员有152人,占63%。

(兰 菊)

【社员风貌】 市九三学社现有省政协委员2名(1名常委),省人大代表1名,市人大代表3名(1名常委),市政协委员19名(3名常委),特约人员5名。他们认真履行职责,在参政议政和民主监督工作中发挥了积极作用。杜建山、李翠兰2位同志作为参政议政先进个人受到了社省委的表彰;梁幸慈、谭体礼、李志敏被平顶山第五届政协评为优秀政协委员。平顶山市康立电气有限责任公司董事长魏贞祥同志,获得2004年"河南省劳动模范"荣誉称号。吕宝珊、石高举两位社员被社省委授予社会服务先进个人。

新社员高克雷同志是一名律师,他以高度的社会责任感,积极宣传法律知识,为群众解决法律上的困难。全年共参加法律宣传、咨询活动10次,解答咨询问题39人次,代写诉讼文书10件,办理法律援助案件9起,为当事人挽回或减少经济损失27万元左右。

(兰 菊)

社会团体

市总工会

【经济技术创新活动】 组织开展群众性的职工经济技术创新活动。市总工会与市安全生产监督管理局联合举办"安康杯"知识竞赛,全市参加该项竞赛的企业达423家,参赛职工达36万多人。组织全市职工安全生产知识竞赛,20万名职工参加书面答题,6支代表队参加电视大赛。通过创争竞赛及技术革新、合理化建议活动创造和节约的价值达4亿多元。举办全市职工技术运动会,参赛职工18万人,技术能手和技术明星成批涌现。参加全省首届职工技术运动会,圆满承办全省电焊工比赛,本市获得该工种团体第一名。在全省五大通用工种技术比赛中,市代表团荣获团体第二名和特别组织奖。天鹰集团技工张全民被劳动和社会保障部授予中华技能大奖荣誉称号。

（李京河　刘　阳）

【帮扶困难职工】　深入实施送温暖工程，多渠道、多形式开展帮扶困难职工活动，做好"心连心双联系"对口帮扶活动的组织协调工作。全市干部职工共为困难职工送款1225.71万元，粮油食品72万公斤，衣被38万件，提供就业岗位8091个，技能培训18812人次，为4553名困难职工家庭提供和减免医疗费96.18万元。开展困难职工子女助学活动。针对部分困难职工和单亲女职工子女入学难、上学难的情况，各级工会共筹集助学资金118.49万元，资助困难学生

工会主席张遂兴慰问困难职工

2882人。开展"双节"送温暖集中帮扶活动。"双节"期间，市各级工会组织共筹集慰问金148.82万元，慰问困难职工7428户。全年共为困难职工提供咨询、法律援助、协调处理劳动争议等各种服务4865人次，为210名下岗职工提供技能培训，为280名困难职工提供创业援助资金18.2万元；举办各类就业洽谈会15次，开发就业岗位874个，有453名下岗职工实现了再就业。市总工会被市委、市政府评为全市困难职工帮扶工作先进单位，被省总评为全省工会促进再就业先进单位。

（李京河　刘　阳）

【实施"211带动工程"】　以实施"211带动工程"为契机，加强工会基层组织建设。至2004年底，全市所有乡镇已全部建立工会组织，郏县、宝丰县、卫东区和湛河区全部配备乡(镇)、街道副科级专职工会主席；汝州市、舞钢市、鲁山县等县(市)区的乡镇副科级专职工会主席选配工作取得进展。市区97个社区中已有81家建立工会组织，其中卫东区36个社区全部按标准建立工会。继续加强行业工会联合会组建工作。7月建立市餐饮行业工会联合会，叶县先后组建社会力量办学、建筑装饰、个体运输、个体医生4个行业工会联合会，鲁山县、郏县、石龙区相继建立煤炭行业工会联合会。新建企业建会和创建"合格职工之家"成效明显。全市新建企业建会594家，发展会员39045人，创建合格职工之家748家，分别占省总目标任务的145.2%、121.8%、135.5%。

（李京河　刘　阳）

【厂务公开与职代会制度】　坚持抓好企业职代会制度和厂务公开制度，推进厂务公开工作的经常化、制度化和规范化建设。全市451家国有、集体及其控股企业，已有445家实行厂务公开，占98.7%；实行内部事务公开的事业单位382家，占建会企事业单位的68%；208家非公有制企业也实行不同程度的公开。在全市新建企业中大力推行职代会制度，签订区域性、行业性集体合同。全年共建立乡镇区域性职代会116个，占全市乡(镇)、街道总数的96.7%，非公有制企业民主管理建制率达到75%；共签订区域性集体合同113份，覆盖企业1335家，覆盖职工52812人；签订行业集体合同10份，覆盖企业205家，覆盖职工12064人。非公有制企业签订集体合同的占75%。

（李京河　刘　阳）

【探索构建维权工作新平台】　成立"平顶山市职工法律援助站"、"平顶山市工会职工热线协调领导小组"及"市总工会职工热线办公室"，开通了12351职工热线电话。以协调劳动关系、调处劳动争议为重点，以合法权益受到侵犯的困难职工、下岗职工、进城务工人员、工会工作者和基层工会组织为主要对象，通过法律咨询、代书、非诉讼调解、仲裁代理和诉讼代理等手段，提供无偿法律服务，维护他们的合法权益。全年共提供法律咨询382起，涉及上百人的集体来访案件18起；代书173起；办理仲裁和诉讼案件27起。接听热线电话85起，其中求助类占78%，控告申诉类占10%，热线问题解决率占95%。

（李京河　刘　阳）

【农民工合法权益维护】　为维护农民工合法权益，在农民工较多的企业建立"三个机制"：一建立维护工资支付机制。加强对用人单位支付进城务工人员工资情况的监督，建立工资支付监控、企业欠薪公示公告制度。市装饰行业工会联合会在全省率先建立进城务工人员工资发放申报制度，各装饰企业在每月月初

将本企业上月份完成的工程量及招用的进城务工人员花名册、工资发放表上报给行业联合会,杜绝一些企业和包工头拖欠工资现象的发生。二建立劳动保护机制。认真落实《安全生产法》、《职业病防治法》、《女职工劳动保护规定》等法律法规。加大安全生产群众监督力度,严格执行安全生产责任制,防止重大生产安全事故和职业危害的发生,督促用人单位认真改善劳动安全卫生条件和务工人员食宿条件。三建立社会劳动保险保障机制。与企业主协商制定进城务工人员参加养老、医疗、失业、生育和工伤保险的具体办法,把进城务工人员纳入社会保险范围。市总重点调查40家企业,其中对正式录用、工作年限较长的农民进城务工人员办理养老保险的14家,医疗保险的10家,工伤、事故险的13家,其它险种的5家。

(李京河　刘　阳)

【女职工团体特病保险】 为保障女职工的身心健康,缓解女职工生活中遇到的特殊困难,女职工团体特病保险工程9月份正式启动。全市共有190多个单位的5万多名职工参保,保险金额达55万余元。出险共47人,其中患妇科癌症29人。市总与新华区医院合作,为全市20岁至60岁的女职工进行"乳腺免费检查诊治"活动。共发放免费检查诊治卡37565张,参检人数8000余人,其中患乳腺癌或纤维癌的共计48人,在患乳腺癌的11人中已有8人实施手术。开办女职工保健知识"流动课堂",安排妇科专家深入到各单位为女职工免费进行19场保健知识讲座。

(李京河　刘　阳)

共青团平顶山市委

【青少年思想政治教育工作】 2004年,市各级团组织按照贴近实际、贴近生活、贴近青年的要求,组织开展学习"三个代表"重要思想报告会、座谈会、读书交流会、知识竞赛、培训班等多种形式学习活动。举办大中专院校团委书记、青年文明号集体、基层团干部学习"三个代表"重要思想培训班、研讨班,并组织到先进地区学习考察。围绕"三进"工程(即进教材、进课堂、进头脑),通过举行少先队主题队会、成人宣誓仪式、参观爱国主义教育基地、"青少年网络文明行"等活动,不断丰富爱国主义教育内容。通过举办"心手相连——社区青年志愿者与未成年人结对"活动,"红领巾爱鹰城、争当文明小市民"活动,"为了明天——青少年法制教育宣传周"活动,"争当城管小卫士"活动,"珍爱生命、远离毒品"图片巡回展览,法律知识竞赛活动来强化广大青少年思想道德教育。

(梁　建)

少先队活动

【团的基层组织建设】 2004年,团市委围绕党建抓团建,强力推进团建基础工程。农村一类支部达到23%,社区改制后的建团率达到83%,非公有制经济组织建团率达到82%,民办学校建团率达到80%。在实施团建基础工程中,全市组织团干部培训38期,培训团干部2731名。借助市委公开选拔1000名优秀青年大学生到农村任职的有利时机,选拔优秀党、团员兼任村级团干部,使农村团的工作整体上有明显提高。

汝州市寄料镇青年中心成立

青年中心建设工作扎实有效。青年中心是自我组织、自我管理、服务会员、服务社区的新型社区青年组织。全市现已建立城市青年中心16个,农村青年中心30个。青联、学联、青年企业家协会社团工作进一步加强,青年企业家协会、青年联合会已经组织成平顶山市规格最高、覆盖面最广的青年协会组织。

(梁　建)

【青少年文化活动】 在青年志愿者活动中,制定规划,建立长效机制。不仅坚持搞好"3·5"等节假日常项服务,而且针对结对服务、定点服务、挂牌运作等进行新的尝试,组织青年志愿者“十一”期间到各旅游景点为游客提供指引道路、帮忙买票、开车门等项目的志愿服务,深得社会好评。在“双争”、“双创”活动中,采取“青”字当头,“信用”挂帅的创建模式,使青年文明号集体在构建社会道德体系和信用体系中的示范作用得到充分展示。2004年全市共建成各级各类“青年文明号”700余个,成立各类青年技术攻关小组2600个,开展培训、咨询、交流等活动280多场次,解决技术难题5000多项,签订导师带徒合同13000余份。

少先队工作中,深化主题队会教育、自护教育。通过雏鹰争章、手拉手、少先队“双争”等活动,积极开展校际间、地域间的横向交流。　（梁　建）

【青年人才工作】　团市委抓住培养、凝聚、举荐、配置四个关键环节,为广大青年成长成才搭建平台。先后组织实用技能、形势分析与预测、管理与服务、现代礼仪等各类培训班50余个,培训人数25600余人。

评选表彰第二届十大杰出青年民警、第五届杰出(优秀)青年农民、第三届十佳(优秀)少先队员和十佳(优秀)少先队辅导员、第三届杰出(优秀)青年企业家。市新华机械厂团支部荣获国家级五四红旗团支部,王士杰、张建政两位同志先后荣获“河南省第五届十大杰出青年农民”和“河南省农村青年创业致富带头人标兵”。建立平顶山市青年人才库,现汇集农村青年人才、技术青年人才等各类人才5000余人。

（梁　建）

【青年创业行动】　团省委2004年初在全省团组织中启动实施“工岗快递转移就业促进计划”。市各级团组织对目标任务进行科学规划,初步构建市、县、乡三级上下联动,覆盖全市的网络体系。抓住组织动员、技能培训、岗位对接、创业扶贫、权益维护等关键环节,积极探索组织化发动、市场化运作、规模化转移、一体化服务的工作机制。一年来通过与市劳动和社会保障局、用工企业积极协调,共建立培训基地62个,组织大型用工洽谈会8场,为广大团员青年提供空岗信息13000余条,向省内输出务工人员8260人,当地就近转移5870余人。

（梁　建）

【希望工程】　2004年,团市委开展“倾注爱心、成就未来”希望工程夏日助学特别行动。通过“平顶山青年”网站建立待救助学生资料库,登发贫困学子图片,介绍其家庭背景及经济状况,并将资助办法公布在网页上,使救助人与被救助人有更直接的了解。在短短的两个月内共筹集社会捐款20余万元,救助511名贫困学子。

（梁　建）

市妇女联合会

【围绕男女平等宣传年开展专题活动】　2004年是男女平等宣传年。市各级妇女组织围绕这一主题,开展多种形式的宣传活动。市妇联在《平顶山日报》第二版开辟“我看男女平等”专栏,在电视台《生活空间》栏目举办男女平等专题谈话节目。抓住在市区主干道建立大型景观广告的时机,协调城建部门拿出年租金14万元、面积160平方米的大型广告牌,用以宣传男女平等基本国策。市委、市政府有关领导也发表关于男女平等问题的理论文章。10个县(市、区)妇联分别利用各地的新闻媒体开展全方位的宣传活动,为男女平等基本国策的贯彻营造浓厚舆论氛围。

（张秀杰）

【深化“双学双比”和“巾帼建功”活动】　以创造新岗位、创造新业绩、创造新生活为目标,继续实施“巾帼创新业援助行动”。市、县、乡三级妇联协调有关部门开展农村妇女科技培训,组织村妇代会主任和妇女科技骨干、致富能手为妇女提供科技服务。配合市政府“百万农村劳动力转移工程”,对外出务工妇女实行定向培训,订单培训。以促进下岗女工再就业、创新业,在岗女性建功成才为目标,支持和引导妇女大力发展个体、私营等非公有制经济,使一批女能人成为女业主、女老板。通过开展“巾帼创新业援助行动”,建立社区服务实体69个,开发社区服务岗位3475个,帮助下岗女工实现再就业3636人次。

（张秀杰）

【妇女维权工作】　加强对《宪法》、《妇女权益保障法》、《婚姻法》等法律法规的宣传、教育工作,启动以源头维权、个案维权、社会化维权和实事化维权为主要内容的“维权行动计划”。在维权周活动期间,协调组织公、检、法、司、卫生、医疗、农业等部门的技术骨干开展送法、送医、送技术的三下乡活动。为农村妇女送去法律书籍200多册,各种种养、防病资料2万余份。针对本市发生的两起典型家庭暴力案件,在电视台“法苑漫谈”节目中播出“反对家庭暴力”专题。对妇联系统陪审员、劳动和社会保障法律监督员进行全方位的业务培训，成立平顶山市妇联法律援助工作站，对一些生活贫困、而又急需通过法律渠道解决问题的妇女，无偿提供法律援助，切实维护她们的合法权益。当年全市接待来信来访1258起，办结率达98%，为贫困妇女提供法律援助16起。

（张秀杰）

【未成年人思想道德教育】 2004年，市妇联下发了“争做合格家长、培养合格人才”的通知，各级妇女组织从实际出发：(一)建立社区(村)示范家长学校。全市各县(市)区已相继建成10多所符合“四有”(有场地、有师资、有规化、有教材)条件的示范性社区家长学校。(二)举办家庭道德教育报告会。组织家庭教育巡回报告团，奔赴10个县(市)、区巡回报告，现已巡回报告150多场，受到家长的好评。(三)开展家庭教育理论研究。以“为国教子、以德育人”为主题，“幼儿公德养成教育”为课题，由4名教育专家，16名幼教工作者开展研究，撰写出《幼儿公德养成教育》读本，在市县9所幼儿园开展实践活动。以“家庭教育十不准”、“当好家长的十条建议”、“家长行为规范”、“争做合格家长 培养合格人才”等为内容开展家庭道德教育宣传、咨询、服务活动。 （张秀杰）

【基层妇女组织建设】 2004年，市妇联对全市基层妇女组织进行集中整建，全市129个乡(镇)、街道全部建立妇联组织。村(居)妇代会及市(县)直机关、事业单位妇委会组建率均达到96%以上，副科以上党政机关、科教文卫等事业单位妇女组织的组建率达97%，新经济领域新建妇女组织152个。妇女干部的

妇女干部培训班开学典礼

整体素质有了明显提高。乡以上妇联干部45岁以下占90%，全部达到高中以上文化程度，95%具有大专以上学历；村妇代会主任86%年龄在45岁以下，63%有技术员职称，62%以上为高中文化程度。

为加强农村基层妇女组织建设，在农村妇代会及妇代会主任中开展“双带双争”活动，在全市形成“带头致富、带动致富、争创先进妇代会、争当优秀妇代会主任”的热潮。全市已有63%的妇代会主任是致富能手，有的乡(叶县田庄乡)已实现所有村妇代会主任个个是强手、人人有项目，并带动致富能手与贫困妇女结成帮扶对子，实现强化队伍建设和服务妇女致富的“双赢”。

（张秀杰）

市工商联

【参政议政】 平顶山市工商联联合市政协和市委统战部开展平顶山市非公有制经济发展情况和企业家办商会情况调查活动，组织市政协委员在六届一次全会上撰写提案35份，其中集体提案7件。

（冀莉君）

【组织建设】 建立健全组织网络，加强基层商会建设。建立“宝丰县建筑业协会”和“废旧业协会”。卫东区工商联对6个街道办事处商会进行换届，于9月份成立工商联党支部，承担起现有民营企业党组织的教育、培训任务，并在三个民营企业中建立妇代会组织；郏县工商联建立建材业、餐饮业和花生米加工业3个行业商会；舞钢工商联成立“方园苗木产销合作协会”和“淀粉行业商会”等商会组织。9月份市民政局正式下发《关于授权平顶山市工商业联合会作为非公有制经济领域内商会业务主管单位的通知》，平顶山市商会完成了注册登记任务。

（冀莉君）

【宣传教育】 市工商联2004年8月份召开全市民营企业表彰大会，对30名荣获社会主义优秀建设者、13家诚信纳税先进单位、14家劳动就业先进单位、10家质量工作先进单位进行表彰。利用新闻媒体宣传非公有制经济和民营企业，全年共投稿160余件，各类媒体采用50篇。4月份和11月份组织两期共29位非公有制经济代表人士参加中央党校举办的理论与实务高级培训班。市工商联以为会员办实事做为宣传教育的手段积极开展工作。鲁山县工商联为群众无偿举办黑木耳栽培技术培训班6期，受训群众达900多人(次)；举办服装裁剪培训班10期，受训500多人(次)。根据市人大、政协换届需要对25名非公有制经济代表人士进行政审考核，使一批知识层次高、基本素质好的民营企业家当选为市六届人大代表

和六届政协委员。

（冀莉君）

【招商引资】 2004年,市工商联先后四次组织民营企业参加"河南国际商贸洽谈会",沪、杭招商活动,北京、上海、深圳、珠海招商和西部新区赴郑州招商活动。共签订合同项目31个,意向合同7个,意向金额76亿元。

（冀莉君）

【光彩事业】 全年新增光彩事业项目10多个,投入资金5.2亿元,修公路8.5公里,新建希望小学一所,捐资助教100多万元,赈灾扶贫、公益事业捐款合计300多万元,安排下岗职工3500多人。仅汇源公司新上的"双十"氯碱光彩事业项目就投资5亿元,成为全市光彩事业工作的最大亮点。

（冀莉君）

市残联

【概况】 2004年,全市共有3380名残疾人获得就业岗位。其中按比例就业361人,集中就业1220人,个体就业1799人,培训残疾人4039人,23000名贫困残疾人摆脱贫困;受理残疾人来信59件,来访872人次,为贫困残疾人提供法律服务50余次,减免费用近万元;免费核发残疾人证3832份;全年共完成白内障复明手术3000例,低视力配戴助视器158例,培训低视力家长30名;收训聋儿130名,17名贫困聋儿受到资助,培训聋儿家长130名;供应用品用具1899件,安装普及型假肢小腿100例、大腿4例,装配矫形器56例;肢残人康复训练231人,脑瘫儿童康复训练80人,智残儿童康复训练90人。全市有10个先进集体、14名先进个人受到省政府残疾人工作协调委员会的表彰。市残联被市政府授予"2004年度目标管理先进单位"称号。

（韩晓洁）

【白内障复明二期工程】 4月6日至5月10日,"视觉第一、中国行动"二期白内障复明工程在平顶山市顺利实施。省医疗队专家共为415例患者进行手术,无一例感染,使手术者全部重见光明。为76名特困患者减免费用22650元。4月10日,香港中区狮子会来平顶山市探访白内障复明二期工程,捐款2万元用于贫困白内障患者的手术医疗。各县(市、区)都对组织的白内障患者给予适当补助,体现了党和政府对残疾人的关怀。

（韩晓洁）

【"全国助残日"活动】 5月16日是第十四次"全国助残日"。围绕"情系我的兄弟姐妹——帮扶贫困残疾人"活动主题,4月22日市残联下发《平顶山市第十四次"全国助残日"活动安排及宣传报道意见》。5月14日市委副书记赵琛、副市长李振及市残联有关负责人到市区部分福利企业、残疾人家中看望慰问残疾人。助残日当天,李振副市长在《平顶山日报》上发表署名文章《关爱帮扶残疾人,倡导助残新风尚》。市属三区在市政府广场组织开展残健双向服务活动。台北曹仲值基金会与市政府共同向100名贫困肢残人捐赠轮椅。连同汝州市、郏县、鲁山县、叶县,助残日期间全市共为残疾人捐赠290辆轮椅。5月16日至6月中旬"全国助残日"期间,市委、市政府决定在全市范围内开展"爱心助残"专项募捐活动。募捐资金主要用于建立和完善残疾人综合服务设施及无障碍改造、特困残疾人救助、资助有法律援助需求的残疾人等。全市共收到助残捐款150万元。

（韩晓洁）

【国家彩票公益金残疾人康复项目】 8月30日,平顶山市召开国家彩票公益金康复项目工作暨社区康复工作会议,对全市国家彩票公益金康复项目的实施方案进行具体安排,并对社区康复工作提出具体要求。平顶山市精神病院被确定为定点医院,100名贫困精神病患者享受免费服药,价值3万元的社区康复器材已到位。

（韩晓洁）

【首届残疾人就业再就业供需见面会】 10月19日市残联举办平顶山市首届残疾人就业再就业供需见面会。有85家用人单位参加,提供残疾人用工岗位409个。前来应聘或了解用工信息的残疾人达2100多名,有87名残疾人当场与用人单位达成用工协议,281名残疾人与用人单位达成用工意向。

（韩晓洁）

【危房改造惠及农村贫困残疾人】 2004年,市残联组织开展农村贫困残疾人危房改造救助工作。鲁山县、郏县共100个残疾人危房户得到救助,每户获得国家2500元的危房改造款,现已按标准改造完成危房100座。

（韩晓洁）

【运动健儿为国争光】 平顶山市残疾运动小将许庆庆在2004年全国残疾人游泳锦标赛上荣获1金1银两枚奖牌。

（韩晓洁）

【“矿区盲与低视力临床防治研究”项目获奖】 由河南煤炭卫生学校、上海科育儿童近视光中心、平顶山市残疾人联合会合作完成的“矿区盲与低视力临床防治研究”项目，荣获省政府颁发的科技成果三等奖、平顶山市科技进步一等奖。

（韩晓洁）

从衣食住行上封堵禽流感

食：鸡蛋鸡肉煮熟才能吃 首先应该及时关注政府、媒体发布的疫情信息，对于那些产自疫区的鸡蛋、鸡肉等禽类食品要尽量避免食用。

其次是养成良好的卫生习惯，做饭时一定坚持生熟分开。

第三，不要喝生水，鸡肉、鸡蛋一定要煮熟了吃。特别是一些吃火锅贪“鲜”的人，常常是鸡肉在锅里还没变颜色就往嘴里送。禽流感病毒对热比较敏感，100度以上的沸水里煮2分钟即可灭活。

第四，吃东西前、回家后一定要洗手，把可能存在的病毒清洗掉。

住：开窗通风最好每天两次 要养成良好的生活习惯，特别是有小孩和老人的家庭，不论天有多冷，每天最好都要定时开窗通风两次，每次30分钟。通风时间最好定在上午9:00～10:00和下午3:00～4:00，因为直射阳光下40～48小时即可灭活该病毒。如果用紫外线直接照射，可迅速破坏其感染性。

豢养宠物鸟的家庭最好不要把鸟笼子挂在外面，因为许多野禽如麻雀、喜鹊都已经被确定是禽流感病毒的携带者，如果宠物鸟和患病野鸟有所接触，那么肯定会被感染禽流感病毒。同时宠物鸟的主人要及时给自己的鸟注射疫苗，并随时关注小鸟的情况，如果发生死亡现象，千万不要自己处理，不要用手去摸小鸟的尸体，而应立即向当地防疫部门报告。

行：过节放假慎选旅游地 节假日制定出行计划，应该先详细了解疫情动态，已出现禽流感疫情的国家，如越南、泰国等东南亚疫区国家最好先别去。

此外，少去病人集中的医院，因为SARS期间许多老人是在医院看病的时候被感染SARS病毒的。而禽流感病毒比SARS病毒更为凶险的是，它不仅袭击老人，还袭击儿童和孕妇；人员密集、空气浑浊的电影院、网吧、地下超市也最好不要去。

衣：正品羽绒服可以放心穿 正规厂家生产的羽绒服是安全的。建议大家在购买羽绒服时要注意几点：1.看外观。做工粗糙的衣物最好不要购买。2.闻味道。如果有强烈的鸭味或者鹅味，最好不要购买。3.用手摸。如果感到里面的羽绒有一种“梗”的感觉，建议最好不要购买。

（《北京青年报》11.7　赵新培等文）

军　事

地方军事

【思想政治工作】 2004年,军分区坚持把学习贯彻"三个代表"重要思想作为首要政治任务,按照求深、求新、求实的要求,制定下发了《深入持久学习实践"三个代表"重要思想的意见》。各级党委坚持在真信、真学、真用上下功夫、见成效,普遍采取集中学习、领导授课、专题教育和党委书记查学等形式,深化了对"三个代表"重要思想精神实质的理解。注重研究改进集中培训和理论学习检查考核办法,在组织团以上干部参加两级军区读书班的基础上,举办了全区副团职以下干部读书班,团以上干部轮训率达100%。结合半年和年终工作检查调研分别对全区理论学习情况进行了检查,有效地促进了理论学习的深入发展。扎实开展了艰苦奋斗、"学习实践'三个代表'重要思想,积极投身中国特色军事变革"、反"台独"军事斗争准备、遵纪守法和军队体制编制调整改革等专题教育,思想政治工作的针对性、实效性明显增强,广大官兵在体制编制调整改革等重大考验面前,表现出了很高的政治觉悟、党性观念和严格的组织纪律性。4个教育做法得到省军区的转发和肯定。新闻报道工作继续保持良好势头,舞钢市人武部和卫东区人武部被省军区政治部表彰为基层新闻报道先进单位。

(权国伟)

【军事工作】 2004年,军分区认真学习领会新时期军事战略方针,结合新军事变革教育和台湾大选形势,采取聘请专家教授讲课、到野战部队参观新装备和观看山地进攻战斗演习等形式,增强军事斗争准备的紧迫感,真抓实备思想在各级组织中形成共识。依据平、战时所担负的职能使命,进一步细化年度军事斗争准备任务,战备工作质量明显提高。认真贯彻总参231号文件精神,按照深化改革、突出重点、提高质量的原则,进行民兵整组工作,并分别对10个(县、市)区和平煤集团的民兵整组情况进行检查验收,基本达到了上级规定的标准要求。军事训练工作扎实推进,坚持以按纲施训试点任务为重点,在分区首长机关和人武部中大力开展了按纲施训和岗位练兵比武活动,并对年度军事训练情况进行考核,达到了以考促训的目的。卫东区、新华区和汝州市人武部被分区表彰为按纲施训达标先进单位。普遍采取聘请教员、集中组训和考核验收等形式,加强和改进民兵训练工作,初步摸索出重点分队组训的方法。舞钢市、新华区、湛河区、平煤集团4个民兵高机分队顺利完成了实弹射击任务。高度重视军事人才的培养,选送3名参谋业务骨干参加省军区参谋业务培训,组织以学习新知识、掌握新技能为主要内容的现役干部和基层专武干部集训,干部队伍素质得到明显加强。注重使命课题研究,组织了保障战役军团机动课题室内演练,探讨了兵员应急动员的内容、程序和方法。

(权国伟)

【从严治军】 2004年,军分区认真贯彻江泽民主席关于"四个扭住不放松"的要求和上级一系列指示,坚持依法从严治军,研究探索新形势下管理工作的特点规律,条令条例和法规制度学习,部队正规化管理水平进一步提高。贯彻落实省军区军事主官集训精神力度大,结合分区实际制定了《平顶山军分区日常管理若干规定》和《关于进一步加强干部队伍管理教育若干规定》,各级抓管理、带部队的能力有所加强。坚持从领导机关和团以上干部起,深入开展作风纪律教育整顿和"三无"活动,突出加强8小时以外人员管理和车辆、枪弹安全管理,不断纠正作风松散、纪律松弛和管理松懈等问题,部队"四个秩序"较为正规。圆满完成了鲁山县、郏县、舞钢市的武器弹药代储调运工作。汝州市人武部被省军区表彰为"三无"活动先进单位。叶县人武部、鲁山县人武部和分区民兵装备仓库被军分区表彰为"三无"活动先进单位。加大了从严执纪力度,对车辆事故等违纪问题,依法从严处理,起到了较好的教育警示作用。

（权国伟）

【民兵预备役基层建设】 2004年，军分区认真落实《民兵预备役工作纳入目标管理实施办法》，分别对10个县（市、区）民兵预备役工作进行了目标管理考评，进一步调动了抓基层建设的积极性和创造性。继续深化《平顶山市民兵基层建设三年规划》的贯彻落实，对基层建设没有达标的单位进行了检查，对已达标单位的巩固提高情况进行了抽查，民兵预备役基层建设取得新进展。汝州市人武部、新华区人武部、湛河区人武部和石龙区人武部被军分区表彰为抓基层建设先进单位。注重加强民兵基础设施建设，市民兵综合训练基地建设进展顺利，2005年投入使用。汝州市人武部统一为20个基层武装部配备了微机、扫描仪和打印机，民兵预备役工作初步实现了微机化管理。组织发动民兵努力在振兴经济、维护稳定等方面有所作为，在经济主战场用兵、练兵、强兵。6月中旬至7月初，汝州、郏县、宝丰遭受风雹袭击，舞钢、叶县发生严重洪涝灾害，受灾面积大，群众损失严重。相关县（市）人武部及时组织民兵紧急出动，参与抢救伤员、维护治安、运送食品、帮助群众恢复生产等工作，充分发挥了民兵在急难险重任务中的突击队作用，受到地方党委、政府和人民群众的好评。为使广大民兵在维护社会治安中发挥更大的作用，进一步完善推广了宝丰县以民兵为主体的乡村“110”，叶县“十亭百卡千队万人”治安防范工程，鲁山县“631”治安防控网络等社会治安防范体系。

（权国伟）

【后勤保障】 2004年，军分区依据平战时后勤保障任务，加强后勤战备建设，认真修订各类保障方案，更新后勤动员潜力数据资料，组建民兵后勤保障分队，加大训练和人才培训力度，后勤战备保障水平明显提高。加强了后勤动员、保障理论研究探讨，后勤学术研究获省军区后勤部三等奖。坚持党委集体理财，健全完善经费开支审批办法，加大审计监督力度，搞好各项经费使用检查，有效提高了经费保障效益。认真落实《河南省军区后勤管理细则》，积极推进社会化保障、职工人事制度改革，认真做好军车号牌换发、油料保障和卫生防疫工作，后勤正规化建设水平和综合保障效能进一步提高。后勤管理经验在省军区“濮阳会议”上进行了书面交流。叶县人武部、鲁山县人武部、新华区人武部和湛河区人武部被分区表彰为后勤管理先进单位。注重抓好营区房地产使用管理，分区后勤部被省军区后勤部表彰为营区房地产管理先进单位，分区经济适用住房被济南军区评为优良工程。

（权国伟）

武装警察

武警平顶山市支队

【执勤工作】 2004年，组织开展总部执勤工作网上集训精神学习周活动、执勤“三项纪律”和总队执勤工作会议精神专题教育，开展勤务教育整顿，和监管支队联合开展“三共”活动，主动排查执勤中存在的问题和不安全因素，解决执勤中的“常见病”和“多发病”。贯彻总队执勤工作会议精神，在宝丰县中队召开正规化执勤等级评定实施办法现场会，提高执勤正规化水平和质量。加大执勤设施改造力度，共拆除影响目标安全的5座废弃天桥和6座废弃岗楼，使以房代墙问题得以解决。统一制作执勤“三项纪律”及有关制度规定标语牌，对执勤岗楼和巡逻道护栏用钢筋网进行封闭和绝缘改造。研制开发哨位语音对讲系统，完成三级网改造和升级，首家在各哨位上安装摄像机旋转式镜头云台，在支队作战值班室设计安装电视监控墙，率先实现“勤务检查可视化”，固定目标的安全系数显著提高。修订完善各种“处突”预案，组织实地演练。全年配合公安机关出动兵力860余人次，圆满完成各种临时勤务32次，处决死刑犯43名，押解罪犯128人，完成元宵烟火晚会、第四届“世刘会”的安全警卫、平顶山市“两会”警卫，成功处置叶县劫持人质案，圆满完成叶县抗洪抢险任务等。宝丰县中队成功处置“1.10”暴狱事件，受到总部吴双战司令员的表扬，总队给宝丰县中队记集体三等功，给2名官兵记二等功，给3名官兵记三等功。支队被总队评为执勤一级支队。

（王禹斌）

【部队正规化建设】 2004年，坚持每月落实1～2天的条令条例学习制度。4月份开展以“学条令、正秩序、严纪律、促养成”为主题的条令学习月活动，着重提高广大官兵的条令意识和从严治警观念。10月份在郏县中队召开现场会，统一内务和库室设置，提高正规化建设的标准。严格落实《机关、基层正规化管理规定》,突出“五个重点问题”治理,围绕“人、车、枪弹、酒、哨、密、电”等12个方面的内容,坚持每季度安全大检查,及时消除安全隐患。8月份开展“严作风、守纪律、禁三机、正规执勤秩序”专项治理整顿的做法被总队转发。支队被总部评为“安全无事故先进单位”。组织机关和部队学习《纲要》,明确基层建设的标准、方向和着力点;制订党委机关帮建基层的具体计划,严格落实蹲点指导周制度,解决基层建设的实际困难;采取集中办班、以会代训、下基层传帮带等方法,提高基层干部按纲抓建的能力;广泛开展“夺旗争星”活动,调动官兵的工作积极性,促进部队全面建设。叶县中队被总队表彰为标兵中队,汝州市中队、平顶山市中队被总队表彰为先进中队,全年有3名官兵荣立二等功,18名官兵荣立三等功。

(王禹斌)

【后勤规范化建设】 以强化后勤规范化管理,抓制度落实为重点,突出保中心,保生活,后勤建设得到全面加强。落实财务管理制度,坚持党委(支部)当家理财。支队实现百万元家底,所属中队家底均达到万元以上。落实伙食管理制度,开展“伙食指导周”活动,实行分餐制。因地制宜搞好农副业生产,全年种菜、养猪、养羊、养鱼等收益14万元。严格落实“三铁两器”、“二人双锁”、“五同”和“三人联签”制度,更换指纹锁,武器装备管理达到“三化”要求。全年出动车辆2800余台次,行驶30余万公里,实现全年安全无事故。积极与当地政府协调,支队和7个县市中队列入当地财政预算,确保资金来源顺畅。全年支队、中队两级共争取地方经费220余万元。多方筹措资金建起支队标志性大门、综合楼和设施一流的卫生队。对营区进行绿化、美化,各中队种植果树10余种1600余棵,绿化营区15000平方米,为官兵创造优美的学习环境,基层中队硬件设施建设实现“四配套”。

(王禹斌)

【程浩　陶伟　宋广宇荣立二等功】 2004年1月10日17时20分,宝丰县看守所6号监舍在押人员李军义、段志强、王天恒3人利用开饭后从监舍内向外送饭桶之机,冲开监门,逃出监舍,闯入干警内值班室,利用监舍门口放置的方木袭击带班教导员李金聚、值班干警崔永军、张大波,企图从监区大门逃跑,2号哨兵陶伟(2002年12月入伍,二班战士)发现3人冲出监舍,立即报警。中队接警后,勤务值班干部程浩立即向中队指导员李晓峰报告情况,并向支队作了报告,同时命令1号哨兵罗金玉向2号哨兵送子弹。随后按执勤方案带领中队机动组冲入监区,控制了监区大门。这时李军义已窜至监房顶。2号哨兵陶伟发现后,在口头警告无效的情况下,实施了鸣枪警告,李军义随即向监房东端逃窜。此时,程浩带领机动组及时追到东监房下,李看无路可逃,企图拼死一搏,遂从4.5米高的监房顶东侧纵身跳下,坠地摔亡。此时,王天恒已把两名看守干警打伤,窜至监房顶,企图越墙逃跑,程浩又及时带领机动组追捕,王天恒在无路可逃的情况下,又跑回监舍。为防止跑回监舍的王天恒煽动其他在押人员闹事,引起暴狱,程浩随机带领战士冲入6号监室,把王天恒押出监室控制。17时29分,3名暴狱人员,除李军义摔亡外,其余2人被中队官兵擒获。程浩陶伟在处置这次暴力逃狱事件中表现勇敢,处置正确。2004年2月,总队党委给程浩、陶伟同志记个人二等功。

现任支队司令部机要股正连职参谋的宋广宇,在9月25日参加总队机要业务比武中取得总分第一名的成绩,总队党委给宋广宇同志记个人二等功。

(王禹斌)

【叶县劫持人质案】 2004年5月8日夜,支队出动12名官兵,成功处置一起劫持人质事件。当日19时40分,叶县常村乡栗林店村桑园组村民刘岭(男,41岁)因经济纠纷,持柴刀将本村组长罗福安(男,38岁)劫持。支队接到当地公安局请求支援的通报后,按照总队指示,由支队长师志刚、参谋长李庆军带领机动中队7名官兵及叶县中队3名官兵携带武器迅速赶至现场。23时05分,现场迅速成立联合指挥所,决定由公安机关加强政治攻势,支队官兵实施武力营救及外围武装警戒。5月9日0时20分许,犯罪嫌疑人同意谈判,在确认只有一名人质的情况下,叶县中队中队长程凌涛着便衣与两名干警进入屋内与之面谈。在人质脱离犯罪嫌疑人控制打开房门的一瞬间,我方人员迅速上前夺下其凶器,将犯罪嫌疑人制服,人质安全获救。

(王禹斌)

武警平顶山市消防支队

【落实消防安全责任制】 2004年,消防支队提请市政府就消防工作先后制定下发了《关于做好2004年度全市消防工作的意见》、《关于加强农村消防工作意见的通知》、《关于深入开展人员密集场所消防安全专项治理实施意见的通知》、《关于认真贯彻公发[2004]4号文件进一步落实消防工作责任制意见的通知的通知》、《关于印发〈平顶山市火灾隐患大排查大整改保安全活动实施方案〉的通知》、《关于切实加强公安合同制消防队伍建设的通知》、《关于印发〈平顶山市公共娱乐场所消防安全百日专项治理工作方案〉的通知》等7份文件。先后组织召开了年度消防工作会议、火灾隐患大排查、大整改、保安全动员大会、冬季消防安全工作会议和娱乐场所消防安全百日专项治理工作会议等4次会议。贯彻省政府79号令,通过举办消防安全培训班、座谈会、印发宣传资料等形式加强教育,明确责任,制定措施。为确保各级政府、各部门、各单位消防安全工作的落实,把落实消防安全责任制作为关键环节来抓。将消防工作纳入政府总体目标。继续提请市政府将消防安全工作纳入政府总体目标,作为政府综合考评体系中32项内容之一,实行目标管理。逐级签订消防安全工作目标责任书。为明确责任,量化目标,针对各地、各部门、各单位的不同情况,年初市政府与各县、区、市,市直各局委和66个市属消防安全重点单位签定了不同内容的《消防安全工作目标责任书》,并积极指导各地、各部门、各单位逐级签订消防安全工作目标责任书。制定下发考核标准。为促进消防安全工作目标落实,已提请市政府以防委名义制定下发《平顶山市消防工作目标考核办法》,将各地落实消防安全责任制和责任追究制、公共消防设施建设、社区、农村消防建设、重大火灾隐患整改、消防监督执法、火灾事故等情况作为重点内容进行考核,并将考评结果做为各地年度消防工作奖惩的重要依据。实行消防工作督查制。会同市防委其他成员单位成立督查组,对各地消防工作特别是消防基础设施建设和人员密集场所消防安全专项治理和火灾隐患大排查大整改工作进行了全面督查。冬防期间,派出督查组,对各地冬季消防安全工作特别是公共娱乐场所消防安全百日专项治理进行督查。此外,还进一步完善了消防安全责任追究制度,将消防工作纳入社会治安综合治理,对发生重特大火灾事故或造成恶劣影响的地区和单位,实行"消防安全一票否决制"。上述措施的实行,有力地促进了各级政府、各部门、各单位消防安全责任制的落实。

（何先严）

【改善城市公共消防设施】 6月30日,市政府召开市长办公会议,专题听取市消防支队所做的关于近期消防安全形势、公共消防设施现状及存在问题的专题汇报,研究关于新建市政消火栓100个,尽快解决市政消火栓"欠账"的问题,并对如何落实好城市消防规划,做到新建、改建城市道路与消防设施同步规划、同步建设,确保今后消火栓一步到位,不欠新账等问题进行了讨论。会议最终决定在市区新建100个市政消火栓,50万元资金由政府专款划拨,建委负责协调办理各项施工手续,市自来水公司负责工程施工和对现有消火栓进行维护和维修。消防支队在对现有消火栓进行全面普查的基础上,负责对新建消火栓科学合理定点。各县、市也加大投入,加强市政消火栓建设,汝州市已新装消火栓30个,鲁山县也已决定在新修墨公路时同步建设市政消火栓12个。2004年,全市新购消防车5台,为消防队购置特勤器材、个人防护装备1100余套件,执勤常备器材、训练器材900余件套,在一定程度上改变了消防部队多年来车辆少、老化严重、装备器材严重缺乏的状况。

（何先严）

【社区 农村消防建设】 2004年,在政府的统一领导下,消防支队与民政等部门联合开展社区消防建设达标评比活动,全市社区按照"十有"标准,加强社区消防组织建设、队伍建设和基础设施建设,开展消防宣传和教育培训活动,推动全市社区消防建设的全面发展。全市有30余家社区能够正常开展消防工作,达到了社区总数的三分之一。农村消防工作也是去年的一项重点工作,市政府专门出台了《关于加强农村消防工作的意见》,成立了由市政府副市长阎红心任组长,有关部门同志为成员的农村消防试点建设领导小组,采取先行试点的办法,在广泛调研的基础上,根据农村建设情况,确定了鲁山县张店乡赵庄村、郏县姚庄乡三郎庙村、叶县昆阳镇东菜园居委会为全市农村消防工作试点单位。制定出台了《农村消防工作试点方案》和《农村消防建设标准》,使农村消防试点建设有了标准和依据。组织公安、民政、农业、试点县政府和试点单位有关负责人召开协调会,明确农村消防工作试点单位及有关人员的工作职责和任务。各有关单位积极配合,结合实际,加强消防基础设施建设、消防队伍建设和消防宣传教育,农村消防建设试点达到了领导组织落实、管理人员落实、经费保障落实、宣传教育落实的要求,促进了农村消防工作的发展。在社区和农村消防建设中,发挥公安派出所的作用,指导社区和村(居)民委员会建立健全消防安全组织、消防安全制度,开展经常性的消防宣传教育活动,加强对辖区内"四小"场所的消防安全检查,提高了全社会抗御火灾的整体能力。

(何先严)

【消防监督】 2004年,按照省政府的安排部署,结合平顶山市实际,先后开展了春季消防安全大检查,人员密集场所消防安全专项治理、火灾隐患大排查大整改和公共娱乐场所消防安全专项治理等活动。每次活动都认真研究制定工作方案,召开专题会议进行具体安排,在工作中严格检查,依法监督。特别是对重大火灾隐患的整改,严格依法履行职责,积极采取经济、行政、法律、舆论监督等手段,充分借助社会各方面的力量,督促火灾隐患的整改。对年初确定的全市31处重大火灾隐患紧抓不放,跟踪监督。在大排查期间,对未按期整改的23家重大火灾隐患单位,以政府名义实施挂牌督办,同时,利用新闻媒体向社会公布,公开曝光,在社会上引起了强烈反响。在强有力的整治措施下,全市重大火灾隐患整改工作取得了重大进展,重大隐患整改率达到74.2%,尤其是省防委通报的8家重大火灾隐患单位中有6家已基本整改完毕,其余2家也正在积极整改。

据统计,2004年以来,全市开展的消防安全检查,共检查单位1806个,督促整改火灾隐患2900余处,责令停产停业、停止施工、停业使用283个单位,依法取缔7个单位,查处未经审核擅自施工、未经验收投入使用的建筑工程、易燃易爆场所、公众聚集场所280余处,受理群众举报的消防行政违法案件37起,对458起违反消防法律法规的行为依法进行了消防行政处罚。市、县两级重点单位没有发生一起火灾。元至12月份,全市共发生火灾1150起,伤7人,直接经济损失282.6万元,杜绝了亡人火灾和群死群伤恶性火灾事故发生。

(何先严)

【提高全社会消防安全意识】 2004年以来,坚持社会消防宣传教育"贴近实际、贴近生活、贴近群众"的原则,在集中开展"119"消防日宣传周、梨园春消防文艺演出等大型宣传活动的基础上,开展消防宣传"进社区、进学校、进企业、进农村"活动,较好地发挥了"以点带面"的辐射作用,群众消防安全意识明显增强,社会抗御火灾能力明显提高,消防宣传工作取得了明显的成效。依托社区消防建设,让消防知识走进社区。在社区老年活动中心建立了社区消防宣传站,在社区大门口、社区道路旁、社区大楼头等显著位置设置了大型消防宣传标牌,并定期开展消防宣传活动,使居民消防安全意识明显增强。将消防知识纳入学生素质教育重要内容,将消防知识带进学校。与教育部门配合,在学校联合开设消防教育课程,规定消防知识课程每学期不少于2次,每次不少于2课时。还与教育部门一道编印了《中小学生消防常识教材》,并将其作为学校素质教育的重要内容。"六一"前夕,开展了消防知识进学校大型活动,受到学生家长普遍好评,河南电视台"中原119"栏目,以《让雏鹰在平安中飞翔》为题,进行了宣传报道。以方便、实用为原则,将消防知识送进企业。支队适时抽调专业骨干深入单位内部针对不同岗位、不同季节开展宣传教育培训,并结合日常检查宣讲消防安全工作的有关要求,进一步扩大宣传教育的覆盖面。同时,利用专业优势,在市消防培训基地分7批对企业法人代表、消防专干和特殊工种人员进行了培训,直接受训人员768人。消防宣传进企业,使企业职工消防安全知识和消防安全技能得到了明显提高。以农村消防试点建设为契机,将消防知识播进农村。在农村消防试点建设中,把消防宣传作为一项重点工作强力推进,使消防工作深入到试点单位并逐步推进到每个乡村、每户家庭。还发挥派出所作用,组织民警广泛开展走村访户活动,到农村分发宣传资料,向村民宣讲火灾的危害性和预防火灾的重要性,讲授消防法律法规和消防安全常识,大大提高了农村居民的消防安全意识和自防自救能力。

(何先严)

【岗位练兵强技能】 消防支队党委把岗位大练兵活动作为提升部队战斗力的主要手段,作为部队重中之重的工作来抓,坚持党委议训、主官抓训、合力保训,并建立了党委议训机制、促训保训机制、奖惩激励机制、后勤保障机制等。为了提高官兵的灭火救援能力,去年举办业务培训班3期,轮训官兵180人次,举办比武竞赛3次,完成器材革新项目6个,用于大练兵的投入近60万元,其中6万元用于奖励练兵先进单位和个人,33人立功受奖,在9月份总队组织的大比武中,司、后、防部门分别夺得全省第3名、第2名、第5名,支队夺得总分第5名的好成绩。支队还坚持每月组织机关战训干部、大(中)队长集中进行一次战术研究,对6类特殊对象火灾扑救分别进行探讨,通过观看教学片、预案展评、现场讲解、计划演练和随机演练,提高了部队实战能力。支队完善了4大手册,制作不同对象火灾灭火预案86份,还根据平顶山市的特点,制定了《跨区域灭火救援行动方案》、《地震灾害事故抢险救援应急预案》、《山体滑坡抢险救援应急预案》、《抗洪抢险应急预案》、《平顶山市反恐应急预案》,从而有效的提高了官兵的灭火救援能力。

2004年,共参加灭火救援行动1450次,出动警力34099人次,车辆4357台次,抢救遇险群众392人,保护财产价值3390万元,成功地扑救了鱼得水地下网吧火灾、丙鑫洋洗浴中心火灾、金宝有限公司仓库火灾。河南电视台等多家新闻媒体进行了报道,受到了各级党委政府和社会各界的广泛赞誉。

(何先严)

人防建设

【指挥通信建设】 2004年,市人防办根据"两防"一体化要求,修订了平顶山市城市防空袭预案。结合民兵训练,调整和组训人防专业队伍1620人,加大资金投入,全年新增4KV电动警报器两台,3KV车载警报器一台,投资13.85万元购买移动通信车电台一部,保证全市人防警报器试鸣率达到100%。利用改建警报遥控系统的超短波设备,建立起对市区、叶县、宝丰的无线指挥通信网。

(徐　凡)

【工程建设】 2004年,市人防办对公共工程进行维护管理,面积总计1.9万平方米,确保公共工程维护管理良好率100%,消防安全管理达标率100%;加固改造早期人防工程2000平方米,全年新增等级人防工程防护面积10000平方米;完成全市人防工程普查建档工作,整理各种图纸10620张,拍照5360幅图片,制成各种表格及文字资料2460份,建立工程档案共计380卷,普查各类工程408940平方米。

(徐　凡)

【平战结合工程】 2004年,市人防办继续加大对人防工程的开发利用指导力度,不断探索,大胆尝试,指导平煤六矿引进资金将2400多平方米早期人防工程用于食用菌种植,在全省率先闯出一条早期人防工程开发利用的新路子。2004年全市新增平战结合面积4000多平方米,实现产值700余万元,利润165万元,上交税收62万元。全市人防工程开发利用率达60%以上,安排下岗职工和待业人员多达2000人,为平顶山市经济建设和社会稳定作出了积极的贡献。

(徐　凡)

大白菜是铝的克星

大白菜含有对人体有益的硅元素。

人体中铝元素超标,会引起脑神经元的衰老,干扰高级神经的功能,导致言行失常,智力衰退,引起老年痴呆症,还可能引起骨骼疾病等。但是,英国有科学家注意到,地球上有那么多的铝,为什么绝大多数人却未因从饮食中摄入铝而中毒呢?答案就在于人体受到了硅的保护——硅元素能够迅速地将铝元素转化成铝硅酸盐而排出体外。可见,硅是铝的克星。

在骨及结缔组织(腱、韧带、软骨)的生长中,硅起了很大的作用。同时,硅也还具有软化血管、预防人体衰老的功能。除大白菜外,硅含量较多的食物还有南瓜、胡萝卜、甘薯、高粱面、小麦面、小米等。矿泉水中也含有硅化合物。

(《科技日报》11.15　王宝琳文)

政　法

综　述

【集中处理涉法上访案件】 2004年，根据中央政法委和中央、省、市联席会议的安排部署，市、县(市)区两级政法委、政法各部门高度重视，精心组织，全面排查，澄清底数，本着先易后难、先急后缓、办理与稳控相结合的原则，明确市县两级政法委书记、政法部门一把手为涉法涉诉信访工作第一责任人，严格落实"四定一包"责任制，集中处理了一批涉法信访案件。"8·26"全国集中处理涉法上访问题和群体性事件电视电话会议之后，政法部门组成下访组开展了下访活动，深入田间地头及上访老户家中，做耐心细致的思想工作，采取司法与行政联手等手段，真心实意为上访人解决问题，使一大批上访老户停访息诉。对极少数无理缠访、闹访人员，依法进行了处理，维护了正常的上访秩序。全市排查的350起上访案件办结347起，结案率为99%，上级交办的98起案件全部办结，息访罢访率达94%。

(王慧君)

【企业军转干部稳定工作】 全市4110名企业军转干部，应享受政策补助的1603人全部享受解困政策，生活补贴、养老、医疗保险参保均达到100%；对符合提前退休条件、且本人提出申请的125人全部办理了提前退休手续；98名失业下岗的企业军转干部有91人实现了不同形式的再就业，再就业率达到92.9%。对于个性问题，市委抽调人事、劳动、财政、民政等部门人员组成工作组，认真调查，政策倾斜，解决企业军转干部和复退军人工作、生活中遇到的实际问题60多个。努力掌握动态，落实稳控措施。对情绪偏激、认识现行政策片面、思想活跃的个别企业军转干部，采取领导分包、定期召开座谈会、入户谈心、解决实际问题等方法，稳定思想，消除偏激情绪。坚持"2+4"责任机制，主要领导亲自安排部署工作，亲自进行思想教育，亲自劝返上访人员，亲自督促检查。市、县两级先后派出34个督查组，对各县(市)区和各有关单位此项工作进行全面督查，确保了全年工作目标的实现。

(王慧君)

【处置群体性事件】 2004年全市妥善处置了117起群体性事件和苗头。其中，梁洼矿务局、市毛巾厂、市第一、第二服装厂下岗职工集体上访问题，叶县、宝丰、汝州回汉民纠纷，特别是"7·17"平煤朝川矿与汝州李湾村因采煤问题引发的械斗苗头，均因决策果断、行动迅速，得到有效化解或处置。

(王慧君)

【反对邪教工作】 继续开展教育转化和宣传揭批工作。全市共举办学习班10期，通过学习、亲情帮教，转化法轮功痴迷者22人。各级610办公室与宣传部门、工青妇组织、科协、反邪教协会等密切配合，认真开展农村反邪教警示教育和"关爱家庭，反对邪教"的专题教育活动，培训宣传骨干6335名，分发宣传资料15795份(册)，举办基层妇女干部培训班两期，培训197人。普及反邪教知识，倡导科学健康的生活方式，增强了农民和农村青少年识别邪教、抵制邪教的能力。严格执行《平顶山市与法轮功等邪教组织作斗争见义勇为人员保护奖励实施办法》，奖励兑现，充分调动广大人民群众与法轮功等邪教组织作斗争的积极性。全市共破获法轮功类违法犯罪案件23起，依法查处法轮功违法犯罪分子40人，其中，判刑3人，劳动教养5人、治安处罚21人、其他处理11人。收缴法轮功反宣品2500余份。全面落实防范控制措施。工作中，严格落实各项责任制和"四个纳入"的工作措施，对全市法轮功人员实行微机动态管理。敏感时期及时启动防控工作预案，实现了法轮功人员"零进京、零聚集、零插播"的"三零"目标。对其他邪教组织继续保持高压态势。深入细致地开展对其他邪教组织的排查工作,做到“露头就打”,全市共破获其他邪教类案件 11 起,查处 155 人,其中劳教 5 人,治安拘留 20 人。

(王慧君)

【社会治安综合治理】 2004 年市委、市政府以“一号”文件印发了《关于强力推进社会治安防控体系建设,为振兴鹰城创造良好社会治安环境的意见》,明确提出了争创全省综治先进市的奋斗目标。全市综治工作围绕这一目标,广泛深入地开展争创综治先进市的宣传活动。于 3 月和 7 月组织开展了两次大规模的集中宣传活动,设置大型综治宣传牌 131 块、刷写固定性宣传标语 9600 余条、设置宣传橱窗 191 个,形成了固定性宣传阵地。广泛开展《河南省社会治安综合治理条例》的学习宣传活动,鼓励人民群众积极参加群防群治。表彰奖励见义勇为人员 3 名,发放奖金 1.3 万元。加强以 110 为龙头的快速反应网络建设。筹资 500 万元,对市公安局 110 指挥调度系统进行了升级改造,使之达到了全省先进水平。通过警务机制改革,压缩机关,警力下沉,屯兵街面,使街面巡警、交警、治安防暴警的总警力达到 763 人,初步形成了多警种共同参与、联合互动、覆盖城区、出警迅速、以快制胜的治安防控网络。全年公安机关共接警 152827 次,出警 145399 次,有力地震慑了犯罪。加强综治组织建设,夯实基层基础工作。市综治委与市编办联合下发了《关于认真贯彻省综治委、省编办〈关于加强乡(镇、街道)社会治安综合治理基层组织建设的若干意见〉的通知》(平综治委[2004]23 号),进一步明确了乡镇、街道综治委、综治办的机构设置、职能作用、工作机制等,促进了基层综治机构的建设。市、县、乡镇(街道)、村普遍建立了综治工作领导小组和综治办;全市 98% 的单位建立了内保组织,97% 的村(居)健全了治保、民调组织,基层基础工作进一步加强。强力推进保安进社区,深入开展多种形式的创安活动。把推进保安服务和物业管理进社区作为一项重点工作,先后 6 次召开会议,出台 5 个文件,采取党政领导分包、示范带动等措施,强力推进,保安和物业管理进驻社区共 228 个,进驻率达 57%;深入开展“科技创安”活动,初步形成了公安、金融、电力、商业、煤炭系统、党政机关、旅栈业和社区 8 大技术防控网络。同时实行“一区一警”,全面落实人防、物防、技防措施,并定期开展治安提示,有效地预防和减少了违法犯罪,全市入室盗窃案件同比减少 15.7%。在郏县开展了技防进农户试点工作,为解决“喂猪跟猪睡、养牛跟牛睡”的问题创出了新路子。开展农村社会治安集中整治行动。在全市农村开展了 3 个回合的集中整治行动。通过进驻工作队、组建巡逻队、健全基层组织、完善各项制度,共治理乱村乱点 114 个,破获各类案件 383 起,打掉违法犯罪团伙 30 个,查处违法犯罪人员 588 人,调整基层组织 109 人,组建巡防队 89 支,调处矛盾纠纷 766 起。严格落实以领导责任制为核心的“四项制度”。各级、各部门、各单位层层签订了目标责任书,加大对重大案事件责任追究力度。市县两级综治委查究单位 63 个,处理治安责任人 73 名,其中依法处理两人,依党政纪处分 32 人,经济处罚 11 人,其他处理 8 人。一票否决敢于动真格。市综治委行使一票否决权,否定单位责任人 9 名。市委和县(市)区委根据同级综治委的建议,一票否决 10 个单位 15 名责任人,其中市委否决 3 个单位 5 名责任人。

(王慧君)

【公正执法树形象】 开展向任长霞学习活动,增强“立党为公、执法为民”的自觉性,涌现出了舞钢市检察干警霍新泰同志那样的一批先进模范人物。政法战线评选出了“十佳法官”、“十佳检察官”和 10 名长霞式好公安局长、20 名好科所队长、20 名好民警。市和部分县(市)区委政法委成立了纪检室,督促指导政法机关纪检部门,加大对违法违纪干警的查处力度。市直公、检、法制定了《倒查责任追究制》,共查处违法违纪干警 64 名,其中刑事处理 4 名,党政纪处理 43 名,其他处理 12 名,限期调离 5 名。落实领导干部基层联系点制度。全市政法系统共有 453 名领导干部到联系点工作,帮助基层解决问题 325 件,筹措资金 400 万元,有效推进了基层政法组织的全面建设。通过努力工作,社会政治稳定,治安大局持续平稳,刑事案件下降,公众安全感明显增强。全年立刑事案件 15290 起,同比下降 12.3%,群众对社会治安的满意和基本满意率达到 92.3%,比上年增加 10.4 个百分点。

(王慧君)

审 判

【概况】 2004 年,全年共受理各类诉讼案件 19946 件,审结 18914 件,结案率 94.8%(其中,中院共受理各类诉讼案件2073件,审结1937件,结案率93.4%);共受理各类执行案件8908件,执结8364件,执结率93.9%(其中,中院受理各类执行案件340件,执结294件,执结率86.5%)。全市法院共有8个集体被嘉奖,31名同志和10个集体荣立三等功,8名同志和两个集体被报请省院荣记二等功,10名同志被评为全市"十佳法官",10名同志被评为全市"优秀法官"。

全年完成各类鉴定案件117件,共受理对外委托鉴定案件84件,鉴定结论采信率为100%。切实做好法警工作,为审判工作提供强有力的警务保障。全年,共值庭(刑事)242案(次),出动警力5816人(次),协助执行8案,执行拘留、拘传7人,采用注射方式执行死刑4次、执行死刑犯66人(其中6月24日一次执行死刑23人,创全省之最)。

(沈伟轩)

【刑事审判】 全年共受理各类刑事一审案件1508件,审结1499件,结案率99.4%(其中,中院受理一审重大刑事案件107件,审结107件);共受理各类刑事二审案件228件,审结225件,结案率98.7%;办理各类减刑假释案件224件。生效判决中,共判处无期徒刑以上刑罚99人,有期徒刑1117人,拘役、缓刑、管制等其他刑罚605人。

依法严惩严重危害人民群众生命财产犯罪。中院先后审结了黄有志等13人特大入室抢劫团伙案,张新跃等10人盗窃、销售赃物案(15起),申洪亮等9人盗窃、故意伤害、非法持枪案(40起),建筑业主雇凶报复市规划局长荆建刚案,丁阿鹏等6人抢劫、杀害大富豪夜总会女老板一家3口案等一大批在社会上有重大影响的大案要案,有力地打击了犯罪分子的嚣张气焰。

参与整顿和规范市场经济秩序工作,依法审结了魏亚娜等4人虚开增值税发票案等一批破坏社会主义市场经济秩序犯罪案件,维护和促进了市场经济秩序的规范、有序。

严惩贪污、贿赂等职务犯罪,依法及时审结了舞钢公司废钢厂原厂长李忠贤贪污受贿案、平顶山市社会保险事业局原书记侯成显挪用巨额养老保险金案、平顶山市社会保险事业局原局长陈振方贪污、受贿案、周口中院刑庭原庭长李子贤受贿、徇私枉法案等一批在全省、全市有一定影响的职务犯罪案,推动了反腐败斗争的深入开展。

完善少年审判工作。依法妥善审结一、二审未成人犯罪案件23案78人。

(沈伟轩)

【民事审判】 全市法院全年共受理各类民商事一审案件14186件,审结13311件,结案率93.8%(其中,中院受理一审民商事案件211件,审结171件,结案率为81%);共受理各类民商事二审案件1250件,审结1165件,结案率93.2%。

依法审理涉及国企改制、企业破产、农村土地流转等中心工作的案件,积极服务经济建设。尤其是在审理破产案件中,两级法院坚持以确保程序合法为前提,以促进国有企业产权制度改革和维护稳定为己任,采取有力措施,既依法及时地裁定长期亏损、资不抵债,且扭亏无望的国企破产,又坚决杜绝"假破产,真逃债"现象的发生,切实维护职工的利益和债权人的合法权益,从法律上减轻和化解了建立现代企业制度和社会主义市场经济发展过程中的社会震荡。中院受理的市自来水公司塑钢厂、金泰利公司、香山煤矿、顺发公司破产案件顺利破产终结,使数千名破产企业职工得到了妥善安置,上亿元资产得到了重组。

加大诉讼调解力度,充分发挥民事审判定纷止争、化解矛盾的职能作用。全市法院在民事审判中切实强化庭审中,庭审后的调解工作,积极引导当事人化解对抗情绪,最大限度地把双方的矛盾纠纷解决在萌芽状态,努力做到案结事了,较好地实现了审判的法律效果和社会效果的有机统一。

(沈伟轩)

【行政审判】 全年共受理各类一审行政诉讼案件2345件,审结2321件,结案率98.9%(其中,中院受理一审行政案件34件,审结34件,结案率100%);受理各类二审行政案件156件,审结151件,结案率96.8%;受理各类非诉执行案件1780件,执结1678件,结案率94.3%(其中,中院受理非诉执行案件180件,执结154件,结案率85.6%)。全年受理各类国家赔偿案件11件,受理违法确认案件一件,均已审结。中院今年被最高法院授予"全国行政审判工作先进法院"荣誉称号,是全国法院系统唯一获此殊荣的中级法院。

(沈伟轩)

【立案审监】 2004年,共审查受理各类案件2797件,审查本院受理破产案件8件;指定管辖219件,审查批复基层法院破产案件4件;诉前保全4件;送达外地法院委托送达101件；审理管辖权异议和不予受理上诉案件61件，结59件；申请再审和申诉案件立案613件，结案604件；排期开庭2063件；送达各类文书、信件4800件；移送本院上诉案件及省院调卷案件236件。向领导和领导机关报送立案信访通报9期，其它信息材料14件，并向本院研究室报送调研文章两篇，被市政法委采用调研材料一篇，被省院推荐到省政法委采用经验材料二份，最高法院采用案例一篇。另外与法警支队等部门配合处置处理集体上访和围堵本院突发集体上访事件14起。

全市法院本着“依法纠错”的原则，认真审理各类再审案件，对经审理认定的错误裁判，及时按照法定程序予以改判。通过再审改判，及时纠正了各项审判工作中存在的问题和偏差，确保了司法公正。一年来，全市法院共受理各类再审案件262件，审结232件，结案率88.6%（其中，中院受理再审案件76件，审结74件，结案率97.4%）。

（沈伟轩）

典型案例

【被告人陈振方贪污　挪用公款案】 2004年10月14日，平顶山市中院公开开庭审理了被告人陈振方贪污、挪用公款、受贿一案。依法判决被告人陈振方犯受贿罪、贪污罪、挪用公款罪，数罪并罚，决定执行死刑，缓期二年执行，剥夺政治权利终身，并处没收个人全部财产。

法院在审理中查明：

一、贪污、挪用公款罪

（一）2002年12月23日至2003年10月15日，被告人陈振方以办公事为由，从平顶山市社保局养老基金征收大厅收费员陈中义处以个人借款形式拿出现金15.6万元挪作他用，数额较大，超过3个月未还。（二）2002年9月19日至2003年1月6日，被告人陈振方利用职务之便，先后将社保局125万元承兑汇票挪给平顶山市化肥厂生活服务公司的王向华使用，王向华于案发前陆续将125万元还给陈振方。陈将其中的25万元用于归还个人借款，余款继续挪给赵华民使用。（三）2003年1月10日，被告人陈振方以社保局购微型计算机名义，在黄楝树信用社贷款300万元，拿至郑州挪给赵华民作高速公路保证金使用，同年1月27日该300万元从郑州转至平顶山市恒丰房地产开发公司经理范二阳账户。陈将其中的57.42万元用于归还自己的借款。2004年1月10日，贷款到期，黄楝树信用社将社保局在该社的存款划转300万元，归还该贷款。（四）2003年3月13日至2003年11月13日，被告人陈振方利用职务之便，从平顶山市黄楝树农村信用社代保管的平顶山市社保局承兑汇票中多次提出承兑汇票款共计192万元，将其中的2万元用于归还个人借款外，余款190万元挪给赵华民使用。（五）2001年10月13日，被告人陈振方利用职务之便，将社保局290万元承兑汇票质押到平顶山市诸葛庙农村信用社，为范二阳贷款280万元。贷款到期后，范二阳未归还。诸葛庙信用社于2002年2月8日解付用作质押的到期承兑汇票100万元，同年3月8日又解付到期承兑汇票150万元，归还范二阳贷款。未解付的40万元承兑汇票，在横楝树农村信用社解付后入范二阳个人存款账户，继续供范使用。（六）2003年3月8日，被告人陈振方利用职务之便，将社保局213万元的承兑汇票，在市黄楝树信用社质押，为范二阳贷款200万元。质押的213万元汇票到期解付后，供范二阳继续使用，范二阳在黄楝树信社的200万元贷款未按期归还。2003年5月7日，黄楝树信用社的武艳丽在得到陈振方的同意后，从社保局在黄楝树信用社存款1000万元中划转200万元归还了范二阳的贷款，2003年5月23日武艳丽又用其代保管的社保局承兑汇票200万元将社保局存款账冲平。2003年5月23日，被告人陈振方为冲抵挪用给范二阳使用的公款，又将社保局2629468.60元的承兑汇票，质押到卫东信用联社营业部，以范二阳的平顶山市恒丰房地产开发公司的名义，贷款253万元，贷款到期后范二阳未归还，卫东联社营业部将质押的承兑汇票2629468.60元全部解付归还该贷款。（七）2000年12月25日，被告人陈振方利用职务之便，将社保局200万元的承兑汇票质押，在农行平顶山市新华支行体育路分理处贷款150万元，为平顶山市社保局劳动服务公司经理苏爱军作注册资金使用。苏爱军取得注册资金证明后，于同年12月31日将该150万元贷款归还。（八）2001年12月12日，被告人陈振方利用职务之便，将社保局269万元承兑汇票，贴现后挪给苏爱军使用，到期后，苏爱军无力归还，陈振方又采用上述方法，于2002年5月22日让新兴农村信用社以代保管名义，在社保局拿220万元承兑汇票，贴现后转回社保局财务，冲抵先前的269万元，2003年1月13日，被告人陈振方再次采用让新兴信用社以代保管的名义，从社保局财务拿出345万元承兑汇票,贴现后转回社保局财务220万元,余额由苏爱军继续使用。(九)2002年10月10日,被告人陈振方利用职务之便,让急于揽储的平顶山市东环路农村信用社主任朱军莹,以代保管的名义从社保局财务拿40万元承兑汇票;朱拿出后,陈振方找借口将该40万元承兑汇票从朱军莹处要回,归还自己的借款。案发后朱军莹将该款归还社保局。(十)2003年1月6日,被告人陈振方利用职务之便,以社保局购微型计算机的名义,从社保局取出1326402.02元承兑汇票。陈将该汇票交给平顶山市黄楝树信用社武艳丽,让其贴现。武艳丽于2003年1月8日将该汇票贴现后,以“代管”名义将该款存入平顶山市金地信用社,等待陈振方支取使用。(十一)2002年底,被告人陈振方为从承包工程中获利,利用职务之便,多次将社保局社保基金挪给被告人赵华民使用。2003年7月17日,被告人陈振方利用职务之便,将社保局185万元承兑汇票贴现后,交给赵华民使用。

二、受贿罪

(一)1997年3月13日,被告人陈振方从平顶山市平鹰城市信用社贷款40万元,用于营利活动。贷款到期后,陈振方没有归还。1999年10月份,被告人陈振方找到平顶山市恒丰房地产开发公司经理范二阳,要求范替其归还该贷款。范二阳为今后能得到陈振方对自己在资金等方面的照顾,先后两次送给陈振方现金36万元,陈振方收受后用于归还平顶山市平鹰城市信用社贷款。(二)1999年,被告人陈振方以其母亲原住房进行拆迁为由,向平顶山市恒丰房地产开发公司经理范二阳索要两室一厅住房一套。(三)2002年9月至2003年1月,被告人陈振方通过其朋友王玉海,先后将平顶山市社保局承兑汇票100万元给平顶山市化肥厂生活服务公司的王向华使用。王向华使用后,通过王玉海先后3次给陈振方好处费6万元。(四)2002年5月13日,被告人陈振方代表平顶山市社会保险事业局与广州中望商业机器有限公司签订了价值314万元的购买微型计算机合同。后经陈振方同意,广州中望商业机器有限公司业务员崔瑞杰,分别于2003年4月1日和2日在北京将回扣款15万元港币交给其女儿陈琳琳。(五)1996年,被告人陈振方通过有关人员介绍与农行平顶山市新华支行张照朴相识,后张照朴找到陈振方,让陈振方将社保局的社保基金存入农行平顶山市新华支行400万元,除银行给的正常利息外,再送给陈振方同等利息的现金。后陈振方将社保局社保基金400万元,存入了农行新华支行。1997年元旦前,被告人陈振方在平顶山市宾馆收受张照朴所送现金29.88万元。(六)2002年6、7月份的一天,被告人陈振方在其办公室收受平顶山市保险事业局办事员卢廷和为感谢陈振方为其妻子安排工作和今后能得到陈更多的照顾所送的现金10000元。(七)2003年6、7月份,被告人陈振方在办公室收受平顶山市保险事业局职工姜守学为将其女儿安排到社保局工作所送的现金1000元。(八)2003年6月和10月,被告人陈振方两次在办公室收受平顶山市社会保险事业局职工王春娥为将其女儿安排到社保局工作所送的现金3000元,代金券2000元。(九)2003年9月份的一天,被告人陈振方在办公室收受平顶山市社会保险事业局退休职工刘文静为将其女儿安排到社保局工作所送的10000元存折一个。案发后,刘文静分两次将该款支取。

本院认为,被告人陈振方身为国家工作人员,无视国法,利用职务之便,非法占有单位的公款84.42万元,其行为已构成贪污罪;被告人陈振方又利用职务之便为谋取个人利益,挪用公款2274.187062万元给他人使用,其行为已构成挪用公款罪,数额巨大,致使国家和人民利益遭受重大损害,在案发后虽经司法机关追缴,尚有790万余元无法退还。其利用职务上的便利,为他人谋取利益收受财物103.175万元,其行为构成受贿罪。公诉机关指控被告人陈振方犯贪污罪、挪用公款罪和受贿罪的罪名成立,遂依法作出上述判决。

(沈伟轩)

【被告人丁阿鹏等6人抢劫　故意杀人　非法买卖枪支案】 2004年5月27日平顶山市中级人民法院公开开庭审理丁阿鹏等6人抢劫、杀人一案。依法分别判决被告人丁阿鹏、时梦飞、丁红勋犯故意杀人罪、抢劫罪、非法买卖枪支罪,数罪并罚,决定执行死刑,剥夺政治权利终身,并处没收个人全部财产。被告人曲杰犯故意杀人罪、抢劫罪,两罪并罚,决定执行死刑,剥夺政治权利终身,并处没收个人全部财产。被告人孔旭、邓安心犯非法买卖枪支罪,判处有期徒刑3年。

法院审理查明:

一、抢劫罪、故意杀人罪

(一)1999年5月,被告人丁阿鹏在平顶山市青少年宫附近开服装店时,得知在平顶山市新华区湛河宾馆开歌舞厅的张水英经济富裕,遂产生抢劫之念。后与时梦飞预谋后,又纠集丁红勋、曲杰预谋对张水英实施抢劫。4人携带犯罪工具,经事先踩点、跟踪张水英至其家附近伺机作案。1999年5月4日晚10时许，被告人丁阿鹏、时梦飞、丁红勋、曲杰再次预谋后，携带手枪、刀、绳子、胶带等作案工具，窜至平顶山市迎宾路市曲剧团家属楼一单元3号附近，趁被害人张水英开门之机，闯入张水英家中进行抢劫。为了杀人灭口，将被害人张水英及其丈夫亓茂林、妹妹张风英3人勒死在家中。

（二）2000年春节前后的一天晚上，丁阿鹏、时梦飞、丁红勋、曲杰4人预谋后，携带手枪、刀、绳子、胶带等作案工具，窜至平顶山市东风路市农行家属楼西二单元二楼东户任向阳家中，抢得大量现金及财物。

（三）2002年夏天一天晚上，被告人丁阿鹏、时梦飞、丁红勋纠集代勇敢、孙红闯、李学东、刘军、谢豪、苏小军、张文杰、韩国欣（均另案处理）等人窜至新华区 滍阳镇惠洼村李天明家，冒充警察强行闯门入室，抢走铜鼎、铜爵各一个（经河南省文物鉴定委员会鉴定为非文物，经物价评估，价值80元）。

二、非法买卖枪支罪

1998年冬的一天，被告人丁阿鹏、时梦飞经被告人孔旭、邓安心的介绍，通过周为民、郑红军（均另案处理）从许昌的小伟（另案处理）处非法购买自制的左轮手枪3支。案发后，枪支被公安机关提取并依法追缴。经平顶山市公安局刑事科学鉴定：3支枪均为具有杀伤力的枪支。

平顶山市中级人民法院根据各被告人的犯罪行为、手段、后果及社会危害程度，依法做出上述判决。

（沈伟轩）

【被告人侯成显挪用公款案】 平顶山市中级人民法院经过公开开庭审理，依法判决被告人侯成显犯挪用公款罪，判处有期徒刑15年，依法追缴挪用的尚未归还的公款385.9万元。

法院经审理查明：

1999年4月份，被告人侯成显利用职务便利帮助王岩岭（在逃）成立了平顶山市矗琳房地产开发处，挂靠到平顶山市社会保险事业局，2001年11月至2003年3月期间，王岩岭因资金紧张，多次向侯成显提出借平顶山市社会保险事业局收取的银行承兑汇票（系养老保险金），侯成显为获取私利，未经领导班子成员集体研究，擅自以个人名义多次向财务科长宋培俊、娄向阳，征收科长霍焱借走所保管的养老保险金银行承兑汇票，给平顶山市矗琳房地产开发处使用，截止案发前共借走1155.9万元。在此期间，王岩岭曾承诺将来要给侯成显50万元好处费。2000年8月底，侯成显同王岩岭一起到侯的女儿侯铮所在的清华大学，在校园内，王岩岭送给侯成显1万元现金，侯将该款给侯铮使用。2001年11月份，侯成显向王岩岭索要现金5万元，侯将该款用于自己工作调整，2003年3月，侯成显又以虚开收据的方法少交住房款10万余元，2003年3月和5月，侯成显在装修房屋时，王岩岭又给其购买地板砖，木门等，价值18500元。2003年7月，因所借出的承兑汇票到期王岩岭无力归还，为防犯罪行为败露，侯成显让王岩岭将公司移交给社保局，侯又让平顶山市社会保险服务公司货款770万元用于支付所借出的部分款项，并将矗琳房地产开发处交社会保险服务公司经理苏爱军管理经营。任命苏爱军为平顶山市矗琳房地产开发处经理，苏爱军也进行了经营活动。2003年12月苏爱军找到侯成显和局长陈振方经二人同意与平顶山市社会保险事业局签订了一份770万元的借款合同。该合同注明：访款由矗琳房地产开发处抵押，利息按银行贷款利率由矗琳房地产开发处支付。2003年12月26日案发，12月29日侯成显被刑事拘留。

本院认为：被告人侯成显为谋取私利，利用职务之便，多次挪用公款供其他单位使用，数额特别巨大，其行为已构成挪用公款罪，公诉机关指控罪名成立，本院予以支持。遂依法做出上述判决。

（沈伟轩）

【被告人王洪东等6人故意杀人　故意伤害　抢劫案】 平顶山市中级人民法院于2004年5月19日作出（2004）平刑初字第21号刑事判决，以故意杀人罪（未遂）分别判处被告人曹彦杰、刘帅伟无期徒刑，剥夺政治权利终身；以故意伤害罪分别判处王洪东、代勇敢、孙红闯、刘永彬5至10年有期徒刑。

法院经审理查明：

一、故意杀人罪、故意伤害罪

2002年10月份，被告人王洪东在本市黄楝树小区开发商品楼，因缺少规划手续，市规划局执法队让其停工，王多次找市规划局长荆建刚未果，便怀恨在心，遂与被告人代勇敢预谋报复荆建刚，被告人代勇敢又分别找到孙红闯、曹彦杰、刘永彬、刘帅伟预谋对被害人荆建刚实施暴力，随后被告人代勇敢带领曹彦杰指认了被害人的单位、车牌号及住处。2003年3月25日晚9时许，被告人曹彦杰、刘永彬和刘帅伟持砍刀，由刘永彬在外放风，曹彦杰和刘帅伟持刀尾随被害人荆建刚到其家门口，两被告人持刀照荆建刚的头部、胳膊猛砍数刀,后3被告人逃离现场。次日,被告人王洪东将6000元钱交给代勇敢,曹彦杰分得3000元,刘永彬分得2000元,刘帅伟分得1000元。

二、抢劫罪

2002年11月6日晚,被害人张常林、孙爱军、李国喜、周梅连、李国亭与冯俊武(在逃)在平顶山饭店221房间赌博,冯俊武输钱后叫人送钱为由打电话叫来犯罪嫌疑人孙红闯、代勇敢、朱学军(已判刑),冯俊武指着被害人张常林说:"是他和孙爱军合伙卖牌,故意捣我,给我打。"犯罪嫌疑人孙红闯、代勇敢、朱学军对张进行殴打,分别抢走被害人张常林现金2000元,李国喜现金2800元,孙爱军现金4000元,而后犯罪嫌疑人孙红闯、代勇敢、朱学军及冯俊武逃离现场。

本院认为,被告人曹彦杰、刘帅伟主观上有杀人的目的和动机,受人指使后,积极购买犯罪工具,组织实施犯罪,不计后果,杀人的间接故意明显。根据刑法罪责自负原则,应当以故意杀人罪定罪处罚。但由于二被告人意志以外的原因,杀人未成,属犯罪未遂,可比照既遂从轻处罚。曹彦杰在本案中起组织、领导作用,与刘帅伟均系本案主犯,应依法严惩。被告人曹彦杰归案后有立功表现,可以对其从轻处罚。平顶山市人民检察院指控被告人曹彦杰、刘帅伟犯故意杀人罪(未遂),罪名成立。

被告人王洪东对市规划局局长荆建刚产生不满,并与被告人代勇敢预谋雇凶报复伤害荆建刚,主观上有明显的伤害他人身体健康的故意,客观上积极组织实施对被害人的犯罪行为。实施犯罪后,王洪东又交给代勇敢、孙红闯6000元,付给具体实施犯罪的曹彦杰、刘帅伟、刘永彬。4被告人行为积极主动,已构成故意伤害罪,应对本案受害人重伤的后果承担直接的刑事责任。

被告人孙红闯在共同伤害犯罪中,行为积极主动,参与了本案的全过程,并提供了凶器,亦属本案主犯,应依法严惩,但其在归案后有重大立功表现,可以从轻处罚。被告人代勇敢、孙红闯身犯数罪,依法应予数罪并罚。

被告人刘永彬在本案中起次要作用,属从犯,且认罪态度较好,有悔罪表现,可以从轻处罚。

平顶山市中级人民法院根据各被告人犯罪事实的性质、情节和社会危害程度,依法做出上述判决。宣判后,被告人曹彦杰、刘帅伟、王洪东、代勇敢、孙红闯不服,提出上诉。

(沈伟轩)

【丁朝林诉陈鲁山商标侵权案】

一、基本情况

原告丁朝林,男,1975年11月27日出生,回族,住浙江省瑞安市马屿镇后姜村。

委托代理人刘帅义,汝州市"148"法律服务所法律工作者。

被告陈鲁山,男,1968年9月7日出生,汉族,住汝州市兴业家属院。

案由:商标侵权。

二、案情简介

原告诉称:2000年5月1日原告丁朝林在汝州市丹阳中路开办骨里香烧鸡店,于2002年8月26日,与骨里香烧鸡商标所有权的"丰宁满族自治县大阁镇骨里香烧鸡店"签订一份商标使用许可合同,许可使用地域为河南省汝州市地区,期限自2002年8月26日起到2004年12月26日止,并办理了营业执照、卫生许可证及进行工商登记。被告陈鲁山见原告生意兴隆,随即在汝州市望嵩路开办骨里香烧鸡店。2004年7月10日再次以原告的骨里香商标在丹阳中路原告的骨里香烧鸡店对面开办骨里香烧鸡店,严重影响原告的经济效益。为此,诉请法院查明事实,判决被告立即停止对原告骨里香烧鸡店商标的侵权行为。

被告辩称:自己在汝州市开办骨里香烧鸡店与原告的骨里香烧鸡店毫无关系,不存在侵权事实,请求法院依法驳回原告的诉讼请求。

三、审判结果

经法院主持调解,双方当事人自愿达成协议如下:

(一)陈鲁山不再使用与丁朝林被许可使用的"骨里香"烧鸡注册商标相同或相类似的商标。

(二)陈鲁山补偿给丁朝林200元人民币。

(三)案件受理费1000元,由陈鲁山负担。

(沈伟轩)

检　察

【刑事检察】 全市检察机关严格执行"严打"方针和"两个基本"原则,充分发挥检察职能。全年共受理侦查机关提请逮捕的案件1738件2482人,经审查,依法批准逮捕1559件2169人;受理公安机关移送起诉案件1875件2690人,经审查,依法提起公诉1503件2189人。

2004年,全市检察机关与公安、法院等部门密切配合,突出打击了有组织犯罪、流氓恶势力犯罪、严重暴力犯罪和影响群众安全的多发性犯罪。全年共审查批准逮捕"三类"重点案件1236件1796人,提起公诉1106件1647人(含往年积案),共有73名罪大恶极的犯罪分子被依法执行死刑,41人被判无期徒刑,169人被判10年以上有期徒刑。如平顶山市院提起公诉的黄有志等12人团伙抢劫案,法院一审判处黄有志等8名被告人死刑,其他4人均被判处10年以上有期徒刑。

两级院统一执法思想,坚持"两个基本",与公安、法院密切协作,加快办案进度,适时介入公安机关的侦查、预审活动,提前熟悉案情,引导侦查取证,努力缩短办案周期,把"快"贯穿于每一个办案环节。汝州市院在办理汝州二高"11.25"特大凶杀案时,提前介入此案的侦破工作,熟悉案情,帮助公安机关固定证据,2004年11月29日,公安机关将此案提请批准逮捕后,汝州市院当天就做出了批准逮捕决定。全年批准逮捕准确率、法定期限结案率、起诉准确率、案件定性准确率均达100%。

(李小燕)

【反贪污贿赂检察】 全市检察机关共立案侦查职务犯罪案件164件191人,其中贪污贿赂案件118件132人,侦查终结113件127人,移送起诉109件122人,已判决86人,判决数占立案数的65%。

全年共立案查处重特大案45件,要案10件。影响比较大的有市社保局局长陈振方挪用公款2274万元、贪污80余万元、受贿103万余元案;市社保局党总支书记侯成显挪用公款1150万元、受贿18万元案;卫东区交通局局长单国平玩忽职守案;汝州市粮食局局长史运申、副局长马更贵滥用职权、玩忽职守造成损失1200多万元案等。

全市检察机关在建立大要案侦查指挥中心的基础上,建立侦查人才库,对在全市有重大影响和跨区域的大要案,调集全市的侦查骨干,集中兵力,打歼灭战,保证了重点案件的快速突破,市院办案主体的作用得到充分发挥。5月,市院大要案指挥中心根据一封举报舞钢公司废钢厂厂长李忠贤受贿犯罪的信件,抽调经验丰富、训练有素的干警进行秘密初查,仅用6天时间就查明了李忠贤贪污10万元,受贿57万元的犯罪事实。

反贪污贿赂案件侦查终结113件127人,占立案数的96%,当年立当年判的72人,同比上升7.5%,全年所立案件无一撤案,无一无罪判决,不起诉4件,同比下降69%,案件质量有了明显提高。市院办理的平煤集团安监局副局长孙建华案件被评为"全省十大反贪精品案件",市院反贪局被省院推荐为"全国十佳反贪局",也是河南省唯一被推荐的反贪局。

(李小燕)

【反渎职侵权检察】 立查渎职侵权案件46件59人,同比上升2%,其中滥用职权案件11件14人,违法发放林木采伐许可证案一件一人,非法批准占用土地案一件一人,玩忽职守案17件17人,徇私枉法两件3人,非法拘禁案7件15人,刑讯逼供案一件一人,暴力取证案一件两人,民事行政枉法裁判案一件一人,徇私舞弊不利取证案一件两人,徇私舞弊不移交刑事案件案两件两人,帮助犯罪分子逃避处罚案一件一人,徇私舞弊减刑假释一件一人,立案案件已侦查终结39件47人,移送审查起诉37件45人,已做出有罪判决24人,判决数占立案数的41%,同比上升了4个百分点。立查大要案数上升,共立查重特大案件16件16人,同比上升60%;立查玩忽职守案件比例较大,共立查玩忽职守案件17件17人,占立案数的37%。

全市查处国家机关工作人员利用职权侵犯人权案件工作取得了阶段性成果,2004年全市共受理此类案件线索11件,立案查处了鲁山县张店乡计生办工作人员王成、舞钢市公安局民警刘辉、黄战辉,叶县烟草局工作人员丁建辉等国家机关工作人员利用职权非法拘禁案件10件15人,侦查终结5件7人,法院作出有罪判决5件5人。

(李小燕)

【预防职务犯罪】 全市两级院在金融、地税、质量技术监督、重点国有企业建立职务犯罪预防联络点,形成了预防职务犯罪网络。围绕重点工程建设主动开展专项预防工作。全市两级院抽调专门人员到交通、城建部门,加强与工程建设指挥机构的联系,对工程招投标、承发包、监理、施工、原材料采购、资金管理、竣工验收等关键环节、关键岗位、关键人员有针对性地提出预警建议,减少职务犯罪发生,防止建设资金流失,力争创优质工程、廉政工程。结合办案,搞好个案预防。全市两级院积极实行办案预防"一岗双责"的工作制度,积极探索以案件承办人为预防工作第一责任人的个案预防工作责任制,利用检察建议的方式,有效地开展了个案预防。结合办案,共发出检察建议95条。以法制宣传为主要内容,广泛开展警示预防。全市两级院共开展法制讲座80次,协助开展大型预防职务犯罪宣传活动45次。

(李小燕)

【集中处理涉法上访案件】 根据省院和市委政法委的安排部署,把维护全市社会稳定作为首要政治任务,全力以赴处理涉法上访。市院于4月中旬组成工作组,由主管检察长带队,到各基层检察院听取集中处理涉法上访问题专题汇报,对未结案件逐案"会诊",对下一步工作提出具体要求:涉法上访案件结案必须有结案报告、《集中处理案件情况登记表》、当事人停访息诉的谈话笔录或停访息诉保证书"三书"齐全。市院派出3个督办组,采取分片、包任务的形式,和基层院的同志共同解决涉法上访案件。通过以上措施,共排查出上访案件51件,其中京访案件11件,省访案件13件,市访案件27件。已结案48件,占94.1%,息诉41件,占排查数的80.4%。两项指标分别高于全省平均数1.8、5个百分点,其中息诉京访案件10件,省访案件13件,市访案件18件。通过细致耐心的工作,上访势头得到有效控制,受到市委政法委的表彰。

(李小燕)

【人民监督员制度实施】 为完善检察机关查办职务犯罪案件外部监督工作机制,根据高检院和省检察院的统一安排部署,从2004年10月开始,市检察院和5个基层检察院着手实施人民监督员制度。通过民主推荐、本人同意、组织考察等程序,选任首批人民监督员48名,其中人大代表25名,政协委员16名。目前,已按照高检院《关于实行人民监督员制度的规定(试行)》的要求,将检察机关自行侦查的案件中犯罪嫌疑人不服逮捕决定的、拟作撤销案件和不起诉处理的"三类案件",全部进入人民监督员监督程序,这项工作已经正常运行。

(李小燕)

【法律监督】 拓宽立案监督渠道,在进行试点摸索的基础上,推行了深入公安机关核对受案、立案登记,发现立案监督线索;对行政执法案件进行专项调查,发现立案监督线索等办法,拓宽了监督视野,完善了监督手段。全年共受理立案监督线索189件,经审理,监督公安机关立案177件,同比分别上升39.4%和18.5%。

规范侦查监督工作程序,先后制定了《干警阅卷制度》、《疑案重点审查制度》、《个案跟踪监督制度》、《追诉案件复查复核制度》、《检、法工作联席制度》、《公诉案件奖惩制度》。要求每名干警在办理案件时都做到"五要":要有规范的阅卷记录、要重点审查可疑人员、要有追漏意见签名、要跟踪监督可疑案件、要与法院主动沟通。要求干警严把阅卷、事实、证据、提案"关卡",深入开展纠正漏捕、漏诉工作,克服了工作的随意性,提高了干警发现漏罪漏犯的能力。共纠正漏捕189人,纠正漏诉84人,同比分别上升48.8%和133.3%。平顶山市院的侦查监督和诉讼监督工作在省院考评中排名第一,监督经验在全省推广。鲁山县院在审查起诉王相雨非法买卖爆炸物一案时,严格审查,认真把关,依法追诉漏犯11人,追诉漏罪33条,提起公诉后,追诉的漏犯有8名被判处10年以上有期徒刑,3名被判处5年以上有期徒刑。

检察机关内部执法监督的力度加强,市院党组经过深入调查和分析论证,决定从加强对基层院自侦工作的领导和监督入手,改革审查逮捕工作程序,将基层院自侦案件决定逮捕权收归市院行使。经过充分酝酿,1~7月,按照市院检察委员会讨论通过的《平顶山市人民检察院关于改进自侦案件提请决定逮捕工作程序的暂行办法》,自侦案件审查逮捕工作程序改革工作在汝州、宝丰、卫东进行试点探索。在半年的试点实践中,共受理3个基层院提请审查决定逮捕的自侦案件13件13人,经过严格审查,依法决定逮捕13人,纠正漏捕的犯罪嫌疑人4名。所办案件均在3日内办结,其中当天即作出逮捕决定的6件。自8月份在全市推行该办法以来,市院共受理基层院提请审查决定逮捕的自侦案件15件15人,决定逮捕14件14人,决定不予逮捕一件一人。

(李小燕)

【开展7个专项活动】 按照上级院安排部署,全市检察机关结合检察业务开展了7个专项活动,除了集中处理涉法上访活动外,还有以下6项:在清理积案、清理扣押冻结款物专项活动中,全市共清理出1999年以来未结案件19件19人,赃款400余万元,其中上缴国库350余万元,退还当事人50余万元,处理扣押物品230余件。在依法查处国家机关工作人员侵犯人权犯罪专项活动中,共受理国家机关工作人员利用职权侵犯人权的案件线索18件,已立案查处9件18人,侦查终结5件7人,法院作出有罪判决一件一人。在对制售假冒伪劣商品、侵犯知识产权犯罪立案监督专项活动中,把烟草专卖、工商、技术监督、药品监督

4个部门作为重点，共排查行政执法案件5000余起，向公安机关移交案件14件。在“双加强、双保障”创建活动和减刑、假释、保外就医专项检查活动中，已纠正不当假释暂予监外执行案件两人。在不起诉案件专项复查活动中，已经对2003年的不起诉案件进行了逐案逐人的复查，复查出不起诉案件实体可能存在错误的两件，其中一件经过严格审查，已作出维持不起诉决定，另一件已建议公安机关补查，现正在补查中；程序及法律文书有问题的68件，已纠正59件；卷宗装订有问题的46件，纠正46件。

（李小燕）

公 安

【打击刑事犯罪】 2004年，全市公安机关按照省公安厅的部署和市委、市政府要求，集中开展了以命案侦破攻坚战为主线的严打整治斗争，穿插进行了夏季、冬季打击“双抢一盗”集中行动，都取得了明显效果。全年共破获各类刑事案件3280起，抓获违法、犯罪嫌疑人3864人，其中逮捕1879人，劳教140人。在严打斗争的强大攻势下，刑事案件上升的势头得到有效遏制。全年共立各类刑事案件15290起，比上年下降12.3%。

树立“命案必破”的观念，强力开展命案侦破攻坚战。全市公安机关强攻未破积案，力破新发命案，拿下挂牌大案，穷追命案逃犯。全年共立命案115起，破获101起，破案率为87.83%；命案积案168起，破获48起，破案率为28.57%。

破获一批影响大、危害严重的大案要案。攻克中央、省市各级领导关注的汝州“2·12”系列爆炸案、“11·25”一次杀死杀伤12名(其中杀死9名)学生案、卫东“9·24”爆炸恐怖敲诈案；协助郑州、焦作警方抓获“6·12”重大恐怖案犯罪嫌疑人宋彦伟、侦破“9·13”系列盗抢保险柜案，受到公安部、省公安厅的通令嘉奖。持续不断地开展打黑除恶斗争，对全市摸排出的24个涉恶犯罪团体，全部打掉。抓获涉恶违法犯罪嫌疑人64人，其中逮捕31人，起诉11人。开展了遏制毒源专项行动和扫毒行动。破获涉毒刑事案件27起、治安案件312起，抓获涉毒人员578名，缴获各类毒品19公斤，破案数、抓获人数、缴获毒品量创建市以来之最。针对网上淫秽色情等有害信息增多的势头，组织开展了打击淫秽色情网站专项行动，净化了网络环境。

根据刑事犯罪的特点，以派出所和巡警为骨干，以群防群治力量为补充，以社会面、居民区、内部单位、公共场所为基础，以可能影响社会治安的特殊人群、危险物品为重点，合理布局，建立点、线、面结合，动静结合，人防、物防、技防结合的治安防控体系。积极、稳妥、有效地开展了保安进社区工作，创建了一批治安秩序好、防范控制基本到位、各类案件较少的安全小区，达标率为91%。进一步加强了以110报警服务台为龙头的快速反应机制建设。对市局110进行了升级改造，服务质量和水平有了明显提高；在市区繁华区域建立了18个接警点，由巡警、防暴警就近出警，提高了快速反应能力，有效控制了社会面，预防和减少了违法犯罪的发生。

（马剑敏）

【治安行政管理】 2004年，全市公安机关各项公安行政管理进一步规范。户政管理结合第二代身份证换发，开展了户口核对工作，加大对暂住、流动人员清理整顿力度。完成人口信息管理系统建设和公民身份证编制、全市人口微机录入工作。人口信息系统建设工作在12月17日全国公安机关人口信息系统建设电视电话会议上，受到公安部的表彰。落实周永康部长“人要精神、物要整洁”的讲话要求，加强人民满意派出所创建工作。在全市深入开展派出所“创优晋级”活动，加大软硬件投入，对派出所勤务、值班、管理、服务等方面，实行了一系列规范化、制度化管理措施，派出所面貌有了明显改观。全市130个户籍所，其中3个一级所、22个二级所、63个三级所，3项合计占派出所总数的67.8%。特别是湛河分局的7个派出所，一个一级所，其余6个所全部被评定为二级所，受到省公安厅的通报表扬。改革护照申领工作，全市基本实现按需申领户照。开展货运机动车辆超载超限治理工作。按照压事故、保畅通的目标要求，深化畅通工程建设，调整力量充实路面警力，强化路面交通管理，严防病车上路，有效地遏制了交通事故的发生。全年共发生交通事故1467起，死亡234人，受伤1223人，较上年的2117起、269人、1655人分别下降31%、13%、26%，造成直接经济损失479.15万元，与往年基本持平。治安专项整顿工作根据省公安厅要求，结合平顶山市矿山多、小煤窑多、爆炸物品多的实际情况，进一步加强了对民用爆炸物品安全管理的监督检查。共检查涉爆单位650个，收缴炸药2600公斤，雷管3400枚，消除安全隐患。同时，加大对公共场所清理整顿力度。集中清理整顿电子游戏室、网吧、迪厅、美容院、洗头城、桑拿房、路边店等公共娱乐场所4525家,对卖淫嫖娼、赌博等社会丑恶现象进行严厉打击。查处卖淫嫖娼305人,赌博1028人,进一步净化了社会环境。

(马剑敏)

【警务督察整改活动】 9月24～28日,省厅督察队就今年厅党委安排的几项重点工作对平顶山市公安机关进行集中督察,发现在队伍建设和业务工作方面存在不少突出问题,要求认真进行整改。市局党委高度重视,本着“问题不查清不放过、责任不追究不放过、追究不到位不放过”的原则,集中时间、集中精力,硬起手腕,进行了严肃处理。共查处有问题的单位37个,追究领导责任和处理民警75人。其中免职5人,行政记过2人,行政警告一人,责令引咎辞职一人,诫免谈话10人,黄牌警告一人,通报批评9个单位19人,10个单位27名民警被市局封闭补课。整改处理工作在全市公安机关和民警队伍中引起强烈的思想震动,达到了处理一个,教育一片,促进一批的预期效果。研究出台了《关于加强警务督察工作的决定》,在警力配备、干部任用、后勤保障、运作机制等方面进行了规范。对平顶山市公安机关督察整改工作,省厅党委是满意的,秦玉海副省长为此专门作出了批示。

(马剑敏)

【移动警务通“上岗”】 只需按几下按键,人口信息、刑侦信息、交管信息等便一览无余地显示在手机上。6月22日上午,市公安局、河南移动平顶山分公司在神马大酒店联合举行移动警务通系统应用新闻发布会,现场的民警真切地感受到该系统给办案带来的便捷。

移动警务通系统采用移动通信短消息、GPRS无线网络、CMNET网络、STK智能SIM卡等方式,使民警通过手机、掌上电脑、台式电脑或笔记本电脑等工具进行移动办公。利用这个系统,交警可以通过手机发送短消息或利用掌上电脑连接GPRS无线上网,几秒钟内可完成对车辆和驾驶员基本信息的快速检索。刑警可以及时核对犯罪嫌疑人的所有档案材料,迅速追查疑犯。

(华　谦　徐洁净)

【首支女子保安大队成立】 7月27日,全市首支女子保安大队正式成立。

随着保安市场的不断扩大,社会上对保安服务的要求标准不断提高,原来单一的男性人力保安服务已经无法满足社会的需要。一些特殊的服务岗位,如学校、商场等女性集中地方和一些技防岗位,适合女子保安服务。在具体处理某些问题时男性保安有时不方便,也需要女子保安,因此,市公安局保安支队经过上级批准,筹建了女子保安大队。

(张晓朋　豆筱倩)

【李保国被公安部授予荣誉称号】 8月,鲁山县公安交警大队大队长李保国因在预防道路交通事故方面作出了突出成绩,被公安部授予“全国预防道路交通事故先进个人”荣誉称号。

鲁山县由于山高路险,坡长道弯,交通事故居高不下,道路交通的滞后成为制约当地经济发展的一大障碍。为改变这种状况,李保国对辖区所有道路进行了排查,找出原因并制定治理方案。在各个道路交叉口增设安全警告标志(牌),修剪了全县十几处弯道处影响视线的绿化树木,并在交通事故易发段十字路口设置了简易的环岛。在弯多、坡长的207国道鲁山县四棵树乡地段,李保国经过多次实地考察,筹资建成了紧急避险预道,使机动车在制动系统失灵的情况下按照警告指示安全驶入紧急避险预道,从而降低了重大事故发生的概率,使昔日的危险路段成为今朝的安全平台。此举受到省、市领导及有关专家的高度评价。

(卢晓兵　王文凤)

【整顿交通秩序】 2004年,市交警系统按照省总队和市公安局的要求在全市范围内开展了路面行车秩序集中整顿统一行动。支队把路面行车秩序整顿工作与开展的冬季专项整治行动和治理中小学幼儿园周边交通安全秩序专项行动有机结合,充分发挥路面执勤警力的联动作用,集中开展路面秩序整顿,各县(区)交警大队,支队各科、室、队,采取全警动员,全员上路,固定路卡,岗点与流动巡逻相结合的方法,对无牌无证车辆严格查处。对全市所有临主次干道的中小学幼儿园进行交通安全隐患排查,对易发生交通事故的点段进行规划、设计,安装了注意行人或儿童等交通警告、禁令标志,并施划了人行横道线;对损坏、丢失的交通安全设施进行整修安装。协同工商、城建、卫生部门的执法人员,对道路上的游商、游贩、小摊小点、占道经营、报废车、农用车载人等违法行为,依法进行清理。整治行动中,共查处载人报废车5辆,清理摊点482个,设计禁令标志97块,警告标志79块,施划人行横道线747m²,纠正其它违法行为

2980起。

全市共发生交通事故1461起，比去年同期2118起下降31%；死亡234人，比去年同期269人下降13%；受伤1223人，比去年同期1653人下降2%；直接经济损失4791475元，比去年同期4548329元上升5%。

（马剑敏）

【车辆驾驶员管理】 2004年，全市公安交警系统贯彻落实"五整顿"、"三加强"工作实施意见，加大对驾驶员、车辆的源头化管理力度，牢牢把握预防交通事故的第一道防线。

严格对驾驶员培训学校的监督管理。市交警支队车辆管理所定期对各驾校驾驶员考试情况进行分析，对驾校培训的质量进行评价。对驾校培训中存在弄虚作假等问题苗头的，勒令其尽快整改。对各学校的教练员进行了统一的考试，并将考试结果排名，对外公布。从根本上扭转了个别学校只顾经济效益，而忽视培训质量的无序竞争情况，实现了学校重培训、学员技能、社会反应好的"三赢"局面。

严把驾驶员办证考试关。随着全市机动车数量的增加，前来办理驾驶证的人员剧增，为把好道路交通安全第一道防线，支队车辆管理所制定了详细的考试制度，在市公安局的支持下，加大投入，建成了电子桩考系统，于2004年2月份开始投入使用。科目一理论考试使用了无纸化，用科技手段构筑了严格考试的屏障。使用计算机考试后，加大了考试难度，避免了人工考试中存在的随意性的漏洞，充分地体现了驾驶员办证考试过程中的公平、公正、便民，为社会输送出一批批的高素质驾驶员。全年共考试合格办理驾驶证21551本，换、补52712本，其它驾驶证业务1864本。

车辆管理所在办理新车登记时，严格审核手续、外检车辆，按照汽车产品《公告》和国家有关技术标准办理牌证，对违反《道路汽车外廓尺寸、总质量与轴荷限值》规定的超长、超高的车辆，坚决不予办理。坚决杜绝为走私、被盗抢车辆办理任何手续。同时加强对报废车辆管理，加大强制报废的力度。对达到报废标准后一年不申请注销登记的车辆，注销档案和牌证。对申请延缓报废的车辆，在一个检验周期内连续3次检验不合格的，立即注销车辆档案和牌证，强制报废。全年共办理机动车注册、转入登记业务14639份，转移登记、补证登记7351份，其它机动车业务1553份。

"大吨小标"车辆更正工作。按照国家发展和改革委提供的汽车技术参数，组织专门人员进行更正工作。对全市在用的"大吨小标"车辆技术参数进行更正，重新核定吨位，更正核定载重量。全年共更正"大吨小标"车辆8008台、更正25360吨，完成了清理"大吨小标"的工作。

在机动车年度检测中，把好车辆外貌关，车况良好，各项连接坚固；把好手续关，参检车辆做到车、证、公章、表、号码必须相符合；把好底盘检测关，要求不漏油、不漏电、不漏金属、不漏气、不漏水，制动必须良好有效，转向系、传动不松旷；把好上线技术审核关，对上线车辆检测结果、报告表、严格审核，对不合格车辆，决不放过；把好修理关，对有问题车辆不修好不放过，检测不合格不放过；把好签章收费关，按照规定收取费用，盖好检验章。全年共检测合格机动车辆43050台。其中大车8100台，小车25000台，挂车750台，摩托车9200台。另外，对新车入户、转出转入车辆检验8000余台。在车辆检测中，机动车检测中心把关人员认真核对车辆及证件，发现加盖假章审验和假行车证40个，查扣二轮摩托车两部；移交到刑侦部门处理。

（马剑敏）

重大案件

【汝州市"2·12"系列爆炸案】 2004年7月3日，备受中央、省市领导关注的汝州"2·12"系列爆炸案，在省厅和市委、市政府的直接组织领导下，平顶山、汝州市两级公安机关经过4个多月艰苦细致的工作，胜利破案，犯罪嫌疑人陈振学（男，41岁，该市尚庄乡榆树陈村农民），以及协助搬运、提供炸药的4名涉案嫌疑人全部落网。

2004年2月12日、3月10日、3月14日、3月22日、4月4日，汝州市连续发生6起爆炸案，作案分子对汝州市看守所所长办公室、看守所大门、市区东花坛高杆灯、保安公司、风穴寺山门及烈士墓碑处实施爆炸（3·10、3·22未遂），均未造成人员伤亡。这些案件的接连发生，在当地造成了极其恶劣的影响，群众的安全感受到威胁，引起了中央、省、市各级领导的重视。案发后，平顶山、汝州市两级公安机关迅速组织侦破。

陈振学被抓获后，经审讯，对其犯罪事实供认不讳。据陈交待：他曾于5年前在该乡王胜钦非法开办的“残疾人福利基金会”存款8000元,至案发虽经多方讨要仅退回本金800元,心生怨恨。遂后多次实施爆炸,进行报复。

(马剑敏)

【卫东区黎明煤矿爆炸恐吓敲诈案件】 2004年9月24日上午9时许,平顶山市卫东区公安分局接本辖区黎明煤矿保卫科报案称:当天上午接到一封从北京寄来的邮递快件,信中称“黎明煤矿有18支炸药、7发雷管现在北京。我们是北京炎培调查公司的,我们公司为筹集组织经费,派人深入到各地,恰遇你矿因事故处理不当,怨恨你们的人把这些东西卖给我们。受公司委托,现作如下通知:按时划款30万元到指定账户,否则,我们将派人在“十一”黄金周期间在长城制造爆炸事件,现场将留下你们的炸药、雷管……”。信件中并附有炸药、雷管的编号和照片。

接案后,鉴于案情重大,市局迅速将案件上报,引起了公安部、省委各级领导的高度重视。市局和卫东分局成立了案件侦破指挥部。9月27日晚10时许,赴北京工作组在北京警方的大力配合下,将犯罪嫌疑人高三彬(男,27岁,鲁山县张良镇杨里沟村人)成功抓获。根据反馈的信息,指挥部很快获悉其兄高大彬(男,32岁,鲁山县张良镇杨里沟村人)在卫东区黎明煤矿打工。按照指挥部的指令,专案人员于9月28日零时30分许,将高大彬抓获。并在其居住地搜出与敲诈信中相同数量、相同编号特征的炸药、雷管。经审讯,犯罪嫌疑人高大彬初步供述,在2月份与其弟高三彬预谋用炸药、雷管进行恐吓敲诈。随后,高大彬在黎明煤矿打工期间分多次盗取该矿的炸药、雷管。9月中旬,二人认为作案已准备充分,即开始实施爆炸恐吓敲诈的犯罪行为。

(马剑敏)

【汝州市“11·25”特大杀人案】 2004年11月25日23时45分,汝州市第二高级中学发生一起特大杀人案。一歹徒持刀踩门进入该校4间男生宿舍行凶,共造成9名学生死亡,其中当场砍死6名,送医院抢救无效死亡3名,另砍伤3名。案发后,在各级领导的高度重视下,经公安部、省、市、县4级公安机关的缜密侦查,强力攻坚,于11月26日16时抓获犯罪嫌疑人闫彦明(男,21岁,初中文化程度,家住汝州市风穴街道办事处城北大队焦洼自然村。其家与案发现场隔墙相望,直线距离15米),经审讯,闫供认因与学校有矛盾遂报复杀死学生。(马剑敏)

司法行政

【监狱劳教工作】 2004年,进一步深化政治、文化、技术“三课”教育,增强教育的实用性、针对性和有效性,罪犯的政治、文化、技术“三课”教育入学率分别达到100%、98%、96%;劳教人员政治、文化、技术教育入学率分别达到100%、90.5%、91%;罪犯的政治、文化统考及格率分别达到93%、90%,技术教育获证率达87%;劳教人员的政治、文化统考及格率分别达到95%、93%,文化、技术教育获证率达91%、92%。2004年,市监狱刑满释放242人,现在押227人;市劳教所新收容劳教人员26人,期满解教171人,现在教112人。市监狱、市劳教所实现安全管理“四无”,市监狱实现连续13年无罪犯脱逃。

(王延红　赵自卫)

【法律服务】 律师、公证工作紧紧围绕为经济建设提供优质法律服务这一中心,组织律师参与政府信访接待工作,解答群众法律咨询,引导群众通过法律渠道解决涉法上访问题。2004年,全市律师办理各类案件22717件,担任常年法律顾问点582家;全市律师共参与信访接待工作300余人次,参与解决信访案件80余件;全市公证员办理各类公证32781件,揭露和制止各种不法经济行为46起,为国家、集体和公民避免可能造成的经济损失3392万余元。

(王延红　赵自卫)

【基层司法行政工作】 贯彻中央两办《关于认真开展新时期人民调解工作的通知》精神,推进人民调解组织的规范化建设,提高人民调解工作水平和社会公信力。根据中央加强“两所一庭”建设精神,加强乡镇(街道)司法所建设,对全市司法所和人民调解委员会建设进行了调研,制订了司法所建设规划。加强人民调解员的培训工作,共举办各类培训班300余起,参加培训人员达12000余人次。做好刑释解教人员的安置帮教工作。开展摸排清查工作,澄清了刑释解教人员底数;完善帮教组织网络,健全规章制度,落实帮教措施;按照就业市场化的工作思路,积极拓展安置渠道。全年,全市各级调解组织共调处各类民间纠纷16312起,调解解决15770起,调成率达96.6%。止年底,全市共有刑释解教安置帮教对象3700人,安置率达到95%以上,帮教率达100%。

(王延红　赵自卫)

【法律援助】　严格按照《法律援助条例》的规定和"为民、便民、利民"的工作方针,积极为老、弱、病、残、妇、幼和下岗职工等特殊社会群体提供优质的法律援助服务。全年,全市法律援助工作者共办理法律援助案件760件,解答法律咨询16500人次。按照中央6部委和省10家单位关于开展为实现公平与正义"法律援助在中国"大型公益募捐活动的通知要求,在全市开展了法律援助宣传和公益募捐活动。收到社会各界捐献款物共计170余万元。

(王延红　赵自卫)

【国家司法考试顺利实施】　2004年,国家司法考试平顶山考区报名考生共640名,实际参加考试考生590名,68名考生的成绩超过了录取分数线,过线率达到11%。

(王延红　赵自卫)

【干部人事制度改革】　2004年,采取竞争上岗的方式,对市监狱副科级干部进行了调整,共提拔26名副科级干部。调整后市监狱的科级干部的平均年龄由原来的45.8岁,下降到41.6岁;大专以上文化程度所占比例由原来的69.5%,上升到91.5%;本科以上文化程度所占比例由原来的17.1%,上升到35.8%。

(王延红　赵自卫)

【举行全市干部法律知识考试】　9月29日上午,全市干部法律知识考试在百余考场同时进行。此次考试的对象为全市各级党政机关、社会团体中的国家公职人员,纳入公务员管理序列的事业单位中的各级干部和国有企事业单位中的经营管理人员。考试的内容为《宪法》、《行政许可法》和全国"四五"普法统编教材《干部法律知识读本》中的部分内容。考试采取开卷和闭卷两种形式,开卷考试对象为全市副厅级以上的领导干部和45岁以上的县处级干部,着重考察法制观念和对《宪法》、《行政许可法》的理解程度;闭卷考试对象为45岁以下的处级、科级以下干部,重点考察对国家法律法规的具体掌握和运用能力。在考试环节上,各地、各单位严格按照文件要求,全部设立了集中考场,成立了巡考组,配备了监考员,严格考场纪律。据统计,全市22000多名各级干部参加了这次考试。其中,地级干部55名,县级干部1151名,一般干部21000多名。

(王延红　赵自卫)

【贯彻落实《行政许可法》】　贯彻实施《行政许可法》,是2004年司法行政工作法制建设的重中之重。为此,市司法局专门成立了一把手任组长的市司法局贯彻落实《行政许可法》工作领导小组。及时召开了由机关干部和二级机构主要负责同志参加的动员大会,传达上级有关文件精神,明确全局贯彻落实《行政许可法》的内容、方法、步骤和要求。充分发挥法制宣传职能作用,积极参与全市性的《行政许可法》宣传活动。6月26日,参加了全市统一组织的《行政许可法》集中宣传活动。5月8日至5月31日,市司法局、市依法治市办公室在全市10个县(市)区开展了送法进社区、法律赶大集活动。活动中,除了宣传与农民群众密切相关的法律法规外,还把《行政许可法》作为宣传重点之一。在系统内的学习方面,突出抓好领导干部、行政执法人员和业务骨干的学习,先后3次派人参加市政府法制办和市人事局组织的《行政许可法》培训班,并专门聘请市政府法制办、市人事局的有关领导,对全局干警进行集中培训。以《行政许可法》为依据,积极组织实施"双清"工作。对司法局成立以来的文件进行了认真、细致的清理,对其中不符合法定资格的行政许可实施机构和组织,视不同情况分别做出了处理;对在法律、法规、规章、规定之外增加条款、程序、时限等的规范性文件,及时进行了修改或废止;对现有的行政许可项目,也按要求进行了清理。

(王延红　赵自卫)

仲　裁

【概况】　平顶山仲裁委员会是平顶山市人民政府根据《中华人民共和国仲裁法》和国务院办公厅[1995]44号文件精神组建,于1997年经河南省司法厅依法登记设立的全省第一家仲裁机构。仲裁委下设办公室处理日常事务。目前,仲裁委主任由常务副市长吕彩霞兼任,副主任由市政府法制办主任袁翠竹兼任。仲裁委在汝州、舞钢、鲁山、宝丰、郏县、叶县以及市区工商、建设、房产系统设立了9个仲裁办事处。并在平煤集团、神马集团、平高集团、姚电公司、舞钢公司等32家企业、单位设立了仲裁工作联络处。仲裁委成立以来,以“中立、公正、廉洁、高效”为宗旨,坚持“推行仲裁制度是根本,融入市场经济是关键,发展是目的”的仲裁工作指导方针,依法受理买卖合同、借贷合同、租赁合同、承揽合同、建设工程合同、房地产、金融、产品质量、医疗等领域各类合同纠纷和财产权益纠纷案件共计600余起,受到了省内外当事人和业内人士的广泛赞誉。受案数量逐年稳步上升,2004年度受理案件136起,在全国185家仲裁机构受理案件排名中居第67位,是河南仲裁界一颗璀璨的明珠。

(袁相远　赵红敏)

【仲裁员队伍】　平顶山仲裁委员会现已拥有一支由法律、经济贸易、金融、保险、建筑、房地产、证券期货等多个领域专家、学者组成的150多名精干的仲裁员队伍。这支仲裁员队伍是严格按照仲裁法规定的三“八”两“高”标准(即从事仲裁工作满8年的,从事律师工作满8年的,曾任审判员满8年;法律教学高级职称,经济贸易等专业高级职称)组建的,为高质量地办理各类民商事纠纷提供了组织保障。2004年8月31日,在《仲裁法》颁布10周年之际,鲁山县政府法制科科长王占胜、鲁山县房产处原副主任王跃离、平顶山市中级法院原副院长刘怀江、宝丰县县长助理李长富、平顶山市政府法制办调研员袁相远、汝州市原人大主任樊嘉言等6名同志被授予“全国优秀仲裁员”称号。

(袁相远　赵红敏)

【调处“三会一部”借款纠纷】　平顶山市的农村合作基金会、救灾扶贫储金会、资金互动基金会、社员股金服务部(以下简称“三会一部”)由于其违规、违法筹集和出借资金,加上经营不善等原因,大都处于资不抵债,无力兑付储户到期存款的状态。不少储户无法面对这一事实,为讨要本息,时常围攻“三会一部”及其主管部门,大闹政府机关,甚至采取过激行为,给社会的稳定带来了诸多不安定因素。

为使群众的切身利益得到有效的保护,为政府分忧及维护社会稳定,平顶山仲裁委员会积极探索通过仲裁渠道解决“三会一部”遗留问题的办法。在具体操作中,首先根据该类案件无仲裁条款的特点,促使当事人达成还款协议,注明还款期限,同时约定:“如到期不还,由平顶山仲裁委员会仲裁”的条款。其次,针对当事人的具体情况,采取“减、免、缓”交仲裁费用的办法,使该类案件顺利进入仲裁程序。

自2003年以来,平顶山仲裁委员会已受理该类案件200余起,涉案标的额1800余万元。该类案件的成功仲裁,取得了仲裁服务当事人、为政府排忧解难及维护社会稳定的双赢效果。仲裁委员会的此项工作业绩得到了市人大的肯定,受到了市政府的表扬,同时,在2004年全国仲裁工作上海会议上进行了仲裁工作经验交流。

(袁相远　赵红敏)

【仲裁特点】　1、自愿性。提交仲裁须双方当事人自愿,达成仲裁协议,当事人可以协商选择是否仲裁,选择哪个仲裁机构,仲裁什么事项,选择仲裁员等。2、公正性。仲裁遵循根据事实,符合法律,公平合理地解决纠纷的原则。仲裁依法独立进行,没有级别管辖和地域管辖,不受行政机关,社会团体和个人的干涉。仲裁员具有较高专业水平和良好道德素质,保证裁决的公正、公平。3、及时性。仲裁程序比较灵活、简便,当事人可以协议选择仲裁程序,避免繁琐环节,及时解决争议。4、经济性。由于仲裁实行一裁终局原则,避免了多级审案的重复收费,节约办案时间从而也就降低了解决争议成本。5、保密性。仲裁不公开进行,有利于保守商业信誉。6、强制性。仲裁裁决具备与法院终审判决同等的法律效力。当事人必须履行,否则权利人可依法向法院申请强制执行。

(袁相远　赵红敏)

【仲裁受案范围】　平等主体的公民、法人和其他组织之间发生的合同纠纷和其他财产权益纠纷,可以仲裁。合同纠纷,主要包括社会经济生活中所经常出现的下列合同纠纷:(1)经济合同纠纷:买卖合同、建筑工程承包合同、加工承揽合同、货物运输合同、供用电合同、仓储保管合同、财产租赁合同以及其它经济合同纠纷;(2)商标、著作权等知识产权纠纷;(3)房地产买卖、租赁、抵押等房地产纠纷;(4)借贷、保险、期货、证券、投资等金融证券纠纷;(5)技术合同纠纷,技术开发合同、技术转让合同、技术咨询合同、技术服务合同等纠纷;(6)涉外经济合同纠纷:中外合资经营企业合同、中外合作经营合同、中外合作勘探开发资源合同等纠纷,以及涉外经济贸易中的其他合同纠纷案件。其他财产权益纠纷,主要是指侵权纠纷,这类纠纷在房地产、产品质量、知识产权等领域中较为多见。

（袁相远　赵红敏）

【平顶山仲裁委仲裁文化】　仲裁灵魂："中立、公正、廉洁、高效"

仲裁理念："减少对抗、增强灵活、构建和谐、实现双赢"

仲裁追求："合法、合情、合理、合算"

（袁相远　赵红敏）

【平顶山仲裁委仲裁程序流程图】

当事人在合同中约定发生纠纷由平顶山仲裁委员会仲裁

↓

申请人向仲裁委员会提交仲裁申请书

↓

仲裁委员会当日决定是否受理

↓

当事人在15日内选定仲裁员组成仲裁庭

↓

不公开开庭审理

↓

制作调解书或裁决书

↓

仲裁程序终结

↓

当事人履行裁决。若不履行，可向人民法院申请强制执行

（袁相远　赵红敏）

【500万元纠纷　当日受理　当日结案】

〔案情〕

申请人：×××，男，汉族，46岁，住××县××镇。

被申请人：××煤矿。

被申请人借申请人人民币500万元，借款期限3个月，月息1%，并以被申请人所有的楼房一幢（建筑面积6402.62平方米）及相关范围内土地使用权作抵押。双方立有借款借据，签订有抵押合同并办理了抵押登记。借款到期后，被申请人无力偿还。

〔仲裁〕

申请人依据双方达成的仲裁协议，请求平顶山仲裁委员会依法裁决被申请人归还借款，承担仲裁费用。平顶山仲裁委员会当即予以受理并根据双方当事人约定的组庭方式和选定的仲裁员组成仲裁庭，于当日下午不公开开庭审理了此案。在庭审过程中，经仲裁庭主持调解，双方自愿达成如下协议：1、被申请人借申请人人民币500万元及利息，由于还款困难，自愿将自己所有的自管房字第××号产权范围内的房地产及一切物资设备抵归申请人所有和使用，以清偿500万元借款本息，申请人表示同意。双方约定10日内交接完毕。2、被申请人自愿承担仲裁费用。依据仲裁法的规定，本调解书与裁决书具有同等法律效力。该调解书当日经双方当事人签收后已发生法律效力。

（袁相远　赵红敏）

【省外当事人仲裁反请求得到支持案】

〔案情〕

申请人（反请求被申请人）：河南××公司

被申请人（反请求申请人）：唐山××科技有限公司

申请人与被申请人签订了一份工矿产品买卖合同，合同主要内容为，由供方被申请人供给需方申请人滚筒干燥机、干控系统、热风炉3项设备，合同总标的125万元。双方约定合同签订后10日内付30%的预付款，3个月内交货，需方收合同额的1%作为合同管理费。

合同签订后，申请人支付预付款36.25万元。为履行合同，被申请人与承德某公司签订了购滚筒干燥机一台的买卖合同，金额为66.87万元，并付预付款20.04万元；与另外两家公司分别签订了干控系统和热风炉两项设备的买卖合同，金额为23.30万元，约定违约金为5.24万元。此后，被申请人应申请人要求向其提供了由唐山市某机械制造有限公司出具的保证履行合同担保书。

被申请人提供担保书的次日，申请人与大地科技公司唐山分公司签订了《关于合同变更的协议》。主要内容为：原被申请人供货的3项设备改由大地科技有限公司唐山分公司供货。合同标的133万元，并约定由于原合同终止引起的相关问题，由大地科技有限公司唐山分公司负责解决。之后，申请人给被申请人发出信件，认为双方签订的买卖合同，因有欺诈行为，属无效合同，要求终止履行合同，追回预付款。遭到被申请人拒绝。

申请人申请仲裁后，被申请人与承德某公司达成解除买卖合同协议，并支付承德某公司经济补偿款2

万元。

〔仲裁〕

申请人向平顶山仲裁委员会申请仲裁称,合同履行过程中得知被申请人在签订合同时不具备法人资格,不具备工程设计的资质条件和制造合同设备的能力,且有欺诈行为,请求依法裁决双方签订的工矿产品买卖合同无效,返还预付款 36.25 万元,赔偿因合同无效给申请人带来的损失 1.25 万元。被申请人辩称,被申请人具备法人资格;双方签订的买卖合同是在平等自愿的基础上达成的,是双方真实意思表示,不存在欺诈行为;被申请人只需按合同提供产品,是自己加工还是向第三方订购,合同中并没有约定,不影响合同的效力。因此,双方签订的买卖合同有效。并向仲裁委提交反请求申请,要求申请人赔偿因终止履行合同给被申请人造成的损失,这些损失包括:合同应得利润 279295 元,担保费 37500 元,差旅费、住宿费、通信费 4420 元;生产商索赔损失 72400 元;律师费 12000 元,共计 408215 元。申请人辩称,被申请人采取欺骗手段与申请人签订合同,违约在先,因此产生的损失,完全应当由被申请人承担。请求依法驳回被申请人的申请。

平顶山仲裁委员会认为:申请人与被申请人在合同中标明的合同签订时间虽然是 2 月 28 日,但从营业执照、刻制印章证明、支付预付款和有关领导签字的情况看,表明被申请人应该是在 3 月 12 日后加盖的印章,按照合同法关于合同经双方签字盖章后方可成立的规定,该合同成立的时间应该是在 3 月 12 日以后。且被申请人的前身变更为被申请人,属承继关系,因而,具备签订合同主体资格。双方签订的合同经过协商,意思表示真实,且双方已开始履行,合同内容不违反法律法规规定,属有效合同。申请人称被申请人不具备主体资格,欺诈及无设计履行能力,合同无效的理由不成立,不予支持。鉴于申请人已同大地公司唐山分公司签订了变更合同协议,申请人与被申请人已经实际解除合同。因此,双方签订的合同权利义务应当终止。申请人擅自与第三人签订变更合同协议,单方停止履行合同,属违约行为,应当承担违约责任。按照合同法的规定,其赔偿款包括直接造成的损失和合同履行后可以获得的利益。被申请人要求赔偿的担保费 37500 元,差旅费、住宿费、通信费 4420 元,律师费 12000 元等,没有法律依据,不予支持。根据合同法的相关规定,平顶山仲裁委员会作出如下裁决:1、申请人与被申请人签订的工矿产品买卖合同有效。鉴于双方已实际解除合同,双方在合同中约定的权利义务终止履行。2、本裁决书送达后 10 日内,申请人一次性赔偿被申请人直接损失 72400 元,合同履行后可以获得的利益 279295 元,合计 351695 元。3、驳回申请人的仲裁请求。4、驳回被申请人的其它仲裁请求。该裁决为终局裁决,自作出之日起发生法律效力。

裁决送达后,双方当事人已自动履行。

(袁相远　赵红敏)

鸡的全身都是药

从 2005 年春节开始,就进入了农历乙酉年,酉属鸡,也叫鸡年。

鸡是个大家族,它有 276 种,另有 554 个亚种。鸡成熟早、生长快、生产周期短。鸡肉营养丰富,蛋白质含量比猪、羊、鸭、鹅肉高出 1/3 至一半以上,脂肪的含量却比各种畜禽类都低。还有维生素及钙、磷、铁等,是老弱病幼者的良好滋补品。吃鸡肉不但能促进身体健康,且不易使人发生肥胖。

鸡的全身都可入药,吃公鸡肉可治疗阳亏、阳痿,吃母鸡肉可治疗风寒脾湿、病后衰弱、孕妇胎动不安及产后体虚;吃鸡心可治疗失眠、健忘、心悸、虚烦;吃鸡肝可治疗贫血、积食、夜盲症;吃鸡胆可治疗赤眼病、疟疾、百日咳;吃鸡内金可治疗食欲不振、消化不良、噎嗝反胃、小儿疳积;吃鸡肾可治疗耳鸣、耳聋、肾亏遗精、咽干盗汗;吃鸡冠可治疗妇女月经不调;吃鸡脑可治疗多梦易惊、小儿惊厥。

(《健康报》2.17　胡江清文)

工　业

煤炭工业

【概况】　2004年，全市煤炭工业系统全心全意依靠广大干部职工，强化安全生产管理，深化产权制度改革，创新经营管理机制，加快并购重组和资源整合步伐，圆满完成了年初确定的工作目标，创出13项历史新水平，实现了快速协调发展。煤炭生产建设跃上新台阶。平煤集团全年完成原煤产量3069万吨，比上年增长15%；地方煤矿生产原煤1011.6万吨，其中乡镇煤矿产煤959.8万吨。平煤集团有8对矿井建成安全高效矿井。一些矿井原煤产量创出历史新水平。综合单产完成42377吨/月，重点矿采煤机械化程度为81%，其中综采达到76%。入洗煤完成1003万吨，精煤完成536万吨，均创历史新水平。安全形势稳定好转。进一步强化安全生产奖惩、安全风险抵押、质量标准化等一系列管理办法，加大安全投入，强化"一通三防"和防突管理，原煤百万吨死亡率为0.13。经济运行质量和效益明显提高。全年实现利税18.2亿元；实现销售收入110亿元，同比增长40.3%，成为河南省4家销售收入突破百亿元的企业之一。煤与非煤"双轮"驱动。实施了"以煤为本，相关多元化"的发展战略，向煤的深加工要效益，初步形成了煤—焦、煤—电、煤—化工三个产业链。产权制度改革、资源整合并购重组取得重大突破，为加快发展提供了重要保障。

全市地方煤矿取缔无证经营取得实效。全年实现煤炭铁路运量600万吨。狠抓煤矿安全队伍建设、安全质量标准化活动和安全装备管理及升级改造等基础工作，提高了小煤矿的安全基础水平，全年共发生事故15起，死亡72人。积极开展煤矿资源整合，关闭矿井21座。市属煤矿改革解困取得新进展，梨园矿务局破产终结被平煤集团收购，梁洼矿务局的破产清算工作基本结束。

（梁德记　吴　欣　郭　维）

【张铁岗当选中国工程院院士】　2004年1月5日，中国工程院公布新当选的院士名单。平煤集团公司总工程师张铁岗当选为该院能源与矿业工程学部院士，成为当年全国煤炭行业当选的唯一中国工程院院士。

时年58岁的张铁岗是河南省许昌县人。1966年焦作矿业学院（现焦作工学院）毕业后被分配到平顶山矿务局（平煤集团前身），长期工作在煤矿生产、科研第一线，致力于复杂煤矿的开采和安全工程的技术攻关。他与人合著的《复杂难采煤的开采》一书，对复杂煤层的开采和瓦斯治理具有重要指导意义。他组织参与完成的国家"九五"科技攻关项目《矿井瓦斯治理示范工程配套技术研究》重大课题，研究成果达到国际先进水平。他撰写的《矿井瓦斯综合治理技术》一书，对我国矿井瓦斯治理提出了整套系统完善的理论指标、方法和技术。张铁岗现为国务院国家安全生产专家（矿业组副组长）、中国煤炭劳保学会与工程专业委员会主任委员、中国矿业大学等国内多所大学客座教授。

（梁德记）

【平煤集团领导班子调整】　2004年1月7日，省委组织部宣布省委关于调整平煤集团领导班子的任免决定。省委组织部副部长杨国文，省国有资产监督管理委员会副主任、纪委书记于海，省委组织部科学技术企业处处长安平，平顶山市委书记邓永俭，平煤集团新任领导、调离平煤集团领导岗位的同志，现任平煤集团的其他领导同志出席会议。安平宣布了省委关于陈建生、陈庆禄、聂光国、武予鲁、姜光杰同志的任免决定。陈建生同志任平煤集团董事长、党委书记；提名陈庆禄同志为政协河南省委员会人口环境资源委员会副主任人选；调聂光国同志到平顶山市人大常务委员会工作；武予鲁同志任河南省煤炭工业局副局长、党组成员；姜光杰同志任郑煤集团总经理、副董事长、党委副书记。

1月20日,安平到平煤集团宣布了省委决定常建华同志任平煤集团总经理的通知。

(梁德记)

【李成玉到平煤集团视察】 2004年1月17日,省长李成玉在省政府秘书长卢大伟、省民政厅厅长孙培新、省国有资产监督管理委员会常务副主任郭洪昌、省煤炭工业局局长李恩东、河南煤矿安全监察局副局长宋广太、省警卫局副局长刘献宝,平顶山市委书记邓永俭,代市长王照平,市委副书记赵琛,市委常委、常务副市长吕彩霞,市委常委、秘书长邢文杰,副市长李永胜的陪同下,到平煤集团视察工作。李成玉一行首先到平煤集团一矿生产调度室,认真察看了一矿的生产和安全情况,并在一矿升井口,同刚刚下班的采煤工人亲切握手交谈,向矿工致以新春的祝贺。在集团公司信息楼二楼会议室,集团公司董事长、党委书记陈建生从企业概况、近几年的主要工作、2004年的主要工作、平煤发展规划目标等方面向李成玉省长进行了汇报。李成玉对平煤集团安全工作和战略发展提出要求,希望充分利用煤炭资源把企业做大做好。

(梁德记)

【开封碳素公司与美国C/G公司签订合资意向书和框架合同】 2004年1月19日,平煤集团控股公司开封碳素公司与美国C/G公司在郑州中州皇冠假日酒店,签订了《开封碳素公司与美国C/G合资建设年产2.2万吨超高功率石墨电极项目合资意向书和框架合同》。省长李成玉,省发展和改革委员会主任张大卫,省商务厅厅长李清树,河南省建设投资总公司党委书记、总经理胡志勇,平煤集团公司董事长、党委书记陈建生,副总经理梁铁山,美国C/G公司总裁兼总经理内森·米利卡乌斯基和技术商务经理诺曼·斯楚博等出席了签字仪式。2003年3月开工建设的开封碳素项目,是经国家批准建设的目前国内技术领先、世界先进的工程项目,总投资9.2亿元。其中,平煤集团和其他厂家股东单位联合出资5.43亿元(平煤集团占总投资的45%)。项目建成后,年产超高功率石墨电极产品2.2万吨。其产品可广泛应用于我国钢铁企业。此举有利于平煤集团自身的产品结构调整,拉长产业链条,成为平煤集团一个新的经济增长点。

开封碳素公司与美国C/G公司签订合资意向书后,美国C/G公司将投资1000万美元加入建设开封碳素项目的行列,利益共享,风险共担。

(梁德记)

【水煤浆代替中煤技改项目通过验收】 2004年2月18日,平煤集团公司重大科技攻关项目—矸石电厂高灰分低热值水煤浆代替中煤技改项目通过验收。专家们一致认为,此技改项目经实际检验,锅炉的各种参数稳定,磨损小,工艺简单,经济效益和社会效益显著。目前国内以高灰分低热值水煤浆为燃料的电厂,只有平煤矸石电厂一家。这一项目开发成功后,田庄选煤厂将成为全国第一个生产高灰分低热值水煤浆的厂家。

(梁德记)

【平煤集团新一届领导班子组建】 2004年2月28日,省委组织部在平煤集团公司信息楼二楼会议室召开会议,宣布省委组织部《关于常建华等4名同志职务任免的通知、《关于平顶山煤业(集团)有限责任公司董事会、经理层换届人选的通知》。省委组织部副部长臧安民、科教企业处调研员李寒林,市委副书记赵琛,集团公司董事长、党委书记陈建生,总经理常建华及集团公司现任领导班子成员和离岗老领导出席了会议。李寒林宣布了上述通知。常建华任平煤集团副董事长、党委副书记,徐建明任平煤集团党委副书记,梁铁山、张富有、裴大文、何一元、万善福、于励民、刘银志任平煤集团副总经理,张友谊任平煤集团工会主席,杨建国任平煤集团安全监察局局长,卫修君任平煤集团总工程师,姚正藩任平煤集团调研员(副总经理级),有为任平煤集团调研员(副总经理级),张铁岗不再担任平煤集团总工程师职务。

(梁德记)

【平煤集团获省"安全质量标准化集团公司"称号】

2004年2月,平煤集团公司通过省煤炭工业局行业处安全质量标准化验收,获2003年度"安全质量标准化集团公司"称号。这是省煤炭工业局按新标准——《河南省国有煤矿生产矿井质量标准化标准》进行的首次验收。全省只有4家集团公司(局)获此称号。

(梁德记)

【平煤集团获"煤炭工业科技进步先进企业"称号】

2004年3月11日,由煤炭工业技术委员会组织评选的2003年“煤炭工业科技进步十佳企业”和“煤炭工业科技进步先进企业”揭晓。平煤集团公司荣获2003年“煤炭工业科技进步先进企业”称号。

（梁德记）

【飞行化工公司技改项目通过专家论证】 2004年3月12日，飞行化工公司技改项目在平煤集团公司职工休养院通过专家论证。中国工程院院士张铁岗，中国氮肥协会、煤炭科学总院北京煤化所等部门的专家参与了项目论证。专家们一致认为，此项目可研报告选用的技术方案可行，估算投资适当，建议项目尽快上马。

飞行化工公司技改项目包括：二期合成氨装置粉煤气化技改工程和10000Nm^3/h焦炉煤气化非催化制氨合成气项目。前者采用我国自行开发的灰粘聚粉煤气化技术，生产合成氨原料气，原料由平煤集团公司动力煤替代无烟煤；后者利用市燃气总公司城市煤气管网和设施，将天宏焦化公司富余焦炉气加压输送至项目装置界区，并转化为合成气，替代一部分无烟块煤或焦炭。

（梁德记）

【平煤集团完善法人治理结构】 2004年3月15日，平煤集团在郑州中都饭店召开股东会第二次会议、首届董事会第三次会议、首届监事会第二次会议，按照现代企业制度的规范程序，完善法人治理结构，依法选举了新的董事、监事和董事长、副董事长、监事会主席，聘任了新的经理层。省国有资产管理委员会常务副主任郭洪昌，省国有资产管理委员会副主任、省煤炭工业局局长李恩东，省煤炭工业局副局长刘世伟，中国工商银行平顶山分行行长吴新慧；国有资产出资股东代表陈建生，国家开发银行股东代表谭波委托代理人李刚，中国华融资产管理公司股东代表张延庆，中国信达资产管理公司股东代表王惟、杜贵银；平煤集团在任董事、监事出席了会议。会议由平煤集团董事、党委副书记于连水主持。

刘世伟宣读了省委、省委组织部和省煤炭工业局关于平煤集团法人治理结构人事调整的有关文件。会议依据《平煤集团公司章程》及第一次股东会通过的《平煤集团董事、监事产生办法》的有关规定，经过股东代表认真审核，补选陈建生、常建华、梁铁山为平煤集团董事，增补姚正藩为平煤集团监事；经过全体董事酝酿，选举陈建生为平煤集团董事长，选举常建华为平煤集团副董事长；经过全体监事酝酿，姚正藩为平煤集团监事会主席。参加会议的全体董事一致同意陈建生关于聘任经理层的议案：聘任常建华为平煤集团总经理，聘任梁铁山、张富有、裴大文、何一元、万善福、于励民、刘银志为平煤集团副总经理，聘任卫修君为平煤集团总工程师，聘任杨建国为平煤集团安全监察局局长。

（梁德记）

【平煤集团与禹州市签署合作协议】 2004年3月16日，平煤集团董事长、党委书记陈建生与禹州市市长张明山在禹州市宾馆签署了《禹州市政府、平煤集团关于新峰矿务局和白庙矿业集团资产重组合作协议》，由平煤集团依法对新峰矿务局、白庙矿业集团进行资产重组。至此，平煤集团全面整合禹州地方煤炭资源的工作正式启动。

禹州煤炭资源丰富，储量约50亿吨，而且交通便利，有与平煤集团相连接的铁路线。整合禹州地方煤炭资源，是平煤集团按照省委、省政府的要求，抓住平煤集团被列为国家提出的要建设13个国家级煤炭基地之一的机遇，把平煤集团建成亿吨级特大型煤炭基地的重要措施之一。

（梁德记）

【平煤集团一矿实现安全生产1000天】 截至2004年3月20日，平煤集团一矿创造了安全生产1000天，生产原煤1100万吨死亡为零的纪录，不仅创出建矿47年来安全生产的最长周期，同时也创出了河南省大型煤矿安全生产的最长周期。

平煤集团一矿是新中国成立后我国自行设计兴建的第一座大型矿井，有职工14000人，有中原第一矿之称。矿井分3个水平同时生产，年产原煤400万吨。多年来，一矿先后被命名为国家特级质量标准化矿井、煤炭工业一级企业、部级高产高效矿井、煤炭工业优秀企业“金石奖”、国家一级计量单位、全国社会治安综合治理先进单位和省级文明单位等称号。

（梁德记）

【华建敏到平煤集团视察】 2004年3月26日，国务委员兼国务院秘书长、国务院安全生产委员会副主任华建敏及随行的国务院安全生产委员会副主任、国家安全生产监督管理局局长王显政，在省委书记李克强、副省长史济春、省政府秘书长卢大伟、河南煤矿安全监察局局长李九成以及市领导邓永俭、王照平等人的陪同下，到平煤集团视察，看望慰问广大职工，了解安全生产情况。在一矿调度室,集团公司董事长、党委书记陈建生,一矿矿长涂兴子通过安全监控显示屏幕向华建敏、王显政、李克强等介绍了一矿井下安全生产运行和瓦斯监测情况。

华建敏在视察和听取汇报后发表重要讲话,对平煤集团在安全工作方面的做法和取得的显著成绩给予充分肯定。他指出,平煤集团一矿安全生产1000天,生产1100万吨煤炭没有死亡一个人。其建立的安全长效制约机制很好,经验值得推广。他要求平煤集团公司,要以对党和职工高度负责的精神,把安全工作难度和问题考虑得多一些,始终居安思危,在有安全保障的前提下多出煤,为实现经济建设、社会进步和安全工作的协调发展做出新贡献。

(梁德记)

【福星现代建材公司投产】 2004年3月29日,中美合资平顶山福星现代建材公司投产剪彩仪式在平煤集团建材公司举行。该公司的投产,标志着平煤集团在调整产业结构,拉长非煤产业链条方面又迈出了重要一步。平顶山福星现代建材公司是平煤集团公司与美国福霖国际控股公司共同筹资4600万元兴建的建材项目。平煤集团占注册资本的70%,美国福霖公司占注册资本的30%。该公司拥有两条当今世界上最先进的粉煤灰混凝土砌块生产线,年设计生产能力30万立方米标准砌块。达产后预计年销售收入可达6000万元,年纯利润2500万元。更重要的是该项目每年将消耗粉煤灰10万立方米以上,环保效益明显。

(梁德记)

【平宝煤业公司　宝顶能源公司创立】 2004年4月29日,河南平宝煤业有限公司、上海宝顶能源有限公司创立暨第一次股东会、首届董事会第一次会议、首届监事会第一次会议在郑州中州假日宾馆举行。会议审议通过了两个公司的章程;选举产生了董事、监事、董事长和监事会召集人;讨论了公司注册登记及挂牌事宜。经平宝公司首届董事会第一次会议选举,刘银志当选为平宝公司董事长,刘永顺、陈兆强当选为平宝公司副董事长;经宝顶公司首届董事会第一次会议选举,刘永顺当选为宝顶公司董事长,平煤集团公司副总经理万善福当选为副董事长。此次会议的召开,标志着平煤宝钢拉开了深层次、多领域合作的序幕,搭建起了互利共赢的战略合作平台。

平宝公司、宝顶公司均为平煤与宝钢合资组建。平宝公司由平煤天安公司控股,主营煤炭生产;宝顶公司由宝钢国际贸易公司控股,主营能源贸易。创立两个公司,是平煤"以煤为本、相关多元化"发展战略框架的重要组成部分,有利于吸纳外部资金和嫁接宝钢先进的管理经验及人才资源,提升平煤的管理水平。同时,平煤可依托宝钢的知名度"借船出海",打造国内国际知名的煤钢、煤电基地,迅速做大平煤,实现既定的战略发展目标。

(梁德记)

【矿区采煤沉陷区综合治理评估会召开】 2004年5月9日~11日,平顶山矿区采煤沉陷区综合治理评估会在神马大酒店召开。中国国际工程咨询公司能源业务部煤炭处处长、高级工程师张豫生等10位专家受国家发改委委托,对平顶山矿区采煤沉陷区综合治理进行现场踏勘和评估,研究解决平煤集团的可持续发展问题。省煤炭工业局副局长张国辉,市委书记邓永俭,市委副书记、代市王照平,市委副书记赵琛,副市长李脉胜及省、市有关部分负责人和平煤集团董事长、党委书记陈建生,总经理常建华等领导出席了会议。专家们观看了平顶山矿区采煤沉陷受损情况专题录像片;听取了郑州煤矿设计院所作的关于平顶山矿区采煤沉陷情况的报告、平煤集团公司副总经理何一元所作的平顶山矿区采煤沉陷区受损情况的汇报和沈阳煤矿设计院所作的关于平顶山矿区采煤沉陷区综合治理实施方案的报告。专家们还分成受损鉴定组、市政设施组、新区规划组、投资估算组等4个组对平顶山矿区采煤沉陷区综合治理情况进行现场踏勘和评估。

专家组认为,平煤集团是我国自行设计建设的第一个特大型煤炭生产基地。近50年来,改造和新建国有重点煤矿16座,累计生产煤炭5.53亿吨,为国家建设和地方经济发展作出了突出贡献,但由于16对矿井的地下采煤,形成了大面积地下采空区和地面采煤沉陷区,导致大量城乡居民住宅、学校、医院、企事业单位、城市基础设施、农田等严重受损。尽管平煤集团在经济十分困难的情况下,投资进行了治理,但由于各方面条件的限制,远远未能从根本上解决采煤沉陷所带来的诸多问题。平顶山矿区采煤沉陷灾害是严重的,治理工作十分迫切,应抓紧立项尽快实施。平顶山矿区采煤沉陷区综合治理方案原则通过评估。专家组将根据这个现场评估意见,在补充材料的基础上完成最终的评估报告,然后上报国家发展和改革委员会。

(梁德记)

【矿山医疗救护平顶山分中心成立】 2004年5月24日,国家安全生产监督管理局(国家煤矿安全监察局)矿山医疗救护平顶山分中心在平煤集团公司总医院成立。这是全国首家省级矿山医疗救护分中心。它的成立标志着平煤集团总医院的发展跃升到了一个新的层次。国家安全生产监督管理局(国家煤矿安全监察局)矿山医疗救护中心主任、北京煤炭总医院院长王明晓,国家安全生产监督管理局(国家煤矿安全监察局)矿山医疗救护技术专家组秘书长钟明,中国煤矿创伤学会会长邢士濂,集团公司董事长、党委书记陈建生,党委副书记李志宽,副总经理何一元出席了揭牌仪式。王明晓、陈建生为矿山医疗救护平顶山分中心揭牌。矿山医疗救护平顶山分中心将负责组织、协调和指导河南省的矿山医疗救护工作。

(梁德记)

【平煤集团竞价销售煤炭】 2004年6月4日,平煤集团公司首批5.9万吨动力煤通过竞价销售的方式,卖给了10多家煤炭经营单位。此举在全国煤炭系统尚属首家,平煤的做法引起了许多省、地、公司广泛的兴趣,一些煤矿营销部门还到平煤考察学习。

(梁德记)

【平煤集团位列河南工业百强企业第5位】 2004年8月4日,河南省统计局、河南省工业经济联合会、河南日报报业集团联合发布了2003年度"河南省工业综合实力100强企业"排序名单,平煤集团公司列第5位。

(梁德记)

【平煤集团收购梨园矿务局】 2004年8月21日,在平顶山宾馆西二楼举行的梨园矿务局破产财产拍卖会上,平煤集团公司以5000万元的竞拍价收购梨园矿务局。平顶山市委副书记、纪委书记董金友,副市长郑茂杰,平煤集团董事长、党委书记陈建生,党委副书记、纪委书记徐建明,副总经理梁铁山、刘银志出席了拍卖会。

梨园矿务局始建于1947年,现有原煤储量1亿吨,是平顶山市的重点煤炭企业。50多年来为平顶山市的经济发展做出过巨大贡献。但由于建矿时间长、资金严重短缺、企业负担过重等诸多原因。近年来企业严重亏损,生产经营难以维持。为解决企业发展和6800多名干部职工的生活问题,市政府决定对梨园矿务局依法实施破产。收购梨园矿务局,是平煤集团实施大集团发展战略,走兼并联合、资源整合之路的重要步骤,是整合和开发汝州矿区煤炭资源的组成部分。

(梁德记)

【平煤集团位列中国最大500家企业第194位】

2004年9月18日,在"第四届中国大企业集团信息发布会"上,国家统计局发布的最新信息统计显示,平煤集团公司位居2003年中国最大500家企业集团第194位。

(梁德记)

【史济春到平煤集团调研】 2004年10月20日,河南省副省长史济春在省国资委党委书记申振君、平顶山市副市长李永胜的陪同下,来到平煤集团天宏焦化公司调研。史济春到天宏焦化公司80型3号焦炉了解焦炭生产、煤炭深加工和企业发展情况。他在听取了常建华关于天宏焦化公司下一步发展规划的情况汇报后指出,现在焦炭产品价格比较高,但焦炭的下游深加工产品价值也很高。因此,你们一定要站在企业发展的战略高度,节约能源,扩大焦炭后续的深加工生产经营规模,拉长产业链条。

(梁德记)

【平煤与武钢签署战略合作协议】 2004年10月29日,平煤集团与中央直属特大型企业武钢集团战略合作协议签字仪式在郑州国际饭店举行。武钢集团出资6亿元入股平煤,拉开了两家以资本为纽带的战略合作序幕。平煤集团董事长、党委书记陈建生和武钢集团董事长、总经理刘本仁分别在战略合作协议上签字。平煤集团公司总经理常建华在仪式上致词。副省长史济春、湖北省副省长任世茂在仪式上发表了讲话。河南省省长李成玉,省政府秘书长卢大伟,郑州铁路局局长徐宜发,河南省发改委主任张大卫,省国资委副主任贾保顺,省财政厅副厅长李斌,省煤炭工业局副局长武予鲁,平顶山市委书记邓永俭,武钢集团副总经理兼总会计师彭辰,平煤集团公司副总经理梁铁山、何一元、万善福,党委常委、宣传部部长倪政新,以及河南省、湖北省有关部门的负责人出席了签字仪式。

经协商,平煤集团和武钢集团决定以互利双赢为目标,围绕上下游产业链的发展,结成战略投资合作伙伴关系,互相支持,共同发展。双方商定加强在煤炭资源勘探等项目建设上的合作,在产品、材料的销售与供应方面优先保证对方需求,积极协助对方产品提高市场占有率,谱写平煤与武钢经济合作的新篇章。

(梁德记)

【瑞平煤电公司热电联产项目开工】 2004年11月1日,瑞平煤电公司2×13.5万千瓦热电联产项目正式开工。平顶山市委书记邓永俭,市政协主席刘振军,市委常委、市委秘书长邢文杰,副市长李永胜,平煤集团公司董事长、党委书记陈建生,副总经理梁铁山,汝州市委书记吴孟铎,汝州市市长李全胜,天瑞集团党委书记余大乾,瑞平煤电公司总经理涂兴子,为瑞平煤电公司热电联产项目开工剪彩。平煤集团公司党委副书记于连水,副总经理于励民,四川省电力建设二公司副总经理黄光德出席了开工剪彩仪式。

瑞平煤电公司是平煤集团从战略发展需要出发,将自身管理、资金、人才、技术优势与天瑞集团的资源、机制优势相结合,携手合作,共同出资3亿元人民币组建的混合所有制企业。该公司首期建设经营2×13.5万千瓦热电联产项目和首期开发建设张村煤矿、庇山煤矿年产原煤120万吨,加上发展水泥及与煤相关的其他产业,年销售收入将达到7.35亿元,利税2.95亿元。作为平煤集团搭建起的煤电产业链战略平台项目——瑞平煤电公司2×13.5万千瓦热电联产项目,属国家第三批重点技术改造"双高一优"项目,具有良好的经济效益和社会效益,产生的灰渣直接用作水泥原料,实现资源的综合利用,符合国家环保及综合利用政策。项目建成投产后,每年可实现产值5.05亿元,利税1.2亿元。

(梁德记)

【平煤集团煤炭交易大厅正式启用】 2004年11月6日,位于矿工路与体育路交叉口附近的平煤集团煤炭交易大厅正式启用。省煤炭工业局局长助理王荣海,平煤集团公司董事长、党委书记陈建生,总经理常建华,党委副书记于连水为全国煤炭企业第一家现代化煤炭交易市场开业剪彩。平煤集团煤炭交易大厅的建成,是平煤集团煤炭销售改革与管理的一个新的里程碑,标志着平煤集团的煤炭销售工作以市场为导向、以用户需求为目标,迈上了程序化、规范化的轨道,对平煤集团持续快速发展具有十分重要的现实意义。该煤炭交易大厅将与全国主要煤炭集散地联网,广泛征集信息,及时显示全国煤炭市场行情、平顶山地区的资源状况与市场行情,建立起信息共享的信息体系。

(梁德记)

【小煤矿安全基础工作得到加强】 2004年,市煤炭工业局采取有力措施,狠抓小煤矿的安全基础工作,狠抓"三支队伍"建设,构筑安全防线,建立安全长效机制。对"三委派"人员实行"六统一"管理;新增煤管站6个,调整补充专业技术人员40名,对34个站的239名站员进行了业务培训;对救护队投资80余万元,更新救护装备,提高实战能力。开展煤矿安全质量标准化活动,把"一通三防"、机电运输列为达标重点、"两堂一舍"列入达标规划。全年累计完成达标建设资金2200余万元。强化装备管理和升级改造,引导煤矿投入装备资金4800万元,完成安全监测监控升级改造320台(套);乡镇煤矿全部安装了安全监测监控系统。各县(市)区已建立了县(市、区)矿互联网;维护检修后备保护620台(套),防坠器400台(套);校验通风安全仪器仪表13812台(套);396座矿井完善了供电系统,实现了高压双回路切换。

(吴欣 郭维)

【煤炭经营秩序整顿】 市煤炭主管部门积极整顿煤炭经营秩序,净化煤炭市场。坚持煤炭经营资格证年审制度,把经营许可证管理与打假治劣、质量监督相结合。积极参与取缔无证经营和市区非法小煤堆的行动,净化了平顶山市的经营环境;协助开展煤矿税收专项治理,增加税收6000余万元。定期组织煤质专项检查,严厉打击掺矸使假以次充好行为;严格铁路运输计划审报,全年实现铁路运量600万吨。

(吴欣 郭维)

【鲁山新生二矿"11·11"特大事故】 2004年11月11日12时20分,鲁山县境内原新生煤矿南店区报废井发生瓦斯爆炸事故,造成35人死亡。事故发生后,省、市领导立即赶赴现场,组织抢险,12日凌晨6时15分抢险工作全部结束。

"11·11"事故是一起特别重大责任事故。发生事故的矿井属新生矿南店井区报废井。新生矿与相邻的鲁山县新生二矿私下协商,擅自恢复报废矿井,非法越层开采,是这次事故的主要原因。相关部门未及时发现该矿死灰复燃,私自组织生产,造成监管失控;矿井长期自然通风,井下局部通风混乱,多处串联通风,瓦斯聚积,超限作业,电缆破损失爆是这起事故的直接原因。

(吴欣 郭维)

电力工业

【概况】 2004年全市电力系统深化改革,坚持创新,内强素质,外树形象,取得安全生产、经济效益双丰收。全年共发电107.7亿千瓦时,其中市区发电100.4亿千瓦时,姚电公司发电74.45亿千瓦时,鸿翔热电公司发电15.37亿千瓦时,供热量276万吉焦。市电业局供电量51.6亿千瓦时,售电量49.29亿千瓦时,获得"第八届全国职工职业道德建设先进单位"、"河南省2003~2004年度商业服务业企业诚信单位"、"河南省安全生产先进单位"及"省电力公司双文明单位"等荣誉称号。

(赵英剑 韩海霞 崔书定 刘士华 曹恒屹)

【电业局超额完成主要经济技术指标】 2004年,市电业局圆满完成与市政府和省公司签订的全年安全生产目标:供电量完成51.60亿千瓦时,完成年计划的108.46%,同比增长12.22%;售电量完成49.29亿千瓦时,完成年计划的108.33%,同比增长12.12%;线损率完成4.47%,完成省公司计划指标,同比提高0.09个百分点;平均电价完成3762.4元/万千瓦时,比年计划提高16.55元/万千瓦时,同比提高163.9元/万千瓦时;电费回收实现电费对省公司结零,陈欠电费回收94万元,陈欠电费回收率为5.08%;多种经营总收入2.72亿元,利润700万元。安全生产实现了3个百日安全生产周期。

(赵英剑 韩海霞)

【供电服务水平不断提升】 市电业局不断完善企业管理,认真开展供电优质服务。健全服务设施,在市区和各县(市)区全面开通了95598客户服务系统,实行24小时值班、节假日局领导带班制度,实现了业务咨询、业务受理、业务查询、故障处理和客户投诉等五大功能的一体化,极大地方便了客户。实行24小时电力"110"故障报修服务,开展了配电带电作业和"零点工程"。用电营业管理系统实现与工商银行等家银行联网,实行网上划拨电费。实行客户经理制、代办制和首问负责制,努力实现"只要您一个电话,其它的事情由我们来做"。各县(市)电业局实行了"三公开"、"四到户"、"五统一",农村用电得到全面规范。

(赵英剑 韩海霞)

【电网现代化管理水平提高】 2004年,市电业局加强设备治理和技术改造,制订了一、二次设备的技改、大修、反措计划,对不同设备的运行状况进行了认真分析研究,有计划地进行改造完善,设备完好率达100%。针对系统设备变化较大的实际,及时修编了《变电运行管理规程》、《变电运行规程》、《舞阳变电站现场运行规程》、《设备管理标准》,编制了《变电设备一次系统图》和《配电设备一次图册》。不断完善生产管理信息系统建设,实现了生产单位的无笔化办公,实现了各种工作票、记录和报告的上网管理和缺陷处理、绝缘监督有关试验报告的网上实时流转,每个环节都有明确的记录,消缺率达到历史最好水平,生产管理水平得到较大提高。为解决现场实际问题,组成科研小组到国内高校及有关部门调研。2004年"GPS车载定位管理系统"、"配电网电能质量在线检测系统"、"基于配电光纤网的电能智能管理系统"3个科技项目通过了省电力公司的科技成果鉴定,其中两项获得科技进步三等奖。输电线路带电作业技术比武获省电力公司一等奖,继电保护专业评比获省电力公司第三名。

(赵英剑 韩海霞)

【城市电网建设提速】 主网建设,配合漯河500千伏变电站建设,完成了姚孟出口改造工程,新建、改造线路39.1千米。配合蓝光电厂机组发电,完成蓝光220千伏开关站的验收启动工作。完成了220千伏郑营变电站和蒲楼变电站的前期工作。完成110千伏五一路变电站的增容改造工程,新增变电容量40000千伏安。城市配电网建设,配合市"八大工程"和"东扩西进"重点工程建设,编制了《平顶山市电业局城市配电网建设改造工程管理办法》,加强与政府有关部门的协调和沟通,组织人力物力,合理安排工程任务,完成工程投资1440万元,完成城市配电网项目17项,新增改造10千伏线路(含电缆)14.82千米,新建配变台区(含箱变)45个,新增配变容量14490千伏安。

(赵英剑 韩海霞)

【农网建设与改造任务圆满完成】 2004年2月,全市农网二期110千伏工程、35千伏及以下工程顺利通过省级验收,全部被评为优质工程。农网二期调度通讯、MIS、计量等其它项目工程全部完工。加强县城电网改造前期的准备工作,编制了《平顶山市县城电网建设与改造技术原则》,对各县局城网规划进行了评审,年底县城电网建设与改造工程全面启动。在财政部、国家电力监管委员会组织进行的农村电网改造国债项目专项核查及追踪问效工作中,农网工程管理工作受到充分肯定。经过一、二期农网建设(改造),全面提升了全市农村电网装备水平,农网供电可靠性由网改前的90.55%提高到99%以上,电压合格率由原来的86.8%提高到98%以上,农村低压线损由原来的30%以上降低到12%以下,有力地推动了农村经济的发展。

(赵英剑　韩海霞)

【农电系统供电所获殊荣】 2004年全市农电系统供电量完成149887万千瓦时,同比增长25.8%;售电量完成130852万千瓦时,增长25.8%;农村用电量29731万千瓦时,增长36.5%;农村生活用电量19246万千瓦时,增长24.1%。截至2004年底,全市农电系统固定资产原值46751万元、净值32072万元;拥有110千伏变电站2座,容量126MVA,35千伏变电站57座,容量406MVA;乡镇供电所86个,职工2178人。全市农电工2174人,农电工统管率达到100%。从2004年元月1日起,农村生活照明电价由0.53元/千瓦时降低到0.51元/千瓦时,实现了城乡用电同网同价。全市86个乡(镇)供电所已全部建成了规范化供电所,其中5个供电所被命名为国家级"为人民服务,树行业新风"示范窗口,49个供电所被命名为省级"为人民服务,树行业新风"示范窗口。全年客户投诉量比上年同期下降14%。

(赵英剑　韩海霞)

【姚电公司发电量创改制后新高】 2004年,姚电公司在煤炭供应紧张、煤价大幅上涨及各项不可控费用增加的巨大压力下,狠抓安全生产管理,加大设备技术改造力度,对作业环境及习惯性违章行为等进行综合整治,控制非计划停运,为公司全年发电打下了坚实基础。在煤炭供应紧张,直接影响发电量近2.4亿千瓦时的情况下,公司全年发电74.45亿千瓦时,创1997年改制以来最高纪录。

(曹恒屹)

【姚电公司进入国际资本市场】 2004年10月15日,中国电力国际发展有限公司(以下简称中国电力)正式在香港联交所主板挂牌上市。公司股票名称中国电力;股票代号2380。这标志着姚电公司实现了跨越式发展,正式进入国际资本市场。

相关链接:平顶山姚孟发电有限责任公司为中国电力的全资子公司,1997年实行公司化改制,1999年划归中国电力国际有限公司,2004年划归中国电力国际发展有限公司(简称中国电力)。中国电力拥有3座已投入商业运营的大型燃煤电厂,即平圩电厂、姚孟电厂(分别持有100%权益)及常熟电厂(持有50%权益),总装机容量为3610兆瓦,其中拥有的权益装机容量为3010兆瓦。中国电力还受托管理集团公司及中电国际(合称"母公司")旗下的6座发电厂,分别是清河电厂、神头一厂、贵溪电厂、沙溪口电厂、芜湖电厂及洪泽电厂,总装机容量为3465兆瓦;持有对上海电力25%股权的认购期权。

(曹恒屹)

【姚电公司3号机组大修结束】 2004年1月20日,3号机组大修工程结束。这次大修共完成标准项目853项,非标准项目74项。进行了DCS改造、空气预热器改造、发电机端部改造和主、再热蒸汽、高低压旁路管道支吊架的更换等重点项目的技术改造,为公司的安全生产打下了坚实基础。

(曹恒屹)

【姚孟四期2×600MW机组扩建工程设计招标】 2月7日至9日,姚孟四期2×600MW机组扩建工程设计招标会召开。中电国际有关领导、姚电扩建工程筹备组负责人、姚电公司有关领导以及投标单位河南电力设计院、河北电力设计院、华东电力设计院的专家等参加了招标会。与会期间,评委会专家还到扩建工程场地进行了实地勘察。

(曹恒屹)

【鸿翔公司电热生产成绩突出】 2004年,鸿翔热电有限责任公司紧紧围绕四项责任制目标,以"增收节支年活动、业绩评估工作和创建具有鸿翔特色的企业文化"为载体,克服了煤电油运紧张、煤价持续上涨、现金流量不足等诸多困难,较好地完成了电热生产目标。全年完成发电量15.37亿千瓦时,完成年计划的109.76%,创历史新高;完成供电煤耗395克/千瓦时,同比降低2克/千瓦时;完成综合厂用电率11.30%,同比降低0.36个百分点;完成供热量276.25万吉焦,超年计划0.65万吉焦;跨年度实现4个百日无事故纪录。

(崔书定　刘士华)

【鸿翔公司"增收节支年"活动成效显著】 年初,制订了详细的《"增收节支年"活动实施细则》，确定了63项增收节支指标及相应的工作措施，形成了行政牵头、支部协作、分会配合、团支部积极参与的多位一体落实"增收节支年"活动网络。对增收节支指标进行细化和分解，将任务和责任落实到了部门、班组和个人。2004年，实现增收284万余元；争取到电价调整政策，促进增收1175.99万元；提前完成计划煤兑现，节约成本支出1185万元；加强环保设备治理，节约排污费支出102万元；强化调度管理，得到省网公司148万元调度考核奖励。

（崔书定 刘士华）

【鸿翔公司设备管理及企务公开获国家级殊荣】 鸿翔公司不断加强设备管理，积极完善设备管理制度，坚持抓好基础管理，全面推行管理目标责任制和管理现代化，推广和应用计算机辅助设备管理技术。通过积极推行设备更新改造和技术革新活动，使设备完好率达100%，主设备一类率达100%，设备等效可用系数和非计划停运次数均达到国内同类电厂先进水平，被中国设备管理协会命名为"第六届全国设备管理优秀单位"。同时，鸿翔公司坚持企务公开制度，不断完善企务公开工作机制，实行规范管理，努力提升企务公开工作水平，使企务公开覆盖企业的方方面面，渗入各项工作的全过程，取得了企务公开工作的良好成绩，被评为"全国发电系统厂务公开先进单位"。

（崔书定 刘士华）

【鸿翔公司获省企业管理创新成果奖】 2004年，鸿翔公司提出了"以创建绿色企业为目标的企业环境优化管理"的课题，明确了以和谐的企业人文环境建设为基础，创造有特色的企业人文环境氛围；以员工职业成长环境为支撑，营造适合员工成长的职业发展环境；以改善企业生态环境为重点，增强企业的污染治理能力，有效改善企业生态环境；以实现创建绿色企业，促进企业长期、快速、协调发展为总体目标，推进员工、企业、社会与自然环境的和谐发展。该项管理成果荣获河南省企业管理成果的最高荣誉——第六届河南省企业管理现代化创新成果奖。

（崔书定 刘士华）

【第二发电厂一期建厂方案获得通过】 2004年1月12日，平顶山第二发电厂一期2×900兆瓦初步可行性研究报告评估会在神马大酒店召开。省发改委副主任朱连昌，市委常委、常务副市长吕彩霞出席会议。来自全国各地的电力建设专家及国土资源、电力、文物、地质勘探、环保、气象等部门的人士，对《中国电力投资集团公司平顶山第二发电厂一期2×900兆瓦初步可行性研究报告》进行了逐项评估论证。会后写出评估方案，上报国家发改委批复。

平顶山第二发电厂由中国电力投资集团公司和平煤集团共同投资经营，其中平煤集团占20%的股份。规模为4×900兆瓦，一期为2×900兆瓦。900兆瓦的发电机组是华中地区最大的发电机组。

（梁德记）

冶金工业

【舞钢公司生产经营上台阶】 2004年，舞钢公司抓住市场机遇，夺高产、上规模、增效益，继上年钢、钢板产量双双突破百万吨之后，生产经营再次实现历史性的重大跨越。全年2#炉单炉产钢128.5万吨，比上年净增23万吨，达到设计能力的3.5倍，冶炼效率世界第一。入库合格钢板108.1万吨，比上年净增8万吨，增长8.1%，达到设计能力的2.7倍。承接销售合同115万吨，其中签订出口合同7.1万吨，出口创汇3150万美元。实现不含税销售收入55亿元，比上年增加15亿元，增长38%。实现利润4亿元，增长60%。实现利税6.5亿元，增长47%。工业总产值54.5亿元，增长45.7%。工业增加值10.6亿元，比上年增加0.6亿元。职工人均收入21430元，比上年增加3980元，增长22.8%。

（陈自飞）

【舞钢公司科技兴企成效明显】 强力实施人才战略。年初实行了工程技术人员技术职务岗位工资制；3月份召开科技大会，兑现上年度科技攻关奖，重奖科技尖兵，并下达了新的攻关课题和奖励办法，本着留住人才、培养人才、使用人才、人尽其才和责权利相结合的原则，出台了《关于加强对优秀科技人才使用考核管理的决定》，大幅度提高优秀科技人才待遇，并完成了首批主任工程师的选聘。新产品开发取得新成就。全年研制开发销售新品种7.05万吨，销售回款4.5亿元，其中WDB620压力水管用钢、管线钢、模具钢等名牌精品增幅较大。进一步完善科技管理体制，突出了科技部门的新产品研制开发和工艺攻关职能。质量体系稳定运行，产品质量稳定提高，吨板质量异议损失同比减少0.23元,降低19.7%。狠抓科技创新创效,开展了工艺替代贵重合金研究,实现控轧代正火19.6万吨。

(陈自飞)

【舞钢公司进行大规模技术改造】 以做精做强现有宽厚板生产线为目标,投资近9亿元,进行建厂以来投资最大、项目最多的挖潜改造工程。炼钢系统,投资1亿多元的1#炉恢复改造及厂房西延工程仅用半年时间即建成投用,年新增35万吨高附加值电炉钢生产能力,扭转了多年来炼钢能力小于轧钢能力的局面;投资7290万元的炼钢VOD炉建成投产,年增加抽真空能力60万吨,彻底解决了抽真空能力不足的问题,不锈钢冶炼一次成功。轧钢系统,投资6900万元建成2#步进梁式加热炉,新增原料加热能力100万吨/年;投资7000万元引进德国德马克技术建成了11辊冷热矫直机,矫直钢板厚度最厚可达100mm;投资1000万元完成了轧机4辊立辊主传动系统改造。总投资3亿元的热处理技改工程及厂房东扩工程建设全面铺开;6#、8#外机炉,3#、4#、5#、6#和7#车底炉相继建成投用,年新增厚板热处理能力近8万吨;投资1亿多元的常化线工程、投资1亿元的调质线工程相继动工。动力系统,投资1亿元的1万立方米制氧机年初建成投用,为炼钢扩大生产规模提供了充足的保障。

(陈自飞)

【舞钢公司新线建设有序进行】 舞钢公司经过论证,做出了“再造一个新舞钢、实现舞钢综合实力三年翻一番”的重大决策,决定投资40亿元,在2006年底前,新建1条包括熔融还原炼铁工艺、100吨电炉、大型连铸机、3800mm轧机以及配套热处理设施在内的具有世界先进水平的100万吨中厚板生产线,与现有的4200mm宽厚板轧机生产线形成有效匹配,有机互补,合理分工,把舞钢建设成为一个国内有市场、国际有影响的年产钢300万吨、钢板260万吨、销售收入超百亿元的优势宽厚板生产科研企业。舞钢新线项目9月份通过中咨公司评估,12月份通过国家环保总局环境评价。各项前期准备进展顺利,基本完成了与达涅利、奥钢联、西马克等世界三大冶金设备制造厂的技术交流。对国内主要设备制造厂进行了考察,开展了“三通一平”等前期工作。强化工程建设组织领导,组建了新线建设指挥部和3800mm宽厚板工程指挥部。

(陈自飞)

【舞钢公司改革迈出新步伐】 9月上旬相继进行了厂处、车间、科室机构整合,深入推进“定编、定岗、定员”工作,出台了普通职工自愿提前离岗休息鼓励政策。改革前公司共有科级机构368个,改革后为194个,精简47%。改革前主体单位共提出增人计划600余人,改革后仅补充了123名技校生和复员军人进厂。主辅分离、辅业改制工作稳步推进。完善了子公司管理制度。实业公司开拓了废钢加工切割、钢渣处理等新的生产项目,解决了原小轧钢人员的分流安置问题。舞钢大酒店实行独立运作。创建誉华工业公司,开辟了新的经济增长点。

(陈自飞)

【天宏焦化公司获“省级文明单位”殊荣】 2004年,天宏焦化公司充分发挥资源优势,适时抓住发展机遇,优化生产环节和提升副产品的附加值。在经受着较大成本和销售压力的情况下,全年生产焦炭120多万吨,实现销售收入15亿元,利税总额超过2.4亿元,各项指标均创历史新水平。在省国税局2004年度“缴纳国税百名企业排行榜”中,天宏焦化公司以9563万元名列第49位,在全市8家上榜企业中居第5位。1998~2004年,公司焦炭产量翻了一番,企业税金、销售收入翻了两番,职工收入增长近一倍,2004年人均收入1.9万元。当年荣获“省级文明单位”和“省园林建设先进单位”称号。

(兰青柱)

【天宏焦化公司获得2005年焦炭出口权】 在国家商务部12月份公布的2005年全国获得焦炭出口权的48家企业名单中,天宏焦化公司荣列其中。这也是2005年河南省唯一具有焦炭出口资质的企业。

(兰青柱)

【天宏焦化公司重点建设项目投产】 天宏焦化公司2004年重点建设项目八〇型三号炉和2万吨新工艺炭黑工程,分别于9月18日和10月28日按计划建成投产,为该公司增添了两个新的利润增长点。这两个总投资约1亿元项目的建成,标志着该公司焦炭年生产能力可达到130万吨,每年可新增销售收入3亿多元。

(兰青柱)

纺织工业

神马集团

【神马集团超额完成经济指标】 2004年神马集团完成工业总产值370404万元，同比增长18.22%；实现销售收入302731万元，同比增长20%；实现利润18123万元，增利12116万元，增长201.7%；出口创汇8155万美元，同比增长12.22%，圆满完成了年度预算目标。

（关 柯）

【神马集团全面实施管理创新】 2004年，神马集团成功召开了四届二次职代会，确立了年度工作方针目标。全面实施管理创新。开展“制度强化年”活动，全面修订完善各项管理制度；树立精品意识，全面开展群众性质量管理活动；主导产品质量明显提高，集团公司6项QC成果摘取国优、2项获省优，尼龙化工公司被评为河南省质量管理先进单位；加强安全管理，集团安全工作实现了“三无”；实行全面预算管理和工效挂钩，有效发挥绩效考核作用，促进产能效益实现了新的飞跃，帘子布、工业丝、66盐、切片、PVC树脂的产量分别较上年同期增长14.8%、10.07%、12.93%、52.66%、51.9%。提高财务管理运作水平。建立完善应收账款预警机制；通过开展“清欠、削库、减付、抵账”工作，增加和盘活资金16000万元；进行公开招投标避免了经济损失4410万元。实施出口带动战略，全年实现出口创汇8155万美元，被河南省确定为2004年重点出口企业。加大科技创新力度，全面推进6大新建重点项目，提高自主创新能力，申报了“钌催化剂制作方法”等5项专利，实现了专利申请零的突破。深化企业内部改革，稳步推进三项制度改革。广泛开展“创建学习型企业，争做知识型职工”活动；成功举办了集团公司历史上规模最大的第五届职工运动会；5.4万平方米经济适用房开工建设。

2004年7月20日，根据国家统计局统计结果，神马集团在2003年全国1948家大型工业企业排名中，以销售额252173万元和总资产656623万元位居470位。

（关 柯）

【神马集团董事长谢伟民出席全国政协十届二次会议】 3月3日至12日，全国政协委员、集团公司党委书记、董事长谢伟民在北京出席了全国政协十届二次会议。谢伟民委员提交的《建议取消轮胎企业斜交胎消费税》的提案引起有关部门重视。国家税务总局对提案进行了答复。

（关 柯）

【神马集团总经理赵启林率省属重点企业首批干部培训代表团赴英】 2004年10月25日至12月24日，省委、省政府、省委组织部委派神马集团总经理赵启林为代表团团长，率省属重点企业首批赴英培训干部一行20余人，前往英国诺桑比亚大学进行了为期2个月的培训学习。

（关 柯）

【巩国顺当选市人大常委会副主任】 2004年6月，在平顶山市人大八届一次会议上，神马集团副总经理巩国顺当选为市八届人大常委会副主任。

（关 柯）

【省领导莅临神马集团视察指导工作】 5月21日，省委常委、组织部部长张纪南在市委书记邓永俭、代市长王照平陪同下莅临神马集团公司检查指导工作。

10月19日，河南省副省长、省国资委主任史济春莅临神马集团视察工作，要求神马集团加大改革和战略合作力度，提升品牌价值。

10月21日，省委副书记王全书带领省直有关部门负责人在平顶山市调研期间莅临神马集团视察工作，他要求神马进一步加快发展步伐，把企业做大做强。

12月16日，省人大副主任、省总工会主席李志斌到神马集团原全国人大代表、全国劳动模范、内退职工陈凤华家中慰问。

（关 柯）

【神马集团新建项目全面推进】 2004年，集团6大新建重点项目紧锣密鼓向前推进。氯碱化工公司新厂区2月26日开工建设，新增5万吨离子膜烧碱及5万吨PVC树脂技改项目开工；新增10万吨尼龙66盐项目4月份开工建设，主体6层钢结构平台已经安装完毕，部分设备已经安装到位，电气和仪表设备基本完成招标订货；2万吨连续聚合切片项目11月开工，主体承台已经完成；6000吨高模底缩涤纶工业丝技改项目开工报告7月批复,建设资金已经到位,已经完成引进技术设备招标,签订进口设备委托代理协议以及国内供货部分合同;新增6000吨尼龙66切片技改项目已经顺利投产,运行正常;年产150吨锂离子电池负极材料项目设备安装已完成。

(关　柯)

【神马集团与德国PHP公司建立战略伙伴关系】

2004年12月7日,神马集团和德国高性能聚酰胺有限公司(简称PHP)建立战略伙伴关系签约仪式在郑州举行。集团公司董事长、党委书记谢伟民和PHP公司总经理布斯代表双方签字。双方达成协议:"神马"将利用自身设备生产安全气囊丝,并利用PHP的商标和全球的销售网络在世界各地销售。这标志着"神马"将成为中国首家汽车安全气囊丝生产企业,是神马产品结构的重大调整和新的经济增长点,表明神马产品正从轮胎用尼龙66工业丝向非轮胎高档纤维用丝方向发展。自2005年起,"神马"将做大帆布系列产品。

(关　柯)

【神马集团首届年度"十大文明新事"揭晓】　为倡树文明新风,提高职工文明素质,提升集团文明程度,集团文明办举办了首届年度"十大文明新事"评选活动。经职工投票和评委会评选,从28件候选事迹中评出10件进行表彰,肖少辉勇救落水儿童等10件事迹当选。以后形成制度,每季度评出十大文明新事,到年底综合评出年度十大文明新事。

(关　柯)

【神马实业公司聘任首批首席操作工、技工】　神马实业公司本着"公开、公正、公平,严格评审,宁缺勿滥"的原则,经过理论考试、技能考核、业绩评价及综合得分公示,3月15日,神马实业公司聘任各工种综合成绩名列前茅的栾双红等7位职工为首席操作工、技工。他们是神马集团历史上首批首席操作工、技工。他们有的是省、市劳动模范,有的是公司岗位能手和技术能手,有的是硕士研究生。多年来,均在各自的工作岗位上做出了突出贡献。首席操作工、技工除享有特殊的荣誉外,每月还有500元的津贴。这一制度的实施,在广大职工中引起了强烈反响,激发了广大职工学技术立足岗位成才的热情。

(关　柯)

食品工业

【概况】　2004年,食品工业不断深化改革,调整产品结构,强化企业管理,提高经济效益。当年全市食品工业企业300多家,限额以上食品企业60余家,总资产16亿元,总产值17.5亿元,利税1.5亿元,从业人员达到2.5万人。全市食品工业由粮油加工、烟草、酿酒、饮料、肉类屠宰加工、蔬菜加工、蛋制品、调味品、豆制品、速冻食品、淀粉、乳制品、制盐等20个门类组成。宝丰酒业、汝州烟厂、中盐皓龙、巨龙淀粉销售产值占全行业50%以上,利税占全行业的55%。食品工业主要产品质量稳定,品种不断增加,涌现了一批名、优、特、新产品。宝丰酒获河南食品工业第一品牌,九头崖月饼获"中国名饼"称号;三友乳品、九头崖纯净水获河南省卫生厅确认的"安全食品"称号,狮子王牌火腿肠、晶珠牌消毒纯牛奶、四铃啤酒获省优质产品称号;钱师傅调料获河南省知名商标及河南食品行业"重质量、守信誉"著名品牌。全市食品企业共开发出40多个新产品。宝丰酒业公司创新开发了15年、30年陈酿、大头酒、不愧天等系列中高档白酒;九头崖公司开发了果汁型、运动型系列饮料;奎星调味品厂开发了鸡精、鸡肉、牛肉风味副产品豆豉等系列产品;汝州市福利淀粉厂开发了玉米淀粉糊精产品等。宝丰酒、迪可牛肉、九头崖食品、梦想食品、钱师傅调料等一批产品深入人心,占有一定的市场,享有较高的声誉。

(王念龙)

【梦想食品有限公司】　汝州市梦想食品有限公司成立于1996年,生产高中档饼干。2004年有职工780人,其中专业技术人员28名,大中专毕业生30名。拥有固定资产640万元,流动资金550万元。年生产饼干6000吨,年创产值3000万元,年创利税310万元。成立有郏县分公司。已成为平顶山市规模较大的食品生产企业之一。公司被省农行评为"河南省AAA级企业",并多次被授予"先进乡镇企业"称号。

(王念龙)

【宝丰酒再销台湾】　1月5日,经海关、商检等部门一次检验合格,首批价值10万美元的58度清香宝丰大头酒装车启运,经青岛港运往台湾。这是自1996

年以来,3800吨宝丰原酒、宝丰特级金门高粱酒、40万瓶63度清香宝丰酒销往台湾之后,又一次大批量进入台湾市场。清香宝丰酒以甘甜爽口、回味悠长的特点,受到台湾消费者的喜爱。台湾白酒经销商金门远东酒厂有限公司已在台湾最大的机场——桃园机场显要位置建成了面积达500平方米的宝丰酒展厅。15秒的宝丰酒宣传广告已在台湾的电视台播放。

(王念龙)

【九头崖啤酒面世】 2004年1月5日上午,九头崖啤酒顺利下线。倒闭达4年的原平顶山啤酒总厂重新启动运营,大部分职工也重新上岗。1997年,平顶山啤酒总厂因管理不善亏损严重而被河南商丘蓝牌啤酒公司兼并,经过一年多的努力毫无起色。1999年6月,原宝丰酒厂介入该厂,4个月后退出,1300多名职工失业。2003年7月28日,九头崖食品有限公司以1800万元收购了平顶山啤酒总厂,并积极筹备检修和投产的准备工作。从2003年10月5日水电正常供应算起,到1月6日试产,九头崖人仅用3个月就生产出了九头崖牌啤酒,成为民营企业收购国企的成功范例。

(王念龙)

【中盐皓龙天河制盐改扩建工程开工】 2004年4月19日,中盐皓龙公司天河制盐改扩建工程项目在叶县盐城路中段正式开工建设。国家发改委经济贸易司商品二处处长朱东方,中国盐业总公司总经理茆庆国,中国盐业总公司副总经理、中盐皓龙公司董事长林家骅,中国盐业总公司总经济师董永胜,省发改委副主任匡保珠、陈青波,省盐务管理局局长冯树杰和市领导王照平、薛新生、侯邦、姚世明、贾廷寅、李永胜、郭松霄、巩国顺等参加了开工奠基仪式。中盐皓龙公司是中国盐业总公司直属企业,是国家最大的食盐生产定点企业之一。中盐皓龙公司被中国盐业总公司兼并后,由亏损企业发展成为利税大户,是全市企业改制的一个成功范例。为充分发挥平顶山盐田资源优势,经中国盐业总公司及省盐务管理局、省经贸委等部门的批复,中盐皓龙公司在原天河公司的基础上,拟建30万吨/年制盐改扩建项目。项目投资概算1.86亿元,建成后将成为国内最大的制盐生产线之一,对振兴全市经济具有重要意义。

(王念龙)

【宝丰大曲重焕生机】 宝丰酒业公司改制后,在巩固扩大中高档酒市场的同时,经过长期市场调研,发现传统老牌产品宝丰大曲仍在社会上享有很高的声誉。从2003年11月起,宝酒公司果断恢复了宝丰大曲的生产。宝丰大曲恢复生产后,质量有了新的提高,刚一上市就十分走俏,仅郑州市月销售量就高达20000箱,其他市的销售也一路看好。

(王念龙)

【清真食品生产经营模范单位争创活动】 为引导清真食品生产经营者合法经营、优质服务,促进清真食品行业的健康发展,2004年5月,市食品工业办公室会同市民族宗教局、工商行政管理局、质量技术监督局、卫生局,在全市开展了以“优质服务、合法经营、开发传统名优食品、研制独特风味、打造清真食品品牌,提高清真食品知名度,丰富清真饮食文化,引导清真食品规范化生产经营”为内容的清真食品生产经营模范单位争创活动,取得显著效果。全市申报的19家清真食品生产经营单位,经审查和评估后,其中8家通过验收,达到了相关标准,被命名为“清真食品生产经营模范单位”。清真食品生产经营模范单位的考核命名每年进行一次,被批准的单位将被授予“清真食品生产经营模范单位”牌匾及证书,届期为3年,逾期须重新申请、验收、命名。对已命名的每年复查一次,复查不合格的,将被撤销命名。

(王念龙)

【宝酒公司喜获“双百佳”】 11月16日,在中国酿酒工业协会和中国财贸轻纺烟草工会联合召开的全国酿酒行业“双百佳”表彰大会上,宝丰酒业公司跻身全国酿酒行业百强先进企业之列,公司董事长、总经理余进仓名列全国酿酒行业百名先进个人榜。

(王念龙)

【宝酒公司推出“不愧天”极品酒】 2004年12月,宝酒公司推出50年陈酿63度宝丰“不愧天”极品酒。该产品取名于唐代大诗人李白“天地既爱酒,爱酒不愧天”的千古绝唱,是宝酒公司以珍藏50年的中国名酒宝丰酒的珍贵原酒为酒基,经过3年的探索,精心研制而成。该酒具有清香纯正、醇甜柔和、诸味协调、余味爽净的特点。该酒包装采用镀金莲花底座,水晶玻璃酒瓶置于其间,打开后八瓣莲花徐徐张开,给人以高贵、典雅、超凡、洒脱之感。该酒编号生产发售1888套,每套3888元,将成为宝酒公司提升品牌形象、拉动市场销售的新亮点。(王念龙)

农　业

综　述

【概况】 2004年是平顶山市"实施二次创业,打造经济强市",全面建设小康社会的第一年。全市农业部门认真落实各项政策措施,高度重视"三农"问题,围绕粮食增产、农业增效、农民增收,突出"六大产业",推进"四大结构调整"工程,农业产业化和现代化步伐明显加快。通过降低农业税税率、粮食直补等措施,调动了广大农民的生产积极性,极大地促进了农业生产的发展。农业综合生产能力持续提高,农业经济的整体质量和效益普遍回升。据统计,全年完成农林牧渔业总产值109.3亿元,比上年增长9.2%,实现增加值60.9亿元,增长9%,增速比上年提高6.4个百分点,其中农业产值50.5亿元,增长13.8%,林业产值3.7亿元,畜牧业产值53.1亿元,渔业产值0.56亿元,比上年分别增长0.1%、6.8%、1.8%。

粮食实现恢复性增长,名优特色种植业发展较快。全年粮食总产量达161.3万吨,比上年增产16.5万吨,增长11.4%,其中夏粮因灾减产,完成83.61万吨,下降1.5%;秋粮77.69万吨,比上年增长29.7%。经济作物中,油料总产量10.14万吨,增长13.8%;棉花总产量达4843吨,增长44.4%;蔬菜瓜类总产量210.1万吨,增长20.1%;烟叶总产量2.23万吨,比上年增长32.1%。全年造林面积22.3万亩,其中新增经济林5.9万亩,零星植树1220万株。幼林抚育作业面积70.4万亩(次)。

畜牧业生产稳定增长。全年肉类总产量34.6万吨,比上年增长7.1%,其中猪肉产量21.8万吨,增长7.8%;禽蛋产量12.8万吨,增长5.5%;奶类总产量2万吨,增长176.5%。大牲畜年末存栏头数84.7万头,比上年下降0.8%,其中牛存栏79.7万头,增长1%;生猪存栏260万头,增长5.4%;山绵羊存栏175.7万只,增长5.3%。猪牛羊出栏484.2万头(只),增长4.9%,其中生猪出栏289.8万头,增长4.8%。

渔业生产稳中有增。全年水产品产量8230吨,比上年增长9.8%。

农村基础设施和生产条件进一步改善。新增有效灌溉面积3.06万亩,新增旱涝保收田4.37万亩,新增节水灌溉面积6.06万亩,新打机井2076眼,治理水土流失面积76平方公里。年末农业机械总动力222.1万千瓦,比上年增长11.2%;农用拖拉机和农用运输车分别达到8.1万台和5.4万辆,分别增长10.85%和11.3%;全年农村用电量41815万千瓦·时,增长31.9%;化肥用量(折纯)25.1万吨,增长6.3%。

农产品质量安全体系建设进一步加强,全市有36家企业通过省无公害农产品产地认证。安排500万元农业结构调整资金,鼓励龙头企业、专业基地、产地批发市场建设,2家企业被确定为省级重点龙头企业,改扩建农产品市场18个。争取农口项目24个,新增国家和省投资2389万元。认真落实国家"降点直补"政策,农民实际减负增收9769万元。实施"农村百万劳动力转移工程",完成农村劳动力转移培训11万人,新增劳务输出7.8万人,输出量达50.8万人,农民外出务工收入达25.4亿元。

(王亚红)

种 植 业

【概况】 2004年,全市种植业生产坚持科学发展观,以结构调整、产业化经营、科教兴农为重点,以促进农业增产、农民增收、农村稳定为目标,大力发展农村经济。全市粮食总产量161.3万吨,比上年增长11.4%。其中夏粮由于播种期受涝,苗期低温冻害,生长期长期干旱,灌浆期高温大风等不利因素影响,总产量达到83.61万吨,比上年略有下降;秋粮生产克服了较为严重的洪涝灾害和低温阴雨寡照的影响，总产达到77.69万吨，比上年增长29.7%。油料总产量10.14万吨，比上年增长13.8%，棉花总产量4843吨，增长44.4%，蔬菜总产量165万吨，比上年增长5.7%，烟叶总产量2.23万吨，比上年增长32.1%，水产品产量8230吨，增长9.8%，水果、瓜类、茶叶、花卉、食用菌、蚕茧等特色农产品的面积产量都有不同的增加。高效经济作物快速发展，对于满足市场需求，扩大出口创汇，特别是增加农民收入发挥了重要作用。全市农民人均纯收入达到2369元，比上年实际增长7.8%，扭转了多年来低速徘徊的局面。

（张增亮）

【结构调整】 2004年，种植业结构调整坚持以市场为导向，以优质高产、高效、生态、安全为核心，促进优势农产品和特色农产品向优势产区集中。一是优化区域布局结构。根据平顶山市山区、丘陵、平原共存的实际及区域农业经济发展情况，将全市划分为城市近郊农业区、平原灌溉农业区、丘岗旱作农业区及丘陵农作区。城市近郊重点发展蔬菜、苗木花卉等高效经济作物，建成了湛河、叶县遵化万亩蔬菜生产基地和卫东区、新华区苗木花卉生产基地。沿国道省道两侧重点发展蔬菜、水果、中药材，建立绿色走廊，初步形成了叶鲁路万亩蔬菜生产基地、汝郏路万亩蔬菜生产基地、鲁山董周千亩葡萄生产基地和5000亩中药材基地。沙汝河平原区重点发展优势高效小麦、玉米、油料、烟叶等作物，种植优质专用小麦100万亩，占麦播面积的33.3%，优质玉米130万亩，优质油料58万亩，瓜果面积50万亩，优质烟叶面积20万亩。丘陵易旱地区，重点发展优质小杂粮、脱毒红薯等耐旱作物，已建成10万亩优质小杂粮基地、30万亩脱毒红薯生产基地。山区重点发展水果、中药材、花椒、柞蚕和食用菌生产，已建成10个水果千亩生产基地，5个千亩以上中药材基地，宝丰县6万亩花椒生产基地，鲁山县19个柞蚕生产基地和2.5亿袋食用菌生产基地。初步形成产业优势。二是调整优化粮经种植结构。在稳定粮食生产的前提下，积极发展优质无公害蔬菜等高效经济作物面积。根据市场需求重点发展烟叶、瓜果、油菜、花生等大宗经济作物生产。全市经济作物覆种面积达到270万亩，粮经比例调整到66:34。三是调整优化品种结构。积极实施种子工程，2004年夏收优质小麦124.4万亩，比上年增加30.4万亩，秋收优质玉米126万亩，比上年增加26万亩，优质油料58万亩比上年增加20万亩，大宗农作物优良覆盖率达98%，另外引进优良新品种6个，示范面积10万亩，农作物更新换代周期已从90年代的3～5年缩短到2～3年。

（张增亮）

【农业产业化】 2004年，全市认真贯彻党在农村的各项惠民政策，以农业增效、农民增收为目标，以培育壮大主导产业和龙头企业为重点，以科技创新为动力，坚持以工业理念发展农业，不断提高农业生产的组织化程度，着力推进农业产业化经营，走出了一条具有本地特色的农村经济发展新路子。全市已形成粮食、蔬菜、畜牧、烟叶、林果生产及加工和劳务输出六大主导产业。

龙头企业快速崛起。市里重点扶持了舞钢市华懋双汇有限公司、鲁山县蚕业开发公司、平顶山市银可银杏制品有限公司、宝丰县康龙养殖有限公司、汝州市庙下粉业集团公司、平顶山市新特优苗木繁育公司（郏县基地）、叶县马庄牛羊肉屠宰加工市场、湛河区奶业集团公司、平顶山市正大饲料公司等龙头企业。2004年全市从事食品、淀粉、粮油、饮料等农副产品加工企业已发展到640家，年销售收入34亿元，其中，年销售收入达到1亿元以上的龙头企业发展到3个，销售收入5000万元以上的龙头企业达到11个，销售收入2000万元以上的达到29个，产值1000万元以上的43家。全市省级农业产业化龙头企业2个，市级农业产业化龙头企业19个。

生产基地初具规模。一是种植业生产基地规模不断扩大。在叶县、汝州、郏县、宝丰平原地带建立优质专用小麦生产基地100万亩，优质专用玉米生产基地130万亩，在丘陵干旱地区建立优质红薯基地30万亩，建立优质小杂粮基地20万亩，在全市建立优质油料基地75万亩，优质烟叶20万亩，蔬菜面积66万亩。二是特色农业发展较快。在鲁山、汝州、叶县、舞钢建立了食用菌生产基地，年生产量达3.8亿袋，生产鲜菌4.2万吨；在鲁山县建立了柞蚕生产基地，有18个乡镇、228个行政村、1.25万户从事柞蚕生产，年产柞鲜茧1702吨；在新华区、湛河区、鲁山县、舞钢市分别建立了水产品生产基地，面积达到10万亩，水产品产量达8230吨，其中银鱼产量380吨；在宝丰建立花椒生产基地6万亩，年产优质花椒400万公斤；建立中药材生产基地5个，面积达到1.5万亩；建立水果生产基地38个。

农产品市场建设步伐加快。2004年全市新改扩建农产品市场18个，农产品市场总数达到127个。

其中农产品综合市场24个,产品市场10个,集贸市场93个。贩运组织234个,农民经纪人达到1.5万人,年交易额20亿元以上。一批规模较大、辐射能力较广的农副产品综合市场和专业批发市场已经形成。

社会化服务体系建设取得新成就。一是农民专业协会发展迅速。全市民办、民营、民受益的各类专业合作经济组织发展到179个,会员约30万人;食用菌、蔬菜等专业协会152个。二是全市建立了农业信息体系。2004年,市县已建立了农业信息网络,及时向农民发布生产、技术及市场信息,发挥了市场的导向作用。三是发展订单农业。2004年全市发展订单合同70万亩。

(张增亮)

【无公害农产品基地认定和产品认证】 2004年,全市加强了无公害农产品生产基地认定和产品认证工作。全市共有25个无公害农产品、水产品生产基地获得无公害产地认定证书,总数达到36个,面积达到166540亩。

(张增亮)

【农村劳动力转移培训】 全市确定了51家职业教育机构作为农村劳动力转移培训基地,经认定的培训机构年培训能力达7.2万人。全年共举办"阳光工程"农村劳动力转移培训班64期,培训转移就业率达到85%。印发宣传资料2.23万份,举办各种咨询讲座131期。完成1.4万人的年初培训计划。提高了农民劳务输出的职业技能素质和就业竞争能力。

(张增亮)

【农民负担减轻】 认真贯彻落实党中央、国务院和省委、省政府有关减轻农民负担的政策精神,全市没有因农民负担而引发严重恶性案件和严重群体性事件,农民负担明显减轻。全市农民税负总额减至7812万元,其中农业税6510万元,农业税附加1302万元,扣除粮食补贴资金3582.97万元,全市农民人均负担11.98元,亩均负担12.91元。

(张增亮)

【绿色证书和青年农民培训】 叶县、汝州市是青年农民培训的试点县,各担负2000名培训任务。培训内容主要是围绕本县主导产业,选择具有一定规模的产业1~3个,以培育县域经济和提高农民素质为目标,针对农户培训的不同要求,确定具体的培训内容,重点是当地主导产业的品种、经营管理、政策法规等。年底,全市获得绿色证书的农民达4万人,掌握1~2门农村实用技术的农民达30万人,占农村劳动力人数的15%。

(张增亮)

【农业科技服务】 围绕农业支柱产业和新的经济增长点,结合农业结构调整和农村产业升级的要求,通过印发技术资料、专家讲座、科技大篷车、科技赶大集等形式,大力开展送科技下乡活动。2004年,全市共组织各类农业服务小组8个,专家技术人员499人(次);技术工作人员下乡1216人(次),进村开展服务246次;开展科技大篷车、宣传车服务183辆(次),发放科技资料83000份,科技书籍21880册,放映农业科技电影录像48场(次),举办培训班47期(次),受益群众131620人(次)。

(张增亮)

【农业执法】 2004年,开展农资市场专项整治活动,严厉打击坑农害农事件。在农资销售旺季,开展玉米、小麦等主要农作物种子市场专项治理,肥料经营市场专项治理,小麦用药市场专项治理,麦田除草剂专项治理等活动。全年全市共整顿农资经营市场199个,检查农资经营企业及门店926个,立案查处违法案件56起,查处违法经营农资200多吨,挽回经济损失600多万元。为彻底消除毒鼠强等剧毒杀鼠剂的危害,确保人民生命安全和社会稳定,2004年继续搞好毒鼠强专项整治,共收缴鼠药3万多袋(支),计257.15公斤,捣毁生产加工窝点5个、较大销售窝点17个,取缔非法经营摊点299个,追究刑事责任1人。收缴的鼠药全部送至鹤壁水泥厂集中销毁。

(张增亮)

【菜篮子工程】 2004年全市蔬菜播种面积68万亩,总产165万吨,分别比2003年增长25万亩和45万吨,增长19.3%和22.2%。肉、蛋、奶、鱼等"菜篮子"产品生产保持强劲增长势头,规模化养殖场达到3000多个。"菜篮子"产品的品种增多,质量提高,满足了市场供应。

(张增亮)

【农业灾情】 风雹袭击。2004年7月6日,强烈的风雹袭击本市郏县的茨芭、薛店、广天、渣元等4乡镇,风雹持续20多分钟,造成部分农作物减产、绝收,受灾面积 28365 亩,成灾面积 27095 亩,绝收面积 26710 亩,造成直接经济损失 3780 余万元。

暴雨灾害。7月15日至17日全市出现大暴雨天气,特别是从16日凌晨开始部分地区降特大暴雨,个别地方降雨量超过400毫米。暴雨中心位于澧河、甘江河上游,最大点降雨量为叶县官寨站435毫米。造成许多村庄进水,进水村庄水深达1.2到1.5米。大片农作物被淹,造成群众被困,农业经济和家庭财产遭到较大损失。据统计,全市受灾严重的乡镇有32个,受灾62.2万人,成灾45.5万人;被积水严重围困的村庄有45个,被围困群众3.57万人,其中紧急转移安置1.9万人;农作物受灾78.462万亩,成灾48万亩,绝收7.1055万亩,浸泡损坏粮食3200吨。倒塌房屋1184间,其中民房1108间,损坏房屋4971间,因灾造成直接经济损失20243万元,其中农业直接经济损失7880万元。

(张增亮)

【平衡施肥】 以培肥地力为中心,狠抓有机肥积造。利用秸秆积造有机肥或过腹还田积造及其它多种方式使秸秆还田量大幅度增加。全年全市有机肥积造1350万方,比上年增加50万方;麦秸麦糠盖田40万亩,比上年增加5万亩;玉米秸秆直接还田75万亩,比上年增加5万亩。以补钾、增微为重点,大力推广平衡施肥技术。按照稳氮、增磷、补钾、配施微肥的原则,把补钾放在突出的位置。补钾的重点放在缺钾(速效钾含量低于100mg/kg)的土壤和烟草、红薯、西瓜、果树、蔬菜等喜钾作物及小麦、玉米等高产作物上,补钾的途径采取增施有机肥、化学钾肥、生物钾肥,并以化学钾肥的推广应用为重点。全年全市共推广配方施肥面积430万亩,平衡配套施肥130万亩,增施微肥180万亩,补钾245万亩。开展测配产供施一条龙产业化服务,加大配方施肥的推广力度,确定肥力长期定点监测网点185个,抽查化验土样1150个,为平衡施肥提供了科学依据。全市共设立690个配方肥料推广站,配制推广配方肥6300吨,比上年增长700吨。

(张增亮)

【调整食用菌种植结构】 2004年食用菌生产工作重点是调整食用菌种植结构,稳定黄背木耳规模,重点发展代料黑木耳和代料香菇,试验引进名特优品种。黄背木耳生产规模稳定在了3.5亿袋的水平,投料量4亿公斤,实现总产量2500万公斤;袋栽香菇达到700万袋,投料量550万公斤,实现总产96万公斤,段木栽培生产规模基本稳定;袋栽黑木耳示范推广规模达到100万袋,实现总产5.1万公斤;试验引进的茶树菇、姬松茸、鸡腿菇等新品种,都表现出良好的推广前景。

(张增亮)

【施肥领域新技术引进】 一是为配合无公害农业的发展,引进了生物有机肥。在湛河区和宝丰县试验结果表明:秋播小麦在减少30%化肥用量的情况下,次生根和分蘖都比对照有明显的增加,产量平均增加11.7%;在蔬菜生产上实验,蔬菜增产幅度达到30%。初步得出结论,微生物有机肥是生产无公害农产品在施肥领域内较好的替代产品。二是引进生物液肥。试验结果表明:对小麦、花生、大豆的增产效果分别达到41%。

(张增亮)

【病虫害防治】 在大田病虫草害的关键季节和大棚、温室病虫害突发时期,科学指导农民群众开展病虫草害防治工作。2004年,共指导全市防治各种病、虫、草、鼠、害1356.6万亩次,其中综合防治255.4万亩,统一防治308万亩,化学除草172.5万亩。通过防治挽回粮食损失11269.4万公斤、油料258.7万公斤、棉花43.9万公斤、水果163.74万公斤、蔬菜5817.1万公斤。

(张增亮)

【植物检疫】 深入广泛宣传《河南省植物检疫条例》。对省间检疫授权县进行了检查验收。重点对叶县、宝丰两个尚未授权县站的检疫设施进行了检查验收。开展产地检疫。检疫人员深入小麦种子和韭菜种子繁育基地进行产地检疫,累计实施产地检疫3.2万亩。加强调运检疫。与相关单位沟通联系,争取支持配合,严把调运检疫关。全年共开展调运检疫1382批次8400万公斤,有效地控制了危险性病虫害的传播蔓延。

(张增亮)

【农作物新品种引进】 2004年全市共引进试验各类农作物新品种100多个,安排试验10余项,其中市级直接引进试验了豫农997、开麦14、新麦13、秦单5号、郑单19、东单60、浚单795、平豆99016-1等新品种54个,安排试验5项8点。在参试品种中,平豆

99016－1、平豆1号、华盛2号等品种，是本市有关科研和种子经营单位的自育品种。在往年引进试验的基础上，重点示范推广了冀单29号等玉米新品种15万亩；新麦18、开麦13、周麦18等小麦新品种35万亩；豫花13号、豫豆25号、郑豆92116、平豆一号、平豆99016等其它经济作物新品种20万亩。引进试验了果树新品种杏梅，在宝丰县试验种植。引进优势蛋白玉米、谷子等农作物新品种进行全面试验示范生产。总计示范推广农作物新品种70多万亩，促进了农作物品种更新换代和品质结构调整。继续推广应用种子包衣。包衣种子具有抗病、虫、增产、促进植株生长等作用。当年全市共推广包衣种子160万亩，其中玉米100万亩、小麦60万亩。销售种子包衣率达40%左右。

（张增亮）

【种子质量管理】　2004年，全市共进行田间抽检种子田4.7万亩，抽检商品种子样品281个，代表数量1300万公斤，销售种子的复检率和抽检率分别达到了95%和42%，保障了全市农业用种安全。全年未出现一起重大种子责任事故。种子市场严格证照管理制度，全年共办理种子经营许可证5份，种子生产许可证24份，检查出种子违法案件23起，假劣种子2.8万公斤，未审定品种种子3万公斤，保证和净化了种子市场。

（张增亮）

【水产业发展和渔政监督管理】　2004年，平顶山市的水产工作围绕渔业增效、渔民增收的工作目标，依法治渔，科技兴渔，渔业产量稳定增长。全年新开挖、改造池塘近2000亩，实现水产品总量8230吨，比上年增1.5%，渔业总产值达到6461.61万元。水产管理体制得到理顺。全市10个县(市)区水产管理全部划归农业部门，为工作顺利开展奠定了良好基础。渔业资源利用逐渐合理，基础设施显著增强。进行了渔业资源的调查和规划工作，制定了《平顶山市白龟山水库渔业资源开发利用意见》。市水产技术推广站在新华区建立了高标准的华山水产良种繁育基地，为渔业生产提供了可靠的优质种苗。渔业结构调整扎实推进，科教兴渔步伐加快。全市的名特优新水产品种养殖发展到5万多亩，名特优新品种达到20多个，建立了围栏养蟹、鱼蟹混养、温水养殖、淡水鲨鱼、池塘养殖黄颡鱼、南美白虾等5个新品种。开展了香鱼试验研究，引进香鱼受精孵100万粒。完成了《大水面生态养殖河蟹技术研究与应用》的课题研究。编制完成了河蟹产业化开发项目、南美白虾技术推广、黄颡鱼良种引进繁育、香鱼引进开发、市名优水产苗种繁育场建设、水产质量监测体系、渔业环境检测与鱼病检测等七大项目。完成了对宝丰龙兴寺水库无公害水产基地和新华区滍阳镇无公害水产基地的认证工作，通过了省专家考评组的检查验收。依法治渔、依法兴渔，提高行政执法水平。2004年，对涉及水产渔业方面的审批事项重新进行了审核登记，所有审批事项全部进入市审批大厅。组织渔业行政执法人员参加了全市的《行政许可法》培训，提高执法人员的法律水平和业务素质。开展了渔业生产安全检查工作。开展了《渔船检验条例》的宣传贯彻和白龟山水库渔船的登记工作。对参与白龟山水库银鱼作业的船只进行了登记造册，保证2004年度白龟山水库的银鱼捕捞安全。全市查处各类渔事案件80多起，罚款13000余元，维护了渔业的正常生产秩序。

（张增亮）

【旱地农业】　2004年，全市在郏县、叶县、宝丰、舞钢组织实施了4个旱地农业开发项目：(1)旱地水窑微集水工程及节水补灌技术示范，共建成人畜饮水工程28处，小水窖3400座，旱地水窖700余座，发展有效灌溉面积4000亩。(2)节水旱作技术推广及丘岗旱区农业结构调整示范园建设。(3)旱地优质耐旱杂粮品种引进示范及高效栽培技术推广。(4)旱区名优药用黄姜开发。以上项目共投资196万元(包括群众集资、投工)，其中省补助资金30万元。

（张增亮）

【旱地补灌基地】　2004年，平顶山市承担了农业部对旱地农业开发的旱地补灌基地建设项目。该项目共投资150万元，其中：中央投资100万元，地方配套50万元。2003～2004年，在宝丰县的大营镇安排1000亩优质抗旱小麦新品种博览田，具体实施后进行实地测产：沟播小麦亩产达到400公斤，膜际播种小麦亩产达到500公斤。在鲁山县的瓦屋乡、仓头乡完成2100亩坡改梯工程，又建成配套水窖150座，修复大型水池1座，同时又适时进行了田梗植被及名、优、特林果的引进与栽种，优质杂果节水补灌示范基地至此已初具规模。2000亩优质小杂粮基地建设设在汝州市和宝丰县。重点抓好百亩方建设和优质耐旱杂粮品种的引进，同时在示范区内建水窖50座，配备节水喷灌设备20套，建立土壤养分速测点15个，土壤墒情监测点22个。

(张增亮)

【高效种养示范基地】 2004年争取省财政资金60万元,在郏县玉龙山开发了两个千亩荒山,引种美国杏李500亩,嫁接冬枣、雪枣2万棵,完成速生杨、速生楸种植600亩,并在林间种植丹参、桔梗、半枝莲等名贵中药材。在播鼓台开发2500亩荒山,栽种各种经济小杂果25万株,放养柴鸡6000只,野兔1000只,蝎子200公斤,基本形成了种养基地。

(张增亮)

【农产品质量检测体系建设】 农产品质量检测体系建设是提高农产品质量安全水平,保证城乡居民食品安全和农产品无公害市场准入的基础。从2002年开始筹建,至2004年已建有气相色谱室、原子吸收室、原子荧光室、前处理室、农药残留速测室、土壤分析室、种子质量检测室及办公场地500平方米,可开展土壤、种子、肥料等部分检测项目。

(张增亮)

【农业综合执法体系建设】 2004年,平顶山市的农业综合执法体系建设走在了全省前列。2002年6月,市编委批准成立"平顶山市农业综合执法大队",负责全市农业综合执法工作。其主要职能是承包法律法规赋予农业行政部门的各项行政执法任务,依法查处各类违犯农业法律法规案件,确保全市农业的健康发展。舞钢市、叶县、宝丰县,湛河区都相继成立了综合执法机构。农业综合执法大队严格按照法律、法规规定,有力地打击了一些不法商户、钉子户,营造了农业执法的声势,震慑了违法分子。市、县共查处大小案件80多起,假冒伪劣农资517.8吨,挽回各项经济损失达千万元,行政诉讼胜诉率100%。

(张增亮)

【沼气建设】 全市的农村沼气国债建设项目涉及汝州市、郏县、叶县三个县(市)的12个乡(镇)23个行政村。沼气在技术上按照国家"一池三改"的要求统一施工,严把工程质量关,并且在沼气池建设上实行现场培训,培训农民技术骨干500多人。年底全市已建农村户用沼气池5000座,全部正常使用。同时通过项目示范带动,全市群众自发建池22528户。沼气建设有力地推动了全市农村经济的快速发展。

(张增亮)

林 业

【概况】 2004年,平顶山市林业工作积极实施《绿色中原规划》,大力开展造林绿化活动,切实加强森林资源的保护与管理。当年,全市共完成造林绿化20.84万亩,其中退耕还林14.4万亩,淮防林1.5万亩,速生丰产林0.21万亩,外资项目造林1.29万亩,其他造林3.44万亩;封山育林5万亩;新建和完善农田林网70万亩;通道绿化320公里,占目标任务的118.51%;完成大田育苗1.74万亩,占目标任务的134%。容器育苗1050万袋,花卉50万平方米;森林病虫害成灾率控制在11‰以下;森林火灾受害率控制在0.5‰以下;全民义务植树1350万株,义务植树建卡率、尽责率均达到85%以上。

(陈大展)

【森林资源管护】 2004年,市林业管理部门坚持把森林资源保护管理与造林绿化放在同等重要的位置来抓,严格限额采伐管理,杜绝超限额采伐,凭证采伐率95%,发证合格率98%;严格执行征占用林地审批程序,征占用林地审核率90%。全市公益林区划界定工作顺利完成。

全市森林公安机关全年共查处各类案件374起,其中刑事案件13起,林业行政案件350起,治安案件11起。打击处理违法犯罪人员430人(次),其中逮捕7人、刑拘16人、处罚407人、破获犯罪团伙1个、收缴木材30.3立方米,整顿规范木材市场、加工网点58处,为国家挽回经济损失83.57万元。

森林防火工作以落实行政领导负责制为核心,通过加强宣传,强化队伍培训,规范专业消防队伍建设,落实各项防火措施,克服春季降水少,林下可燃物丰富,大风高温等高火险天气持续不断的不利因素,周密安排,严格检查,全市未发生一起重、特大森林火灾事故。

野生动植物保护工作力度加大。全年查处违法案件125起,救护国家一级野生保护动物2只,二级野生保护动物9只,重点野生保护动物38只,一般野生保护动物1000余只(条)。全市野生动物驯养繁殖、运输、经营利用凭证率均达到90%以上。

森林病虫害防治完成省定目标任务。发布病虫情报、信息39期,发放森林病虫害防治宣传材料4万份,检疫木材近2万立方米,苗木20余万株,产地检疫率达到79%,防治率达到75%以上,监测覆盖率达到81.3%,林木种苗产地检疫率81%。

林业执法制度健全,执法人员全部执证上岗,执法培训合格率达95%。

(陈大展)

【科教兴林】 引进推广豫大籽石榴等15个优良新品种,推广林业新技术18项,全市林木良种化率达到80%以上;新建科技示范基地9处;培训林果花卉技术人员5000余人次,印发各类技术资料8000余份;向贫困山区群众赠送科技书籍600册、科普光盘200本。

(陈大展)

【豫大籽石榴落户鲁山】 经考察筛选,2004年3月20日,鲁山县张良镇被确定为平顶山市第一个豫大籽石榴推广示范基地,当年就栽植10亩1000株。

(陈大展)

【北环路城郊防护林带建设一期工程竣工】 截止2004年3月底,由市财政投资200多万元,为期1个半月的北环路城郊防护林带建设一期工程顺利竣工,共完成建设面积6090亩,植树68万株。

(陈大展)

【开展"候鸟二号行动"】 2004年3月,市森林公安分局在全市范围内组织开展了"候鸟二号行动"。查处各类林业案件104起,检查鸟类活动区域50处,清理宾馆饭店125家、鸟市窝点16处,收缴野生鸟类83只,清理木材交易加工场所22处,打击各类林业违法犯罪人员108名。

(陈大展)

【鲁山县治理荒山50000多亩】 为掀起新一轮荒山开发高潮,鲁山县2003年底就开始部署荒山开发工作。一些乡镇还外出推介荒山,用优惠政策吸引外地投资者。背孜乡党委书记上官永卿亲自外出跑推介,吸引来安徽宿州市林果品开发公司在背孜乡承包荒山6000亩,当年已治理1500亩。仓头乡吸引郑州制药厂来投资,承包荒山5000亩,当年已整出梯田2000多亩。县里对规模在50亩以上的承包大户给予经济扶持,全县争取到亚行、世行和国家林业资金500多万元,全部发放给承包大户。2004年,该县已向荒山开发投入资金520多万元,治理荒山5万多亩,植树320多万株。

(陈大展)

【宝丰县杨庄镇春季植树造林举起"拍卖槌"】 2004年新春伊始,宝丰县杨庄镇一改"分任务、要进度、好坏栽上顶个数,检查验收好应付"的传统做法,结合实际,分片划段,对辖区内宜林"四荒"、沟渠、路段进行实地测绘,登记造册,由镇党委研究划分出绿化造林的区段、面积、适栽树种等,然后着重强化对这些宜林区段以产权拍卖与发包的形式,发动群众搞好竞拍承包,并与竞包户当场签订合同,法律公证。辖区内7000亩荒山、荒坡,35200米路段、沟渠找到了如意的"婆家"。

(陈大展)

【全市林业有害生物普查】 2004年9月14日,全市林业有害生物普查经验交流现场会在舞钢市召开。会议总结了普查工作开展情况,听取了各县(市)区的工作汇报,通报了检查结果,实地参观了舞钢市的标本制作、标准地设置调查、表格填制及国家级中心测报点、标准化森防站建设情况。与会当日,全市完成标准地设置调查总量的90%,采集各类林业有害生物(含未识别种类)500多种,制作标本1200余套。

(陈大展)

【非公有制林业发展迅速】 2004年,全市参与发展非公有制林业的农户达4.3万户,经营面积达57.6万亩,其中,面积在1000亩以上的林业大户有70家。

全市为个体经营林业积极创造条件,进一步深化林业产权制度改革,稳定所有权,完善承包权,放活使用权。市政府围绕林业产权制度改革出台了各项优惠政策和措施,本着"谁造谁有,合造共有"的原则,不栽无主树,不造无主林,延长承包期,让经营者吃上"定心丸"。全市逐渐形成了大户造林、联户经营等多种形式的发展新格局。

个体林业大户不断崛起,经营规模不断扩大。鲁山县董周乡在职职工宋建民承包荒山3400亩,建立起"林丰庄园",种植雪桃、凯山杏等果树,销售收入140多万元。

通过个体大户的参与开发,全市已建立起一批具有区域特色的林业产业基地,如鲁山县在西南部山区种桅子、杜仲、茱茹等12000亩,建立了以雁过红、牛心柿、盖柿等优良品种为主的柿树基地3000亩;汝州市杨楼乡发展干枣基地3000亩，陵头乡发展柿树基地3000亩；郏县堂街镇建立了核桃基地2000亩；宝丰县观音堂乡新建花椒基地13000亩；叶县邓李乡建立白桃基地2000亩。据市林业局造林科统计，全市共建立高效经济林示范区136处，林业生态旅游示范区43处，林果庄园示范区52处，种养结合示范区28处，速生丰产用材林示范区143处。

（王亚红）

水利

【概况】 2004年，全市新打机井2076眼；发展有效灌溉面积3.06万亩；建设旱涝保收田面积4.37万亩；发展节水灌溉面积6.06万亩；治理水土流失面积76平方公里；解决农村饮水困难4.59万人。市水利局被省委、省政府授予省级文明单位，被市委、市政府授予市级社会治安综合治理模范单位，分别被市政府授予行政审批优秀窗口单位和政务公开达标单位。

（赵海峰）

【雨情水情和灾情】 2004年汛期，全市平均降水量705毫米，是同期多年平均降水量508毫米的1.4倍，最大点雨量叶县官寨水文站1049毫米。汛期共出现明显降雨过程21次，其中6月5次，7月5次，8月5次，9月6次；除6月份降雨偏少外，其余各月降雨量均超过同期多年平均值。继2003年出现后汛期降水偏多现象之后，2004年后汛期雨水再次偏多，对水利工程蓄水兴利非常有利，大中型水库汛末比汛初多蓄水2.71亿立方米。

2004年的暴雨洪水造成了重大损失。据统计，全市受灾涉及5个县（市）区、40个乡（镇）73.8万人，成灾52.7万人；被洪水围困的村庄45个，被围困群众3.57万人，其中紧急转移安置1.93万人；饮水困难11.69万人；倒塌房屋7117间，损坏房屋10405间；农作物受灾面积107.1万亩，成灾面积67.2万亩，绝收面积10.8万亩；浸泡损坏粮食5800吨；损坏输电线路40公里、通讯线路19公里、路基6公里；损坏小型水库21座、堤防19公里、护岸19处、水闸92座，灌溉设施280处、机电井1204眼，冲毁塘坝224座。因灾造成直接经济损失2.66亿元，其中农业直接经济损失1.72亿元，水利设施直接损失4800万元，尤其是叶县、舞钢市受灾严重。 （赵海峰）

【防汛准备工作】 一是开展查险除险。市防汛指挥部组织各县（市）区先后开展了4次徒步拉网式大检查。全市共排查出各类险工隐患200余处，对查出的问题进行分类排队，及时采取除险措施。二是狠抓度汛工程建设。2004年，全市共加固堤防24.5公里，疏浚河道24.2公里，修复水毁工程402处，加固处理中小型水库隐患13处，治理河道险工险段14处。三是修订完善防汛方案和防洪预案。各级防汛指挥部对大中小型水库、主要防洪河道的防汛方案和防洪预案进行了修订完善。同时，市政府还组织有关县（市）区和市国土资源、水利等部门，编制完成了全市山洪灾害防治预案。四是落实防汛责任制。市政府与各县（市）区政府签订了防汛责任书。各县（市）区认真落实了水库、河道险工险段、病险涵闸防汛责任人，并签订了防汛责任卡。6月20日，市防汛指挥部在《平顶山日报》上公布了小型水库、主要河道险工险段防汛责任人及其防汛工作职责，接受社会监督。五是落实防汛物资储备。市级防汛物资储备按定额要求全部落实到位。据统计，全市共落实袋料275万条、桩材4571立方米、铅丝177吨、救生衣4685件、冲锋舟41艘、抢险运输车辆3061台。六是组织落实防汛抢险队伍。全市共组织以基干民兵为骨干的群众性常备抢险队伍19.2万人。平顶山军分区和各县（市）区人武部组织建立了以民兵应急分队为骨干的市、县两级防汛抗洪机动抢险队，市级机动抢险队1000人，县级机动抢险队500人。并对各县（市）区有关责任人进行了培训。七是加强防汛值班。全市各级防汛部门于5月11日提前进入了24小时防汛值班状态，严格实行了防汛值班领导带班制度、交接班制度、值班工作制度、请示汇报制度等工作制度。

（赵海峰）

【抗洪抢险和生产救灾】 7月16日凌晨至7月17日8时，全市普降大暴雨，局部地区为特大暴雨，南部降雨量均在300毫米以上，个别地方降雨量超过400毫米，暴雨中心位于澧河、甘江河上游，最大点雨量叶县官寨站431毫米。孤石滩、石漫滩、田岗、澎河等大中型水库水位暴涨，孤石滩水库最高水位达154米，超汛限水位2.5米；石漫滩水库最高水位109.44米，超汛限水位2.44米；田岗水库最高水位87.15米，超汛限水位1.15米；澎河水库最高水位148.5米，超汛限水位1米；49座小型水库蓄满，溢洪道溢流；澧河、甘江河、灰河、卷河、韦河等河道河槽暴满，部分河段洪水漫溢，甘江河官寨站17日6时出现了高达5350立方米/秒的洪峰流量,远远超过3300立方米/秒的保证流量,居建国以来第三位,下游河道漫溢严重,沿岸村庄平地行舟,一片汪洋,水深大都在2米以上。这次暴雨洪水使叶县、舞钢市受灾严重,有45个村庄3.57万名群众被洪水围困。

灾情严重,省委副书记支树平、王全书,省军区副司令员尚书国,省水利厅副厅长王建武、纪检组长郭永平冒雨赶到叶县、舞钢市等地洪涝重灾区,详细了解汛情、水情和抢险救灾情况,并乘冲锋舟到部分被洪水围困的村庄实地察看灾情,慰问受灾群众。市委书记邓永俭、市长王照平等市主要领导,带领市直有关部门负责同志,立即赶赴叶县、舞钢灾区,指挥抗洪抢险,组织转移被水围困群众。在抗洪抢险中,共组织调动车辆460多辆,冲锋舟31艘,争取省防汛指挥部支援冲锋舟10艘,救生衣1500多件,编织袋4万余条,紧急转移被洪水围困群众近两万人。

市公安局启动三级应急预案,组成300人的应急分队,调动11部运兵车,赶赴受灾现场;市交通局组织10辆卡车运送抢险物资、器材,派出4部越野吉普车作为现场指挥车辆支援抗洪前线;市民政局成立了救灾工作组,深入灾区调查、核实灾情,组织开展救灾工作;市卫生局组织专业技术人员,及时赶到灾区开展医疗救护和防疫工作;市气象局利用雷达跟踪、卫星云图、技术分析等一切手段,密切监测天气变化,不间断地向市防办通报气象信息;平顶山水文局积极加派水情室及水文测站的技术力量,在恶劣的天气条件下,及时发送、分析、整理雨情、水情信息;市武警支队主动派出官兵投入抗洪抢险工作;新闻工作者冒着生命危险,奔波于抗洪抢险第一线,及时发回了干部群众奋力抗洪的真实感人报道;移动公司在抗洪抢险现场实施紧急扩容,保证了抗洪抢险的通讯需要;市电业局及时排除供电线路故障,保障了电力正常供应。

灾情发生后,一些单位和个人纷纷伸出援助之手,捐助灾区。省盐业局专程到灾区慰问,送去方便面790件;市盐业局向灾区送去食盐1吨、面粉30袋、纯净水100件;平煤集团组织6辆大卡车,为灾区群众送去方便面2200箱,火腿肠600箱,矿泉水800箱;叶县有60多个县直单位到灾区慰问,为群众送去了方便面6909件,纯净水4570件,面粉150吨,火腿肠1500箱;舞钢市直部门向灾区捐赠棉被100条、衣物12箱、方便面2060件,纯净水400件、火腿肠300件和其他救灾物资;省红十字会捐赠方便面、纯净水、消毒剂等物资价值6万元。市、县卫生、防疫部门迅速抽调力量组成卫生防疫小分队,及时赶赴灾区开展医疗救护和防疫工作,确保大灾之后无大疫,灾区群众有病能及时得到救治。通过各方努力,实现了水库不垮坝、主要河道不决口、城镇保安全、交通干线运行正常,灾区群众无1人死亡。

(赵海峰)

【抗旱】　2004年2月20日至7月8日,全市日平均气温较常年偏高1.9~2.3摄氏度,总降水量87~210毫米,比多年同期均值偏少46~71%,造成春夏两季连旱。特别是7月初,除沙河外其它大中型河道全部断流,8200眼机电井出水不足,4座中型水库、67座小水库放不出水。全市累计受旱323.4万亩,受灾144.7万亩,成灾128.36万亩,绝收15.72万亩。面对严重的旱情,组成3个抗旱督查组深入县(市)区督促指导抗旱。市水利局专门抽调人员,奔赴各县(市)区和大中型水库管理单位,统一调度水源,调动一切可以利用的水利工程设施,督促各地加快抗旱进度,主动协同气象部门抓住有利时机,实施人工增雨。全市66个抗旱服务队全部投入抗旱,其中县级抗旱服务维修机具设备1200多台(套),帮助吃水困难地区拉水送水,临时解决吃水困难16.19万人、大牲畜4.82万头。河南日报社、平顶山日报社、平顶山电视台先后对汝河断流、小麦枯死、小水库干涸、昭平台水库放水、广阔渠灌溉、郏县抗旱服务队服务等情况进行了重点宣传报道。全市投入抗旱资金1956.6万元,完成抗旱面积220万亩,实现粮食总产164.97万吨,大旱之年创历史新高。

(赵海峰)

【农村饮水】　坚持统筹兼顾,科学规划,把水源可靠、水质符合饮用水卫生标准作为工程建设的前提,因地制宜确定工程形式和实施方案,采取有效措施,综合运用"截、挖、蓄、引、提"等多种形式,兴建各类饮水工程,解决农村饮水困难4.59万人。在基本解决农村饮水困难的基础上,还不失时机地把工作重点转向解决农村饮水安全问题,从省里争取到首批解决1.4万人农村饮水安全项目,11处农村饮水安全项目工程全面开工建设,项目区农民群众饮水困难和饮用高氟水、苦咸水、污染水问题将得到有效解决。

(赵海峰)

【水土保持生态建设】　坚持走培育资源、优化生态、保持水土、促进经济和社会可持续发展的新路子。实行山、水、田、林、路统一规划,综合治理,以小流域为单元,采取"一事一议"、政府补贴发动群众集中连片治理,荒山承包大户建立山庄、雇佣劳力常年治理,机械化作业与专业队整修相结合的办法,工程措施、林草措施和保土耕作措施优化配置,因地制宜修建小型水利水保工程,闸沟造地,改造基本农田,开展封山育林,营造水保防护林、经济林,形成综合防护体系。同时,充分发挥生态的自我修复能力,逐步改善生态环境,促进人与自然和谐共生。全市共治理水土流失面积76平方公里,营造水保林5.06万亩,封山育林2.35万亩,修建塘堰坝等水利水保工程1016座,投入资金406万元。在各个水土保持生态建设综合治理区内,坚持做到坡面治理与沟道治理相结合,治山治水与脱贫致富相结合,不仅兴建了标准的水保工程,而且配套建设了灌溉工程,全部栽植了水保林、经济林。

(赵海峰)

【重点水利项目建设】 昭平台灌区节水续建配套工程。重点开展了五、六期工程建设和七期工程开工的准备工作,年度完成投资842万元,累计完成投资1461万元,完成渠道防渗硬化67公里,维修加固渠道建筑物325座。

孤石滩灌区节水配套工程。全部完成建设任务,清淤干渠28.78公里,防渗硬化干渠6.7公里,维修加固干渠建筑物64座,完成投资526万元。

郏县广阔渠复建工程。共完成渠道清淤25公里,渠堤加高加厚4000米,累计出动各类机械5600台(套),出动人力25万人次,共完成土方23万立方米;完成干渠硬化总长5144米;完成新建蓄水工程9处,蓄水量160多万立方米;完成支渠开挖13条,总长12500米。

节水灌溉示范工程。完成了舞钢市国家级节水增效灌溉示范项目建设,共发展高标准低压管道灌溉面积5016亩,完成投资208.8万元;完成了叶县省级节水灌溉示范项目,共发展高标准低压管道灌溉面积1200亩,完成投资35.65万元,其中省财政专项资金30万元,群众自筹5.65万元;完成了鲁山县省级节水项目建设任务和初验工作,共发展高标准低压管道灌溉面积1200亩,完成投资31.15万元。同时,争取省级节水灌溉示范项目3处,涉及汝州市、郏县、卫东区,省补助专项资金100万元。

田岗水库灌区建设工程。舞钢市自筹220万元,完成了东、西干渠和4条支渠的土方开挖和回填任务,并进行了试通水,改善面积2万亩。

第四水厂占用昭平台水库灌溉水源替代工程。新打机井175眼,修复旧井135眼,恢复灌溉面积2.8万亩,完成投资200万元,占计划任务的100%,工程优良率达75%。

(赵海峰)

【依法治水】 市水利局通过组织开展"世界水日"、"中国水周"、"6·26全市行政许可法宣传日"、"纪念宪法颁布50周年"和"12·4全国法制宣传日"等水法规宣传活动,切实加强水行政执法队伍建设。选拔配备了一批素质较高的水政监察人员,加大执法力度,严肃查处水事违法案件。全年共查处各类水事违法案件96起,申请法院强制执行16起,其中重点查处了郏县自来水公司无证取水、市公路局县乡公路管理处违法在北汝河建桥、市自来水公司损坏湛河堤等具有重大影响的水事违法案件,有效遏制了人为造成的水土流失、水污染、河道乱挖滥采等问题,维护了良好的水事秩序和水事环境。

(赵海峰)

农机管理

【农业机械化呈现良好发展态势】 2004年底,农业机械总值达到17.87亿元,较上年增长8.37%;农机总动力达到222.06万千瓦,较上年增长11.22%;农用拖拉机达到8.07万台,较上年增长10.85%;其中大中型拖拉机达到2500台,增长11.60%;小麦联合收割机达到2700台,较上年增长18.42%。玉米秸秆粉碎还田机械、排灌、牧草、农副产品加工机械都有新的发展。农民投资购买经营农机理念发生变化,由家庭自用、方便出行,转为以开展社会化服务、获取利益为目的;农机经营大户、农机专业服务组织、农机专业村日益增多。承包作业、订单作业、电话约定作业等服务方式越来越多。

(李长河)

【机械化作业水平稳步增高】 2004年,完成机耕375.38万亩,其中深耕255.20万亩;完成机械深施化肥124.34万亩;完成机播434.01万亩;完成机收285.99万亩,其中联合机收195.3万亩;完成机电灌溉204.2万亩,机械植保150.53万亩,免耕播种37.53万亩,玉米秸秆粉碎还田45万亩。农机经营总收入达到5.558亿元,较上年增长31.1%,其中农机作业收入达到5.234亿元。全市农机作业服务组织达到12万余个,农机化作业服务专业户达到12964户,农机作业、销售、维修市场从业人员达22余万人。

(李长河)

【小麦机收会战向纵深扩展】　2004年,尽管全市收割机保有量达到了近3000台,但与实际需求量仍有近一半的缺口。夏收期间共引进河北、山东、山西、甘肃、宁夏、天津、安阳、濮阳等地机收服务队36个、机车1500台,外地机车在本市作业面积超过100万亩,有力地支援了平顶山市夏收工作。全市夏收作业结束后,又组织本市机车1200台,到河北、天津、山东等地作业,完成外地作业50多万亩,创收1300万元以上。

(李长河)

【农机服务三秋生产】　针对农民种粮积极性普遍高涨这一特点,各级农机部门积极组织机械适时抢墒抢种。集中力量搞好物资供应、机具维修、技术培训等各项准备工作。全市共维修各类农机具5.3万台(件),三秋期间共组织26.5万台(套)农业机械会战三秋,主要作业都在最佳时节完成。

(李长河)

【农作物秸秆禁烧及综合利用】　2004年,市农作物秸秆禁烧及综合利用领导小组对秸秆禁烧及综合利用工作实行督察责任制。本着"禁"为先,"疏"为主,"用"为本的指导思想,以"禁"促"疏"、以"禁"促"用",把禁烧工作的重点放在拓宽秸秆综合利用渠道上,并进一步加大资金投入力度。当年全市各级财政投入资金100余万元。禁烧工作总体来看,夏季比秋季好,城市近郊比县(市)区好,县(市)区主要区域比偏远乡村好。

(李长河)

【农机购置补贴政策落到实处】　2004年中央1号文件提出了要对购置大中型农业机械的农户进行补贴,为把中央这一惠民政策抓实抓好,市农机局严格按照省财政厅、省农机局文件精神要求,规范了农机补贴资金的使用。2004年,市各级财政投入农机购置补贴资金200万元以上,创全市近年来最高记录。

(李长河)

【农机执法】　紧紧围绕"文明监理,优质服务"示范窗口创建这条主线,认真组织开展了"五整顿"、"三加强"、"百日安全赛"活动,全市共检验农业机械28587台,审验驾驶人员23804人,纠正各种违章行为1700余起。

(李长河)

【农民就业技能培训】　2004年,全市以县级农机化学校为依托,多渠道、多层次、多形式开展农机教育培训,为广大农村培养了一大批农机技术骨干和实用技术人才。全年共培训各类实用技术人员10040人,其中新训驾驶员4576人、联合收割机驾驶员1638人、农机修理工282人、其他技术人员2981人。

(李长河)

【农机打假】　为了保护农民的合法权益,规范农机市场秩序,市各级农机部门与工商、质量技术监督部门联合行动,检查农机维修网点326个,查获假冒伪劣农机及配件261件2142台件,货值42.6万元。

(李长河)

【大力推广农机化新技术新机具】　为加快农机化新技术、新机具的普及和应用水平,示范引导农机化发展,全市各级农机部门通过购机补贴、项目带动、示范引导、召开现场会、组织开展科技下乡等多种形式大力推广农机化新技术、新机具。全市新发展玉米秸秆还田机320台,新发展玉米灭茬播种机2150台。玉米联合收获机械引进示范表演也已起步,膜际播种旱作农机化技术试点工作在郏县开展。

(李长河)

蔬　　菜

【蔬菜生产】　全年蔬菜种植面积68万亩,实现总产165万吨。与上年相比,总面积增加了11万亩增长19.3%,总产增加30万吨增长22.2%,是近几年面积增加最多,产量增幅最大的一年。

(李奇山)

【农产品质量安全周宣传活动】　根据国家农业部安排部署,4月22日至29日为全国无公害农产品质量安全宣传周。宣传周期间共动员全市县(市)区和有关单位15个，在市政府广场和九头崖西卖场进行宣传展览，制作宣传版面48块，发放传单5000余份，接受现场咨询3000人（次）。为配合宣传活动，还紧急购进了蔬菜农药残留速测仪6台，培训了6名检测员，在市九头崖总店和西卖场门口进行现场演示。平顶山日报、平顶山晚报、平顶山电视台，河南电视台都对此次活动作了报道。

（李奇山）

【无公害农产品产地认定和产品认证】 2004年，全市共有30个单位申请无公害农产品产地认定，2个单位申请无公害农产品认证。经专家评审，平顶山市湛河区保林农艺苑、平顶山市利万家高效农业示范有限公司、湛河区北渡镇蔬菜协会、湛河区北渡镇葡萄协会、平顶山市丰田特种作物园、新华区滍阳镇杨官营村、卫东区东高皇乡上徐村、卫东区东高皇乡徐寨村、卫东区东高皇乡门楼张村、叶县洪庄杨乡瓜果蔬菜协会、叶县龚店乡蔬菜协会、叶县任店镇蔬菜协会、舞钢市八台镇八台村、舞钢市尚店镇料庄村、鲁山县张良镇农业服务中心、郏县广阔天地乡大李庄村、郏县王集乡大屯村、郏县城关镇小东门街、汝州市杨楼乡李庄温棚蔬菜合作社、汝州市洗耳区七里蔬菜合作社、宝丰县龙兴寺水库管理所、新华区滍阳镇水产养殖所共25个产地通过了无公害农产品产地认定。卫东区东高皇乡上徐村石榴协会的石榴和鲁山县豫新农科发展公司的葡萄2个产品通过了产品认证，实现了平顶山市无公害农产品认证零的突破。

（李奇山）

【防治番茄茎基腐病】 10月中下旬，市湛河区曹镇乡等乡镇的温棚越冬茬番茄秧苗发生病害，部分发病严重的地块成片死亡，严重影响着全市温棚蔬菜的发展。市蔬菜办得知情况后，组织技术人员与市植保站等单位的专家进行了会诊，确定为番茄茎基腐病与番茄绵疫根腐单独或混合感染所致。针对病害发生原因，印发3000多份防治措施传单，及时发放到菜农手中。由于诊断及时，措施对症，发病势头得到有效控制，为菜农挽回了损失。

（李奇山）

【社会关注大白菜“卖难”问题】 2004年白菜、萝卜种植面积大幅增加，全年白菜、萝卜种植面积达7.6万亩，比上年增加了2.1万亩，加上风调雨顺，产量达到32万吨，比上年增加13万吨。其中白菜、萝卜集中产区汝州市纸坊乡、尚庄乡，郏县广阔天地乡、王集乡总面积3万余亩，产量在18万吨以上，是历年来面积最大，产量最高的一年。在萝卜、白菜集中上市的12月份，市区市场零售价格为0.15元/公斤，而白菜、萝卜集中产区价格仅为0.04元/公斤，较往年下降了6倍，加上12月中旬下了一场大雪，部分蔬菜来不及收贮遭受了不同程度的冻害，导致了大白菜“卖难”问题，此事引起了社会各界的广泛关注。《平顶山日报》分别于12月29日和31日以《同是大白菜，悲喜两重天》和《悲情大白菜》报道了大白菜“卖难”问题。针对大白菜“卖难”问题，市蔬菜办公室立即进行了调查研究，以市政府办公室内部明传电报的形式下发了《平顶山市人民政府办公室关于加大促销力度解决菜农“卖菜难”问题的紧急通知》，要求各有关县（市）区、各乡（镇）政府特别是主要领导，积极帮助群众出主意、想办法，千方百计扩大销售渠道；各有关部门要通力协作，为菜农开绿灯，解决好群众卖菜难问题；各级政府各部门及各企业事业单位，要广泛动员职工和城镇居民积极购买和贮存蔬菜，帮助广大菜农渡过难关。交通、公安、城建、工商、市场服务中心等单位都相继出台为菜农进城卖菜开绿灯的意见方案。通过各方面的共同努力，郏县、汝州两地销售白菜6.1万吨，大白菜“卖难”问题得到了较好地解决。

（李奇山）

畜 牧 业

【畜牧业生产】 2004年，全市畜牧业产值达到53.1亿元，比上年同期提高6.87%，占农业总产值的比重达48.57%，肉、蛋、奶总产量分别达34.6万吨、12.7万吨、2万吨，比上年分别增长7.10%、5.5%和176.50%；牛存栏79.7万头、出栏41.34万头，比上年分别增长0.98%和5.46%；生猪存栏260.02万头、出栏289.83万头，比上年分别增长5.43%和4.81%；羊存栏175.74万只、出栏152.98万只，比上年分别增长5.34%和4.95%；家禽存栏2642.2万只、出栏3398.05万只，比上年分别增长9.40%和2.45%。

（李志钢）

【产业化经营】 规模养殖发展迅速，全市规模养殖场（户）总数达到25046个，其中新增3139个；养殖园区达到241个，其中养猪园区87个，养牛园区61个，养羊园区28个，蛋鸡园区44个，肉鸡园区10个，奶牛园区11个。规模养猪比例达到45.7%，规模养鸡比例达到83.3%。通过建立投资融资机制，调动社会各界投资畜牧业的积极性，全年全市投资新建、扩建畜牧龙头企业项目15个，畜牧业总投资金额达到8.5亿元：其中舞钢万东牧业公司总投资达6000万元，宝丰康龙公司投资2000万元进行扩建，佳田房地产公司投资3000万元在宝丰新建源源奶业有限公司；舞钢华懋双汇公司投入200万元完善冷库库房的扩建，能满足日产2000头生猪肉的冷藏任务，生猪年宰杀能力由20万头提高到50万头，肉鸡年宰杀能力由600万只提高到1000万只，可带动5000只以上的规模养殖户2260余户，辐射带动饲养肉鸡1000多万只。

(李志钢)

【奶业生产发展势头强劲】 平顶山市与河南三鹿花花牛乳业公司签订了联建优质奶源基地的协议，解决了鲜乳出路。市政府下发了大力发展奶业的优惠政策，社会各界积极投资。据统计，年底全市奶牛存栏达到11000头，比上年增加189%；奶产量达到20201吨，比上年增长176.50%；全市规模奶牛养殖场(户)达到437户，已建成存栏200头以上的奶牛园区11个，规模养殖奶牛8703头，规模养殖奶牛占奶牛饲养总量的79%。

(李志钢)

【畜禽经济合作组织】 全年发展不同类型的畜牧经济合作组织50多个。宝丰县养猪协会以康龙公司为依托，对会员实行“六统一”服务，即“统一供应种猪、统一供应饲料、统一防疫、统一用药、统一技术、统一销售”。协会定期组织会员学习先进技术，积极与金融部门合作，给养殖场户提供贷款帮助，累计为养殖场(户)提供资金1.6亿元。宝丰县山张村养猪协会与上海建立长期的销售业务关系，商品猪比市场价高了0.05～0.1元/kg，该村供沪生猪的年均净收入达78万元，成为养猪专业村。

(李志钢)

【畜产品质量安全管理与监测】 强化畜产品质量安全管理，提高畜产品质量档次。重点加强了投入品监管、违禁药品查处、药残控制及疫病控制。加强了畜牧业标准化生产管理，引导规模养殖场和园区以无公害标准进行生产管理。全市2004年又有15家规模场(园区)通过了省级无公害畜产品产地认定，全市无公害畜产品产地认定企业及养殖园区已达26家。叶县于6月份申报了无公害肉牛示范县补助项目，经省局批准实施。为进一步加大“瘦肉精”等违禁药品的查处力度，全市开展了专项整治工作。在监督检查中共抽检尿样和饲料样品260余个，未发现“瘦肉精”阳性生猪和饲料样品。为加强全市畜产品药残监测工作，市级畜产品质量监测中心项目已开始起步，在新城区划拨12亩土地用于畜产品质监中心综合楼建设。

(李志钢)

【动物疫病防治及监测】 加强重大动物疫病防治工作，做到领导到位、组织到位、资金到位、应急物资到位、人员到位。全市各级政府成立重大动物疫病防治指挥部，制定应急预案，建立快速反应机制。开展综合疫病防治工作，从生产、销售、运输、屠宰、加工各环节对畜禽产品进行检疫监督。开展重点疫病防治和监测工作。在全市5个种鸡场开展了鸡白痢和奶畜结核病的净化工作，检测鸡27000羽份，对52只阳性进行了扑杀；奶牛2650头，全部为阴性。加强动物防疫监测网络化建设，及时传输疫情数据。舞钢市争取省级动物疫情检测中心的项目已通过，总投资80万元。

(李志钢)

【畜禽改良】 科学布局改良站点，进行规范化管理。加强对人工授精技术人员的培训，举办6期技术培训班，培训人员120余人次，发放资格证98份。全年完成肉牛细管配种19.3万头，猪人工授精14万头，完成胚胎移植手术158例；牛、猪人工授精比例分别达到85%和15%，猪、蛋鸡、肉鸡良种率分别达到96%、80%和90%。根据地区改良状况，在舞钢市推广肉牛西门塔尔、夏洛来和本地黄牛的新三元轮回杂交改良模式。

(李志钢)

【动物检疫】 完善基层检疫网络体系，确保产地检疫。将人员、设施设备合理配置，整合到800多个检疫站。加强屠宰检疫管理，规范检疫操作程序，在检疫过程中严把“四个关口”(生产检疫关、屠宰检疫关、运输检疫关、监督检查关)。据统计，全年共检疫活畜禽261.5万头(只)，产地检疫率达到90%以上；屠宰动物受检率达100%；产地检疫证和耳标回收率为100%，上市动物持证率达100%；检疫肉品4.87万吨,检出有害病畜禽 1.02 万头(只),病害肉品 62.9 吨;审核发放《动物防疫合格证》2760 份,;运载车辆消毒 5987 辆(次);查处违法案件 258 起,结案 258 起,结案率 100%。

(李志钢)

【人工种草及青贮氨化】 2004 年,在资金和土地上实施政策倾斜,鼓励发展种草养畜。鲁山县政府制订了鲁山县退耕还林工作实施意见,规定土地承包期 30 年不变,退耕还草每亩政府补贴 20 元、粮 300 斤,连续 8 年不变。以推动秸秆禁烧为契机,市财政及各县(市)区分别对新建青贮池、购买铡草机及新建牛羊规模养殖场进行财政补贴或奖励,推动秸秆青贮工作。全市人工种草面积达到 3.5 万亩,秸秆青贮 150 万吨,氨化 45 万吨。

(李志钢)

【畜牧生产资料市场整顿】 加强兽药、饲料行业管理,深入开展农资“打假”,依法整顿兽药、饲料市场。对全市生产经营饲料、兽药的厂家、经营门市部进行了拉网式检查。开展了“瘦肉精”等违禁药品的专项整治。全市在检查过程中共出动执法人员 520 多人次、车辆 16 部,共检查 3 个兽药生产企业,兽药饲料经营门市部 800 多个,养殖企业 100 多个,饲料生产企业 25 个,查处禁用兽药 17 件,假劣疫苗 235 瓶,其它生物制品 3100 余支,没收劣质饲料 45 吨,劣质添加剂 25 件,并对涉案人员进行了严厉的处罚,取缔非法门店 20 多个。

(李志钢)

农业综合开发

【农业综合开发】 2004 年,农业综合开发以改造中低产田,改善农业生产基本条件,提高农业综合生产能力为目标,农业生产条件和农业生态环境得到较大改善。

全年全市共完成改造中低产田治理任务 4 万亩,新建排灌站 2 座,新打机电井 385 眼,输变电线路 34 公里,开挖疏竣渠道 77 公里,衬砌渠道 6 公里,埋设管道 12.6 公里,渠系建筑物 421 座,新修机耕路 127 公里,购买农业机械 157 台(套)。多种经营项目 2 个,总投资 1000 万元。项目区基本达到了旱能浇、涝能排,抗御自然灾害能力明显增强,新增粮食 618.2 万公斤,新增农业总产值 1475.4 万元,新增农民纯收入总额 695 万元,农民人均纯收入比开发前增加 213 元。

项目区内共植树 5 万株,建造农田防护林 0.4 万亩。由于统一规划,田、林、路、渠、综合治理基本达到了田成方、林成网、路相通、渠相连的田园化格局,农业生态环境得到了较大改善。

实施高科技示范和多种经营项目,提高农业科技含量。当年全市共举办养殖、瓜果、蔬菜技术培训 1.2 万人,印发科技资料 0.81 万份,引进农作物优质新品种 12 个、新技术 10 项,增加了农业科技含量。

(何延龙)

【扶贫开发】 2004 年,全市扶贫开发工作圆满完成省定平顶山市解决和巩固温饱贫困人口 3.85 万人(其中解决温饱贫困人口 0.7 万人)的目标任务。

抓好定点扶贫和整村推进工作。市、县两级 410 个定点扶贫单位,积极理清贫困村发展思路,订规划、筹资金、上项目,想方设法解决群众的实际困难和问题。各级定点扶贫单位为贫困乡、村筹措引进及支援资金(含物资折款)达 560 万元。

做好项目资金的管理工作。按照财政扶贫资金管理有关规定和扶贫开发 10 年规划,坚持财政扶贫资金重点支持和中小学 D 级危房改造及转移培训等项目。2004 年全市财政扶贫开发项目 127 个,总投资 1032.5 万元。按照财政部《关于印发〈财政扶贫资金报账制管理办法〉的通知》要求,对财政扶贫资金实行报账制,做到专人专账、专户管理,封闭运行。建立扶贫资金公示制、项目施工合同制、施工过程监理制、项目竣工验收制,对资金使用和项目管理严格把关,深入项目实地进行督促、检查,确保资金的安全使用和项目工程的实施进度、质量。

加强贫困地区劳务技能培训和输出。按照省扶贫办要求,制定了《平顶山市 2004 年贫困家庭劳动力劳务技能培训实施计划》,全年共完成贫困农民劳务技能培训 7000 人,新增转移劳动力 5600 人以上。其中鲁山、叶县各培训 1500 人,汝州、舞钢、郏县、宝丰 4 县(市)各培训 1000 人。

(何延龙)

烟 草

【概况】 2004 年卷烟销售收入、经营利润创历史新高,形成了卷烟销售完善的访、配、送现代物流经营管理体制。全年实现利润4266万元,同比增长253.73%;卷烟销售12.58万大箱,实现卷烟销售收入72569万元,同比增长27.57%;收购烟叶20.08万担,实现烟叶销售收入14031万元。宝丰烟叶复烤厂始终保持省级文明单位称号;平顶山烟草分公司、鲁山县烟草公司、叶县烟草公司、石龙区烟草公司、舞钢市烟草公司保持市级文明单位称号,取得了经济效益和精神文明建设双丰收。

(许光凯)

【烟叶生产】 2004年,市烟草行业和各县(市)区政府加大了烟叶种植过程中优良品种的推广力度,K326、中烟101、中烟100等优良品种的覆盖率占总面积的60%以上。全市烟叶种植面积12.7万亩,比去年增加了0.7万亩。烟草部门加大对烟农的资金、技术扶持力度,三段烘烤工艺等新技术进一步普及,提高了烘烤工序的科技含量。各县(市)烟叶生产的技术含量明显提高。全年投入资金1400多万元,在郏县、汝州、宝丰等地建立优质烟生产基地5万亩。通过计划分配、户籍化管理等措施,名优新品种面积达70%以上。

(许光凯)

【烟叶收购】 2004年,平顶山市烟叶总产量与上年相比有了大幅度增长,全年共完成烟叶收购1003万多公斤,同比增长33.7%。收购价格与上年相比有了较大提高,平均每50公斤较上年提高44元,总体提高幅度为12%,其中:下等次烟叶提高60%、中等烟叶提高15%、上等烟叶提高了4%,缓解了烟叶收购和烟草销售比价不合理的矛盾。

(许光凯)

【烟叶综合质量获国家通报表彰】 2004年3月,国家烟草专卖局组织对全国部分卷烟生产厂家进行抽检评比,平顶山市调出的烟叶因综合质量优受到国家烟草专卖局的通报表彰。平顶山市是河南省7个被抽检烟叶产区中唯一受到表彰的产区。

(许光凯)

【"替代进口烟"开发基地建设】 2004年,平顶山市烟草局与许昌卷烟厂合作,选择生态条件最适宜的宝丰县和郏县进行"替代进口烟"的示范开发。引导烟农生产替代进口烟叶,填补津巴布韦烟叶的供应缺口,为我国探索出了一套替代进口烟叶生产的新模式。"替代进口烟"开发基地主要设在宝丰县肖旗乡和郏县的薛店乡、安良镇等地,总面积400亩。

(许光凯)

吃芒果小心皮炎

陈女士近来嘴唇周围出现一群红色的小皮疹,流"黄水",脸也有些肿,伴有瘙痒。她到医院皮肤科,经过医生详细询问病史,得知是吃芒果引起的"芒果皮炎"。

芒果被誉为热带水果之王。芒果中含有多种矿物元素和丰富的维他命A、C及钙质,营养丰富。但由于芒果中含有的果酸、氨基酸、各种蛋白质等刺激性物质比较多,人们在吃芒果时又很容易将芒果汁沾到嘴、脸颊等部位,刺激面部皮肤,引起刺激、过敏。其特征是双侧口角对称的红斑,上有细小丘疹或针尖大小的水疱,伴有瘙痒或烧灼感,有的人还会出现面部肿胀。更有甚者,吃了芒果后胸闷、憋气、呕吐而到医院急救。

医生建议吃芒果时,最好将果肉切成小块食用,吃完芒果应漱口、洗脸,避免果汁残留。除了芒果可以引起过敏外,像桃子、菠萝、荔枝也容易引起过敏。

(《北京日报》4.28　飞雪文)

交 通

公路建设与管理

【概况】 2004年,全市交通系统干部职工抢抓机遇,加快发展,公路建设与养护、公路运输生产与管理、港航监督与管理、交通各项规费征稽和精神文明建设等工作取得了新成绩。高速公路建设步伐加快,全年完成投资13.53亿元。许平南高速公路(其中平顶山段51.75公里)12月12日全线通车。国道、省道干线公路新开工项目13个,新建大桥4座,完成投资12.1亿元,工程合格率100%。县乡公路完成投资2.75亿元。新建改建公路743公里。公路密度为51.417公里/百平方公里,以人口计算为8.443公里/万人。全年完成各种交通规费征收5.76亿元,完成年度计划的108%。全市交通安全形势稳定,未发生重大恶性交通安全生产事故。精神文明建设成果得到巩固和提高。2004年底,全市交通系统共有省级文明单位8个,市级文明单位16个,区级文明单位18个。

(姚水林)

【干线公路养护效果明显】 2004年,全市干线公路1122.5公里,其中高速公路51.8公里,二级公路812.1公里,三级公路157.6公里,四级公路101公里。有路面里程449.2公里,其中沥青混凝土路面259.3公里,水泥混凝土路面189.9公里,简易路面644.1公里,未铺装路面29.2公里。晴雨通车里程1122.5公里,可绿化里程1005.4公里,绿化里程974.4公里。涵洞2100道,34278延米。干线好路率累计平均完成91.7%,超计划2.2%,国道好路率达到93%,超省计划3%;保持绿化美化路段201.23公里,新增绿化美化路段178.1公里;保持已创文明样板路188.12公里,新创文明样板路54.32公里;保持已创GBM工程409.31公里,新创GBM工程48.92公里。桥梁养护纳入规范化管理,干线公路无四类桥;改造干线公路危旧道班房10座,新建道班房8座,工程合格率100%,优良率达90%以上。

(姚水林)

【县乡公路建设稳步推进】 2004年,全市县乡公路建设完成投资2.75亿元,新改建公路743公里,其中县道二级路91公里,国债资金项目203.7公里,村村通工程448公里;通达项目47公里,其它项目72.5公里;大中桥24座,2048延米。新增县乡公路161公里,新增通油路的行政村140个,改善农村公路项目56个。工程合格率达到100%,优良率达到80%。

(姚水林)

【公路运输生产与管理】 全市共有营运客车1913台,40609个座位;客运班线321条(跨省26条,跨区104条,区内191条);等级客运站23个(一级站1个,二级站8个,三级站14个);营运货车16249台,102116吨位;营运拖拉机13608台,13548吨位;营运三轮车9584台,5587吨位,等级货运站9个;机动车维修企业1030家,机动车驾驶培训学校7家。全年完成客运量4676万人次,旅客周转量175120万人公里,同比分别增长19%和23%;完成货运量2583万吨,货物周转量151049万吨公里,同比分别增长8%和1%。2004年底,两个专业运输公司的客货车总数达6200台,为人员、物流的畅通提供了运输保障。

(姚水林)

【交通规费征收创历史新高】 全年共征收各项交通规费57616万元,完成年度计划的108%,同比增长10%。其中汽车养路费完成17200万元,完成年度计划的117%,同比增长26%;拖拉机、摩托车养路费完成3284万元,完成年度计划的117%,同比增长17%;客、货运附加费完成2937万元,完成年计划的114%,同比增长35.8%;运管费完成1195万元,完成年计划的83%,同比增长12.8%;车辆通行费完成3.3亿元,完成年计划的103%,同比增长37%。另外车购税完成11000万元,完成年计划的112%。

(姚水林)

【地方海事工作】 2004年共检验船舶114艘,864个客位,对13艘不合格船舶予以取缔,对122名船员分六期进行了安全培训、特殊培训及考试,对1名实操考试不合格的船员给予吊扣证书处理,从源头上杜绝了事故的发生。

(姚水林)

【许平南高速公路全线通车】 2004年12月12日,许平南高速公路全线通车。许平南高速公路的建成通车,结束了平顶山市不通高速公路的历史,从省会郑州到平顶山市的行车时间缩短了1.5个小时。通车仪式在许昌南出口举行。副省长李新民、省政协副主席张洪华出席通车仪式。市长王照平、市人大副主任王金山、副市长阎红心参加通车仪式。

许平南高速公路是国家规划的日照至南阳重点干线公路的重要组成部分。该项目起自京珠国道主干线许昌出口南2.3公里处,沿线经过许昌县、襄城县、叶县、方城县至南阳市宛城区,路线全长162.795公里,路基宽28米,总投资38.776亿元,设计标准为双4车道,设计时速每小时120公里。其中平顶山市境内全长51.75公里,总投资13.7亿元。该工程于2001年12月29日奠基,2002年7月9日工程全线开工,经过施工人员的努力,原定36个月的工期仅用28个月即告完成。

(姚水林　肖国营)

【许平南高速公路收费标准出台】 2004年12月12日许平南高速公路建成通车,河南省物价部门对许平南高速公路车辆通行制定了征费标准。许平南高速公路收费里程总长166公里,共设京珠高速许昌西站、襄城站、平顶山站、叶县站、旧县站、方城站和南阳北站8个收费站段。通行费标准采取5元、10元等整数计征,车载越重,收费越高。按照车型及车辆载重,所有的收费车辆可分成9类。其中货车分成6类,收费标准基价为2吨以下(不含2吨)0.45元/公里,2~5吨(不含5吨)0.70元/公里,5~8吨(不含8吨)1.3元/公里,8~20吨(不含20吨)1.8元/公里,20~40吨(不含40吨)2.7元/公里,40吨以上为0.10元/吨·公里;客车分为3类,收费标准基价为10座以下(不含10座)0.45元/车·公里,10~30座(不含30座)客车或23卧以下(含23卧)卧铺客车为0.65元/车·公里,30座以上客车或23卧铺以上客车1.00元/车·公里。

根据规定,许平南高速公路对以下车辆免收通行费:正在执行任务的设有固定装置的消防车、救护车,正在执行任务的设有固定装置的本省警车,执行紧急任务出示国家安全机关专用"侦查证"或"特别通行证"的车辆,悬挂军用牌照的军用车辆,经省交通厅核准的防汛指挥车、专用车,其他经省政府批准的免收车辆。对不按规定交纳通行费而强行通过的车辆,除收取应交费额外,另加收全程5倍的通行费。

(姚水林　姚连清)

【许平南高速公路平顶山境内设立3个出入口】 许平南高速公路的建成通车,为平顶山市通往省会郑州提供了一条快速便捷的通道,该路在平顶山市辖区内设立了三个出入口,方便车辆出入。这三个出入口分别是:1、平顶山出入口,也称市区出入口。位于叶县洪庄杨乡白庄村北侧,沿建设路往东,在建设路与许南路交叉口上东立交桥,通过全长6.7公里的连接线可直达平顶山出入口;2、叶县出入口,位于叶县县城东约3.6公里处;3、叶县旧县出入口,位于叶县旧县乡止张村南侧。

(姚水林　肖国营)

【平鲁大道客运班线正式开通】 平顶山至鲁山的直达客车3月21日开通。平鲁大道是庙洪线平顶山至鲁山的一段,全长42公里,途经西高皇、井营、郑营、王营、肖营、郭庄、梁庄、贺营、韩寨、东羊石、西羊石、徐营、石庙王、程村、郝村、桃园赵、军王、杨庄、大王庄、詹营和小尖营等36个行政、自然村。客车走此路线,可节省时间1小时,省走12公里。在此公路修通之前,往来平鲁两地需绕道宝丰走54公里。

(姚水林　刘占君)

【超限超载治理】 2004年7月1日,全市治理车辆超限超载暨加强通行费征收工作会议决定从7月1日起,全市全面展开车辆超限超载治理工作,遏制车辆超限超载现象。对车辆第一次超限超载的,执法人员以教育为主,不予罚款,不收取公路补偿费,在车主道路运输证附页上进行超限违章登记;对于车辆超限超载两次以上的除实施卸载和登记外,交通部门要按有关规定对单车处以每车不超过1000元的罚款,或者由公安机关扣留机动车至违法状态消除,对单车每次处200元以上、500元以下罚款,还可同时对车辆所属运输单位直接负责人处2000元以上、5000元以下罚款。对运输不可解体物品,冰箱、彩电、汽车等规则尺寸物品,蔬菜瓜果等鲜活物品,农产品、化肥、易爆危险品、油汽等化学危险品的运输车辆,原则上不卸载。

从7月1日起,平顶山市辖区内设立了3个检查站和6个临时检测站,对车辆超限超载进行治理。设立的3个检查站分别是:叶县十里铺检查站、鲁山沙河桥检查站、汝州三焦检查站;6个临时检测点分别是郏县侯店临时检测点、平桐线后营临时检测点、程平路口临时检测点、宝丰县临时检测点、舞钢市临时检测点、石龙区临时检测点。"治超"严格执行超限6条标准:第一,二轴车辆车货总重不得超过20吨;第二,三轴车辆车货总重不得超过30吨(双联轴按照二个轴计算,三联轴按照三个轴计算);第三,四轴车辆车货总重不得超过40吨;第四,五轴车辆车货总重不得超过50吨;第五,六轴及六轴以上车货总重不得超过55吨;第六,虽未超过上述五种标准,但车辆装载重量超过行驶证核定载质量的。

(姚水林　田建伟)

【公路局收费站员工见义勇为受称赞】 1、老太太深夜迷路,收费员热心相助。

2004年4月7日凌晨1时许,国道徐锡线G311鲁山张官营收费站附近有一位老太太顶着大风艰难地挪步行进。时值深夜,又是大风天气,老太太怎会出现在这里?正在值班的刘亚旭、高攀科感到诧异。经询问得知老太太名叫关秀花,是舞阳城建局的一名保洁工,在中午下班回家的路上迷失了方向,老太太顶着大风沿着311国道已走了近10个小时。面对饥寒交迫的老太太,收费员高攀科为她做好了鸡蛋面,并将关老太太安置在温暖的房间里休息。班长刘亚旭坐到老太太身边详细地询问了她的身体情况,当问其家人的联系方式时老太太摇头不语,最后老太太说出二儿子在舞阳土地局上班时,刘亚旭、高攀科马上拨通114查询台,经过多方查找终于和老太太的儿子取得了联系。凌晨5点多,老太太的儿子急急赶来,看到班长正和母亲亲切交谈,激动得说不出话来,只是紧紧握住刘亚旭、高攀科的手不愿松开,并且要拿出物品来重谢,被二人婉言谢绝了。

2、危难时刻收费员热情救助。

2004年5月2日夜12点左右,一名男子经过国道锡海线G207线石龙收费站时神情紧张,看着亭内的收费人员欲言又止,这一切被正在值班的几位同志发现,他们立即上前关切地询问。该男子说,他刚才经过G207前面一个拐弯时,听到路边有微弱的"救命"声,由于深夜没敢上前查看。值班人员详细询问了具体的位置,一面打110报警,一面向值班站领导报告。站领导接到报告后,迅速带领值班人员赶往现场,他们一边找,一边喊,由于天黑,带的灯又不够亮,一时间难以找到,但他们没有放弃,几分钟后民警也赶到现场,在收费站人员和民警的共同努力下,人终于找到了。伤者是煤矿职工,刚下火车走到偏僻的地方就遭歹徒抢劫,不仅抢走了财物,还捅了他两刀,把他扔进路边的深沟内。石龙收费站工作人员和民警迅速将其送往医院救治。据主治大夫讲,伤者送得如果再晚一点就可能有生命危险。

3、八里营收费站夜半救人。

2004年6月7日凌晨2时许,郏县八里营收费站征收四班正在紧张有序地工作着,收费员张俊奇走出票亭,清理地磅上的脏物时,突然传来急刹车的声音,凭工作经验,他知道出事了,叫上班长雷俊豪一同去看个究竟。一辆车号为豫D91310的红色面包车撞到站区西头路边的树上,司机已受重伤,动弹不得。见此情景,雷俊豪急忙拨打120来急救。十分钟后救护车赶到收费站。他们又帮助医护人员将受伤的司机抬到车上,送到医院抢救,司机终于脱离生命危险。

4、"的哥"遭劫,滍阳站收费员相助。

2004年8月7日夜2点钟左右,滍阳收费站慕绍勋、陈成功等几名同志在亭外执勤时,听到"救命啊!救命啊!"的急切呼救。寻声望去,只见站东南方的玉米地里,一名男青年手提裤子,边喊边向站区奔来。经询问得知,他叫魏贵开,是出租车司机,被两名歹徒劫持,抽去腰带,并威胁要弄死他,就在劫匪驾车绕站去宝丰的途中,不慎摔到路边的沟中,在他被逼下车时看到了收费站的灯光,于是寻机脱身来站区求助。明白原委之后,班长慕绍勋迅速组织4名男同志,带上手电,赶赴出事地点,同时向110报警。到达出事地点后,果见一辆车号为豫D70581的红色夏利出租车一侧车轮摔在了沟里,劫匪已不知去向。据司机检查,他的手机和200多元现金被抢走了。2点30分民警赶到处理此事。

(姚水林　姚连清　孙凤　陈建宾　孙二峰　慕绍勋)

【全市国道　省道干线公路改建工程】 2004年,全市国、省道干线公路安排改建项目13项,建设总里程415.6公里,总投资为118915万元。当年计划投资71420万元,到年底完成58014万元,占年计划的

81.23%。这13项工程为:

1、S235侯饭线汝禹界至东车坊段改建工程。该项目全长51.95公里,总投资15624万元,其中省转贷资金12500万元。2004年计划投资8124万元,完成投资4430万元。

2、S241时南线叶县城至南坡王段改建工程。该项目全长23.68公里,总投资6976万元,其中省转贷资金5580万元。2004年计划投资6976万元,完成投资3350万元。

3、S331高兰线叶县城至武功段、尚汪路口至平南界段改建工程。该项目全长15.01公里,总投资4645万元,其中省转贷资金3720万元。2004年计划投资4645万元,完成投资2620万元。

4、S236花程线禹州神垕至郏县城段改建工程。该项目全长15.37公里,总投资3503万元,其中省转贷资金2803万元。2004年计划投资2203万元,完成投资1870万元。

5、S241时南线时屯至遵化段改建工程。该项目全长69.12公里,总投资18815万元,其中省转贷资金13824万元。2004年计划投资8991万元,完成投资6740万元。

6、S242庙洪线庙下至洪庄杨段改建工程。该项目全长73.71公里,总投资21250万元,其中省转贷资金15534万元。2004年计划投资10716万元,完成投资12395万元。

7、S231金孟线禹郏县至宝丰段改建工程。该项目全长29.9公里,总投资7357万元,其中省转贷资金5979万元。2004年计划投资4378万元,完成投资4580万元。

8、S220七蚁线三里河桥至水坑赵段改建工程。该项目全长10.86公里,总投资3100万元,其中省转贷资金2172万元。2004年计划投资3100万元,完成投资2032万元。

9、S238常付线洛汝界至汝州市区段改建工程。该项目全长29.45公里,总投资7863万元,其中省转贷资金5890万元。2004年计划投资3973万元,完成投资3903万元。

10、G311徐西线鲁山曹堂至三里河桥、二郎庙至木札岭段改建工程。该项目全长28.79公里,总投资7859万元,其中省转贷资金6330万元。2004年计划投资3529万元,完成投资2728万元。

11、S239鲁艾线马塘庄到平南界段改建工程。该项目全长12.68公里,总投资3706万元,其中省转贷资金2776万元。2004年计划投资3706万元,完成投资1892万元。

12、S234平桐线孟思恭至李辉庄段改建工程。该项目全长19.82公里,总投资5212万元,其中省转贷资金3964万元。2004年计划投资2248万元,完成投资4794万元。

13、S330道白线叶县东环路口至平南界段改建工程。该项目全长35.26公里,总投资13005万元,其中省转贷资金7174万元。2004年计划投资8831万元,完成投资6680万元。

(姚水林　肖国营)

【全市国　省道干线公路4座大桥动工】 2004年全市国、省道干线公路新建大桥4座810延米,总投资2544万元。全年累计完成投资752万元,占年度目标任务的100%。新建4座大桥是:

1、S242庙洪线渠庄大桥新建工程:该项目全长105米,计划总投资259万元,其中省转贷208万元。2004年完成投资104万元。

2、S242庙洪线汝河大桥新建工程:该项目全长515米,计划总投资1772万元,其中省转贷1620万元。2004年完成投资443万元。

3、G311徐西线二郎庙大桥新建工程:该项目全长130米,计划总投资296万元,其中省转贷266万元。2004年完成投资118万元。

4、S330道白线刘庄大桥新建工程:该项目全长110米,计划总投资217万元,其中省转贷195万元。2004年完成投资87万元。

(姚水林　肖国营)

【井营收费站西迁】 井营收费站位于新老城区之间,这种交通"瓶颈"现象直接影响着新城区的建设速度。为支持新城区的发展,市交通部门决定井营收费站西迁8公里。3月20日,老站停止收费。湛阳新收费站位于平宝路马跑泉立交桥南。收费站西迁后,所有从老城区通往新城区的车辆畅通无阻。

(姚水林　姚连清)

【香山寺景区专用公路通车】 2004年3月6日,香山寺景区专用公路开工建设,9月竣工。该公路全长3.5公里,东起平郏公路,西至香山寺。市交通局与新华区交通局共同投资410万修建。

(姚水林)

【石龙区大庄村修路建桥方便群众】 2004年4月18

日，石龙区龙河街道大庄村筹措资金56万元，在党员干部的带动下，全村男女老少齐上阵，经过2个月的紧张施工，将全村10多条主次干道和近600户居民的房前屋后全部铺上了水泥路面，解决了村民行路难问题。但横穿全村的石龙河将村子隔为两部分，两岸村民往来不便。早在上世纪70年代，该村就在河面上修了一座紧贴水面的小漫水桥，每到雨季小漫水桥便被淹没，村民无法过河。4月份，村两委会将修便民桥作为一项实事来抓，全村男女老少纷纷行动，共捐款10多万元，村里又筹措20万元，拆旧桥建新桥，新桥于2004年7月交付使用。

（姚水林　陈荣花）

【汝州市县乡公路农民养护工上岗】 2002年以来，汝州市新修县乡公路近300公里，但大部分线路处于失养状态。为了养护好县乡公路，2004年10月汝州市交通局出台了《汝州市县乡公路农民养护工管理办法(试行)》。办法规定，以路为单位招聘农民养护工，农民养护工一经上任，将开始管理路面、清理边沟、制止违章等工作。11月，首批56人的农民养护工正式上岗，标志着汝州市县乡公路养护新机制的正式启动，在我市尚属首创。

（姚水林　连宏杰）

【S329南石线石龙区段慢车道改造工程通车】 南石线石龙区段北起石龙区北大门牌坊以北，南至高庄大桥，全长5.8公里，投资350万元，将慢车道路面加铺厚度18厘米的二灰稳定砂砾碎石，面层为25厘米厚的细粒式沥青混凝土。工程由中标单位平顶山市交通开发工程公司施工，市凯达工程监理咨询有限公司全面监督管理。该工程于2004年10月30日通车。

（姚水林　王高峰）

【石龙区建成大　中型桥梁3座】 1、上河桥，座落在宝山路夏庄段，投资60万元，由中建六冶建筑有限公司中标施工，平顶山市凯达工程咨询有限责任公司全面监督管理。桥长20米，宽9米，跨径20米，上部结构为预应力空心板，下部结构为重力式双柱桥墩，荷载为汽挂20-120，2004年12月通车。2、下河桥，座落在宝山路夏庄段，桥长20米，宽9米，跨径20米，上部结构为预应力空心板，下部结构为重力式双柱桥墩，总投资60万元，由平顶山市凯达工程公司施工，凯达工程咨询有限公司全面监督管理，2004年12月通车。3、刘庄桥，座落在宝山路刘庄段石龙河上，桥长56米，桥宽13米，跨径40米，上部结构为预应力空心板，下部结构为重力式双柱桥墩，荷载汽挂20-120，由鲁山建筑公司施工，平顶山市凯达工程咨询有限公司全面监督管理，2004年6月投入使用。

（姚水林　陈荣花）

【湛河区公路建养成效显著】 2004年湛河区交通局加大公路建设力度，克服资金困难，完成公路建设投资331万元，新建县乡公路8条，长15.75公里，修建了北双路、邢王路、黄吉路、杨景路、利民高中路、银齐路、铁炉路等。按照县道县养、乡道乡养、村道村养的分级管养原则，公路养护道班努力做好县道的养护工作，全年完成整修路肩、边、坡25600平方米，疏通边沟23720米，清理垃圾440立方米，挖补坑槽8000平方米，处理网裂3700平方米，县道好路率不低于75%。同时，在苗张路栽植树苗10900株，种花18000平方米。完成养路费征收259.2万元。

（姚水林　姚远征）

城市公共交通

【城市客运管理】 2004年，城市客运管理工作以加快车辆更新、提升车型档次为重点，强化市场监管，严格依法行政。全年更新中高档轿车240辆；11月1日“面的”全部退出城市客运市场；征缴年度出租汽车经营权有偿使用费550万元；行业涌现好人好事78件(次)，上交和归还各类失物折合现金100万元；查处各类非法营运车辆812台(次)；纠章车辆1186台(次)，查扣各种证件1260件(次)。保持了较好的城市客运市场秩序，行业经营环境进一步净化。

（关　军　杨红月）

【出租车行业监管】 2004年，出租汽车行业监管力度进一步加强，全年培训出租汽车司机500人次，在全市出租汽车上统一粘贴明码标价表2000份，安装《平顶山市出租汽车驾驶员服务卡》1400份，出租汽车司机职业素质进一步提高，营运行为更趋规范。主管部门投资10万元，与市容秩序整顿指挥部、交警支队、建委、规划局等部门协调，安装出租汽车临时停靠牌102块，缓解了出租车营运中停靠难的问题。开展争创“诚信星级公司(的士)”活动和“安全营运文明服务”竞赛活动。“两会”期间、“雷锋纪念日”、“七一”、

"八一"、"十一"等节假日,海鹰、顺发、公交、金银龙等公司积极组织车辆60辆,免费为市人大代表、政协委员、退伍军人、残疾人、老干部提供优质乘车服务。

(关 军 杨红月)

【客运部门依法行政】 2004年,城市客运部门积极探索执法新思路和稽查管理新方法,将摄像机运用到稽查取证工作中。采用灵活多变的稽查方式,在上下班客运高峰期和夜晚非法营运多发期,对客流集散地的各类非法营运车辆进行重点稽查。调整管理稽查格局,稽查队不再限制稽查范围,稽查力度和稽查效果明显提高。坚持依法行政,严格落实执法责任制、执法过错追究制。亮证执法率100%,行政应诉案件胜诉率100%,经市政府复议的案件胜诉率80%以上,规范性文件及重大具体行政行为法制审核及上报备案率100%,执法质量进一步提高。全年共查处非法营运面包车208台次、机动三轮车460台次、中巴87台次、侵占公交线路大巴57台次、违规出租车796台次、其它违章车辆390台次;查扣各种证件1260件次;举办培训班150期,培训违法、违章司机646人,维护了良好的客运市场秩序。

(关 军 杨红月)

【出租车行业管理获得三项行政审批许可】 根据《国务院对确需保留的行政审批项目设定行政许可的决定》(国务院令第412号)精神,出租汽车经营资格证、车辆运营证和驾驶员客运资格证由县级以上地方人民政府出租汽车行政管理部门实施。

(关 军 杨红月)

【公交总公司完成经济指标】 2004年公交总公司完成营运收入3286万元,营里程1780万公里,客运量3308万人次,责任事故间隔里程101万公里,完成固定资产投资88万元。完好车率93%,工作车率93%,正班率94%,准点率94%,车厢整洁合格率96%。调整、延伸线路2条。

(李平生)

【公交总公司强化管理见实效】 2004年公交总公司加强票务及营运秩序整顿,补交跑漏票款1.4万元,查扣各类假证400余张,查处违反票务制度驾驶员、乘务员25人。输出劳务人员50人,培训大客车驾驶员230人,车体广告制作73台(次)。

(李平生)

铁路运输

【平东站运输收入再攀新高】 2004年,平顶山东站紧紧抓住提速调图和运输需求旺盛的良好机遇,坚持客货并举,优化运输组织,强化激励机制,在保证重点物资运输,出色完成煤炭抢运重大政治任务的同时,大力开展"多拉满载、挖潜提效"活动,全力增运增收,实现了运输收入的新突破。车站对平煤集团、天宏焦化集团、舞阳钢铁公司和平禹公司等重点企业采取强化服务,保证重点,加强联劳协作等措施,按照"三优先"(优先安排去向、优先配送空车,优先组织挂运)的原则圆满完成了电煤、钢煤等重点物资的运输任务,不仅取得了良好的经济效益和社会效益,也实现了路企"双赢"。在运力紧张,空车不足的情况下,通过优化运输组织,挖掘运输潜力,完善考核办法,狠抓运营指标,加大工效挂钩考核等措施,提高作业效率,确保站场畅通,创造条件多开行直达煤炭专列及重载列车,实现了装车效益最大化。同时,通过规范服务标准和服务内容,搞好货物运输代理服务,建立内部与外部相结合的服务质量监督和评价机制,增强职工的服务意识,全面提升服务质量,创造了良好的运输市场环境。2004年,全站共完成旅客发送569910人,同比减少112384人,降幅16.47%;装车完成435089车,同比减少10010车,完成年计划的95.64%;货物发送吨完成26856301吨,同比增加96476吨,增长0.36%;完成运输收入99552万元,同比增加6616.41万元,增长7.12%,创历史最好成绩。

(姚新辉)

【平东站安全生产创佳绩】 2004年,平顶山东站认真贯彻落实各级运输安全工作会议精神,全力推进科学管理和设备质量达标,全面实施安全工作的新举措。工作中紧紧围绕"规范管理、强基达标"这一主线,坚持以强化"三基"(基础、基层、基本功)为抓手,以落实"四责"(逐级负责、分工负责、岗位负责、专业负责)作保证,以完善三级(车站、车间、班组)安全监控网络为手段,盯牢安全"七大关键"(非常行车安全、调车安全、施工安全、人身安全、装载加固、危险品运输及防火防爆、治安环境),强化现场作业控制,实现了安全生产的"有序可控,基本稳定"。车站在实现了"1·31"安全生产5000天的基础上,顺利实现了安全年。截至12月31日,已连续实现安全生产5335天。车站被路局、分局分别命名为"安全优质站"和"安全生产先进单位"。

(姚新辉)

【平东站为职工办实事9件】 2004年,平东站千方百计筹措资金为职工办实事、办好事,改善职工的生产、生活环境。年初确定的9件实事工程基本兑现:改善了"东五站"的生产、生活条件;姚孟站安装了安全电视监控系统;启动了站区"防护林"二期工程;组织了职工外出参观学习;为全站职工制作了站服;组建了车站管乐、电声乐队;治理了人工河并进行美化、绿化;对平东涵洞及排水沟进行了治理;为全站职工(含集体职工)及离退休职工进行了体检。年终平东站被分局命名为"四好班子"、"党风廉政建设合格单位"和"双文明建设标兵单位"。

(姚新辉)

您有必要吃蛋白质粉吗

如今,附有营养保健说明的蛋白质粉,令许多注重健康的人士心甘情愿地掏腰包。您是否有必要用蛋白质粉来补充营养呢?

北京协和医院营养科陈伟医生介绍说,蛋白质粉的品质有优劣之分。首先,蛋白质的来源分为植物蛋白(如大豆蛋白)和动物蛋白(如乳清蛋白)。相比较,乳清蛋白提供的氨基酸种类和比例较接近人体所需要的模式,消化吸收利用率较高,对人体有益。大豆蛋白虽然是优质植物蛋白,可是8种必需氨基酸中蛋氨酸含量不足,影响其功能发挥,另外大豆蛋白不含免疫球蛋白和乳铁蛋白。此外,制作工艺不同,也使蛋白质粉的质量有一定的差别。

蛋白质摄入过多,在体内代谢过程中会产生氨、尿素、肌酐等含氮的物质,其中氨是有毒的,经过肝脏解毒,再由肾脏排泄,会加重肝肾负担。如果肝肾功能差,将会加重病情。因此,60岁以上的高血压患者、肾功能未发育完全的儿童或肾衰竭的病人应慎用蛋白质粉。有研究认为,高蛋白饮食会摄取骨骼中的钙,增加骨质疏松的危险。

食用蛋白质粉可以减肥,是因为它能使人在摄入蛋白质的同时不增加脂肪和胆固醇。其实要达到减肥目的,完全可以在日常饮食中多吃高蛋白低热量的食物,如大豆制品、鸡蛋、鱼肉等。只要饮食科学,远离高热量食品,就可以在保证营养的同时控制体重。如果不能控制饮食,吃很多蛋白质粉也无济于事。

陈伟医生指出,蛋白质粉只适合儿童、孕妇、老年人、营养不良、低蛋白血症、贫血症患者等需要补充蛋白质的人群适量食用。健康的成年人完全没有必要用蛋白质粉来补充蛋白质。那些对蛋白质需求较大的人群,也不能长期大量食用,以免造成负面效应。

(《健康报》11.21 吴季文)

信息产业

邮　政

【概况】 2004年,平顶山市邮政局驶入发展的快车道,是独立运营6年来邮政发展、企业效益、职工收益最好的一年,各项工作取得了可喜的成绩。邮政经营运行质量良好。全年实现业务收入1.24亿元,增幅达到16.21%,位居全省第一,完成了省局下达的收支差计划。企业财务状况明显好转。全年共偿还省局贷款、物流贷款、往年邮品款等600万元,解决遗留问题支付资金413万元,年底货币资金存量达到1956.19万元,较上年净增1760.26万元。项目运作初见成效,市局在发展常规业务的同时,组织了叶公邮票、世界刘氏联谊会、平煤集团形象册等一系列大项目开发,有力的保证了全年业务收入的完成。职工营销积极性明显提高。全年市局职工人均营销积分9790分(积分为考核职工各项业务营销收入奖比得分),较去年增长1901分;县局职工人均营销积分6320分,较去年增长1090分;农村支局人均营销积分4255分,较去年增长377分。有14个支局荣获"明星支局"称号;平顶山市局、鲁山局、舞钢局被省局、省邮政工会授予"优秀企业"称号;宝丰、叶县、汝州局荣获"先进企业"称号;市局、鲁山局通过了省级"模范职工之家"认定。

(王守铎)

【邮政业务进一步拓展】 2004年市邮政局坚持以常规业务发展为基础,以项目开发为保障,以全员营销为补充,以专业化经营为动力,以提高效益为目的,强化市场开发。邮储业务:加大绿卡发放力度和开展代发工资、代发养老金、代收农电费、代收烟草款中间业务,促进了储蓄业务规模的扩大,全年累计净增余额7.17亿元,净增市场占有率达到16.62%,累计余额突破33亿元。邮储市场占有率达到31.38%,较上年提高0.34个百分点。代发绿卡11.12万张,累计达到41.44万张,累计代收付总量达到5.39亿元。全年邮储业务收入完成7160.9万元,较上年增长17.86%。函件业务:依托名址库资源,大力开发名址库营销。全市开发商函91.7万件,实现收入33.5万元。开发邮资封136万枚,实现收入153.81万元。企业金卡完成普通型45万枚、贺卡型71.2万枚、信卡型1万枚,实现收入466万元,完成省局计划的105.91%,绝对值居全省第四位。速递业务:大项目开发效果明显。成功与全市4所高校签订利用特快专递寄递高校录取通知书协议,实现收入18万元;在市审批中心设立服务窗口,开展行政审批文书寄递业务;组织中秋节"思乡月"营销活动,销售收入27.9万元。中邮物流业务:以公司化运作为动力,开发行业客户。以医药、电子等中小企业和当地土特产品的市场加工企业为开发重点,全年实现收入169.24万元。分销物流业务:积极拓展城乡分销物流市场,全年分销物流业务收入完成199.94万元。集邮业务:启用邮资票品系统,完成了市、县局并库工作,围绕"盘活"实施能人营销策略,通过展示会、推介会等形式盘活邮品430.38万元;实现节日邮品销售收入330万元;销售《叶公好龙》邮品实现收入192万元;拉动邮品盘活65万元;开发形象册、专题册、个性化邮票市场,实现收入298万元;全年完成集邮业务收入1413.08万元。报刊发行业务:完成破订报刊流转额224.21万元,增长21%,全年发行业务完成收入673.83万元。零售业务:销售精品图书、音像制品收入15.47万元,全年实现收入361.14万元。代理保险业务:全市组织了15场保险产品推介会,代收保费2000万元。在邮政网点设立了保险专柜,实现专业营销,全年代收保费5969万元,实现收入188.96万元。代办电信业务:加强与电信运营商的合作,实现互动发展,全年实现业务收入115.34万元。

(王守铎)

【邮政企业核心竞争力增强】 市邮政系统坚持科技

兴邮，完成了全市绿卡统一版本系统切换上线工作，使邮政金融信息化水平大大提高；实现了代理保险实时出单功能；组建了中邮物流、特快专递邮件上网查询系统；开通了邮件生产作业信息系统；完成了11185升位工作；开通了汇款短信回音系统，促进了邮政汇兑业务的快速发展。在网络建设上，以铁路第五次大提速为契机，加快了邮件传递时限，对市县间和市内转趟邮路进行整合，增强了邮路运能。

（王守铎）

【邮政运行质量改善】 市邮政系统积极开展邮政经营秩序和服务质量专项整治活动，经过自查自纠、复查整改、再查提高三个阶段，达到了“以整治促发展、向整治要效益”的效果。制定和完善了8个专业管理、考核办法，堵塞了管理中存在的漏洞。行业管理和法制工作得到重视和加强，全年出动执法车辆50次，查处非法经营商户30家，查处4起冒用邮政标志案件，取缔1家大型非法邮票发行商户。实行了合同集中管理和公章统一管理，合同审查率达100%。法律法规培训参加人员达到1000人次。

（王守铎）

【邮政服务水平提高】 市邮政局完善三级视检质量管理体系，明确了各岗位职责，保证了服务水平和服务质量的稳步提高。建立了“投诉中心—11185—综合办公室—总值班室”四位一体的用户投诉受理机制，制订了投诉受理操作流程、管理和考核制度、用户投诉处理情况反馈、回访制度，保证24小时受理用户投诉。拓宽投递服务的广度和深度，实行了“包裹和印刷品直投到户、给据邮件投递到人。组织开展了“百人千家访用户”活动，征得用户意见105条，建议23条，促进了邮政服务质量的进一步改善。在省局组织的用户满意度测评中，平顶山市局获得91分。

（王守铎）

【《叶公好龙》邮票发行仪式】 2004年4月2日，《成语典故(一)》特种邮票《叶公好龙》首发式在叶公故里叶县举行。叶县是春秋时期著名的政治家、军事家叶公沈诸梁的封地，是全世界叶姓华人的祖居地。叶公乃叶氏始祖，他一生勤勉持政，功绩卓著，深受海内外叶氏宗亲爱戴和后世敬仰。国家邮政局发行的《成语典故(一)》特种邮票，共4枚。邮票志号为2004-5。分别为《邯郸学步》、《叶公好龙》、《滥竽充数》、《鹬蚌相争》，面值均为80分。邮票的设计者为李永清、李国柱。首发式上，国家邮政局邮资票品司赵玉华宣读了国家邮政局关于发行《成语典故(一)》特种邮票的文件。河南省委宣传部副部长常法武、中华集邮联合会副秘书长刘佳维、平顶山市委书记邓永俭、市人大常委会主任侯玉德等领导为《叶公好龙》特种邮票揭幕。

（王守铎）

【“情人节”邮政礼仪显身手】 2月14日是情人节，全市邮政速递部门利用节日有利时机，大力开展礼仪营销，取得了良好效果，当天实现礼仪收入5万元。市局速递科在节前印制中邮专送广告“情人节”专刊，通过夹报、营业厅摆放、街头散发等形式进行礼仪宣传。当天出动4台汽车、两台摩托车进行鲜花派送。鲁山局通过电视台播放流动字幕，在营业厅外升气球、挂彩带、出设展示台，组织6名“插花女”现场献艺，发放宣传品6000份，当天出售鲜花1380支、巧克力35盒、果冻28盒，实现礼仪收入18500元。舞钢局在闹市区设6处鲜花销售点，投入4台车辆，当天实现收入10000元。

（王守铎）

【邮局首次发行《邓小平手迹选》】 2004年8月22日是邓小平诞辰100周年纪念日，为缅怀一代伟人的光辉业绩与领袖风采，中央档案馆精选了邓小平有代表性的珍贵手迹296件，编辑成书。7月16日平顶山市邮政局作为《邓小平手迹选》一书在平顶山市的独家代理发行单位，在平顶山宾馆举办了首发式。市委宣传部、市文化局、市新闻出版局及县区宣传部、文化局的负责人，以及市直机关、企业共105个单位的负责人参加了首发式。这标志着新华书店独家垄断经营图书的局面被打破。首发式当天，364套《邓小平手迹选》销售一空。

（王守铎）

通　信

网　通

【概况】 2004年，中国网通(集团)有限公司平顶山市分公司(以下简称平顶山市通信公司)本着“以发展保上市，以上市促发展”的思路，通过对电信市场的细分和深入的调查研究,推出了一系列个性化、差异化的营销方案,保证通信业务的持续发展。全年完成主营业务收入40212万元,占年预算的100.01%,增长幅度在全省排名第11位,绝对值排名第9位。实现利润2552万元。完成固定资产投资1.04亿元,通信能力进一步增强。落实各项安全制度,保持了全年无安全责任事故。县(市)局以上机房整治合格率为100%,模块局以上机房整治合格率达90%以上。12月18日,中国网通集团公司安全生产工作检查组检查时,给予了高度评价。全市通信系统全部从业人员1859人,其中正式在岗职工802人,固定资产原值达16.28亿元。

(张纪安)

【通信业务发展】 2004年,平顶山市通信公司继续把通信业务发展作为首要任务,通过充分的通信市场调查和细分,推出了一系列个性化、差异化的营销措施,促进了通信业务的快速发展。全市固定电话发展8.73万部,期末达到60.39万部;小灵通发展9.51万部,期末达到13.85万部;宽带发展1.69万部,期末达到2.71万部;来电显示发展9.44万部,期末达到28.16万部。

(张纪安)

【通信网络建设】 2004年,平顶山市通信公司围绕业务发展重点,完成固定资产投资1.04亿元;本地网新增交换机容量3.61万门;无线市话新增交换机容量7.9万门,基站589个;新增电缆16.09万对公里,光缆3.63万芯公里,管道224孔公里;非对称数字用户环路(ADSL)新增生产能力1.2万线;完成了宽带网络DVD新建工程,完成了鲁山县生产楼、宝丰县闹店生产楼工程,完成了汝州市的小屯、焦村、纸坊,鲁山县的董周、舞钢市的庙街5个支局、所的主体工程施工。与此同时,通过组织开展网络运维"双压缩"劳动竞赛以及专项整治、优化活动。本地网运行质量不断提高,全市网络有效接通率完成98%以上,系统障碍次数减幅在30%以上,数据障碍次数减幅在70%以上,为全市通信网络畅通提供了有力支撑。

(张纪安)

【通信服务质量提高】 2004年,平顶山市通信公司为切实改善服务质量,强化了各项服务规范的培训,针对服务工作中存在的问题,重点抓好企业窗口服务、后台服务、大客户服务及社区经理等人员的培训。强化窗口服务规范、入户服务规范、特服台服务规范的落实,不断完善了服务监督、检查、考核体系。2004年在全省共受理的792件客户投诉中,平顶山市通信公司占37件。全年省公司督办的205件投诉案件中,平顶山通信公司占9件。客户投诉率较2003年有了明显下降,被河南省消费者协会授予"2003～2004年度商业服务业企业诚信单位"荣誉称号。

(张纪安)

【通信技术创新】 2004年,平顶山市通信公司支撑共享中心在10060客服热线呼叫平台开发和宽带业务营销系统改进两个项目上取得了新成果。6月份,省公司下达了统一10060客服语音平台的技术改造任务。支撑共享中心及时组成项目攻关小组,研究了东进E1接口7号信令语音卡和客户服务规范,采用ORACLE9i数据库存和PB开发工具,利用工作之余加班加点,出色地完成了开发任务,使该公司在省内率先开通了具有自主知识产权的客户服务呼叫中心平台。与同类同等规模的呼叫中心相比节约投资近百万元,同时又保证了企业服务的规范化。宽带业务营销系统得到改进。系统能够受理非对称数字用户环路(ADSL)、宽带小区(LAN)等业务,采用了规范的非对称数字用户线(DSL)接入模块(AM)接口编码方案,为该公司宽带业务的营销活动提供了强有力的支撑。该系统是全省仅有的可以全面处理宽带业务数据和服务的完全自主研发的营销系统,功能先进、流程完整、数据规范,在宽带业务全省大稽核中受到高度评价。

(张纪安)

电　信

【电信公司业务快速发展】 2004年,平顶山市电信公司按照"抢占增量市场、激活存量市场"的发展方针和"以直销为主、代理为辅"的经营思路,有效地保证了业务快速发展。全区电信业务收入完成1246.89万元,完成年计划目标的121%,上交省公司现金流1399.04万元,其中普通固话业务完成收入666.38万元,宽带业务收入完成281.99万元,公话业务收入完成219.30万元,智能网业务收入完成105.90万元,其它业务收入30.09万元。

(范敬梅)

【电信公司品牌业务凸显特色】 平顶山市电信公司采用最新型制式的程控交换机,率先推出向用户提供市话清单服务,2004年3月15日多家新闻媒体对此进行了报道。中国电信拥有国内各运营商互联网国际总出口60%的宽带资源优势。在加强宽带网络建设的同时,积极联合国内各大SP、ISP运营商,不断加强网络内容的增设与更新,因此“网速快,内容丰富”是电信新宽带的两大特色,深受用户青睐。

(范敬梅)

【电信公司网络建设初具规模】 2004年,平顶山市电信公司坚持“以市场为导向,以效益为目标”、“有所为有所不为,有所早为有所晚为”的建设思路,一手抓网络建设,一手抓网络维护,较好地完成了省公司下达的各项工作任务。接入层完成立项2989.81万元,其中设备立项1237.4万元,光缆立项113.3万元,电缆立项1114.41万元,管道立项179万元,其它配套立项345.71万元。接入层设备投资2247.44万元,管线投资2573.25万元,接入层总投资4820.69万元。通过一年紧张的网络建设,平顶山市区的网络覆盖率已达70%以上,且已延伸至叶县、宝丰、汝州、舞钢、鲁山、郏县6个县(市)区。

(范敬梅)

【电信公司服务用户上台阶】 2004年,平顶山市电信公司本着“用户至上,用心服务”的服务理念,以用户满意为标准,严格内部管理,创新服务手段。每位员工对用户有问必答,态度保持温和自然,实行“四声服务”、“微笑服务”、“站立服务”,不但为公司树立了良好的窗口形象,也为用户营造了一个温馨的服务环境,一系列的服务措施使营业厅服务质量得到了明显提高。下半年,公司成立服务督察室,对全公司各个部门的服务情况进行监督并通报,每月对公司的服务质量进行通报,通过召开服务工作研讨会,建立便利的投诉处理系统,为用户做好服务工作。公司每月对各县(市)公司进行检查、考核,并将检查结果与绩效挂钩;定期组织全体员工进行服务礼仪、业务知识、营销技巧等方面的培训,有效的增强了员工的服务意识,提高了员工的服务水平。

(范敬梅)

移动通信

移动公司

【移动市场长足发展】 2004年,通过品牌整合和对品牌内涵与外延的不断深化,“全球通”高端品牌形象和价值得以提升。通过组织业务促销和校园地面活动,“神州行”和“动感地带”品牌知名度日益提升,移动客户总量达到68.5万户。在加快渠道建设的基础上,积极完善渠道管理系统,认真兑现渠道服务承诺,建立了以自建营业厅为龙头的市场营销网络体系。在各营业部建立“客户经理+产品经理”的人员管理模式,逐步加强“集团产品应用推介会”、“移动文化周”等差异化营销活动的过程管理和目标管理,移动信息化推广模式不断得以创新,“校信通”、“会议通”、“警务通”、“虚拟超市”、“电力高压线路监控系统”、“GPS车辆定位系统”等多种集团信息化产品得以大范围应用。在营业厅增设“梦网台席”,不断完善梦网投诉处理流程,有效提升梦网业务社会形象,客户认知度和满意度持续提升。

(井杨柳)

【移动公司服务客户水平稳步提高】 2004年,移动公司从“一流的企业、优秀的员工、高贵的品牌、超值的产品、优质的服务、领先的业务、合理的价格”七个方面提高客户感知度,服务客户水平不断提高。开展“全球通健康俱乐部”、“全球通服务专区”等差异化服务,切实完善高端和集团客户服务举措,“全球通”客户尊崇地位得以凸显。优化业务服务流程,不断完善客户经理制,努力提高业务办理便利性。认真组织开展“话费误差、双倍返还”、“客户意见有奖调查”、“客户服务岗位练兵”等活动,启动客户投诉电子处理流程,适时拓展客服检查工作范围,加大服务政策执行力度,有效降低客户投诉,客户满意度和忠诚度持续提升。

(井杨柳)

【移动网络优势持续巩固】 移动公司以“服务和安全”为主线,完善快速反应机制,加强网络运维管理,网络安全性能得以提升,网络服务能力不断增强,网络利用率得到持续提高。2004年,全区基站成环率达到90%,新增交换容量30万户,新增基站105个,新增载频983个,自建传输线路增加1450公里。在全网话务量快速增长的情况下,不断加快工程建设,九期工程提前完工。全年工程建设总成绩位居全省首位。网络运行质量稳中有升。全网话务掉话率1.02%,无线网络利用率达到58.75%,最坏小区比例低于0.6%,设备完好率达到99.90%。此外,在应对重大应急通讯保障过程中,网络应急预案得以较好实施,网络领先优势得以持续巩固。 (井杨柳)

【职员管理】 移动公司继续深化"三项制度"改革,努力加强新员工管理,建立实施"三级面谈制度"和"后备人才管理制度"。2004年直接接受面谈的有80人,纳入后备人才管理的有41人。在健全薪酬激励机制和企业内部沟通机制的同时,加强人才培养和队伍建设,共举办各类培训55次,受训人数达到3441人次。(井杨柳)

联通公司

【联通公司打造CDMA"精品网络"】 2004年,平顶山联通公司完成了CDMA三期工程,已建成绿色基站300多个。大力改善通信覆盖范围,重点解决了室内和偏僻山村的信号问题。同时加强网络优化,CDMA网络的室外覆盖率已达到99.999%,GSM网已完成了八期工程建设,GSM网络的覆盖也明显改善。公司移动通信部交换中心被评为2004年度服务先进单位,公司被评为"网络维护先进单位",同时获得"移动工程建设奖"和"客户满意精品网络城市"的荣誉称号。(赵晓晔)

【联通公司推出TSP业务】 2004年2月10日,平顶山联通成立四周年时推出TSP业务。TSP是将最先进的技术、最优质的服务和优惠的价格科学结合起来,充分发挥联通综合业务运营商优势,将移动电话、固定电话、寻呼、长途电话、宽带互联网、联通秘书、无线上网等各种业务为集团客户量身定做的个性化方案。TSP业务的推出,是平顶山联通不断扩大业务服务对象、增加服务种类的体现。通过TSP业务,不仅从技术、服务、价格等层面为集团客户提供了一整套电信业务综合解决方案,更为企业提供了一个全新的管理模式。(赵晓晔)

【联通公司启动"业务管理"和"客户服务满意"工程】 为了给客户提供更满意的服务,平顶山联通提出"客户的事情是最大的事情"服务理念,并着手从管理流程、网络建设、业务发展等方面进行全程改造。开展了"业务管理工程"和"客户服务满意工程"两大服务与业务管理流程再造工作。通过完善"人、制度、流程、共同的价值取向"等四大链条,逐步建立起面向市场、面向客户、面向前台的各项业务管理流程,为提升服务质量奠定了基础。3月份在全省系统内率先实现了用户前台"自由选号"。该系统打破了原有的号码资源管理模式,号码不再按照营业地分配,而是统一放在一个"共享库"中。用户可以通过营业终端、触摸屏、手机短信等方式查询选择自己满意的号码。(赵晓晔)

【联通公司服务用户出新招】 2004年,平顶山联通公司实施了"关爱客户十二月"系列行动,相继推出"总经理服务日"、"联通支援"、"联通便利行"等服务品牌,进一步完善了对客户服务的内容和措施。"联通支援"为客户提供了专业的终端售后维修服务;"联通便利行"向客户提供了多达6种便利查询方式、8种便利缴费方式,并承诺为客户不断创造更新更便利的查缴费方式,方便客户使用;"总经理服务日"体现了公司上下对客户问题的关注,为客户提供了一个消费问题申诉的绿色通道。(赵晓晔)

【联通公司实行"首问负责制"】 为牢固树立"客户的事情就是最大事情"的服务理念,平顶山联通公司在内部实行"首问负责制",任何员工接到用户投诉时均应立即处理,不能让用户感到有推诿扯皮现象。如发现公司任何一个部门员工在接到用户投诉时自己没有处理,又不及时向相关部门反映,造成用户二次投诉,要追究相关责任人的责任,情节严重的将给予下岗处理。(赵晓晔)

常吃枸杞抗疲劳

中医很早就有"枸杞养生"的说法。常吃枸杞能"坚筋骨,轻身不老,耐寒暑"。枸杞最实用的功效是抗疲劳和降低血压。此外,枸杞能够保肝、降血糖、软化血管、降低胆固醇、甘油三酯,对脂肪肝和糖尿病患者具有一定的疗效。枸杞还能治疗慢性肾衰竭。常吃枸杞可以美容。

枸杞虽然具有很好的滋补作用,但感冒发烧、炎症、腹泻时最好别吃。一般来说,健康的成年人每天吃20克左右;如果要达到治疗效果,每天最好吃30克左右。(《老年生活报》1.3 喻朝晖文)

城建 环保

城市建设与管理

【概况】 2004年,全市建设系统干部职工在城市建设、城市管理、园林绿化、建筑市场管理、小城镇建设、精神文明建设等各方面都取得了较好成绩。全年完成市政建设投资6186万元,重点实施了光明路南延、高阳路二期、鹰城广场二期续建工程,完成了文园路步行桥、快速通道连接线建设,建成了明珠广场、七彩虹游园等一批街头游园。实施了城市主干道沿街建筑物彩化、亮化工程。积极推进旧城改造工作。"凯撒财富天下"、"劳动路农贸市场"建成投入使用,完成了锦绣花园、明珠城市花园、东方骏景小区主体工程,繁荣街改造工程开工建设。全年完成开发总投资5.8亿元,实施面积达148.15万平方米,竣工面积38.71万平方米。城市管理力度进一步加大。市区道路坚持"两扫一保",对重点地段延长清扫保洁时间至夜间12点,城市环境得到进一步净化;强化市政设施的日常巡查维护力度,做到当日发现,当日维修。市政环卫设施不断完善。市区拥有路灯12500余盏、垃圾中转站31座、水冲式公厕89座。继续开展市容环境综合整治,对市民关心的热点、难点地段进行集中治理。占道经营、垃圾围城、乱贴乱画、乱停乱放现象明显减少,市容市貌显著改观。加强工程招投标、质量、安全、标准定额、勘察设计等管理,强化建筑企业管理和装饰行业的管理,积极推进建筑节能和墙体改革工作,建筑市场管理日趋规范。

(牛素梅)

【城市管理】 2004年,城市管理工作不断创新管理措施,强化市政设施的日常巡查维护力度,先后硬化路面1.9万平方米、修补路面2.1万平方米、疏通雨污管道3.9万余米。实行了路灯灯杆承包责任制、通宵值班制和限时维修制,路灯明灯率在98%以上。创新垃圾管理措施。全年共清运建筑垃圾36万余吨、生活垃圾15万余吨。大力开展市容环境综合整治。重点对市区主次干道及和平路、五一路等热点难点地段进行了集中治理,对矿工路、新华路南段、曙光街等主次干道的违章建筑进行了拆除。市区占道经营、垃圾围城、乱停乱放、乱贴乱画等现象得到初步遏制,市容秩序明显好转。

(牛素梅)

【园林绿化】 2004年,全市园林绿化工作围绕创建园林城市的奋斗目标,不断加大城市绿化建设力度,提升管理水平。建成了七彩虹游园、明珠广场、迎宾路游园等7个街头游园;对高阳路、建设路中段、快速通道两侧、步行桥两侧湛河堤顶及新城区纬一路、经二路、经四路、湖滨路等道路进行了绿化。全年新建绿地12.67万平方米,栽植乔灌木33.4万株,栽地被植物26万余株,栽种草坪4.6万平方米,栽种藤本植物1万余株,城市总体绿量明显增长。推进拆墙透绿、庭院居住区绿化达标活动和园林单位、园林小区评选活动。全市31个庭院、居住区符合绿化达标要求,8个单位达到市级园林单位标准,被推荐为省级园林单位、园林小区。

(牛素梅)

【建筑市场管理】 2004年,城建部门从建筑市场的各个环节入手,大力推行工程报建制、招投标制等各项制度,积极培育和推动有形建筑市场建设,狠抓质量安全生产管理,认真开展"质量年活动",严格建设领域执法监督。全年报建工程260项,办理施工许可证185个,招标工程170项,应招标工程招标率达100%。办理质量监督手续128项,受监工程合格率100%,竣工工程备案率80%,办理安全监督手续302项,覆盖了重点项目、开发区工程和新城区建设项目,建筑市场秩序明显改善。(牛素梅)

【小城镇建设】　2004年,全市以重点镇建设为重点,全面贯彻落实《河南省全面建设小康社会规划纲要》和省委、省政府《关于加快城镇化进程的决定》,先后修编完成了下汤、蟒川、纸坊、尚庄乡的总体规划和建设规划,以及其他小城镇的专业规划。完成了部分小城镇道路建设、镇区拆迁改造、商品房建设和绿化建设等工程。全年小城镇固定资产投入达12.2亿元。积极引导小城镇树立经营城市理念,加大招商引资力度。全年招商引资62.2亿元,小城镇建设呈现良好发展态势。

(牛素梅)

【建筑领域欠款清理】　按照省、市清理建设领域拖欠工程款和农民工工资的要求,市建委成立了清欠工作办公室,抽调专门人员,对全市建设领域欠款情况进行了详细的调查摸底,并制定下发了一系列文件,制定了清欠计划,取得了阶段性成果。截至2004年12月底,市区已偿还拖欠农民工工资2560万元,清欠率达100%;偿还工程款14623.74万元,达到总欠款数的51%,完成了省定的年度清欠目标。同时,还采取严格招标投标管理、建立农民工工资保障金制度等办法,有效地防止了新的拖欠发生。

(牛素梅)

【贯彻"一法两条例"工作通过检查评议】　根据省人大对建设行政主管部门贯彻执行《建筑法》、《河南省建筑市场管理条例》、《河南省城市房屋拆迁管理条例》及相关法律法规的检查评议活动安排,2004年3月至年底,全市建设系统认真开展了迎检活动,设置了专门机构,制定了工作方案。活动分宣传发动、自查自纠、整改提高三个阶段,共印发宣传材料21000余份,发放征求意见函2100余份。组织开展了综合执法、工程质量、施工安全、房屋拆迁和补偿、施工图设计、"双清双欠"等6项专项检查,对全市2002年以来所有建设项目进行全方位检查整改。同时,坚持开门评议,未评先改,主动接受人大代表和人民群众的评议和监督,共发现突出问题92项,已查处和整改完毕,顺利通过了市人大的检查评议,推动了建设系统的依法行政工作。

(牛素梅)

【彩化亮化工程】　2004年,经市城市发展建设指挥部研究并报请市政府同意,决定对市区主要街道沿街有碍市容、影响城市形象的建筑物实施彩化美化。实施范围为建设路、矿工路、中兴路、新华路、光明路、开源路沿街建筑物。由各产权单位负责本单位沿街建筑物的彩化美化。当年完成了实施范围内90余栋楼房的彩化任务,并对湛河两岸、建设路沿线部分建筑物进行了亮化,城市形象和城市品位得到明显提升。

(牛素梅)

【平顶山建设信息网站开通】　8月10日平顶山建设信息网站正式开通。该网站是平顶山建设行业的专业信息网站,内容涵盖工程建设、城市管理、园林绿化、建筑业、房地产业、勘察、设计、咨询业、村镇建设、建筑材料等各个方面,集方案展示、公告发布、在线问答、网上热线于一体。同时,网站还开展了企业自助建站、企业邮局、短信订阅等服务,实时发布建设行业政务、业务、科技和市场信息等,是全市建设企业展现企业形象、了解建设行业动态、掌握建设市场行情的重要窗口。

(牛素梅)

【新型墙材产量增长】　全年共兴建大型新型墙材企业4家,年生产能力3.5亿标块。全市全年共生产新型墙材6.05亿标块,较上年增长30%。共利用煤矸石、粉煤灰等工业废渣72.5万吨,节约能源7.44万吨标煤,节约土地1000亩。

(牛素梅)

【工程造价管理改革】　2004年,平顶山市在全省率先建立了招标文件商务标备案制度、合同备案和竣工结算备案制度,避免了"阴阳合同"、"霸王合同"的出现,维护了市场主体各方的合法权益,有效预防了新的拖欠工程款的出现,得到省建设厅的肯定,并在全省推广。

(牛素梅)

【文园路步行桥竣工】　该工程2003年8月1日开工建设,主要是在原桥体的基础上新建钢架新桥,全长128米,宽6米,总投资430万元。由武汉市政设计研究院设计,省建五公司承建。2004年6月14日建成通行,成为全市建桥史上第一座V型钢构桥。

(牛素梅)

【繁荣街整体改造开工】　2004年初,按照城市总体规划,市政府决定对繁荣街进行整体改造,由市土地储备中心依法收回该区域土地使用权,并挂牌出让给郑州天成置业有限公司开发建设。工程于11月开工建设,拆除建筑物总面积约6000平方米,涉及9个单位和33个被拆迁户。当年主要完成了基础开挖及部分区段的主体建设工程。（牛素梅）

【首届装饰设计大赛】 2004年10月29~31日,全市首届装饰设计大赛在平顶山通信大厦举办。大赛由市室内装饰行业市场管理办公室、市劳动竞赛委员会、市总工会等单位联合举办,市装饰协会承办。本次大赛以“设计、健康、自然、和谐”为主题,共有100名装饰企业设计人员和装饰设计爱好者的165幅作品参展。评出一等奖2名,二等奖6名,三等奖9名,优秀奖24名,一等奖获得者还同时被授予“市劳动奖章”。（牛素梅）

新城区建设

【概况】 2004年新城区建设可以概括为“一形成三到位四初显”,即:起步区道路框架已经形成;基础设施配套已陆续到位,规划设计基本到位,资金保障基本到位;项目进驻初显规模,土地收益初显成效,工程建设初显热潮,招商引资、产业支撑初显成果。在起步区10平方公里内的基础设施、公用设施和社会项目建设,完成投资近11亿元,其中管委会完成投资3.5亿元。开工建设道路20.5公里,占新城区起步区道路主次干道总长的75%;总长度14公里的6条主次干道及配套建设全部完成并顺利通车。供水工程一期供水能力达5万吨,供气、供热、供电工程进展顺利,完成近70%的工作量;新城区内高压线改移完成40%;通讯工程施工准备工作已就绪。景观绿化71.6万平方米。平顶山工学院、平顶山学院、市政大厦、会议中心等公用设施项目进展迅速,13家行政事业单位正式开工,行政区形象已初步展现。征用土地面积4118亩,供应土地3739亩,出让国有土地使用权949亩,实现土地收益1.5亿元。村庄整体搬迁开始启动。规划设计完善到位。新城区的规划在中原城镇规划成果博览会上,获得优秀展示奖。融集资金3.5亿元,充分保证了新城区建设的资金需求。招商引资效果显著,多个重要项目落实到位。（袁建成）

【新城区管委会领导班子调整】 市委根据市委常委、统战部长汤宗领的请求,决定汤宗领从2004年5月起不再担任新城区管委会主任职务,由市政府副市长冯刘成担任新城区管委会主任,建委主任高永华任常务副主任,并从市直各单位抽调了具有较强工作能力的领导干部组成了共9人的领导班子,班子成员的结构更趋合理,都是专家型领导干部。同时,为保证监督及协调,专门成立了新城区发展建设指挥部,市委副书记赵琛担任指挥长,市委常委、常务副市长吕彩霞,市委常委、统战部长汤宗领,副市长阎红心,副市长、新城区管委会主任冯刘成担任副指挥长。（袁建成）

【体制创新促进新城区建设】 市委出台了《关于加快平顶山市新城区开发建设步伐若干问题的决定》,明确了新城区具有市级各职能部门的管理权限和职能,为新城区建立快捷高效的办事机制提供了政策依据。建立了新城区的一级财政,不仅为管委会行政管理费用支出和各项社会事业支出提供了财源保证,而且大大增强了新城区的债务偿还能力,降低了投资风险,同时,为新城区的后续发展和城市管理提供了财政支撑体系。对起步区内湖滨办事处和6个行政村实行了代管,减少了中间环节,消除了推诿扯皮现象,大大提高了征地拆迁和安置工作的效率。经市编委和省公安厅批准正式成立了新城区公安分局,为维护社会治安,确保新城区各项建设项目顺利施工奠定了环境基础。充实完善了管委会内部机构设置和职能配置,对10个职能部门确定了编制、明确了职能、划分了责任,为建立新城区高效快捷的运转机制提供了组织保障。（袁建成）

【新城区完成规划设计21项】 2004年,共完成5大类21项规划设计。新城区绿化景观工程规划13项:西立交东入口景观工程、纬一路东入口景观工程、中心公园绿化(政府后山公园)在上年初步方案设计的基础上,完成了施工图设计;新城区景观概念性规划和滨水景观带的方案会审和修改完善;纬一路、经二路、经四路两侧绿化景观带、湖滨路东段绿化、孟宝铁路南侧绿化;中心文化公园、湖滨生态公园均已完成了施工图设计,湖滨景观带规划正在进一步修改完善中。修建性详细规划4项:行政办公、商业金融区和翠湖苑小区的修建性详细规划设计;进行了临时周转房建设用地的选址规划,配合第八指挥部进一步完善了湖光花园的规划设计;编制了新城区东南部居住小区的修建性详细规划,并通过专家评审。重点工程规划1项:平顶山市会议中心设计招投标,修建性详细规划正在进行施工图方案设计。控制性详细规划1项:新城区二期控制性详细规划初步方案。基础设施规划设计2项:新区排雨、排污主干管的施工图设计;纬一路、纬二路、经二路、经三路、经四路、经五路、经六路的电力、给水、通讯配套工程设计。配套完成了18.5平方公里1:1000数字化地形图的成图工作,成果已交付使用。制订了科学、周密的规划审批操作规程,认真履行规划监察执法工作,共发放选址意见书6份,建设用地规划许可证4份,组织进行了31项规划方案及施工图设计评审论证,为31家进驻新城区的单位出具了规划意见及规划设计条件。

(袁建成)

【土地报批征用】 2004年,国家对土地审批进行宏观调控,停止审批土地半年,加之管理体制的不顺畅及审批程序的复杂化等多种因素,土地报批征用受到严重制约。通过不懈努力,新城区建设基本未受大的影响。经国务院和省政府批准先后征用土地5个批次,征用土地面积4118亩,第六批次已上报省政府。先后完成东太平村2000多亩地的征用工作,过渡、临时房的建设;市政大厦、市政广场、公务员小区、行政办公区、后山公园、郑营变电站等征地供地1210亩;湖滨路、经二路、经五路、经六路、纬一路、平宝路拓宽等9条道路征用土地1601亩;行政办公区的供水、供电、新城区东出入口绿化等8个项目租用土地928亩。供应土地3739亩,组织进行了10宗块地的挂牌,出让国有土地使用权949亩,实现土地收益1.5亿元。进一步加强土地执法监察工作。共制止抢占宅基地、私自建房、私搭乱建16起,下发停工通知书30份,下达处罚决定书14件,申请法院强制执行14件,制止违法占地30余起,有效遏制了抢占宅基地突击建房和违法占地的势头。

(袁建成)

【市政基础设施建设】 围绕10平方公里起步区基础设施建设,全年进行的续建和新开工建设项目共5大项25小项,完成投资7000多万元(不含征地投资)。开工建设道路20.5公里,占新城区起步区道路主次干道总长的75%;总长度14公里的6条主次干道及配套建设全部完成并顺利通车,构成了新城区起步区基本道路网络框架。共完成土方工程108.8万立方米,铺设管线工程总长度4.66万米,铺设二灰基层35万平方米,三灰沙砾基层30万平方米,沥青混凝土29万平方米,道牙、平石6.5万米,人行道砖3.1万平方米,安装路灯283盏,场地平整5.5万平方米。续建工程6项:经二路全长1438.89米,经四路全长1594.33米,经五路全长1988.89米,经六路全长1791.21米,纬一路全长3736.55米。进行了快、慢车道沥青砼摊铺、慢车道土方、路基、路缘石安砌、排雨、排污系统、供水、路灯照明、绿化带绿化、道路标示线、人行道铺装等工程。新建工程7项:经三路全长1300米,纬四路全长2000米,纬五路加宽改造全长1200米,均已完成图纸会审、道路测量放线、三通一平、线路改移等前期准备工作,经五路已清表4.8万平方米;滨湖步行道全长2049米,完成铺装9612平方米;西干渠桥加宽工程正在建设。公用设施项目4项:供气工程完成纬一路3700米、经四路1600米、经六路1800米的管道铺设工作;供热工程完成经四路1600米的管道铺设工作;供电工程完成纬一路3700米的管线敷设工作,新城区内高压线改移完成40%;通讯工程施工准备工作已就绪。绿化景观工程3项:纬一路入口、叶宝路入口的绿化美化,绿化总面积71.6万平方米,种植各类树木3.33万株,种植草坪总面积10.6万平方米;生态广场场平完毕,正在进行绿化及配套建设筹备工作。其他建设项目5项:市政大厦、行政金融区"三通一平"工程;中心文化广场土方挖填;路灯照明工程;滨湖景观点及文化公园展示牌建设。进一步加强规范建设管理,成立了新城区建设市场管理办公室和新城区城建监察大队,强化了城市管理的综合执法工作。

(袁建成)

【行政单位入驻拉开帷幕】 新城区对行政事业单位入区体现了节奏快、效率高的作风,杜绝了脸难看、门难进、事难办的衙门作风。主动帮助各单位解决存在困难,出台了相关优惠政策,吸引了多家行政事业单位积极入驻,先后有28家单位确定选址位置。市中级法院、市建委、市交通局、市国土资源局、市房管局、市工商局、市煤炭局、市畜牧局、市教育局、燃气总公司、市场发展中心、市人防办、市疾控中心、市住房公积金办公室、中国电信、市移民办等16家行政事业单位的办公楼已经奠基,7家单位正式开工建设。

(袁建成)

【融资工作】 在国家宏观政策进行调整,各家金融机构普遍收紧银根，大幅度压缩基本建设贷款规模的情况下，财务部门通过广泛联系，多方入手，想方设法拓宽融资渠道，先后与百瑞信托公司、建设银行、中国银行、农村信用社达成合作协议，共取得贷款资金3.5亿元，其中百瑞1.4亿元，中原0.6亿元，广东发行展期0.9亿元，建设银行0.4亿元，中国银行950万元，农信社1120万元，全力保证了全年建设资金的需求，为新城区基础设施建设作出了较大贡献。

（袁建成）

【招商引资】 2004年在郑州组织了平顶山市新城区建设暨项目接洽会，配合鲁山县政府成功举办了世界刘氏第四届寻根联谊大会，参加了国内8次大型招商会。已落实招商项目7个，总投资额为10.72亿元，其中包括：建业住宅集团（中国）有限公司投资2.8亿元开发的高档住宅小区；深圳朗曼实业有限公司投资1.3亿元开发的高档住宅小区；新城区污水处理厂，按照BOT方式，先期建1万吨，投资800万元，已与温州庆中环保科技有限公司签定了合作协议；弱电管网与海南网信公司合作建设，对已建成的5条道路进行配套，管程公里9.4公里，总投资5400万元，已签订投资协议；由福建挺虎制糖公司独资建设的甲等医院项目，占地面积220亩，投资2.5亿元，已签定合同，该公司投资建设的学校项目，占地266亩，投资1.5亿元，已与市有关单位接触洽谈，两个项目正处于土地准备阶段；四星级宾馆项目正在与上海懿龙集团洽谈合作协议，总投资9000多万元；新城区金世纪中学二期扩建项目已做规划设计，总投资1.2亿元。

（袁建成）

【工农协调】 新城区按照"尊重历史，面对现实，依照政策，妥善解决"的原则，本着既对市委、市政府高度负责的态度，又兼顾农民切身利益的方法，采取协调与治理相结合的措施，认真协调处理矛盾，及时解决各种纠纷，杜绝无理取闹，维持了良好的建设环境。2004年共解决大小纠纷87起，召开有规模的协调会21场，解决重大纠纷11起，使各项建设工作顺利进行。

（袁建成）

【新城区公安分局治安工作】 2004年10月新城区公安分局成立。侦破了郑州"6·12"恐怖敲诈勒索案，完成对宝丰"6·16"杀害出租车司机案犯罪嫌疑人的设卡堵截以及"10·28"中牟回汉民纠纷的值班备勤任务。参与大型活动安全保卫工作10余次；组织开展了命案攻坚战、追逃行动以及"打双抢、抓绺窃"专项斗争等一系列专项行动，破获了王建欣杀人案、市政大厦工程项目总监理闫志其伤害案等恶性案件。值班民警实行动态值班，不间断地进行动态巡逻访查，发现解决治安问题15起。全年共接出警595次，处理各类案（事）件267起，其中调解纠纷157起，抓获犯罪嫌疑人14名，逮捕9人，移交处理4人，为净化新城区的建设环境起到了重要作用。

（袁建成）

【湖滨路办事处工作富有成效】 2004年10月1日，湖滨路办事处移交新城区管委会代管后，对公务员小区周围私搭乱建、湖滨路两旁的违章建筑进行清理和拆除，加大了对区内私搭乱建的巡查力度。在辖区广泛开展了普查登记工作，共普查登记常住人口6984人，流动人口1986人；圆满完成了经济普查工作任务；计划生育工作未出现大的纰漏；保证了东太平安置小区翠湖苑小区的正式开工建设；完成了市政广场征地工作；为保证经三路、经五路和首批入驻单位工程建设的顺利进行，完成了280多户村民的拆迁协调安置及涉迁村民的过渡房建设。

（袁建成）

公用事业

【概况】 2004年，公用事业系统紧紧围绕全市工作大局，加大基础设施建设投入，整顿规范公用事业市场秩序，各项工作取得了明显成效。全年共完成供水量8390万m^3，完成年计划的109%，售水量6750万m^3，完成年计划的112.5%；供气量4955万m^3，完成年计划的101%，销气量4458万m^3，完成年计划的100%；公交营运里程1780万公里，完成年计划的117.1%；出租车有偿使用费完成征缴615万元；完成污水费征收700万元；处理污水5400万m^3，完成供热240万吉焦。

（刘延豪）

【公用事业基础设施建设力度加大】 2004年，公用事业基础设施建设紧紧围绕城市总体规划，以"适应发展，适度超前"为原则，全年共完成项目投资3.1亿元（包括县区6000万元），其中民营资本5100万元，建立起日趋完善的公用事业支撑体系。西气东输天然气支线工程:到年底完成投资1.1亿元,完成了130公里高压管线、市区30公里中压管线和门站建设,市区和叶县、舞钢基本具备了部分通气条件,实现了全市工业及生活用气的气源多样化。污水处理二期工程:总投资1.2亿元,是全省第一家采取BOT模式建设的污水处理项目。管网建设:完成投资3000万元,新建和改造水、气、热各类管网63公里。中水回用工程:计划投资3000万元,实际投资2700万元,节约资金300万元,土建工程已竣工,设备安装基本完成。新城区供水加压站及配套工程:总投资3000万元,输水管网已铺设完毕,加压站土建工程已竣工。全年投入2400万元,更新出租车240台,公交场站建设投入30万元,西环路公交停车场正在加紧建设。县区公用事业:全年完成供气建设投入375万元,新增供气能力1.4万米^3/日;完成供水建设投入500万元,新增供水能力3万吨/日;完成污水处理建设投入5400万元。

(刘延豪)

【公用事业改革】 2004年公用事业系统在积极推进公用企事业单位改制进程的同时,着力推进投融资体制的改革,在中水回用、污水处理二期等重点项目建设中引进外资近1.5亿元,与上海海湾公司、深圳中航星公司进行了成功合作。燃气总公司按照建立现代企业制度的要求组建了产权多元化的有限责任公司,初步形成了产业化、规模化的发展格局。公交总公司划小核算单位,对主业公司进行模拟市场运作的尝试,赋予主业营运公司一定的自主权,使之逐步成为自主经营、自负盈亏、自我约束、自我发展的竞争主体。燃气、自来水、公交等企业不断深化三项制度改革,全年共有60余个企业中层岗位进行了竞争上岗,末位淘汰干部职工30余人,燃气总公司进一步加大分配改革力度,活工资比例由40%提升到45%。

(刘延豪)

【行业管理力度加大】 公用事业主管部门不断加大对燃气、供水、公交客运等市场的监管力度,公用事业市场逐步走上规范有序的发展轨道。全面提高执法人员素质,6月份、11月份两次集中对全系统210名执法人员进行了培训,全年没有发生行政诉讼案件,行政执法人员持证上岗、亮证执法率达100%。加大市场监管力度,取缔了全市已营运十余年的黄"面的",加大对扰乱公交出租汽车市场秩序的非法营运车辆的打击力度,共查处违规车辆1840台次;对违规司机进行了强化培训,共举办培训班180期,受训人员646人次,收到了较好的成效。组织力量对全市的燃气市场进行拉网式排查,查处燃气安全隐患282起,发放整改通知书156份,清理拆除燃气管道占压17处。开展供水市场摸底排查,查处违法用水单位和个人150多家,查处违章用水352起,整顿供水企业3家,清除户外占压管网8处,关闭自备井11眼,改善了供水环境。

(刘延豪)

【安全生产平稳进行】 公用事业系统按照"安全第一,预防为主"的原则,充实完善了各级安全生产组织,形成了纵到底、横到边的安全生产网络体系;安全生产实行目标责任制,签订了责任书,分解目标,责任到人;制订了应急预案,进行了应急演练;对安全人员及全体干部职工进行了安全培训,培训人员7000余人次;开展了两次专项安全生产检查,查出不安全隐患105处,提出整改意见163条,下发整改通知书26份,同时强化节假日等重点时期的安全检查,防患于未然;加大安全生产投入,全年投入达130余万元,提升了安全管理的技术水平。

(刘延豪)

【污水处理厂圆满完成年度生产目标】 2004年市污水净化公司按照主辅业并进、产业化、市场化的发展要求,积极实施以水养水的发展思路,加强对污水处理厂安全生产、设备维护、收水监测、工艺调度等工作的管理。共组织安全生产大检查12次,管网巡查60余次,完成设备改造5台次,设备完好率达到98%以上;满负荷达标处理污水5475万吨,去除污水中COD、BOD、SS、TN、TP等污染物35590余吨,圆满完成了市政府下达的年度生产目标。污水净化公司被评为"河南省污水处理先进单位"。

(李海彬)

【污水处理一期工程荣获省工程质量奖】 污水净化公司在上年完成土建及安装、消防、档案、环保等专项验收的基础上,2004年又先后完成了安全、卫生、财务决算等专项验收工作,并整理形成档案资料984卷、图纸674张,编写完成勘察设计、工程建设与工程质量、生产准备与试运行考核、环保、卫生、消防、安全、设备与主材管理等12个专题报告。2004年7月,省发改委委托市发改委组织完成了一期工程的竣工验收，这标志着一期工程建设全部符合国家建设项目规范和标准的要求，在全省同期开工建设的污水处理厂中，率先建成投运又率先完成竣工验收。该项工程荣获河南省工程质量"中州杯"奖。

（李海彬）

【污水处理二期工程开工】 污水处理二期工程是市政府为完成国家提出的"2005年底50万人口以上城市污水集中处理率达到60%"的目标任务，而立项建设的重点项目。污水净化公司按照污水处理产业化发展的要求，大胆尝试，在全省污水处理行业中率先引入BOT融资模式，对污水处理二期工程进行投资建设。仅用5个月时间相继完成立项、可研报告编制与审批、环评报告编制与审批、初步设计编制与审批、施工与监理招标等工作，于2004年12月顺利开工，计划工期一年。

（李海彬）

【自来水公司圆满完成各项目标】 2004年全市完成供水量8390万吨，售水量6750万吨，实现工业总产值7222万元，水质综合合格率99%，管网压力合格率99%，修漏及时率97%，征收财政附加费600万元，征收污水处理费595万元，水费回收率达到95.6%，产销差率控制在19.7%。第四水厂一期工程按时投运，供水量达到8.5万吨/日。

（张光伟）

【天然气工程建设】 2004年4月23日，天然气工程正式开工建设。截至12月底，天然气主要建设工程已全线完工。共完成天然气长输管线敷设121公里，城区管网建设20余公里，穿越河流10条、省级公路7条、铁路9条，场站建设4座，阀室建设6处，共计完成投资13960万元。经过吹扫、通球、打压，符合运行标准，已具备了向平顶山市区、新城区、舞钢城区通气运行的条件。

（张新安）

【燃气总公司安全生产无事故】 2004年，燃气总公司坚持"以人为本，防消结合"的方针，修订完善了《安全生产管理办法》，建立了《事故隐患报告制度》，制定了《突发事件应急预案》，及时发现和整改各类事故隐患，组织人员对运行8年以上的室内煤气设施进行了入户安全大检查，检查户数达87000多户。同时加大对市区违章占压燃气设施和部分路段管线老化的改造力度，确保运行安全。开展"安康杯"、"安全生产月"和"百日安全生产竞赛"活动，研究确定重点防火单位，坚持进行定期、不定期安全检查和消防演练，有效遏制了重特大火灾事故的发生，实现了全年安全生产无事故。

（张新安）

【燃气总公司被省消协命名为"商业服务业企业诚信单位"】 2004年，燃气总公司继续在全公司推行社会服务"首问责任制"，实行"一站式"服务。对用户反映比较集中的热点、难点问题，坚持深入实地进行调查和了解，并及时给予解决，做到事事有结果，件件有回音。5月，该公司被省消费者协会命名为"商业服务业企业诚信单位"。

（张新安）

环境保护

【概况】 2004年，市环保部门狠抓"十项"重点工作，至年底，大气优良天数达196天，优良天数比率为53.6%，比上年度增加0.7个百分点；水质保持了二类地表水水质标准；全年共报出大气、水、噪声等各类监测数据68696个，质控合格率达98%以上，并准确地向社会发布了空气质量日报。市环保局分别被市委、市政府、省环保局授予"2004年度依法行政工作先进单位"、"全市政务公开工作先进单位"、"2004年度完成环保系统工作目标先进单位"、"全省生态功能区划和生态环境保护规划工作先进集体"等荣誉称号。

（姚文娅）

【大气污染治理】 2004年，市环保局狠抓大气污染防治，强力推进"蓝天工程"：取缔死灰复燃的小炼焦池900多道，解决了我市乃至全省的重大环境热点、难点问题；加大扬尘污染防治力度，市政府出台了《关于取缔整顿市区及矿区范围内小煤场小煤泥堆的通知》，环保部门将"四堆"（煤堆、渣堆、料堆和灰堆）、"三防"作为重中之重，对18家堆放矸石山、粉煤灰的企业和煤场进行限期治理。同时采用喷洒抑尘剂对矸石山和灰场进行表面固化，治理矸石山和灰场80多万平方米；继续加大锅（窑）炉整顿力度，市政府颁布了《关于对全市小型燃煤锅炉茶炉和小型窑炉进行整顿的通知》,取缔了113台燃煤小锅炉,超额完成了年初计划取缔103台的目标任务;禁燃高污染燃料,对20吨以下暂不能关停的锅炉,禁止燃用原煤、煤泥等高污染燃料,一律改燃洁净燃料。有400多台锅炉改燃清洁燃料,使清洁燃料使用率达80%以上;禁止12家燃煤大户使用硫份高于0.5%的燃料煤,加大对各企业排放的二氧化硫的监测频次,使点源二氧化硫的污染得到遏制;加大对污染源的治理力度,对21家严重污染大气环境的企业进行限期治理,完成治理17家;巩固市区医疗废物集中焚烧成果。责成市区所有医院按要求存放,由平煤集团总医院下属焚烧中心专用车辆运输,集中焚烧;当年摧毁了38座小石灰窑。2004年全市优良天数达到196天,比上年增加3天,优良天数比率为53.6%,比上年度增加0.7个百分点。

(姚文娅)

【水污染防治】　2004年,市环保部门为改善出境断面水环境质量,巩固去年关停的15家造纸厂和一条化学制浆生产线整顿成果,对6家不能稳定达标排放的企业下达了限期治理任务。对全市的废水排污口进行了规范化整治,防止枯水期污染事故的发生,认真排查污染事故隐患,对华利制药厂等多家企业进行了限产、限排。同时加大监测频次,加大督查力度,削减主要污染指标20%以上。督促郏县、汝州、湛河区强行取缔了死灰复燃的6家小造纸厂。对白龟山水库进行了大规模的综合整治。针对白龟山水库的网箱养鱼和岸边餐饮业污染问题,环保局协调新华、湛河区政府,组织环保、公安、工商等部门,出动人员数百人次,车辆100多台(次),采取大的集中行动10余次,共取缔库区养鱼网箱1700多箱,拆除130余间岸边餐饮摊点,并全面禁止库区游泳,使白龟山水库水质有了明显的改善,其水质保持了二类地表水水质标准,确保全市人民喝上了放心水。辖区出境河流断面COD浓度达到省政府下达的控制标准。其中叶舞公路桥断面年均COD浓度为7.27mg/L(省政府控制标准为15mg/L);沙河马湾断面年均COD为18.3mg/L(省政府控制指标为30mg/L),舞钢八里河断面年均COD浓度为189.9mg/L,大大低于行业排放标准(行业排放标准为350mg/L)。全年出境水质达标率为68.1%,比上年度增加1.1个百分点。

(姚文娅)

【取缔违法堆放的煤堆煤泥堆】　为彻底取缔违法堆放的煤堆煤泥堆,市环保部门采取多种措施:牵头协调工商、国土、煤炭等部门联动,以新华区、卫东区政府为支撑;发挥舆论监督的作用,请新闻媒体连续报道,对取缔工作进行全程跟踪报道,形成强大的舆论高压态势;制作法律文书、保证书,让业主签字承诺;跟踪问效,组成联合督查组,明查暗访,加大督查频次和力度;对个别顶风违法的业主,采取强制手段并没收其污染物品。通过跟踪问效、联动督查,市区周边的437堆违法堆放的煤堆煤泥堆全部依法取缔,未发生一起上访、闹事等社会不稳定现象。

(姚文娅)

【清理整顿违法排污企业】　2004年,市环保局根据《平顶山市人民政府办公室关于清理整顿违法排污企业的通知》,组织人员对全市违法排污企业进行了拉网式排查,确定清理整顿的企业107家。市环保部门分5个督查组对辖区内的107家违法企业共110个项目进行了逐家督查,对取缔的21家企业及小企业群下达了环境污染企业关闭(取缔)通知书,并把督办牌挂在有关企业大门口,接受群众监督。对要取缔的21家企业按照"断水断电、吊销执照、拆除设备、清除原料"的标准取缔到位;对限期(停产)治理的61个项目下达"环境污染企业限期治理(停产)通知书";对违反建设项目条例的28个项目下达了"纠正环境违法行为通知书"。完成了国务院和省政府部署的清理整顿违法排污企业的专项任务。

(姚文娅)

【放射源清查】　按照2004年4月26日国家环保总局等三部委组织召开的"全面清查放射源让百姓放心专项行动电视电话会议"精神,市环保局对清查放射源专项行动进行全面安排部署。通过认真细致的工作,摸清了全市在用放射源364枚,闲置废弃24枚,分布在煤炭、水泥、钢铁、电力以及化工等行业。为了确保安全,对在用的放射源与用源单位签订了安全使用目标责任书,对闲置不用的进行了妥善处置。

(姚文娅)

【实验室类污染监管】　2004年,市环保部门组织召开了拥有实验室单位参加的污染防治工作会议。经过快速排查,全市实验室类使用单位178家,实验室数量308个,现有污染治理设施31台(套),能达标排放的49个,排污口规范的有24个。对不能达标排放的及时进行了处理。　(姚文娅)

【新建项目实施环保第一审批权】 2004年,环保部门对新建项目的管理,坚持"达标排放、总量控制、清洁生产和以新带老"的审批原则,加强对新、改、扩建项目的管理,严厉查处未批先建和未经验收而投产的违法行为,严格控制新污染源的产生。与市发改委、建委、工商、技术监督等部门一道,共同把好建设项目审批关,使环保第一审批权进一步得到落实。全市共审查审批新建项目187个,环评审批率达100%;验收新投产项目43个,"三同时"执行率达100%。同时,对违反建设项目管理条例的现象进行了查处。

(姚文娅)

【生态环境保护】 2004年,生态环境保护得到加强,强化对农村面源污染的管理,对污染严重的规模化养殖场进行了全面调查,并筛选10家作为试点进行治理。继续开展矸石山绿化工作,对可绿化的矸石山进行植树绿化,对未成活的树苗进行补栽,全年新栽种的5万多棵树苗,成活率达90%以上。

(姚文娅)

【环境监察与稽查】 市环保局严格执行"依法、全面、足额、及时"的排污费征收原则,加大排污费征收力度,开征氮氧化物排污费,收费面达到应征面的98%以上。建筑业、饮食服务业等第三产业的收费也取得了新进展。加大对污染源的现场检查和管理力度。对市属以上企业492套环境污染防治设施运转情况进行定期和不定期的监督检查,最大限度地减少了企业偷排、漏排现象,使废水处理设施正常运转率达到96%以上,废气处理设施正常运转率达到97%以上,固体废物和工业噪声污染防治设施正常运转率均达98%以上;环境稽查全年查处企业4000家(次)。向市、县两级领导和企业报送稽查简报84期。全年共受理各类投诉电话846个,处理846个,处理率100%,有效地解决了群众关心的环境热点问题。开展中招禁噪工作,工业噪声管理更加规范。全市区域环境噪声白天53分贝,夜间46分贝,大大低于国家二类标准(二类标准白天60分贝,夜间50分贝);交通噪声69分贝,低于国家标准(标准70分贝)。

(姚文娅)

【环境法制工作】 2004年共完成人大议案1件、政协提案9件的回复办理工作,处理市长热线交办件、市有关领导、部门、省环保局批转件26件,处理率100%。全年环境违法案件立案75起,下达处罚决定35起,处罚金额206万元;申请法院强制执行8起,强制执行案件标的34万元。在全市行政处罚卷宗评选活动中,环保局的处罚卷宗被评为优秀卷宗。

(姚文娅)

【环境宣传教育】 环境宣传教育工作以"面向社会、面向公众,提高全民环境意识"为宗旨,紧紧围绕环保中心工作,有计划、有步骤地开展宣传。全年共在省级以上报刊杂志发稿28篇,市级报刊发稿310余篇,市电视台发稿150余条,电台80余篇;在"六·五"世界环境日开展了纪念宣传活动,布置了宣传一条街,设咨询台12个,宣传板面180多块;向市民发放各类环境宣传资料几千份;在平顶山日报刊登了市长署名文章,发布了二○○三年环境质量公报。开展"绿色学校"创建,市二十八中等5所学校被授予省级"绿色学校"称号。

(姚文娅)

【环境监测科研】 2004年围绕标准化建设,对国家、省、市环保局下达的大气、水、噪声、汽车尾气、污染源监测、达标验收、排污申报、污染纠纷、环境科研、环境评价等方面的监测任务,报出各类监测数据68696个,质控合格率达98%以上。准确地向社会发布了空气质量日报,顺利通过省局组织的标准化验收,规范了监测行为。环境科研和环境评价,完成了大气环境容量核算、水环境容量核算等4项科研课题。其中,络合法清除钛换热器中硫酸钙、碳酸钙复盐垢的工业研究与应用课题获市科技进步二等奖。全年共完成环境影响报告书(表)40项,其中多项环境影响报告书受到了省有关专家的好评。积极开展清洁生产试点工作,成立了清洁生产领导机构,取得了清洁生产审核资质,确定4家企业为全市进行清洁生产的试点单位。

(姚文娅)

【环保基础能力建设】 为提高烟控区管理水平,加大投入力度,完善了烟气黑度自动监测瞭望系统,将烟尘控制区置于自动监控之下;对重点污染源实施在线监控,总控室已通过验收,首批8家安装在线监控企业已有6家调试完毕;更新了一批电脑,建成了完整的局域网络,实现了信息共享,提高了办公自动化水平和办公效率。

(姚文娅)

【天宏焦化公司斥巨资打造环保工程】 天宏焦化公司十分重视环保工作，把环保视为可持续发展的保证。2004年该公司共斥资4000万元用于八O型焦炉地面除尘站、10万吨煤泥干燥、六六型焦炉罩式除尘等一大批新环保设施的建设。这是公司成立后投入环保资金最多的一年。

(兰青柱)

房地产业

【深化住房制度改革】 2004年根据国家和省有关房改的文件精神，从强化措施入手，进一步深入推进房改工作，适时调整了部分房改房出售政策。对已形成事实的两套住房者，按建筑面积相加后，面积超标部分执行市场价，对88个单位办理了房改审批手续，共出售公有住房810套，6.93万平方米。其中，腾空公有住房398套，3.18万平方米，集资房412套，3.75万平方米。经济适用房建设步伐明显加快。全年新开工21.4万平方米，在建工程面积达到31.9万平方米，完成投资1.47亿元，是上年的2.77倍。平煤集团等单位房改发证工作稳步推进，全年完成平煤房改发证4997套，面积29.84万平方米，累计已完成17346套，面积113.34万平方米。基本完成了兴州机械厂、帘子布厂、中行、新华区土地局等单位的房改过渡收尾工作。

(李国川)

【经济适用住房市场需求调查】 为加强经济适用住房建设和管理，摸清中低收入家庭对经济适用住房的需求状况，合理确定全市经济适用住房发展规划和建设规模基础数据，3月25日，房管部门在市区范围内开展了经济适用住房市场需求调查，对291家行政、企事业单位发放了调查表。收回调查表149份，占应回收的51.2%。其中81个大中型企业，68个行政事业单位，调查人数为280328人。调查结果显示：无房户39445户，住房困难户25806户，需要购买经济适用住房户数为58951户。

(李国川)

【房地产市场供需两旺】 全年共完成房地产评估2279宗42.65万平方米，评估额4.9亿元，比上年增长69.55%；完成房地产交易面积58.51万平方米，交易额6.27亿元，上交契税1100万元，是上年的1.64倍；登记发证13772本，面积211.79万平方米，比上年增长8.6%。住房二级市场进一步活跃，全年二手房上市成交1004套，交易面积14.48万平方米，成交套数比上年增长34%。同时加大执法力度，净化房地产市场。重点加强了对商品房预售、房屋租赁、房屋私拆乱改、无证经营的查处力度，查处各类房地产违法案件157起，立案查处34起，结案32起，结案率96.1%。

(李国川)

【多方联手保障房屋安全】 为了拓宽房屋安全管理与鉴定工作，市房管局法制科、监察大队、房屋安全鉴定中心大胆探索房屋安全管理新办法，与市安全生产监督管理局、市政协、市财政局、市教育局、市公安局、市工商局等部门建立起房屋安全管理合作关系，为房屋安全管理与鉴定工作的全面铺开奠定了坚实的基础。2004年在全市10个县(市)区开展了房屋安全大检查，共检查各类房屋28913栋6261万平方米，查出危房16.96万平方米，分别采取了相应措施；鉴定各类房屋268栋52.8万平方米，鉴定面积比上年增长21.77%，取得了较好的经济效益和社会效益。

(李国川)

【物业管理水平和服务质量提高】 2004年在全市物业小区创优达标的基础上，开展了物业管理进社区宣传活动和优质服务活动，达到省级优秀物业管理小区的2家，市级优秀物业管理小区的8家。进一步加强和规范物业管理招投标行为，开展物业从业人员岗位资格培训，累计培训率达到25%，全面提高了物业从业人员的素质，物业管理和服务质量有明显改进。

(李国川)

【物业管理实施准入和清出制度】 以资质年检和检查整改为手段，对全市物业管理行业进行清理和整顿。共保留35家物业企业，限期整改3家，注销企业资质3家。同时开展了全市物业管理大检查，对28家物业管理企业的物业服务项目提出了限期整改要求。

(李国川)

【商品房预售和按揭管理】 2004年9月出台了《关于进一步加强商品房预售管理工作的通知》和《关于规范商品房按揭管理工作的通知》，正式启用了《商品房预(销)售卡》,实行"一房一卡"的监管办法和商品房合同备案制度,加大宣传力度,坚持公示制度,对发放的商品房预售许可证在《平顶山日报》上公示,开通了预售许可证和合同备案网上查询,构建起较为完整的商品房销售监管体系,有效地杜绝了合同欺诈、一房多售、假按揭等违规行为,确保了商品房销售市场的规范有序运作。全年完成合同备案面积 24.72 万平方米,发放预售许可证 71 件 37.8 万平方米。

(李国川)

【房屋历史遗留问题得到解决】 2004 年元月,市房管局、规划局、国土局、建委、财政局联合出台了《关于解决历史遗留问题做好房屋权属登记发证工作的通知》,制定了 12 条实施细则。对 2000 年底前竣工、房地产开发企业已不存在而无法提供初始登记所需资料的商品房,因历史原因造成确权资料不全的单位房改房等办理房产证的问题作了明确规定。

(李国川)

【秋季房地产展示展销会】 2004 年 10 月 15 ~ 18 日在体育村举办了秋季房地产展示展销会,参展的 30 多家房地产企业推出现房、期房 3000 多套。参展项目涵盖了房地产开发中的多个物业形态,既有代表平顶山市未来居住趋势的主流住宅,又有高层精品住宅、别墅以及多层、小高层、经济适用房等。市房管局派人在现场提供政策咨询,为市民释疑解惑。本次房展会共成交房屋 210 套,成交金额 2610 万元。

(李国川)

【平顶山房地产网站开通】 2004 年 7 月 1 日,平顶山房地产网站正式开通。网站下设"行业动态"、"政策法规"、"房屋权属管理"、"商品房销售"、"房地产中介"、"物业管理"、"房屋安全管理"、"住房制度改革"以及"县市房地产"等栏目。市民不仅可以在网站上查询到房地产方面的各种法律法规、规章制度及房地产市场的最新动态,还可以通过网站了解到相关的业务办理程序、收费标准、服务承诺等情况。该网站还专门设立了《商品房预售许可证》及《商品房买卖合同备案》的查询功能,市民只需输入开发商提供的预售许可证号,便可查询到售房单位、项目名称、房屋所处位置和用途、预售总面积及预售套数/间数等详细情况。通过查询商品房买卖合同是否备案,可以有效避免开发商一房多卖等欺诈行为的发生,大大方便了市民。

(李国川)

男人不可无姜　女人不可无糖

俗话说:"男人不可百日无姜"、"女人不可百日无糖。"

解放军总医院赵霖教授说:按中医理论,姜是助阳之品;姜含挥发性姜油酮和姜油酚,有活血、祛寒、除温、发汗之功;特别是姜具有利胆、健胃止呕、辟腥臭、消水肿的作用,与蜂蜜合用对肝病恢复有益。"家备小姜,小病不慌","夏季常吃姜,益寿保安康","冬吃萝卜夏吃姜,不劳医生开药方","四季吃生姜,百病一扫光","早吃三片姜,胜过人参汤"。诸多民谚都反映了生姜的保健功效。

女子不可百日无糖(指红糖),中医营养学认为性温的红糖通过"温而补之、温而通之、温而散之"来发挥补血作用。一项营养学研究结果表明:红糖含有丰富的微量元素成分,有些微量元素还具有强烈刺激机体造血的功能。

(《北京广播电视报》11.15　红岩文)

贸　易

商　业

【概况】 2004年,外经贸方面,全市完成进出口总值29854万美元,同比增长64.5%。其中出口完成12466万美元,同比增长25.8%,占省定年计划11095万美元的112.4%;进口17388万美元,同比增长111%。全市新批外商投资企业17家,同比增长112%。其中合同外资额12462万美元,完成省定目标5500万美元的227%,比上年同期增长128%。实际利用外资3443万美元,完成省定目标3310万美元的104%,比上年同期增长了30%。全市共完成劳务输出120人次。内贸方面,直属企业共完成社会消费品零售总额50317万元,占全年责任目标44000万元的114.36%;控制亏损1744万元,比责任目标2500万元减少亏损756万元;实现税金1135万元,占责任目标1100万元的103.18%;工业企业增加值为6.41%,与责任目标增长6%相比增加0.41个百分点;产销率97%,与责任目标持平。2004年全面完成了省商务厅和市政府下达的责任目标,市商务局分别荣获2004年河南省“出口工作先进单位”、“利用外资工作先进单位”和“内贸工作先进单位”三项称号。

(李建超)

【招商引资】 2004年,全市先后筛选、入库了涉及各个领域十一大类110个高质量的招商项目,重点推出了一批科技含量高、能促进全市经济发展的大项目;先后组织参加了第三届中国河南投资贸易洽谈会、第八届中国厦门投资贸易洽谈会、深圳高新技术成果交易会、上海世界工业品博览会和世界刘氏第四届(寻根)联谊大会等9个贸易投资促进活动。这9个活动共邀请客商850余人,签约项目88个,协议投资额26.7亿元人民币。其中外资项目4个,目前,这4个外资项目已审批2个,资金到位253万美元,另外2个项目也正在申报中。此外全市利用省外资金工作取得新突破。合同利用省外资金人民币30.6亿元,实际利用省外资金人民币13.8亿元。

(李建超)

【出口贸易】 2004年,全市有32家企业获得了进出口经营权。截止2004年底,全市拥有进出口经营权的企业已达205家,实际发生进出口业务的企业由2003年14家发展到2004年的19家,河南艾利发发制品有限公司、舞钢市统原食品有限公司、鲁山县迷王制衣有限公司等一批“三资”、民营企业成为新的出口增长点;高压开关断路器、碳化硅等一批技术科技含量高的产品出口得到了长足发展。

(李建超)

【招商引资软环境改善】 2004年,全市加大行政审批改革力度,对外来投资者实行了一站式服务、一条龙办公;将投资金额在1000万美元以下的外商投资企业审批注册工作下放到县(市)区为投资者提供了更加便利的条件;加强对外商投资企业的规范管理,对53家外资企业进行了联合年检,重点检查了企业的资金到位情况,对没有到位或没有全部到位的亮了黄牌,对合法经营的企业进行了表扬,对违反合同章程的企业限期进行了整改;成立了优化经济发展环境办公室和外商投诉中心,对外商投诉案件及时进行妥善处理。

(李建超)

【优化外来投资环境】 《行政许可法》实施以后,市商务部门坚持依法行政,实行“一站式”办公,“一条龙”服务,做到急事快办、特事特办,简化了办事程序;对审批项目实行首接责任制、限时办结制，为外资企业申办开辟了“绿色通道”。在外商办理“三资”企业批准证书时，市商务部门不仅将国家规定的1个月工作期限缩短为2个工作日办结，而且坚持不分早晚，即来即办，基本做到了1个工作日办理完毕；对大项目做到了提前介入，市商务部门工作人员主动到企业现场办公。

（李建超）

【商业结构调整凸现特色】 2004年，市商务行业在结构调整上突出抓了“五个不断”：不断调整经营结构。各个商贸企业突破传统的商品经营模式，努力寻找和开辟新的经营领域，部分企业实现了多元化发展。不断调整商品结构。各大商场、饮食服务及连锁企业做到了市场定位准确、经营主题鲜明、骨干商品突出、名优品牌挂帅，初步实现了商品结构的合理布局。不断调整产品结构。九头崖的仲秋月饼成为河南第一品牌，九头崖啤酒在全省同类商品评比中排名第一。不断调整资金结构。2004年，内贸系统共解除各种债务4093万元，偿还职工集资款311万元，压缩各项费用1172万元。不断调整营销策略。采取灵活多样的营销措施和促销手段，不断扩大市场份额，增强了企业的市场竞争能力。市食品总公司在市区肉品经营摊位总量减少的情况下，新增店中店、专营店8个，保证了销售总量的上升，市食品总公司和商务局房屋开发公司中心商城分别荣获“2003～2004年全国商业服务业先进企业”。

（李建超）

【连锁经营再创新高】 2004年，市商务行业新开连锁分店60余个。已经形成九头崖集团、美洁日化超市、福美超市、民食商都、香山餐厅等5家连锁企业241个分店的连锁体系。其办店总数占全省零售业连锁店总数的三分之一，发展速度之快、领域之宽、质量之高，在全省同行业中名列前茅。2004年九头崖连锁集团，分别在郑州和平顶山新开13个连锁店，新发展西萨饼屋27家，成为全市规模最大的连锁企业。商务行业的200多个连锁分店，除县区18个、市区65个外，其余全部在外地。主辅业结合促发展。除食品城白手起家和香山餐厅专营餐饮外，其它3家都是以老企业的主业为依托发展起来的。纺织品有限公司以经营纺织品为主创办了美洁日化超市；食品公司的主业是肉品经营，创办的民食商都连锁店以经营“放心肉”为主，辅之以各类副食品、日用品；副食品公司的福美超市以经营蔬菜、调味品等副食品为主，辅之以其它日用品。商工业结合促发展。九头崖集团兼并市康乐食品厂后，先后投资300多万元引进了月饼、纯净水、速冻食品等生产线；在郑州建立了九头崖工业园区；在郏县投资建成了九头崖肉类分公司；出资1800万收购了河南蓝牌集团平顶山啤酒有限公司。九头崖月饼和九头崖牌纯净水、啤酒等产品已成为河南同类产品的知名品牌。在发展连锁经营中，做到发展一个、成功一个、赢利一个。美洁日化超市自发展连锁以来，每年向纺织品公司上缴利润近40万元，职工人均年收入在7000元以上。香山大酒店餐厅部4个分店每年完成销售额近2500万元，上缴税金160多万元，实现利润150多万元。这5家连锁企业的总资产达2.1亿元，共有职工4139人。每年完成销售收入近2亿元。

（李建超）

【基础设施建设】 2004年，市商务行业把兴办项目促进发展作为重中之重，除继续抓好2003年“八大工程”中3个未竣工项目的扫尾工程外，又投资1.6亿元新上了商业大楼的东仓底商楼、纺织品有限公司的万客隆北部市场改造工程、房屋开发公司的双丰棉纺厂等7个项目，全部建成投入营运后，将新增生产经营面积5万平方米，可安置下岗职工1500余人。九头崖集团在郑州高新技术开发区购地140亩建立了九头崖工业园，新上1条纯净水生产线、8条月饼生产线和2个西萨饼业车间，已初步形成了以郑、平两大生产基地为依托，连锁经营，月饼、啤酒、纯净水、中西点、冷鲜肉等五大生产领域的经营同步发展的格局。市七彩虹幼儿园投资近20万元更新改造了教学、伙房设施，使教学班增加到17个，入园幼儿566名，园长杜洁凡先后获得全省劳模和全国商业服务业“巾帼建功”标兵荣誉称号。

（李建超）

【生猪屠宰管理】 2004年，全市共定点屠宰生猪近70万头，检出病害肉273头，没收非定点肉品10615公斤。其中市区共定点屠宰生猪9万多头，没收非定点肉品800公斤,端掉私屠滥宰窝点5个,处理非法屠户和商户63人次,放心肉上市率始终保持在98%以上,确保了广大人民群众的食肉安全。平顶山市连续6年被评为全省“生猪屠宰管理工作先进单位”。全市生猪屠宰管理机构组建率达100%,管理工作人员达270余人,对执法人员分期分批进行了轮训,考核合格率达到100%,持证上岗率达到了100%;多方筹资3000多万元,对定点企业的设施设备进行更新改造,全市定点企业机械化、半机械化宰杀率达到了80%以上,出厂肉品全部达到国家规定标准,没有发生一起肉品质量事故;投资60余万元为稽查队配备了较为先进的交通、通讯工具,基本达到了市县城区10分钟、乡村20分钟到达现场的要求。自推行生猪定点屠宰管理以来,全市共查处屠宰违法案件124起,结案121起,结案率达97%,没有出现一起行政复议或行政诉讼案件。市工商局制订下发了《关于加强市区生猪产品销售市场管理的通知》等2个规范性文件,肉品必须证、章、票齐全才能上市销售;市公安局近年来共出动警力3000余人次,抓捕非法屠宰户和商户60余人,其中判刑10余人,市卫生局每年都组织百余人对全市宾馆、饭店等用肉单位进行拉网式检查;全市各新闻媒体采取专访、纪实、专题、追踪报道等形式全方位进行报道,各级环保、物价、畜牧等部门也都给予了大力支持,形成了各职能部门齐抓共管的良好局面。市定点屠宰上市量继续保持了两位数的高速增长态势,“放心肉”上市率也始终保持在98%以上。(李建超)

【参加第十届郑州全国商品交易会】 10月15日,平顶山市组团参加了第十届郑州全国商品交易会。副市长李振带队,9个县(市)、区47家企业80余人参会。此次郑交会平顶山市共签定合同20份,总金额2.1亿元。发布招商引资项目121个,发放各种宣传资料近千份。舞钢市中加公司与河南润丰公司签定铁精粉销售合同1亿元、与焦作方庄煤矿实业开发公司签订焦炭销售合同0.5亿元,宝丰昌源工贸有限公司与郑州德鑫酒业有限公司签定宝丰酒销售合同2000万元,宝丰洁石建材有限公司与西安市大明宫陶瓷工业品市场签定地板砖销售合同780万元,湛河区与河南省宇通公司签定销售合同600万元。郏县签定供货合同2000万元,鲁山县签定销售合同750万元。鲁山县的九龙杯,汝州市的超薄粉皮、细粉丝,郏县的铁锅,新华区的绝缘件、彩砖,卫东区的舒莱卫生巾、棉布等颇受客户的青睐,有的签定了协议,有的还现场销售了一批货物。

(李建超)

【平顶山市商务局成立】 2004年8月,平顶山市委、市政府在全市机构改革中,决定撤销对外贸易局和市商业发展服务中心,整合市经贸委和市计委的部分职能,组建平顶山市商务局。11月,市委对市商务局的11名班子成员进行了任命和分工。12月,市商务局按照《三定方案》的要求,对17个科室的科级领导职位进行了竞争上岗。新组建的平顶山市商务局下属27个单位,其中5个事业单位,22家直属企业,共有干部职工12500多人。

(李建超)

【规范市场经济秩序】 2004年,平顶山市认真开展了一系列专项整治市场秩序行动,共出动各类执法人员45000余人次,检查大小市场8000多户次,捣毁各类制假窝点100余个,查处各类售假案件4500多起,其中立案3970起,全市打假总标值达7000余万元,共检查生产企业750家,抽检批次1500余次,合格1343批次,合格率89%。对煤炭安全生产、食品医药、公路运输、建筑市场、石油市场等进行了全面的专项治理整顿,特别对影响较大的案件采取了专项治理。针对汝州市非法废旧机动车拆解市场死灰复燃现象,出动执法人员1000余人次,执法车辆200台次,对洛界公路两侧非法废旧机动车交易场所进行了三次拉网式清理,共查获涉案机动车18台,五大总成及各种配件83件(套),有效杜绝了非法废旧机动车交易的存在;在文化市场专项整顿中共检查了4000多种商品,清查出不规范专利标注商品51种,收缴非法出版物3230册(本),盗版音像制品48000盘(张),盗版书刊1749本(册),取缔关闭非法出版物经营店68家,针对煤炭市场混乱、掺矸制假行为泛滥的势头,共查处掺假煤炭5000余吨,立案47起,初步遏制了掺矸制假煤炭泛滥的势头,规范了煤炭市场经营秩序。为做好知识产权保护工作,在50家企业设立了专利管理员,出台了《关于企业设立专利管理员的实施意见》。

(李建超)

2004年市直商贸企业经济指标完成情况

指标	完成情况	占市政府责任目标情况
社会消费品零售总额	50317(万元)	114.4%
控制亏损	1744(万元)	减少亏损756万元
实现税金	1135(万元)	103.18%
商办工业增加值	6.41%	增加0.41个百分点
产销率	97%	与责任目标持平

2004年平顶山市对外经济贸易指标完成情况

指标	数额	占省定责任目标情况	与2003年比较情况
进出口总值	28954万美元		+64.5%
其中:出口	12466万美元	112.4%	+25.8%
进口	17388万美元		+111%
新批外商投资企业	17个		+112%
合同外资额	12462万美元	227%	+128%
实际利用外资	3443万美元	104%	+29.7%
劳务输出	120人次		+33.3%

商场简介

【商业大楼】 平顶山市商业大楼位于平顶山市中兴路中段。共有营业面积30000多平方米,职工1590人,下设11个商场、3个分公司、5个小型商店、1家职工医院,主要经营日用百货、五交化工、家用电器、针纺织品、服装鞋帽、钟缝文化、金银首饰、家具、烟酒食品等5万多种商品。自1986年开业以来,经过19年的发展,目前已经成为集批发、零售为一体的商业集团。商业大楼是在计划经济转轨过程中成长并发展起来的国有商业企业,始终围绕改革、发展、稳定的大局,不断创新经营方式,由最初的"自营"、"集体承包经营"、"统管分营"到目前的"资产经营"。从2001年以来,商业大楼依次确立了"调整年"、"创新年"、"稳定发展年"和"基础工作年"等4个年度工作主题,促进了企业的长足发展,4年来共实现商品销售48365万元,每年都圆满完成了上级下达的目标任务。先后荣获全国"商业服务业抗击非典先进单位",全市"商业服务业企业诚信单位"、"百城万店无假货示范单位"、"诚信服务星级店"、"治安模范单位"等荣誉称号15项。

(李建超)

【平顶山商场】 平顶山商场有限责任公司(原平顶山商场)始建于1975年,现有营业面积4000平方米,在职职工400多人,拥有资产2600多万元。下设7个管理处(室),6个营业部,以商业零售为主,兼营批发业务,是市重点保护单位。2003年完成企业改制任务,组建为平顶山商场有限责任公司,张慧丽任董事长兼总经理。企业改制后,成立了股东会、董事会和监事会,初步建立了以法人治理结构为核心的现代企业制度;制定了三年发展规划,提出了"实施二次创业,实现跨越式发展"的奋斗目标,明确了在主业做强、优势做大基础上实现多元化发展的战略决策。一年来,平顶山商场有限责任公司坚持"顾客至上、诚信服务"的经营理念,奋力打造服务品牌,不断提高服务质量和服务水平;以市场为导向,大力调整经营结构,突出了商场以服饰为主的专业化、系列化的经营特色;按照现代企业制度和企业实际,大力调整组织结构,切实转换了内部经营机制。新的体制、新的机制和扎实有效的工作,使企业迅速摆脱多年的亏损状况,实现了扭亏为盈,为企业的良性发展奠定了坚实基础。

(李建超)

【人民商场】 人民商场位于建设路东段,1987年11月开业,属国有中一型企业,隶属市商务局,是市区东半部最大的零售商场。共有营业面积7000平方米,下设7个经营部、7个管理科室,在职职工486人,经营范围涉及百货、日化、服装、针织、鞋帽、家电、图书、烟酒食品、五金交电等。开业以来,为满足市区居民的生活消费需求和发展城乡经济做出了积极贡献,先后荣获河南省"重合同守信用企业"、"执行物价计量法规最佳单位"和"市级文明单位"等称号20多项。人民商场着力打造服务品牌,奉行"诚信、为民、敬业、创新"的企业精神,以良好的商誉赢得了消费者的信任,形成了稳定的消费群体。目前,人民商场正在积极推行企业改制,投资更新改善营业设施,为消费者和经营者提供良好的购物和经营环境。

(李建超)

【中心商城】 中心商城位于平顶山市中兴路与和平

路交叉口,1999年9月开业,隶属于平顶山市商业贸易局房屋开发公司。下设服装、家电、鞋帽、针织、百货、日化、黄金、中心超市等8个专业商场。建筑面积12000平方米,营业面积8000平方米,共有干部职工300多人,年均实现销售收入3000多万元,上缴税金60多万元。近年来,先后获得2003~2004年"全国商业服务业先进企业"、"全国巾帼文明岗"、"全省维护消费者合法权益先进单位"、"商品质量推进关口前移试点单位"、"全市诚信服务四星级店"、"维护消费者合法权益先进单位"等荣誉称号。

(李建超)

粮油购销

【概况】 2004年全市粮食系统共分流富余职工4419人,占分流目标4237人的104.3%,超额完成省定人员分流任务;实现多种经营利润776万元,占年度目标710万元的109.3%;完成粮食总购进25.85万吨,其中完成订单收购5.6万吨;完成粮食销售39.9万吨,其中减库19.1万吨,占年度目标9万吨的212.2%,圆满完成省定促销压库任务;实现粮油销售收入4.96亿元,占年度目标3.2亿元的155%;粮办工业实现销售收入1.26亿元,占年度目标1亿元的126%;"四无粮仓率"保持在99%以上,高出95%的年度目标4个百分点,储备粮100%达到"一符三专四落实"。平顶山市粮食局被省粮食局授予"责任目标管理先进单位"荣誉称号。全市粮食系统省、市级文明单位分别达9个和19个,并继续保持"市级文明单位建设先进系统"称号,市局机关继续保持"省级文明单位"称号。

(陈红彬)

【粮食购销多元化】 2004年,全市粮食系统有200多家各类粮食经营主体进入市场,初步形成了以国有粮食购销企业为主渠道、非公有制购销企业和个体购销户相互竞争、共同发展的多元化市场格局。认真贯彻、深入宣传《粮食流通管理条例》、《中央储备粮管理条例》及《河南省地方储备粮管理条例》,切实加强对粮食市场供求、价格的分析、监测和统计服务工作,按照国务院提出的"产区保持3个月销量,销区保持6个月销量"的储备粮规模要求,市、县两级共确定储备粮12484万公斤,目前已充实到位7100万公斤,缺口部分将在下年度全部充实到位。认真配合省审计工作组,顺利完成对全市粮食财务挂帐审计工作,确定1998年6月至2003年年度全市挂帐总额为3.32亿元,其中政策性挂帐1.98亿元,经营性挂帐1.34亿元;省政府认可平顶山市国有粮食购销企业职工总数为6355人。

(陈红彬)

【粮食购销企业改革】 2004年,省政府粮改动员会后,市、县两级粮食局和全市粮食购销企业都及时成立了粮改领导机构和办事机构;市局实行了班子成员分片包干制度,明确分工,落实责任;并专门成立粮改办公室,具体负责组织协调粮改工作。市局还印发6700本《国有粮食企业改革知识问答》,购销企业职工人手一册,加大粮改政策宣传力度。严格按照政策规定,深入调查,充分酝酿,集思广益,经职代会讨论通过后,制定出科学、可行的粮改方案。市政府明确指出:省、市或县(市)财政,国有粮食购销企业支付分流富裕职工补偿金的比例为1:1:1.5,即人均经济补偿为5000+5000+7500=17500。通过全市上下扎实有效的工作,全市共分流职工4419人,全面完成了省政府下达的分流减员目标。

(陈红彬)

【粮食收购】 2004年,全市粮食系统面对粮食购销市场全面放开、收购资金到位不及时及农民惜售等不利形势,做好粮食收购工作。实行粮食收购目标责任制,通过调查粮食产量、质量,分析市场行情和价格走势,保证了夏粮收购工作的顺利开展。积极开展"千人千车进千村收万家粮"活动,实行"零距离"服务,变坐门等客为进村入户上门收购。全年走村收购占到了全部夏粮收购的70%左右。发展订单农业。2004年全市签订小麦订单69.4万亩,占小麦播种面积的25%,其中优质小麦24.9万亩。全年共收购订单小麦5.6万吨,收购价格高于市场价3-5%,全市订单农户增收近千万元。

(陈红彬)

【粮食销售】 2004年,全市粮食总库存由2003年年底的59.02万吨下降为45.11万吨,下降幅度达到23.6%。继续实行粮食销售目标管理,层层分解销售目标,组织全市46个粮食企业5次参加郑州粮食拍卖交易会,共拍出小麦4万多吨,成交金额6397万元。全市共完成1998年以前老粮销售19.1万吨,比省定目标多销10万多吨,不但增加利润600余万元,而且减少了利息支出。拓宽销售渠道,开拓省外市场。东环、湛南粮库及豫美、雪豹面粉公司分别与苏、浙、鲁、粤、云、贵、川等省份建立长期购销关系,全市省外销售粮食达6.6万吨。

(陈红彬)

【粮食供应】 2004年,全市粮食认真落实军粮、退耕还林补助粮供应办法,确保政策性供应足额按时、保质保量。汝州军供站、市区军供站分别获全省军供"争先创优"一、二等奖。同时,加大开仓借粮工作的组织回收力度,按时完成省政府下达的3.5万公斤还粮任务,受到省局通报表彰。

(陈红彬)

【安全储粮】 2004年,全市粮食仓储工作认真贯彻《中央储备粮管理条例》和《河南省粮油储藏管理规范》,继续推行安全储粮责任制,强化一级抓一级,层层抓落实,争先创优,奖优罚劣。组织开展"一符四无粮仓"竞赛评比和春、夏、冬安全储粮大普查活动,累计检查库所259个(次),仓房4122座(次),粮食126万吨,及时掌握储粮底子。狠抓防汛工作组织、责任、措施和物资四落实,及时消除储粮安全隐患。大力开展科学保粮工作,推广、运用科学储粮技术,全市综合科学保粮率达到88%,高出全省85%的平均综合科学保粮率3个百分点。

(陈红彬)

【多种经营】 2004年,全市粮食系统共创办各类多种经营实体32个,新增就业岗位近1000个,实现多种经营利润776万元。郏县积极发展小饭店、小浴池、小养殖、小加工等项目,使富余职工得到妥善安置;鲁山县粮食购销企业集资组建天禾种业有限公司,安排下岗职工40余人;宝丰县组建海粮工贸有限公司,吸纳分流转岗职工25人;城郊粮食分局开发落凫山500亩荒山工程,现已植树10000余棵;先锋粮贸公司体育村粮店扩大经营品种至500多个,22名职工无一下岗;中兴粮贸公司幸福路粮店加盟九头崖连锁经营,年营业额达到180余万元,年利润5万多元,并使9名失业人员重新就业;食为天餐饮有限公司不但打造了放心早餐品牌,而且为近100名下岗职工安排了就业。石龙粮贸公司承包白龙潭宾馆,新新粮贸公司兴办便民超市,先锋粮贸公司开办幼儿园、停车场、洗车场等项目,安置了部分下岗职工,实现了较好的经济效益。

(陈红彬)

【项目建设投入加大】 2004年,全市粮食系统累计投入基本建设资金近7000万元,新增职工住宅面积24200平方米、商业经营面积22000平方米,新增仓容5250万公斤。湛南国家粮食储备库国债投资1300万元扩建工程竣工并通过正式验收,实现了装粮压库;舞钢市粮食局引进资金1000万元,与外地客商共同开办假日大酒店;开源粮贸公司帝苑商厦建设工程进展顺利,3000平方米营业面积招商工作已经开始运作;中兴商厦投资近1000万元的三期续建工程已开工建设,工程竣工后可增加经营面积8000多平方米;广众有限责任公司筹资500余万元新建华润乳业有限公司,目前已存栏奶牛130多头;油脂公司投资12万元新建小包装生产线,实现了当年投产、当年收回投资成本。

(陈红彬)

供销合作事业

【概况】 2004年,市供销合作社以扭亏为盈和打造诚信供销社为目标,大力发展新型农村合作经济组织,健全完善农业社会化服务体系,加快二次创业步伐,圆满完成了年度各项工作任务。全市供销社系统累计完成商品购进总额98423万元,商品销售总额125557万元,较同期上升5.2%,占省供销合作社下达目标的106.1%,全系统实现利润178万元,较同期的102万元增加利润76万元。

(邢长健 许 冰)

【企业改革】 全市供销合作社按照"四有"标准改造基层社,即经过改造,让每个基层社都有一个好的体制和机制,有一个比较规范的专业合作社,有一批功能完善的村级服务社,有一个连锁配送超市。通过破产、托管、强社并弱社、组建中心社63个,改造面积达67%。2004年,全市专业合作社已达99个,全面完成省社下达的目标计划,村级综合服务社已达到1768个,比上年增加36个,超额完成省社1700个的目标。

(邢长健 许 冰)

【扭亏增盈】 市供销合作社始终把扭亏增盈作为重

中之重,在系统上下推行了目标管理责任制和不亏损管理,全力以赴扭亏创效。全系统已有9个专业市场,年交易额达到1.7亿元,较上年的1.4亿元上升21.4%。市土产公司已建成5个专业市场,其中,2004年建成开业的仙源电脑市场和花卉大市场均已显现出喜人的发展势头。采用"引进来"、"走出去"方法,做大做强社有企业。鲁山县供销社利用当地的橡壳资源,从南阳胶厂引资300万元建成栲胶厂,年产橡胶600吨,利润达200万元。叶县供销社建筑公司与中建八局合资建设底商楼,引资130万元。郏县供销社建筑公司从广州引进资金100万元,在茨芭乡进行果树种植和獭兔饲养。全年全系统共招商引资1600万元。市土产日杂公司成功兼并东亚家具鞋业城,并把其改制为东亚员工参与、内外联合的多元化股份制市场,并选聘了新的领导班子,调整了经营方向。 (邢长健 许 冰)

【改造传统经营网络】 按照省社关于组建五大经营网络的工作部署,市供销社结合平顶山的实际,重点围绕农资、烟花爆竹和再生资源三大业务,以规范、整顿市场经济秩序为契机,加强内部管理和行业自律,配合有关部门搞好市场管理,积极培育网络优势。2004年,全系统已建成连锁经营企业2个、配送中心4个、连锁店73个、超市8个。连锁经营销售总额150万元。汝州市供销社在6家药品经营网络点基础上,通过股份合作、经营合作等方式,大力发展连锁经营,组建了药品连锁配送中心。目前汝州零售网点已达24个,市区的10个零售网点和1个医药超市也已列入规划,并于8月12日一次性通过省有关部门进行的国家药品经营质量管理GSP认证。叶县供销社在全县范围内发展农资龙头企业,与全国20多个化肥生产厂家建立了总经销、总代理业务,代理的化肥、农药品种达21种,多年来化肥销售一直保持在10万吨以上。汝州市社专门成立了千禧烟花爆竹有限公司,组建了烟花爆竹配送中心,以基层社为依托设立23个直销批发定点、300多个零售网点,烟花爆竹由原来的年销售额不足40万元增加到200多万元。

(邢长健 许 冰)

物资流通

【概况】 2004年,全年共完成物资销售总额2.16亿元,占责任目标的108%;完成社会商品零售额7263万元,占责任目标的100%;完成工业总产值650万元,占责任目标的100%;产品产销率100%,占责任目标的100%;实现减亏89万元,占责任目标的89%。集团公司及所属企业,采取多种有效措施加大债权债务处置力度,共清收债权(外部欠款)76万元;削减内债(职工集资款)31.89万元;核销债务(不良贷款)4111.4万元,全年共涌现出目标管理先进单位9个、"双创"先进集体6个,"双创"先进个人25名。民用爆破器材专营有限公司2004年继续保持了"市级文明单位"称号,并被省评为"省级卫生先进单位"。旧机动车交易中心成为河南省旧机动车交易流通行业第一家省级文明诚信市场,成功承办了"河南省旧机动车流通协会"成立大会。

(田纳新)

【物资经营】 2004年,物资集团公司及所属各单位创新经营理念,按照"依靠主导产业求生存,跳出物资行业谋发展"的经营思路,实施多元化经营策略,加快经济结构调整步伐。煤炭公司在煤源紧张、煤价上涨、资金短缺、市场竞争激烈的困难情况下,稳固购销关系,累计购进原煤43.3万吨,完成销售1.17亿元。民用爆破器材专营有限公司拓宽经营领域,理顺购销关系,全年完成物资总购进5711万元,完成销售6393万元,同比增长20%,上缴税金144.29万元。旧机动车交易中心努力打造诚信形象,取得了经济效益和社会效益的"双赢",全年完成交易车辆2400台,实现交易额7200万元,完成交易收入218万元,同比增长24%,上缴税金30多万元。金属回收总公司增设废旧金属回收网点,扩大报废汽车拆解业务范围,仅用6个月时间就超额完成全年目标任务。累计完成销售1528万元,占责任目标的163%,同比增长172%。停业多年的燃料总公司恢复传统主业经营,完成销售35万元,实现了经营销售零的突破。金兴金属材料有限公司在钢材主业上转变经营理念,全年完成物资销售500万元,物资贸易中心建立的股份制奶牛养殖厂,优化升级产业结构,新上一条乳品加工生产线,现已投入运营并产生了效益。存栏奶牛70多头,日产销鲜奶800多斤。煤炭公司利用场地优势,投资180多万元发展幼教事业,目前已顺利完成幼儿园的前期规划设计及基建筹备工作。

(田纳新)

【盘活资产】 物资集团公司所属的木材总公司以职

工筹资入股的方式筹资自行修建了200多米长的铁路专用线和货运中转站台以及20多间仓储用房，将库存废旧钢板全面整修后开展租赁业务，增加收入。市场物资吞吐量比上年增长17%，租赁收入比上年增长21%。民用爆破器材专营有限公司投资70万元，兴建了占地15亩的爆炸物品仓库顺利地通过了省国防科工委的验收。化工轻工总公司对仓库进行整顿规范，租赁收入比上年增长62%，提高了资产效益。

（田纳新）

【企业体制改革】 2004年，物资集团公司本着有利于企业长足发展，妥善处理好资产及债权债务。大升物资有限责任公司从金兴金属材料有限公司剥离改制退出国有，民用爆破器材专营有限公司、金属回收总公司、集团公司煤炭购销分公司三家企业完成了改制，成功退出国有。化工轻工总公司等企业的改制工作也在规范有序地运作之中，同时推进行业三项制度改革。按照集团公司总体部署，改制企业努力建立符合现代企业制度要求的人力资源管理，劳动管理，薪酬分配机制。未改制企业则结合实际推动内部人事、劳动、分配三项制度改革，木材公司打破干部职工身份、岗位、职务和工资界限，实行全员竞岗。

（田纳新）

【再就业及帮扶】 2004年，集团公司加大了职工“三金”缴纳力度，努力拓宽就业渠道，为下岗职工再就业创造条件，共帮助175名下岗职工实现了再就业。在扎实推进“一帮一”结对帮扶的基础上，丰富帮扶形式和内容。全系统全年救助134名职工，送温暖资金达25100元。其中特困职工53人12050元，苦难党员70人9000元，困难老干部8人1650元，困难军转干部3人2400元。全系统广大党员干部职工为特困子女上大学捐款8800元。落实军转干部政策。2004年通过向市财政借支，为生活困难的企业军转干部落实困难补助273201.7元，落实医疗费补助待遇17人11552.32元。

（田纳新）

石　油

【概况】 2004年，全区完成销量240600吨，较上年同期199443吨增长21%；完成零售量181999吨，较上年同期126867吨增长43.46%；完成批发直销58601吨，较上年同期72576吨减少19%；高标号汽油销售26131吨，较上年同期13319吨增长96.19%；实现考核利润5182万元，完成省定利润奋斗目标4669万元的111%，提前一个月超额完成省定年利润计划。平顶山市石油分公司先后被市政府评为目标管理先进单位、消防安全先进单位和安全生产先进单位；光明路加油站经理赵红同志被评为销售公司“优秀加油站经理”；大乌路加油站被省分公司提名进入四星级加油站行列；光明路加油站和马庄加油站获得省级“青年文明号”称号；平东加油站、遵化加油站和鲁山十六加油站获得市级“青年文明号”称号；大乌路加油站的王伟平、郏县公司的梁彦峰分别获得平顶山市“青年岗位能手”称号。

（赵中华）

【市场供应】 2004年，全国性煤、电、油运告急，石油资源持续严重紧缺，为充分发挥中石化成品油供应的主渠道作用和品牌优势，石油分公司一方面争取配置计划的正常到位，一方面在铁路运输困难的情况下，组织所有油罐车加班加点昼夜不停跨区调运。全年共汽运油品20162吨，自采4136吨，实现了有限资源的效益最大化。

（赵中华）

【网点建设】 公司全年完成新建加油站9座，收购站3座，改造站3座，农村网站122座；并借加油站规范化管理百日竞赛之机，投资600余万元，对全区所属84座加油站的形象标识等进行了改造维修；对44座加油站进行了IC卡工程改造，为实现“一卡在手，各地加油”铺平了道路。

（赵中华）

【推广使用车用乙醇汽油】 12月1日，中国石化河南平顶山石油分公司根据《河南省车用乙醇汽油管理办法》，在全市范围内推广使用车用乙醇汽油，所有成品油批发、零售企业停止销售90号、93号、95号、97号车用无铅汽油，改为销售E90号、E93号、E95号、E97号车用乙醇汽油。推广工作按照“定点生产、定向流通、稳步推进、分步实施、依法推广”和“行政推动与市场调节相结合”的原则，依托中石化平顶山石油分公司的储运能力和销售网络，合理配置资源，避免浪费，采取区域封闭、控制油源、调控价格的运行方式组织实施。石油分公司为切实搞好油品供应,改造和建设了乙醇汽油配送中心,并且对加油站进行了改造。

相关链接:使用乙醇汽油,可以大幅度改善城市的空气质量。目前的城市污染有50%来源于汽车尾气,尾气中的两大有害物质为一氧化碳和碳氢化合物,相对于普通汽油,乙醇汽油可以让汽车尾气中一氧化碳含量下降到30%,碳氢化合物下降到10%,乙醇是通过光合作用从田间获取的再生资源,是可转化的太阳能,资源丰富。乙醇的主要原料是粮食,包括薯类、玉米、小麦等,可以有效的消除陈化粮。

(冯春梅)

超级蔬菜马铃薯

留住岁月脚步　马铃薯含有丰富的维生素 B_1、B_2、B_6 和泛酸等B群维生素及大量的优质纤维素,还含有微量元素、氨基酸、蛋白质、脂肪和优质淀粉等营养元素。这些成分在抗老防病过程中有着重要的作用。经常吃马铃薯的人身体健康,可延缓衰老。

减肥没商量　吃马铃薯不必担心脂肪过剩,因为它只含0.1%的脂肪,是所有充饥食物中脂肪含量最低的。每天多吃马铃薯,可以减少脂肪摄入,让身体把多余脂肪渐渐代谢掉。

美颜天然之选　马铃薯有很好的呵护肌肤、保养容颜的功效。新鲜马铃薯汁液直接涂敷于面部,可起到增白、清除色斑的作用。熟马铃薯切片贴在眼睛上,能减轻下眼袋的浮肿,对眼周皮肤也有显著的美颜效果。脸上出现小皱纹的女性,把马铃薯切成片敷在脸上,能美容护肤、减少皱纹。年轻人皮肤油脂分泌旺盛,常受青春痘、痤疮困扰,用棉花沾新鲜马铃薯汁涂抹患处可以解决问题。

吃出好性格　性情不安定的人多吃马铃薯,可以摄取到足够的钙与磷,缓解不安情绪,使性格变得沉稳。性情暴躁的人常吃马铃薯,其富含的维生素 B_6 能起到平复焦躁、加强身体协调性的作用。干燥的气候会引起燥热、便秘等不适,马铃薯甘平的属性可以养护你的脾胃,益气润肠,还能滋润皮肤。

调整虚弱体质　马铃薯不仅不会使人发胖,还有愈伤、利尿、解痉的功效。它能防治淤斑、神经痛、关节炎、冠心病,还能治眼痛。马铃薯含有丰富的钾元素,肌肉无力及食欲不振的人、长期服用利尿剂或轻泻剂的人多吃马铃薯,能够补充体内缺乏的钾;其含有的丰富维生素C会抵御坏血病,镁元素和铁元素则能帮你摆脱恶心、手脚冰冷等问题;高含量的蛋白质和维生素B群可以增强体质,同时还具有提高记忆力和让思维清晰等作用。面色苍白的人和食欲低下的人坚持吃一段时间马铃薯,一定能收到令你满意的效果。

预防中风　近年来经研究证明,常吃土豆还可以预防脑中风的发生。这主要是由于土豆中含有丰富的钾。钾在人体中能维持细胞内的渗透压,参与能量代谢过程,维持神经肌肉正常的兴奋性。缺钾的人则脑血管容易破裂,发生中风。另外,土豆中的粗纤维可以起到润肠通便的作用。便秘者用力憋气解便时,会使血压突然升高,这也是中风的一个重要诱因。土豆中还含有一种类似转换酶的物质,具有降压药一样的功效,能使血管舒张、血压下降。据印度医学专家研究,一个人只要坚持每星期平均吃上5~6个土豆,患中风的危险会下降40%。

(《新民晚报》《环球时报·生命周刊》2.20　2.22李晶　唐晓伟文)

平顶山市公路局

局领导班子研究公路建设发展大计

局长孙建豪和党委书记吴建在工地现场办公

正在施工的金孟线

环境优美的道班

平顶山市

局长 张坤子

“八一”拥军

新城区财政大厦奠基仪式

财　政　局

老干部们在认真听党课

局长张坤子在宝丰财政现场会检查指导工作

平顶山市审计局

局长　刘二华

团结奋进的领导班子

审计局机关党委成立

组织部长薛新生在审计局调研

法制宣传

教育审计现场

水利审计现场

平顶山高新技术产业

局长 库民涛

平顶山高新技术产业开发区地方税务局担负着全市（市区内）地税 49 户涉外企业和开发区 280 户内资企业及个体工商户的税收征管工作。连续 9 年超额完成税收任务，平均年递增 80 个百分点。2000 年 3 月，国家税务局在该局召开了审核评税现场会。2001 年被省人事厅、省地税局授予先进集体；2003 年 2 月被省政府授予省级文明单位；2003 年 4 月被国家税务总局授予全国税务系统文明单位。

全体工作人员

开发区地方税务局

局领导班子

办税服务大厅

工作人员在审核评税

平顶山教育学院

平顶山教育学院

教学大楼

平顶山教育学院成立于1978年，是平顶山市成立最早的一所成人及普通高等师范专科院校。1985年经国家教育部正式批准备案。2002年9月经省政府批准平顶山师范学校与教育学院合并，组建成立新的平顶山教育学院。学院分东、西两个校区，占地面积80余亩，建筑面积7万多平方米，现有在职教职工240人，专业技术人员207人，各类在校生4800多人，有11个教学系。近年来，学院先后荣获全国艺术教育先进单位、省级卫生先进单位、省级体育达标工作先进单位、省级学校食堂卫生工作先进单位、省级教师资格认定培训先进单位、市级文明单位等荣誉称号。

丰富多彩的校园文化

校园一角

平顶山中医院

院长 杨恒宪

党委书记 冯新富

平顶山市中医院始建于1982年12月，是平顶山市惟一的一所地市级综合性现代化中医院，承担着平顶山市中医医疗、教学、预防、保健和康复等任务。系国家二级甲等中医院、全国爱婴医院、中国人寿保险公司定点医院。

医院位于平顶山市区中心，环境优美，交通便利，占地面积1.6万平方米，建筑面积9千余平方米，编制床位308张。全院共有在岗职工378人，其中卫生技术人员346人，高级职称52人。医院设有急诊科、内科、骨科、外科、妇产科、儿科、耳鼻喉科、眼科、口腔科、针灸科、皮肤性病科等23个临床科室和16个中医专病专科。医院还设有检验科、放射科、功能检查科、CT室等医技科室，拥有全身CT、500毫安电视监控x光机、C型臂x光机、全自动生化分析仪、B超、电子胃镜、颈颅彩色多普勒、多参数心电监护仪、大型心电工作站等先进诊疗设备80余台(套)。“平顶山市老年病康复中心”、“平顶山市中医研究所”、“平顶山市中医儿科研究所”、“平顶山市中医糖尿病研究所”、“平顶山市中西医结合肝病治疗中心”、“全国针灸临床研究中心平顶山分中心”设在该院。医院先后荣获“全省卫生系统先进集体”、“全省中医工作先进集体”、“全省执行物价计量政策法规最佳单位”、“平顶山市文明单位”等荣誉称号。

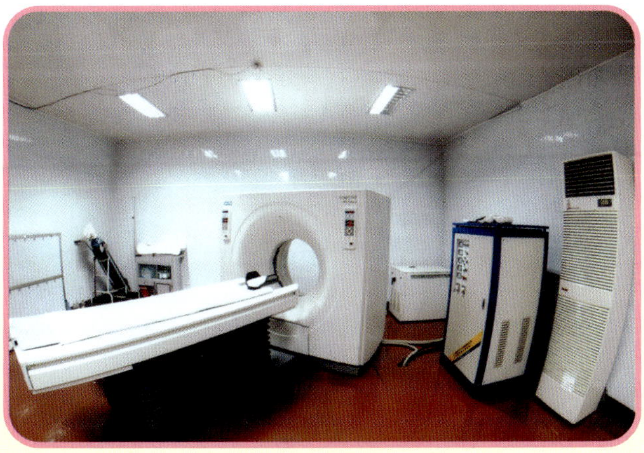

先进的医疗设备（德国产西门子CT）

医院健康(体检)管理服务中心

舞钢市林业局

高庆祥局长向果农传播林果新技术

团结奋进的领导班子

采用新技术
嫁接的野生毛栗
当年结果

林药间作基地

石龙区煤炭工业局

局长 张建立

书记 尚亚东

团结务实的领导班子

煤矿安全生产信息调度中心监控室

调度员正在对煤矿进行远程监控

平顶山市工商联

党组书记 滕宝贤

党组成员、副会长 何远伟

市工商联党组成员在学习国务院《关于鼓励支持和引导个体私营等非公有制经济发展的若干意见》

党组成员、副会长 苏太平

党组成员、副会长 高勤良

郏县王集乡

党委书记　丁国杰

乡长　曾俊周

务实进取的领导班子

汝水漂流

万亩生态林

平顶山市卫生防疫站

开拓创新的领导班子

艾滋病检测实验室

原子吸收室

市委书记祝义方、市长于玲到盲人按摩所看望、慰问，并送去慰问金

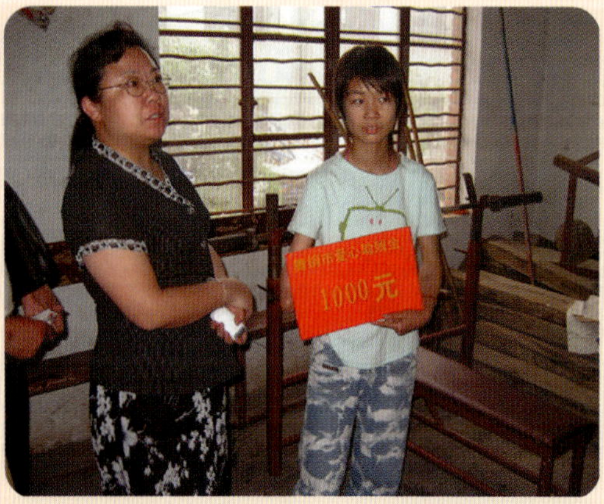

市长于玲看望在全运会上夺得银牌的残疾人运动员李艳丽

理事长蔡森强与“金拐杖”助行工程中安装假肢的残疾人合影留念

舞钢市残联

平顶山市经济管理学校

点钞比赛

校长　松军亭

多媒体教室

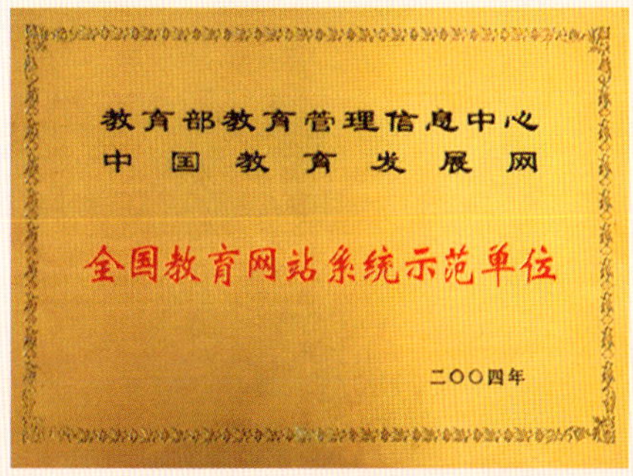

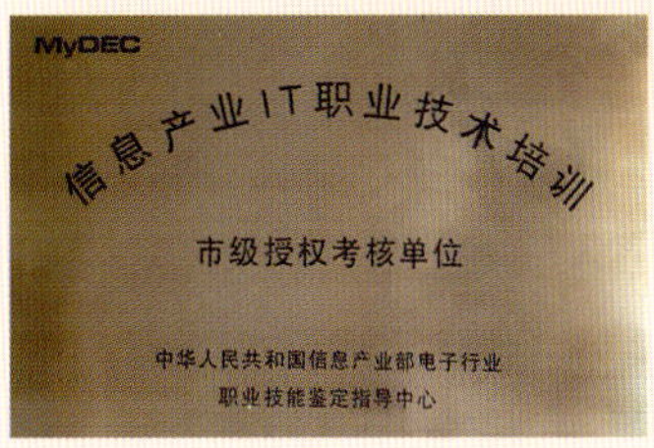

安培计算机学校

宝丰县公路管理段

县城南二环路竣工通车典礼

新建南石线凤凰岭道班

国债资金石香线施工现场

宽阔平坦的干线公路

非公有制经济

综　述

【概况】 2004年，全市中小企业、非公有制经济按照“工业首位、民营主体、项目带动、城乡一体”的总体思路，发展加快，成绩显著，成为改革开放以来中小企业、非公有制经济发展速度最快、效益最好的一年。年底，全市中小企业、非公有制经济组织达14.1万个，其中大型非公有制工业企业2家；中型非公有制工业企业34家；小型非公有制企业1.8万余家；个体工商户12.3万家，从业人员达54.3万人；完成营业收入546.5亿元，同比增长44%；实现增加值169.7亿元，同比增长52.2%，占全市地区生产总值的比重为36.1%；其中规模以上非公有制工业企业257家，同比增长108.9%；实现产品销售收入129.36亿元，增长41.4%；上缴税金7.81亿元，增长44.3%；实利利润总额5.06亿元，增长19.7%。全市非公有制经济实现利润56.8亿元，同比增长82.4%；完成工业增加值119.3亿元，占全市工业增加值比重为48.3%，同比增长58.4%，高于全市增幅39.7个百分点；上缴税金9.98亿元，占全市税金总额比重为25.6%，同比增长127.4%，高于全市增幅76.3个百分点。中小企业、非公有制经济发展主要呈现四个发展特点：一是企业效益好，规模膨胀快。全市1.8万家中小企业、民营企业，平均每家盈利35万元。其中，利润超千万元企业35家，税收超千万元企业24家；利润超百万元企业156家，税收超百万元127家；营业收入(销售收入)超500万元的企业624家，税收超50万元企业415家；另外，利税过亿的非公有制经济大型工业企业2家；新成立企业集团9家。二是投资力度大，新上项目多。2004年，全市民间投资总额达55.9亿元，占全社会固定资产投资的比重达49.2%；在全市城镇以上固定资产投资中，民间投资37.1亿元，同比增长120%。全市民营企业新上项目和技术改造项目达1500多个，其中投资百万元以上项目1300多个，千万元项目168个。三是资源型企业占比大，结构调整开始优化。2004年以前，全市营业收入超500万元的602家民营企业中，煤炭、钢铁铝、水泥、盐化工四种资源型企业占75%以上。但是自2004年开始，全市中小企业及非公有制经济新上项目中棉纺、机器制造、工艺加工、食品加工、新型服务业得到了快速发展，已呈现出良好的发展势头，产业、产品结构正趋于合理化。四是管理比较粗放，素质有待提高。全市民营企业仍以家庭式管理为主，法人治理结构、现代化管理理念仍需提高。民营企业上市仍是空白。民营企业的管理水平和职工的素质有待进一步提高，树立用现代化的管理理念管理企业任重道远。

（樊晓燕）

【管理体制】 根据《中共平顶山市委平顶山市人民政府关于平顶山市人民政府机构改革的实施意见》(平发〔2004〕13号)，组建平顶山市中小企业服务局(挂非公有制经济发展局牌子)，为市政府33个组成部门之一。承接了原乡镇企业局、原经贸委中小企业、中小企业信用担保、城镇集体工业等管理职能，并增加了对全市中小企业和非公有制经济发展的协调、服务职责。主要协调、指导、服务全市四部分企业，即国有中小企业(原属经贸委管理)，城镇集体工业联社(集体工业企业)，农村集体企业(乡镇企业的大部分)，全部民营企业(大、中、小、个体户)。该局成立以后除设立了与省对口的科室外，另外设立工业科、批发零售科、餐饮服务科、房地产与建筑科、交通运输科五个科室，形成了跨行业、跨所有制、跨区域的综合性局委。

（樊晓燕）

【招商引资】 2004年，平顶山市中小企业服务局先后组织企业参加了全国首届中小企业博览会、厦门招商会、广州中小企业首届博览会、香港中小企业发展论坛以及由农业部主办的甘肃省酒泉市和本省驻马店市召开的两次全国乡镇企业东西合作经贸洽谈会。在驻马店经贸洽谈会上,共签订合同项目129个,合同金额达23.6亿元,其中合同引资额22.9亿元。宝丰县在上海举办项目推介及合作洽谈会;鲁山县利用"世刘会",与国内外客商寻求合作,并在北京举办项目发布会。

(樊晓燕)

【中小企业(民营企业)协会成立】 6月9日,平顶山市中小企业(民营企业)协会正式成立。负责组织全市中小企业、民营企业开展理论研讨和学术交流活动;为中小企业、民营企业与各地区经贸界之间牵线搭桥,开展贸易及技术合作;及时为中小企业和民营企业提供信息服务、技术服务、对外招商引资服务、法律服务。中小企业(民营企业)协会内设五个联合会(厂商联合会、餐饮服务业联合会、批发零售业联合会、交通运输业联合会、房地产与建筑业联合会)和五个中心(企业维权中心、培训中心、网络中心、合作交流中心、综合服务中心)。这五个联合会和五个中心各自独立、各负其责,形成了既分工负责又相互配合,覆盖各行业、工作各方面的服务网络。

(樊晓燕)

【融资服务】 2004年,市中小企业服务局对全市中小企业进行分类摸底,建立资金需求档案。并分别与市国有商业银行、城市信用社、农村信用社等金融机构建立广泛联系,对企业单个或分批向金融机构推介,与人民银行平顶山市中心支行共同开展了"重点支持百家企业"活动,将遴选出的天瑞集团、汇源化学工业公司、迷王制衣有限公司等科技含量较高、市场竞争力强,有利于就业的中小企业和民营企业,作为首批重点给予贷款支持的对象。11月3日,在市人行平顶山市中心支行和中小企业服务局组织的银企项目洽谈会上,银企双方签订52项贷款协议,签约项目88个,涉及金额53.9亿元,其中贷款协议52项,金额13.5亿元。年底,已落实协议23家,发放贷款5.4亿元。

(樊晓燕)

【教育培训服务】 2004年,市中小企业服务局先后组织重点企业的厂长(经理),分8期70余人参加了"国家中小企业银河培训工程"培训班,就宏观调控、产业政策、创业培训及信息化等方面进行专业化培训,促进了中小企业创业和经营管理水平的提高。

(樊晓燕)

【质量技术管理】 为提高企业整体素质,强化企业市场竞争能力,积极引导企业加强质量管理,进行科技创新,2004年先后推广5项科技成果和专利,引导、指导具有一定条件的企业按照国际标准组织生产,使河南龙源塑钢型材有限公司、河南省亚星铸造有限公司、刘老二皮鞋厂、叶公皮鞋厂、三益清真食品有限公司、汝州市巨龙淀粉厂等10家企业通过ISO9000质量管理体系认证。

(樊晓燕)

【产品结构进一步优化】 2004年,全市民营企业坚持做精做细传统产品,做强做大特色产品,瞄准市场生产短线产品,依靠科技开发具有自主知识产权的高附加值产品,实施名牌战略培育名优产品,使产品质量提高,结构优化:平丰牌韭菜种子、星峰牌水泥获省名牌产品称号;天广牌纤维增强树脂薄片砂轮、飞宇牌家用燃气表等8种产品获省优质产品称号;圣光医用器械被中国医疗器械行业协会、中华护理协会、中国保护消费者基金会评为全国"放心产品贴标企业"。产品内在质量的提高和社会知名度的扩大,使销售市场进一步拓宽。全年民营企业产销率达97.6%以上,不少企业实现了"零"库存。

(樊晓燕)

【100万元重奖优秀民营企业家】 市非公有制经济发展局根据平顶山市人民政府《平顶山市非公有制经济工作考核奖惩办法》,评选出2004年度平顶山市10家明星民营企业、50家优秀民营企业、10家优秀民营企业家和35个发展非公有制经济先进单位。获得"明星民营企业"称号的是天瑞集团、河南汇源化学工业有限公司、舞钢中加钢铁有限公司、宝丰洁石建材有限公司、平顶山市鸿跃煤化有限公司、河南丰麟实业有限公司、河南天广水泥有限公司、舞钢市银龙纺织集团、平顶山市泓利煤焦有限公司、平顶山市虹剑煤化有限公司。天瑞集团汝州水泥有限公司等50家企业被授予"优秀民营企业"称号。郭志伟等10名企业家被授予"优秀民营企业家"称号。10名"优秀民营企业家"每人获得10万元奖金。受到奖励的10名"优秀民营企业家"分别是:天瑞集团汝州水泥有限公司总经理郭志伟、天瑞集团铸造有限公司总经理付顺利、舞钢市银龙纺织集团董事长鲁耀宏、舞钢中加钢

铁有限公司董事长李刚、宝丰县洁石建材有限公司董事长王杰士、平顶山市泓利煤焦有限公司董事长吕建华、宝丰县宝石煤业有限公司总经理黄大永、平顶山市土产日杂工贸有限公司董事长郭士勤、河南明珠实业集团有限公司董事长陈晓明、平顶山市鸿跃煤化公司总经理李红超。

（樊晓燕）

【李留法　杨根水分获帕拉丁汽车一辆】　1月11日，河南省民营企业表彰大会在郑州召开。平顶山市天瑞集团被评为“河南省明星民营企业”。天瑞集团董事长李留法、平顶山市汇源化学工业公司董事长杨根水荣获“河南省优秀民营企业家”称号，两人分别受奖一辆价值29万元的帕拉丁SUV车。本市另有舞钢市银龙集团公司、平顶山汇源化学工业公司、宝丰县洁石建材有限公司等5家民营企业被评为“河南省优秀民营企业”。

（王亚红）

利用外资

【概况】　平顶山市招商局于2004年4月1日成立，5月26日挂牌。负责编制并组织实施全市招商引资中长期规划和年度计划。负责对外宣传平顶山综合投资环境、招商优势和优惠政策。负责招商引资项目的推介工作。负责组织全市性的对外招商活动。负责制订并组织实施全市对外开放、招商引资的优惠政策及奖励办法等。全年共引进区外资金28.5亿元人民币。

（王宏涛）

【建立项目库】　项目是招商引资的立足之本。为进一步促进招商引资的快速发展，使项目库建设形成合理的梯次结构，市招商局从各县（市）区、重点企业等广泛征集招商引资项目168个，确定了101个既符合国家产业政策又体现平顶山市资源优势和产业优势的项目，建立平顶山市招商引资项目库，印制中英文对照项目册，广泛进行发布，为招商引资工作提供全面、可靠的资料依据。

（王宏涛）

【平顶山（杭州）投资项目发布会】　2004年10月24～26日，平顶山市在杭州成功举办了平顶山（杭州）投资项目发布会。此次发布会，平顶山市组成了以市委书记邓永俭为团长，各县（市）区主要领导、相关项目代表及各大型企业主要负责人为成员的130余人经贸代表团，邀请客商380余人，发布项目102个，共签约项目39个，其中：合同项目13个，协议项目15个，意向项目11个。签约资金总额达91亿元人民币。

（王宏涛）

【平顶山（上海）投资项目发布会】　2004年10月27～30日，平顶山市在上海成功举办平顶山（上海）投资项目发布会。此次发布会，平顶山市组成了以市委副书记、市长王照平为团长，各县（市）区主要领导、相关项目代表及各大型企业主要负责人为成员的130余人的经贸代表团，邀请客商340余人，发布项目102个，共签约项目41个，其中：合同项目15个，协议项目9个，意向项目17个。签约资金总额达80亿元人民币。

（王宏涛）

平顶山（上海）投资项目发布会暨签约仪式

【河南（广东）经济技术合作项目推介会】　2004年11月25～26日，河南（广东）经济技术项目推介会在广州举行，平顶山市组成了以招商局牵头，各县（市）区相关人员参加的30多人的经贸代表团。此次推介会上，平顶山市邀请客商100余人，发布项目200多个，共签约项目11个，其中：合同项目9个，协议项目2个。签约资金达18.94亿元人民币。

（王宏涛）

个体工商户

【概况】　2004年，全市个体私营经济发展呈平稳上升趋势。年底，个体工商户达58358户，同比增加

8.27%;从业人员105591人,同比增加8.12%;注册资金达62614万元,同比增加60.21%。其中城镇个体工商户达20885户,从业人员37887人,注册资金28278万元;私营企业达3540户,从业人员41667人,注册资金319801万元。个体私营经济已成为平顶山市"实施二次创业,打造经济强市"率先实现全面建设小康社会进程中不可或缺的重要力量。

(李明超)

【会员登记与建档建卡】 2004年,市个体私营经济协会认真履行协会职责,积极做好会员登记和建档建卡工作,及时为会员办理申请入会手续。据统计,当年全市新登记个体私营经济企业会员8000余户。郏县个私协会于8月份对全县个体工商户和私营企业重新调查摸底,各分会根据各工商所提供的有证商户和私企名单,对新开业的商户逐户登门做工作,动员其申请入会。止11月底,全县在工商局注册登记的2900多家个体工商户和私企全部入会,入会率达到100%,并建立健全了台帐。

(李明超)

【成立市高新技术产业开发区个体私营经济协会】

2004年,市高新区有个体工商户80户,私营企业10多家,从业人员400余人。为满足辖区个体工商户、私营企业加入个私协会的愿望,在市个私协会和高新区工商分局的共同努力下,经市民政局批准,市高新技术产业开发区个体私营经济协会于11月16日挂牌成立。协会选举产生了理事会领导班子,通过了协会《章程》。协会的成立填补了本市个私协会区域管理的一个空白点。

(李明超)

【协会服务】 发挥"维权中心"作用,为会员提供维权服务。2004年,全市各级协会依托"维权中心"维护会员的合法权益。全年共受理会员咨询、投诉、调解等1900余起。市个私协、卫东区、新华区、叶县、郏县、鲁山、舞钢市等协会为会员解决了诸如许可证、检测费、培训费、保障费、防空费、管理费、占地费、劳务费等十几种不合理收费,为会员挽回经济损失60余万元。

关心会员疾苦,体现组织温暖。全市各级协会充分利用协会职能优势,切实为会员解决生产经营和生活中的问题。如:卫东区、新华区、舞钢市、汝州市、鲁山、郏县、宝丰、专业等协会帮助会员办理《工商营业执照》及各种前置审批手续5000余(件)次,帮助会员融资贷款200余万元,帮助会员办理子女入托、上学500余人。拨付经费5万余元,救助特困会员、下岗职工400余人,减免税费10万元。

为会员经济发展搭建平台。引导个私企业以信息化网站为平台,通过网络达到信息传播、沟通互动、发展壮大的目的,帮助企业在信息时代二次创业,进一步推进全市个体私营经济的快速发展。市个私协积极收集会员的有关信息,保质保量地完成了首批上网资料。年底,全市有1000余家私营企业的资料可以在网上查到。

积极组织会员参加2004年河南省个体私营经济博览会。为充分展示平顶山市私营企业的形象,给个体私营企业构筑发展壮大的平台,市个体私营经济协会从有限的经费中拨出5400元展位费,为在洛阳参加2004年河南省个体私营经济博览会的平顶山市数家私营企业无偿提供使用。

(李明超)

【争先创优活动】 2004年,开展了"文明工商户"、"优秀私营企业"、"文明诚信商户(企业)"争先创优活动。全市共评选出各级文明工商户、优秀私营企业、文明诚信商户(企业)600余户(家)。

(李明超)

明星民营企业

【天瑞集团】 天瑞集团成立于2000年6月,前身是始创于1985年的汝州市铸钢厂。现已是一家以铸造、水泥、能源、旅游为主体的企业集团,其综合实力在全国工业中排名第1342位,在河南省排名第82位,在河南省民营企业中排名第14位,在平顶山市重点扶持的12家企业集团中排名第6位。2004年底统计,集团员工9000余人,总资产30亿元,年销售收入102681万元,利税1.5亿元,其中,税收9211万元。"艰苦奋斗、拼搏创业;依靠科技、开拓创新;强化管理、注重效益"是天瑞集团在创业20年中塑造与升华的企业精神。天瑞集团的健康快速发展得到了各级领导的大力支持,原河南省委书记李长春曾亲临集团考察调研,提出殷切期望。天瑞集团被评为"全国诚信守法乡镇企业"、"全国质量管理先进企业"。董事长李留法荣获河南省乡镇企业家,全国第二届、第四届乡镇企业家称号,并被选举为第十届全国人大代表。

(樊晓燕)

【舞钢中加钢铁有限公司】 舞钢中加钢铁有限公司是由舞钢市华宇公司与加拿大多伦多市爱迪公司出资组建的中外合资民营企业。公司是河南省科学发展观经济结构调整重点规划项目单位,也是平顶山市重点保护企业。中加公司一期工程投资1.65亿元人民币,主要建设两座208立方米高炉、两座24平方米带式烧结机、两台3000千瓦煤气发电机组及公辅设施。年产各种生铁50万吨,发电4320万千瓦·时,总产值12亿元、利税1.8亿元。2002年10月21日一期工程奠基,2003年4月17日,一号高炉投产,建设工期仅179天,速度之快创全国记录。2004年2月8日、28日,烧结机、2号高炉先后投产。5月22日,环保项目煤气发电机组正式并网发电。10月8日,节能项目喷煤工程的投入使用,实现了工序能耗的合理降低。该工程是与舞阳钢铁公司配套的炼铁项目,其主要产品炼钢生铁直接热送舞钢公司电炉。中加二期工程投资5亿元人民币,续建3号高炉、煤气竖炉和矿山工程,将形成年产生铁100万吨、铁精矿粉100万吨,发电4320万千瓦·时的规模,总产值33亿元,利税5亿元。

(樊晓燕)

【平顶山市鸿跃煤化有限公司】 平顶山市鸿跃煤化有限公司交通通信便利,207国道穿区而过,省道石南线直通厂区,公司铁路专用线与焦枝线接轨,公司先进的通信网络随时接收全世界的信息。公司现有职工1600人,其中高级技术职称13人,中级技术职称58人,公司现有资产2.25亿元,下属采煤、焦化、冶炼、洗煤等7个企业,年产值3.42亿元,年创税利2000万元以上。鸿跃公司的品牌已在江苏、江西、湖北等厂家用户中有很高的信誉,公司用户遍布大江南北。

(樊晓燕)

【河南天广水泥有限公司】 河南天广水泥有限公司是在平顶山市天广集团总公司的基础上组建成立的,其前身是平顶山市第二水泥厂。企业生产规模达到70万吨。企业在2002~2004年的销售收入分别为7617万元、7883万元、9610万元,同比增长分别为1%、3%、22%,纳税额分别为900万元、981万元、1294万元,同比增长分别为4%、9%、32%。企业新项目日产熟料5000吨的新型干法水泥生产线,前期准备工作基本完备,项目建成投产后,企业总体生产规模将达到250万吨,年创利税8000万元。

2003年12月,天广公司投资900万元,占30%的股份,香港浩万有限公司投资2100万元,占70%的股份,成立了合资经营企业——河南天广水泥有限公司。2004年全年共生产水泥62.76万吨,销售水泥62.18万吨,完成利税1100万元,职工年人均收入由2003年的8372.88元,提高到2004年的10223.88元。企业顺利通过ISO900-2000质量管理体系和产品质量认证,并荣获国家生产许可证办公室颁发的普通硅酸盐32.5R水泥生产许可证。企业还获得了“安全生产先进单位”等荣誉称号。

(樊晓燕)

【平顶山市泓利煤焦有限公司】 平顶山市泓利煤焦有限公司创建于1996年,主要从事煤炭深加工等相关业务。公司以其灵活的经营方式和自身的技术优势,坚持“以人为本、以质取胜、与时俱进、兴业报国”的企业精神,紧紧依靠科技进步,以市场为导向,诚信经营、开拓进取,实现了跨越式发展。公司自2001年入驻宝丰县后,积极参与国有企业改制,成功对停产多年的原宝丰县焦化厂实施了整体收购,接收原厂下岗职工500多人。公司先后投资3000多万元进行技术改造,企业生产能力已达入洗原煤100万吨、焦化生产12万吨。固定资产3600万元,年产值1.5亿元。2004年1~12月上缴税金1074万元。初步形成从煤、精煤、焦炭、电力、化工的煤资源深加工与综合利用的产业链条,实现了综合、协调、高效、环保、节能、可持续发展。

(樊晓燕)

【河南汇源化学工业有限公司】 河南汇源化学工业有限公司始创于1989年,其前身是平顶山市第四焦化厂。公司累计投资1.2亿元,经过几年艰苦不懈的努力,于1998年8月建起了年产2万吨氢氧化铝的高科技化工企业——鲁山氧化铝厂,并一次投料试车成功,创下了全国同行业历史上绝无仅有的奇迹。自2001年起,公司先后实施了三次技改工程,年产30万吨氧化铝项目运行正常,企业的规模与效益实现了历史性跨越。2004年,完成工业总产值3.3亿元,实现销售收入2.8亿元,上缴税金3187万元。企业的发展壮大,带动了当地采矿业、运输业、装卸业、饮食业等相关产业的发展,公司先后安置农村剩余劳动力2000余人,加速了当地农村奔小康的进程。

(樊晓燕)

【宝丰洁石建材有限公司】　洁石建材有限公司前身是国有企业平顶山宇新建材有限公司。2001年1月,公司通过对国内建材市场的考察,投资300万元对原生产线进行了技术改造,投资1500万元上马了年产150万平方米地板砖厂的第二条生产线。2004年3月再次投资1200万元上马年产350万平方米的第三条地板砖生产线,花色品种增加到10个,并于10月份投产运行,使地板砖产量从原来年产不到70万平方米扩大到700万平方米,形成了"寓新"、"豪诺"两大品牌。为把企业做大做强,2003年5月~10月间,洁石公司出资500万元成功收购了国有企业宝丰县面粉厂,组建了集建材、焦炭、洗煤、面粉、铁路运输多方位的经营企业。洁石公司靠规模、靠信誉在宝丰县民营企业中占居龙头地位。公司先后获得"先进民营企业"、"重合同守信用企业"、"环境保护先进企业"、"诚信纳税企业"等荣誉称号。

(樊晓燕)

【河南丰麟实业有限公司】　河南丰麟实业有限公司是经河南省工商行政管理局批准组建的集投资管理、资本运营、汽车贸易、碳素制品、煤炭贸易、物流运输等为一体的综合性现代实业公司。公司总资产5000万元人民币,工业园区占地面积26888平方米,建筑面积60909平方米,热电项目储备用地18699平方米。此外,公司在河南省平顶山高新技术产业开发工业园区竞得高新技术项目建设用地28018平方米。公司现有员工580人,管理人员66人,大专以上专业技术人才58人。公司坚持"以人为本,务实创新"的发展理念,不断深化内部管理,积极拓展外部市场。先后与河南天宏焦化(集团)有限公司、广西神州钢铁(集团)有限公司、萍乡安源钢铁有限责任公司、南昌钢铁股份有限公司等国内多家大型企业集团建立了长期合作关系。

(樊晓燕)

【舞钢市银龙纺织集团】　舞钢市银龙纺织集团是集纺织、服装、塑编、皮革加工和进出口经营于一体的股份制大型民营企业集团。下属银龙纺织有限公司金海纺织有限公司、银河纺织有限公司、龙翔纺织有限公司、金威皮业有限公司等六个分公司。现有棉纺纱绽20万枚、气流纺1500头、精梳机4套、拉丝设备2套、塑编机6台、制管机6台、皮革加工生产线两条。总资产2.5亿元,占地面积12.5万平方米,企业员工3800人,属舞钢市重要支柱企业,河南省最大的民营纺织企业。

该企业始建于1988年12月,1990年1月建成投产,2000年11月企业改制为有限责任公司。其20多个产品,质量均达到乌斯特97公报25%水平,棉纱质量一等一级品率经常保持在100%。2004年企业顺利通过了ISO9001-2000国际质量体系认证,企业还取得了自营进出口权,年生产能力20000吨以上,工业产值4亿元,利税超千万。全年完成工业产值已突破3.5亿元,实现利税1112多万元。公司先后荣获"全国'重合同、守信用'单位"、"河南省'重合同、守信用'单位"、"中国农业银行'AAA'级信用单位"、"河南省百佳慈善功勋单位"、"平顶山市非公有制企业管理先进单位"、"平顶山市优秀思想政治工作单位"、"平顶山'五一'劳动奖状"等荣誉称号。

(樊晓燕)

【平顶山市虹剑煤化有限公司】　平顶山市虹剑煤化有限公司是经平顶山市石龙区计划统计和经济贸易委员会批准立项成立的,占地面积350亩。公司现有员工486人,下设一个办公室,四个业务处,两个车间,一个化验室。虹剑煤化有限公司主要经营焦炭、煤化工产品,兼营精煤、中煤、煤泥。公司一期总投资人民币1亿元,其中固定资产8500万元。全年采购原煤18万吨,入洗原煤16万吨,产精煤13.3万吨,中煤0.5万吨,煤矸石4.4万吨,煤泥0.7万吨。生产焦炭9.6万吨,焦油0.35万吨,年产值9237万元,人均产值14.52万元,上缴税款808.8万元。一期工程2003年11月9日开工建设,于2004年6月1日正式投产。

公司采用国内先进的WD-28、2×44孔顶装焦炉。配套建设相应的煤净化和化工产品回收装置。为了保证生产污水零排放,新上一台投资约300万元精煤烘干机。委托武汉科技大学设计室设计捣固炼焦新工艺,投资约700万元。新增消烟除尘车两台,撤装煤机两台,推焦机一台,捣固机两台。厂区建筑面积4816平方米,设有生产办公楼、原煤厂、洗煤主厂房、皮带绗架,焦炉、焦仓、化产厂房及配套设施,生产工艺流程基本配套,一座现代化的焦炭、化产生产基地初具规模。

(樊晓燕)

旅 游 业

综 述

【概况】 2004年,全市共接待国内外游客200.02万人次,同比增长24.54%;旅游总收入86269.32万元(其中:旅游业直接收入19170.96万元),同比增长18.34%;接待海外游客1255人次,同比增长65.13%;旅游创汇47.95万美元,同比增长125.34%;旅游投诉率控制在3‰以下;未发生重大旅游安全事故。

(李新民)

【旅游资源开发】 2004年投入旅游资源开发和基础设施建设的各类资金超过1.4亿元,建成大的项目18个。鲁山、舞钢、汝州3县(市)的旅游资源开发和基础设施建设共投入资金总额1.3亿元,建成并开放了佛泉寺、十八垛景区;石人山汤谷温泉主体工程业已竣工,召平湖等景区(点)的游览内容更加丰富,基础设施更为完备;投入舞钢市的资金达8840万元,完善了二郎山、大坝公园等景区点的道路、停车场、厕所等基础设施,建成了4个旅游饭店。汝州市全年投入旅游开发建设的资金已达800万元,建成并开放了怪坡文化苑景区,风穴寺景区的面貌也为之一新,温泉和大红地质公园的开发有了新进展。

(李新民)

【宣传促销活动】 市旅游局组织县(市)旅游局和重点景区、优秀旅行社、星级饭店先后参加北方10省市旅游交易会、国内旅游交易会以及中原旅游交易会,共开设展位10个,发放各类宣传资料近50万份,9月份组织县(市)旅游局和8家重点景区、8家优秀旅行社赴驻马店、漯河、许昌三市进行了一次大规模的旅游宣传促销活动;与驻马店、漯河市旅游局签订了区域旅游合作意向;又与洛阳、西安、太原、荷泽等22个黄河区域旅游城市就区域合作、资源共享、客源互送、线路整合、信息互通、构建旅游集散中心网络平台达成共识。石人山景区迎来了徐州市的旅游专列,这是本市建市以来迎来的首个旅游专列。

(李新民)

【旅游行业管理】 2004年根据省旅游局的统一部署,结合国家旅游局在全国开展清理整顿非法出入境中介活动专项行动(代号为春雷行动),组织开展了整顿旅游市场秩序和打击“黑车、黑社、黑导”专项整治活动。据统计,共出动检查车辆80余辆(次),检查人员300余人次,依法查处“黑社”3家;使用“黑车”的旅行社8家;使用“黑导”的旅行社3家;受理、处理旅游投诉21起,为游客挽回经济损失约4000余元。完成了对全市旅行社2003年度业务年检和星级饭店复核,全市2003年度在册的国内旅行社有32家,其中通过年检的有30家,按照《旅行社管理条例》规定,吊销了2家未通过年检旅行社的经营许可证。采取实地复核、现场检查和听取汇报等方式对全市1家四星级和12家二星级饭店进行了年终复核,对复核不合格的宝丰天鹅宾馆取消其二星级饭店资格。

(李新民)

【创优评先工作】 组织开展了创优评先工作,评选出“优秀旅行社”5家,优秀星级饭店4家。10月29日-11月4日和11月6日-12日,市旅游局同市劳动和社会保障局和市财贸工会分别举办了平顶山市星级饭店技能大赛和平顶山市导游旅游服务技能大赛,评选出“五一劳动奖章”获得者6名,“平顶山市鹰城明星”6名,“平顶山市技术能手”17名,“十佳导游员”10名和“优秀导游员”20名。在此基础上,选出“十佳”选手参见了省旅游局组织的河南省“王屋山杯”导游员服务技能大赛,其中4名导游获得“河南省百优导游员”;选出5名选手参加河南省旅游星级饭店服务技能大赛,其中1名选手获得“河南省技术能手”,其他4名全部获得“河南省优秀选手”奖,市旅游局被授予"最佳组织奖"。

(李新民)

旅游景点

【石人山】　石人山乃国家重点风景名胜区,位于鲁山县西部伏牛山脉东段,面积55平方公里,主峰石人山(古称尧山)海拔2153米,区内山峰林立,瀑布众多,集雄、险、峻、奇、秀于一体。金秋十月,气爽天高,漫山红叶,层林尽染,景色更加美丽。刘姓发源于此,墨子降生于此,历史文化积淀丰厚。1986年设立河南省风景名胜区,2002年晋升国家重点风景名胜区。

(冯春梅)

【汝州风穴寺】　汝州风穴寺位于汝州市东北十公里群山环抱之中,其座落具有"深山藏古寺,曲径通幽处"的典型性,始建于北魏,大盛于唐宋,重振于明清,与开封相国寺、登封少林寺同为中州名刹。建筑布局依山就势,兼有南北园林风格之长。保存完好的唐塔、宋钟、金殿、明佛均属国宝。1963年列入河南省文物保护单位,1988年晋升国家文物保护单位。

(冯春梅)

【三苏园】　郏县三苏园位于郏县茨芭乡小峨眉山箕形山坳里。这里背依中顶莲花山,面瞰汝水旷川,地理形势优越。园内分布着三苏坟、三苏祠、东坡碑林、东坡布衣像和东坡湖诸景观。人文内涵丰富,环境清幽宜人。1963年公布为河南省文物保护单位,1986、2002年全国第四次、第十四次苏轼学术讨论会先后在这里召开。

(冯春梅)

【香山寺】　宝丰香山寺位于宝丰县闹店镇南火珠山上。始建于东汉,至宋明达到鼎盛,有殿堂楼阁20余所,斋寮僧舍数百间。主体建筑是宋神熙宁元年(公元1068年)敕建的"大悲观音大士塔",高33米。塔下卷洞内的《香山大悲菩萨传碑》是汉传佛教观音菩萨身世的最权威文本。1976年该碑拓片曾赴牛津大学展出。1986年公布为河南省文物保护单位。

(冯春梅)

【明代县衙】　叶县明代衙位于叶县东大街,占地16848平方米。整个建筑群由41个单元,153间房屋组成。中轴线上自前至后布列着大门、仪门、大堂、二堂、三堂等主要建筑。辅助建筑在其东西依次展开,布局合理,风格古朴,充分显示了明代县级政权官署衙门的规制和风貌。内设编钟演奏厅、文物展室等,陈列300多件(套)文物,其中70多件为国内所仅有。

(冯春梅)

【叶公陵园】　叶县叶公陵园位于叶县旧县北三里,春秋末年,叶公尹叶,经营方城之外,兴建东西二陂水利工程,平定白公胜之乱,身兼司马,令尹二职,晚年退老于叶,死葬于此。后墓前祠,历代诗文颇多。1994年修复的叶公陵园占地两公顷,墓冢高大,翠柏簇拥,建筑典雅,布局严整,是海内外叶公后裔寻根问祖和人民群众瞻仰谒拜的胜地。

(冯春梅)

旅行社简介

【朋友旅行社】　平顶山朋友旅行社前身为平顶山电视台鹰视旅行社,成立于1998年。是经省旅游局批准，在市工商局注册，缴足额质量保证金的、具有独立法人资格的企业。

该社拥有一批经验丰富、责任心强、热情勤奋、素质较高的导游队伍和管理人员，同全国各地旅游机构有着广泛紧密的业务联系，形成了一个严密科学的网络服务体系。能为旅游者提供吃、住、行、游、购、娱全方位的良好服务。

该社同全国各地旅行社、景区、景点和游客没有发生过一起业务纠纷、经济纠纷和游客投诉案件。树立了良好的企业形象，赢得了游客的信赖和赞誉。2002年以来，连续被评为"河南省优秀旅行社"。2004年度在"魅力河南游"活动中，被中共河南省委宣传部，河南省旅游局，河南电视台授予2004年度河南旅游业"最具魅力十佳旅行社"。

"诚信为本、优质服务"是其宗旨；"礼貌热情、耐心真诚"是其服务准则；"让游客满意"是其最高追求。

（梅　兰）

【假日旅行社有限公司】 平顶山假日旅行社有限公司是经河南省旅游局批准，在平顶山市工商局行政管理部门注册的、具有独立法人资格的旅游专营单位。

该社已足额缴纳旅游质量保证金和旅行社责任保险，在地接方面比较熟练和精通，并拥有一支工作严谨、认真负责的计调队伍和友爱团结、经验丰富的导游队伍。本社连续3年被评为市优秀旅行社，授予"农家乐"特别贡献奖，被平顶山市消费者协会评为"首届消费节指定旅行社"、"消费者满意旅行社"。特别是该社独家开辟的"农家乐"自然生态游，填补了平顶山市旅游的一项空白，成为知名品牌。受到省内外旅行社及广大游客的欢迎，2004年地接组团市区旅行社第一名。"诚实守信、热情服务"是该社宗旨，"让游客满意"是其最高追求。

（梅　兰）

【神马旅行社有限公司】 神马旅行社注册成立于2002年4月22日，隶属于中外合资的本市唯一一家四星级酒店——神马大酒店有限公司。通过3年的成功运行，已在国内开辟建立旅游网络景点近千条。荣获市"优秀旅行社"称号，多次在市旅游技能大赛中获奖，深受众多游客的信赖和赞誉。

该社不断开发组合特色线路，具有较强的团队会议接待经验。承接团队旅游、承办各类异地订货会、展览会、学术交流及商务考察等，代办飞机车船票务预订以及本市名胜景区地接业务等。

经营理念：真诚、友好、安全、愉快；经营方针：诚信服务、价格合理；经营目标：客人满意。

（梅　兰）

留神吗丁啉的副作用

吗丁啉主治上腹饱胀、上腹疼痛、胃肠胀气、恶心呕吐等消化不良症状。因为吗丁啉为外周多巴胺受体阻滞剂，直接作用于胃肠壁，可增加食道下部括约肌张力，防止胃至食道反流，增加胃蠕动，促进胃排空，协调胃与十二指肠运动，从而抑制恶心、呕吐，并有效地防止胆汁反流。但是吗丁啉有拮抗多巴胺的作用，使催乳素分泌增加，从而引起泌乳；影响卵巢激素的分泌，导致月经周期异常；阻滞脑内多巴胺的功能，使乙酰胆碱系统处于亢进状态，从而出现锥体外系反应。有些患者在服用吗丁啉时，可出现女性泌乳、男性乳房发育、女子月经不调、哮喘发作、锥体外系反应，以及便血、大便失禁等。

因此，在应用吗丁啉药物时，发现异常现象立即停止使用。

（《现代保健报》11.26　山久文）

财税 金融 保险

财 政

【财政收支概况】 2004年,全市地方财政收入215156万元,为预算的136.3%,增收68414万元,增长46.6%(可比口径,下同)。其中:增值税收入57761万元,增长74.9%;营业税收入37846万元,增长22.4%;个人所得税收入7895万元,增长35.7%;资源税收入8773万元,增长14.7%;城市维护建设税收入15505万元,增长30.6%;行政性收费收入11626万元,增长54.6%;罚没收入9953万元,增长4.5%;专项收入15160万元,增长73.1%;企业所得税收入11004万元,增长90.4%;农业四税收入10705万元,增长16.5%;基金收入15545万元,增长104.2%。全市财政支出379641万元,为预算的93.3%,增支92712万元,增长32.3%。其中:基本建设支出17344万元,增长51.1%;企业挖潜改造支出2565万元,下降5.9%;科技三费支出2699万元,增长19.3%;支农支出25206万元,增长75.8%;教育支出64998万元,增长25%;医疗卫生支出16696万元,增长1.3%;行政事业单位离退休支出29612万元,增长19.8%;社会保障补助支出19398万元,增长6.1%;行政管理费支出48422万元,增长22.9%;公检法司支出26608万元,增长14%;专项支出14384万元,增长85.4%;基金支出25978万元,增长121.6%。财政支出总规模、增幅和预算进度均超过上年水平。

(郑坤丽)

【财政收入突破20亿元】 2004年,市委、市政府为提高财政收入占GDP的比重、做大财政收入"蛋糕",力争全市财政收入完成20亿元并有所突破的目标,成立以市委常委、常务副市长吕彩霞为召集人,以财政、国税、地税、煤炭、民政、公安、交通等20多个有关部门负责人为成员的财税收入秩序专项治理联席会议,并组织8个专项收入联合执法组,在全市范围内开展为期3个月的财政收入秩序专项治理活动,并取得明显成效。共查出各项应补缴财税收入15403.8万元(含中央部分);市本级应补缴财税收入5019.4万元,其中地方收入4454.2万元。同时,各级财税部门加大收入预算执行的工作力度,分析形势,查找问题,研究政策,挖掘增收潜力,努力做到应收尽收。2004年全市财政收入累计完成215156万元,为年预算的136.3%,同比增收68414万元,增长46.6%。其中:一般预算收入完成199611万元,为年预算的132.8%,同比增收60481万元,增长43.5%。一般预算收入总量居全省第6位,比上年前移1个位次;一般预算收入增幅居全省第3位,预算收入进度在全省地方排名第一,全市税收收入占一般预算收入的比重为76.3%,全年保持全省第一名,超出全省平均水平11.1个百分点。

在收入保持较快增长的同时,各级财政部门合理安排超收收入,积极争取中央及省级新增转移支付补助21618万元,比上年增加12707万元,争取上级专项追加和国债补助64773万元,比上年增加19793万元。

(郑坤丽)

【涉农政策落实到位】 坚持政策宣传、方案审批、处理信访、督导检查四个"一竿子插到底",实行有税抵税、无税发钱、落实到户等措施,确保对种粮农民直接补贴和降低农业税税率政策不折不扣的落实。全市直接补贴给农民的资金3582.97万元全部发放到97万多户农民的手中;直补降点政策的落实,使全市农民减负增收9769万元,农民负担总额从2002年农村税费改革后的14436万元降为4230万元,下降70.7%,人均负担由2002年的38元下降为11.97元,下降68.5%,亩均负担由2002年的40元降为12.91元,下降67.7%。向67928户农民兑现退耕还林补助资金3874.8万元。此外,从2004年1月1日起取消3项、免征8项、降低标准4项涉农行政事业性收费,进一步减轻了农民负担。平顶山市在国务院和省税改办始终保持零上访纪录。

（郑坤丽）

【调整优化支出结构】 按统筹经济社会发展要求，调整优化支出结构，加大对社会发展薄弱环节的支持力度，促进各项社会事业的发展。增加社会保障和再就业支出。2004年，全市社会保障和抚恤救济支出32761万元，增加2331万元。城市居民最低生活保障支出5010万元，8.1万人领取低保金，基本做到应保尽保。国有企业下岗职工补助和再就业支出8529万元，全市新增就业岗位6.4万个，安排下岗失业人员再就业2.7万人。市级安排农村五保户供养、优抚对象抚恤和特困户救助资金258万元，探索实施了农村社会救助新机制。积极筹措资金，支持全市医疗救助体系建设。2004年，市财政积极争取筹措国债补助和配套贴息资金2041万元，支持全市疾病控制体系、医疗救助体系、传染病防治和急救中心、市第一人民医院建设，构筑保护人民群众身体健康和生命安全的屏障。增加政权建设支出，完善政法机关经费保障机制。全市公检法司支出26608万元，增长14%。市财政争取和安排基层政法机关基础设施建设项目规划资金1486.52万元，办案经费1581万元，政法机关防暴器材、大要案准备金和服装标志经费1288万元，改善办公办案条件，提高了政法机关保障水平。积极支持抗灾救灾。全市筹措救灾资金1631万元，农业税灾歉减免785万元，资助受灾困难群众重建住房6708间，确保灾区群众吃得饱、穿得暖、有房住，促进灾区社会稳定。

（郑坤丽）

【支持企业改革】 按照市场经济要求，实施支持企业发展的新举措。深入研究和完善国有企业改革、改制、改组过程中的资产及财务管理，理顺了平煤集团兼并朝川矿、香山矿、制革厂、飞行集团、焦化集团的产权关系；大力推进国有企业分离办社会工作，争取省厅补助专款1000万元，支持武汉铁路分局和平煤集团所办中小学的移交工作；认真落实政策，积极筹措6342万元，支持企业技术创新和产业升级。努力兑现有关政策，增强企业发展后劲。全市共完成出口退税9268万元，落实"以税还贷"资金3592万元，增强企业的发展能力。

（郑坤丽）

【严格财政管理制度改革】 积极推进以部门预算为主要内容的预算编制改革。建立部门预算管理体系，取消有预算资金分配权的部门对财政资金的再分配，把预算直接落实到项目和单位，预算单位所有的收支按规定标准和科目列入预算，实行预算内外资金统筹管理。解决预算支出分配环节多、不透明等问题，增强支出预算的可操作性，对推动部门单位转变职能，提高管理水平起到积极作用。建立完善财政国库集中支付制度。市级财政国库管理制度改革正式启动后，市直所有预算单位全部进入中心，实行"一个中心、单一账户"，所有财政收支业务全部纳入中心办理。中心和各预算单位加强制度建设和岗位责任制，实现财政资金规范运行。同时，10个县（市）区也全部建立会计核算中心或财政国库集中支付中心，大部分乡镇实行会计集中核算，部分行政村实行"村账乡理"或"村账乡监"，强化了会计监督。努力推行政府采购制度。按部门预算的要求编制采购预算，避免采购的随意性和不可控制性，首次将工程采购特别是农村中小学危房改造纳入政府采购，逐步把政府采购纳入法制化轨道。2004年，全市政府采购支出23248万元，增长135.9%，节支2768万元。继续深化"收支两条线"改革，不断强化非税收入管理。进一步加强非税收入征管力度，规范罚没、收费票据管理，严格票据保管、发放、核销制度；积极开展"收支两条线"专项检查工作，加强对罚没收入、行政事业性收费收入入库情况的监督检查，防止执收执罚单位出现应收不收、应罚不罚现象，保证资金及时足额缴入国库和财政专户；全面推进非税收入监管系统建设，全市非税收入信息网络化在全省处于领先地位。2004年全市纳入预算的非税收入完成53898万元，为完成20亿收入任务做出了贡献。

（郑坤丽）

【强化财政监督】 2004年，市财政局把财政监督贯穿于财政工作的全过程，积极构建事前、事中、事后监督相结合，人大、财政、审计、单位共同参与的财政监督体系。针对财政投资项目组织开展评审工作，审查项目投资金额24438.9万元，审减资金3244.9万元，审减率达17%。针对市区混级串库、截留上级收入问题，开展财政收入入库级次检查，及时查出并纠正混级串库资金2416.2万元，维护预算管理的严肃性。同时，根据全省统一安排，财政部门牵头开展一系列监督检查专项工作，取得明显成效。清理整顿违规着装部门26个、人员9075人，收缴制式服装12370套，收回制式标志12736件;清查党政领导干部拖欠公款1327人、欠款金额974.5万元,已偿还761.71万元;清查行政事业单位用公款为个人购买商业保险工作也取得一定成效。

(郑坤丽)

税 务

国家税务

【税收收入】 2004年,全市累计入库税收收入263261万元,同比增长57.6%,增收96209万元,完成年计划187812万元的140.2%,完成奋斗目标的104%。是10年来增收最多、进度最快的时期,增幅和进度均排在全省国税系统第一位,收入规模由上年的第7位上升到第4位。同时,宏观税负达到5.6%,同比提高1个百分点;税收弹性系数由1.5提高到3.76。

(高 鹏)

【税务稽查】 2004年,市国税局突出抓好重点行业、重点企业、重点纳税人和举报案件的税收稽查工作,严格稽查程序,坚持依法查处,强化税款入库,严厉打击偷逃税行为。全年共查补税款、罚款、滞纳金合计6810万元,入库6119万元,排全省第二位。其中,全年下达日常稽查案源320户,查结320户,查补税收4252万元,入库税收4252万元;共开展11项专项检查,查补税款1850万元;受理举报案件13起,查处金额16.68万元,稽查效率比上年有所提升。

(高 鹏)

【整顿税收秩序】 2004年,市国税局全面整顿税收秩序,取得明显效果。一是内部整顿税务执法,规范征管行为。针对基层征管和执法过程中容易发生风险的税收减免、资格认定、发票发售、税源监管等10个方面的问题,开展"规范执法行为、促进依法治税"活动。通过"查、摆、挖"和"执法回头看",共清理执法环节320多项,制定和完善管理制度6个,发现并解决问题28项次。二是全面清理整顿税收优惠企业,堵塞漏洞。对90户民政福利企业,重点从核实"投资主体"入手,严密审查,取消福利企业资格12户,暂停退税3户,追补税款160万元,罚款29万元;对14户资源综合利用企业的38个水泥品种"掺兑比例",由市局出资统一进行抽样检验,其中有10个品种不符,被取消税收优惠;对88户废旧物资回收企业,重点审查"经营场地"和回收环节,取消45户。整顿后,"三类企业"共减少退免税2700余万元。三是改进监控手段,治理小煤矿税收。一方面,多方采集信息,核定补税,提高税负;另一方面,在全市推行安装"远程矿业产量监控系统"。通过整顿,小煤矿共入库税收9985万元,同比增长64%,增收3912万元。

(高 鹏)

【强化税收征管】 2004年市国税局为强化征管,在新华、卫东、湛河3个城区局分别增设税源管理科,实行划片管理;稽查局一线稽查人员由43人增加到58人,比例由48%上升到65%。所辖县(市)局也分别在城区税务所设重点税源管理组,集中管理本县(市)的重点税源。同时制定税收管理员工作职责,明确其户籍管理、税源监控、纳税评估、日常检查、纳税服务等基本职责和工作制度,确保对每一个环节都管理到位;实行税收管理员、税源管理科、基层局三级管户责任制,合理优化配置税管员,实施"无缝隙管理"。

(高 鹏)

【纳税评估】 2004年,在省局确立的114个行业管理模式中,涉及平顶山56个行业1333户纳税人,经评估发现有问题企业273户,评估税款1100万元,加收滞纳金2.6万元,移送稽查28户;市局确定的3个重点行业的管理办法和评估模型初步建立并实施评估,补缴税款140万元;制定个体税源精细管理办法9个,完成个体税收9759万元,同比增收859万元,增长9.7%;完善所得税纳税评估软件,向国家税务总局领导做专题汇报并获充分肯定。

(高 鹏)

【优化纳税服务】 坚持管理与服务并重,充分利用科技手段,为纳税人提供便捷、经济的纳税服务。实施"纳税服务直通车"制度。调整机构,办税服务厅实体化;根据《行政许可法》要求,重组征管业务,简化办税程序,对于非法定、非增值的管理环节进行整合,共减少372道办税环节,归并和取消涉税文书70种,取消审批项目41项,下放37项业务审批权;实行"一站式"、"一窗式"和"限时制"服务措施,向社会公开承诺办税时限,接受纳税人监督;建立健全服务承诺制、首问负责制、节假日值班制等配套措施,确保全程服务落到实处;建立12366电子信息服务系统。开通12366纳税服务热线电话和依托于互联网的12366网站,全年热线电话累计接受纳税人各类涉税咨询、举报投诉4105件(次),受理咨询人、举报投诉人上门、信函、传真等形式的咨询、举报、投诉60余次;网上受理咨询服务、举报投诉及发布问题335件(次)。电子信息服务系统的建立,提高了办税效率,降低了纳税成本,受到纳税人欢迎。

(高 鹏)

【落实税收政策】 落实出口退税政策。2004年平顶山市企业的出口退税额首次突破亿元大关,同比增长近一倍。全年共为14户企业办理出口退税1.53亿元,是上年同期的189%。其中退往年陈欠5889万元,超额完成省局和市政府确定的退税目标;落实增值税起征点新政策。通过调整,全市达不到起征点的个体工商户近1.4万户,占总数的67%,全年免税约4000万元;落实税收优惠政策。全年共为283户企业审核、审批减免退税、以税还贷近4亿元,其中为90户福利企业办理即征即退税款2亿元,办理废旧物资经营单位免税7000万元;审批减免内外资企业所得税4022万元;审批企业财产损失16440万元;审批弥补亏损企业金额534万元;落实下岗失业人员再就业政策,支持非公有制经济发展。免收925户持《再就业优惠证》个体户的税务登记证工本费1.45万元;为3户安置下岗失业人员达到规定比例的新办服务型商贸企业办理了减免税手续;为2户国有大中型企业主辅分离、辅业改制新办的经济实体减免企业所得税154万元。2004年市国税局被评为全市"支持非公有制经济发展优质服务单位"和"支持再就业工作先进单位"。

(高 鹏)

【精神文明】 2004年,市国税系统有3个基层单位被省委、省政府命名为"省级文明单位",一个基层单位被重申为"省级文明单位",全系统省级文明单位达到9个。市局被团省委、省局等22家单位授予全省国税系统唯一的"河南省青年文明号十年突出贡献奖",新华局办税服务厅被评为全省唯一的全国"巾帼文明示范岗",陶秋霞同志被评为"全国三八红旗手"和"河南省十大女杰"。

(高 鹏)

地方税务

【概况】 2004年,地税局以组织收入为中心,依法治税,强化征管。截至12月31日,全市累计完成地方税收126880万元,为全年任务的126.88%,超收26880万元,同比增收35689万元,增长39.14%,提前50天超额完成全年收入任务。在省辖市中平顶山市地税收入总量排名第五,增幅排名第三。其中:中央级收入完成31955万元,同比增收12590万元,增长65.01%;省级收入完成8619万元,减收3892万元,下降31.11%;市级收入完成86306万元,增收26991万元,增长45.5%,超额完成市政府下达的超收2.2亿元的目标任务。其中,市本级收入完成33155万元,占计划的104.34%,增收7378万元,增长28.62%;县(区)级收入完成53151万元,占计划的112.72%,同比增收19613万元,增长58.48%。在全省的目标管理考评中,市地税局被评为先进单位。

(张广华)

【完善税收执法制度】 2004年初,修订完善岗位执法责任制、税收执法检查规则等规章制度,下发《关于加强税收执法责任制考核工作意见》,重点推行考核结果通报制和过错责任追究限时制,将规范税收执法行为落实到日常考核上。设置科学的岗位责任体系,按照以事定岗、依法定责、权责相当的基本原则,将税收征管流程内的征收、管理、稽查等执法工作细化为具体的执法岗位;明确细化工作程序和执法环节,确定工作形式、规定工作时限、密切岗位衔接等167条岗位目标,划清责任界限,杜绝推诿扯皮、责任不清现象;强化评议考核,采取对内部考核和外部评议相结合的方法,对执法人员的执法行为、执法水平进行全过程、全方位的考核评议;严格过错追究,对发现的违法违规人员,根据其过错程度,分别给予行政处理、经济惩戒、行政处分和移送司法机关追究刑事责任等形式予以追究。通过对各基层局执法情况进行检查考核,共追究360余人次,经济惩戒23000多元,使税收执法水平有较大提高。

(张广华)

【廉政谈话和离任审计】 2004年,市地税局坚持做好任前、任中等廉政谈话制度和离任审计制度。上半年,结合科级干部竞争调整,分别对16名科级干部进行任前廉政集体谈话,同时,对21名离任的科级干部进行全面审计,其中对1名副科级干部进行廉政诫勉谈话。全年全系统没有发生重大违纪违法案件。

(张广华)

【小税种管理】　2004年，市地税局克服小税种零星分散、不易控管、征收成本高的难点，采取多种措施，促进小税种收入快速增长。下达小税种收入计划，按月考核和通报，并列入年度工作目标；开展印花税和土地增值税专项检查，通过检查补缴印花税40万元；制定并落实《城镇土地使用税税额标准调整方案》，全年土地使用税增收1308万元；加大土地增值税预征力度，全年预征土地增值税416万元，为年计划的104%；制定《关于强化部门协作加强地方税源控管的意见》，完善代扣、代征办法，实行源泉管理，堵塞税收漏洞。全年小税种收入累计完成20269万元，同比增收4149万元，增长25.74%。

(张广华)

【信息化建设】　2004年，市地税局投入300万元资金，购置了电脑、交换机等设备。市局机关和部分市区局达到人手一台微机，其它基层局达到每个科所2台微机，实现局机关和稽查局、征收局的互联互通。在软件应用上，市局研制开发的税收发票管理系统、个人所得税重点税源监控系统、交通货运行业管理系统投入运用，实现税收征管的微机化管理。

(张广华)

【落实税收优惠政策】　2004年，市地税局积极落实税收优惠政策，优化服务，支持了地方经济发展。落实中央1号文件精神，下发《关于支持农民增收的意见》，明确20条税收优惠政策和措施，组织开展涉农税收优惠政策落实情况的检查；落实《关于支持县域经济发展的意见》的8条税收优惠政策，积极促进县域经济的发展和壮大；优化服务，支持下岗职工再就业。建立"绿色通道"，简化再就业人员减免税审批手续和首批环节，为下岗失业人员提供快捷、便利服务。全年为2793名下岗和失业职工减免地方各税近500万元；落实其它税收优惠政策，支持企业发展。2004年为2080名残疾人减免税收4135万元，为103户企业办理税前补亏13838万元，为2户企业国产设备投资抵免税额1893万元，为106户企业认定处理财损15158万元，为100余户企业审批其它减免税1亿元左右。

(张广华)

【市地税局货运税收管理软件投用】　由市地税局信息中心研制开发的《货物运输行业管理系统》电脑软件投入使用。该系统可实现各县(市)区联网的数据集中处理业务，并能在偏远乡(镇)所的单机上运行，可实现纳税人自(代)开票认定管理、企业年度审核、随票征收税款、自动抵补核定税款、违章管理、统计报表等功能；系统可对不按规定办税的纳税人给予提醒，自动加以限制，从根本上杜绝发票虚开、套开行为的发生。同时该系统对每个纳税人每一辆车进行开票资格认定登记，并根据每个纳税人拥有车辆的吨位限额开票。通过该系统还可严格控制不按时进行年审、不交纳核定税款等各种违章行为。

(张　杰)

金　融

金融管理

【存款】　2004年底，平顶山市金融机构人民币各项存款余额390.20亿元，比年初增加75.47亿元，增长23.98%，比上年同期提高2.53个百分点，增幅居全省第一位，同比多增19.88亿元。其中，国有商业银行各项存款为245.03亿元，增长21.63%，同比多增9.17亿元；农村信用社各项存款余额87.15亿元，增长26.58%，同比多增8.37亿元。

企业存款。2004年底，企业存款余额为85.02亿元，比年初增加20.98亿元，增长32.76%，增速加快，比上年同期高出5.4个百分点，同比多增7.35亿元。

储蓄存款。2004年底，储蓄存款余额为274.50亿元，比年初增加43.14亿元，增长18.65%，比上年同期降低1.58个百分点，同比多增4.22亿元。

(袁世伟)

【贷款】　2004年，人行平顶山市中心支行充分运用货币政策工具，合理引导辖区金融机构增加信贷投放量。至2004年底，全市金融机构人民币各项贷款余额为221.79亿元，比年初增加18.35亿元，增长9.02%，同比少增0.87亿元。

农业贷款。2004年，平顶山市金融机构落实"三农"政策，加大信贷投入，重点支持农业生产、小型民营企业及农户个人消费需求。至2004年底，全市农业贷款余额49.85亿元，比年初增加7.71亿元，占全部新增贷款的42%，同比多增2.78亿元。全市累计投放支农再贷款9.9亿元。

工业贷款。2004年，平顶山市金融机构认真落实国家宏观调控政策，合理调整信贷结构，保证重点，择优放贷。至年底，工业贷款余额46.77亿元，比年初减少3.34亿元，同比少增7.06亿元。

商业贷款。2004年底，平顶山市金融机构商业贷款余额25.93亿元，比年初减少1.15亿元，同比少减0.09亿元。

消费贷款。2004年，平顶山市金融机构个人消费贷款余额7.78亿元，比年初减少1.65亿元。其中，个人住房消费贷款余额3.92亿元，比年初增加0.34亿元；个人汽车消费贷款余额3.32亿元，比年初减少0.06亿元；助学贷款余额0.1亿元，与年初余额基本持平。

基建贷款。2004年，平顶山市金融机构加大对基础设施的投资力度，主要投向新城区建设及老城区改造工程，许平南、漯平洛两条高速公路平顶山段及其辅助设施的重点建设项目。至年底，基建贷款余额12.67亿元，较年初增加1.12亿元，同比多增1.04亿元。

技改贷款。2004年底，平顶山市金融机构技改贷款余额5.89亿元，较年初增加2.05亿元，同比多增1.39亿元。技术改造贷款重点投向神马实业等大企业的技术改造建设项目。

（袁世伟）

【现金投放与回笼】　2004年由于经济形势看好，居民收入增多，导致储蓄收支增多，金融机构现金吞吐增量。全市金融机构全年累计收入现金1323.79亿元，支出现金1356.07亿元。收支轧抵，全市全年净投放现金32.28亿元。与上年同期比，现金累收增多368.22亿元，增长38.53%；累支增加377.96亿元，增长38.64%。净投放同比多投9.73亿元，增长43.17%。

（袁世伟）

【外汇管理】　2004年，平顶山外汇管理局认真落实国家外汇管理政策，继续深化改革工作，加强行业作风建设，实施规范化管理，确保资本项下资金安全、有序流动。2004年全市实现进出口总值2.73亿美元，增长50.4%，合同利用外资12462万美元，实际利用外资3443万美元。

2004年平顶山市共登记外商投资企业15家，较上年多登记10家，注册资本总计5898万美元，外商直接投资额总计5330万美元，外商投资的行业主要是房地产和食品生产、农副产品加工业，其他分布在咨询、旅游、发制品、家居建材和煤炭等行业；外资外汇登记金额1535万美元，其中，外汇资本金1036万美元，转股收汇249万美元，人民币再投资250万美元，外资外汇登记额比上年有大幅度提高；资本金结汇金额达到997万美元，是上年结汇额的5.5倍。

截至2004年12月底，全市外债转贷款余额为16952万美元，其中，外国政府转贷款989万美元，国际金融组织贷款190万美元，国外银行及其它金融机构转贷款3100万美元，买方信贷转贷款234万美元。

非贸易项下外汇收支出现较大顺差。2004年，非贸易结汇801万美元，比去年同期增长15.09%。结汇对象主要是国内居民结汇收入，项目占比99%。非贸易售汇450万美元，比去年同期增长12.50%。其中居民用汇238万美元，项目占比52.89%；外商投资企业购汇56万美元，项目占比12%。

（袁世伟）

【货币信贷】　2004年，市人行认真贯彻国家宏观调控政策，合理控制货币信贷规模。进一步满足企业尤其是中小企业的合理流动资金需求，疏通中小企业及民营企业的融资渠道，突破中小企业及民营企业贷款瓶颈。先后制定《2004年平顶山市金融支持地方经济发展指导意见》及《进一步改进和支持民营及中小企业信贷服务指导意见》，向金融机构推介“三包一挂钩小额贷款、个体工商户额度授信贷款、股东生产经营贷款”等十个贷款品种，引导银行类金融机构在支持大企业、大项目的同时，加大对中小企业、民营企业的支持力度。

引导金融机构加大对下岗职工再就业等方面的贷款支持。通过在市县两级劳动部门设立担保基金、指定经办银行等，积极推进下岗职工再就业小额担保贷款工作在平顶山市的实施。截止2004年底，全市共发放小额担保贷款0.13亿元，支持下岗失业人员786人。

灵活运用支农再贷款这一货币政策工具，积极引导农村信用社，以推动全市农村产业结构调整为主线，以促进农业发展、农民增收为目标，充分发挥支农再贷款的政策带动效应。2004年支农再贷款累计发放9.9亿元，比2003年增加1.4亿元。

（袁世伟）

【紧急再贷款管理】　2004年，市人行采取多种措施加大紧急再贷款的后续管理和情况反馈力度，确保紧急再贷款的使用和及时归还，实现紧急再贷款使用、清收两手抓,两不误。到2004年底,平顶山紧急再贷款余额3.05亿元,与使用最高峰2001年的5.4亿元相比,已下降2.35亿元,降幅达44%。同时,在紧急再贷款救助和支持下,两家使用单位(汝州农信社和鲁山农信社)的经营状况得到较大改善,基本趋于正常。

(袁世伟)

【再贴现政策的引导与实施】 2004年,市人行充分发挥再贴现政策工具对票据市场发展的引导支持作用,促进辖区票据市场的健康、良性发展。通过再贴现政策调整,及时传递货币信贷调控信息。如:通过对钢铁、水泥、电解铝等行业签发的银行承兑汇票再贴现的严格控制,及时向金融机构传递央行信贷调控导向,确保金融机构的信贷行为与人民银行宏观调控方向保持一致。加大对再贴现货币政策工具使用情况的调查反馈力度,充分发挥再贴现政策工具的示范引导作用。针对基层央行在办理再贴现过程中遇到的许多问题,如:票据贴现真实性审查难等,通过利用银行信贷登记咨询系统上网实证查询的方法,克服基层人民银行在再贴现管理中对票据贴现真实性鉴别难的问题,杜绝金融机构利用假贴现套取人民银行再贴现资金的行为。实现再贴现"三倾斜"、"三不准"、"一控制"工作制度。"三倾斜"即向背书次数多的汇票倾斜、向中小企业的商业承兑汇票倾斜、向法人金融机构倾斜,不能单纯为解决金融机构的资金头寸而办理再贴现。"三不准"即对流动性过低、存贷比例过高的金融机构不得办理再贴现、对承兑后即贴现的票据不得办理再贴现、对异地企业贴现的票据不得办理再贴现;"一控制"即对钢铁、水泥、电解铝和产品积压的行业签发和持有的票据,严格控制办理再贴现。

(袁世伟)

工商信贷

【概况】 2004年,中国工商银行平顶山分行实现利润超亿元,同比增长37%,完成全年计划的135%,人均利润同比多增3.5万元,绝对额和人均利润均居全省二级分行第2位。资产质量不断改善,清收转化和处置不良贷款完成省行计划的117%,居全省第3位,不良贷款率比年初下降3.8个百分点。业务发展迅速,管理进一步加强,荣获省级"综合治理先进单位"荣誉。10月份,工行河南省分行在平顶山召开现场会,对该行综合改革的成功做法进行推广。

(李靖铭)

【存款业务】 2004年,工商银行平顶山分行以提升综合服务水平为切入点,继续加大营销力度,进一步提高稳存增存能力,实现存款持续快速增长。至年底,各项存款余额突破百亿元,较年初增加19.2亿元,完成省行计划的246%,居全省二级分行第二位,全市同业第一位。

(李靖铭)

【中间业务】 强化中间业务主营产品理念,合理确定中间业务发展目标,加强市场细分,突出营销重点,完善营销机制,规范收费管理。尤其是在投资银行业务方面,积极开展财务顾问、项目融资、资产重组等业务,2004年,市工商行全辖累计实现投资银行业务收入比上年多394.4万元,位居全省第1位。实现中间业务收入同比增长50%,完成省行计划的204%。中间业务绩效考核在全省二级分行中排名第2位。

(李靖铭)

【电子银行】 2004年市工行通过网点阵地宣传、举办新业务推介会和企业家联谊会介绍宣传等多种手段,加大新业务营销力度。开展"工行'金融@家',开户送礼、证书免年费、交易有奖"大型促销活动,在市区所有营业网点安装电话银行专线电话,在支行营业大厅安装网上银行演示机,开通宽带网。全年实现网上银行交易额948亿元,完成省行计划的126%;实现电话银行交易额186亿元,完成省行计划的138%。

(李靖铭)

【支持地方经济发展】 2004年,市工行围绕全市经济工作重点,搞好综合金融服务,全力支持平顶山市经济建设。全年累计投放贷款达23亿元,办理票据贴现、银行承兑、信用证、保函等非信贷类融资业务4.67亿元。其中,对全市重点建设项目出具贷款承诺函127亿元,根据项目进度投放项目贷款11亿元,重点支持姚电公司2×600MW机组扩建项目、平东热电公司2×200MW机组项目、平临高速公路建设项目等重点项目。同时,对平煤集团、平高东芝等重点企业投放流动资金贷款1.9亿元。用足用活政策,支持企业改制,全年申报核销呆坏账220户金额38820万元,核销6206万元。

(李靖铭)

【全面成本管理】 2004年,工行平顶山分行作为业绩评价系统试点行,承担省行业绩评价系统的推广工作。结合扁平化运营模式,对总行投产的财务归集还原系统和业绩价值管理系统认真进行测试。在全行推行"三张表"考核法,根据"三张表"考核结果,衡量出每位员工、每个部门的贡献度,作为对其进行工资奖金发放、资源配置及评先等工作的重要依据,有效解决模糊考核、平均分配的弊端,进一步提高管理精细化程度。

(李靖铭)

基建信贷

【负债业务】 2004年,市建行开展"提高服务质量,增强经营能力"活动,注重重点客户的开发和维护,抓住大企业、大项目,实现存款稳步增长。年底全口径存款时点余额496913万元,较年初新增92830万元。其中:企业存款余额153584万元,比年初新增32938万元,完成计划的153%,时点新增全省排名第一位;储蓄存款余额282335万元,比年初新增34739万元,时点新增全省排名第三位;同业存款余额60994万元,比年初新增25153万元,完成计划的229%,时点新增全省排名第一位。

(李顺涛)

【公司业务】 2004年,市建行积极融资、融智,加大贷款投放力度,全力支持地方经济建设。截至12月末,累计向煤炭、交通、电力等行业投放贷款68000万元,向绩优民营企业投放贷款9710万元,累计办理银行承兑汇票19967万元,办理贴现金额22058万元,办理保函7356万元。集中推进不良资产"攻坚战",资产质量进一步提高,年底全行不良贷款总额2894万元,不良贷款率为1.69%。

(李顺涛)

【房地产金融业务】 2004年,市建行把住房贷款楼盘营销作为重心,积极开展"个人住房贷款楼盘营销百日竞赛活动",先后营销了金华苑小区、平顶山贸易广场、常绿阳光小区、北京东方骏景小区、劳动路农贸批发市场、"世纪花园"和"锦绣花园"经济适用房小区等楼盘项目。累计与开发商签订了10500万元的合作协议,累计投放个人住房贷款1600万元,获得省分行"优秀营销奖"和"优秀投放奖"。

(李顺涛)

【个人消费贷款】 2004年底,全行个人消费贷款余额达到6998万元,当年净发放贷款7951万元,在全省列第四位。资产质量保持在正常水平。全年累计投放额在市4家国有商业银行中名列前茅。

(李顺涛)

【中间业务】 2004年,市建行着力发展结算、代理保险、造价咨询、银行卡业务,积极培育财务顾问、代客债券买卖、担保、外汇、电子银行、代理基金等支柱产品。首家推出个人外汇理财新产品"汇得盈",组织开展"好礼不断,E派风光"活动,成功代理新城区"信托资金计划"1.4亿元,推动中间业务超常规快速发展。全年实现中间业务收入1175万元,完成计划104%,增幅达149%。

(李顺涛)

涉外金融

【存款业务】 2004年底,中行平顶山分行人民币各项存款比上年末新增62821万元。其中:公司存款较上年新增25773万元,完成全年计划17000万元的151.6%,受到省行表彰;储蓄存款较上年新增37048万元,完成全年计划30000万元的123.49%。外汇存款余额为2735万美元,较上年有所下降。

(伍　锐)

【贷款投放】 2004年,中行平顶山分行加大贷款投放力度,支持全市经济发展。大力支持全市的重点行业和支柱产业,对事关全市经济发展大局的煤炭、化纤、钢铁、电力、电器、建材等重点行业和平煤、神马、天鹰等大型企业,主动送资金上门,送业务上门,送服务上门。重点支持全市交通、通讯、城市建设等基本项目建设,完善基础设施、优化投资环境提供充足的资金支持。进一步增强营销观念,改进对非公有制经济中小企业的金融服务。强力开拓个人消费贷款业务,刺激消费需求。2004年,中行平顶山分行累计发放各类贷款13亿元。同时,为方便企业融资,办理承兑和票据贴现85000多万元。

(伍　锐)

【中间业务】 2004年,中行平顶山分行中间业务净收入较上年增加155万元,增幅为60%。在中间业务拓展中,该行充分发挥外汇业务优势,积极为全市外贸经济和企业进出口提供快捷高效的资金支持和结算服务,全年国际结算业务量达到13000多万美元。在发展传统业务的同时,该行网上银行、外汇宝、银保通、银券通、工商验资e线通等相继推出,业务科技含量不断提高,产品结构得到调整,中间业务对整体利润的贡献率明显提升。

(伍　锐)

【资产质量】 2004年,中行平顶山分行抓住股改机遇,积极进行不良贷款核销划转和清收,不良贷款余额和贷款不良率大幅下降,贷款不良率下降10.06个百分点,达到国际先进银行水平。

(伍　锐)

【风险管理和内控建设】 2004年,中行平顶山分行在工作实践中不断完善风险评审机制,规范授信评审委员会例会制度,提高授信和风险管理决策水平,通过风险管理委员会和尽职调查小组,严把项目审批关,建立起授信业务贷中和贷后管理机制。在业务管理方面,加大业务培训和检查力度,提高员工业务技能,降低操作风险;进一步规范全行会计业务、结算业务操作程序;深入开展"狠抓基层管理,有效防范风险"活动,提升基层单位的风险防范意识和能力。同时加强执法监察和安全检查,在全行多次进行全面彻底的安全生产大检查以及重点岗位、重点人员不稳定因素大排查,杜绝各类案件和事故的发生。

(伍　锐)

农村金融

【存款业务】 2004年,全市农行人民币各项存款余额697867万元,比年初增加142741万元,同比多增加56965万元,完成年度计划的153.48%。存款增量市场占比为32%,在4家国有商业银行中居第一位,存量市场占比为28%,在4家国有商业银行中居第二位。外币存款余额259万美元,比年初增加87万美元,同比多增78万美元,完成年度计划的108.75%。

(田伟阳)

【不良资产管理】 2004年,全市农行累计清收不良贷款本息11558万元,完成年度计划的186.42%;盘活3737万元,完成年度计划的56%。全行不良资产下降4677万元。不良贷款余额19620万元,占贷款总额的55.11%。

(田伟阳)

【中间业务】 2004年,市农行全辖中间业务收入1063万元,完成年度计划的159.37%。其中代理保险手续费收入235万元,完成年度计划的123.68%;银行卡手续费收入640万元,完成年度计划的182.86%;其他中间业务收入188万元,完成年度计划的148.03%。

(田伟阳)

【贷款投放】 2004年,市农行完成了向天瑞集团、平顶山市第一人民医院、平临高速、瑞平煤电实施贷款前的准备工作,这些贷款金额共计18.36亿元;投放扶贫贷款2560万元;累计签发银行承兑汇票8662万元,累计办理贴现50004万元,同比增加28190万元。至年底,全行人民币贷款余额为354731万元,比年初下降25321万元,同比减少33002万元。

(田伟阳)

【经营效益】 2004年,市农行全辖实现各项收入46440万元,各项支出45256万元,收支轧差后实现盈利1184万元,较省分行下达的利润计划扭亏增盈1474万元,一举摘掉连续七年亏损的帽子。

(田伟阳)

【机制改革】 一是推进机构扁平化改革。2004年3月份,市农行对城区支行进行模式改造和功能调整,把原城区36个(后经撤并为27个)分理处全部提升到市行直接管理,将新华、卫东、湛河、中兴、营业部全部改造成单点支行,减少管理层次,促进单点支行和直管分理处业务发展。二是推进经营机制改革。开辟"费用超市",建立与业务有效发展紧密联系的费用配置新模式。在省行挣得的费用,扣除专项费用由市行集中统一管理使用外,其余的分为基础费用、发展费用、奖励费用,与业务发展挂钩,设置财务、负债、资产质量、中间业务、营销等5大项15小项指标,每月按各行各项业务经营指标计划完成及在市行所占比重到"费用超市"购买费用,使各行树立起靠发展挣费用、靠发展挣工资的观念;建立相对集中的费用开支管理新模式。采取由市行统一拨付、统一审核、统一列账的集中管理费用分配模式,并建立财务预警机制和"双职"问责制,确保财务管理的严肃性。三是推进用人机制改革。全年相继调整3个县级支行的领导班子;通过考试、竞聘选拔调整了7个直管分理处主任、27个直管分理处内部主任;通过竞聘共选拔各类人员90余人,对市行资产经营部、市行机关、直管分理处九级主管和财会监管员、清算员进行了调整和补充。四是推进机构撤并和人员分流。一年中,撤并低效营业网点25个,减员分流富余人员146人,完成了上级行下达的计划。

（田伟阳）

【内控管理】 2004年，市农行以信贷管理、财务会计、内部控制三大基础管理为重点，全面加强风险管理。强力导入全面风险管理理念，切实加强信贷基础管理。前置法律风险审查，严格执行省行制定出台的客户准入标准，防止降低客户准入门槛的倾向；完善贷后精细化管理，加强贷款到期收回的管理和贷款五级分类管理，强化风险贷款责任追究，杜绝各类违规操作和逆程序操作行为。围绕资源配置、经营核算、服务控制三大财务功能的发挥，在费用管理上，对县（市）支行一律实行报账制，对市区支行和市行直管分理处一律实行报审制；在经营核算上，把全辖机构分为县（市）支行、市区支行（部）、市行直管分理处，取消市区支行的一些核算职能；在基础建设和服务控制上，全面推行坐班主任派驻制、轮换制，认真做好柜面服务和会计基础工作，加强财会监管工作和“新一代”综合应用系统的安全管理，防止内部案件的发生。加强内控基础管理工作。加强严格的转授权和业务流程管理，强化业务部门自律监管和法制法规工作，实施坐班主任派驻制，加强对重要凭证、重要金融工具、印鉴密码、重要场所和高管人员、重要岗位人员的行为管理，完善群防群治的“大保卫”安全防范管理机制，连续六年实现安全经营无事故。2004年，被市委、市政府评为综合治理先进单位。

（田伟阳）

农业政策性金融

【经营目标】 2004年全市农发行新发放粮油购销贷款物资保证率达到100%，完成省行计划；粮油贷款收回率达到99.68%，超计划4.68个百分点；贷款利息综合收回率达到91.29%，超计划10.08个百分点；信贷资金运用率达到98.26%，超计划3.26个百分点；挤占挪用贷款下降率达到19.51%，超计划16.51个百分点；全年盈利728万元，超计划628万元，同比多盈利1131万元。被省分行分别评为经营管理目标一等奖和对2004年度利润完成做出突出贡献单位。被平顶山市人民政府授予2004年度目标完成先进单位。

（杨亚红）

【收购资金供应】 至2004年底，市分行各项贷款余额达153569万元。全年累计发放收购（含储备、调销）贷款40050万元，支持收购粮食31747万公斤、油脂74万公斤，收购值39703万元。其中：累计发放夏粮收购贷款13930万元，支持收购粮食9568万公斤，收购值13504万元。达到政府、粮企、农民三满意。

（杨亚红）

城市合作金融

【概况】 2004年，平顶山市城市信用社通过不断健全完善法人治理结构，深化机构、人事和薪酬制度改革，推行目标管理，实现绩效考核，加强员工培训等措施，推动各项业务持续、健康、快速发展。年末，资产总额为238065万元，较年初增加47831万元，增幅为25.1%，完成年计划的112.39%；负债总额232541万元，较年初增加46375万元，增幅为24.95%，完成年计划的128.86%；各项存款220007万元，较年初增加37135万元，增幅为20.3%，完成年计划的103.2%；各项贷款153220万元，较年初增加26451万元，增幅为20.87%，完成年计划的101.73%；不良贷款比率为6.77%，较年初下降2.01个百分点；存贷款比例为69.64%，较上年上升0.34个百分点；正常贷款收息率为100%，比计划多3个百分点；人均资产418.4万元；全年实现利润1456万元，较上年增加1221万元，增长519.57%，完成年计划的145.2%。

（胡胜军）

【存款业务】 2004年，市城市信用社推行目标管理，强化绩效考核，存款得以快速增长。至年底，对公存款85411万元，较年初增加37116万元；储蓄存款134596万元，较年初增加19万元。

（胡胜军）

【信贷投放】 2004年，市城市信用社加大贷款投放力度，开发贷款业务新品种，扩大贷款规模。依据平顶山市确立的重点项目建设来确定重点客户营销对象，先后支持全市八大基地、八大行业贷款30270万元，市公路建设、新城区建设和老城区改造工程等贷款21312万元。加大对不动产抵押贷款的投放力度，在支持县域经济发展中，针对县域经济发展快，融资相对困难的现状，积极给予资金支持，共向县域企业发放贷款12825万元。积极贯彻落实国家对下岗失业人员再就业的有关政策，承办下岗失业人员小额担保贷款业务，累计为下岗失业人员发放下小额担保贷款553笔933.5万元。至年底，全年累计发放各类贷款316041万元，其中累计支持国有企业贷款50732万元、非国有企业贷款39915万元、个人消费贷款10623万元,办理票据业务214771万元。

(胡胜军)

【清收不良资产】 2004年,市城市信用社进一步完善不良资产管理委员会工作细则,强化对不良资产和抵贷资产的管理,依法收贷,维护合法权益。全年共依法起诉贷款22笔913万元,胜诉22笔;申请强制执行34笔790万元,执行回本金482万元,利息81.3万元;收回抵贷资产909.60万元。

(胡胜军)

农村信用合作

【概况】 2004年,全市农村信用社在改革中稳健快速发展。存款、盘活、利润等主体业务9月底即全面完成省信合办下达的年度经营指标,受到省信合办表彰。截至年底,全市农村信用社共有机构444家,其中县级农村信用联社10家,独立核算的信用社、营业部112家,非法人营业机构322家;资产总额1383920万元,负债总额1323091万元,所有者权益60829万元;各项存款余额87.15亿元,较年初净增18.3亿元,完成省计划的118%,同比多增8.3亿元;各项贷款余额74.2亿元,较年初增加13.6亿元。存、贷款市场占有份额分别居全市金融机构第二位和第一位;不良贷款较年初下降3.7亿元,完成省计划的155.79%;不良贷款占比下降12.71个百分点,完成省计划的142%;全辖10家联社盈亏轧差后整体盈余91万元,彻底扭转自1996年行社脱钩以来连续8年整体亏损的局面。

(刘忠乾)

【扭亏增盈】 2004年,全市农村信用社进一步完善"以收定支、比例控制"的费用管理办法,努力做到收支合理配置。全年全系统营业收入完成64153万元,比上年度多收21339万元;综合费用率26.29%,降低5.46个百分点,比省下达控制计划低1.21个百分点。10家联社盈亏轧差后实现利润91万元,同比扭亏增盈4683万元。

(刘忠乾)

【票据业务】 2004年,全市农村信用社继续大力发展票据贴现业务,全年累计办理贴现178亿元,实现贴现利息收入8700万元,占各项业务收入的13.56%。市郊联社强化"以客户为中心、以市场为导向、以效益为目标"的经营理念,通过构建营销大格局,大力发展票据业务,累计办理贴现94亿元,实现收入3569万元,占该联社全部收入的22%。在发展贴现业务同时,积极申请承兑汇票签发业务,年底,已有卫东、市郊、新华、舞钢、宝丰五家联社得到批准,具备签发银行汇票资格。

(刘忠乾)

【信贷支农】 2004年,全市农村信用社认真贯彻落实中央一号文件,降低贷款门槛,积极引导各联社、信用社加大"三信"创建力度,于5月25日在宝丰县召开"三信创建现场会"。至年底,全市农村信用社"三农"贷款余额47.6亿元,占全部贷款的64.15%,其中年度净投放8.48亿元,占全部新增贷款的82.47%。年度共评定信用户41706个,授信达6亿元。

(刘忠乾)

【核实与国家扶持政策相关数据】 2004年,全市农村信用社对使用中央银行专项票据的有关数据按2002年底数进行锁定,核定各县(市)、区农村信用联社认购中央银行专项票据所要求的盘活不良贷款、增资扩股等方面的数据。经测算:全市农信社可申请专项票据7.68亿元,由国家财政分期拨补1994年至1997年保值贴补息2391万元,2004年至2006年可少缴营业税和所得税2325.75万元。

(刘忠乾)

【增资扩股】 2004年,平顶山市各级政府及各联社、信用社把握政策尺度,加强社会宣传,积极引导社会各界入股支持农村信用社改革。至年底,全市农信社累计增资扩股45049万元,是省下达计划的123.91%。其中:自然人入股9435万元,占比为93.83%,其中职工股8034万元,占比7.99%;法人股中资格股4344万元、投资股322万元,合计4666万元。

(刘忠乾)

【清收不良贷款】 2004年,针对农村信用社不良贷款,各县(市)区政府制定了清收农村信用社不良贷款的实施方案,成立清收不良贷款工作组,重点清收党政有关部门和涉及公职人员承贷、担保、介绍等形式的不良贷款;重点清收国家公职人员、党员干部拖欠的贷款;重点清收银行系统内部职工包括农村信用社职工、各国有商业银行职工、人民银行和银监部门职工自贷、担保、介绍的不良贷款；重点清收有钱不还的"赖债户"和"钉子户"；重点清收借企业改制逃废的信用社债务。至年底，在8月底基础上（改革启动后的具体要求）累计清收不良贷款17203万元，完成省下达阶段性清收计划的145.17%。

（刘忠乾）

金融监管

【概况】 2004年1月16日，中国银行业监督管理委员会平顶山监管分局（简称平顶山银监分局），经中国银行业监督管理委员会河南监督局批准正式成立。根据授权，对辖内政策性银行、国有独资商业银行、城乡信用社、邮政储蓄及其它存款类金融机构行使监督管理职能。主要职责包括：制定监管法规、制度方面的实施细则和规定，对辖内银行业金融机构及其分支机构的设立、变更、终止和业务范围进行审批；对辖内银行业金融机构实行现场检查和非现场监管，依法对违法违规行为进行查处等。在辖区汝州市、舞钢市、宝丰县、郏县、鲁山县、叶县设有监管办事处。共有人员65人，其中机关41人，监管办事处24人。

2004年，平顶山银监分局开展《银行业监督管理法》、《商业银行法》、《中国人民银行法》、《行政许可证》的宣传、贯彻、咨询活动，制定汇编《平顶山银监分局内控制度49项》，加强内控建设，规范办公秩序，提高工作效率和监管水平，加大对全市金融机构的监管力度，尤其是加大对城市信用社和农村信用社的监管力度，促进全市金融机构存贷款稳步上升。截至年底，全市金融机构本外币各项存款余额394.89亿元，较年初增加75.55亿元，增长23.66%；各项贷款余额224.22亿元，剔除各金融机构核销、债转股等因素，较年初实际增加24.1亿元，增长11%；全市金融机构不良贷款余额和占比分别较年初下降9.02亿元和6.51个百分点。全市金融机构整体实现利润2.85亿元，同比增盈4.99亿元。

（张保友）

【不良贷款实现"双降"】 2004年，平顶山银监分局建立起较为完善的"双降"工作机制和不良资产按季分析和考核制度，加强对重点机构的风险监测和跟踪检查；督促各银行业机构实现不良贷款"双降"一把手责任制，并与高管人员业绩考核相挂钩；在继续加大对不良贷款余额、比例双重考核的基础上，对信贷资产、非信贷资产和表外业务风险实行全面监测和考核；对不良贷款高的行业、地区，督促银行业机构与政府及企业共同采取有效措施，加大清收和处置力度，督促银行业机构审慎经营；加强对经济金融运行情况的监测分析，督促和引导银行业机构依据国家宏观调控政策，研究有关产业和行业的发展规律及风险隐患，合理调整信贷结构，优化信贷投向。通过现场检查、核实基数、约见谈话、定期通报、双向问责、召开经验交流会等措施，使全市银行业在贷款增幅减少、增速回落的情况下，实现不良贷款整体"双降"。2004年，全市4家国有商业银行不良贷款余额和占比分别减少和下降5.39亿元和4.08个百分点，其中除农行外，其它3家商业银行均呈下降态势。工行、中行、建行不良贷款余额分别减少1.4亿元、0.64亿元、4.2亿元，分别下降4.32%、2.76%、25.8%，农业银行由于贷款余额下降幅度较大，减少了不良贷款的稀释作用，使不良贷款的比率上升较多，不良贷款余额和比例分别增加0.86亿元和6.13个百分点；农业发展银行不良贷款余额和比率分别比年初增加0.15亿元和3.87个百分点，城信社（按四级分类口径）不良贷款余额和比率分别较年初减少728万元和下降1.99个百分点；农村信用社不良贷款余额和占比分别下降3.71亿元和12.09个百分点。

（张保友）

【城市信用社实现平稳发展】 按照"澄清底数、规范发展、维护稳定"的工作思路，强化对城市信用社的监管。通过向城市信用社派驻监管组，加强现场检查、非现场监管、法人监管、高管人员监管、"三会"履职情况的监管等措施，使城市信用社法人治理进一步完善，依法合规意识明显提高，业务发展较快。2004年末，城市信用社存款余额22亿元，较年初增长20.31%，各项贷款余额15.32亿元，较年初增长20.87%，实现盈利1742万元（重组后累计），基本实现平稳发展。

（张保友）

【农村信用社呈现良好发展局面】 2004年，平顶山银监分局认真履行对农村信用社行业管理和监管的双重职责，突出三项改革重点工作。清产核资工作全面完成。按照全省改革会议确定的时间表，抽调150多人组成清产核资队伍，完成对7家联社，96家信用社的清产核资工作。增资扩股工作稳步推进。按照先易后难的原则，严把增资扩股政策，通过行政推动、政策驱动、督促鼓动等措施，2004年底，累计完成增资扩股45049万元，占省下达扩股计划的123.91%。

清收不良贷款工作取得显著成效。2004年,累计盘活不良贷款17203万元,占省下达清收计划的145.17%。同时,建立农村信用社风险评价和预警指标体系,制定风险防范预案,成功化解汝州蟒川、鲁山马楼农村信用社的风险苗头。重点加强全市农村信用社的行业管理工作,完成全市各联社法人治理结构的完善工作。开展对联社高管人员和其他从业人员的系统性培训工作。2004年底,农村信用社存、贷款分别比年初增加18.30亿元、13.64亿元,不良贷款余额较年初减少3.71亿元,较年初下降12.71个百分点,实现盈利91万元。

(张保友)

保　险

人寿保险

【概况】 随着社会的发展,人们的保险意识增强,理财观念的变迁,保险行业得到长足发展,人寿保险外部市场环境发生了巨大变化。至2004年底,平顶山市经营人寿保险的市场主体已发展到6家:中国人寿保险股份有限公司平顶山分公司、中国太平洋人寿保险股份有限公司平顶山中心支公司、新华人寿保险股份有限公司平顶山中心支公司、泰康人寿保险股份有限公司平顶山中心支公司、太平人寿保险有限公司平顶山中心支公司、中国平安人寿保险股份有限公司河南分公司平顶山营销服务部。

至2004年底,全市全年共实现人寿保险保费收入104611万元,比上年增长20.6%。其中寿险保费收入101664万元,比上年增长20.5%;短期人身险保费收入2947万元,比上年增长27.1%。全市全年赔付支出1756万元,比上年降低25.3%。

(张　杰)

【中国人寿平顶山分公司】 机构建设　截至2004年12月份,中国人寿平顶山分公司的内设部室为办公室、人力资源部、组织部、监审室、个人业务部、团体业务部、业务拓展部、业务收展部、财务处理中心、业务处理中心、信息技术部、机关支部、机关工会和系统工会。在全市县(市)、区设有13个支公司,在全市99个乡(镇)和城乡结合部设有120个营销服务部。截至2004年12月底,全市系统在编职工200人;营销人员4000余人。

业务发展　2004年共实现规模保费5.4亿元,其中首年寿险新单保费收入3.95亿元,寿险首年期保费收入8178万元,短险保费收入2455万元,标准保费收入2.4亿元,风险型保费及投资型管理费收入2.1亿元,实现利润71万元。全年共处理各种赔案1859起,赔付金额1468.8万元,较好地发挥了社会经济补偿作用。

经营管理　2004年重点对核保、新契约、保全、理赔人员进行培训,掌握新版《寿险实务》和《保全手册》对客户服务工作提出了标准化流程作业的要求,全面提高客户服务与业务处理的技能。全年共计接收各基层单位上报新单49630件,对于有问题的保单,加大生存调查力度,其中进行生存调查362件,发现问题183件,拒保、缓保涉及金额970万元。同时,加大对定点医院管理力度,全年共计处理体检件3007起,较好地抵制和化解了经营风险;共受理各类咨询11377起,查询6124起,投诉149起,挂失1起,报案296起。

险种类型　中国人寿平顶山分公司主要经营人寿保险、养老保险、意外伤害保险、分红保险等近百个险种,根据险种保障范围及功能的不同,可分为以下几个类型:一是少儿型保险。少儿型保险主要为保户提供儿童成长教育、创业基金,同时兼顾身故保障,如"国寿英才少儿保险"。二是健康型保险。健康型保险主要为客户提供重大疾病保障,如"国寿康恒重大疾病保险"与"康宁终身保险"等。三是养老型保险。养老型保险主要提供退休后的养老保障,在退休后可以享受较为宽裕的幸福生活,如"国寿松鹤养老型保险"。四是保障型保险。这种险种主要提供定期或终身身故保障,适合于家庭支柱成员或家庭经济主要来源者,如"祥和定期保险"。五是两全型保险。这种险种提供生死两全保障,保险期内身故可获得身故保险金,生存至保险期满,则可获得满期保险金,如"国寿福瑞两全保险"。六是意外型保险。意外险能给人们提供意外身故、伤残和医疗保障,如"国寿个人意外伤害综合保险"。七是附加型保险。这种保险在主险之外提供附加身故、残疾、意外、医疗等保障,如"附加意外伤害保险"、"附加住院医疗保险"等。八是分红型保险。这款保险除了提供身故、满期等保险保障外,还可分享公司的经营成果,每年获得一笔红利收入,是集保险与投资为一体的理财佳品,如"国寿千禧理财两全保险(分红型)"。

(孙　涛)

【泰康人寿保险股份有限公司平顶山分公司】　2004年，泰康人寿平顶山分公司强化内部管理，提升服务质量，促进公司持续、稳定、健康发展。至2004年底，全年实现保费收入1.35亿元，完成全年计划的110%，较上年同期增长8%，全年理赔支付金额共计176.2万元。

个险　2004年泰康人寿平顶山公司积极拓展个险业务，发展壮大营销队伍，使营销人力达到1200多人。继续推出“一张保单保全家”(一张保单保全家，是家庭保障计划产品，家庭成员中一人投保主险，其他家人可直接投保其他附加险，不用每个家庭成员都投保主险，实现了“一张保单保全家”)的投保方式，为工薪白领人群提供生活保障，至2004年底，全年共收取个险保费2880万元，较上年同期增长46%。

团险　泰康人寿平顶山公司2004年团体保险共收取保费1241万元，其中长险1134万元，短期107万元。险种包括人身意外险、旅游险、学生平安保险、煤矿工人保险等，为有特定风险的群体提供有效保障。

银行保险　泰康人寿平顶山分公司2004年在银行代理业务方面继续推出集保险、保障、理财于一体的、以其双倍保额的意外保障及附加其特定意外险、健康险的“千里马”险种，同时推出养老险“安享晚年”以及专门为老年人量身订做的“康寿保”老年意外伤害保险等。全年共收取保费9451万元。

（普孝盈）

财产保险

【保费收入】　2004年，中国人民财产保险股份有限公司平顶山市分公司全系统保费收入15200万元，完成年度计划的101%，较上年同期增长12.31%。车险业务保费收入11640万元，占总体目标的76.6%，与上年同期相比增长37.16%。非车险业务保费收入3560万元，占全年总体目标的24.4%。其中企财险累计保费收入1729万元，较上年同期下降32.54%；家财险保费收入243万元，较上年同期下降24.24%；货运险保费收入452万元，较上年同期下降10.14%；意外险保费收入578万元，比上年同期上升37.54%；工程险保费收入67万元，较上年同期下降42.76%；责任险保费收入428万元，较上年同期下降47.95%。

（马鸿礼）

【理赔】　在经营保险业务的同时，其经济补偿作用也得到体现。全市赔款支出10832万元，赔付率71%，较上年同期上升16.68%。其中，机动车辆险赔款支出7929万元，赔付率68%，较上年同期上升8.4%；财产险赔款支出2857万元，赔付率105%，较上年同期上升53%；货运险赔款支出133万元，赔付率29%，较上年同期下降0.3%；人身意外伤害险赔款支出109万元，赔付率18.8%，较上年同期上升16.4%。

（马鸿礼）

【理赔管理】　控制理赔风险是提高经营效益的重要环节。2004年，中国人保财险平顶山分公司从制度入手，建立健全理赔监控机制，明确分级定损、双人查勘、四级审理和主审复核制。建立定损修理、医院和社会专业技术人员组成的协作网络，对医疗费用进行审查复核与控制，全年剔除不合理费用200余万元。实行理赔案件定损复查和赔后复审“两审”制度，先后对400余件赔案和20多台定损车辆进行了“两审”监督，加大理赔监督力度。坚持重大疑难案件集体审理制度，对100余起案件进行集体会审，提高案件审理质量。协调公安、检察部门，加大对赔案的调查力度，先后提请公安、检察部门帮助调查鉴定赔案40余件，剔除不合理费用36万余元，打击骗赔活动，维护了人保公司的合法权益。增强理赔工作人员的责任心。紧紧围绕理赔“六快”(快签单、快查勘、快定损、快理赔、快回访、快处理投诉)方针，千方百计提高结案率，定期通报3000元以下赔案明细，加快赔案流转速度，年终结案率达到80%以上，为公司赢得了信誉。

（马鸿礼）

【个人代理营销队伍】　2004年，中国人保平顶山分公司为实现大营销、大团队积极探索发展道路，对并轨团队建设工作做到机构转型、转制，人员并队、并轨、并册，使营销团队管理逐步走上正规。2004年底，个人代理营销人员已达300人，保费收入3000万元。

（马鸿礼）

【大项目业务】　2004年有15个大项目立项均达到省级标准并获批准，并成功承保6个项目，保险金额达7.15亿元。先后成功续签舞阳钢铁公司的企财险业务、神马集团企财险的二次续保招标、天鹰集团企财险续保无降费、平煤集团非车险业务合作协议顺利签订等，有力地推动了公司的业务发展。

（马鸿礼）

经济管理与监督

综　述

【概况】 2004年是平顶山市“实施二次创业,打造经济强市”,全面建设小康社会的第一年。经济总量跃上新台阶。全市生产总值达470.7亿元,新增105亿元,增长15.6%,为1994年以来最高,总量和增速均居河南省第6位。人均生产总值突破1000美元,达到9616元,增长15%。财政收支大幅增长。全市地方财政收入21.5亿元,增收7亿元,增长46.6%,其中一般预算收入19.96亿元,增长43.5%,居全省第2位;财政支出37.96亿元,增长32.3%。工业经济速度效益同步提高。规模以上工业企业实现增加值143.8亿元,增长23%;综合经济效益指数128.2%,提高17个百分点;实现利税45.3亿元,增长57.5%,其中利润19.6亿元,增长96%,均创历史最高水平。农村经济取得新进展。农林牧渔业实现增加值60.9亿元,增长9%,增速比上年提高6.4个百分点。全年粮食总产161.3万吨,增长11.4%,是近年来又一个高产年。内外贸易快速发展。全市进出口总值2.99亿美元,增长64.5%,其中出口1.25亿美元,增长25.8%;社会消费品零售总额131.6亿元,扣除物价上涨因素增长10.9%。就业再就业工作成效显著。全市城镇新增就业岗位6.4万个,2.7万名下岗失业人员实现再就业,其中“4050”人员9217人,均超额完成预期目标。城镇登记失业率控制在3.4%。人民生活进一步改善。全市城镇居民人均可支配收入7631元,增长8.3%;农民人均纯收入2369元,增长7.8%,扭转了多年来低速徘徊的局面。

(于东海)

【农村经济】 2004年,随着扶持“三农”政策的到位及粮食等农产品价格的回升,农民生产积极性普遍提高。全年全市完成农林牧渔业总产值109.3亿元,比上年增长9.2%。其中农业总产值50.49亿元,增长13.8%。全年粮食总产量161.3万吨,增长11.4%,为五年来的第二个高产年。种植业结构继续优化,全市优质小麦种植面积124.4万亩,比上年增加30.47万亩,优质玉米种植面积157万亩,经济作物中的棉花、蔬菜瓜果及烟叶产量增长均在20%以上。畜牧业持续增长,完成肉类总产量34.6万吨,增长7.1%,禽蛋产量12.8万吨,增长5.5%,猪、牛、羊出栏484.2万头,增长4.9%。农业产业化经营继续推进,全市有各类农业产业化龙头企业700多家,各类农民专业合作经济组织192个,农民经纪人队伍达到1.6万人。农村基础条件有了较大改善,完成了退耕还林、水土保持等工程,全年改造中低产田2.3万亩,退耕还林1.4万亩,宜林荒山荒地造林13万亩。

(于东海)

【以工代赈】 2004年,平顶山市争取省安排鲁山、叶县以工代赈项目21个,计划总投资1579万元,其中争取国家以工代赈资金1120万元、省级配套资金197万元、市县配套资金262万元。计划修建四级水泥路74.6公里,建灌溉工程9处,渠道硬化6400米,新增灌溉面积4700亩,建防洪护田堰400米,保护耕地1000亩,建引水工程32处,解决7600人的饮水困难。

(于东海)

【工业经济】 2004年,针对工业经济运行中出现的诸多问题,通过进行结构调整升级,搞好煤、电、油、运等生产要素的协调,工业生产快速增长、效益显著提高。全部工业实现总产值712.1亿元,增长15.9%。限额以上工业完成总产值385亿元,增长22.7%;完成增加值143.8亿元,增长23%;实现产品销售收入360.8亿元,增长43.2%,产销率99.3%;利税总额45.3亿元,增长57.5%,其中利润19.6亿元,增长96%;亏损企业亏损额1.6亿元,下降4%;工业经济效益综合指数为128.2%,同比提高17个百分点。主要工业产品产量稳步提高,原煤、帘子布、高压断路器、焦炭、水泥、化肥等产品产量的增幅均在10%以上。

（于东海）

【工业结构调整】 2004年，平顶山市安排重点工业项目46个，完成投资15.5亿元；实现更新改造项目29个，投入技改资金16亿元。平煤集团80型焦炉改造、叶县蓝光电厂一期、汇源三期、海明黑液资源化、虹剑焦化、西气东输管线钢材技改、天鹰轨道交通电器、姚孟粉煤灰煤矸石多孔烧结砖等项目建成投产。全市规模以上工业新产品产值27.6亿元，增长22.2%。加快推进煤炭、铝土矿等资源整合，强力推动资源向优势企业集中，支持骨干企业做大做强。平煤集团与武钢、宝钢集团开展了广泛的合资合作，并整合了梨园、新峰、白庙3家地方煤矿，集团全年销售收入110亿元，成为全省4家销售收入超百亿元企业之一。平煤、舞钢、神马、姚电、天瑞、天鹰6家企业进入全省100户成长性较好的重点企业行列，完成增加值92.4亿元，增长19%，对全市规模以上工业增加值贡献率达61.8%，拉动规模以上工业增长12.5个百分点。资源整合工作扎实有序，全市已有21家小煤矿关闭整合到位，超额完成省定减少17家的任务，省定铝土矿企业关闭的任务也已完成。

（于东海）

【重点项目及国债项目建设】 2004年，平顶山市顺应国家宏观调控政策，强力推进符合国家产业政策的重点项目建设，实现了投资迅猛增长。全年全社会固定资产投资累计完成113.7亿元，增长45.1%，高于计划27.1个百分点，其中城镇及以上完成投资额94.9亿元，增长60.2%。重点项目建设是投资增长的主要力量，81个重点项目完成投资42.3亿元，增长72.7%。平煤集团80型焦炉改造、汇源公司年产30万吨氧化铝工程、舞钢公司20万吨管线钢工程、海明集团黑液资源化工程、许平南高速公路平顶山段、平顶山城市东入口工程、昭平台水库除险加固等项目已建成投产。市污水处理厂二期工程、平煤朝川矿60万吨机焦、神马集团10万吨尼龙66盐扩建、中盐皓龙60万吨工业盐、天瑞集团日产5000吨水泥熟料生产线、舞钢中加公司40万吨炼铁、瑞平集团2×15万千瓦热电联产机组等项目已开工。平顶山电厂2×20万千瓦热电联产机组、白龟山水库除险加固、燕山水库、漯平高速平顶山段、平临高速、国省干线公路、县乡公路等项目建设进展顺利。2004年全市在建及新开工国债项目30个，截止年底，孤石滩2002年度灌区节水改造、汝州市污水处理厂、市公安局戒毒所等项目竣工。

（于东海）

【贸易及对外经济】 2004年实现社会消费品零售总额为131.6亿元，实际增长10.9%，餐饮、通讯、家电等仍是消费主要热点，全年餐饮业零售额增长21.9%。受食品、居住类产品价格上涨的拉动，居民消费价格指数上涨5.3%。实现进出口2.99亿美元，增长64.5%，其中出口1.25亿美元，增长25.8%。实际利用外商直接投资3443万美元，同比增长29%。2004年全市利用国外贷款1240万美元。其中市二院引进医疗设备利用外贷240万美元；西气东输平顶山子项目利用外贷1794万美元，到位1000万美元。同时，市口腔医院（利用外贷220万美元）、平顶山学院（利用外贷280万美元）、平顶山工学院（利用外贷245万美元）、飞亚飞纸业公司（利用外贷650万美元），完成招标任务。

（于东海）

【城镇化建设】 2004年，光明路南延全线贯通，三座湛河桥已完成工程量的80%，高阳路二期、鹰城广场改造正在稳步实施，文园路步行桥、快速通道连接线及明珠广场、七彩虹游园等一批街头游园建成投入使用。旧城改造步伐加快，锦绣花园、明珠城市花园、东方竣景小区主体已完工，繁荣街改造工程已开工建设。中水回用、西气东输天然气支线工程等公用事业建设步伐加快。开展了市容环境综合整治活动，占道经营、垃圾围城等问题得到进一步整治。新城区起步区7.6平方公里的各项规划设计已全部完成，出让划拨土地3857亩，20.5公里的道路已建成通车，水、电、气、暖基础设施配套已大部分完成。小城镇建设取得新成绩，全年小城镇固定资产投入12.1亿元，完成了部分小城镇道路建设、绿化等工程。全市城镇化率达到33.5%，比去年提高了1.5个百分点。

（于东海）

【社会事业】 2004年，平顶山市实施农村中小学危房改造、乡镇卫生院改造、“村村通”工程，改善了农村的生活条件。全年财政投入科技三项费用2699万元，完成了102项市级科技攻关项目。平顶山学院、平顶山工学院新校区建设步伐加快，主要建设项目基本完成。全市列入国债计划的25个学校危房改造项目已竣工或主体完工。加强两个医疗卫生体系建设，全市7个疾控体系建设项目全部开工，其中郏县、汝州卫生防疫站已竣工，列入2004年国债项目的突发卫生事件救助体系项目中的9项工程，全部开工建设。15所农村乡镇中心卫生院基本完工，市一院病房楼、二院心血管楼、口腔医院门诊楼等正加紧进行建设。加强环境保护和综合治理，城市污水集中处理率达到38%，城市生活垃圾集中处理率达到100%。

（于东海）

【平顶山市发展和改革委员会】 根据《中共平顶山市委、平顶山市人民政府关于平顶山市人民政府机构改革的实施意见》，原平顶山市发展计划委员会改组为平顶山市发展和改革委员会，为市政府工作部门。平顶山市发展和改革委员会是综合研究拟订全市经济和社会发展政策，调节经济运行，指导全市经济体制改革的宏观调控和综合协调部门。新设立的市发展和改革委员会下设23个职能科(室)，机关行政编制82名。

（于东海）

统　　计

【统计数据质量在全省领先】 2004年全系统共有38个统计调查专业，涉及经济、社会各行业、部门；全年经常性统计调查报表376个表次，300多万笔数据；有大型普查和专项调查20多种。面对十分繁重的统计调查和普查任务，各部门严把资料收集、整理、审核、汇总、评估、传输等各环节关，高度注重数据质量，建立了数据质量三级评估制度，有效地保证了全市统计信息的真实性、准确性和权威性。根据省统计局评比反馈结果，市统计局报表上报及时率在99.7%以上，数据差错率在0.4%以下。

（朱建华）

【第一次经济普查准备工作】 就即将开展的全国第一次经济普查，平顶山市进行了充分的准备。2004年3月初市政府发出《关于认真做好全市第一次经济普查的通知》，成立了以市委常委、常务副市长吕彩霞为组长、市政府副秘书长王朴、市统计局长陈聚山、市计委副主任张清林为副组长及市有关部门主管领导为成员的平顶山市第一次经济普查领导小组。全市动员了5000多名专职普查员和指导员，并进行了业务培训和大力宣传动员。在“平顶山信息港”开通了“平顶山经济普查网”，在电台、电视台及报纸等新闻媒体上播放有关经济普查新闻、宣传口号，常务副市长吕彩霞在《平顶山日报》发表了题为《宣传经济普查条例，搞好经济普查工作》的署名文章。开展了全面清查摸底工作，查清了普查对象的基本情况。

（朱建华）

【统计规范化】 2004年，市统计局又进一步完善了各统计专业的规范化，加大了县级规范化建设力度。5月份完成了全局综合管理系统与分专业系统的链接，达到管理一体化，使全局70%的专业在省局检查验收中一次通过，部分县区的规范化建设已基本达到了省市的要求。统计规范化软件平台正在研制开发中。

（朱建华）

【信息化建设】 2004年市统计局开展了县乡联网的技术论证和试运行工作。经过三个多月的技术考察，决定采用CDMA移动技术及VPN隧道技术，实现乡镇无线上网，此项工作在宝丰县13个乡镇试运行3个多月，效果良好。

（朱建华）

【统计咨询与服务】 2004年，市统计局共撰写统计分析报告84篇，被各级报刊、杂志、电台、电视台等新闻媒体采用300多篇次，有20多篇统计分析报告被市委、市政府主要领导批示或在全省论文评比中获奖。为促进乡镇经济发展，市统计局再次对全市93个乡镇的经济实力进行了科学的分析排序。继续高质量的编撰了2003年《统计年鉴》、《统计资料》、《企业调查信息》、《农调信息》、《统计工作专报》等各类统计信息刊物，编印了《平顶山市主要经济运行指标》、《中国政府统计知识手册》两本精装书籍。

（朱建华）

【五家企业名列全国大型工业企业行列】 9月14日，国家统计局工交司根据2003年全国工业企业的年度数据公布了新的大型工业企业名单。平顶山市的平煤集团、舞钢公司、神马集团、姚电公司、天鹰集团名列其中。公布的资料显示，划型的标准为：从业人员2000人及以上，销售额3亿元及以上，资产总额4亿元及以上。按照这一标准，全国共有1948家工业企业进入大型工业企业行列，比 2002 年增加了 360 家。平煤集团列第 171 名。2003 年，企业实现销售额 696017 万元，资产总额 1250058 万元，从业人数 126876 人。舞钢公司列第 318 位。2003 年，企业实现销售额 396521 万元，资产总额 405245 万元，从业人数 10449 人。神马集团列第 470 名。2003 年，企业实现销售额 252173 万元，资产总额 656623 万元，从业人数 10735 人。姚电公司列第 816 名。2003 年，企业实现销售额 131131 万元，资产总额 288991 万元，从业人数 2869 人。天鹰集团列第 1049 名。2003 年，企业实现销售额 97817 万元，资产总额 344027 万元，从业人数 4412 人。

（姬廷宣）

审 计

【概况】 2004 年，全市审计机关坚持“全面审计、突出重点”的原则，认真履行审计监督职责。全市共审计 539 个单位，查出各类违规问题金额 18.85 亿元，经审计处理，纳入财政管理 8195 万元，收缴财政 4422 万元。移送司法机关案件 3 起，移送纪检监察部门案件 1 起。全年市审计局共编发《审计工作信息》、《审计情况反映》、《内部参阅》等 32 期，被上级审计机关及市委、市政府有关内部刊物采用 60 多篇（条）。在《中国审计报》上刊登 9 篇，被新华社采用 2 篇。截止 2004 年底，全市 11 个审计机关中，有 7 个市级文明单位，3 个省级文明单位。

（张兰松）

【财政预决算审计】 2004 年，全市审计机关围绕财政预算资金的收缴、分配、拨付、使用情况，重点检查预算执行中不真实、不合法、不规范的问题。揭露和查处了隐瞒转移挖挤财政收入、截留挤占挪用财政资金、决算编制不规范和损失浪费等违规违纪问题。全市预算执行审计和决算审计单位 59 个，查出违规金额 1.9 亿元，经审计处理，增加财政收入 3869 万元。

（张兰松）

【专项审计】 2004 年，全市审计机关加大对涉农专项资金的审计力度，共审计专项资金单位 79 个，查出截留挤占挪用 3286 万元、应缴未缴专项资金 2669 万元、未纳入财政专户 2.07 亿元等问题。交通规费审计，查出违规违纪金额 3.2 亿元。耕地开垦费和新增建设用地土地有偿使用费专项审计，查出市级财政滞留项目资金 2049 万元。退耕还林资金审计，查出汝州市财政部门滞留项目资金 129.45 万元、汝州市粮食部门未及时向退耕农户兑现补助粮食 285 万公斤、汝州市以原有林地充当荒山造林等问题。中小学危房改造专项资金审计，主要查出未经批准变更调整 7 个危改工程项目等问题，资金额达 100 万元。救灾款物、倒房重建资金审计，主要查出部分县（市）区未匹配倒房重建资金、棚架滞留资金等问题。职工养老基金审计，查出市保险事业局违规办理银行定期存款 4153 万元，到 2003 年末尚有 2470 万元未收回，审计后已追回 1270 万元纳入财政专户。

（张兰松）

【经济责任审计】 2004 年，经济责任审计工作在全面深入开展领导干部离任审计的同时，尝试开展了任中经济责任审计，审计模式有所突破，审计、组织、纪检联合进点，形成了整体监督合力，审计力度明显加大。全年共对 76 名党政领导干部，2 名国有及国有控股企业领导干部进行了经济责任审计。其中：县处级领导干部 10 名，科级领导干部 66 名，国有及国有控股企业领导干部 2 名，查出违规金额 2.03 亿元。各级干部监督管理部门参照审计结果，平调 43 人、晋升 8 人、免职 3 人。

（张兰松）

【对焦作市粮食企业审计】 2004 年，根据省政府和省审计厅工作安排，平顶山市组织 106 名审计人员，对焦作市 112 个国有粮食购销企业进行了清查审计。查出违规违纪金额 5.8 亿元。平顶山市审计局、舞钢市审计局和叶县审计局被省粮食清查审计领导小组评为优秀单位。

（张兰松）

【审计中原证券平顶山营业部】 2004 年，平顶山市审计局对中原证券平顶山营业部进行了审计，共查出违规资金 2000 多万元，移交平顶山市反贪局案件 1 起。

（张兰松）

【外资审计】 为提高外资利用质量，降低政府外债偿债风险，根据省审计厅的统一部署，共完成 10 项外资审计任务。重点揭露了挤占挪用外债资金等违规违纪问题。查出违纪违规资金1761.78万元。

(张兰松)

【行政事业审计】 2004年,全市审计行政事业单位270个,查出应缴未缴预算收入526万元、隐瞒截留389万元、挤占挪用973万元、虚列支出381万元、预算外收入未缴专户934万元、乱收费乱摊派乱罚款1468万元、超标准超计划支出2204万元等主要问题。

(张兰松)

【建设工程审计】 2004年,平顶山市为有效遏制建筑领域腐败现象,全市审计机关积极开展了重点建设项目资金审计。全市固定资产投资审计单位10个,项目投资总额5.9亿元。查出违规金额952万元。收缴市财政262万元。

(张兰松)

国有资产管理

【国有资产管理委员会成立】 为了进一步深化国有资产管理体制改革,推动国有经济布局和结构的战略性调整,发展壮大国有经济,新设立平顶山市人民政府国有资产监督管理委员会,为市政府正处级特设机构,使用行政编制,市政府授权代表政府履行出资人职责。2004年8月10日,根据平发《中共平顶山市委、平顶山市人民政府〈关于平顶山市人民政府机构改革的实施意见〉(平发[2004]13号)》文件精神,对原市经贸委指导国有企业改革和企业管理的职责、市财政局有关国有资产管理的职责、市劳动和社会保障局拟订市属国有企业经营者收入和分配政策的职责等进行整合,成立平顶山市人民政府国有资产监督管理委员会。市国有资产管理委员会下设10个职能科(室),行政编制46人。

(谷秀兰)

【国企改革】 2004年,国有企业产权制度改革完成了年初确定的目标任务。积极推进大型国有企业以股份制为主要形式的投资主体多元化改革。已进行公司制改革的平煤、神马、舞钢、姚电、天鹰、中盐皓龙、鸿翔热电、飞行、星峰、天使、电收尘器、江河、宝酒等13家大型企业集团,有12家通过项目合资、战略伙伴引资、债转股、职工持股等形式实施了产权多元化改革。天鹰集团以引入民营法人入股、经营层持大股,职工参股、国有股占20%左右为内容的产权制度改革方案正在修订和完善中。国有中小企业以破产、出售为主要形式的改革稳步推进。2004年,国有中小型工业企业又有6户完成改制,其中,5户(罐头厂、东风塑料厂、鲁山炭素厂、汝州面粉厂、整流器厂)破产,1户(山高煤矿)股份制改造。目前,全市154家国有中小型工业企业累计完成改革141户,剩余的13户方案已论证审批或进入破产程序,正在加快推进。国有商贸企业、建筑企业和集体工业企业的改革今年完成了15户(其中:股份制改造8户,整体出让6户,被兼并1户),另有10户已进入改制程序或即将破产终结。

(谷秀兰)

【企业办学分离工作】 全市共有21家大中型企业自办中小学校58所,有在职教职工4068人,离退休教职工1537人,在校生56490名。其中,平煤集团就有在职教职工3127人,占76.87%;离退休教职工1194人,占77.68%;在校生40120名,占77.12%。2004年平顶山市分离企业办学校职能的重点是平煤集团学校和郑州铁路局驻平学校。武汉铁路分局的2所学校已于9月份实现分离,接收在职教职工66人,离退休教职工28人,划转办学经费488万元;洛阳铁路分局的2所学校、平煤集团所属的32所学校均已签订了移交协议。年底,全市已有10家企业的11所学校基本实现了分离。

(谷秀兰)

【国企主辅分离改制】 平顶山市辖区内国有大中型企业19家,其中2家破产和即将破产;17家都不同程度的实施了主辅分离,分流安置富余人员近4万名。4家企业进行了辅业改制,其中,神马集团改制2家(氯碱化工和三梭公司),分流安置富余人员5700名;天鹰集团改制1家(华供信立工贸公司),分流安置富余人员117名;星峰集团改制1家(润丰水泥公司),分流安置富余人员200名。

(谷秀兰)

工商行政管理

【整顿和规范市场经济秩序】 2004年,全市工商系统围绕创建公平竞争和安全消费的市场环境，全面实施食品药品放心工程，积极开展“六查六看”，组织了6次专项食品执法检查。组织有关部门联合开展了煤炭市场专项整治，查封涉嫌掺杂使假原煤2590吨，取缔非法小煤堆185个。和有关部门一起开展了地方病防治工作，被市政府授予“地方病防治先进单位”，保证人民群众安全消费。

（杨延民）

【服务经济建设】 2004年，全系统围绕服务企业，采取提前介入、咨询指导、特事特办、现场办公、设立企业联络员等方式，帮助20家企业进行了改制，协助15家企业办理了冠省名的有关手续，为52家企业办理了冠市名的手续。加强行政审批窗口建设，切实落实首问责任制、主办责任制和限期办结制，做到政策咨询“一口清”，承办材料“一次清”。市工商行政审批窗口今年共办理各类审批事项5106件，按时办结率达到100%，保持了“优质服务窗口”称号，被市行政审批中心确定为全市行政审批工作标准化窗口。积极实施名牌战略，引导企业树立商标战略思想，增强企业名牌意识，在全市70余家企业建立了商标联络机构。认真组织“守合同、重信用”活动，有4家企业荣获国家级“守合同、重信用”企业。

（杨延民）

【执法监管体制改革】 整合资源，加强市场巡查监管力度。全市各级工商行政管理机关结合本地实际，突破原有模式，按照不同标准设立中心工商所75个。积极探索拓展监管新领域。健全机制，提高执法效能。以实施商品准入制度为重点，按照“横到边、竖到底、不留死角”的要求，在流通领域商品质量监管中推行“五项制度”，全面推进商品质量监管关口前移，初步建立了严密的食品安全监管责任网络和快速反应机制。全面建立注册登记工作新体制。通过委托和授权，向分局移交原在市局注册的近2000家企业的档案，解决了全市工商系统注册登记工作“头重脚轻”的问题。认真落实岗位资格认证制度。组织开展了首次全市工商系统监管、执法、注册岗位资格培训考试，全年共有3210人次参加了考试。

（杨延民）

【依法行政】 2004年，全市各级工商行政管理机关把贯彻实施《行政许可法》作为全面推进依法行政的重点，先后10余次组织相关人员参加各级举办的《行政许可法》培训，并采取集中授课的方式，对全系统1600余名公务员进行了《行政许可法》知识培训和考试。各级工商行政管理机关认真开展了行政许可事项和行政许可实施主体的“双清”工作，统一企业登记标准、登记程序和登记要求，制作办件流程、注册登记示范样本等84种格式文本，切实规范登记注册工作。

（杨延民）

【开展“建设信用工商”活动】 全市各级工商行政管理机关围绕省局提出的队伍中存在的八个方面突出问题，认真自查自纠，深抓严管，全系统共有11人受到纪律处分，5名股所级以上干部受到了处理，工作作风发生明显变化。全市工商系统还把目标管理、机关建设和基层建设融入到“整建”活动中，出台了《目标考核暂行办法》和《目标考核评比实施细则》。同时，加强工商所规范化建设，对141个工商所进行了全方位的调研，召开了体改后的首次基层建设工作会议，制订了基层工商所建设3年规划，出台了《关于加强基层工商所规范化建设的意见》和《基层工商所规范化建设考核标准》。宝丰局坚持以人为本，实行基层建设“八个一”工程，在推进基层建设上取得了明显成效，被人事部、国家工商总局授予“全国工商行政管理系统先进集体”荣誉称号。

（杨延民）

【3瓶“贵妃红”“撂倒”30人】 5月1日，石龙区王某因女儿出嫁宴请亲朋，30名妇女儿童饮用3瓶“贵妃红葡萄酒”后，集体出现腹痛、呕吐等中毒症状。平顶山市工商局接到报案后，立即组织全市系统对造成30人中毒的吉林省长春昱成果酒厂西华分厂生产的“贵妃红葡萄酒”进行地毯式查剿，并将样品送质检部门化验。市产品质量监督检验所检验结果显示“贵妃红葡萄酒”7项指标5项不合格，属于劣质葡萄酒。5月2日凌晨7时，“贵妃红葡萄酒”销售地宝丰县工商局执法人员根据线索，在宝丰大市场找到了售假者赵某。赵称：“贵妃红葡萄酒”是从郑州华中食品城进的，共20件。平顶山市工商局在郑州市工商局二七分局执法人员的协同下，在华中食品城售假店后的仓库中共查获164件涉嫌伪劣的“贵妃红葡萄酒”。这次行动，平顶山市工商局共查处标注同品牌的“贵妃红葡萄酒”206瓶，过期、涉嫌假劣红葡萄酒

4734 瓶。

(姬廷宣)

【平顶山市首次启用商品公告召回制度】 平顶山市工商局在商品流通领域全面推行商品质量市场准入制度,其中对食品、家电等6大类商品,经检验后确定已对消费者生命、健康和财产产生危害的,实行商品公告召回制度。11月23日,在平顶山市区东环路中段放心粮油店,市工商局向经销叶县遵化店镇张村面粉厂生产的“书山”牌不合格小麦粉的商户送达了《商品召回通知书》。这是市工商局为保护消费者的消费安全,首次启用商品公告召回制度。

相关链接:商品公告召回制度是对已投放市场的商品,如发现其不符合国家标准、行业标准或由于设计、制造存在缺陷或对消费者的人身健康、财产安全构成隐患的,书面告知经营者召回已售出的商品,并向社会公众公布召回商品的有关信息,消费者可持有关凭证,要求经营者退货。

(姬廷宣)

物价管理

【概况】 2004年,受经济快速增长等多方面因素影响,全市居民消费价格全年价格涨幅为5.2%,呈现涨幅偏高的势头。从构成居民消费价格指数8大类商品和服务价格来看,呈现升多跌少的格局,全年食品价格累计上涨12.5%、烟酒及制品价格累计上涨7.7%、医疗保健和个人用品价格累计上涨0.9%、交通和通讯价格累计上涨0.5%、娱乐教育文化用品及服务价格累计上涨0.9%、居住价格累计上涨3.3%,衣着、家庭设备用品及服务价格继续下降,全年累计降幅为0.9%、1.3%。分析价格变动的原因主要有3个突出特点:一是属于恢复性上涨,是自1997年5月至2002年12月67个月下降之后的上涨。二是涨价呈现结构性特点,粮食价格上涨是龙头,带动食品价格全线上涨,仅食品就推动指数上涨3.9个百分点。能源价格紧随其后,持续上涨,建材价格居高不下,而服装鞋帽、家电等日用品和耐用品及服务价格持续在低位徘徊。三是2003年年底、2004年年初涨价对2004年全年的影响所占比重较大。(卢毅民)

2004年各类价格指数(以上年为100)

类　别	2004年
居民消费价格指数	105.3
食品	113.4
其中:粮食	124.5
肉禽及其制品	124.7
蛋类	120.3
水产类	115.8
鲜菜	98.9
烟酒及用品	107.0
衣着	98.7
家庭设备用品及其服务	98.7
医疗保健及个人用品	99.9
交通及通信	99.7
娱乐教育文化用品及服务	101.6
居住	105.8
服务项目	101.6

【加大宏观调控力度】 针对2004年居民消费价格指数持续上涨的情况,市物价部门加大了价格调控力度。一是认真执行国家“两条控制线”政策,从第二季度起,暂停出台政府提价项目。二是拟定了应对大米、面粉销售价格过快上涨的工作预案。三是认真落实省电煤价格干预措施,在一定程度上遏制了电煤价格过快上涨的势头,保证了用电高峰期间的煤炭供应。四是强化了对化肥等农资价格的监管,按照国家部署,及时出台了化肥价格临时干预措施,杜绝了农资价格的过快上涨。五是认真执行价格调节基金政策,全年共征收入库价格调节基金682万元,滚动投放使用1140万元,并结合市场实际情况,将价格调节基金投放重点调整为扶持副食品生产基地建设和受“禽流感”影响较重的禽蛋生产基地等。全年居民消费价格总水平累计上涨5.3%,低于全省平均水平0.2个百分点。

(卢毅民)

【清费治乱工作】 2004年,清费治乱工作主要有:结合《收费许可证》和《执收公务证》的换发,对全市56个部门的500多家收费单位的700多本《收费许可证》和2000本《执收公务证》进行审核和重新登记,澄清了收费项目,对不符合《行政许可法》规定的行政事业性收费予以取缔。重点开展了对行政事业性单位发放相关证照收费、社会反响较大的垄断性行业收费、借助部门职能的社会团体和中介组织收费、向煤炭生产企业收取的行政事业性收费和经营性收费、中小学收费、普通高中"择校生"收费、普通高校收费的清理整顿工作,取消了擅自出台的收费项目。加强了涉及农民负担的收费清理整顿工作,全面清理生猪饲养、屠宰、销售环节的收费。清理取消了针对农民跨地区就业和进城务工歧视性规定和不合理收费。针对"禽流感"疫情对家禽业生产经营造成的影响,及时出台了家禽业免征行政事业性收费和政府性基金政策,免征涉及9个部门共12个收费项目,减轻农户和家禽生产加工企业负担数百万元。对下岗失业职工再就业人员实行减免收费优惠政策。取消或废止工商、税务、城建、卫生防疫等部门收费项目11项,明确免收费用10项,促进了下岗再就业工作。

(卢毅民)

【电价改革】 2004年,市物价局按照全省统一部署,合理调整了电价。一是将城市居民生活用电由每千瓦时0.50调整为0.51元,将农村居民生活用电统一降低为每千瓦时0.51元,实现了城乡同网同价,年可减轻农民用电负担1000余万元。二是落实国家宏观调控政策,将价格政策与产业政策结合起来,对高耗能行业实行差别电价政策。三是重点实施了厂网价格分离,推进了从电网分离出来的直属电厂的竞价上网工作,归并了上网电价,对新投产机组实施了统一的标杆电价。

(卢毅民)

【价格检查】 2004年,市物价局面对市场价格明显上涨的情况,深入开展了价格监督检查工作。开展了农业生产资料(化肥、农用柴油)和涉农收费检查,开展了"五一"、"十一"期间的旅游价格检查,开展了药品和医疗服务价格执行情况的检查,开展了电力价格检查,对全市66个电力经营单位进行了普查,进行了教育收费专项检查。全年全市共查处各类价格违法案件1224起,查出违价金额3385.42万元。实行经济制裁2582.43万元,其中退还消费者1897.39万元,没收违法所得475.16万元,罚款209.88万元。

(卢毅民)

【农业生产资料价格和涉农收费专项调查】 2004年,市物价部门采取下查一级和同级检查相结合的方法,在全市范围内组织开展了农业生产资料和涉农收费专项检查工作。分别对全市化肥、农用柴油、农膜、汽油、尿素、复合肥经销单位的价格执行情况和计划生育、生猪屠宰、文化、工商、土地、农林、农机等涉农收费部门的收费执行情况进行了检查。据统计,共检查310个单位,查处违价和违规收费案件164件,查出违法所得金额162万元,实行经济制裁65.96万元。

(卢毅民)

【药品和医疗服务价格检查】 按照省发改委《全省药品和医疗服务价格重点价差实施方案》要求,5月9日至6月28日,市物价局在全市范围组织开展了药品和医疗服务价格重点检查,对全市531个药品经营和医疗服务单位的价格执行情况进行了检查,共查出违价单位497个,查出违法所得金额178.53万元,实行经济制裁64.79万元,其中退还用户15.80万元,收缴入库48.99万元。

(卢毅民)

【治理教育乱收费专项检查】 按照国家七部委《关于开展全国治理教育乱收费专项检查的通知》的要求,市物价局组织物价检查人员,采取同级检查和下查一级相结合的方法,从10月21日起,对全市791个单位的教育收费情况进行了检查。共查出违规收费单位611个,违规收费金额864.87万元,实行经济制裁261.15万元,收缴入库53.55万元。

(卢毅民)

【价格认证】 依照《河南省赃物、罚没物管理条例》,市物价局继续加强了"公、检、法"部门涉案物品价格鉴证工作。积极开展道路交通事故车辆、物品损失评估工作;积极参与了涉及居民生活必需品、公用事业、住房价格成本审核等工作。全年共出具涉案财务评估鉴证156份,标的金额1000余万元;出具事故车辆评估1000余份,标的金额300余万元;复核结论书12份、金额27万元,准确率达到100%。

(卢毅民)

质量技术监督

【质量监督与管理】 2004年,质量技术监督局组织全系统质检机构进行检验检测结果集中比对试验,引导企业加强内部管理,完善质量控制,全年累计建立完善企业质量档案525家,抽检各类产品6500批次,抽检不合格企业整改率达到100%;帮助企业开展质量体系认证4家、质量体系认可7家、3C认证3家,QC小组成果有9个被评为国优,9个荣获省优一等奖;完成了对已获证的57家老5类食品生产企业和剩余53家正申证食品企业的严格复核复查,新10类食品市场准入工作进展顺利;召开了全市争创名牌优质产品动员大会,分析形势,积极引导,使我市舞钢公司的舞钢牌压力容器用钢板和船用钢板、天鹰集团的平高牌ZF六氟化硫封闭式组合电器、星峰集团的星峰牌普通硅酸盐水泥、市平丰种业有限公司的平丰牌韭菜种子等4家企业的5种产品被评为2004年度“河南省名牌产品”,另有河南飞宇电器有限公司、市瑞兴啤酒有限公司等8家企业的主导产品被评为2004年度“河南省优质产品。”

(谢英杰)

【计量监督管理】 2004年,市质监局按照工作部署,确立10家“计量规范化集贸市场”淘汰木杆秤,计量器具受检率达到90%以上;开展了夏粮、烟叶收购计量执法检查和煤矿在用瓦斯检定仪、报警仪等专项检查,强检领域在用计量器具受检率达92%,定量包装商品抽检合格率达到80%以上;加强了对企业计量行为的监管和服务,对神马橡胶轮胎公司和市检测中心等8家企事业单位的31项标准进行了考核(复查)发证,对全市16家计量器具生产企业进行了专项监督检查;组织全市240名计量检定员参加了全省计量检定员理论考试,为市燃气表、水表检定站及市电力系统新培训计量检定员130余名;全市有3家企业通过了A级计量合格确认,16家企业通过了B级计量合格确认,市区加油站全部通过计量合格确认;认真贯彻国家总局和省局法定计量机构考核规定,6个县级检测中心顺利通过严格考核,取得计量授权证书,规范了法定计量机构的量传工作;向商户发放《河南省计量监督管理条例》、《集贸市场管理办法》15000份,认真组织开展了“5.20”世界计量日宣传活动;定检在用计量器具55300台(件),查处各类计量违法案件130余起。

(谢英杰)

【标准化管理】 全面实施农业标准化工程,积极组织申报鲁山县林丰庄园有限公司风雪桃和汝州良种生猪为第五批全国农业标准化示范项目,郏县红牛和汝州小杂粮作为市级标准化示范项目于11月中旬通过省质监局考核验收,完成了鲁山县银可银杏制品有限公司的市级主导农产品标准体系的申报;市平丰种业有限责任公司被认定为省级无公害韭菜标准化示范基地;汝州市初步具备了《河南省农业标准化示范县考核验收办法(试行)》中规定的基本条件;市区东环路等5家农贸市场被推荐为平顶山市标准化农产品批发市场试点单位。强化标准基础管理,扎实开展企业标准化工作。全年共清理备案的食品企业标准579个(其中在用106个,重新修订、备案82个,停止使用391个),完成了对舞钢市海明集团、宝丰烟草公司化肥厂等4家企业的6个产品的采标确认和采标标志验收,对神马集团实业公司的标准体系建设经过初审和整改,已通过上级专家考核验收;完成了91家企业120个产品标准备案工作,对16家企业的30个食品标签进行了认可;新办理代码证书2250家,变更230家,年检1891家,新增条码系统成员25家,续展26家;汝瓷的原产地域保护工作8月份已经国家质检总局批准发布。

(谢英杰)

【源头打假及专项整治】 2004年,质量技术监督局牢固树立守土有责、执法为民的意识,绘制了“平顶山市质量技术监督系统打假责任制区划图”版面,将全市129个乡(镇)、办事处划分成97个责任区,每个责任区有1名责任领导牵头,2名执法人员具体负责;重新界定了行政案件管辖权,在全市推行执法打假督办函制度、行政案件报告书制度、执法打假记功奖励制度。先后组织开展了煤炭、食品、建材、农资等专项治理和查处工作,全系统共查处各类案件1200余起,立案413起,捣毁各类制假窝点40多个,取缔无证生产小白酒6家,查处无证生产米醋30余家,停产整顿小饮料厂5个,取缔反弹小轧钢、地条钢生产厂5家,结案率99%以上。

(谢英杰)

【特种设备安全监察】 2004年,质量技术监督局坚持安全监察例会制度,签定安全生产责任目标,制定下发特种设备安全检查情况汇总表,并与现场安全检查记录和特种设备安全监察指令书进行“三对照”,不定期抽查,突出了特种设备使用环节的安全监察;认真开展元旦、春节和“3.26”安全日、“五一”、“十一”等安全大检查,加强对人群聚居场所、公共游乐场所、旅游风景点等重要地点特种设备事故隐患的查处，加强对液化石油气充装站(厂)以及使用、运输、贮存、经营危险化学品的易燃易爆化工企业和重特大事故危险源的监控；进一步完善了《平顶山市特种设备事故应急措施和救援预案》，市局特种设备中心数据库实现了与省局在线联网。同时，强化教育培训，强调持证上岗，共举办特种设备安全检查培训班5期，培训考核发证人员达3600多人，定检特种设备2200台，查处整改事故隐患530余条。

（谢英杰）

国土资源管理

【概况】 2004年，市国土资源部门围绕“实施二次创业，打造经济强市”的奋斗目标，全面加强国土资源管理，努力提高资源保障能力。全年上报国务院、省政府审批各类建设用地22个批次，面积532.1361公顷，确保了各类建设的及时、依法用地。切实加强耕地特别是基本农田保护，全市基本农田面积稳定在27.03万公顷以上。土地市场建设全面推进，全市以招标拍卖挂牌方式出让土地14宗，面积575亩，成交额2.1492亿元。矿业权市场不断发展，全市挂牌出让采矿权52个，价款26万元。招标拍卖挂牌出让采矿权的比例达到100%。强化国有土地收益的征收、管理，全市累计实现土地收益3.10434亿元。全面推行执法监察动态巡查责任制，严厉打击各类土地违法行为，全年共查处各类土地违法案件232起，结案84起，结案率36%。矿业秩序整顿成果继续巩固，全局共实测矿井86座，查处超层越界矿井16座，维护了国有大矿的合法权益。为防止偷挖浅部露头煤层的无证矿的抬头和关闭矿井的死灰复燃，全年共巡查矿井326矿次，查处无证矿井53座。2004年全市国土资源系统共接待群众来信来访1204起2320人，结案1132起，结案率93.7%。2004年，国土局被市政府评为“煤矿安全专项治理整顿先进单位”，局信访办被省国土资源厅评为“文明接待室”。

（段 峰）

【保障经济建设用地】 2004年，市国土资源局积极主动地为经济建设提供用地保障。全年共上报省政府、国务院审批各类建设用地22个批次，面积532.1361公顷(其中，农用地173.7369公顷，耕地155.7199公顷)；保证了新城区建设、漯平临高速公路等重点建设项目用地；按时完成了燕山水库、南水北调水利建设项目用地的部分前期工作；继续开展“用地审批质量效率年”活动，认真落实“报件百分制考评”制度，在规定时间内报件一次通过率达到85%以上；加强建设用地批后管理。印发了《平顶山市国土资源局关于加强建设用地批后管理的通知》，在各县(市)区国土资源局开展自查的基础上，对39个批次、4个单选建设用地的批后实施情况进行了检查；开展征用集体土地补偿费用管理使用情况专项检查。检查表明，自1999年1月1日以来，全市经国务院、省政府批准各类建设用地126宗、土地面积1.7419万亩，涉及征地补偿费20641.7111万元，已补偿到位20572.2911万元，通过自查自纠，清欠393.1224万元。

（段 峰）

【耕地保护】 市国土局强力推进“空心村”、砖瓦窑场和工矿弃地整治工作。报请市政府成立了以主管副市长为组长，国土资源、城建、规划等职能部门负责人为成员的“空心村”、砖瓦窑场和工矿弃地整治工作领导小组，印发了《平顶山人民政府关于在全市开展“空心村”、砖瓦窑场和工矿弃地整治工作的暂行意见》。在摸清底数的基础上，结合当地实际，各县(市)区已全部完成编制整治规划。全年全市共投入整治资金500多万元，整治土地380公顷，新增耕地300公顷。汝州市王寨乡温庄村迁村腾地，退宅还田，将原村迁到附近的虎狼爬岭，共整理面积311亩，净增耕地257亩；郏县对广天乡板厂村农村闲散地进行复垦，增加耕地60多亩；鲁山县对工矿废弃地进行复垦，新增耕地50余亩。建立完善市级土地整理开发复垦项目库，掌握了2万余亩耕地后备资源情况，拟建库37个项目，土地面积540公顷。同时，申报国家级土地整理项目4个，省级土地整理项目1个。严格落实耕地占补平衡制度，加大耕地补充力度，核征耕地开垦费50.2万元；全年共办理农用地转用3宗，占用耕地75.2176公顷，补充耕地76.663公顷，实现了耕地占补平衡有余。

（段 峰）

【国土资源市场建设】 进一步健全市场机制，规范了《国有土地使用权转让租赁抵押程序》；认真贯彻落实《招标拍卖挂牌出让国有土地使用权规定》，大力推进土地收购储备制度、土地使用权招标拍卖挂牌出让制度。2004年,全市以招标拍卖挂牌方式出让土地14宗,面积575亩,成交额2.1492亿元(其中:市区招标拍卖挂牌出让国有土地10宗,面积178.68亩,总成交额1.35亿元)。同时,不断强化国有土地收益的征收、管理,全市累计实现土地总收益3.10434亿元(其中市区土地总收益2.58582亿元。包括:土地出让金2.4215亿元,土地收益253.4万元,契税599.7万元,罚款222万元,行政事业性收费568.1万元)。在矿业权市场建设方面,对采矿许可证到期后需要延期的矿山企业全部有偿出让;对符合招拍挂条件的矿区矿种全部采取招拍挂方式出让采矿权。

(段　峰)

【矿政管理】 切实加大地质勘查秩序整顿力度,2004年,市国土局共检查勘查项目55个,县级国土资源部门实地检查率达40%,超过省厅规定10个百分点,市级实地检查率达18.2%,超过省厅规定3.2个百分点,全市探矿证、勘查资质证的持证率达100%。严把勘查许可证市级会审关,共完成30个勘查许可证会审,避免了20个矿权的重叠交叉。向省厅上报勘查项目11个,省厅批准立项9个,争取勘查资金1000多万元。严格采矿权审批、审核(上报)资料程序,全年共报送省厅审核上报资料的矿山企业402家(其中换证305家,延期采矿许可证5家,变更矿区范围2家),采矿持证率国有矿山企业达到100%,其它经济类型的矿山企业达到96%。加强矿产资源开发监督管理,认真开展矿山企业年度报告审查,实地审查抽查率达35%。加强矿山企业督察,共督察矿山企业123家。小煤矿专项整顿复查验收认定工作全面完成,上报省厅认定(换证)395个,认定(换证)率为98%,依法督促采矿权人预交采矿权出让金9000多万元。严格地质灾害危险性评估制度,实现了由单一的建设用地地质灾害危险性评估到全方位评估的转变。矿山生态环境恢复治理取得新突破,完成了平煤集团公司29座矸石山地质环境治理等项目的立项、申报工作,申请经费6000多万元。加强地热、矿泉水资源管理,完成了对辖区内原有地热、矿泉水生产企业的注册登记申报工作。加强矿产资源补偿费征收入库。市本级全年共征收补偿费1580万元,追缴1060万元;各县(市)区入库矿产资源补偿费497万元,全市共入库2153万元,占省定入库目标1100万元的195.7%。(段　峰)

【土地市场治理整顿】 根据国务院办公厅"关于深入开展土地市场治理整顿严格土地管理的紧急通知"精神,市治理整顿工作领导小组印发了《平顶山市深入开展土地市场治理整顿方案》,切实抓好土地占用和审批、基本农田保护及耕地占补平衡工作、新增建设用地土地有偿使用费管理和使用情况等六项专项检查。同时,完成了54宗土地遗留问题的处理。全面推行执法监察动态巡查责任制,不断强化"预防为主,事前防范与事后查处相结合"的工作机制,严厉打击各类土地违法行为,全年共查处各类土地违法案件232起,结案84起,结案率36%。

(段　峰)

【地籍管理】 依法开展土地产权登记工作,市本级完成国有土地使用权登记发证540宗。稳步推进城镇住房用地登记发证和集体土地所有权登记发证工作,全市城镇住房用地登记发证62984户,集体土地所有权登记发证2234宗。切实做好中国建行平顶山分行、市食品总公司等企业改制前的地籍调查和土地变更登记工作。继续推进地籍信息系统建设,在市区1:1万土地利用现状图件数据库建设通过省级验收的基础上,汝州市、舞钢市、郏县和宝丰县分别开展了建库工作,其中汝州市建库工作已通过省厅验收。

(段　峰)

【测绘管理】 加强地图市场日常监督管理,地图宣传品检查取得成效,依法没收有问题的地球仪100余个、不合格地图300余张。"数字平顶山"地理空间框架建设取得新进展,2003年该项工作开始启动,省测绘局为"数字平顶山"建设投入资金1196万元。在省局领导的大力支持下,于2003年8月根据市政府文件精神,成立了"平顶山市地理空间信息协调委员会",并向市政府提交《关于数字平顶山地理空间基础设施建设配套资金的请示》。同时组织人员开始编制完成了《数字平顶山空间基础设施建设项目总体方案》,并报送市政府。2004年该项目方案通过专家论证。7月28日,市政府第5次党务会议同意建设该项目,项目总投资3572.59万元。目前,首期建设资金400万元已经到位,将开始建设全市GPS—D级控制网点、市规划建成区航测地形图、构建地理信息中心基础设施等三项。"数字平顶山"空间数据基础设施建设项目完成后,对推进平顶山经济和社会实现跨越式发展有着十分重要且深远的意义。

(段　峰)

安全生产管理

【概况】 2004年,市安全生产监督管理局认真贯彻《安全生产法》,紧紧围绕"实施二次创业,打造经济强市"的宏伟目标,强化监管、深化整治,全年共发生各类事故2630起,与2003年相比下降12.6%。死亡312人,与2003年相比上升2.19%,超出省定指标21人,高于控制指标7.2个百分点。其中:道路交通事故1461起,死亡234人;火灾1150起,无人员死亡;工矿企业事故19起,死亡78人。万人死亡率0.64,超出省定控制指标0.04,亿元产值死亡率0.66,低于省定控制指标0.23,煤矿百万吨死亡率2.4,低于省定控制指标0.8。

(贾汉江)

【职业安全健康协会成立】 2004年10月10日,平顶山市职业安全健康协会正式成立。平顶山市职业安全健康协会第一次代表大会通过:孙同庆(人大副主任)、郑茂杰(副市长)、宋景峰(政协副主席)等为名誉会长。选举市安全生产监督管理局局长王喜成为会长。选举刘学范等18人为副会长,刘学范兼任秘书长。平顶山市职业安全健康协会以服务为宗旨,按照国家的安全生产方针政策,指导安全生产、职业健康、劳动保护工作,维护生产经营单位、广大会员和职工的合法权益。为安全生产、职业健康和劳动保护服务,为社会服务,为政府安全研究、安全决策服务,促进全市职业安全健康工作的发展。

(贾汉江)

【危险化学品专项整治】 3月份对全市各类危险化学品从业单位进行了抽查,并会同交通部门对全市的危运车队进行了评估验收,对查出的事故隐患提出了整改意见,并督促全市运行的236辆危运车辆安装了GPS定位系统。5月份配合省安监局参加了全省氯碱企业、乙炔行业的互检,找出了被检单位存在的安全隐患,明确了重大危险源。在危险化学品安全评价方面,全年共评价加油站311家,其中165家已在省局办理了甲种经营许可证。对76家从事化学品乙种经营单位进行了评价,并发放了危险化学品临时经营许可证。

(贾汉江)

【汝州煤矿安全整治】 为遏制汝州市煤矿事故多发势头,平顶山市集中6个煤矿稽查组,于4月份对汝州市煤矿进行了为期一周的集中检查整治,共检查各类矿井68座(入井检查21座,地面检查47座),下发监察通知书20份,整改指令16份,强制措施决定书2份,查处各类事故隐患184条。

(贾汉江)

【非煤矿山专项整治】 3月、6月份市安全生产管理局组织了两次尾矿库专项安全检查,共查出各类事故隐患860余条,下达整改指令书260份,下发强制决定书60份,隐患整改率达95%以上;11月份组织开展了全市非煤矿山安全生产大检查活动,共检查非煤矿山企业350家,查出事故隐患586条,现场整改136条,下发整改指令书102份,仍有348条正在整改中。下发强制指令书21份,限期整改19条,停产整顿79家,消除了一批事故隐患。

(贾汉江)

【华建敏来平视察安全生产】 3月26日,国务委员兼国务院秘书长、国务院安全生产委员会副主任华建敏和国家安全生产监督管理局局长王显政,在省委书记李克强、副省长史济春等陪同下,在平顶山市视察煤矿安全生产工作。华建敏、李克强先后到卫东区的金牛山煤矿和平煤集团一矿对煤矿安全生产工作进行了实地察看。并听取了市委、市政府和平煤集团关于安全生产的工作汇报。华建敏强调,一要认真贯彻落实全国安全生产工作会议精神,从科学发展观的高度来加深对安全生产工作的认识。二要落实好安全生产控制指标体系,强化各级安全生产的责任制。三要搞好安全生产质量标准化活动,发挥企业安全生产的责任主体作用。四要继续深化安全生产的专项整治,解决好安全生产中的薄弱环节和突出问题。五要依法强化安全监管和监督执法工作,严格源头管理,把好市场准入关口。要全面推广平顶山市石龙区对小煤矿实行"四委派"的经验,既加强对小煤矿的安全监管,又切实帮助小煤矿解决安全管理中存在的实际问题,不断提升小煤矿的安全管理水平。六要继续完善安全生产的监管体系,搞好应急救援的体系建设。

(姬廷宣)

【鲁山县11·11特大瓦斯爆炸事故】 2004年11月11日12时20分,地处平顶山市鲁山县梁洼镇的新生煤矿南店矿区发生特大瓦斯爆炸事故,造成33人遇难,

6人受伤。事故的直接原因是该矿通风井出煤造成矿井风流短路,通风不稳定;井下多头掘进出煤,串联通风,局部形成循环风,造成瓦斯爆炸,是一起无证非法开采造成的特别重大责任事故。

(姬廷宣)

食品药品监督

【药品市场整顿和打假】　2004年,市药监局先后组织开展了"打击制售假劣藏药专项检查"、"医疗器械专项检查"、"诊所用药专项检查"、"疫苗经营专项检查"、"中药饮片专项检查"等活动。全年共立案1984起,结案1758起,其中涉及假劣药品案件1012起,涉案金额32.22万元,没收药品价值10.5万元,罚没款执行到位115万元。全年共完成快检初筛4653批次,其中快检不合格1360批次,不合格率29.2%;经市药检所检验不合格1124批次,快检不合格率82.6%。

(李大超)

【农村药品"两网"建设】　2004年,市药监局按照省药监局关于加快农村药品供应网络、监管网络建设的有关精神,坚持"合理布局,方便群众购药"的原则,按计划分步实施,总量控制,适度发展,鼓励发展连锁,鼓励在偏远农村设立OTC药品专柜。全市455家药品零售店中,分布在乡镇及乡镇以下的为251家。全市农村3000人以上的96个行政村中,53个已设立药店,覆盖率达55.2%,并已达到所有县(市)全部实现药品连锁配送到乡。

(李大超)

【执(从)业药师考试培训】　2004年,市药监局对执业药师、从业药师培训考试工作高度重视,共投入6万余元资金购置培训器材,改善培训条件。市药监局连续3年在本市举办了执(从)业药师考前培训,1000余人参加了培训。截止2004年底,全市共有执业药师261名,从业药师309名。

(李大超)

【市食品药品安全委员会】　2004年6月5日,平顶山市人民政府印发了《平顶山市人民政府关于加强食品药品安全工作的意见》,成立市食品药品安全委员会。委员会下设办公室,市食品药品安全委员会办公室设在市食品药品监督管理局。其主要任务是:加强对食品药品安全工作的领导,指导协调、统一部署全市食品药品安全工作,提出全市食品药品安全工作的重大举措,分析全市食品药品安全形势,及时解决食品药品安全工作中的重大问题。

(李大超)

【劣质奶粉和饮料专项治理】　2004年,阜阳市劣质奶粉案件曝光之后,市食品药品安全委员会协调各成员单位,迅速在全市开展了劣质奶粉和饮料专项整治工作。共出动执法人员6473人次,出动执法车辆1138台次,检查乳制品生产企业4家,检查商场、超市1009家,经销户10503户,宾馆7家,查扣涉嫌劣质奶粉293个品种365个批次5479袋,查扣劣质奶粉饮料313个品种442个批次83098瓶(袋);其中检查经营户4410户,查扣奶粉2003袋、查扣饮料27717瓶(袋);检查社区经营户852户,查扣奶粉355袋、饮料3383瓶(袋);检查社区经营部1496户,查扣奶粉1271袋,查扣饮料13284瓶(袋)。

(李大超)

【学校周边饮食安全专项整治】　2004年,针对当前学校周边食品摊点混乱、学生饮食安全存在隐患等突出问题,市食品药品安全委员会组织市教育局、市药监局、市工商局、市质监局、市卫生局五部门,于9月1日至10月20日,在全市范围内开展了学校周边饮食安全专项整治工作。整治重点一是食品生产企业、摊点(门店)和餐饮企业的证照是否齐全;二是有无"三无"(无厂名、厂址、生产日期)食品,米面制品、奶制品、豆制品、膨化食品和饮料是否安全;三是食品生产经营企业、摊点(门店)和餐饮企业的卫生是否合格。专项整治期间,共出动执法人员5836人次,出动车辆812台次,检查商户2194家,学校集体食堂417家,查处取缔无证经营商户86家,清除游动食品商贩21个,查处假冒伪劣小食品3万余袋,饮料6000余瓶,"三无"食品近2500余袋。

(李大超)

【即食食品专项整治】　2004年,市食品药品安全委员会组织各成员单位结合全市即食食品安全现状,市食品药品安全委员会制定印发了《平顶山市即食食品专项整治工作方案》,整治工作以月饼、熟肉制品、豆制品、小食品、速食食品、水果、罐头、面食、糕点、酒类等为重点品种；以食品生产企业、各类食品批发市场、农贸市场、超市（商店）、饮食摊点等为重点区域，重点加强对食品批发市场、学校周边、旅游景点、车站、农村及城乡结合部的整治力度；以即食食品生产经营资格，即食食品是否安全、卫生，是否有假冒伪劣食品，索证索票等质量查验追踪制度的执行情况等为重点内容。共出动执法人员 2637 人次，执法车辆 646 台次，检查加工企业 196 个，各类市场 4852 个，立案查处违法案件 13 起，依法查处各种伪劣过期即食食品 530 多公斤，伪劣饮料 12000 瓶（袋），依法取缔无证生产、经营户 13 个，捣毁制假窝点 10 个。

（李大超）

【GMP 认证工作】 GMP 认证是药监部门对药品生产企业组织实施的一种权威认证，只有符合《药品生产质量管理规范》的生产企业，才能发给 GMP 认证证书。根据新《药品管理法实施条例》，到 2004 年 6 月 30 日，所有药品生产企业都必须通过 GMP 认证，未通过该认证的制药企业将一律停止其生产资格。平顶山市共有 6 家药品生产企业，已于 2004 年 6 月 30 日以前全部通过 GMP 认证。

（姬廷宣）

【GSP 认证工作】 2004 年，市药监局在各县（市）区开始 GSP 药品经营质量管理规范认证工作。全市范围内符合认证的单位分别有 7 家药品批发法人企业、7 家批发配送企业、7 家药品连锁企业（含门店 361 个）、8 家单体药店年底全部通过了国家级 GSP 认证员组成的省 GSP 认证组的现场检查认证，这标志着本市的 29 家药品经营企业全部取得药品经营资格。

相关链接：药店售处方药必须保存处方

据了解，根据 GSP 管理模式和《药品管理法》的规定，市民到药店购买处方药，必须持有国家承认的有处方权的医生开具的处方才能购买处方药；药店必须保存出售处方药以后的处方。但据了解，购药者大多不愿将处方留在药店。因此，药店为了对患者的安全负责，将要求购买处方药的顾客留下处方。

假药无处藏身，一旦发现将一查到底

另据介绍，药品经营企业实施 GSP 管理模式后，将使药品的使用更规范，会让假药无处藏身，一旦发现将追踪调查一查到底。所有药品的生产、运输、储存、保养、批发、零售、售后服务等环节将被严格限制，资格准入、经营程序等都被制度化，假药不会轻易进入合法渠道。同时，全市的药监部门将加大对合法企业的监督力度，在日常检查和巡查中，一旦发现某药店经营假药，将会严厉查处。通过认证的药店将统一按照 GSP 认证后的管理模式进行规范经营，给全市百姓提供一个安全有效的用药环境，也使群众用药有一个质量保证。

（姬廷宣）

盐业管理

【概况】 2004 年，全市盐业工作紧紧围绕“增强三种意识，克服三种习气，巩固一个成果，突出两个重点，搞好三个创新，确保四个提高的工作思路和强局增收的奋斗目标”，提高计划盐市场占有率，全市完成省产盐购进 26860 吨；销售 27360 吨；回收盐款占应收款的 100%。全市制盐企业完成制盐产品 73.30 万吨，利税 6082 万元。市盐业管理局先后获得“全国食盐市场管理先进单位”，“省级文明单位”等荣誉称号。

（王甲贤）

【省产盐源头管理】 2004 年，市盐业管理局为搞好省产盐源头管理，年初成立了市政稽查机动中队，并会同各县（市）分局稽查中队连续 2 次排查市场，拔掉钉子户 3 个，没收盐产品 10.5 吨。实行市局领导查岗制度、稽查大队班子成员轮流值班制度、调整充实驻制盐企业人员，变一人单岗为两人双岗，明确责任，实行班长负责制。对卤水井站继续实行“四统一”管理办法。

（王甲贤）

【盐政宣传稽查】 加大《行政许可法》、盐业法规的宣传力度，利用“5.18 全国第十个防治碘缺乏病宣传日”，举办了大型法规暨防治碘缺乏病宣传咨询活动。同时市盐业管理局与公安、工商、卫生、新闻、技术监督等部门密切合作，协同办案，全年全市共查处盐业案件 278 起，端掉制假窝点 5 个，查获私盐 60.61 吨。

（王甲贤）

【食盐专营】 2004 年，全行业严格按照盐业法规办事，承担的省局小袋碘盐配送试点任务全面完成。继续施行以三级批发为基础，以村零售环节为重点，县（市）、乡（镇）、村三级营销网络模式，加强网络建设，实现碘盐销售网络化、市场管理规范化、督促检查经常化、营销结合一体化的要求。市盐业管理局进一步修订完善了《目标管理考核办法》,对计划购进、食盐销售、盐款结算等几项主要指标进一步量化、细化,并不断加大考核工作力度,继续施行“月发通报、季度考核、半年初评、年终总评、集中表彰”的做法,严罚重奖。抓好食盐定点生产企业管理,严格按计划均衡组织生产。

(王甲贤)

鲜为人知的感冒新途径

传统观念认为,感冒是因为气候变化,身体受凉,过度劳累或者通过呼吸道感染流感病毒等因素所致。近年来,国外科学家经临床观察,又发现了5种感冒的新途径:

“摸”出来的感冒　医学研究显示,通过手的触摸最容易传染感冒。英国的研究人员让20名健康试验者到感冒病人房间住上3天,由于他们保持了正常活动、营养和清洁,都没有传染上感冒,因为感冒病人喷出来的飞沫中,仅有8%是带有流感病毒的。

流感病毒普遍存在于感冒患者鼻腔的鼻涕里,鼻腔的温度、湿度最适宜流感病毒的繁殖,并且都是从这里向外传播。流感病毒能在手帕上存活1小时,在手上存活70小时。感冒患者擤鼻涕或掏鼻孔时将病毒粘到手上,再通过手把病毒转移到所接触的地方。如门把手、电话机、桌椅等处,健康人接触污染了流感病毒的手或物品,再摸自己的眼睛、鼻子就会感染上感冒。因此,防止感冒最有效的方法是不和感冒病人握手或握手后立即洗手。

“坐”出来的感冒　美国加利福尼亚大学格林韦博士经大量的临床观察发现,活动少的人,患感冒的机会比活动正常的人要高2~3倍。菲律宾某小岛唯一的电视塔因遭遇台风倒了以后,孩子们又蹦蹦跳跳地回到大自然,该岛各医院儿童感冒的就诊率大幅度下降。

“愁”出来的感冒　情绪与免疫机能是一对“孪生兄弟”。经常发愁的人容易引起免疫功能下降,据格林韦博士统计,经常发愁的人,患病毒性上呼吸道感染是正常人的3~5倍。英国感冒研究小组的学者,为健康的自愿受试者做了心理方面的测试,把受试者的心理压力分成等级,然后让他们感染感冒病毒。结果,受心理压力大的一组及性格内向的一组,要比受心理压力小的一组及性格外向的一组感冒病症状更严重。

“吃”出来的感冒　德国克兰霍弗教授研究表明,感冒与饮食关系密切,一些感冒是由于饮食不当而引起的。诸如过多地食用肉类、乳制品等,可降低体内免疫细胞的抗病毒能力,引起感冒;过多地摄入高盐食物,可导致唾液分泌减少,使口腔及鼻腔黏膜水肿、充血、病原微生物增多,容易引起上呼吸道感染,最终导致感冒;食用过多的高糖食物,可消耗体内水分和营养物质,引起口干舌燥,使机体免疫力降低,进而容易诱发感冒。

药物引起的“感冒”　临床观察发现,有许多药物,人使用后会出现寒战、发热、头痛、鼻塞流涕、四肢酸痛等类似感冒的症状。如果没有及时识别这些“感冒”的庐山真面目,而一味地服用抗感冒药物,将徒劳无功。

(《广州日报》11.10　易善永文)

科　学

综　述

【概况】 2004年,科技工作以"实施二次创业,打造经济强市"为目标,积极推进"科教兴平"战略,为全市经济发展和社会进步提供科技支撑。

全市拥有各类专业技术人员6.6万人。组织实施科技项目102项,其中省级科技计划项目21项。申请专利150项,审批119项,获市级以上科技成果奖177项,其中省级科技进步奖13项。全市共认定技术合同646件,技术合同交易额1300万元。全市高新技术总产值达50.4亿元,工业增加值达10.8亿元,出口创汇达104.8万美元,利税总额达6.58亿元。加强科技创新和科技攻关能力,产业结构得到进一步优化。工业方面,组织实施了苯部分加氢制环已烯催化剂的开发与利用、GM4G－126型户外高压隔离开关、新型模具钢开发、D5ZBO－225/120A型电动机全数字化综合保护器及远程控制系统开发研究、粉煤灰在高强度混凝土轨枕中的应用研究等重点攻关项目,一批具有市场竞争力的新产品研制成功并实现产业化;农业方面,组织实施了太空韭菜新品种的培育及产业化开发、郏县红牛的保种选育、脱毒红薯的示范推广、鲁山食用菌白灵菇的栽培技术、优质强筋小麦新品种的培育及产业化示范、高产奶牛综合配套生产技术研究与应用等重点项目,其中:市农科所承担的优质强筋小麦新品种的培育及产业化示范,已培育出优质、高产新品系平麦998,平均亩产485公斤左右;"平丰"牌韭菜种子成为河南省唯一的蔬菜种子河南省名牌农产品;市畜牧局承担的高产奶牛综合配套生产技术研究与应用攻关项目,大力推广奶牛高产技术,使每头奶牛年均产奶达7吨左右。这些项目已成为平顶山市农村经济的产业支柱。2004年,平顶山市科技局被评为全市纳税人满意的优质服务单位。

(李留长)

【高新技术企业】 2004年,平顶山市共有高新技术企业34家。其中,工业总产值超过千万元的有21家,超亿元的8家。中国神马集团66盐有限公司、平顶山天鹰集团有限责任公司的工业产值均超过12亿元。全年共向省科技厅推荐6家企业申报省级高新技术企业。其中,舞钢市海明科技有限公司等5家企业被批准为省级高新技术企业。

(李留长)

【高新技术产品】 2004年,全市共有高新技术产品83项。其中,鲁山方圆炭素材料有限公司的微孔自焙炭砖、河南畅神制药有限公司的"养肾酒剂"等5家企业的产品被批准为省级高新技术产品。优化科技资源配置,继续在光机电一体化、新材料、生物医药及环保等领域重点发展。光机电一体化产品主要有110KV六氟化硫断路器、电收尘器、全封闭组合电器、全自动包装机械、IC卡智能燃气表等;在新材料产业方面形成以神马集团、舞阳钢铁公司等国有大中型企业为骨干的新材料产业;生物医药产业方面新开发出氨基酸系列、生物活性肽、银杏叶提取物等制品。

(李留长)

【申报企业创新基金】 2004年,在争取中小企业创新基金方面,市科技局对申请成功的平顶山祥瑞电力电器有限公司的"WZXK－J(C)自动跟踪补偿消弧装置"项目给予管理和支持,以确保该项目的顺利实施。推荐平顶山四而数码科技有限责任公司的"WWE开放自助式集群教育网站软件系统"、河南飞宇电气有限公司的"FTR－Ⅳ型IC卡免维护智能燃气表"、平顶山市天辰计算机技术开发有限公司的"微孔炭块"、平顶山鑫聚芦荟科技开发有限公司的"芦荟种植加工"5家企业的5个项目申报国家科技型中小企业技术创新基金。

(李留长)

【粉煤灰综合利用】 2004年,以粉煤灰综合加工利用技术为代表,通过利用高新技术处理和利用固体废弃物以减少对环境的破坏。已建成以河南恒通源新型墙体材料股份有限公司为代表的龙头企业7家,中小型企业20余家,产品涉及建材、耐火材料、肥料、道路建设等多个领域。其中,舞钢市海明科技有限公司投资800万元兴建的"木质素磺酸钠"项目,从造纸企业排放的黑液中提取出木质素磺酸钠,实现了减少污染和增加效益双丰收。

(李留长)

【科技兴农】 2004年,市科技局组织实施一批农业科技项目,列入市科技计划项目31项,争取资金118万元;列入省级农村科技计划项目7项,其中星火项目1项、攻关项目6项,争取经费27万元;组织申报河南省科技成果转化资金项目,获得省厅15万元经费。全市有9个省级科技示范乡镇,农民人均纯收入比上年增长11%,完成示范项目13个,完成培训任务10000余人次,带动周边地区形成蔬菜、养殖、果树等各具特色的支柱产业。

(李留长)

【科技成果】 2004年,组织申报省级科技进步奖24项,有13项获奖,其中,二等奖5项,三等奖8项;市级科技进步奖163项,一等奖48项,二等奖95项,三等奖20项。其中:舞阳钢铁有限公司的宽厚板轧机ACC系统的研制与开发,在国内首次将高密度管层流控冷却技术应用于中厚钢板生产上,实现"西气东输"直缝埋弧管用X70级针状铁素体钢板的国产化,并获中国钢铁工业协会冶金科学技术二等奖。实现年新增产值1.1283亿元,利税4814万元的经济效益,为国家节约外汇近1000万美元;鲁山县袋装黑木耳科技推广示范基地豫鲁一号品种选育及吊排栽培技术开发项目,经河南省科技成果鉴定,达到同类技术研究的国内先进水平。该项目荣获省科技进步三等奖和市科技进步二等奖;由市第二人民医院和北京阜外心血管病医院共同完成的高同型半氨酸血压与心脑血管疾病的关系及其干预治疗研究,获省科技进步二等奖,为心脑血管病的防治做出重大贡献。

(李留长)

【科普宣传】 2004年,市科技局联合市委宣传部、市科协集中开展了"科技以人为本,全面建设小康"为主题,科技、卫生、法律相配合的科技活动周;与宣传部、团市委等单位联合组织了"情系乡亲青年助农科普宣传周"活动,鲁山县张店乡被确定为第四批河南省科普示范点。全市全年共举办各类培训班344期,培训45660人次,编印教材、培训资料50000余份,制作光盘493张,投入培训经费69万元。

(李留长)

【科技合作】 2004年,围绕平顶山市工农业重点项目和产业结构调整,多次邀请德国、法国、荷兰、日本等国专家,来平顶山市进行技术合作交流,合作领域涉及化工、纺织、机械、煤炭、高压开关制造和畜牧养殖业,解决了一些关键技术难题并取得较好的经济效益。全年申报省级国际合作项目5项。此外,组织4家企业参加在郑州举行的"中德中小企业项目对接洽谈会",鲁山县绿源辛荑开发有限公司与德国一家公司建立联系,德国公司帮助该企业在德国寻找对应领域的提取技术的直接拥有者;韭菜种植和粉煤灰综合利用两项优势技术,也被推荐到吉尔吉斯斯坦河南省科技产业园;选送2个单位参加省科技厅组织的"河南省新西兰红梨推广范园"的招标活动;向科技部推选5名高级科研及管理人员作为全国国际科技合作项目评价专家的候选人。

(李留长)

【宣传知识产权】 2004年,组织全市各企业200多名青年干部进行为期3个月的知识产权基础知识培训,并邀请国家知识产权局副局长田力普做了高层报告会。联合市整规办、公安局、工商局等8个单位开展以"尊重知识产权、维护市场秩序"为主题的宣传活动,活动期间发放宣传资料4000余份,发送"保护知识产权周系列挂图"100余张,制作宣传板100余个,接待群众咨询600多人次。

(李留长)

【专利管理与执法】 2004年,市科技局联合相关部门对全市9家商场、超市进行执法检查,对上柜销售的涉及专利、商标等知识产权的商品,是否存在假冒等违法行为进行检查,对1200多种食品中有专利标记的300多种产品进行登记、检查。组织了20个专利发明人,38项专利技术参加中国温州科技成果交易会和汉正街民间资本投资洽谈会,结合技术市场搭建网络平台,把专利技术在平顶山技术市场网站上发布。

(李留长)

【地震科研】 2004年,市地震局针对平顶山矿区小震活动频率较高所写的研究报告,其中有关"煤矿地震"的提法,首次被省地震局专家认可采用。平顶山地震台测震速报、形变监测资料在全省评比中获优秀,汝州水氡监测资料、年度会商报告获优秀。

(李留长)

【建设工程的抗震设防】 2004年,市地震局对在建工程进一步加强执法检查,先后对建设单位下达了50余份整改通知书。与上级地震部门配合,完成平临高速公路、燕山水库大坝、平顶山电厂二期场址、首山煤矿、鲁山汇源氯碱、汝州电厂、姚电二期扩建等重要建设工程的地震安全性评价工作。全年办理建筑工程抗震设防手续54项。完成省地震局下达给平顶山市的收集地震应急数据的任务。

(李留长)

科学普及

【市科协三届七次全委会议】 2004年3月18日,市科协召开三届七次全委会议,会议审议通过了市科协主席冯中南作的《围绕中心服务大局努力开创科协工作新局面》工作报告。并向2003年度在科协工作中获得省级以上奖励的3个先进单位和7个先进个人颁了奖。

(倪振国)

【省科协2004年学会工作会议在平顶山召开】 2004年3月22日,省科协2004年学会工作会议在平顶山召开。中国工程院院士张铁岗、省科协副主席徐济超、市委副书记赵琛等140多人出席了会议。会议主要内容是:各级科协要以发展为主题,以创新为手段,以专业技术人员为依托,结合全省改革开放、经济调整的大局研究科技发展,探讨学会改革,提升管理水平。要加强对学会工作的领导,做到发展有思路,工作有措施,服务要到位,为学会工作创造良好条件。

(倪振国)

【组织开展全国科普日活动】 2004年6月27日,市科协与新华区政府联合组织有关全市性学会、企业科协和市3个区科协围绕全国科普日主题:"科学普及——你我共同参与",在建设路中段举办大型科普展览和科普文艺展演活动。活动期间,共组织科普演出12场,制作展出科普展版、挂图119张,发放科普宣传资料15.6万份,举办科普知识竞赛20场、科普报告会50场次。市科协被中国科协评为"全国科普日活动先进单位"。

(倪振国)

【经济建设服务显成效】 2004年,市科协积极为科技成果转化和挖掘科技人员潜力牵线搭桥。全年组织签订实施技术服务、技术转让、技术咨询1477项,使企业的经济效益得到明显的提高。组织学会与企业开展合作,"厂会协作行动"取得新进展。全年组织签订协作项目8个,开展技术咨询和服务32项,有3个项目获市科技进步奖。

(倪振国)

【科技下乡】 市科协积极为农村科普示范基地提供技术支撑,培训农村党员干部,促进全市农村产业结构调整。全市各级科协及学会共组织科技下乡134次,举办实用技术培训班201期、科普报告369场(次)、科普展览38次,发放科技资料28.6万份,开展技术咨询277次,参加活动的科技人员1448人次。

(倪振国)

【开展学术交流活动】 2004年,全市共举办学术交流和研讨活动68场次,参加活动的科技工作者达6000多人次,交流学术论文、创新成果报告710篇,其中在省以上学术会议和刊物上交流发表210篇,编印学术期刊和科技专著8种,印发1.2万册。组织参加国外学术交流32人次,邀请著名专家学者来平讲学、学术交流12人次,举办专题学术报告会25场。组织100余名科技工作者分别参加了中国科协学术年会、河南省第四届青年学术年会和相关学术会议。

(倪振国)

【科技及科普评奖】 市科协与市委组织部、市人事局共同组织开展了平顶山市第四届青年科技奖评选工作,有80名优秀青年科技专家、19名优秀青年科技工作者获奖。有2名同志分别荣获"全国优秀科技工作者"和"全国煤炭系统青年科技奖"荣誉称号。新华区被中国科协、中央文明办命名为全国科普示范城区,汝州市等5个县(市)区被命名为河南省科普示范县。

(倪振国)

【青少年科技活动】 2004年,市科协组织开展了市第十七届青少年科技创新大赛,有200多所中小学近16万名师生参加了活动,初选报送参加市级竞赛作品1560件,有150项小发明、小制作、小论文、科技实践活动和科幻画作品获一等奖,230件作品获二等奖,300件作品获三等奖,评选表彰了8个优秀科技实践活动项目,180名优秀科技辅导员。在参加省十八届、全国十九届青少年科技创新大赛中,平顶山市有12项作品获省一等奖,52个作品获二、三等奖,其中新华区实验小学谢天慈同学的小发明《遥控电子秒表》项目获全国大赛科技创新成果一等奖,体育路小学、联盟路小学、平马路小学的两项科技实践活动、两个科幻画作品等4个项目或作品获全国大赛二、三等奖,总成绩列全省第二,市科协获省、全国青少年科技创新活动优秀组织奖。

(倪振国)

社会科学

【"三农"征文活动】 2004年,市社科联在全市开展关于"三农"的征文活动,共有50多篇作品入选参评。评出一等奖10名,二等奖20名,三等奖30名。在省社科联举办的"三农"征文活动中,平顶山市作者蒋克勤、余行健的《我市畜牧业发展面临的问题与对策》、蒋三熠的《推进农村基层民主进程 拓宽群众利益表达渠道》、王凤芹的《认真解读中央一号文件深刻领会促进农民增收的意义》、程琴的《解决"三农"问题的关键是增加农民收入》、王青的《浅谈农民增收的影响因素与有效途径》、张瑞民的《关于我市农村剩余劳动力出路问题的调研报告》等23篇文章在全省获得一、二等奖。 (李 岩)

【"墨学与现代社会"国际学术研讨会】 市社科联与省墨子学会策划,于2004年8月在墨子故里鲁山县成功举办了"墨学与现代社会"国际学术研讨会,来自国内及日本、韩国、美国等国家和地区70多名专家、教授参加了会议,专题探讨墨子这位中国古代先哲的学术思想及其对现代社会发展的作用。

(李 岩)

【专家学者对韩魏长城进行考察】 2004年,市社科联组织省内外数10位专家学者对平顶山市境内的韩魏长城进行了缜密地实地考察。更进一步肯定了"韩魏古长城是中国最早的长城"的科学论断。专家学者又针对考察的使用价值提出建议,希望政府把考察、研究、保护和开发楚长城遗址,尽早列入平顶山市经济和文化建设的重要项目。

(李 岩)

【孝道文化征文与研讨会】 2004年,市社科联与炎黄文化研究会一起组织了孝道文化征文与研讨会。共收到征文200多篇,评出一等奖10名,二等奖20名,三等奖30名。后又组织社科专家和部分获奖作者举行了研讨会,此活动通过《平顶山日报》、电台、电视台进行了广泛的宣传报道,对弘扬平顶山市的孝道文化产生了积极的影响。

(李 岩)

【《香山寺历史文化研究》作品座谈会】 2004年10月20日,市社科联、市委宣传部、市总工会等部门,就《香山寺历史文化研究》一书的出版召开座谈会,研讨香山寺文化。该书是平顶山市学者任学用20年时间完成的,作者在占有大量历史文献的基础上,考证出香山寺建于东汉灵帝光和四年(公元181年),至今已有1820多年历史,是中国最早的佛教寺院之一,解决了香山寺建寺年代的历史悬念。以大量的古今资料证明,香山寺为中国的佛教圣地之一。专家们一致认为,《香山寺历史文化研究》一书的出版,填补了一项中国佛教史研究的空白,为平顶山市重建香山寺提供了历史依据,挖掘、整合了香山寺旅游文化资源。

(李 岩)

【重点课题调研】 2004年,平顶山市广大社科理论工作者以"建设大城市,发展大工业"为重点,结合本系统的"热点"、"难点"问题进行调研,撰写了一批调研文章,共收到立项课题104项。经市社会科学规划办公室、市重点调研课题评审委员会、专家小组评定,有104项课题,通过结项和奖级评定。其中一等奖42项,二等奖47项,三等奖15项。

(李 岩)

2004年度平顶山市重点调研课题一等奖(42项)获奖名单

序号	课题名称	课题组负责人
1	平顶山市农村小学生心理健康现状调查及对策研究	李宏亭 崔淑敏 张俊 吴建桥 薛天桥 张士红 李飒 胡青春
2	唐铜镜纹饰造型艺术与现代设计的研究	尹春洁 王大勇 王楠 张强 安宁 张炎 杨凌凌 赵瑞平
3	平顶山市社会体育现状及发展对策研究	李秀霞 孔祥 周杰 李魏平 王继强 何延辉 杜耀卿 李俊平 雷继红 王毅 蒋丽芳
4	农村九年义务教育问题研究	杨雪芳 毛枳鑫 刘菊芬 陈凤敏 师晓丽 贾淼淼 高培玲
5	网络环境下高校图书馆馆藏发展趋向研究	张贯敏 郭建忠 谢朝晖 段绥
6	关于分军岭即韩魏长城的调查	李典芳
7	对平顶山市农村"留守儿童"现状的调查	蒋镇凯 王玉琼 马新丽
8	对平顶山市中小企业融资状况的调查	王戴芳 蒋镇凯 赵晖
9	平顶山市生态经济与农业可持续发展研究	刘嘉俊 张久铭 李松楠 梁亚红 王卓理 于长立 刘金锤 王磊 陈延辉 王冠波 黄堃
10	全面建设小康社会与民族精神的弘扬和培育问题研究	王俊刚 黄林江 姜欣 李茵茵 郭建忠 张贯敏
11	平顶山市小学生日常生活压力与适应行为的关系研究	赵红利 李志华 沈义良 阎江涛 奚青梅 史腊梅
12	我国汉代文献学家对文献学的贡献	李茵茵 李冰冰 李松楠 吕光 郭建忠 王俊刚 朱春晓
13	平顶山市未成年的视力健康状况的调查研究	张冉 罗丽宾 张艳华 史坤红 张筱红 陈伯宽
14	弱势群体权益保护的历史与现状问题研究	刘菊芬 毛枳鑫 陈慢婷 杨雪芳 师晓丽 陈泽慧 吕明东 蒋青霞 周书亚
15	盛唐边塞诗与新边塞诗的研究	黄舜 刘玉美 李国英 卫广玲 钱启勋
16	平顶山市发展无公害蔬菜存在问题与对策	刘铁干 李永生 刘丰举 常月玲 王振豪 沈晓莉 李全生
17	新时期高校科研档案管理与资源开发利用	陈玉 马玉梅 王长河 张景伟 王峻峰 周志霞 张国锋
18	平顶山市社区建设与管理研究	梁亚红 王冠波 李松楠 黄志达 刘金锤 陈延辉 李华平 张玉红
19	平顶山市新型工业化道路问题研究	于长立 黄林江 张久铭 梁亚红 刘守勇 田建伟 张河 刘嘉俊 王磊 张启慧 陈延辉
20	平顶山市地方文献工作研究	王林军
21	平顶山地区中小学图书馆现状调查与发展对策研究	李松楠 孙俊彩 李茵茵 陈鸿鹄 孙晓娟 魏素平 高光辉

续表

序号	课题名称	课题组负责人
22	理清财政发展思路推动地方经济发展	张坤子 刘祝明 王惠民 孟丽华 张颉鹏
23	新形势下腐败现象的特点及防治对策研究	许青云 刘守勇 赵永振 尚红印 张建林 程素卿
24	实施可持续发展战略研究	巴喜荣 杨延欣 陈继春 刘花 张丽 蒋清霞 彭伟 任亚生
25	汉英“祝颂语”的比较研究	郝梅 朱英 马双月 支喜梅 田浏阳 高素霞 易晓敏 董丹丹 孙琦 杨娜 匡伟
26	平顶山市部分县级单位中心组理论学习情况的调查报告	米东山 胡书君 杨延欣
27	新闻标题制作问题研究	刘耀华
28	21世纪高校学生档案工作者应具备的基本素质调查与研究	刘立宁 段绥 王林军 樊锋珏 马玉梅 奚青梅 王长河 张景伟
29	信息时代高校图书馆员的继续教育问题研究	武二伟 吴晶 孔伟娟 王永皎 李素锦 关媛媛 郑春峰
30	企业集群与城市发展研究	李文同 赫秀月 张久铭 乔林波 郑海平 张杰 藤长青 裴朝阳 王大勇 张丙臣 尹春洁 王楠
31	民间美术造型的研究	张新亚 李伟锋 赵瑞平 安宁 丁照华
32	平顶山市信息咨询产业发展研究	陈鸿鹄 郭建中 李松洁 张贯敏 杨满意
33	素质教育与教学方法改革研究	温保红 周长安 赵久英 赵建平 单冬红
34	搞好小城镇建设 加快农村城镇化进程研究	陈凤敏 赵恒通 杨雪芳 师晓丽 王芹萼 卢华东 何秋玲 郑菊英
35	文化在综合国力竞争中的地位和作用研究	仵自连 杨丽娜 张西庆 李国英
36	实施大学生“村官”战略研究	杨长吉 田新志 杨延欣 铁胜利 貟秋菊 陈莺歌 杨涛 李岩
37	提高高校教育科研实效性的研究	李森 李明江 李玉宽 胡道友 苗青
38	平顶山市人才资源开发问题研究	朱永钊 范桂花 孔祥建 冯朝稳 杨新业 翟新芳 潘桂梅 马先猛 阎国举 程洪涛 王晓伟
39	现阶段医患关系的研究	程建华 荣晓琦 王峰
40	创建学习型学校相关问题的研究	肖宇乡 闫书运 刘永川 常向东 王若霞 秦方奇 陈鹏
41	坚持与时俱进 深化改革创新	任跃岭 徐亚军 任官水 冀海 宁国平
42	现代大学语文教育如何与时俱进	姜欣 郑金梅 常洪利 汤继华 杨春燕 张溪潺

【社会科学优秀成果评奖】 2004年,市优秀社科成果评奖委员会对全市社科成果进行了广泛的征集。共收到社科论著23部、论文88篇。经市社会科学优秀成果评奖委员会评定,共评出一等奖30项(篇),二等奖48项(篇),三等奖30项(篇)。 (李 岩)

2004年度平顶山市优秀社科成果一等奖(30项)获奖名单

(一)论著类(5部)

序 号	论著名称	作 者
1	《香山寺历史文化研究》	任 学
2	《中国英语教育的传统与创新》	刘立娥等
3	《管理新境界》	张建国等
4	《建设大城市发展大工业》	赵光耀等
5	《史海探真集》	谢照明

(二)论文类(25篇)

序 号	论文名称	作 者
1	破除二元结构根本解决"三农"问题	许全中
2	应国及相关问题	娄金山
3	政府信用的缺失与重建	乔东丽
4	汉语语言中的"红""白""黑"	刘少英
5	关于开发九龙山风景名胜区的构想	李 岩
6	抗战语境下的丰村小说论	袁桂娥
7	司马迁笔下鼠性哲学的李斯	何梅琴
8	政治文明与物质文明和精神文明的关系	赵永振
9	引导教学法模式的探讨与研究	韩维华
10	光武二十八将与诸葛亮尚贤思想	潘民中
11	当前我国农业产业化进程中的特点及对策研究	晋 凤
12	河南省地质遗迹及其旅游开发	王卓理
13	从词汇扩散理论看平顶山新派方言古入声字语音的变异	段 纳
14	平顶山市社会体育现状及发展对策研究	李秀霞
15	执政能力建设:国家长治久安的根本保证	郭忠银
16	群体腐败的特征、危害及产生原因	李 明
17	"三农"问题与农村全面建设小康社会	王俊涛
18	柳宗元山水文学的艺术美	姜 欣
19	新形势下如何搞好地市社科工作实践与探索	刘耀华
20	人力资源会计的确认和计量	赵灵芝
21	资源型城市面临的问题及对策	张国兴
22	义务教育阶段的择校行为分析	李志华
23	图书馆网络采访工作展望	李松楠
24	让艺术教育之花常开	吴 越
25	谈剔除文献的处理	王林军

农业科研

【概况】 2004年,农业科研工作围绕全市农业产业结构调整和“六大支柱产业”建设,加快建立良种繁育基地和科技示范基地,使全市的农业科研体系尽快向“队伍多元化、服务社会化、形式多样化、运行规范化”方面转变。主要开展了农作物新品种选育、无公害农业技术研究、高新育种技术研究和高新农业技术研究。全年共实施科研项目20项,其中省科研攻关项目6项,省星火项目二项,市科技攻关项目8项,所重点项目4项。荣获省市级科研成果二项,“高产、高淀粉红薯新品种平薯3号的示范推广”获河南省科技进步三等奖,“韭菜反季节无公害标准化栽培技术研究与应用”获平顶山市科技进步一等奖。

(熊法亭)

【韭菜种质资源库】 2004年,市农科所完成省重大科技攻关项目“中国韭菜种质资源研究”,建立了全国最大的韭菜种质资源库。已收入韭菜品种资源140个,育种材料3800份,完成了物候期、植物学性状和遗传性状的调查,对不同韭菜品种的营养成份、含量、细胞学形态等进行系统研究,为全面系统地研究中国韭菜品种种质资源奠定了坚实的基础。

(熊法亭)

【韭菜育种新成果】 市农科所通过系统选育、多倍体育种和杂交育种等手段,培育出优质、高产、抗病、抗虫害的P9830-4、P98选抗-9、P97-120-1等韭菜新品系3个,已进行品种比较试验、示范试验和小面积扩大繁育。2004年4月,农科所第二次将5个韭菜新品种(系)搭载中国第18颗返回式卫星巡游太空18天,对韭菜太空育种进行了全面研究,通过对处理的种子进行种植、观察和筛选,已发现一些优良单株,为韭菜新品种的培育打下了良好基础。“平丰”牌韭菜种子被评为河南省名牌产品,是平顶山市唯一的河南省名牌农产品,也是河南省唯一的蔬菜种子河南省名牌农产品。

平丰8号

(熊法亭)

【农作物品种选育】 2004年培育的半冬性、中早熟、优质、高产型河水小麦新品种平麦998,在平顶山市小麦新品种利用观摩会上进入2004年度省小麦新品种区试,平麦9628-3、平麦831进入省小麦新品种预试。

玉米杂交育种共有自交系302个,配制杂交组合1300多个,建立18个二环系和一个小群体,对新育成表现较好的自交系D2、D60、D96系、S-19、R1、R赵等进行配合力测定,对三个性状突出的新组合进行多点试验和小面积示范,其各项指标均显著优于对照种。完成省玉米新品种预试,省玉米新品种区试,省玉米新品种生产示范试验。

优质高产型大豆新品种平豆一号通过省预试、区试,2004年第二次参加省大豆生产示范试验,产量位居第二,较对照豫豆22增产11.2%;99016大豆新品系参加省大豆新品种预试,位居第一,该品系平均亩产259.9kg,较豫豆16增产23.4%,表现突出。

新引进辣椒品种资源42个,配制辣椒杂交组合54个,选育的新品种平椒一号、平椒二号,在品比试验中,各项指标及性状均显著高于对照,平椒二号亩产达4000kg以上。

对新引进的47个茄子品种资源和上年的自交系进行田间观察、筛选,配制杂交组合84个,选育出平茄一号、平茄二号,并进行保护地品比试验和露地品比试验,平茄二号亩产6237kg,是适宜保护地栽培的早熟新品种。

(熊法亭)

【农业高新技术研究】 2004年,市农科所与郑州大学等单位合作开展韭菜、大豆离子束育种,已发现变异株;与省科学院合作开展韭菜钴-60辐射育种,选育出优良株系;与中国科学院武汉分院合作开展韭菜转基因抗虫育种研究。

投资20万元的设施农业研究项目,通过采用无土栽培、滴灌、双膜覆盖、生物防治等农业新技术,第一茬种植的厚皮甜瓜,亩效益1.2万元。同时,针对平顶山市保护地生产现状，重点开展甜瓜、黄瓜、番茄、辣椒日光温室、塑料大棚高效栽培技术研究，温室不同设施模式技术研究，逐步建立高效设施瓜菜栽培技术体系。

植物组培技术研究主要开展优质专用甘薯脱毒快繁技术研究，红薯茎尖脱毒组培快繁技术取得新进展，剥茎尖苗获得成功，瓶苗继代快繁技术有较大突破，初步获得脱毒试管苗；完成非洲紫罗兰、袋鼠花植物组培技术研究，并进行扦插快繁试验；繁育推广优质脱毒甘薯苗80万株；进行了韭菜花药培养研究，韭菜花药单倍体培养获得部分诱变材料。

畜禽研究成效显著。畜牧试验场承担的省星火项目、市重点科技攻关项目“无公害鸡蛋高效生产技术研究及推广应用”，已有20多家万只以上规模的蛋鸡场参与该项目的研究和实施，进行了无公害生产技术的制定、实施及专业培训，11月通过了省无公害鸡蛋生产基地认证，畜牧试验场被科技部列为第一批国家星火计划农村科技服务体系建设示范单位和龙头企业技术创新中心。“利用鸡粪及活性污泥发酵生产有机肥的研究及开发应用”，被确立为省科技攻关项目，目前已建厂房16间，发酵池3个，硬化晒场1000m^2，发酵试生产出有机肥300余吨，该产品不仅解决了工业废料及鸡粪对环境的污染，而且变废为宝，化害为利，是进行无公害生产的优质有机肥料，具有广阔的市场前景。

（熊法亭）

【农业科技推广】 2004年，市农科所园林试验场加强资源引进和开发，建立名优林果繁育基地。全年共引进新优品种石榴、桃、花卉新品种等19个，建示范园及采穗圃11亩，园林苗木基地210亩（其中经济林苗木80亩，绿化苗木130亩），培育成品苗65万株，半成品苗50万株，推广苗木55万株。实现了农业增产增效，农民增收。

强化种业经营，增强经济实力，组织推广人员赴西北、东北、华南地区，开拓新的市场，取得良好效果，全年共推广韭菜良种3.9万公斤、瓜菜良种3500公斤，花生、大豆良种6000公斤，小麦良种30万公斤，玉米良种20万公斤。优良的品种和高质量的种子赢得了农民的赞誉。

畜禽开发稳步发展。2004年，新建2万套种鸡场一座，全年共推广鸡苗60万羽，培育种鸡1.7万套，生产种蛋150多万枚，饲养蛋鸡1.4万只，日生产鲜蛋800公斤，青年鸡3.8万只；销售饲料原粮1800吨、预混料100多吨、浓缩料及全价料960多吨，取得较好的经济效益和社会效益。

（熊法亭）

【建立良种繁育基地】 为使新品种、新技术尽快应用于农业生产，创造社会经济效益，市农科所建立了现代农业展示基地、无公害厚皮甜瓜生产基地、无公害韭菜生产基地，无公害鲜蛋生产基地；在基地的管理模式上，实行“公司＋农户”等形式，在宝丰、郏县、焦作、襄城等地建立平丰8号韭菜繁育基地200亩，在甘肃建立玉米制种基地700亩，在汝州、郏县等地建立小麦繁种基地1600亩、大豆繁种基地630亩、花生繁种基地100亩、玉米示范基地100亩。平丰种业公司韭菜生产基地被河南省技术监督局认定为“河南省无公害蔬菜标准化示范基地”。

（熊法亭）

【科技下乡服务】 2004年，市农科所组织科技人员开展多种形式的科技下乡和技术服务活动。7名科技人员分别被叶县政府和新华区政府聘请为农业科技顾问，与两地政府联合举办蔬菜、瓜果专业技术培训班；与市科技局、市科协、团市委、市驻村办共同举办“情暖乡亲”技术交流会、农业技术专题讲座、现场咨询等50余次，受益群众12000多人，发放各种技术资料70000余份、科技书籍3000余册。向农民群众宣传农业新技术、新成果和农业科普知识，发布最新农业科技信息等，深受农民群众的欢迎。

（熊法亭）

高新技术

【概况】 2004年，高新区在优化创业环境、强化招商引资、提升经济总量等各项工作中成效显著。组织参加了第三届河南投资贸易洽谈会，广东中小企业投资博览会，9.8厦门投资洽谈会，平顶山赴浙、沪招商会，河南（广州）经济技术洽谈会等大型招商活动。先后与香港浩强国际投资有限公司、福建挺虎制糖有限公司、厦门健益有限公司、香港恒达国际投资有限公司、北京经纬华融投资经济研究院、中国新经济研究发展中心、中国特色经济贸易促进办公室等国内外知名企业和单位共100多家客商进行了洽谈。共批准进区项目15个，总投资3.26亿元，投资规模超500万元的企业7个。进驻企业和项目总数达85家,全年完成技工贸总收入18.66亿元,同比增长18%;工业总产值17.68亿元,同比增长25%;规模以上工业企业实现利税1.6亿元,财政收入实现1370万元,同比增收628万元,增长84.6%;在完成年度预算、市下达目标任务和增长率方面名列全市前三名。

(刘红利)

【技术创新】 区内企业以尼龙66盐为龙头,积极实施技术创新和技术改造。新增经省认定的高新技术企业1家、高新技术产品1种,实施国家火炬计划项目1项。高新技术企业总数达12家,高新技术产品达14种,分别占全市比重的38%和18%。创业服务中心内新入孵企业3家。全区新上和技改项目6项。麦可斯工程有限公司通过了ISO9000/2000质量管理体系认证,提升了在孵企业的科技水平。

(刘红利)

【成立总商会】 2004年8月13日,高新区总商会召开成立大会,市委统战部、市政协等有关领导、区内20多家企业代表参加了会议。会议采取投票的方式,选举产生了高新区总商会第一届理事会。总商会的成立,为区内非公有制企业之间互通信息、相互支持、共同发展架起了一座桥梁,同时也为非公有制企业扩大开放、商务考察、招商引资提供了组织保证。

(刘红利)

气　　象

【概况】 2004年,市气象局地面测报错情率为0.0‰;农气测报错情率0.3‰;重大灾害性天气未发生漏报现象;气象数据情报上行传输及时率达到99.5%;气象记录、信息化资料平均错情率0.0‰;气象信息网络系统故障率<0.1%;全市农业气象旬(月)报、墒情及加测墒情无出现迟、漏报现象;汛期天气趋势预报和麦播期天气趋势预报与实况相符,预报准确;市级气候评价获河南省气象局表彰,市气象局再次被河南省气象局授予“目标管理优秀达标单位”。

(吴蕙先)

【气象服务】 2004年,市气象局围绕经济发展和社会需求,开展城市火险、交通气象、医疗与健康气象、城市生活指数、空气污染潜势气象监测预报和紫外线指数等多种气象服务;利用平顶山市卫星遥感防火地理信息系统开展森林火点监测和秸秆焚烧火点监测;开展公路运输雾灾预报;开展以气候资源、气候灾害评估和气候可行性论证为主要内容的气候影响评估工作;开展地质灾害等级预报、流域面雨量预报、火险等级预报、开展风资源普查等业务。积极参与生态环境保护和建设,利用电视、广播、报纸、12121气象信息自动答询电话、手机短信、“平顶山兴农网”(http://pds.hnnw.net)等媒体做好公众气象服务,为全市经济建设和人民群众防灾减灾、趋利避害提供准确、可靠的气象信息,全年未出现重大灾害性天气漏报现象。2004年7月6日下午,根据雷达观测和分析预报,全市部分地区有发生冰雹的可能性,市气象台及时向社会发布了“强对流天气、局地还会有冰雹”的预报。7月16日至17日,全市出现一次连续性暴雨、部分地区特大暴雨的天气过程,并出现了较大灾情。市气象台于13日就预先发布重要天气预报,气象局领导及时向市委、市政府主管领导汇报,并通过多种渠道向全市发布重要天气预报。根据预报,市防汛办下发了防汛紧急通知。市气象台在这次特大暴雨天气决策服务过程中受到市防汛抗旱指挥部通报表扬。

(吴蕙先)

【气象科技】 市气象局713雷达及新业务楼建设完工,并于2004年6月顺利投入业务运行。改造计算机局域网,建设预报业务和专业气象服务两个业务平面,改善气象业务流程。以提高预报准确率为科研工作重点开展课题研究,2004年科研立项及科研成果推广应用项目有:《天气预报精细化综合应用系统》、《Micaps资料补充传输系统》、《平顶山市气象服务系统》、《平顶山市人工影响天气业务管理系统》、《市县报文纠错转发业务系统》、《平顶山市干旱预警系统》、《平顶山市公路运输雾灾预报系统》;引进推广《平顶山市空气污染潜势气象监测预报技术》,并做好本地化应用工作。

(吴蕙先)

【人工影响天气】 全年共组织实施了4次人影作业,出动高炮和火箭40余架次,有效缓解或者解决了不同程度的旱情。“五一”长假期间,市县两级人影业务技术人员,抓住有利天气时机实施人影作业,及时缓解了旱情。麦收以后,全市一直持续高温少雨,旱情严重。7月9~10日,市气象局抓住有利作业时机,在省人影办大力支持下，进行人工影响天气作业，有效缓解了全市214万亩土地旱情，解除了部分山区人畜饮水困难。

（吴蕙先）

人工影响天气火箭发射现场

【2004年平顶山市气候影响评价】

一、气候状况评价

2004年平顶山市气候基本特点是：年平均气温显著偏高，降水量北中部正常、南部偏多，日照时数正常。年内，冬季气温偏高属暖冬，光、温、水气象条件匹配恰当；春季气温波动性大、降水持续偏少；夏季降水时空分布不均，局地多大暴雨；秋季气温正常，降水丰沛，风和日丽。总体来看，冬、秋两季风调雨顺；春、夏两季降水异常，局部有干旱、洪涝灾害发生。

1. 气温

全市年平均气温为15.2～15.8℃，与常年平均值相比显著偏高0.6～1.1℃。年极端最低气温为－10.4℃，2004年1月25日出现在鲁山；年极端最高气温为40.4℃，7月15日出现在平顶山市区。

冬季（2003年12月～2004年2月）气温前中期平稳、后期异常偏高。全市季平均气温为3.8～4.9℃，与常年同期平均值相比显著偏高1.5～2.3℃。季内，12月份和1月份的月平均气温较常年同期均属正常。2月份的月平均气温较常年同期异常偏高4.0～4.7℃，各县（市）2月中旬的旬平均气温均创1971～2000年（30年）历史同期的极大值。本季≤0℃的日数为45～61天，比常年同期平均值偏少10～21天。

春季（3～5月）气温前期显著偏高且起伏较大、后期正常平稳回升。全市季平均气温为16.2～16.8℃，与常年同期平均值相比显著偏高1.6～2.1℃。季内，3月、4月份的月平均气温显著偏高，尤其是4月中旬的旬平均气温全市异常偏高，再创1971～2000年（30年）历史同期的极大值，5月份的月平均气温正常。

夏季（6～8月）气温正常。全市季平均气温为25.7～26.1℃，与常年同期平均值相比属正常。季内，6、7月份的月平均气温较常年同期属正常，8月份的月平均气温较常年显著偏低。本季≥35℃的日数为20～28天，较常年同期偏多3～9天。

秋季（9～11月）气温正常，平稳回落。全市季平均气温为14.7～15.6℃，与常年同期平均值相比正常。季内气温下降无太大波动，未出现寒潮天气，9、10、11月份的月平均气温较常年同期均属正常。

2. 降水

全市年降水量为612～1287mm，较常年同期除叶县、舞钢偏多3～4成外，其它县（市）正常。

冬季降水正常，时空分布均匀。全市季总降水量为31～66mm，较常年同期属正常。季内，12月份的降水量较常年同期偏多3～5成；1月份的降水量较常年同期显著偏少6～8成；2月份的降水较常年同期属正常。

春季降水持续偏少。全市季总降水量为50～77mm，较常年同期显著偏少6～7成。季内，3月份的降水量较常年同期显著偏少5～8成；4月份的降水量较常年同期异常偏少8～9成；5月份的降水量较常年同期普遍偏少3～5成。

夏季降水时空分布不均，局部异常偏多。全市季总降水量为313～913mm，较常年同期汝州、郏县、鲁山正常，宝丰偏多3成，叶县、舞钢异常偏多9成。季内，6月份的降水量较常年同期除汝州正常外，其它各县（市）普遍偏少5～7成。7月份的降水量全市显著偏多3成～2倍。8月份的降水量较常年同期宝丰正常，汝州、郏县偏少3成，鲁山、叶县、舞钢偏多4～7成。7月中旬局部短时间内连续出现大暴雨为历史同期所罕见，造成叶县、舞钢两地洪涝灾害严重。

秋季降水接近常年。全市季总降水量为144～208mm，较常年同期除汝州显著偏多5成外、其余各县（市）均正常。季内，降水时空分布比较均匀，9月份的降水量较常年同期普遍偏多5成～2倍。10月份的降水量较常年同期显著偏少7～8成。11月份的降水量较常年同期汝州、叶县偏多3～6成，其余县（市）正常。9月19日除舞钢降中雨外全市普降大到暴雨，为冬小麦能适时足墒下种创造了有利条件。

3. 日照

全市年总日照时数为1868～2378小时，较常年平均值相比属正常。

冬季日照基本正常。全市季总日照时数为331～542小时，较常年同期除宝丰偏少80小时外，其余县（市）正常。季内，12月份、1月份的日照时数较常年同期除宝丰偏少51小时和44小时外,其余县(市)均正常。2月份的日照时数宝丰、叶县、舞钢正常,汝州、郏县、鲁山偏多38~64小时。

春季日照充足。全市季总日照时数为618~700小时,与常年同期平均值相比全市普遍偏多65~122小时。季内,3月份的日照时数除宝丰正常外,其余县(市)偏多38~54小时;4、5月份的日照时数全市均正常。

夏季日照正常略偏少。全市季总日照时数为474~579小时,较常年同期平均值汝州、宝丰、叶县正常,其它县(市)偏少100~123小时。季内,6、7月份的日照时数较常年同期全市正常;8月份的日照时数全市显著偏少59~91小时。

秋季日照充足。全市季总日照时数为439~557小时,较常年同期平均值属正常。季内,9、10、11月份的日照时数均接近常年同期平均值。

二、主要天气气候事件

1. 寒潮

3月16日天气晴好、气温攀升,日最高气温升至25.1~27.3℃,17日气温骤降,零零星星飘起了“桃花雪”,人们仿佛又回到了冬季,24小时日平均气温下降10.8~13.3℃,最低气温降至0.9~3.3℃;18日48小时日平均气温下降12.0~14.5℃,最低气温降至1.1~3.5℃,分别达到寒潮和强寒潮标准;16日14时至17日14时(24小时)温差达18.8~24.3℃,如此大幅度的降温为历史同期所少见,使人们两天之内体会到了两个季节的滋味。乍暖还寒天气多变,全市多家医院患者增多,平煤总医院的门诊患者中,因天气变化引起的心脑血管疾病、呼吸道疾病的患者增加了30%,其中中老年患者占了较大比例。此时冬小麦还未拔节无生长状态,最低气温又在0℃以上,强降温对农作物无太大影响。

2. 干旱

(1)春旱

进入春季全市降水持续偏少,自2月下旬至4月底全市已连续70多天没有出现大范围的透墒雨。3、4月份气温又显著偏高,加大了土壤的蒸发量,使旱情自4月上旬开始迅速发展并不断加剧。4月21日在宝丰、汝州、郏县农田实地调查结果:平原有浇灌条件的麦田小麦植株健壮、叶色浓绿、长势较好;平原无浇灌条件的麦田一片灰黄、毫无生机,整株小麦四分之三的叶片已近干枯,余下的1~2片绿叶呈卷叶状态,干土层5~6cm。丘陵地区旱情更为严重,小麦大部分叶片已近干枯,部分根系已死,干土层达10cm左右。据4月28日测墒资料:全市10cm墒情已降至5%~13%,10~30cm平均墒情也仅有8%~12%,旱情已十分严重,对小麦孕穗、抽穗、扬花等十分不利。全市麦田受旱面积达170万亩,其中重旱48.2万亩,严重影响着夏粮丰收和春季生产顺利进行。

(2)初夏旱

自春季4~5月份发生严重的春旱之后,进入6月降水仍持续偏少,7月1~9日全市基本无雨,春旱连夏旱,使10~50cm土层处于严重缺水状态。7月3日测墒表明:旱地10~50cm平均土壤含水率仅9%~15%,给秋作物生长带来了严重影响,没有水浇条件的秋作物处于枯萎状态。据统计,全市干旱农田214万亩,有1.2万亩秋作物枯死。

3. 冰雹、大风

(1)7月6日下午5时30分左右,郏县薛店镇、茨芭乡、渣园乡、广阔天地乡的45个村及汝州局部地区突遭冰雹、大风袭击。大风从西北方扑来,顿时天昏地暗,暴雨夹杂着冰雹倾盆而至,冰雹较大的如核桃大小,持续时间约20分钟,造成许多大树断折、房屋倒塌、农作物大面积损毁。截至7月7日的统计显示,郏县受灾人口96437人,农作物受灾5.14万亩,成灾4.83万亩,绝收4.31万亩;受灾面积中烟叶1.09万亩、棉花0.48万亩、瓜菜1470亩、玉米2.57万亩、其他经济作物3075亩。风雹损坏果园1155亩,其他树木1505棵;损坏房屋484间;砸坏线杆81根,损坏变压器一台。风雹造成直接经济损失3473万元,其中农业损失3218万元。汝州市损失相对较小。

(2)9月14日17时06分,一场突如其来的冰雹伴随着暴风雨袭击了舞钢市区、铁山乡。舞钢市区朱兰街道刚刚还是人头攒动,突降的冰雹砸的行人纷纷躲避。铺天盖地的冰雹下了14分钟,冰雹最大直径6mm,极大风速17.5米/秒,日降雨量77.8mm。铁山乡4个蔬菜种植专业村损失严重,全乡5000亩蔬菜受灾3500亩,直接经济损失400余万元。

4. 暴雨、大暴雨

6月30日舞钢市出现入夏后首场暴雨(50.7mm),拉开了平顶山市进入主汛期的序幕。平顶山市从7月10日~8月16日连续出现8场大范围的暴雨、大暴雨,彻底解除了春夏连旱现象,但也使局部地区出现了严重的洪涝灾害。

7月10日全市出现了第一次大范围的强降水过程,汝州、鲁山、郏县降中雨(16.3~39.0mm),宝丰降暴雨(64.6mm),平顶山市区、舞钢、叶县降大暴雨(100.2~146.7mm)。这是当年的第一场透墒雨,在秋作物濒临干枯死亡之际,解除了旱情,驱走了暑热,使长期遭受干旱困扰的秋作物焕发了生机。

受低压环流和副热带高压的影响,7月16日至17日全市再次出现大范围的强降水过程。除汝州外,两日各县(市)的日降水量均达到暴雨或大暴雨量级,由于此次降雨强度大,时间集中,造成河水陡涨、高水位行洪满溢,全市部分地区发生严重的洪涝灾害。据7月18日的统计数据显示,全市156座小型水库中有49座蓄满,溢洪道开始溢流,10余座小型水库发生不同程度的险情,部分河段洪水出岸,造成沿岸许多村庄进水,多数进水村庄水深达1.2米至2米。全市受灾严重的乡(镇)有32个,受灾62.2万人,成灾45.5万人;被积水严重围困的村庄有45个,被围困群众3.5万人,其中紧急转移安置1.9万人;农作物受灾78.60万亩,成灾48万亩,绝收7.1万亩,浸泡损坏粮食量3200吨;倒塌房屋1184间,损坏房屋4971间。因灾造成直接经济损失20243万元,农业直接经济损失7880万元。叶县(16日128.8mm、17日128.1mm)和舞钢(16日110.0mm、17日234.9mm)两日连降大暴雨造成洪涝灾害最为严重。叶县境内的沙河、澧河、灰河、甘江河与澧河交汇处因澧河大桥阻水,河水倒灌,沿岸低洼村庄、农田大面积积水。据统计,叶县共有141个行政村进水,其中龙泉乡赵庄、汪楼等10个行政村积水深达1.5米。叶县农作物受灾面积66万亩,4320间房屋被水浸泡,其中660间房屋倒塌。大牲畜死亡440头,猪羊死亡2.8万头(只),三禽死亡5.3万只。大水还使农户家中的3200吨粮食过水浸泡,发霉变质。舞钢7月16、17日两天的大暴雨,其降水量高达344.9mm,造成农作物受灾面积12.08万亩,1.37万亩几乎绝收;房屋倒塌474间,受灾人口142031人,被困村庄23个;冲毁道路3216米,桥梁38座。直接经济损失1163万元,其中农业损失619.3万元。

自7月中旬至8月中旬,全市又出现6场暴雨、大暴雨,因降水时空分布不太集中,各水库河道水位上涨不大,没有出现大面积洪涝灾情。

三、气候影响评价

1. 气候与小麦生产

本年小麦全生育期间(2003年10月~2004年6月上旬),播种期多连阴雨,影响小麦适时播种;冬前阴雨寡照小麦积温不足,苗情长势较差;冬季气温偏高、光照足,利于小麦安全越冬;初春墒情适宜,利于小麦返青拔节;4、5月份降水持续偏少,旱情普遍较重;灌浆期多干热风天气,不利于小麦增加粒重;干旱、干热风造成小麦生育期明显缩短;收获期晴好少雨利于收晒。全生育期气象条件弊大于利。全市小麦单产275公斤/亩,比上年减产2.1%。全市小麦总产量81.42万吨,比上年减产4.1%。

(1)播种~越冬期

2003年7~9月全市持续低温阴雨,秋作物成熟期普遍推迟。而10月份全市仍以阴雨天气为主,降水严重偏多,农田积水严重,至10月23日前后小麦才陆续得以播种,播期较常年偏晚10~20天。11月上旬降水偏多,光、温明显不足,极端最低气温降至0℃左右,对小麦促进分蘖,形成壮苗不利,中、下旬气温正常,降水偏少,麦田墒情适宜,利于小麦正常生长。12月上旬降水充足,但低温寡照天气多,播期较晚的冬小麦普遍积温不足,苗情长势较差,中、下旬多晴好天气,气温偏高、光照充足,积温不足的状况得到弥补,加之墒情一直较好,使苗情较前期明显提高。1月份气温正常、日照充足、墒情适宜,气象条件对小麦越冬十分有利。

(2)返青~抽穗期

2月中、下旬全市气温异常偏高,小麦于2月中旬前期较常年提前4~5天进入返青期。3~4月气温又持续偏高,使小麦生长发育速度加快,大部分县(市)小麦提前5~7天进入抽穗期,幼穗分化时间缩短,而此期间降水异常偏少,旱情在全市范围内普遍出现并不断加剧,进一步影响了小麦穗分化及花器分化,对形成大穗十分不利。

(3)开花~成熟期

5月上、中旬气温正常、降水仍持续偏少,不利于小麦的开花、乳熟。5月下旬连续8天达到干热风指标,干热风的出现不仅影响小麦的灌浆强度,而且还大大缩短小麦的灌浆时间,导致小麦急熟早死,籽粒干秕,粒重下降。全市小麦成熟期较常年提前了7~10天,灌浆时间明显缩短,对产量有一定的影响。

(4)收获期

今年全市麦收期较常年明显提前,且麦收期间天气晴好少雨,麦收顺利进行,为秋作物的适时早播提供了条件。

2. 气候与玉米生产

本年夏玉米生育期间播期遇雨墒情足,玉米播种适时;苗期少雨干旱,玉米生长量不足;拔节~抽雄阶段高温多雨,利于玉米快速、健壮生长;花期多雨,玉米授粉不充分,灌浆前期多雨寡照,后期光温适宜,利于玉米灌浆。玉米生育期间除初夏出现了严重的旱情及盛夏局部出现洪涝灾害外,其它时段基本上风调雨顺,与受灾较重的2003年相比,为明显的恢复性增产。全市玉米单产281公斤/亩,比上年增产39%。全市玉米总产59万吨,比上年增产40%。

(1)播种～出苗期

全市麦收期较常年明显提前,为玉米适时早播提供了条件。5月26～27日全市普降中雨,对玉米播种十分有利,与常年相比播期偏早4～7天。6月上旬又降小至中雨,利于玉米出苗,但由于降水量偏小,深层墒仍然较差。6月下旬高温少雨,旱情普遍较重,玉米生长缓慢、植株矮小,但有利于根系下扎。

(2)拔节～开花期

拔节期前期持续高温少雨,玉米已呈卷叶、萎焉状态。7月10日全市普遍降雨,局部大暴雨,旱情得到缓解或解除。中旬连续3场大范围的强降水,彻底解除了旱情,局部地区出现了洪涝灾害。7月下旬气温正常、降水偏多、光照充足,利于玉米快速生长。8月1～4日以阴雨天气为主,特别是4日舞钢、叶县出现强降水过程,对玉米开花授粉十分不利,5～8日天气晴好,利于玉米授粉。

(3)灌浆～成熟期

8月中旬正值玉米产量形成的最后时期,气温异常偏低、阴雨寡照对提高产量十分不利。8月下旬气温正常、降水偏少,阴天日数多,光照明显不足,对玉米光和作用的进行有一定的影响。9月上旬持续以晴好天气为主,降水偏少,光照充足,温度适宜,十分有利于玉米后期灌浆攻籽及收获。

3. 气候与林业生产

冬季气温偏高,利于冬季植树造林,春节刚过全市的植树造林工作已全面展开。

春季的3～4月份正适植树造林,因春旱的发生使土壤墒情恶化,直接影响树苗的成活率及植被的正常生长。

春旱又连初夏旱,给植被的生长带来了严重影响,严重的旱情使公园、广场、道路绿化带的草坪、花卉等出现卷叶、萎蔫现象。7月6日郏县局部地区遭冰雹、大风袭击,造成许多大树断折,风雹损坏果园1155亩,其他树木1505棵。

4. 气候与节日旅游

春节黄金周期间无雨雪,但多冷空气活动,初二大风降温、寒风刺骨,最低气温降至－6.0～－9.8℃,外出的行人稀少。据市旅游局统计,春节黄金周(7天)全市6大景区的总门票收入仅为12万元。

春季晴天日数多,对旅游业十分有利,全市各旅游景区提前进入旺季。石人山、石漫滩风景区进入4月中旬日平均接待游客量均创历史最高纪录,其中石人山风景区日最高接待量已突破3000人次,远远高于往年同期接待量;石漫滩风景区游客接待量及门票收入与2002年同期相比均增长40%以上。"五一"黄金周多晴好天气,全市旅游业又取得骄人成绩,总接待人数高达32.3万人(次),旅游总收入5115.3万元,与2002年同期相比分别增长46.8%、47.5%。

秋季气候适宜,对旅游等行业十分有利,特别是"十一"黄金周期间,2～7日秋高气爽、天气晴暖,利于远途旅行,多阳光灿烂的日子,使人们带着愉快的心情探亲访友、休闲购物,同时也给市场带来了不少商机。

5. 气候与交通运输

进入12月份,冷空气活动开始频繁,全市频频被大雾笼罩。12月3、12、13、14、15日的大雾天气笼罩全市的范围均在60%以上。其中12月3日平顶山市区8时的能见度不足100米,雾气浓重且持久,至中午仍未完全消散,受大雾的影响市区主要路段机动车辆车速很慢,公交车普遍出现晚点、拖班现象,从早晨到中午雾散,市区共发生交通事故15起。

夏季多突发性暴雨、大暴雨天气。在暴雨的"洗礼"下,全市地下排水管网不堪重负,市区许多路段积水现象比较严重,部分道路交通一度受阻。7月16日暴雨如注,使市区南侧4个涵洞道路基本断行,几辆车熄火在涵洞桥下水中,3路、4路、36路公交车只能暂时改线行驶。

9月28、29日,10月7、18、20日和11月9日的大雾笼罩全市范围较广,频繁的大雾对交通运输产生不利影响。其中10月7日受大雾影响,郏县、宝丰、叶县、平顶山市区8时的能见度只有20～400米,给车辆和行人的出行带来极大不便,市长途汽车站和市客运中心站部分线路的早班车推迟了发车时间。

6. 气候与电力、通讯

夏季多暴雨、大暴雨的同时也伴随着雷暴出现,雷灾事故频频发生。全市电力、通讯系统也经受着多次考验。7月10日由于炸雷击坏供电设施,平顶山市区建设路东段和光明路西侧、平顶山学院老校区附近发生大面积停电。7月16日,因遭雷击市区不少电力线杆损坏,造成多处地方短路停电,叶县至舞钢方向的一段通信光缆被洪水冲断,叶县境内近3000网通用户受到影响。7月17日受暴雨、雷电袭击,市区20处线杆损坏,导致部分区域停电。据统计,市电业局95598客户服务中心16日、17日呼入电话1400

多个,处理事故近80起。

四、结束语

2004年的冬季气温显著偏高,暖冬对因迟播弱苗比例较大的冬小麦安全越冬十分有利;春季降水持续偏少,春旱对夏粮丰产有影响;初夏虽旱,后期雨水充沛,秋粮喜获丰收;秋季风调雨顺,全市物价总水平稳中有降。总之,2004年的气候对各行各业及人们的生活是利大于弊。

(陈　丽)

苹果天然良药

日本《每日新闻》刊文说:在欧洲,苹果自古以来就被称为"天然牙刷"。日本弘前大学名誉教授武部和夫的研究结果显示,摄取苹果纤维可以防止动脉硬化。

武部教授认为:"每天吃1至2个苹果好,而且带皮吃更好。"每个苹果中含有大约5克食物纤维,几乎与40克煮熟的扁豆中所含食物纤维量相等。武部教授以14名糖尿病患者为研究对象,让他们每天食用15克这种食物纤维,16周后他们血液中的脱辅基蛋白A－1和脱辅基蛋白B发生了变化,脱辅基蛋白A－1增加,而脱辅基蛋白B减少。

脱辅基蛋白可使不能直接溶解于血液的脂肪变成水溶性的。脱辅基蛋白Α　1有抑制动脉硬化的作用,而脱辅基蛋白B则有促进动脉硬化的成分。武部教授表示,苹果纤维具有预防动脉硬化的效果,这在临床中也得到确认。

食物纤维除了可使大肠的"蠕动"活跃并通过刺激直肠壁来消除便秘外,还可以吸附肠内产生的致癌物质,使之随大便一起排出体外。

在芬兰进行的长达25年的流行病学调查显示,与不吃苹果的人相比,经常吃苹果的人患肺癌的危险减少了58%,患上其他癌症的危险也减少了13%。吃苹果的人患上脑中风的危险减少,男性减少了41%,女性减少了39%。吃苹果可以降血压,这一点在半个世纪之前就已经得到确认。

(《参考消息》11.7)

教　育

综合管理

【概况】　2004年,全市共有各级各类学校3779所(不含成人初等学校),在校生1000331人,专任教师47216人。其中普通高等学校4所,在校生26854人,专任教师1519人;中等职业学校29所,在校生41425人,专任教师1634人;普通高中33所,在校生70515人,专任教师3284人;初中274所,在校生269201人,专任教师14218人;小学1673所,在校生443665人,专任教师24456人;幼儿园118所,在园(班)幼儿48213人;成人高等学校2所,在校生5582人,专任教师65人;成人中等专业学校9所,在校生17509人,专任教师306人;成人技术培训学校567所,在校生49790人,专任教师29人。

(邓鸿雁)

【治理教育乱收费】　2004年,在全市义务教育阶段全面推行"一费制"收费办法,严格执行并不断完善在城镇公办高中招收择校生的"三限"政策。认真落实教育收费公示、审计、督导和责任追究制度,坚决查处各种乱收费行为。全年查处乱收费案件58件,对16名责任人分别给予警告以上处分。

(邓鸿雁)

【构建农村中小学教师工资发放机制】　采取全面核岗定编,分流富余人员,精减教师队伍,设立银行教师工资帐户,充分利用上级转移支付,积极调整县级财政支出结构等措施,确保了教师工资全额纳入财政预算,全市农村中小学教职工工资发放率达到100%。

(邓鸿雁)

【实施农村中小学危房改造工程】　经省危改办核准,全市纳入台帐管理的农村中小学D级危房面积22.8万平方米。按照规划,由教育、发展改革、财政、扶贫、建设五部门三年全部改造完成。为加快"危改"进度,市教育局积极主动地争取上级危改配套资金,经过努力,2003~2004年度中央、省、市共安排平顶山市危改项目150个,投入资金2692万元(中央、省1813万元,市879万元),共有121个项目基本完工,全年消除D级危房4.4万平方米。

(邓鸿雁)

【推进教育信息化工程】　平顶山市教育城域网建设已进入实施阶段。全市拥有计算机教室的学校已达195所,计算机总装机容量达到7548台。一批办学条件较好的学校已建成校园网。鲁山县争取国家支持,建起卫星远程教育接收系统180多套。市教育局机关已连接市政府专网,并连通河南教育科研网,初步实现教育系统电子公文网上传输。

(邓鸿雁)

【开展中小学幼儿园及少年儿童安全管理专项整治行动】　10月份,全国、全省中小学幼儿园安全工作电视电话会议后,市教育局迅速对开展安全整治工作进行了部署,成立了中小学幼儿园安全工作联席会议,制定了中小学幼儿园及少年儿童安全工作专项整治行动实施方案;市教育局与各县(市)区教体局、直属学校、社会力量办学单位重新签订了安全工作专项整治责任书;举办了安全教育宣传展览活动,市城区37所中小学、幼儿园参加展出。11月11日至20日,各县(市)区开展学校安全工作自查自纠,同时,市教育局组织力量,采取听汇报、实地查看、与教职工生座谈等方式对全市千余所学校进行了检查,共排查安全隐患700多处,及时下发整改通知书限期解决。

(邓鸿雁)

【企业办学移交工作】　2003年9月至2004年9月,通过调查摸底,平顶山市基本澄清了企业办学校的底子,全市共有21家国有大中型企业自办的58所中小学校。通过政府接收、联合办学或停止招生等方式，已有10家企业11所学校基本实现了分离。未实现分离的尚有11家企业47所学校，涉及在职教职工4068人，离退休职工1537人，在校生56490名。其中，仅平煤集团中小学校就涉及在职教职工3127人，占76.87%；离退休职工1194人，占77.68%；在校生40120人，占77.12%。平煤中小学校的移交工作，是全市分离企业办学的重点和难点。为此，市委、市政府于2004年10月份，组织力量对平煤集团所属中小学校的情况进一步调查核实，12月14日，市政府与平煤集团公司签订了“关于平煤集团所办中小学校移交平顶山市管理的协议”。协议就移交学校和移交级次问题、人事问题、经费问题、土地、房屋等资产划转问题给予了明确规定。

（邓鸿雁）

基础教育

【“两基”巩固提高】 结合国家和省对“普九”巩固提高工作的复验，各级教育部门狠抓了“普九”巩固提高工作。市教育局投入1000多万元对市十三中、市实验中学进行改造；鲁山县、叶县、郏县分别拨付120万元、80万元和70万元公用经费购置图书仪器，改善办学条件；积极挖掘学校潜力，鼓励学校扩大招生规模，科学划定片区，有效缓解了城镇初中入学难和大班额问题；高度重视资助贫困学生就学问题，采取多种措施，构筑资助贫困生就学体系。省级贫困县叶县开办了初中宏志班，市直中学对贫困家庭子女的学杂费，每生减免70~200元。2004年，全市筹措资金210多万元，衣物、学习用品26000多件，资助学生8000多名，发挥了良好的助学作用。

（邓鸿雁）

【优质高中建设】 以建设优质高中为重点，通过鼓励优质高中创办分校，以加快普通高中的改革与发展。经省教育厅验收批准，全市6所高中创办了分校，优质高中教育资源得到进一步扩大。全面实施示范性高中建设工程，市一中投资65万元对操场进行改造，投资230万元新建了学生宿舍楼，扩大校园面积13亩。市一高投资845万元，新建学生食堂和教学综合楼。市二中投资456万元，新建了学生宿舍楼，并对实验楼、教学楼进行改造。经过严格检查评估，2004年有5所学校创建为市级示范性高中，全市市级示范性高中达到11所，平顶山市一中、市一高被确定为省级示范性高中。

（邓鸿雁）

【中小学德育工作】 认真贯彻落实《中共中央国务院关于进一步加强和改进未成年人思想道德建设的若干意见》和省教育厅制发的《在全省中小学加强民族精神教育的意见》，加强对学生进行以爱国主义为核心的民族精神教育、理想信念教育和思想道德教育，大力弘扬和培育民族精神。继续贯彻《公民道德建设实施纲要》，加强了对青少年学生的诚信教育。进一步加强了德育工作队伍和基地建设，加强了学校教育、社会教育和家庭教育三结合工作，通过开展丰富多彩的教育活动和社会实践活动，提高德育效果。2004年，全市涌现出省级文明学校5所，省级文明班级13个，省级文明教师23名，省级文明学生45名，省级十佳少先队辅导员、少先队队员各1名，市级十佳各10名。

（邓鸿雁）

【高招录取人数大幅度增加】 2004年全市高招报名人数28625人，录取19129人，比上年多录取4776人，录取率66.8%，比上年提高7.4个百分点。其中普通考生报名人数为23698人，录取16201人，比上年多录取4660人，录取率68.4%，比上年提高10.7个百分点；对口升学报名人数3766人，录取2075人；专升本报名人数1161人，录取853人，比上年多录取179人，录取率73.5%，比上年提高9.2个百分点。

（邓鸿雁）

职业成人教育

【改革职业教育教学管理制度和培养模式】 各学校积极推进弹性学制和学分制，方便学生工学交替、分段完成学业。同时，加强了与行业、企业和用人单位的合作，大力推广“订单”式培养模式。市经济管理学校、市工业学校等单位与苏州、广州、北京、上海等地签订了培养、就业合作协议，提高了学生的就业率和就业质量。2004年职业教育招生15619人，比上年增加13%，毕业生就业率达到95%以上。

（邓鸿雁）

【强化职教重点专业建设】 各学校加强了骨干教师培训、教师继续教育、重点专业建设等方面工作。大力实施"制造业和服务业技能型紧缺人才培训计划",培养了大批现代化建设急需的实用人才。市经济管理学校等6所学校被省教育厅确定为"河南省技能型紧缺人才培养培训基地"。狠抓对口升学工作,拓宽人才成长"立交桥",全市对口升学进线人数由2003年的2235人增长到2387人,净增152人,本科上线124人。

(邓鸿雁)

【加强骨干职业学校建设】 2004年,根据《河南省教育厅关于实施"农村骨干中等职业学校建设工程"和"示范性乡镇成人学校建设工程"的通知》精神,结合实际,决定在全市建设一批规模大、水平高、有特色的骨干中等职业学校。市教育局专门制发了实施意见,提出了具体的规划措施,各学校按照规划,不断增加投入,加大软硬件建设力度,办学条件都有明显改善。汝州市职业中专已被省教育厅确定为首批县级骨干职业教育中心。鲁山县尧山镇成人学校、郏县薛店镇成人学校已通过省首批"双百"工程示范性乡镇成人学校的评估认定。

(邓鸿雁)

【民办教育】 2004年,认真落实《民办教育促进法》,积极鼓励多种办学形式的实验和探索,大力支持社会力量参与各级教育事业的发展。年底,全市经批准的民办教育机构已达324所,其中职业高中2所,普通高中7所,普通初中44所,小学45所,幼儿园163所,各种文化、艺术等非学历教育机构63所,固定资产3亿元,校舍建筑面积37万平方米,在校生5.5万人。

(邓鸿雁)

【"三教统筹"和"农科教结合"工作】 成立了农村劳动力转移培训工作领导小组,统一领导全市教育系统农村劳动力转移培训工作。制定了农村劳动力转移培训工作方案,确定全市9所职业学校、职成教中心作为农村劳动力转移培训工作基地。2004年,完成扫盲8500多人,扫盲后继续教育1万多人;培训农民11.17万人次,5.68万人次农民接受了引导性培训。

(邓鸿雁)

【应届初　高中毕业生实用技术培训】 在培训中,坚持"实际、实用、实效"原则,实施统一教材、统一教学计划、统一考试和统一发证的教学管理措施,坚持做到初、高中毕业证与实用技术培训班"两证"一齐发。2004年共培训返乡初高中毕业生3.5万人,培训率达到90%以上。

(邓鸿雁)

师资队伍建设

【教师培训】 积极推进"农村教师素质提高工程"和中等职业教育教师221工程,全市共选出农村骨干教师省级培训对象245名,市级培训对象2157人;省教育厅认定平顶山市教育教学专家1人,学科带头人2人,骨干教师18人;开展以新课程、信息技术、师德礼仪和专业技能训练为主要内容的新一轮中小学教师继续教育,对10236人进行了新课程培训,对35000多人进行了信息技术市级考核,合格29800人;切实加强对中小学校长和教育行政干部的培训工作,共组织省级培训40人,市级120人,推荐"555人才工程"第三层次人选78人,河南省特级教师24人。

(邓鸿雁)

【庆祝第20个教师节】 举办了教师节文艺汇演,隆重召开了教师节表彰大会,表彰全国模范教师、全国优秀教师和全国优秀教育工作者8人,河南省优秀教师和优秀教育工作者39人,全市优秀教师和优秀教育工作者325人。

(邓鸿雁)

学校简介

平顶山工学院

【概况】 学院占地面积94万平方米,校舍总建筑面积44万平方米,固定资产总值224435.6万元,其中教学仪器设备总值4976.8万元,图书馆藏书59.66万册,开设本科专业14个,专科专业26个,教职工849人,其中专任教师560人,正高级职称10人,副高级职称182人,中级职称295人,普通类本科在校生11795人,其中本科生4334人。2004年招生本科生2160人,专科生2543人;专科毕业生2379人,专科生就业率达到 81.45%;各级各类成人在校生 1433 人,其中脱产生 374 人,函授生 1059 人。

(安洋勤)

【专业与课程建设】 新增生物工程、交通工程、建筑学、化学工程与工艺四个本科专业。《建筑材料》教材获省优秀教学成果二等奖;《建筑工程质量》、《环境治理工程专业导论》两个课件获全国课件大赛优秀奖;测量学课程参加全国测绘学科教学竞赛,获得一等奖和二等奖各一名;高等数学课程参加全国大学生数学建模竞赛,获得国家级二等奖和省一、二等奖;《安装工程定额与预算》课程全面完成网络课件制作工作;《法律基础》等七门校内立项教材正式出版,推进大学公共英语、高等数学和计算机的教学改革。

(安洋勤)

【师资队伍建设】 2004 年,平顶山工学院与华中科技大学、河南大学联办硕士学位班,全院 200 多名青年教师在职攻读硕士学位,入学通过率达 85%。引进各级各类人才 51 人,其中博士 1 人,教授 1 人,硕士毕业生 13 人。在职称评审上,有 45 名教师晋升或转评为副高以上职称。选拔 4 名院级学术带头人培养对象和 14 名院级青年骨干教师培养对象;派出 13 名教师到国内知名高校对口学科专业进修学习或作访问学者。

(安洋勤)

【省长李成玉视察工学院】 11 月 18 日,省长李成玉在平顶山市委书记邓永俭、市长王照平等市领导的陪同下,到学院视察指导工作。李成玉充分肯定了学院近年来的发展所取得的成绩,并着重对学院规划、办学特色、学校管理、如何提高教学质量等方面作了指示,要求学院按照已经形成的发展思路,抓住机遇,加快发展,建设高质量的本科院校。

(安洋勤)

【科研工作】 组织召开了学院首届科研工作大会,确定了科研工作应当长期坚持"改善环境、管理创新、增加投入、提高水平"的指导思想,完善了科研管理制度,设立了科研基金,引入了计算机科研管理系统,改善了科研软件环境,使学院的科研立项、鉴定、评奖、经费都取得了历史性的突破。2004 年,共申报各级各类科研项目 102 项,立项 57 项,鉴定 39 项,获奖 44 项,其中省科技进步二等奖 2 项,优秀社科成果二等奖一项,三等奖二项,公开发表学术论文 393 篇,其中核心论文 108 篇,主参编教材 54 部。

(安洋勤)

【招生与就业】 2004 年招新生 4541 人,其中本科报到 2308 人,专科报到 2233 人。22 个专科专业共毕业学生 2378 人,毕业生一次就业率 73.4%。12 月中旬,经多方联系,学院成功举办了"2005 届毕业生双向洽谈会,共吸引 12 个省、市 108 家用人单位前来参加,提供就业岗位 831 个,为 2005 年毕业生的就业打下一定的基础。

(安洋勤)

【成人教育】 经教育厅批准,2004 年成人教育学院开始举办"成人高等学校专科注册入学"试点工作,招生 5130 人。"五年制专科实验班"招生 212 名学生。普通类成人招生 541 名,其中函授生 393 名,脱产生 148 名。在省建设教育协会年会上,学院被授予"河南省建设行业成人学历教育工作特殊贡献奖"和"河南省建设行业教育先进单位"。

(安洋勤)

【西校区建设】 总投资 8700 多万元,完成了西校区学生生活二区、家属住宅区以及运动场、400 米跑道、体育场看台等工程,总建筑面积达 14831 平方米。引进社会资金 4000 万元,完成总建筑面积 6.5 万平方米的学院第二食堂和 8 栋公寓楼的建设。

(安洋勤)

平顶山学院

【概况】 2004 年,学院占地面积共 2145.7 亩,校舍建筑面积 24 万平方米,仪器设备资产值 3586.8 万元,固定资产总值 7638.39 万元。图书资料 69.4 万册。全校在职教职工 568 人,其中,专任教师 417 人,正高 12 人,副高 121 人,中级 118 人。聘有外籍教师 3 名。有本科专业 5 个,专科专业 31 个。全日制普通本专科在校生达 9200 多人,成人教育在籍生 3500 多人。招收普通新生 3240 余人,其中,普通本科招生 520 人,普通专科 2727 人,五年制 287 人。招收成人教育新生 2776 人。普通专科毕业生 1079 人,成人专科毕业生 1273 人。首批新增 5 个本科专业为:汉语言文学、数学与应用数学、会计学、物理学、化学。

(张国锋)

【申报设置平顶山学院工作通过审议】 2004年2月16日,全国高等学校设置评议委员会专家组一行六人,在组长、清华大学原党委书记方惠坚的率领下莅临平顶山,对设置平顶山学院进行评估考察。省教育厅党组副书记、副厅长肖新生陪同。市委书记邓永俭,市委副书记、代市长王照平等领导和校党委书记张力奎、校长孙陶生等,向专家组作工作汇报。3月27日,全国高等学校设置评议委员会审议通过设置平顶山学院。

(张国锋)

【平顶山学院正式成立】 2004年5月13日,教育部《关于同意在平顶山师范高等专科学校基础上建立平顶山学院的通知》,正式批准建立平顶山学院。由河南省领导和管理,实行省、市(平顶山市)共建,以市为主的办学体制。9月14日,河南省机构编制委员会《关于平顶山学院机构规格和领导职数的通知》,明确学院规格按相当于厅级对待。

(张国锋)

【平顶山学院成立庆典】 6月9日,平顶山学院成立庆典暨揭牌仪式在西校区扇形广场隆重举行。省教育厅厅长蒋笃运、市委书记邓永俭为平顶山学院揭牌。

教育部政策法规司原司长王茂根,省委宣传部副部长王耀,省科技厅副厅长黄布毅,全国高校设置评议委员会委员李钟善,省高校设置评议委员会委员袁世鹰、许瑞超,省教育厅有关部门领导,平顶山其他市领导,原平顶山师专首任校长、市人大常委会原副主任王学明,郑州大学、河南大学、邯郸学院等省内外高校60余名领导、专家和学者出席了庆典和揭牌仪式。

省委副书记王全书、陈全国,副省长贾连朝,北京大学、清华大学等国内近300所高校发来贺信、贺电。

(张国锋)

【优质课教师评选揭晓】 2003~2004学年第一学期优质课评选活动,经过教学系室推荐、主管部门审核、公示,3月1日,正式公布,共有50名教师榜上有名。其中,英语系5名,中文系、数学系、体育系各4名,管理科学系、物理系、化学系、美术系、计算机系各3名,思政部2名,政史系、地理系、教育技能部、计算中心各1名,五年制教育部12名。

(张国锋)

【成功申办省首批示范性软件职业技术学院】 根据省教育厅《河南省关于批准有关高等学校试办示范性软件职业技术学院的通知》,学校被批准为河南省首批试办示范性软件职业技术学院的7所院校之一。从2004年开始按每年2000人规模招生,学制两年。

(张国锋)

【对优秀大学生进行表彰】 2003~2004学年第一学期共评选"三好学生"898人,一等奖学金获得者345人,二等奖学金获得者693人,省级优秀毕业生33人,校级优秀毕业生58人。5月3日,"平顶山学院2004年毕业典礼"隆重举行。

(张国锋)

【发起"写给父母的一封信"活动】 为深入贯彻中共中央国务院《关于进一步加强和改进大学生思想政治教育的意见》精神,学院从学生思想实际入手,在全院发起"写给父母的一封信"活动。该项活动一经发动,立即引起了极大反响。广大同学被深深感动并自己付诸实际行动,以此来表达他们对父母的一片孝心与发自内心深处的敬意。广大家长也纷纷来电对学院工作给予充分肯定。

(张国锋)

【省长李成玉莅临平顶山学院视察】 11月18日,省长李成玉带领省政府秘书长卢大伟、省发改委主任张大卫、省民政厅长孙培新、省交通厅副厅长张全林,莅临学院新校区视察指导工作。市领导邓永俭、王照平等陪同。在听取了校领导张力奎、孙陶生关于学院新校区的发展规模、资金投入、师资力量、学科建设、学生学习、生活和就业等情况后,李成玉对学院的发展现状和前景表示满意。并指出,要把发展高等教育与经济建设结合起来,不断深化教育改革,扩大办学规模,提高办学质量,为加快发展培养更多的优秀人才。李成玉十分关心贫困学生的生活问题,详细询问了学生的伙食价格、每天的生活费用及学生的经济承受能力等问题,特别叮嘱陪同的市、校领导一定要做好贫困生的资助工作,确保他们圆满完成学业。

(张国锋)

【省委副书记王全书来学院指导工作】 10月21日，省委副书记王全书带领省委副秘书长、省政研室主任杨春雨，省委组织部副部长杨国功，省委政研室副主任王永苏，省建设厅副厅长张德成等省直有关部门负责同志，到学院西校区视察工作。市领导邓永俭、王照平等陪同。校领导张力奎、孙陶生等向王全书汇报学院西校的征地、规划、建设和教育教学改革等情况。王全书希望平顶山学院要进一步加强和改进大学生思想政治教育，推进学科建设，提高教育质量，为奋力实现中原崛起，培养输送更多的专门人才和拔尖创新人才。

（张国锋）

对症进食　健康长寿

感冒和大蒜　大蒜中含有丰富的抗病毒成分，能增强身体的免疫力，在换季时，多吃一些大蒜会帮你应付感冒。

牙痛和茶　茶不仅对身体健康有益处，而且最近科学家还发现了茶叶具有保护牙齿的作用。茶水中含有丰富的氟和茶多酚等成分，可以达到防龋固齿的功效。

脱发和牛排　经常吃瘦牛肉的人即使不能完全解决脱发问题，至少可以延缓这一天的到来。

牙出血和葡萄柚　牙龈发炎时应吃一些葡萄柚、柠檬、猕猴桃等含维生素C丰富的水果。

四肢乏力与香蕉　运动过量会导致人体内本来不多的钾流失，浑身乏力，因此，运动后更要吃些含有丰富钾元素的香蕉。

醉酒与西红柿　醉酒呕吐后一定要及时补充钾、钙、钠等养分，最简单易行的办法就是喝些西红柿汁，因为西红柿汁中丰富的钾、钙、钠成分刚好补充了体内流失元素的不足。

打嗝和糖　治疗打嗝的方法：可试试在舌头下面放一勺糖，以刺激喉咙后侧的神经，会中断体内的神经信号，其中也包括引起打嗝的那条神经。

心脏病和啤酒　啤酒除了可美容外，还有另外一种功效：减少患心脏病的可能性。实验证明，如果保持一天喝一杯啤酒，就会使患心脏病的可能性减到最小。

高血压和橘子汁　橘子汁里含有丰富的钙、钾和维生素C，常喝可降血压。有试验表明，血液中含充足维生素C的人，死于心脏病的可能性要小得多。

鱼和哮喘　多吃鱼类可以润肺、补肺，从而缓解哮喘的症状，这是因为鱼肉中含有丰富的镁元素。在绿色蔬菜中，菠菜也有同样的功效。

蔬菜和关节炎　绿色蔬菜吃得越多，患关节炎的可能性就越小。爱吃蔬菜的人，老年患关节炎的可能性是不爱吃蔬菜人的1/4。

视线模糊和绿色蔬菜　绿色蔬菜可以补充足够的抗氧化素，因此可以保护眼睛的健康，让眼睛免受外界的侵害。

皮肤青紫与花椰菜　皮肤一旦受到小小的碰撞和伤害就会变得青一块紫一块，这是因为体内缺乏维生素(尤其是维生素K)。补充维生素K的最佳途径就是多吃花椰菜。调查显示，每周吃几次花椰菜会使血管壁加厚、加强，而且不容易破裂。

前列腺癌和香草冰激凌　预防前列腺癌除了多吃西红柿外，另一个方法就是吃香草冰激凌。这是因为香草冰激凌里有一种叫做硼的元素，体内的硼越多，前列腺癌的发病机会就越小。

记忆力和咖啡　咖啡除了可以在早上帮你尽快消除困意，还能增强记忆力，提高阅读速度，而且头脑也变得更加清醒。

（《北京青年报》2.13　贺军成文）

文艺　新闻媒体

文化艺术

【社区文化】　2004年,以社区文化建设为重点,以节庆文化活动为主线,按照"狠抓两头(少儿文化和老年文化)、全面推进"的思路,开展了平顶山市大型文化活动推介、2004年社会艺术考级、第三届公共图书馆评估定级等工作,举办了平顶山市第十届美术作品展、市第五届声乐大赛、北京新秧歌舞骨干培训、"艺术天地"个人才艺月月行、庆祝建国55周年演唱比赛和迎国庆文艺晚会等活动。直接参与活动人员超过5万人(次),受益群众60万人(次)。为配合文化先进县、文化先进乡的创建和民族民间文化保护项目申报工作,实施了"万村书架"、"2131"等工程,开展了文化下乡、图书配送、民族民间文化保护项目挑选论证等工作。在文化下乡活动中,共送书下乡1万多册,帮助农村设立了6个图书流通站,帮助11个村建立了图书室;专业人员到农村辅导文艺骨干2900多人(次),帮助基层开展活动700多场(次)。

(牛　磊)

【艺术工作】　2004年,全市共创作各种题材文艺作品30多件,征集各种文艺形式作品119件。市豫剧团和曲剧团全年送戏下乡演出400多场(次),观众超过150万人(次),创下了演出场次、观众人次两项新的纪录。艺术学校在全省艺术学校各类评比活动中,成绩名列前茅。参加了省艺术中专第三届戏曲舞蹈大赛、省第二届"红梅奖"评比、省第二届合唱节、"中原文化非洲行"中国书画展、第十三届全国"群星奖"评比等省级以上文艺赛事12次,共获得各类奖项30多个(其中一等奖19个、二等奖6个)。在全国第十三届"群星奖"评比中,平顶山市选送的《玲玲的眼睛》获优秀作品奖;在省文化系统艺术中专第三届戏曲、舞蹈大赛中,平顶山市选送的《盗仙草》和《追潮》分获戏曲、舞蹈类一等奖,《国风》获舞蹈类二等奖。

(牛　磊)

【文化市场管理】　2004年,以打击制"黄"贩"黄"、侵权盗版、制贩封建迷信出版物为重点,结合民间艺术表演团体、"网吧"等专项治理活动,深入开展"扫黄打非"斗争。全年全市共集中行动36次,出动执法人员1564人(次)、车辆116台(次),取缔、关闭非法摊点68个,处罚违法户、点75个,查缴非法出版物48000多本(册),盗版音像制品32000多盘(张),其中,政治性非法出版物142本(册)、音像制品22盘(张),淫秽"口袋本"和有害卡通画册2136册,色情光盘144盘(张)。通过高压严打,"黄""非"蔓延势头得到有效遏制,出版物环境得到净化。按照上级统一部署,开展了以"网吧"、民间艺术表演团体、党政部门报刊散滥和利用职权发行等为重点的专项治理活动。对违法、违规、扰乱市场秩序的经营活动保持高压态势。为了推广我市民间艺术表演团体管理经验,文化部、文化厅在我市召开了全国民间艺术表演团体团长培训班。在开展专项治理的同时,切实加强了对城乡结合部、农村集贸市场、游商摊贩、早夜市摊点文化经营活动的监督管理。建立完善长效综合的文化市场管理机制。筹备成立了新闻出版和文化市场行业协会,并从社会上聘请了100名义务监督员,加强了对文化市场的社会监督。

(牛　磊)

【文物工作】　2004年,在配合平临高速公路建设所进行的文物调查和考古发掘工作中,共勘探面积60多万平方米,发掘遗址5000多平方米,发掘古墓葬100多座,确保了平临高速建设如期进行。为配合南水北调工程建设,对涉及全市的29处文物保护单位和文物点,逐一进行了调查勘探和考古试掘工作。在汝州张公巷瓷窑遗址考古发掘中,找到了北宋官窑遗址。文物数据信息库建设进展顺利,已完成文字录入和图像采集工作;加大了文物保护修复工作力度,全年修复青铜器近百件；完成了平顶山市境内第六批国家级重点文物保护单位的申报工作，已将应国墓地、汝州学宫、蒲城店遗址、张公巷瓷窑遗址、三苏坟、叶县县衙、法行寺塔、叶邑故城、望城岗冶铁遗址、段店瓷窑遗址、元次山碑共11处文物保护单位晋升为国家级重点文物保护单位的申报材料上报省文物局。完成了全部31处国家级、省级文物保护单位保护范围和建设控制地带的重新划定工作；经市政府审核批准，将46处文物保护点公布为平顶山市第一批市级文物保护单位。

（牛　磊）

【大力发展文化产业】 2004年，文化产业取得了长足发展。平顶山剧院吸收个人投资建立了斯卡拉东方娱乐城。汝州市电影公司55个电影放映队，全年共放电影8700多场（次），观众32万人（次），创收55万元。公益性文化单位开展了多种形式以文养文的创收活动。市豫剧团、市曲剧团、舞钢市豫剧团、鲁山县曲艺团、汝州市演艺公司等单位积极开拓基层演出市场，坚持送文艺下乡，努力增加收入，在取得良好社会效益的同时，取得了较好的经济效益。利用青铜器和汝瓷的优势文物资源，开展文物复仿制业务，积极筹建艺术品加工厂，开展文物、旅游景点的宣传推荐活动，促进了文物产业的进一步发展。

（牛　磊）

【全国民间职业演出团体团长学习班在宝丰举行】

为提高民间职业演出团体负责人的政策法律意识，规范和发展农村演出市场，总结和推广民间职业演出团体的成功经验，2004年5月23日至27日，集培训、观摩、研讨为一体的全国民间职业演出团体团长学习班在宝丰县隆重举行。来自全国28个省、自治区、直辖市的文化市场管理工作负责人、民间职业演出团体负责人共450余人参加学习。国务院法制办教科文卫司司长史敏、文化部文化市场司副司长张新建、省文化厅副厅长谢文明、市人民政府副市长梁光中等领导出席学习班。

（牛　磊）

【豫剧团创作演出现代豫剧《任长霞》】 为配合学习任长霞活动，在市委、市政府领导的关心支持下，市豫剧团克服时间紧、任务重、经费紧缺、天气炎热等困难，仅用20多天就创作排演出了大型豫剧现代戏《任长霞》，并在全市30多个县（市、区）和市直单位巡回演出，《任长霞》一剧是近年来我市艺术舞台上实现社会效益和经济效益双丰收的典范之作，在全市引起了较大轰动。

（牛　磊）

【民族民间文化保护项目挑选申报工作】 在民族民间文化保护项目挑选申报活动中，共申报传统民间艺术、传统工艺、传统技艺、民俗等4大类13个保护项目，宝丰马街书会、鲁山王忠富泥塑被列为河南省民族民间文化保护工程第一批保护名录，其中，宝丰马街书会被确定为省民族民间文化保护工程首批试点项目。

（牛　磊）

【7个乡镇被命名为文化先进乡镇】 在文化先进县（乡、镇）创建活动中，宝丰城关镇、商酒务镇，湛河区姚孟街道办事处、北渡镇，卫东五一路街道办事处、东安路街道办事处，郏县城关镇7个乡（镇、街道办事处）被命名为河南省第二批文化先进乡（镇、街道办事处），创建巩固了一批文化室和文化大院。

（牛　磊）

【“网吧”专项治理工作成绩突出】 在为期一年的“网吧”专项治理活动中，共出动检查人员2465人（次）、车辆348台（次），检查网吧1935家（次），查处违规经营网吧493家（次），对其中的89家提出警告、107家予以罚款、172家下发了整改通知书、71家责令停业、1家吊销《网络文化经营许可证》、162家黑“网吧”提请工商部门取缔；为加强管理，在每个网吧安装了净网先锋，投资十多万元成立了网络监控中心，初步改变了网络文化市场管理技术手段落后的被动局面。

（牛　磊）

【蒲城店遗址发掘】 在许平南高速公路平顶山连线工程建设中，与省文物研究所联合对省级文物保护单位——蒲城店遗址进行了考古发掘，历时100天，揭露面积6000平方米，发现城址2座、陶窑1座、房址20多处、古墓葬100多座，发掘出土文物1000多件。这次考古发掘不仅为夏商周断代工程研究提供了不可多得的实物资料，而且将平顶山市的建城历史推进到4500年前。

（牛　磊）

【文学作品创作】 2004年，全市共出版各类文艺书籍 14 册,分别是:叶景贤杂文集《从心集》、张振营散文集《心泉》、李学乾散文集《乡村无尽》、袁占才散文集《美文精品》、赵敏散文集《尘缘》、刘德印散文集《难忘那首歌》和《稻草人》、孙双才诗集《苏醒的铧犁》、刘德印诗集《梦的疼痛》、侯国军随笔集《说说而已》,郭进栓报告文学《鹰击长空》、散文集《洪流滚滚》,书法作品集《千刘谱》和《世界刘氏第四届寻根联谊大会书画邀请展作品集》等。

(王 玲)

【《摊牌》在央视首播】 由市文联副主席、作家李建军集编剧、导演、制片于一身,由市影视作家担任主要演员拍摄的电影电视《摊牌》于 5 月份杀青,10 月份在中央电视台收费频道首播。

(王 玲)

【获奖艺术作品】 2004 年,全市有 9 件文艺作品获得河南省群星奖,分别是:周建国的音乐作品《起大梁》,平煤集团文工团的舞蹈作品双人舞《绣》、群舞《天上人间》、小品《藏爹》,刘德功的美术作品《荷》,彭斐的美术作品《双鹤图》,程清举的美术作品《金秋》,郭全忠的书法作品《录曹植洛神赋》以及赵发荣的摄影作品《民乐闹新村》。

在河南省首届民间传统优秀戏曲汇演中,平顶山市代表团囊括了包括演出奖、表演奖、音乐奖在内的 4 个"金鼎奖"金奖;在第二届中国(博兴)国际小戏艺术节上,平顶山市演出的小戏《重圆》一举夺得演出金奖、优秀编剧奖、导演奖和优秀音乐设计奖,这是代表河南省参赛的唯一剧目。彭善喜工笔画《鸡冠花》入选中国美协举办的"全国首届国家级会员中国画精品展";在河南省第十届美展中,彭善喜作品《雨林秋色》、孙长喜油画《正月十五》、马根法作品《山水》获得铜奖;在"中原文化非洲行活动"中,彭斐工笔画《和平之春》荣获一等奖并被毛里求斯共和国永久收藏。

平煤集团文工团排演的小品《如此孝心》分别荣获中国第五届小品大赛"金狮奖"银奖和全国相声小品大赛银奖;小品《霸王合同》荣获第十一届曹禺戏剧奖金奖;小品《新婚之夜》在中南六省文艺汇演中荣获一等奖;小品演员崔银龙荣获 2004 年度河南曲艺"牡丹奖";在河南省文化遗产抢救工程小戏曲艺调演中,平顶山曲协获得"金鼎奖"和"组织奖"。在中国音协等单位联合主办的"郑煤杯"全国煤矿第二届青年歌手大赛中,青年歌手贾燕伟获"民族类"银奖。

(王 玲)

【获奖文学作品】 曹旭的短篇小说《音梦》获中国作家协会作品评奖一等奖,并以首篇的位置收录在《当代作家文选·小说》一书中,报告文学《一本特殊的通讯录》获全国"世纪之光"作品大奖赛一等奖,小品《皓月当空》获全国曲艺作品评选一等奖,发表在《曲艺》杂志 2004 年第 3 期。

郭进栓的报告文学《大潮,卷过这片热土》和《汝瓷传人的故事》在全国第四届"新世纪之声"征文中获一等奖,文学评论《张一弓和他的春妞儿》、散文《情满普救寺》在"中国作家世纪论坛五周年庆典评奖"中获一等奖。

(王 玲)

【文艺活动】 "世界刘氏第四届寻根联谊大会书画邀请展"展出世界刘姓书画作品 100 多件;"2004 迎新春义写春联活动"为市民奉送春联达千余幅;"纪念邓小平同志诞辰 100 周年书法、美术、摄影展览"展出作品 150 幅;"2004 年中国平顶山市国际标准舞全国公开赛"吸引了 40 多支代表队的 600 多对选手参加。还有"迎新春平顶山市首届音乐会"、"豫剧表演家方素珍个人演唱会"、与河南省《传奇文学》编辑部联合召开了"全国传奇文学作品研讨会"、"2004 中秋书画艺术笔会"、"统战杯"书画展、"平顶山市第七届美展"、"舞钢市首届奇石展销会"、"5.1"书画笔会等。

(王 玲)

【《新城》杂志更名为《三月》】 《新城》从 2004 年第一期更名《三月》,由季刊改为双月刊。全年出版计划顺利完成,且在质量上风格上有了不同程度的改变和提高,尤其与各大中专院校联合开辟的"校园社团"等栏目,使杂志面貌焕然一新,增强了凝聚力和吸引力。

(王 玲)

新 闻

【概况】 2004 年,平顶山日报社以邓小平理论和"三个代表"重要思想为指导,积极宣传和贯彻落实党的十六大和十六届三中、四中全会精神,积极配合中央、省委和市委的中心工作和经济建设的重大部署搞好宣传报道,使报纸的"指导性强、信息量大、内容丰富、生动活泼"的特色进一步突出,在服务性、知识性、贴近性上形成了自己的风格。2004 年,在全省第三届报纸综合质量评比中,平顶山日报被评为省“十佳报纸”,平顶山晚报被评为省一级报纸。

(李松山)

【及时报道重大新闻】 2004年9月,中共十六届四中全会召开。平顶山日报和平顶山晚报不仅详细、突出地报道了大会召开的盛况,日报还全文刊登了《决定》,并报道了市委中心组集中学习党的十六届三中、四中全会精神的情况。在平顶山日报学习专版上刊登了市党政领导干部、专家学者就加强党的执政能力建设撰写的理论文章,并对全市各级党组织认真学习贯彻落实党的十六届四中全会精神、加强党的执政能力建设的具体实践进行了充分报道。

2004年2月25日至28日,市六次党代会召开。平顶山日报社对会议进行了全方位、多角度的报道。连续发表10篇评论员文章“谈‘实施二次创业,打造经济强市’”,还在头版辟出专栏“实施二次创业,打造经济强市”、“二次创业看行动”,不间断地报道全市各行各业贯彻落实市六次党代会精神,在全面建设小康社会实践中的新举措,取得的新成就、新经验。平顶山晚报利用其信息量大,与群众生活联系紧密的特点,把全国各地及全市各行各业全面建设小康社会的好经验推荐给大家,为全市人民“实施二次创业、打造经济强市”提供了借鉴。

(李松山)

【跟踪宣传阶段性工作和重要事件】 一是积极做好“三农”问题的报道。二是全力做好预防禽流感的宣传报道。三是积极做好优化经济发展环境工作的报道。四是抓好《行政许可法》的宣传报道。五是精心组织抗洪救灾的报道。六是认真搞好治理有价证券和赌博活动的报道。七是加强了安全生产方面的报道。

(李松山)

【突出报道经济建设】 平顶山日报加大了非公有制经济发展、优化经济发展环境吸引投资、重点项目建设、发展县域经济、全面发展农村经济、城市建设等方面的报道。特别是对大型国企平煤集团、天鹰集团、姚电公司的快速发展进行了突出报道。

(李松山)

【抓好生产生活一线报道】 平顶山日报加大了典型报道、深度报道、焦点热点报道。开辟了“乡村纪行”、“社区见闻”、“现场见闻”、“企业采风”等专栏,大量刊登来自农村和社区一线的鲜活新闻。平顶山晚报把报道内容定位在与生活同步、与市民同行上。如:对身患怪病的叶县邓李乡农村女孩郝会勤的追踪报道,在社会上引起强烈的反响。两报对平顶山土生土长的院士张铁岗的报道让鹰城人民充满自豪。奥运期间平顶山晚报连出18期奥运特刊。

(李松山)

【强化新闻舆论监督】 2004年,日报和晚报在搞好正面报道的同时,围绕市委、市政府的中心工作及群众关注的焦点、热点加强舆论监督。如:对石龙区南张庄小学教师因学生作业未做完就用木棒毒打小学生致伤的报道,引起了当地教育部门的高度重视;对汝州农妇因不满丈夫打骂离家出走后被丈夫打断双腿事件的报道,引起了社会对妇女维权工作的重视和对家庭暴力的关注。

(李松山)

【好新闻好论文评选】 2004年,平顶山日报社以稿件质量为突破口,狠抓精品工程:一是对好稿件实行高报酬。为了调动采编人员写好稿、组好版的积极性,实行好稿好版高报酬的办法,对稿件和版面按等级(分A、B、C、D四个档次)计发报酬;二是实行季评好新闻制度。三是报社每年都积极推荐参评全国、省、市各级各类好新闻。以上措施有力地促进了采编人员写好稿、编好版、制作好标题的积极性,促进了报纸综合质量的提高。2004年两报获省级各类新闻奖101篇(件),其中,河南新闻一等奖2篇,中国地市报新闻一等奖2篇,中国城市党报新闻一等奖1篇,中国晚报新闻一等奖1篇,省级系统单项奖8篇;获省级论文奖31篇,其中:中国地市报论文一等奖1篇,城市党报论文一等奖2篇。

(李松山)

广播电视

【各项宣传扎实深入】 2004年平顶山市广播电视局围绕中心,服务大局,宣传工作导向正确,基调鲜明。

1. 深入全面地宣传党的十六大、十六届三中、四中全会精神,把学习贯彻“三个代表”重要思想活动不断引向深入。平顶山人民广播电台、平顶山电视台新闻节目中都开设了“三个代表在鹰城”、“中原崛起看鹰城”等专栏，累计播发广播新闻680多篇，电视新闻1240多条，电视专题片60多部，集中报道了全市各级各部门立党为公、执政为民、努力开创工作新局面的新思路、新举措、新突破、新成就

2. 突出宣传好市六次党代会精神，全力营造平顶山市“实施二次创业、打造经济强市”的浓厚氛围。全年累计播发广播新闻2653篇，电视新闻3184条，播放《加快城市建设、打造美丽鹰城》、《新城区建设步伐加快》电视专题片80多部。重点做了五个方面的工作：一是精心组织好市委开展的“弘扬焦裕禄精神、红旗渠精神、愚公移山精神，大兴求真务实之风”活动的宣传报道工作，重点报道了全市各级各部门转变干部作风，狠抓工作落实的新做法、新经验和先进典型。二是重点宣传好平顶山市“发展大工业、建设大城市”的战略举措，及时、全面、准确、生动地反映平顶山市改革开放和经济建设领域取得的长足进步、鲜活经验和显著成效。三是集中做好全市各地各部门牢固树立科学发展观、实施可持续发展战略、促进人与自然、经济与社会和谐发展的宣传报道工作。四是开设“发展非公有制经济之窗”、“兴业沃土”等专栏，进一步加大发展非公有制经济报道，促进全市民营经济健康发展。五是集中报道了全市整治经济发展环境活动，为全市经济发展营造良好舆论氛围。

3. 精心组织好维护社会稳定的宣传。重点报道了全市各级各部门关爱困难职工和贫困群众，扩大就业途径，解决工资拖欠，纠正行业不正之风，化解社会矛盾的措施和成效。平顶山电视台《天天新闻》节目开设了“帮助下岗工，关注再就业”和“走进社区”两个专栏，以百姓的视角诠释党的方针政策，用百姓身边的人、身边的事，教育和引导受众正确对待改革发展进程中出现的新矛盾、新问题、新困难，收到了理顺情绪、化解矛盾、维护稳定的良好效果。

4. 认真做好市人大、政协“两会和”世刘会”、“世叶会”等重大活动的宣传报道工作。在市八届人大一次会议和市政协六届一次会议召开期间，累计播发广播新闻66篇、评论4篇、专访36篇，电视新闻88篇、评论4篇、专题52篇，圆满完成了报道任务。

5. 精心做好广播电视文艺宣传，不断满足广大群众日益增长的精神文化需求。平顶山电视台全年播放电视剧400多部8000多集，电影230多部(其中自购电视剧36部、720集，电影新片100部)，文艺类电视节目278期，丰富了荧屏内容。特别是在“五一”、“七一”、“十一”等重大节日期间，还组织开展了“革命历史题材影视剧展播”等活动。各县(市)区广电局都注重挖掘地域文化内涵，开办了琴台艺苑、昆阳艺苑、艺苑春等独具特色的文艺栏目。

6. 积极做好精品创作，加大节目创新创优力度。按照“频道创特色、栏目创名牌、节目出精品”的宣传工作总要求，加强宣传策划，实施精品工程，以创新创优带动节目质量明显提高。电视纪录片《巡山》2004年荣获河南省第六届精神文明建设“五个一工程”奖。《平顶山开通第一条菜农公交专线》、《要把群众的利益放心上》、《一粒沙子的爱情故事》分别获得2003年度河南省广播电视新闻奖、河南省播音与主持作品奖二等奖，《十三书会马街人》、《郏县红牛保种刻不容缓》等9件作品获省级三等奖。

(魏宝申)

【外宣成绩斐然】 平顶山市广播电视局所属广电媒体紧紧围绕全市工作大局，本着树立平顶山良好形象的宗旨，不断加大对外宣传报道工作力度，提高对外宣传的针对性、时效性和影响力。2004年在中央电视台发电视新闻稿20条，其中《新闻联播》发稿3条。全年在河南电视台发电视新闻稿1101条，其中在河南卫视发稿531条(其中《河南新闻联播》发头题26条)，位居全省18家地市台第四名。在河南电视台公共频道、法制频道分别发稿410条、160条，均列全省18家地市台第一位。平顶山电视台《法苑漫谈》节目加入了中国城市电视台法制节目交流网，其中《多子老人住公寓》等7期节目被河南电视台法制频道采用。全年在中央人民广播电台和河南人民广播电台发广播新闻稿310多篇，其中在河南人民广播电台新闻广播发头题16条。2004年还圆满完成了市委、市政府和市委宣传部交办的电视专题片拍摄任务，共拍摄《中国·平顶山》、《山水城平顶山》等招商专题片8个。

(魏宝申)

【广电事业建设稳步发展】 2004年平顶山市广播电视局加大事业建设力度，夯实广播电视发展基础。

2004年度共投入广播中心设备维护更新款近10万元，维修投入近3万元，保障了下设各台的安全播出及播出质量。完成了平顶山人民广播电台经济频率3KW全固态发射机的购置、安装与调试，扩大了经济频率覆盖范围。建立了一套完整的广播直播系统。完成了2套广播调频天线的购置、安装、调试并投入使用。

投资60多万元完成了平顶山电视台公共频道无线发射机的安装调试，使得平顶山电视台公共频道节目覆盖有线电视用户20多万户，无线信号完成了对平顶山市所有县(市)区的覆盖。

配合2004年的平顶山市城市扩建工程，投入480多万元完成了城市光缆管网建设，改造完成的道路光缆全部入地，为提高信号质量和广播电视信号的安全传输提供了保障。完善了37公里的有线电视地埋光缆接入地工程。完成了20公里市到乡有线电视光缆延伸工程。进一步配套完善了2个分前端机房设备，新装光放大器2台、光分路器2台，增加光输出线路22条。新装城市有线电视网光节点16个。完成了3座6.5米口径卫星接收天线的迁移安装。完成了平顶山转播台避雷系统安装工程和落凫山转播台电视发射天线的防腐维护工作。全年新发展有线电视用户4000多户、互通用户3120户。

全市各县(市)区广播电视局非常重视对广播电视设备的更新改造投入，2004年共投资200万元对摄、录、编、播设备进行了数字化更新。广播电视采编播基本实现了数字化，播出质量有了明显改善。全年对城区、乡镇有线电视网络和城市广播进行维护维修，共维修保养光接收机80台、发射机12台、线路放大器300台，排除各种故障650次，保证了城区、乡镇有线电视网络的畅通和广播电视的安全播出。

(魏宝申)

【管理工作再上台阶】 2004年，全市广播电视系统高度重视安全播出工作，建立健全各项有效机制，确保广播电视安全播出。完成了全市9家广播电视播出机构的年检工作。在严防"法轮功"分子破坏及利用广播电视设施的工作中，各级广电部门成立了安全播出紧急应对指挥中心，采取切实有效的措施，严防死守，严密防范，加强对网络安全的管理和维护，确保安全播出和传输。各单位进一步建立完善了《机房值班制度》、《信号事故应急处理预案》、《机房事故应急预案》等工作制度。坚持重大节日对光接点、放大器及干线路明确责任人，加强巡护。由于全市各级广电部门在安全播出方面制度严格，措施得力，长抓不懈，2004年没有发生一次责任事故的重大技术事故。

2004年还以贯彻落实《行政许可法》为契机，认真开展依法行政工作。平顶山市广播电视局充实成立了17人的行政执法大队，开展了以治理私拉盗接广播电视信号、拖欠拒交有线电视费、违规违纪经营使用卫星电视地面接收设施为主要内容的行政执法工作，依法查处违法案件20多起，追缴有线电视费5万多元，收缴卫星天线32幅、接收机3套。

(魏宝申)

图书馆

【鹰城作家向图书馆捐书】 2004年1月，市图书馆举行鹰城作家捐书仪式。市作协组织十多位著名作家向市图书馆捐赠作品共166册，其中有于天命的《少年与老屋》，李建军的《当关》、《本色》和《瓷器》，丁红的《相思雨》，曲令敏的《消失的田园》，孙希彬的《麦郎子》，杨稼生的《叩问童心》，杜耀磊的《最后的情人》，杨晓宇的《心路》，贾文水的《春梦无边》等等。仪式上市作协发布了捐书倡议书，号召社会共同支持图书馆事业的发展。

(王宝郑)

【天鹰社区流动图书服务站成立】 为落实"文化进社区，图书到基层"的工作方针，2004年11月，平顶山市图书馆和天鹰集团社区联合建立了市图书馆的第一家企业社区流动图书服务站，向该站送去第一批图书1000册，改变了该社区没有图书馆的局面，该站面向天鹰社区开展借阅服务，丰富了社区居民的精神文化生活。

(王宝郑)

【王宝郑论文获国家级优秀论文奖】 2004年7月，市图书馆副馆长王宝郑所撰论文《构建学习型社会中图书馆主力军作用研究》被中国图书馆学会评为年会优秀论文奖，是河南省仅有的两篇入选优秀论文中的一篇，并应邀出席了在苏州召开的中国图书馆学会学术年会，并在分会上作了专题首席发言。

(王宝郑)

【北渡镇图书服务站成立】 2004年11月，平顶山市图书馆和北渡镇文化站联合建立了"平顶山市图书馆北渡镇图书服务站"。市图书馆向该站送去第一批图书600册，主要是农业科技类和文学艺术类图书。北渡镇文化站提供了专门的场地和管理人员，开始向镇政府工作人员和农民朋友开展借阅服务。该站的成立，弥补了北渡镇文化设施的不足，成为其开展农村文化教育的一个有力阵地。

(王宝郑)

【开创农村科技服务新形式】 2004年2月25日和5月25日,市图书馆组织人员携带丰富的农业科技图书和二次文献,先后两次到焦店镇高庄村和北渡镇苗侯村"科技赶会",利用农村庙会积极开展科技文化下乡活动。为农民朋友送去各类农业科技图书200余册,免费发放"农作物栽培种植专辑"、"养猪、养牛技术专辑"、"牛羊病防治专辑"、"预防禽流感专辑"等自编农业科技资料600余份,接待农民咨询800多人次,受到农民朋友的热烈欢迎。

(王宝郑)

档案事业

【已公开现行文件利用工作】 年初,市档案局根据省局要求,把开展已公开现行文件利用工作作为重点进行了部署,要求各县(市)区年内都要建成现行文件利用中心,并向社会提供利用。市档案局还先后2次派出工作组,赴外地考察学习,借鉴外地的成功经验。7月份,在鲁山档案局召开了全市已公开现行文件利用工作现场会,总结推广了鲁山的经验。10月份,市委、市政府"两办"印发了《关于向市档案馆报送现行文件的通知》。截至年底,市、县两级档案馆已全部建立了已公开现行文件利用中心,并向社会开展了现行文件提供利用工作。

(何复堂)

【村级建档率大幅提高】 农村档案工作起步早,大部分县(市)区已实现了村村建档。但全市发展很不平衡,还有部分县因地域广、行政村数量多、交通困难、经济欠发达等诸多原因,行政村建档工作相对滞后。因此,市档案局研究制定了具体措施,决定班子成员分工包县,深入基层,狠抓行政村建档工作。5位班子成员每人包一个县,负责督促指导。有关县(市)区档案局也实行了行政村建档工作目标责任制,加大了工作力度。汝州市各乡镇(办事处)都成立了村级建档工作领导小组,确定了村级档案员;郏县人民政府发出了《进一步加强农村档案工作的通知》;部分县(市)区还举办了村级档案员培训班。截至年底,全市村级建档率达到了80%,各县(市)区档案馆全都建立了村级档案目录中心。

(何复堂)

【档案馆基础建设】 2004年,档案馆库建设又有了新的突破。市档案馆新馆址已基本建成,同时,市财政拨出专款,为市档案馆购置了40立方米档案密集架。郏县档案馆年初通过了"河南省三级标兵档案馆"验收。卫东区档案馆库房面积由20平方米增至1100多平方米,已搬至新馆址办公。汝州市档案馆购置了档案柜架,修缮了馆库和办公楼。

(何复堂)

【档案资料征集】 在档案资料的征集方面,加大了工作力度。市档案馆重点向"三老"(即老红军、老革命、老领导)征集有价值的档案资料,全年征集"三老"档案资料130多件(册),还征集了"叶公好龙"邮票及相关资料。汝州档案馆征集了抗日老区土改档案资料和"文革"时期资料310多卷(册)。鲁山档案馆收集了世界刘氏(寻根)联谊会档案资料。

(何复堂)

【档案开放和利用】 2004年,80%的档案馆在计算机中录入案卷目录和案卷文件目录,开始由手工检索方式向计算机检索方式转变。全市各馆计算机输入检索条目3.7万条,革命历史档案计算机录入6000多条。各档案馆全年编写编研材料17种,约24万多字。开放152卷1581份。市、县级档案馆全年为当地经济建设、城镇规划、土地利用、编史修志、职工工龄计算等工作提供了大量的档案资料,产生了良好的社会效益。

(何复堂)

【档案法制建设】 市档案局根据省档案局通知精神,于5月底至6月初,开展了全市档案行政执法大检查,重点抽查了32个单位。对检查中发现的问题,市档案局及时提出了整改要求,制发了《整改通知书》。各县(市)区也都开展了档案行政执法检查活动。

市档案局配合市政府法制办完成了对档案行政许可项目和档案行政许可实施机关进行"双清"工作,向市政府法制办报送了《行政许可项目清理审查意见》和《关于清理保留行政许可项目的报告》,市政府明确了市档案局为档案行政许可实施主体;及时调整了全市依法治档工作领导小组。修订完善了档案行政执法工作制度。

(何复堂)

【机关档案业务工作】 继续开展了机关档案管理目

标考评工作,全年共有13个机关档案管理晋升为省级先进。开展了社区居委会档案管理达标活动,全年共有19个社区居委会晋升为档案管理先进单位。采取集中整理与分散指导相结合的方法,完成了全市机关年度立卷业务指导工作。

(何复堂)

【企事业档案业务工作】 市档案局对重点工程建设项目档案工作开展了业务指导;完成了全市禽流感防治和艾滋病普查建档工作,与有关部门联合下发了禽流感防治文件整理办法。年底,各级档案馆基本完成了禽流感防治和艾滋病普查档案接收工作。开展了企事业单位档案管理目标认定工作,市中心血站等3家企业被认定为国家级档案管理先进单位。

全面推进了非国有企业档案工作。上半年,市档案局对全市非国有企业档案管理情况进行了全面调查,摸清了底子,制定了工作计划,扎扎实实开展了非国有企业建档工作。非国有企业档案管理目标认定工作也开始起步。年底,市泰康保险公司档案工作晋升为省颁标准地市一级先进单位。

(何复堂)

【档案科研和教育】 继续开展档案专业教育和档案员上岗资格培训工作,全年有近300名档案员接受了培训。市档案局组织科级以下人员参加了全市公务员信息化与电子政务培训。市档案局协调指导市公路局完成了1项省档案科研项目申报立项工作,组织完成了1项档案科研课题,被省档案局评为优秀成果三等奖。市档案局组织撰写档案学术论文39篇参加省学术交流活动;评选了14篇优秀论文参加全省第六次档案学优秀成果评奖活动,其中获二等奖3篇、三等奖8篇、优秀奖3篇。

(何复堂)

史志编纂

【《平顶山年鉴》(2004)出版】 《平顶山年鉴》(2004)调整了框架结构,优化了栏目设置,于10月份出版发行。全书74.5万字,图文并茂,全面、系统、准确地记载了2003年平顶山市社会进步与经济建设等方面的基本情况和改革开放取得的新成就。该年鉴从内容质量、版式设计和图片效果较往年都有较大提高,受到了社会各界的好评,被中国地方志指导小组办公室评为优秀年鉴,并获市社科成果二等奖。

(盛　刚)

【县(市)区续志工作实现新突破】 《卫东区志》初稿已完成征求意见;宝丰县、新华区续志初稿已完成;舞钢市、叶县已基本完成初稿;湛河区初稿撰写多达70%以上;鲁山县初稿已完成80%以上;汝州市已写出志稿20余篇,收集整理了10余万字的大事记资料和90多份人物资料;石龙区完成资料收集70多万字,撰稿35万字。

(盛　刚)

【服务经济建设】 市史志办重视读志用志工作,积极服务经济建设。2004年,市四大班子新的领导同志到任,市志办及时送上志书,让志书为领导科学决策提供科学依据。在新城区规划、平临高速公路建设等方面,《平顶山市志》都充分发挥了咨询和地情资料参考的作用。在世界刘氏宗亲大会召开以前,市史志办指导和帮助鲁山县史志办推出《刘累族氏与鲁山历史文化》一书,充分发挥了姓氏历史文化资料优势,增进了同海外华侨、华人、台湾同胞及兄弟省(市)的姓氏文化交流和沟通,拓宽了对外开放和招商引资的渠道。

(盛　刚)

【积极筹建方志馆】 2004年,史志办领导班子把建设方志馆列入任期目标,先后向市委、市政府报送《建设方志馆势在必行》和《平顶山市地方史志办公室关于筹建平顶山方志馆的请示》,引起了市政府的重视,常务副市长吕彩霞4月15日做出重要批示:请市规划局在新城区规划时予以考虑。在市政协六届一次会议上,市政协委员、史志办杨炜主任与多名政协委员又将"尽快建设方志馆"作为提案提交会议,并被市政协提案委员会确定为文化建设的一项工程列入提案办理内容。10月14日,又向市新城区管委会报送了《关于建设平顶山方志馆的申请》,新城区管委会批复,同意将新城区3132.7平方米的土地作为方志馆建设用地。

(盛　刚)

党史研究

【"开发红色资源　服务小康建设"理论研讨会】 11

月3日,市委党史研究室召开全市党史系统“开发红色资源,服务小康建设”理论研讨会,与会的专家学者就全市红色资源现状、开发红色资源的重大意义及如何搞好红色资源开发工作进行了初步论证和研讨,并提出了良好的建议和设想。会后市委党史研究室把研讨会的有关报告、发言材料汇编成册,并发到宣传、旅游、财政、文化等有关部门,广为宣传。

(卢子平)

【党史资料征集】 2004年,市委党史研究室共征集党史资料210万字;整理上报省委党研室党史大事11万余字;完成《平顶山市当代人物大词典》征集人物传略50万字;完成《河南革命历史大辞典》平顶山条目资料征集近1万字;鲁山党研室搜集整理鲁山县近三年的大事记资料3万字;征集《历史丰碑·鲁山名人录》15万字;汝州市党研室征集新时期党史资料30余万字,拾遗补缺民主主义时期党史资料3千余字。

(卢子平)

【党史资料编辑出版】 2004年,市委党史研究室编印了《开发红色资源,服务小康建设——全市党史系统“开发红色资源、服务小康建设”研讨会材料汇编》;完成了约60万字的《中共平顶山市党史2003年年编》的编纂工作;汝州市委党研室出版了内部刊物《汝州党史》第一期;鲁山县委党研室完成的《中共鲁山历史》(第一卷)初稿;舞钢市委党研室编印了《虎头山革命烈士宣传手册》。　(卢子平)

【党史研究成果】 2004年,鲁山县委党研室撰写的《中原逐鹿前期回顾与中后期的行动纲领》一文获省委宣传部组织的“全省纪念邓小平同志诞辰100周年理论研讨会”二等奖。叶县县委党研室撰写的《邓小平理论使人民受益》和《邓小平与当代中国经济》分别在省、市级刊物上发表。郏县县委党研室撰写的《毛泽东及其家人与郏县广阔天地》一文在郏县《发展论坛》上发表。

(卢子平)

【党史宣传与教育】 市委党研室与市委宣传部等单位联合举办了纪念邓小平诞辰100周年理论研讨会。鲁山县委党研室对邓小平当年曾经居住过的“牧师楼”进行了整修,建立了“豫西革命纪念馆”,于8月18日向社会正式开放。开馆第一周就有10000多人参观学习。《人民日报》、新华社等20多家新闻媒体对该纪念馆进行多角度全方位报道。中央《求是》红旗画刊于8月22日也到鲁山进行了采访。宝丰县委党研室与县广播电视局、县委宣传部合作摄制了《邓小平在宝丰》5集专题片。汝州市委党研室举办了纪念大峪抗日根据地中共临汝县委临汝县抗日县政府成立六十周年“德源杯”党史知识电视竞赛。鲁山县委党研室为纪念红25军长征途径鲁山县70周年,与县委宣传部组织500多名民兵举办了“重走长征路、继承革命志”活动。

(卢子平)

指甲发出的疾病信号

营养不良　体内血液供应不足或缺乏蛋白质、微量元素时,指甲主要表现为甲色苍白、没有血色、指甲变薄、无光泽;蛋白质缺乏会使指甲出现白条纹;缺乏维生素A、缺钙造成干燥及易裂;缺乏B族维生素将使指甲脆弱,并出现纵横的凸脊;缺铁导致指甲凹陷或纵向凸脊;缺锌导致指甲出现白点。

消化系统疾病　肝、胃、肠等消化系统出现了严重的疾患,会使甲床的营养供应减少、使指甲生长缓慢;或者由于代谢废物排出受阻,指甲失去透明感,变得污浊粗糙。

呼吸、循环系统疾病　当患有支气管肺癌、肺脓肿时,体内持续出现呼吸功能障碍;或者由于先天性心脏病、亚急性感染性心内膜炎等疾病使循环系统运行不通畅造成供血不足,都会导致肢体末梢慢性缺氧缺血,甲床颜色变深、手指末端增粗,呈棒槌状。

(《北京青年报》11.13　沈志秀文)

卫生 体育

卫 生

【计划免疫】 1月5日~6日,开展了2003—2004年强化免疫第二轮服苗工作,服苗人数181092人,服苗率达98%。加大了AFP检测工作的力度,全市共报告AFP病例23例,报告率为2.71/10万,超过了国家规定的1/10万的标准。AFP及时调查率92.31%,旬报、月报、主动监测、合格粪便采集率、标本及随访率均达到卫生部要求。

11月1日~7日,卫生部专家组对我市近年来计划免疫工作的经费投入、政策保障、队伍建设、工作措施落实等有关情况进行评估,汝州市代表我市接受了接种率调查。卫生部专家组人员调查了汝州市杨楼、王寨、临汝等15个乡(镇)的30个行政村(居委会),随机抽取了3个年龄段(2001年至2003年出生)的630名儿童进行了基础免疫接种率调查。调查结果表明,儿童、卡介苗、糖丸疫苗、百白破三联菌苗、麻疹疫苗、乙肝疫苗的合格接种率和覆盖率均达到了国家标准。

(范东升)

【重大传染病综合防治】 2004年初,全国一些地区出现畜间禽流感疫情后,市卫生局主动与畜牧部门沟通,加强疫情检测,确定了5家市、县级综合医院为检测点,对发现的流感样病例进行监测。编印《禽流感及其防治知识问答》5000册,对医疗卫生人员进行防治知识培训,组织了对全市防治工作的督促检查,有效预防控制了禽流感疫情的发生。

继续加强肠道、虫媒等传染病综合防治,完善疾病监测工作和网络直报系统,按时启动死亡病历和不明原因肺炎病历专报系统,提高了疫情报告的时效性和准确性,2004年全市无重大传染病流行。

(范东升)

【结核病防治】 以结核病控制项目和结核病归口管理为重点,认真做好结核病防治工作。严格按照《中国结核病控制项目实施指南》要求,认真填写三个登记本,严把入选关,落实减免政策,对项目病人实施DOTS管理,实行药品核发签字制度。全市1~11月份共治管结核病人2484例,其中阳性病人1095例,入选项目病人1205例,现症病人痰菌阳性检出率44%。其中,市结防所共治管活动性结核病人624例,菌阳病人269例,入选项目病人318例。全市初诊病人3次查痰率达95%,现症病人痰菌阳性检出率达43%,涂阳病人发现率达36.3/10万,治愈率达85%。严格督导制度,对市、县组织了2次结核病归口管理执法大检查,提高了结核病转诊率,并且全部建立了疫情网络直报工作。1月~11月份在全市40余所大中专院校进行结核病体检,共检查学生3万余人,发现结核菌素阳性者1400余人,活动性肺结核患者12例,进行了预防性服药和治疗。

(范东升)

【艾滋病防治】 以既往有偿供血人员普查为工作重点,做好艾滋病防治工作。7~9月份,根据全省统一部署,开展了普查工作。整个普查工作达到了既往有偿供血人员普查覆盖率100%,抽查既往有偿供血人员资料符合率100%,艾滋病毒感染者与资料符合率100%的标准,得到省委、省政府督导组的高度评价,并顺利通过了省验收组的验收。

同时,做好重点人群干预、疫情监测、救治等工作,实行艾滋病疫情旬报制,提高疫情报告的时效性,完成了《中国预防与控制艾滋病中长期规划(1998~2010年)中期考评》自查和资料上报工作。

做好培训和实验室建设。市疾病控制机构建成HIV确认实验室,汝州市、郏县、鲁山县等疾病控制机构建立了初筛实验室,12家市、县(市)级医院也具备了初筛实验室条件。对18个具备初筛条件的艾滋病初筛实验室人员进行了专题培训。 (范东升)

【地方病防治】 2004年,省分配平顶山市降氟改水任务12处,其中,鲁山7处,舞钢5处。鲁山县、舞钢市与水利部门密切配合,认真选址,严格把关,选址定点工作已完成。继续加强碘盐监测,2004年1~11月,全市检测碘盐3780份,合格3754份,合格率99.31%。碘盐质量的稳定提高确保了全市居民碘盐营养需求。对孕妇进行尿碘、乳碘测定以及婴幼儿尿碘检测,共调查了2000余人,调查结果显示:尿碘、盐碘、甲状腺体积、体格骨骼发育在正常范围内。

(范东升)

【查处大案要案】 2004年5月21日,查处一起外地农民用化工原料泡制兜售牛蛙黑窝点,共查获用氢氧化钠、双氧水、鲜猪血加工制作好的牛蛙1000余斤。5月25日,查处一起无卫生许可证、无从业人员健康证和营业执照,擅自用工业盐腌制、氢氧化钠浸泡、工业用染料加色,加工熟肉制品的黑窝点。6月22日,依法取缔北渡金源饮料厂,该厂无卫生许可证,无营业执照,无三内防设施,生产的"菠萝口乐"和"金源可乐"是由水、色素、甜蜜素勾兑,然后罐装,压盖后销往城乡结合部和农村销售。

(范东升)

【加强药品招标采购工作】 根据国家有关文件精神,完善了药品集中招标采购目录,规范了招标采购程序。组织商户召开座谈会,针对存在的问题,邀请市药监局对初审合格的商户进行最后认定,加强供货商户在履行协约中的全程监督,加强参标医疗单位新特药品的招标审批程序,加强临床用药的监督管理。

2004年共举行4次药品集中招标采购,参加招标的药品经营单位由原来的36家增加到42余家,招标品种1800多种,中标品种1600多种,市直医院1~12月份共购进药品价值6947万元,其中招标购进药品价值6789万元,占总共购进药品的98%以上,有效保证了药品质量和临床用药安全。

(范东升)

【强化院前急救体系建设】 建立以市、县急救指挥中心为主渠道的全市院前急救指挥网络和以市、县急救中心、各急救站组成的院前急救网络,同时成立市一院、市二院等四家医院的院前急救站,规范院前急救行为,加强院前、院内急救工作的衔接与管理,完善了全市突发公共卫生事件应急反应基础建设。全年共急救出诊8323人次,抢救转运伤员9194人次,出诊效率,反应速度,走在全国领先水平。

(范东升)

【评选十佳护理标兵】 2004年,在全市卫生系统深入开展了评选"十佳护理标兵"活动,采取逐级推荐,层层考核的办法,通过严格理论知识竞赛、技术比武和综合考核,李晓燕等10名同志荣获"市十佳护理标兵",并被市妇联命名为"市三八红旗手",同时对刘海静等15名"市优秀护理管理者",李晓燕等35名"市优秀护士"进行表彰,增强广大护理工作者的职业责任感和自豪感。

(范东升)

【打击非法行医专项活动】 2004年,全市共出动医政执法监督员1533余人次,出动车辆217辆次,查处非法行医423户,逾期不校验者15家,擅自超范围或变更地址53家,擅自聘请外单位人员23家,取缔非法个体诊所243家,罚没药械折合人民币20万余元。限期整改227家,查处案件总数539起。

(范东升)

【积极开展卫生支农】 市卫生局大力开展卫生支农工作,积极协调7家市级医疗保健单位对口支援7家乡镇卫生院,免费接纳进修人员31人次。积极指导乡镇卫生院走专科兴院之路,全市全年共发展重点专科16个,培养、轮训在岗人员4433人次,进修各科人员175人次,并选派22名中心乡镇卫生院在职职工参加河南省适宜人才培训。

(范东升)

【郏县新型农村合作医疗试点初见成效】 2004年是新型农村合作医疗工作的第一年,运行一年来,郏县56万农民中已有376990人参加了新型农村合作医疗,覆盖率75.22%,有367172人次享受到合作医疗补助,补助金额达781.48万元。为有效缓解农民群众因病致贫、因病返贫发挥了积极作用,有力推动了农村卫生事业的发展。

(范东升)

【规范乡村医生管理】 按照《乡村医生从业管理条例》、《河南省卫生厅关于贯彻落实乡村医生从业管理条例有关事宜的通知》和省卫生厅统一部署,组织完成了全市7200余名乡村医生执业注册资格审查、信息录入及5136名乡村医生免试执业注册工作。依据

《河南省卫生厅关于印发河南省乡村医生考试考务管理规定的通知》,遵循以法治考、规范有序的原则,采取积极措施,加强考务管理,对2518人次的乡村医生进行了执业资格考试。

(范东升)

【社区卫生服务工作】　严格社区卫生服务机构准入制度,按照"规划先行、坚持标准、示范带动、稳步发展"的原则,大力发展城市社区卫生服务。依据《平顶山市城市社区卫生服务机构设置规划》,按照每个办事处设置1个社区卫生服务中心,每个社区居委会设置1个社区卫生服务站的原则,严把准入关,全市全年共建成社区卫生服务站26家,批准设置16家。同时,根据《关于将城市社区卫生服务机构纳入城镇职工基本医疗保险定点医疗机构范围的通知》,指导帮助社区卫生服务机构及时办理城镇职工基本医疗保险定点医疗机构有关手续。

(范东升)

【妇幼保健】　2004年,对全市申请从事母婴保健专项技术服务的133个医疗保健单位和近千名从业人员进行了考试、考核和资格重新认定,依法批准了131家开展助产技术服务。

市妇幼保健院先后投资400余万元购置了辅助生殖中心全套实验室设备、宫腔镜、全自动血凝分析仪、进口麻醉机、彩超、高档多功能手术床、高档PVC产床等专科医疗设备,改善了办院条件,满足了临床诊治、检测需求。

市妇幼保健院与北京首都儿科研究所合作,成立了全市首家首都儿科研究所协作医院。汝州市妇幼保健院把特色专科和重点学科建设作为重点,鼓励引进与开展新技术、新项目,相继开展了乳腺病、口腔保健和小儿脑瘫专科。宝丰、鲁山、郏县妇幼保健院积极开展无痛人流、无痛分娩等新技术、新项目。

(范东升)

【宝丰　汝州列为中医建设单位】　宝丰县被列为全国农村中医工作先进县建设单位,汝州市被列为创建全省农村中医工作重点县建设单位。通过创建活动,中医工作已成为汝州市农村三级医疗预防保健网的重要组成部分,中医医疗、预防、保健、康复等服务功能配套,中医医疗服务机构分布合理,人才梯队形成,技术水平明显提高,中医药特色优势得到发挥,基本满足了农民群众对中医药的需求。2004年汝州市中医院被评为"河南省卫生系统先进集体",是全省唯一一家获此荣誉的县级中医院。

(范东升)

【医学科研取得新成绩】　以提高相关疾病诊疗水平为重点,以研究常见病、多发病、疑难病和重大疾病为主攻方向,鼓励中青年学科带头人,从科技创新上下功夫,边临床实践,边科研攻关,医学科研工作又取得新成绩。2004年,全市卫生系统,共获省级科技进步二等奖2项;获市级科技进步奖66项,其中,一等奖15项,二等奖42项,三等奖9项,占市级科技进步奖总数的40%以上。

(范东升)

【无偿献血】　市中心血站加强内涵建设,投资20余万元引进电脑管理系统,增强血站档案建设与管理,建立采供血质控体系,同时完善各项规章制度,加强采供血各环节的质量控制和监督,实现了全市采供血的网络化、科学化、规范化管理。供血合格率100%,全市6个县级供血库通过省卫生厅验收,全部达到《河南省县级供血库建设达标标准》。截至11月底,献血总人数为19616人次,供血量68146个单位,成份用血率达95.7%,农村无偿献血率达50%,为无偿献血者报销24.48万元。全市临床用血全部来源于无偿自愿献血,无一例经输血传染疾病事故和输血纠纷,保证了全市临床用血质量与需求。

在10月23日北京召开的全国无偿献血总结表彰大会上,平顶山市被全国红十字会、国家卫生部授予全国无偿献血先进城市奖,1998年以来平顶山市已连续三次获此殊荣。

(范东升)

【红十字会工作】　7月中旬,由于受强降雨袭击,造成叶县、舞钢市发生了严重的洪涝灾害。市红十字会及时开展查灾、核灾工作,并向上级红会紧急报灾,引起了省红十字会和中国红十字会总会、香港特别行政区红十字会、广东省红十字会、香港佛教慈善爱心基金会的高度重视。

省红十字会紧急调拨了价值6万余元的方便面、净水剂、消毒剂等物资,发放到重灾群众手中。

中国红十字会总会将平顶山市灾区确定为中国红十字会彩票公益金救助项目。先期拨付5万元资金,生产加工28100公斤面粉于8月7日发放到叶县、舞钢市灾区群众手中,9月2日第二批价值12万元的55560公斤面粉按计划发放到叶县龙泉乡、仙台镇灾区。

香港特别行政区红十字会制定了援助计划,首批价值13余万元的66124公斤面粉于9月27日发放到叶县重灾区群众手中。

广东省红十字会、香港佛教慈善爱心基金成员抵达平顶山市,对因灾受损的叶县龙泉乡赵庄小学、仙台镇粑张小学的重建工作及其它人道援助工作进行实地考察。考察结束后,决定捐赠15万元人民币用于两所学校的重建工作,该项目于10月15日奠基开工。

与此同时,市红十字会募集82.377万元款物发放到全市重灾区,为灾区人民渡过难关、重建家园提供了实实在在的人道主义援助,起到了政府的助手作用。　(范东升)

体　育

【农村体育】　2004年是国家体育总局确立的“农村体育年”。9月10日至10月20日,以“生活奔小康,身体要健康”为主题的平顶山市第八届全民健身节在全市10个县(市)区分别举办,历时40天,相继举办了太极拳、剑、门球、健身操、足球等30余种大众体育项目的竞赛活动。参加健身节活动的人数达61万余人,是历届健身节时间最长、开展项目最多、参与人数最广的一次全民健身活动。春节农闲期间,全市10个县(市)区共开展了49项体育健身表演、竞赛活动,活动遍及县城、乡镇和村庄,吸引了众多新闻媒体的关注和报道。鲁山县瀼河乡尹村举办的第三届摩托车障碍赛吸引了外市县的农民摩托车爱好者参与其中,参赛车手达70余名,观众达2万人之多。赛事活动的消息不仅上了《人民日报》,央视《新闻联播》也进行了报道。宝丰县利用传统民俗马街书会期间举办民间汽车越野赛,郑州、许昌、平顶山市的车手也前来助兴,观看群众达3万人之多。汝州市临汝镇东营村举办的第二届篮球邀请赛共有16支队伍参赛,不仅有本地的篮球代表队,而且还有慕名前来的郑州市和洛阳市的两支篮球代表队,省体育局局长张振河、省体育局群体处处长田力夫等领导亲临该村视察、指导工作。　(李俊峰)

【体育师资和组织建设】　2004年,县(市)区共组织培训批准二、三级社会体育指导员235名;培训健身志愿者111名;推荐批准一级社会体育指导员11名;推荐批准健身气功辅导员6名;建立省级健身气功辅导站6个;批准了3个市级青少年体育俱乐部,申报成功了1个全国青少年体育俱乐部;批准成立了2个汽车运动俱乐部和1个太极拳俱乐部;批准成立了球迷协会和羽毛球协会。　(李俊峰)

【业余训练】　为达到“奥运有人、亚运有分、全运有牌、省运创佳绩”的竞技体育目标,平顶山市初步形成了以学校体育为基础,以业余体育和训练网点为中间环节,以运动学校为龙头的三级业余训练网络。坚持“选好苗子、着眼未来、打好基础、系统训练、积极提高”的原则,加大选材力度,依靠“希望之星”选材大奖赛、评选“输送奖”、市运动会加分等方式,激励各县(市)区选好才、送好苗。2004年共注册520余名运动员,取得省参赛资格的运动员466人,各项目参加省十运会的队伍基本形成。在省年度赛上,我市共有312名运动员参加了田径、游泳、赛艇、皮划艇、体操等十三个项目的比赛,获得省十运会加分340分。　(李俊峰)

【全国U-19后备力量足球赛】　2004年4月20日至30日在市体育村举办了全国U-19后备力量平顶山赛区足球赛。这次比赛共有7支球队参加,分别有大连实德队、中国煤矿队、山东鲁能队、广西队、辽宁队、陕西国力队、天津队,参赛队员154人,历时10天,经过角逐,取得本赛区1~7名的依次为:天津队、陕西国力队、山东鲁能队、辽宁队、大连实德队、广西队和中国煤矿队。　(李俊峰)

【全国传统项目学校篮球赛】　2004年8月14日至25日,全国传统项目学校篮球赛(男子组)第一阶段比赛在体育村体育馆举行。这次比赛共有10支球队,参赛队分别有:浙江回浦中学、湖北襄樊五中、武汉48中、石家庄市二中、西安交大附中、长沙明德中学、邯郸峰峰春光中学、山东师大附中、西安陕建一中、辽宁阜新实验中学,共有队员100多人,历时11天。经过激烈角逐,山东师大附中队荣获本次比赛第一名,荣获第二到十名的依次为:浙江回浦中学、石家庄市二中、长沙明德中学、辽宁阜新实验中学、西安交大附中、西安陕建一中、邯郸峰峰春光中学、武汉48中、湖北襄樊五中。　(李俊峰)

【全国 U－17 后备力量足球赛】 2004 年 9 月 5 日至 20 日，全国 U－17 后备力量足球赛第二阶段 B 组的比赛在市体育村足球场举行，这次比赛共有 7 支球队参加，分别有深圳健力宝队、广东东莞队、广东名峰队、大连实德队、上海杨浦队、沈阳金德队、青岛颐中队，参赛队员 154 人，历时 15 天。经过比赛，各参赛队依次获得 9 到 15 名的是：沈阳金德队、广东名峰队、大连实德队、深圳健力宝队、青岛颐中队、广东东莞队、上海杨浦队。 （李俊峰）

【全国 U－15 后备力量足球赛】 2004 年 9 月 26 日至 10 月 6 日，全国 U－15 后备力量足球赛第二阶段（平顶山赛区）比赛在市体育村场地举行，这次比赛共有 6 支球队参加，分别有：青岛颐中队、湖北体校、珠海中邦、北京国安 C 队和武汉足协队，参赛队员 132 人。 （李俊峰）

【市第六届运动会暨第八届全民健身节】 平顶山市第六届运动会暨第八届全民健身节是平顶山市在新世纪举办的第一次综合性体育盛会，10 月 10 日下午在市体育村体育馆隆重开幕。运动会历时 10 天，各项比赛分别在市体育村及体育局各训练单位进行。由各县市区和平煤集团组成的 11 个代表团、1124 名运动员参加了田径、游泳、划船、体操等 16 个大项、267 个小项的比赛。其中有 20 人 25 次创超 18 项市纪录，1 人 1 次平 1 项市纪录。新华区代表团、平煤集团代表团、湛河区代表团获金牌前三名；新华区代表团、汝州市代表团、平煤集团代表团获总分前三名；体育道德风尚奖由郏县代表团、鲁山县代表团、宝丰县代表团、新华区代表团、卫东区代表团、平煤集团代表团获得；输送奖由新华区代表团、平煤集团代表团、卫东区代表团获得；贡献奖由卫东区代表团、湛河区代表团、新华区代表团获得。 （李俊峰）

【体育产业】 市体育村采取一体化经营方式，发挥场馆的综合功能作用，积极开展活动。先后承办了 2004 年度全国 U－15 足球比赛、全国 U－17 足球比赛等全国性赛事，接待运动员、裁判员、工作人员近 800 人次，全年大型赛事活动经营收入达五十余万元。自主承办全国四种健身气功辅导员培训班、亚足联中国足协 B 级教练员培训班、平顶山首届五人制足球比赛等培训和比赛活动。全年共接待各类团体、会议 44260 人次，客房营业收入 207.6 万元。 （李俊峰）

【场馆及基础设施建设】 市体育村是市体育场馆比较集中的窗口单位，在资金紧张的情况下，充分利用自筹资金和施工单位垫资等方式，对体育场、体育馆、保龄球馆、宾馆等场馆进行了维修，对水、电、暖等线路进行了规范化改进，新建外场地 800 平方，培育鲜花六千余盆，美化了环境，改善了硬件设施条件，扩大了对外影响。市运动学校对篮球馆进行了整体维修，并铺设了木质地板。市水上运动学校投资 3.8 万元，更新了 15 米长的漂浮码头；投入 6000 元对两条训练用摩托艇进行了维修和保养；自筹资金对服务楼、餐厅进行了装修，配置了桌椅；新装了路灯，美化了校园。五环游泳俱乐部为改善经营环境、提高经营效益，投资 27.8 万元对水循环设备进行了改建扩容；投资 4 万余元配置了新更衣柜；为节约能源，提高收益，购置了保温、防尘功能的双层发泡塑料布。 （李俊峰）

维生素不宜饭前服

维生素类药一般应在饭后服，而不宜在饭前服。其中的原因是，维生素 B_1、B_2、C 等，口服后主要经小肠吸收。若饭前空腹服，维生素较快通过胃肠，很可能在人体组织未充分吸收利用之前，即从尿中排出，起不到最佳的作用。而饭后服，因肠道有食物，可使维生素缓缓通过肠道，较完全地被吸收而起到理想的治疗效果。维生素 A、D、E 等，油类食物还会有助于它们的吸收。此外，需要补充维生素时配合吃一些含矿物质更丰富的食物，效果会更好。

（《中国消费者报》10.27　桑久文）

社会生活

人口与计划生育

【概况】 2004年,平顶山市计划生育工作以完成省定人口计划和目标为中心,以综合改革试点工作为动力,广泛开展计划生育集中服务活动,强力推进后进村转化,加强基层基础工作,开展性别比治理,落实计划生育优惠政策,稳步推进新机制建设,发动计划生育协会参与人口和计划生育综合改革,完成省定人口计划和人口工作目标。全年全市出生48782人,落实四项节育手术39801例,年底,出生率为9.93‰,人口自然增长率为4.78‰。 (陈 杰)

求真务实、团结奋进的市人口计生委党组

【计划生育考核】 7月,市人口和计划生育委员会组织全市上半年计划生育工作考核,参加考核调查员130人,历时3天,调查36个行政村。12月,市人口和计划生育委员会对全市全年计划生育工作组织考核,参加考核调查员130人,历时14天,调查178个行政村,32个街道办事处。两次考核均为近10年来参加考核人员最多,历时最长,样本量最大的计划生育考核。

(陈 杰)

【"121"集中服务活动】 针对省、市半年考核查出的问题和全市人口形势,市委、市政府下发《关于印发〈平顶山市计划生育"121"集中服务活动方案〉的通知》,决定9至10月,开展"121"集中服务活动,即在全市100多个乡(镇)、2000多个行政村,落实四项手术等计划生育工作各项任务一遍净。开展此次活动的行政村达2750个,参与活动的市、县、乡干部达6722人,直接参与活动的村干部达14000人。在"121"集中服务活动中,共做四顶手术14479例,其中结扎5756例,上环7136例,引流产1587例,控制住了2000多例政策外出生。

(陈 杰)

【技术服务网络建设】 2004年,市人口和计划生育委员会制定下发了《关于加强计划生育服务机构动态管理的通知》,在各级技术服务机构开展"四优一满意"创建和争创技术服务文明窗口活动。全市先后投入640多万元,改建县站7个,新建乡所21个,改建乡所21个,新建村室129个,改建村室881个。通过省级验收,全市6个县站全部达到甲级站标准,50%的乡所达标并获得技术服务文明窗口称号,2465个村室达到规范化标准,占全部村室的80%左右。

(陈 杰)

【性别比综合治理】 针对性别比偏高,个别医生非法鉴定胎儿性别,一些育龄夫妇选择性引流产问题,平顶山市委、市政府组织有关部门对性别比实施综合治理。计生部门加强规范管理,严把康检关、终止妊娠关、生育证换证关。同时,公安、卫生、药检、计生等有关部门齐抓共管,开展集中整顿活动。2004年,各部门出动人员3000人次,车辆463台次,全市共清查个体诊所770个,取缔无证诊所79个,查出违纪党员、干部和其他人员26人,没收封存B超机71台、医疗器械44套、引流产药品642盒、赃款13.9万元。年底,出生性别比控制在116:100,趋于正常。

(陈 杰)

【二孩生育秩序整顿】 为严格生育政策，稳定低生育水平，5至9月，全市开展二孩生育秩序整顿。此次整顿以从严界定二孩生育政策，控制二孩生育为原则，严格界定农村居民的区域和对象，对成人伤残、井下工、深山村居民等符合生育二孩的条件重新界定。全市共收回准孕证明11635份。通过重新核实，符合当年二孩生育条件的，依据当年二孩生育计划，逐年发放二孩生育证，当年未安排的，全部采取避孕节育措施；不符合现行生育政策的，取消其生育二孩资格。同时，结合性别比治理，对持二孩生育证的夫妇实行孕情监控和全程跟踪服务，对两次以上不参加定点保健服务或私自引、流产的，生育证作废。此次整顿，全市共作废二胎生育证69例。

（陈 杰）

【信息化建设加快】 2004年，全市投入近30万元，发展人口和计划生育工作信息化建设。健全了市人口和计划生育委员会局域网，对全市计划生育系统广域网进行了改造。同时坚持外引人才，内抓培训。全市乡（镇）、办事处先后引进专业人才46人，市、县举办微机员培训班12期。市人口和计生委对县、乡两级信息化建设组织了考评，并在汝州召开信息化建设现场会交流推广经验。

（陈 杰）

【协会组织建设年活动】 2004年是中国计生协提出的“协会组织建设年”，平顶山市在全市开展了“协会组织建设年活动”。市计生协出台了《关于在企业和流动人口中建立计生协会的实施方案》，并深入基层指导活动开展。据不完全统计，2004年，全市企业中，对已建计生协会换届整顿96个，新建计生协会146个；在全市流动人口中，新建计生协会28个。23个到届的乡级计生协会、243个到届的村级计生协会全部进行了换届。全年新发展会员2.8万人。

（陈 杰）

劳动保障

【就业再就业】 2004年，平顶山市城镇新增就业岗位64236个，完成目标任务的128%；下岗失业人员实现再就业26895人，完成目标任务的165%，其中大龄就业困难群体再就业9217人，完成目标任务的161%；城镇登记失业率3.4%（目标4.5%）；再就业培训22382人，完成目标任务的154%；创业培训共21期625人，完成目标任务的104%，培训合格625人，合格率100%，培训后创业成功率达68%；发放小额贷款1855.8万元；街道社区平台建设基本实现了“机构、人员、经费、场所、制度、工作”六到位，各项再就业扶持政策得到较好落实。至年底，全市累计下岗失业人数11.8万人，安置下岗失业人员10万人，再就业率达到84%。

（谷泽坤）

【农村劳动力转移就业】 2004年，认真落实“农村百万劳动力转移工程”，切实加大对外劳务输出工作力度，劳务输出总量大幅攀升。建立组织机构，成立了市劳务输出服务局。出台实施了《关于进一步加强劳务输出工作的意见》、《关于加强农村劳动力转移培训工作的意见》、《关于鼓励外出务工人员回乡创业的实施意见》等有利于农民外出务工的政策文件，为劳务输出提供了宽松的政策环境。8至9月，全市劳动保障系统，统一组织了一次劳务输出活动，有1200名农民分赴广东、江苏、福建等地外出务工。至年底，全市农村适龄劳动力240万人中，有农村剩余劳动力121万人，组织外出务工50.8万人，全年新增输出7.8万人，完成年度目标7万人的110%。

（谷泽坤）

【“两个确保”工作】 2004年，企业离退休人员净增4774人，全市企业离退休人员总数达58545人。应发养老金3.56亿元，实际发放3.56亿元，发放率为100%，社会化发放率100%，保证了按时足额发放。在国企下岗职工基本生活保障方面，全年全市出中心实现再就业6005人，至年底，全市仍滞留在再就业服务中心的下岗职工有8451人。全年全市共筹措和发放国有企业下岗职工生活费7254万元（其中财政拨付4359万元，社会筹集拨付2178万元，企业717万元），发放失业保险金2209.63万元，发放率均为100%。

（谷泽坤）

【养老保险】 2004年，全市各类企业参保职工已达22.24万人，养老保险覆盖面达97%。基金征缴步入依法征收、规范运作的轨道。全年养老保险基金实现征收3.7亿元，征收率102%，完成全年任务的114%，同比增收1643万元，净增4.6个百分点。同期应支出 3.56 亿元,实支 3.56 亿元,实现了收支平衡;在机关事业单位共有参保职工 49481 人,离退休职工 4276 人,全年完成基金征缴 6006 万元,征收率 107%,发放养老金 4435 万元,发放率 100%。

(谷泽坤)

【失业保险】 2004 年,全市参加失业保险的职工有 44.2 万人,参保覆盖面达 99.7%,领取失业金的人数为 9893 人。全年失业保险基金实现征缴 4870.56 万元(市级 2936.77 万元,县级 1933.79 万元);征缴率为 105.89%;完成全年任务的 106%,同期支出失业金 2209.63 万元(市级 1577.84 万元,县级 631.79 万元)。

(谷泽坤)

【基本医疗保险】 2004 年,医疗保险制度改革运行平稳,覆盖面进一步扩大。全市参保职工达 50.01 万人,占全市应参保人数的 97%,其中,市直参保人数 16.5 万人(不含平煤),占应参保人数的 95%。截止 2004 年底,基本医疗基金实现征收 2.46 亿元,征收率为 97%,完成全年任务的 110%,同比增收 2489 万元,共支付医疗费 2.19 亿元,实现了收支平衡,适度积累。出台了《平顶山市城镇灵活从业人员基本医疗保险暂行办法》,并于 7 月 1 日正式实施,已参保 2003 人,为健全医疗保障体系,发挥了重要作用。加强和规范了医疗保险定点医院和定点零售药店的监督与管理。实行了部分药品最高支付限价和介入治疗介入材料招标等有效的管理手段,控制了医疗费用的不合理增长,减轻了病人负担。重点查处了违规经营和冒领顶替、挂床住院等欺诈行为,提高了医疗服务质量。

(谷泽坤)

【工伤及生育保险】 以贯彻实施国家《工伤保险条例》为契机,积极推进工伤保险制度改革。全年共新增参保职工 7368 人,全市参保职工达 12.05 万人,征收基金 579 万元,支付工伤保险待遇 477 万元,运行状况良好。女工生育保险全年新增参保职工 7009 人,全市参保职工总数达 15.2 万人,共征收基金 886 万元,支付女工生育保险待遇 767 万元。

(谷泽坤)

【职业技能开发】 2004 年,认真落实省厅"三年两万新技师培养计划",全年新培养技师 508 名;全市技工学校当年新招生 4250 人,在校生总数达 10000 余人,毕业生当年就业率 90%;职业资格证书制度取得进展,参加职业技能鉴定人数 12000 万人。天鹰集团有限公司车工技师张全民获得中华技能大奖,天鹰集团荣获国家技能人才培育突出贡献奖。

(谷泽坤)

【劳动保障监察执法】 2004 年,加大劳动保障监察执法力度,开展追讨拖欠农民工工资、签订劳动合同、社保基金扩面征缴等专项检查,全年共检查各类用人单位 3827 户,查处违法单位 1296 户,督促用人单位缴纳社会保险费 1572.48 万元,督促用人单位补签劳动合同 48110 份,追回拖欠劳动者工资 709.07 万元,为劳动者追回风险抵押金、保证金 138.72 万元。受理群众举报 453 起,立案 344 起,结案 339 起,结案率为 98.5%。

(谷泽坤)

【劳动争议仲裁】 2004 年,全市共受理劳动争议 383 件,涉及职工 1315 人,其中集体争议 18 件,涉及职工 950 人,结案 338 件,其中调解结案 104 件,仲裁裁决 176 件,撤诉 33 件,不予受理 25 件,结案率 88.25%,法定时效结案率 100%。全市共受理来信 266 件,接待来访 7702 人次。使大量的劳资纠纷得到及时化解,有力地维护了劳动者的合法权益。

(谷泽坤)

【劳动保障大厅建设】 平顶山市政府出资 685 万元,购买市华诚大厦 3、4、5、6、7、11 层用于市劳动保障大厅建设,5 月 8 日投入运行。大厅由市人力资源市场、失业保险服务大厅、医疗保险服务大厅、养老保险服务大厅四个厅组成,共 40 个服务窗口,劳动保障系统各单位、各业务科室抽调业务骨干进驻大厅,对前来办理劳动保障业务的群众,实行"一站式"办公,"一条龙"服务。

(谷泽坤)

【劳动保障信息化建设】 2004 年,平顶山市"金保工程"项目建设,初步形成计算机软、硬件及网络系统统筹安排、整体规划、统一管理的劳动保障计算机管理信息系统新布局。首先,从计算机硬件和网络资源整合入手,顺利完成市劳动保障服务大厅的计算机网络布线,统一为进驻大厅的单位配置了微机,调试开通了养老保险管理信息局域网系统。初步实现了硬件资源整合,为下一步数据整合、业务整合和信息共享打下了基础。强化"金保工程"调度制度,2004年底,平顶山市"金保工程"可行性研究报告顺利通过省市立项。按照"统一规划,分步实施"的原则,以劳动就业为龙头,逐步将劳动保障及其他各项业务纳入"金保工程"建设。被省劳动保障厅确定为部核心平台应用软件(劳动就业)全省本地化试点单位。

(谷泽坤)

【企业军转干部解困工作】 2004年,全市4152名企业军转干部,全部纳入养老保险和医疗保险体系,申请退休207人,办理退休207人,申请退休办理率达到100%,下岗失业98人,实现再就业91人,再就业率达到92.9%。全年全市共为27个系统,89个单位的困难企业军转干部发放生活补贴7739人次,计413.7万元,其中发放医疗补贴25.2万元。

(谷泽坤)

【服务全市经济发展】 一是积极配合和支持企业改制,抓好改制、破产和兼并企业职工劳动保障待遇的落实工作,在政策允许的范围内最大限度地减轻企业负担,支持企业的发展。二是针对三局一矿等困难企业进中心人员再就业难问题,继续保证他们的基本生活,维护社会稳定。三是进一步强化劳动保障事务代理、劳务派遣等用工制度改革,让企业从具体事务中解脱出来,集中精力求发展。同时,不断加大非公有制企业的社会保险扩面力度,让非公有制企业职工享受与国企一样的劳动保障权益,促进非公有制经济发展。四是继续与有关单位和部门协调,帮助下岗失业人员解决再就业扶持政策的"棚架"问题,将各项扶持政策落到实处,促进全市再就业工作的顺利开展。

(谷泽坤)

【其他各项劳动保障工作】 2004年,做好全市劳动关系协调、行政审批项目清理、依法行政、退伍兵及驻军随军家属安置、工伤认定、劳动能力鉴定、职业培训、财务规划统计等工作。按照国家退休政策审批办理退休申报退职手续5865个,支持企业改制,为符合条件人员申报办理提前退休247人;认定工伤1186人,开展劳动鉴定1547人;安置退伍军人1996名,安置转业军人家属及驻军家属56人;新增人事档案代理4000份,使人事档案代理规模达到11800份。

(谷泽坤)

人民生活

【城镇居民收入】 2004年,平顶山市城镇居民收入快速增长。全市城镇居民人均可支配收入7630.69元,比上年增长14.01%。在城镇居民的家庭总收入中,工薪收入、经营净收入、财产性收入、转移性收入全面增长。其中工薪收入人均5629.36元,比上年增长12.42%;经营净收入人均511.84,比上年增长4.96%;人均财产性收入251.95元,比上年增长55.01%,拉动家庭总收入增长1.09个百分点;含离退休金在内的转移收入人均为1814.03元,比上年增长16.82%,其中人均离退休金收入1274.45元,比上年增长8.3%。

城镇居民人均借贷收入1438.99元,比上年减少29.52%。在借贷收入中,人均提取储蓄存款1244.19元,比上年减少25.49%;人均贷款26.67元,比上年下降83.27%;人均收回投资本金10.63元,与上年同比下降86.66%;人均住房贷款26.67元,比上年减少132.94元;其它借贷收入为1.86元,比上年减少71.82%。

(朱建华)

【城镇居民支出】 2004年,全市城镇居民人均家庭总支出6904.61元,增长1.83%,借贷支出增加8.73%。在家庭总支出中,人均消费性支出为5391.93元,比上年增加6.93%;人均非消费性支出1512.68元,比上年减少12.94%。人均存入储蓄款为2215.22元,下降0.39%;人均借出款为68.55元,增长147.92%;人均归还款为138.96元,增幅为19.12%;人均储蓄性保险支出107.51元,增长21.63%;人均其它投资支出、归还住房贷款、其它借贷支出分别为17.85元、19.46元、32.84元,比上年同期有较大幅度的增长。

居民的消费观念发生变化,消费支出增加。食品价格涨幅较大,人均用于食品的支出1976.40元,比上年增长17.63%。人均用于衣着支出665.72元,比上年增长9.38%。因家电类在家庭中处于饱和状态,人均家庭设备用品及服务支出302.64元,与上年同比下降6.45%。医疗保健支出人均为529.71元,比上年下降31.48%。由于电讯行业的激烈竞争,不断的优惠政策使居民得到实惠,也吸引了居民的支出,人均用于交通和通讯增至545.29元,比上年增长6.14%;其中通讯支出人均405.36元,比上年增长8.53%。因教育支出的增长,拉动娱乐文教服务支出大幅增长,人均用于娱乐文教服务支出为643.79元,比上年增长10.74%。其中教育支出人均335.15元,比上年增长14.97%。人均用于居住方面的支出为586.66元,比上年增长33.86%,其中人均住房支出为232.76元、水电燃料支出344.45元,分别比上年增长113.27%、8.65%。人均用于杂项商品和服务支出141.72元,比上年增长14.47%。

(朱建华)

【消费结构发生变化】 在消费支出中各项所占比重,食品由上年的33.32%,增长至36.65%;衣着由12.07%增至12.35%;设备用品及服务由6.42%减至5.61%;医疗保健由15.33%减至10.11%;娱乐文教服务由10.28增至11.94%;居住由8.69%增至10.88%;杂项商品由2.46%增至2.63%。平顶山市城镇居民的住房面积稳定增加,人均住房使用面积为21.67平方米,比上年增加1.01平方米,增幅为4.89%。

(朱建华)

【城镇居民储蓄】 2004年,平顶山市城镇居民的储蓄呈现"四增两减"特点。一是期末手存现金增加,年末人均手存现金4363.15元,比上年同期增加607.4元,增幅为16.17%。二是储蓄性保险支出增加,人均该项支出107.51元,比上年增加19.12元,增幅为19.81%。三是购买有价证券,2004年人均77.04元。四是其它投资支出人均17.85元,是上年同期的8倍。五是存入和提取银行储蓄款减少。人均存入储蓄款2215.22元。比上年减少8.72元,减幅为0.39%;人均提取银行储蓄款为1244.19元,比上年减少425.7元,减幅为25.49%。

(朱建华)

【乡村居民收入】 2004年,全市乡村居民人均总收入为3551.98元,比上年增加428.96元,增幅为13.74%;人均可支配收入为2280.47元,比上年增长12.87%。在人均总收入中,工资性收入611.02元,比上年增加83.90元,增幅为15.92%;家庭经营收入为2738.15元,比上年增加397.74元,增幅为16.99%;财产性收入43.91元,比上年减少3.21元,减幅为6.81%;转移性收入为158.90元,减幅为23.75%。

(朱建华)

【乡村居民支出】 2004年,平顶山市乡村居民人均总支出为2791.35元,比上年增加234.13元,增幅为9.16%。在人均总支出中,家庭经营费用支出为1063.02元,比上年增加157.77元,增幅为17.43%;税费支出为36.72元,比上年减少9.66元,减幅为20.82%;生活消费支出为1514.88元,增加76.08元,增幅为5.29%;财产性支出为11.40元,比上年增加8.30元,增幅为267.60%;转移性支出为99.31元,比上年增加16.06元,增幅为19.29%。

在生活消费支出中,人均用于食品消费的支出为699.43元,比上年增加34.44元,增幅为5.18%。在外饮食消费支出为68.10元,比上年增加8.61元,增幅为14.47%。人均衣着消费119.46元,比上年增加9.01元,增幅为8.15%。人均居住消费235.20元,人均家庭设备、用品及服务消费支出为70.28元,比上年增加10.39元,增幅为17.34%。人均医疗保健消费支出为87.06元,比上年增加9.15元,增幅为11.74%。人均交通、通讯消费支出99.33元,比上年增加3.80元,增幅为3.97%。人均文教娱乐用品及服务消费支出为171.62元,比上年增加20.39元,增幅为13.48%。人均其他商品和服务消费支出为32.52元,比上年减少4.33元,减幅为11.76%。

全市乡村居民人均住房面积为28.02平方米,比上年增加1.04平方米;人均电费支出26.84元,比上年增加3.77元,增幅为16.36%;人均生活用燃料支出60.15元,人均服务性其他支出10.63元,比上年增加0.37元,增幅为3.57%。

(朱建华)

【乡村居民储蓄】 2004年,平顶山市乡村居民储蓄的主要特点为银行存款减少,手存现金增加。人均银行存款余额为85.15元,比上年同期减少27.73元,减幅为24.57%。人均手存现金为923.25元,比上年同期增加48.94元,增幅为13.08。人均期末债务余额,向银行和信用社贷款为7.95元,向乡村集体组织和企业借款为0.02元,向个人借款68.20元。

(朱建华)

【家庭耐用品拥有量继续增加】 2004年,城市居民家庭耐用消费品每百户拥有彩电116.9台,比上年增长1.7%;电冰箱89.3台,增长1.7%;摩托车21.5

辆,增长18.8%;移动电话112.6部,增长39.9%;家用电脑26.9台,增长45.4%;组合音响15.4套,增长4.1%;空调104.8台,增长20.9%;助力车10.2辆,增长70%;乡村居民家庭耐用消费品每百户拥有洗衣机51.89台,增长3.3%;电冰箱20.33台,增长10.2%;空调7.11台,增长34.2%;摩托车36.11台,增长20.4%;彩电68.11台,增长12.5%;影碟机18.5台,增长21.6%;组合音响6.11台,增长37.6%;热水器4台,增长63.9%。

(朱建华)

社会事务管理

【救灾救济】 2004年,平顶山市部分地区遭受严重的洪涝灾害,全市各级民政部门为保障灾民的基本生活,着重抓好倒房重建工作,共投入灾民倒房重建资金1600余万元,建成房屋6708间;同时下拨春荒救灾款440万元,开仓借粮25万公斤,人均月救助8元,共有8.1万农村特困人口得到救助。"双节"期间,开展送温暖活动,全市先后发放救济款和特困户救助金470万元,发放面粉80吨、棉被10000条、衣物19万件。各县(市)区还对敬老院进行了走访慰问,发放慰问金50多万元。 (庞 璐)

向各县(市)区发放救灾物资

【城市居民最低生活保障】 2004年,市民政局针对不同低保家庭的困难情况,进一步规范操作程序,细化低保待遇的申请、审核、审批及低保金发放管理办法,对重病、重残和"三无"人员给予重点救助。城市"三无"人员每月人均低保金150元,有危重病人、严重残疾和子女上学的低保家庭人均月补差62元,其他低保人员人均月补差50元。建立低保储备金预警、支付和紧急筹措机制,全市全年有81010名城市居民被纳入最低生活保障,累计发放低保金5105.9万元。

(庞 璐)

【爱心救助超市】 2004年,市民政局投资近百万元,建立了集接受、仓储、整理为一体,面积为800平方米的爱心救助超市,于12月16日正式开业。爱心救助超市的建立,得到全市社会各界的大力支持,市委、市政府两办发出《关于在全市广泛开展送温暖、献爱心扶贫济困集中捐赠活动的通知》,截止12月底,共接收社会各界捐款80万元,衣被14余万件,为2000多人次的特困群众发放生活用品8000多件。国家民政部、省、市等领导先后视察爱心救助超市,并给予高度评价。《河南日报》、《大河报》、《河南商报》、河南电视台和平顶山市新闻媒体分别进行专题报道,受到社会各界的好评。 (庞 璐)

爱心救助超市

【五保供养】 市民政局认真落实五保供养政策,妥善安排五保老人的生活,全市有10000多名五保老人的供养待遇得到落实,90%的乡镇建立了敬老院,并进一步健全以敬老院为依托的五保服务网络,使集中供养和分散供养紧密结合起来。2004年,全市有11所省级文明敬老院和20所市级文明敬老院。

(庞 璐)

【社会福利事业】 2004年,第三批"星光计划"项目建设进展良好,7个项目已全部竣工并投入使用,3个计划外项目有2个项目完工投入使用;"明天计划"顺利实施,部分孤残儿童得到救治;依法收养工作有序进行,全市共受理当事人申请387份,依法办理准予登记271个,其中收养社会弃婴266个;城市生活无着的流浪乞讨人员救助管理工作稳步推进,完成收容遣送向救助管理的转变,全年共接收救助人员1850人次,送返家乡420人次。全市社会福利生产进入良性循环轨道,城乡社会福利生产产值达4.35亿元,实现利税达1990万元,圆满完成市政府下达的目标任务。

(庞　璐)

【福利彩票工作】 各级民政部门抓好乡(镇)福利彩票扩容增点工作,使福彩发行销售再创历史新高,提前4个月在全省率先完成全年目标任务,全市全年共发行福利彩票6200万元,完成任务比例为170%,为平顶山市筹集社会公益金510多万元。

(庞　璐)

【社区建设】 2004年,开展社区硬件建设,社区活动场所、社区居委会办公条件和社区环境得到改善,全市社区文体活动室增加到95个,室外活动场所增加46处;在全市开展争创"示范社区"活动,制定下发了《"示范社区"创建标准和考核办法》,组织人员对市内10个办事处和20个社区居委会进行考核,湛河区被评为河南省社区建设示范区,新华区矿工路等5个街道办事处被评为河南省社区建设示范街道办事处。

(庞　璐)

【优抚安置】 2004年,市民政局认真落实优抚对象生活水平自然增长机制,使在乡老复员军人月定补标准达到117元以上,全部按时足额发放;农村义务兵家属优待全部列入当地财政预算,优待标准达到上年当地人均收入的70%以上,2004年共兑现优待款900万元。进一步完善退役士兵自主择业优惠政策,严格《优待安置证》发放程序,使非农征兵比例得到有效控制。全年全市共接收安置退役士兵3413名,其中城镇安置2195名,安置率为100%。军队离退休干部接收安置及军休干部的政治和生活待遇得到较好落实,市干休所被评为全省"军休工作管理服务先进单位"。

(庞　璐)

【殡葬改革】 2004年,市民政局严厉查处和打击偷埋乱葬行为,全面提高火化率。全市共火化尸体18193具,平均火化率为75.8%,与上年同比增长9.9个百分点;全年共受理殡葬违法案件812起,强制起尸火化463起,维护了殡葬法规的严肃性。大力推进公益性公墓建设,叶县公益性公墓建设率达到95%以上,舞钢市达到90%以上,较好地解决了农村亡故人员的骨灰安放问题。同时,加强对经营性公墓管理的力度,经营性公墓社会效益和经济效益明显提高,在省民政厅组织的经营性公墓年检中,市区4座经营性公墓全部合格。

(庞　璐)

【婚姻登记】 2004年,全市共登记结婚64174人,补办、补领结婚证2171人,登记离婚8044人,补领离婚证91个,登记合格率100%。舞钢市民政局婚姻登记处被评为"全国先进婚姻登记处"。

(庞　璐)

【民间组织管理】 2004年,市民政局开展社团组织整顿和证照清理工作,加强对违规民间组织的立案查处,启动了民办非企业单位年检工作,民间组织登记质量和管理水平明显提高。全市全年共登记社团418个,民办非企业单位200个,受委托管理基金会2个、办事处3个,注销、撤消社团和民办非企业单位16个,查处非法、违法组织67个。

(庞　璐)

消费者权益保护

【举办"3·15"国际消费者权益日活动】 2004年3月15日,市工商局、市消协在市中心商城、华宝商场等5个会场举办"诚信·维权"3·15"大型广场宣传、咨询活动,各县(市)区消协在当地设立了分会场。当天共设立投诉咨询台28个,受理投诉咨询787件,现场解决284件,发放宣传资料7万余份,为群众挽回经济损失50余万元。另外还举办了"打造'诚信鹰城',共筑放心消费环境"大型签名活动。

(杨延民)

【受理消费者投诉】 2004年,全市各级消费者协会坚持把受理消费者投诉作为工作重点,认真快捷地为消费者解决热点、难点、疑点问题。全年共受理各类消费者投诉2347件,解决近2317件,解决率为98%,为消费者挽回经济损失近59.4万余元,接受消费者咨询近7000余人次,切实保障了消费者的合法权益。

(杨延民)

【"诚信·维权与商品房"活动】 2004年,市消协围绕全市房地产行业物业管理现状所存在的主要问题和如何加强商品房行业的诚信与维权,进一步规范商品房市场，净化商品房消费环境等主题，召开了“诚信·维权与商品房”座谈会，广泛听取了各界人士的意见和建议。对市区42家有资质的房地产公司开展问卷调查和社会评议及诚信推荐、监督活动。评出8家“诚信·推荐放心房”单位，规范了平顶山市房地产市场秩序，有效地扼制了房地产市场存在的虚假广告宣传、恶意违背约定、违反规定预售、物业管理滞后、房屋质量隐患、中介价格欺诈等问题。

（杨延民）

【引导消费促发展】 2004年，市消费者协会正确引导消费者科学消费，帮助消费者免受劣质商品的损害，针对消费市场的环境状况，从受理消费者投诉的案件中，进行综合分析，依据市场调查情况，抓住投诉热点，通过各种媒体、网络适时向社会发布消费警示。在平顶山日报、晚报、“天天3.15维权网站”先后发布了“餐饮消费，谨防缩水”、“识别手机有窍门、购置手机选场所”、“售房陷阱多，购房要当心”、“办卡消费有陷阱，劝你慎重莫上当”、“‘五．一’出游切记维权”、“中秋月饼　慎重消费”、“关注旅游消费，遏制旅游侵权”等七篇消费警示。为消费者提供了可靠的消费信息，取得了良好的社会效果。其中，“关注旅游消费，遏制旅游侵权”的消费警示，被中国消费者协会网上转载发表。

（杨延民）

【加强维权网络建设】 2004年，以平顶山市工商局12315指挥中心为核心，形成了市局、县（市）区局、基层工商所三级申诉举报网络，11个县（市）区分局建立了12315申诉举报中心，129个基层工商所建立了12315申诉举报站，均有专职人员处理消费者申诉、举报、咨询工作。各县（市）、区分局在与消费者联系紧密的商业、服务业、餐饮业、公用事业等行业中成立“社会服务网络单位达38家。全年共接待消费者来访8200人次（含电话），受理消费者咨询6637起，直接受理消费者申诉1491起，解决率达99%，为消费者挽回经济损失286万元。

（杨延民）

【典型申诉案例】 案例一　2004年3月10日，12315指挥中心接到消费者赵先生对保险公司的一起申诉。赵先生从2000年12月5日至2004年，一直投保于一保险公司，险种为“个人住院费用医疗保险”和“个人住院补贴医疗保险”两种。2003年10月10日至2004年元月10日，赵因肺结核在平煤集团总医院治疗。康复出院后，多次与保险公司联系解决住院费用理赔问题，但该公司拒不履行有关保险条例。赵先生无奈，就到市工商局12315指挥中心进行申诉。工作人员接到申诉后，对此事进行了调查并与保险公司取得联系，在消费者各种证据俱全的情况下，工作人员做了深入的思想工作，经过多方努力，保险公司最终按照《保险条例》的相关规定，赔偿消费者各项医疗费用7600元。

（杨延民）

案例二　2004年3月17日，12315申诉举报指挥中心接到舞钢市一吕姓消费者的电话申诉，几日前，置放在家里的一捆啤酒自行爆炸，正好伤及一旁玩耍的女儿左眼。该啤酒是本市一企业生产，吕某在为女儿治疗期间，多次与经销商、厂方联系索赔，但均无结果，请求12315指挥中心给予帮助。接到案件后，执法人员立即着手调查此事，通过电话多次与厂方联系，并将厂方负责人请到12315大厅进行协调。经过努力，厂方主动与受害者联系，于3月25日双方达成共识，由厂方支付吕某女儿医疗费和交通费共计1600元。

（杨延民）

市工商局长陶洪臻、副局长侯予生到“3·15”活动识假、辨假展台检查工作。

县(市)区概况

汝州市

【概况】 总面积1573平方公里,其中市区面积14.5平方公里,耕地面积57362公顷,总人口94万人,其中农业人口83.2万人。辖小屯、临汝镇、寄料、温泉4镇和杨楼、庙下、纸坊、蟒川、骑岭、王寨、陵头、尚庄、夏店、焦村、大峪11个乡及风穴、洗耳、煤山、钟楼、汝南5个街道办事处。全市共有453个行政村(居委会)。

2004年,全市紧紧围绕"全省进位次,全国创特色"的总体目标,一心一意谋发展,全市全年完成国内生产总值98.5亿元,比上年增长15.5%,增幅为10年来最高。其中,第一产业增加值12.6亿元,增长7.7%;第二产业增加值55.7亿元,增长19.3%;第三产业增加值30.3亿元,增长12.5%。全社会固定资产投资完成16.8亿元,比上年增长122.5%;社会消费品零售总额完成22.4亿元,实际增长11.3%;城乡居民储蓄余额31.2亿元,净增5.8亿元,增长22.7%。人口自然增长率5.3‰。

(刘红彬)

【农业和农村经济迈出坚实步伐】 全年农业总产值完成23.1亿元,比上年增长7.7%。优质专用小麦、玉米、小杂粮面积扩大,瓜菜、高淀粉红薯等高效农业开发效益显著。农业结构逐步优化,全市粮经饲比例调整到66:28:6。畜牧业总产值预计完成13.4亿元,占农业总产值的比重达到58%以上。争取资金6000万元,实施农业综合开发、中低产田改造、旱作农业、水土保持和小流域治理,完成退耕还林2.2万亩,通道绿化120公里,四旁植树375万株。农民负担降低70.5%。劳务经济健康发展,农民外出务工达15万人次,收入7亿多元。

(刘红彬)

【工业项目建设实现重大突破】 全年新建、改建、扩建投资超百万元工业项目115个,总投资80亿元,已完成投资10.5亿元。引进1000万元以上项目14个,完成投资4.3亿元。37个较大项目建成或初步建成,郑州金城房地产开发公司"金世界"商业步行街、登封少林寺温泉古汤少林养身院、福建客朝阳路开发等项目正在做前期准备工作。工业增加值完成50亿元,增长15.4%。限额以上工业企业总产值完成20.7亿元,增长22.5%;增加值完成7.7亿元,增长20.3%。

(刘红彬)

【非公有制经济发展势头强劲】 培育扶持天瑞集团、三佳公司、梦想公司、巨龙淀粉厂等一批规模大、效益好、实力强的民营企业。天瑞集团成为资产超过17亿元、职工1万多人,集铸造、建材、煤炭、旅游、电力为一体的国家大型工业企业和河南省综合实力百强企业。巨龙淀粉厂成为中南地区最大的玉米淀粉生产企业。梦想公司成为河南省最大的饼干生产企业,梦想品牌价值进入全国同类产品前四位。亚星公司、福利淀粉厂通过国际ISO9000体系认证。非公有制经济增加值完成53亿元,增长20.4%;上交税金1.8亿元,增长64%。

(刘红彬)

【第三产业得到较快发展】 交通运输、邮电通信业增加值增长17.6%;批发零售贸易餐饮业增加值增长10.0%;房地产业增加值增长3.6%;其他服务业增长13.5%。老城购物广场、汝州宾馆改造等一批服务设施建成使用。成功举办张公巷窑址国际专家研讨会,张公巷窑址被初步确定为北宋官窑遗址,成为河南省2004年十大重点考古新发现之一;加大汝瓷知识产权保护力度,顺利通过国家质检总局和世贸组织汝瓷原产地认证;成功举办"德源杯"全国豫剧票友大赛;文化中心、学宫、汝瓷博物馆等文化基础设施基本建成。怪坡文化苑建成对外开放;风穴寺修缮一新,景区大门已竣工;紫云山风景区开始接待游人;四寨山、蒋姑山、大红寨、关顶山等景区开发已经启动。市一院传染病区建设、市二院门诊楼改造、市卫生防疫站疾控中心大楼工程接近尾声。农村信用社增资扩股提前完成目标任务。

(刘红彬)

【财政收入大幅度增长】 加强骨干财源建设。加大财税征管力度,实现财政收入快速增长。财政收入完成17518万元,比上年增长57.4%。强化非税收入和预算外资金管理,实行“一个口进,一个口审,一个口出”,增强政府宏观调控能力,保工资,保运转,集中财力办大事。补发乡镇拖欠干部教师工资2137万元;解决城镇干部教师职工工资赤字1085万元;首次发放年度考核称职、合格干部教师职工奖金1055万元;解决朝阳路拖欠征地款、工程款980万元;清理拖欠在职干部职工医保费、公疗费204万元;高速公路引线城区段建设投入700万元;落实老干部待遇配套资金100万元。

(刘红彬)

【人民生活进一步改善】 城镇居民人均可支配收入达5452元,增长10.2%。农民人均纯收入2669元,增长7.6%,是1997年以来增速最快的一年。社会消费品零售总额预计完成22.4亿元,实际增长11.4%。城乡居民储蓄余额31.2亿元,净增5.8亿元,增长22.7%。

(刘红彬)

【公路建设取得新成就】 完成公路建设投资7亿元。平临高速公路汝州段施工进展顺利;省道庙洪线庙下至寄料段完成大修改造;常付线洛汝界至城区段路基工程正在施工;省道侯饭线全线开工;县道靳马线、柏湾线、戎观线、大季线、上观线等上百公里水泥路面硬化全面完成;国债项目坊庙线施工队已经进驻;“村村通”路面硬化106公里。完成300公里县乡二级路、400公里“村村通”路肩培护任务。

(刘红彬)

【城乡面貌发生明显改观】 完成广成路路灯更换、市标改造和路面铺油;望嵩路罩面,丹阳路东西段改造,洗耳河三期治理和2号橡皮坝建设,洗耳北路、南路和城垣北路、南路路面硬化及部分配套工程基本竣工;中心广场改造完成道路、排水及部分硬化;高速公路市区引线工程开工建设;污水处理厂正式投入运营;小街小巷硬化取得明显成效。成立城市规划委员会,城市规划步入科学化、规范化轨道。城市建设投资公司开始运转。城镇建设土地储备中心正式启动。开展卫生城市创建活动。顺利通过省级卫生城市复查验收。

(刘红彬)

【社会各项事业全面发展】 全年实施科技项目16个。投入1084万元对50所中小学危房进行改造,教育教学条件进一步改善。参加平顶山市六运会并取得团体总分第二名、奖牌总数第二名的好成绩。新安置下岗职工2809人、“4050”人员602人。建立小额贷款担保中心,为下岗职工发放贷款220万元。4080名离退休人员养老金按时足额发放。开展农民工工资支付专项监察,追回欠款418万元。发放社会保障金1000多万元,保障了11700户、21033名特困群众和优抚对象的基本生活。争创全国老龄工作先进市顺利通过验收。残疾人事业取得新进展,全市残疾人就业率达80%以上。

(刘红彬)

舞钢市

【概况】 总面积645.67平方公里,其中市区面积22.74平方公里,耕地面积20100公顷。总人口31.67万人,其中农业人口20.20万人。辖朱兰、垭口、寺坡、院岭4个街道办事处,八台、尚店、尹集3镇和枣林、庙街、武功、铁山、杨庄5个乡。

2004年,全市国内生产总值达到40.1亿元,比上年增长17.8%,人均生产总值突破万元大关,再次跻身全国县域经济基本竞争力提升速度最快的百县(市)行列。其中,第一产业增加值4.4亿元,增长13.3%;第二产业增加值28.8亿元,增长20.9%;第三产业增加值6.9亿元,增长13.6%。财政收入实现历史性突破,达到2.198亿元,增长75.1%。农民人均纯收入2449元,增长9.1%;城镇居民人均可支配收入5606元,增长8.01%。

(范 平)

【农村经济全面发展】 农村生产生活条件得到进一

步改善,建成国家级节水增效示范围区工程、退耕还林工程、淮防林工程、林果示范基地工程和农网二期光纤工程。全年粮食总产12.04万吨,其中夏粮6.47万吨,秋粮5.57万吨。经济作物种植面积发展到12万亩,"白色工程"面积达1.5万亩,食用菌生产规模达到1600万棒(袋),粮经比例提高到65:35。完成大面积造林2.45万亩,新建和完善农田林网6万亩。全市肉鸡饲养量达到1610万只,大牲畜存栏7.28万头,生猪存栏16.28万头,羊存栏13万只,畜牧业占农业总产值的比重达到56%。

(范　平)

【工业生产快速增长】 开展"挖潜提质增效年"活动,建立健全现代企业产权制度,产销利税较上年明显增长。全年完成工业总产值83.83亿元,同比增长23.1%,其中规模以上工业完成总产值76.74万元,增长28.1%。产品产销率达100.2%。舞钢公司生产及经济效益再次实现历史性跨越:全年单炉产钢128.5万吨,增长21.8%,达到设计能力的3.5倍,冶炼效率世界第一;入库钢板108.1万吨,增长8.1%,达到设计能力的2.7倍;实现销售收入55亿元,增长38%;实现利润4亿元,增长60%;实现利税6.5亿元,增长47%。安钢集团舞阳矿业公司完成采掘总量1246万吨,比2003年增长70%。

(范　平)

【招商引资和项目建设成效显著】 全年签约百万元以上项目92个,建成和在建项目78个,项目履约率达60%。全年固定资产投资完成11.4亿元,比上年增长70.3%。完成舞钢公司西气东输管线钢技术改造、银河纺织公司5万锭棉纺装机、海明造纸集团公司黑液资源化一期工程等建设项目,中加钢铁公司1#、2#炼铁炉建成投产;三恩药业公司GMP认证、中加钢铁公司40万吨炼铁项目、中天炼铁厂208立方高炉等技改项目开工建设。投资2600万元的盛博钢板厂、投资2500万元的银杏保健饮料厂、投资2000万元的炼钢溶剂石厂等27个项目建成投产;投资3.5亿元的中加钢铁公司矿山工程、投资3.8亿元的铁山红矿、投资8100万元的中天炼铁厂二期工程、投资1亿元的银龙纺织集团10万锭技改项目、投资2亿元的奥瑞特矿业公司项目、投资8000万元的秀水度假村山庄、投资3000万元的石漫滩农业观光度假园等51个项目正在建设之中。

(范　平)

【各项社会事业全面进步】 2004年,舞钢市努力实施"科教兴市"战略,完成科技项目36项、技术承包项目67个,引进先进实用技术63项,示范推广新品种35个。科技对经济增长的贡献率达到45%。积极整合教育资源,全市中小学由172所调整为165所。投资2461万元,改造一批农村中小学危房,建成市二中等23栋教学楼,进一步改善了办学条件。教育质量明显提高,向大中专院校输送学生1302人。加强文化市场管理,对网吧进行了集中整治。完善落实下岗人员再就业扶持政策,安排再就业专项资金206万元,全年开发就业岗位3560个,安排下岗失业人员再就业1354人,其中"4050"人员再就业402人。

(范　平)

【"三城联创"全面启动】 2004年3月,舞钢市启动"三城联创"活动,决定创建国家级园林城市、国家级卫生城市和中国优秀旅游城市。全年投入基础设施建设资金达8500万元,维修、改造了市区钢城路、建设路等主要道路,完成了3条过境省道的改造、扩建工程,迎宾广场、建中广场、文化广场、翠竹游园建成投用,完成二郎山、天池山景区及大坝公园等配套建设项目,开工建设了垃圾填埋场及污水处理厂,建成绿化面积14.5万平方米。10月,被命名为省级园林城市。

(范　平)

宝丰县

【概况】 总面积722平方公里,耕地面积41846公顷,总人口481813人,其中农业人口393314人,辖城关、大营、石桥、杨庄、商酒务、张八桥、闹店、周庄8个镇,李庄、肖旗、赵庄、前营、观音堂5个乡和1个铁路办事处。全县共有323个村(居委会),754个自然村。

2004年,全县国内生产总值达51.2亿元,新增11.08亿元,按可比价增长15.7%。其中第一产业增加值66961万元,增长11.0%,第二产业增加值290343万元,增长15.1%,第三产业增加值154251万元,增长18.7%。人均生产总值突破1000美元。全社会固定资产投资63405万元,比上年增长38.7%。社会消费品零售总额100319万元,比上年增长16.4%。财政收入13210万元,首次突破亿元大关,比上年增长59.46%。人口自然增长率为4.67‰。城镇居民人均纯收入2819元,增长15.54%。全县限额以上工业企业完成总产值20.08亿元,完成增加值8.9亿元,增长19.2%,工业经济综合效益指数达159.5%,同比提高28.5个百分点。农林牧渔总产值119448万元,比上年增长12.2%,全年粮食总产19.1万吨,增长7.6%,是历史上第三个高产年;以畜牧养殖业和林果业为重点调整农业结构,畜牧业产值占农业总产值的比重达47%;植树造林3061万亩,新发展林果面积1.69万亩,完成通道绿化84.6公里。全县投资100万元以上的建成和在建项目191个,总投资23.83亿元,建成1000万元以上项目20个。全县以上体和私营企业已发展到27645个,经济总产值84.79亿元,实现增加值16.09亿元,增长32.4%,被市委市政府授予发展非公有制经济先进县称号。城市卫生面貌进一步发观,被国家爱卫会命名为国家级卫生县城。安全生产形势得到巩固,杜绝了各类生产性重特大事故发生。社会保障工作得到加强,发放养老金1760万元,新增就业人员2744人,安置下岗失业人员799人;发放低保金396.2万元,做到应保尽保;加大扶贫力度,解决了706人的温饱问题,累计清欠工程和农民工工资160万元。坚持和完善县乡领导公开挂牌接待制度,加大领导包案解决信访问题的力度,全年未发生赴京、赴省集体上访,保持了社会大局稳定。2004年,市政府下达的各项责任目标超额完成,被评为"责任目标优秀单位"。

(蒋　舒　叶二伟)

【非公有制经济蓬勃发展】　2004年,宝丰县制定《关于进一步促进非公有制经济发展的决定》,坚持对重点民营企业实行挂牌保护制度,开展行风评议,查处"四乱"案件。加强县勤政投诉中心建设,同时,在13个乡镇建立了勤政投诉分中心。组织民营企业家,对江浙地区进行考察学习,并在全县开展了"企业兴,宝丰兴,民营企业是先锋"的大讨论。邀请温州专家到宝丰讲课,同时,组织百名企业家和中层干部到温州培训学习。举办了宝丰企业家与上海企业家的交流和经贸洽谈会。年底,全县个体私营企业已发展到27645个,经济总产值84.79亿元,实现增加值16.09亿元,增长32.4%,其中,洁石建材公司、宝石煤业公司被省委省政府命名为"优秀企业",城关镇、杨庄镇、张八桥镇被评为发展非公有制经济先进乡镇,跻身全市前十强。(蒋　舒　叶二伟)

【项目建设取得新突破】　2004年为宝丰县的"项目落实年",县委成立了大项目建设指挥部,实行四大班子领导分包重点建设项目责任制,分两批对64个重点项目进行分包,并实行定期汇报制度。全县成功争取国债项目9个,总投资3500余万元。投资100万元以上的建成和在建项目191个,总投资23.83亿元,全年累计完成投资20.5亿元,其中建成项目169个,完成投资12.3亿元,在建项目88个,完成投资8.2亿元。已建成1000万元以上的项目主要有:投资5000万元的鸿发第二焦化厂、投资1500万元的鹰保第二洗煤厂、投资2800万元的天河金刚砂厂、投资2600万元的泓利煤焦二期扩建工程、投资1600万元的欣鑫碳素材料厂、投资1500万元年产500万箱的宝丰酒业健力宝纯净水生产线、投资1700万元的年产300万平方米的洁石墙地砖生产线、投资1200万元的红盛公司"三粉"加工厂、投资2.04亿元的京宝焦化年产60万吨机焦项目一期工程焦炉主体工程、投资2300万元的2×3MW泓利焦炉散荒煤气综合利用电厂。投资3600万元的平顶山市政工程公司预制构件厂项目正在施工建设。

(蒋　舒　叶二伟)

【城市基础设施建设步伐加快】　完成西环路南延、为民路南延和中兴路及龙兴路中段、北段路灯安装工程;开工建设了为民路北延和人民路东段下水道及路灯改造工程;对西环路、人民路等城区主干道路面进行整修。玉带花园小区基本完工,城建住宅小区进展顺利。创建省级园林城市工作取得新进展,对南二环路、龙兴路北段、人民路东段等主次干道和居民区、单位庭院进行了绿化。完成了文笔山和迎丰渠绿化工程。加强城市管理,对城区乱倒垃圾、占道经营、乱停、乱放等进行了有效治理。12月24日,宝丰县被正式命名为"国家级卫生县城",成为全市唯一、全省第四个国家级卫生县城之一。

(蒋　舒　叶二伟)

郏　县

【概况】　总面积737平方公里,耕地面积46441公顷。辖城关、薛店、堂街、安良、冢头、长桥、6个镇和茨芭、黄道、渣园、广阔天地、王集、白庙、李口、姚庄8个乡,374个行政村,775个自然村。总人口568165

人,其中农业人口521119人,占总人口的91.7%。

2004年,县域经济综合实力明显增强,全县实现国内生产总值34.1亿元,比2003年增长12%,其是第一产业增加值9.1亿元,增长10.3%,第二产业增加值17.2亿元,增长13.5%。财政收入8018万元,增长43.6%,财政支出25581万元,增长21.3%。年底金融机构各项存款余额15亿元,比年初增加2.7亿元,各项贷款余额10.8亿元,增加1.4亿元。人民生活水平进一步提高,全面落实对种粮农民直补和农业税降点政策,农民减负1751万元,新增劳务输出2.5万人。农民工资性收入水平不断提高,扶贫开发顺利实施,3600名群众摆脱贫困,农民人均纯收入2150元,增长6%,城镇居民人均可支配收入4631元,增长11%。县乡工资基本实现同步发放。社会消费品零售总额8.5亿元,增长12.2%。

(秦红伟　赵天欣)

【工业经济快速增长】 工业企业完成总产值53.7亿元,增加12.3亿元。其中限额以上工业总产值9.5亿元,增长19%,实现利税6870万元,增长29%。限额以上工业企业经济效益综合指数达167.5%。

(秦红伟　赵天欣)

【农业经济全面发展】 完成农业总产值16.8亿元,比上年增长11.5%。畜牧业产值占农业总产值的比重达到45.3%,高效经济作物种植比重达34.2%。收购烟叶532万公斤,实现税收1123万元,粮经比由2003年的66:34调整到65:35,复种指数达到200%。老虎洞水库除险加固工程全面完成,广阔渠硬化及配套工程,青龙湖二期工程进展顺利,新增有效灌溉面积5000亩,旱涝保收田5000亩;完成小流域治理5平方公里,开发整理土地9000亩,坡耕地改造2000亩,解决1.6万人的吃水困难;完成退耕还林8000亩,兑现退耕还林补助款462万元。农业机械化步伐加快,农机总动力达到36.6万千瓦。

(秦红伟　赵天欣)

【非公有制经济健康发展】 全县非公有制经济单位达到9761个,比2003年增加2168个。完成营业收入68.3亿元,同比增长17.3%;完成增加值18.8亿元,增长19%。非公有制经济增加值已占全县生产总值的52.3%。入库税金3617万元,新上百万元以上项目147个,年销售收入在500万元以上企业新增加34个,限额企业达到64家,年交税金在50万元以上非公有制企业达到27家。规划了广天铁锅工业基地、城关食品饮料基地、安良神前陶瓷工业基地、黄道电力建材基地、李口焦炭基地和长桥焦化基地。

(秦红伟　赵天欣)

【招商引资成就斐然】 统筹安排了“元旦、春节”、“五一”、“十一”招商引资活动;组团参加了“第三届中国河南投资贸易洽谈会”、“第八届中国厦门投资贸易洽谈会”,并在杭州成功举行了“河南郏县项目发布会暨签约仪式”;在北京、上海、深圳、佛山、厦门、台北及菲律宾、新加坡、印度等地设立9个信息收集工作站和招商引资办事处。6月30日,召开招商引资工作表彰大会;对已建成投产的12个项目的21位引介人员给予56.7万元的奖励,对36个项目的36位有效信息提供者给予4.9万元的奖励。落实招商引资项目212个,投资总额18.7亿元,合同利用区外资金17.7亿元,实际到位区外资金6.3亿元,已建成项目134个,投资总额5.2亿元;在建项目78个,投资总额13.5亿元。

(秦红伟　赵天欣)

【交通城建建设力度加大】 郏南西线大修改建、石查路大修工程顺利完成。行政路东段完成路面工程,迎宾大道、龙山大道向东延伸和东城大道整修工程正在施工。三苏汝河大桥工程进展顺利,郏神路全线开工建设,完成村村通公路80公里。

(秦红伟　赵天欣)

【旅游开发取得新成绩】 广阔天地博物馆顺利建成并对外开放。三苏景区整体开发项目由河南中天集团有限公司投资开发,总投资3000万元。项目开发突出“三苏”文化特色,以东坡名胜景观和园林为依托,以仿宋建筑风格为主调,以三苏诗、词、文、书、画及三苏的真实故事为主要内容。整体开发项目占地506亩,包括南门外广场和东坡名胜风景文化区、东坡湖垂钓暨水上游乐文化区、东坡湖特色餐购物文化区、三苏广场民俗艺术文化区、三苏园林艺术文化区、三苏陵园文化区、广庆寺佛教文化区、三苏祠东坡碑林文化区、苏祠历史文化区、旅游服务办公区等。

(秦红伟　赵天欣)

【社会事业全面进步】 人口自然增长率控制在5.6‰以内。国土资源管理力度进一步加大,耕地总量保持动态平衡。科技兴郏战略实施顺利,建立健全农技推广网络。教育教学质量显著提高,“双基”工作通过省政府复验;积极实施中小学危房改造项目,消除危房面积107万平方米。县广播电台顺利开播。新型农村合作医疗试点工作成效明显,补助资金952.8万元,直接受益群众40.6万人次。县医院门诊楼和县疾病控制中心建成并投入使用。

(秦红伟　赵天欣)

鲁山县

【概况】 总面积2407平方公里,其中耕地面积47340公顷。总人口83.87万人,其中农业人口73.06万人。辖下汤、尧山、张官营、张良、梁洼、鲁阳6个镇和背孜、瓦屋、董周、库区、四棵树、赵村、鸡冢、熊背、瀼河、马楼、磙子营、辛集、张店、仓头14个乡。

2004年,全县完成国内生产总值28.6亿元,比上年增长12.1%,其中第一产业增长13.1%;第二产业增长12.4%;第三产业增长11%。地方财政收入完成9700万元,增长50.7%;全社会固定资产投资完成9.8亿元,增长25.6%;农民人均纯收入1679元,增长13%;人口自然增长率5.18‰。

(陈中侠)

【农业经济稳步发展】 全年完成农业总产值14.9亿元,同比增长13.1%。新发展优质小麦5万亩,优质专用玉米12万亩,无公害蔬菜5000亩,完成粮食总产量18.97吨,增长14.6%。新增荒山开发面积10.2万亩,新增百亩以上荒山开发大户112户,实现林业产值1.38亿元。种植背木耳1.6亿袋,袋料香菇200万袋。袋料木耳100万袋,食用菌总产量2万吨,产值3亿元,新发展重点养殖村22个,规模养殖户570户,新建养殖小区6个。完成畜牧业产值4.9亿元,增长47.5%。全县外出务工经商人员14万人,年创收入近7亿元。绢花生产企业发展到17家,从业人员2万余人,实现产值4200万元。腰带生产企业发展到28家,年生产腰带1.4亿条,产值1.05亿元。雨搭生产企业发展到96家,从业人员7400余人,实现产值1.1亿元。农业生产条件进一步得到改善,治理水土流失面积33平方公里,建饮水工程63处,解决了1.09万人、2300头大牲畜的饮水困难。新打机井310眼,新增有效灌溉面积16万亩,旱保田面积11万亩,完成支渠硬化43公里。

(陈中侠)

【工业经济显著增长】 限额以上工业完成增加值9.8亿元,同比增长25.6%。全县新上投资100万元以上工业项目126个,完成投资4.6亿元,是2003年的3.8倍。汇源公司年产30万吨氧化铝,中宝钢铁公司150m³高炉改造、机械烧结,方圆集团水罐复合碳砖,乾利公司硅灰石开发,奔宝公司皮件加工等一批投资500万元以上的工业项目已建成投产。完成了县炭素厂、木工厂等10家企业的改制任务。全年完成工业增加值9亿元,同比增长20%。其中限额以上工业完成增加值3.3亿元,同比增长47%,实现利润4000万元,增长20.5%。

(陈中侠)

【非公有制经济发展实现新突破】 通过组织银企座谈会、项目发布会和“手挽手、同发展”活动,拓宽了企业融资渠道,促进了非公有制经济的发展。完成非公有制经济总产值37亿元,增长78%;增加值12.2亿元,增长130%;实缴税金1.2亿元,同比增长91%。

(陈中侠)

【招商引资工作取得新成绩】 制定出台了鼓励机关干部外出招商引资和吸引外商来鲁山投资的奖励办法和优惠政策。设立了鲁山招商网站,丰富完善了招商项目库,取得了招商引资的丰硕成果。全年共落实招商引资项目178个,完成投资7.35亿元。

(陈中侠)

【旅游开发步伐加快】 2004年,进一步改善了旅游基础设施,全年新上旅游开发项目19个,完成投资2593万元。完成了御汤谷温泉城、清水河风情园、刘累陵园的主体工程建设。画眉谷、佛泉寺、十八垛等一批新的景区景点相继建成并对游人开放,寻根游、农家乐等旅游项目发展迅速。重点开发了襄樊、晋城、邯郸、西安、徐州等周边市场,协办了中国女子乒乓球联赛“石人山杯”比赛,接待了省外第一趟旅游专列。2004年,全县共接待游客70万人次,完成旅游直接收入3100万元,旅游相关收入1.4亿元。

(陈中侠)

【成功举办世界刘氏第四届(寻根)联谊大会】 2004年5月26~29日,平顶山市人民政府、鲁山县委、县政府成功地举办了世界刘氏第四届(寻根)联谊大会。来自十多个国家和地区及国内二十多个省、市、自治区的七百多名刘姓代表参加大会,并拜谒了刘姓始祖刘累陵园。与此同时,昭平台水库管理局牵头在平顶山市召开了世界刘氏文化研讨会,来自国内外四十多名专家、学者参加了刘氏文化研讨。刘氏(寻根)联谊大会上签订投资意向达13亿元。

(陈中侠)

【墨学与现代社会国际学术研讨会在石人山召开】

由河南省社会科学院主办的墨学与现代社会国际学术研讨会,于2004年8月28日在石人山召开,来自美国、日本、朝鲜、韩国及国内的八十余名专家学者就墨子学说与当代社会的现实意义进行了研讨,同时对"墨子为鲁山人"形成了共识。

(陈中侠)

【扶贫解困力度进一步加大】 全县共投放扶贫资金2350万元,完成财政扶贫项目100个,减少贫困人口2.69万人。全县城镇新增就业人数2891人,下岗失业人员再就业1017人。全年共发放养老保险金2798万元,失业保险金15万元,发放低保金385万元,共发放农村特困户救助金104万元,下拨救济款400万元,开仓借粮200吨,重建倒房875间。全县城镇居民人均可支配收入4988元,同比增长17.8%;农民人均纯收入1679元,同比增长13%;城乡居民储蓄余额24.2亿元,比年初增长3亿元;社会消费品零售总额8.7亿元,同比增长14.4%。

(陈中侠)

【财政金融平稳运行】 2004年底,地方财政收入完成9700万元,同比增长50.7%。争取上级专项补助奖金9123万元,财政支出达到37222万元,增支10004万元。年末全县各项存款余额28.5亿元,比年初增长20.8%;贷款余额11.2亿元,全年新增贷款8000万元。并全面开展了"三会一部"清收清欠工作。 (陈中侠)

【交通和城市建设得到发展】 2004年底,完成了国道311徐西线曹堂至三里河段6.9公里改建任务,国道311徐西线尧山镇至木札岭段、省道239鲁艾线已开工建设;县道南沙路54.1公里已完工。完成了99个行政村151.75公里"村村通"建设任务。电力、通讯建设取得显著成绩。

(陈中侠)

【社会事业全面进步】 实施科技项目30项,创建科技示范村32个,科技示范户1116户,投入二期义务教育工程和危房改造资金781万元,改扩建中小学校47所,新建校舍28000平方米,消除危房18000平方米,顺利通过了省政府"普九"工作的复查验收。医疗救助系建设投入资金2091万元,改善了人民群众的就医条件。稳定了低生育水平,人口自然增长率4.74‰。整治非法排污企业15家,取缔不法铁矿25家,整顿燃煤小锅炉72台。建立了1000万公斤的县级地方粮食储备体系,保持了粮食市场稳定。继续保持了省级"双拥模范县"荣誉称号。

(陈中侠)

【精神文明建设进一步加强】 创建各级文明单位38个,文明村镇23个,石人山景区被命名为"省级文明景区"。认真执行了人民代表大会《关于对天然林实行三年禁伐议案的决议》和《关于加强网吧、电子游戏厅整治议案的决议》,全年共办理人大代表建议78件,政协委员提案94件,办复率达100%。积极开展"双清"工作,清理审批事项310项,取消67项,保留县直行政许可主体35个,保持了社会大局稳定。

(陈中侠)

叶　县

【概况】 总面积1387平方公里,其中耕地面积8万公顷。总人口85.69万人,其中农业人口78.27万人。辖昆阳、任店、仙台、保安、遵化店5镇和城关、夏李、常村、旧县、辛店、龙泉、田庄、廉村、水寨、邓李、龚店、洪庄杨、马庄(回族)13个乡。

2004年完成国内生产总值46.36亿元,比2003年增长13.6%。其中第一产业增加值16.14亿元,第二产业增加值15.53亿元,第三产业增加值14.69亿元,三次产业比例为38.4:40.2:25。财政收入10726万元,增长31.4%,首次突破亿元大关;农民人均纯收入2240元,增长10.4%;城镇居民人均可支配收入4390元,增长18.9%。社会消费品零售总额达到10.96亿元,增长15%。

(王亚平　赵金河)

【民营企业发展较快】 全年新上投资30万元以上民营企业项目308个,完成投资15亿元;年纳税额100

万元以上的个业发展到4家。非公有制经济增加值35.7亿元、实交税金5872万元,分别增长96.7%、92.8%,增速和新上民营企业个数均居全市第一,荣获2004年全市发展非公有制经济进步奖。五大民营主导产业中,皮鞋产量532.5万双,增长77.5%;三轮摩托车产量21.8万辆,增长118%;清真牛羊肉加工量7.35万吨,增长13%;粮食深加工15.65万吨,增长13.6%;机电零部件加工产值4100万元,增长242%。

(王亚平　赵金河)

【一批骨干项目落户叶县】 通过第二届世界叶氏联谊会、"叶公好龙"邮票首发式等活动,广泛宣传和推介叶县;采取小分队招商、以商招商、网上招商等形式,扩大招商规模和渠道。全年合同利用区外资金16.8亿元,实际到位6.1亿元。以建设"中原盐都"和新兴煤电、纺织工业基地为重点,引进、建设一批骨干项目。投资8.5亿元的蓝光电厂一期工程、投资1.3亿元的闽阳钢铁公司技改工程、投资1.2亿元的双丰绵纺厂一期工程已建成投产;投资2.3亿元的神马氯碱化工项目,投资1.8亿元的中盐皓龙公司60万吨盐厂以及5000吨生产规模的大豆蛋白项目正在抓紧建设;投资1.33亿元的70万吨盐业物流配送有限公司投资,1.6亿元的另一个60万吨盐厂,投资3.5亿元的天使纺织科技园,投资7.9亿元的蓝光电厂二期工程等已具备开工条件。

(王亚平　赵金河)

【农业经济快速发展】 全县粮食总产量达到45.72万吨,优质专用小麦播种面积达到45万亩,荣获全国发展粮食生产先进县称号。新建畜牧园区30个,发展各类养殖大户1600个,带动大宗畜产品产量增长8%以上,成为全国肉类生产的百强县和河南省10个畜牧大县之一,畜牧业增加值占农林牧渔业增加值的比重达50%。新建"白色工程"园区12个,新增露地蔬菜面积2.2万亩,4个无公害蔬菜基地通过国家认证,粮经比调整到65:35。着手实施林业"133"工程,即在沙河沿岸建立万亩经济林基地,当年完成4100亩;在澧河、甘江河沿岸和主要道路两旁建3万亩速生林基地,当年完成6000亩;在南部山区建3万亩杂果林基地,当年完成8000亩。新增外出务工人员13016人,外出务工人员总数达到10.8万人,务工收入达到5.4亿元,全县人均694元,在农民收入构成中跃居第一位。

(王亚平　赵金河)

【热点难点问题得到较好解决】 抗洪抢险和生产自救工作取得重大胜利。战胜百年一遇的烘涝灾害,安排建房救济款255万元、生活救济款(物)146万元,重建倒房3373间,灾区群众的生产生活得到妥善安置。企业改制和其它各项改革稳步推进。6家县属工业企业依法破产,东风塑料厂、天泉生化公司通过拍卖实现资产重组,职工全部予以安置;国有粮食购销分流安置职工1010人;农村信用社完成清产核资,增资扩股2846万元,清收不良贷款3324万元。就业再就业和社会保障工作成效显著。全年开发就业岗位3072个,安置城镇劳动力2016人、下岗失业人员1056人,其中"4050"人员310人;发放养老金1879万元;为4592名城镇低收入居民、8060名农村特困群众发放"低保"金和特困户救助金307万元,实现了应保尽保。

(王亚平　赵金河)

【各项社会事业全面进步】 建设10大科技示范基地、实施12项重点科技项目。多方筹资870万元改造中小学危房,"普九"工作顺利通过省政府复查验收。加大计划生育工作力度,人口自然增长率控制到5.21‰。实施县医院传染病区、县疾病控制中心和3个中心乡镇卫生院建设项目,县乡医疗条件得到改善。实施立体声调频广播"金声"工程,实现县级广播电视节目摄、录、编、播网络化、数字化。新编《叶县志》完成初稿编写任务。

(王亚平　赵金河)

【世叶会第二届代表大会召开】 以"联谊、交流、经济、文化"为主题的世界叶氏联谊会第二届代表大会,于2004年10月12日至13日在叶县召开。全国侨联、国务院侨务办公室、欧洲华侨华人社团联合会等向大会发来贺电、贺信。新加坡、马来西亚、印度尼西亚、菲律宾、美国、英国、加拿大和澳大利亚8个国家和地区,我国港、澳、台及粤、闽、皖、桂、鄂、渝、赣、贵、川、沪、甘、陕、豫等地叶公后裔代表626人参会。会议安排民间艺术表演、叶公塑像开光大典、《叶之光》晚会等一系列重大活动。在叶氏祖地县情说明会暨招商引资签约仪式上,共签约18个合作项目,资金达

13亿元,叶公后裔捐资185.49万元。

(王亚平　赵金河)

卫东区

【概况】 总面积126.5平方公里,城区面积30平方公里,耕地面积1956公顷。2004年末总人口28.11万人,其中农业人口3.15万人。人口自然增长率4.76‰。辖东高皇乡和五一路、建设路、优越路、东安路、东环路、东工人镇、光华路、鸿鹰、皇台、北环路10个街道办事处。全区有26个行政村、123个自然村、195个村民组、35个社区。

2004年,全区国内生产总值达到104916万元,比上年增长20.2%。其中,第一产业增加值完成6430万元,增长4.9%;第二产业增加值完成44267万元,增长23.1%;第三产业增加值完成54219万元,增长19.5%;财政收入10322万元,首次突破亿元大关,增长44.4%。农民人均纯收入3200元,增长8.6%。在岗职工平均工资10070元,增长14%。社会消费品零售总额71000万元,增长14%。(闫晓艳)

【农村经济持续增长】 农业逐步由传统粮食种植向林果业、养殖业和生态旅游农业转变。上徐无公害果品基地、任寨和门楼张无公害蔬菜生产基地通过省厅资格认证。金牛山石榴通过农业部无公害品牌认证。以上徐村为中心的奶牛养殖园区初步形成。加快生态旅游农业开发建设,聘请专家对北部山区重新进行旅游规划,福泽园旅游景区正在加紧建设。完成荒山绿化和通道林6000亩,植树造林工作获市政府奖励。不断加强农村基础设施建设,修建乡村公路边沟、护坡、防护墙总里程7.2公里,小流域治理面积1平方公里。当年完成农林牧渔业总产值11983万元,增长4.9%。落实国家粮食直补补贴资金31.4万元,农业税率下调3个百分点,减轻农民负担43%。

(闫晓艳)

【工业经济较快增长】 实施"工业兴区"战略,强力发展工业经济,经济运行质量和效益稳步提高。全年完成工业增加值37505万元,增长23.3%,产销率达99.5%,其中,规模以上工业企业完成增加值16736万元,增长32.6%;销售收入48674万元,增长50.1%。实现利润1506万元,增长50.4%。企业改制取得新成果,市移交企业食品工业开发公司、市染料化工厂完成了改制任务。东亚家具鞋业城、工业品采购供应站、物资建材采购供应站、日化采购供应站、机电公司、东方商贸开发公司、振兴建筑公司7家区属企业实施了产权制度改革。乡、街道企业鹰都水泥厂、磨料磨具厂、沙发厂、平东建筑公司相继改制。

(闫晓艳)

【第三产业和非公有制经济快速发展】 落实鼓励非公有制经济发展的优惠政策,出台《关于进一步加快非公有制经济发展的意见》,区政府拿出130万元,对纳税前10名的民营企业实行了重奖。广厦集团、明源公司、舒莱公司、华诚公司等一大批大块头民营企业正在崛起,已成为辖区的支柱企业。"四铃啤酒"获省优质产品称号。市场建设步伐明显加快,平顶山贸易广场、花卉大世界等品牌市场带动作用进一步加强,鸿雁果品批发市场运营良好,劳动路农贸批发综合市场、润鑫钢材市场全面启动,魏寨旧货市场、光华路农贸市场和通城货场即将投入运营。

(闫晓艳)

【招商引资和项目建设取得新突破】 深入开展"招商引资年"活动,组团赴杭州、上海等地进行招商活动,共引进资金72320万元,落实招商项目59个,其中投资1000万元以上的项目19个。投资2100万元的舒莱卫生用品扩建项目已建成投产,投资1500万元的东方汽车城已建成运营,投资8000万元的东方骏景工程竣工,投资9000万元的劳动路农贸批发广场已建成启动。

(闫晓艳)

【城市建设与管理再上新台阶】 许平南高速引线如期通车。繁荣街和矿工路一期拆迁任务圆满完成。探索城市管理新机制,出台《区城乡规划建设与管理暂行办法》,开展城市环境综合整治,对占道经营、店外经营和违规夜市等进行集中治理,整顿规范旧货市场,全面清除生活垃圾和建筑垃圾,依法取缔违法煤堆、煤泥堆,辖区环境面貌有了较大改观。

开展"社区建设质量年"活动,东安路街道、优越路街道被评为省级"社区建设示范街道"。积极创建全国社区卫生服务示范区,通过了国家验收组的复核评估。(闫晓艳)

【发展环境进一步优化】 设立经济与发展服务中心、

优化环境设诉中心和效能监察中心，实行首问负责制、限时办结制和一站式办公，加大行业纠风专项治理力度，依法查处影响经济发展的投诉案件，积极协调土地，规划等部门，妥善解决贸易广场、黄楝树旧城改造和部分企业改制中的土地等遗留问题，使企业发展步伐不断加快。

(闫晓艳)

【社会事业全面进步】 完成新华路小学综合教学楼二期工程，解决了二十三中和二十四中学生食宿问题，区文化中心综合大楼投入使用，成功举办第二届社区文化艺术节。计划生育综合改革工作，通过国家中期评估，人口自然增长率为4.76‰，计划生育工作连续十四年获得省级先进。加强就业服务平台建设，全年实现下岗失业人员再就业4395人，安置“4050”人员就业1230人。

(闫晓艳)

【卫东区网荣获“全国优秀政府门户网站”称号】 把网络的普及运用列入各单位的目标考评，实现信息、文件等公文的网上传递，实现无纸化办公。全国30多个省市区、世界上20多个国家和地区，每天登陆卫东网的人数上升到10000多人，卫东网已成为平顶市每天上网人数最多的网站。卫东信息和工作动态栏目累计发布新闻445篇，照片1386幅。国内国际新闻、供求信息、报刊摘要等栏目发布信息1000多篇，其它栏目发布各类稿件14000多条。2004年8月卫东区网络管理中心被中国社会科学院、中国科协联合举办的中国电子政务建设与应用大会上荣获“全国优秀政府门户网站”称号。

(闫晓艳)

新华区

【概况】 总面积152平方公里，其中城区面积24平方公里，耕地面积3540公顷。年末总人口34.69万人，其中农业人口5.55万人；辖焦店、滍阳两镇、61个行政村和中兴路、曙光街、光明路、矿工路、西市场、新新街、湛北路8个街道办事处，34个社区。2004年，全区生产总值达到100402万元，增长20.1%；实现全社会固定资产投资40613万元，增长76.5%；完成社会消费品零售总额110854万元，增长20.3%；财政收入首次突破亿元大关，达到10676万元，增长38.8%；人口自然增长率为4.91‰。

(赵玉伟)

【工业增速和效益大幅提高】 全年完成第二产业增加值45276万元，增长30.1%。其中规模以上工业企业实现增加值18589万元，增长42.5%；综合经济效益指数147.9%，提高48个百分点；实现利润2824万元，增长304.6%。开发区工业园、非公有制创业园、高新技术工业园建设不断加快，电子电气制造业基地已成规模，新型材料制造业基地初具雏形。加大企业改制力度，采取县级领导挂帅、专门班子负责的办法，重点抓好市移交17家企业改制工作，完成改制12家。

(赵玉伟)

【第三产业发展迅猛】 完成第三产业增加值45096万元，增长15.8%。市场建设进展顺利，总投资2000万元的仙源电脑市场、总投资1000万元的数码科技广场、总投资2000万元的仙源花卉市场、总投资3000万元的爵世广场已建成开业；总投资3000万元的建西综合市场正在建设；开源商贸城、鹰城广场饮食一条街、西建材大世界等各类市场的辐射带动能力不断增强。

(赵玉伟)

【非公有制经济增势强劲】 全区民营企业、个体工商户总数达到6100多家，营业收入达到12.6亿元，增长40%。

(赵玉伟)

【农业基础地位得到巩固】 重视“三农”问题，认真落实“降点直补政策”，农民实际减负增收123万元。全年粮食总产17473吨，增长21.9%。农民人均纯收入达到3034元，增长11.5%。农业园区建设稳步推进。小杂粮种植面积达6000亩；水产养殖业发展势头良好，鲟鱼养殖基地正积极建设；香山林果园区林地面积达4100亩；新建省级无公害蔬菜基地1个，面积300亩。林业生态体系进一步完善，全区新增林地面积6500亩。城郊防护林带建设获市政府奖励。农业基础条件不断改善。新打配井24眼，洗井46眼，连庄村灌溉工程已全面竣工，香波湖已开工建设；完成了夏店、梁庄等6处人畜饮水工程。

(赵玉伟)

【招商引资成效显著】　全年引进项目114个,总投资21.3亿元,实际到位资金5.5亿元。其中已建成项目92个,投资超千万的项目29个。

(赵玉伟)

【城市建设与管理取得新进展】　新城区建设进展顺利。平监高速新华区段12公里正在紧张施工;全长15.3公里、投资960万元的井羊路已完成80%的工程量;全长3.45公里、投资360万元的香山景区专用线土石路面铺设完毕;快速通道、遵营大道新华区段已建成通车;平西生态园开工建设。推行业绩考核制度,初步建立了城市管理长效机制。认真搞好8条背街小巷拆迁工作;城市环境综合整治成效明显,多次在全市评比中名列榜首。

(赵玉伟)

【就业再就业工作扎实推进】　全年新增就业人数9078人,安置下岗失业人员4573人,发放小额担保贷款469.5万元,免费技能培训2298人,自主创业230人,新增劳务输出1760人。社会保障体系不断完善,养老保险金、失业保险金按时足额发放。建立了低保金筹措保障机制,全年发放低保金760万元,实现了应保尽保。

(赵玉伟)

【安全生产形势持续好转】　严格实行安全生产目标管理责任制,重点抓好煤矿安全生产。狠抓安全知识培训、安全设施投入、现场标准管理、规范化矿井建设,完善了38对矿井安全生产自动化监控网络;实行了四大班子领导包矿责任制,严格落实区直部门包矿人员、两镇安全特派员驻矿24小时严防死守责任制,不间断开展安全稽查,严格实行责任追究,杜绝了重特大事故的发生。

(赵玉伟)

【社会事业全面进步】　积极实施"科教兴区"战略,科技创新能力进一步提高,获得省、市科技进步奖5项。累计投入160万元,对全区21所中小学校舍进行了修缮,办学条件进一步改善;积极推进素质教育,教育质量明显提高;体育工作不断加强,创全市六运会金牌第一、总分第一佳绩。农村医疗卫生体制改革不断深化,滍阳镇中心卫生院建设进展顺利,各类传染病和禽流感防治工作成效明显;认真开展既往有偿供血人员普查,建立了艾滋病患者无偿救助体系。深入开展计划生育"121"集中服务活动,管理服务水平进一步提高,人口自然增长率控制在4.91‰。生态环境保护工作进一步加强,水库综合整治、石灰窑和小煤堆取缔工作圆满完成,环境污染得到有效治理。

(赵玉伟)

湛河区

【概况】　总面积123.5平方公里,其中耕地面积4466.7公顷。总人口24.13万人,其中农业人口11.46万人。辖姚孟、九里山、南环路、马庄、轻工路、高阳路6个办事处及北渡镇、曹镇乡,共71个行政村,27个社区居委会。

2004年,全区完成国内生产总值116529万元,比2003年增长18.9%,其中第一产业增加值14823万元,增长12%;第二产业增加值77104万元,增长24%;第三产业增加值24602万元,增长11.2%。农民人均纯收入3226元,扣除物价上涨因素增长10.8%;在岗职工平均工资10613元,增长7.5%。

(李金岭)

【农村经济全面发展】　坚持"服务城市、致富农民"的方针,突出抓好两大主导产业,继续实行农业产业化的财政奖励政策。全年完成农业总产值25838万元,增长12.5%;新发展高效农业面积3500亩,蔬菜田面积已达18500亩,粮经比例达到55:45;规模养殖业发展迅速,奶牛饲养总数达3000头,初步形成龙头企业带基地、专业基地带农户的产业化经营新格局。

(李金岭)

【工业经济持续增长】　坚持"工业兴区,项目强区"的思想,实行项目建设领导分包责任制,引进资金的考核和奖励政策,一批项目相继开工建设。全年,实现社会固定资产投资43687万元,增长94.0%;新上百万元以上项目60个,总投资10.8亿元,已完成投资4.1亿元。其中,投资1000万元以上的已投产和新开工、续建项目18个,总投资9.8亿元,已完成投资2.8亿元。姚孟粉煤灰煤矸石多孔烧结砖、兴盛轧钢、华利药业公司片剂车间、澳鑫洗煤、益和分子筛等项目均已建成投产;升达造纸、天鹰华裕、成展混凝土有限公司等项目正在建设。完成了姚电四期、平东电厂、第三人民医院等征地、拆迁、安置、补偿工作。

抓住煤炭、电力等能源工业市场形势较好的有利时机,组织好工业生产;引导能源工业向非煤产业转移,实施了造纸、煤电联产、医药、环保设备等新上和技改项目。2004年,规模以上工业实现总产值116427万元,增长22.4%;实现利税11316万元,增长83.8%;工业经济综合效益指数达到130.1%,位居全市前列;亏损企业由年初的12家降为2家,亏损额由548万元降为200万元。

(李金岭)

【招商引资和第三产业】 2004年,全区利用市外资金项目14个,总投资3.51亿元,已到位资金1.2亿元,利用区外资金项目7个,总投资4.27亿元,已到位9020万元。不断提高第三产业在全区经济中的比重,把建设市场、吸纳商户、搞活流通做为发展第三产业的重要内容,加大新市场建设力度,新开工沁园市场、华龙大厦、湾李农贸市场。全年实现社会消费品零售总额58389万元,增长14.7%。

(李金岭)

【拓宽非公有制经济发展空间】 2004年,制定《关于进一步加强非公有制经济工作的意见》和《非公有制经济工作考核奖惩办法》,实施收费罚款审批等制度,引导全区非公有制经济向农业产业化、城市建设、老村改造、社区服务、市场建设等行业拓展,涌现出亚科工贸、常绿置业、天润乳业公司、平顶山电缆厂等一批优秀企业。2004年,新增非公有制企业41家,新增商户803户,非公有制单位达5590家。

(李金岭)

【财政收入】 努力拓展新税源,理顺小煤矿纳税隶属关系,开展对小煤矿、福利企业的专项治理和纳税情况的监督查缴工作。全年区属小煤矿纳税2057万元,增长143.1%。巩固农村税费改革成果,农民全年减轻负担99.5万元。强化"收支两条线"管理,政府非税收入实行"单位开票,银行代收,财政统管"。2004年,实现财政收入9584万元,增长37.7%。财力达到12475万元,支出达到12389万元,实现了收支平衡。

(李金岭)

【社会大局保持稳定】 落实就业和再就业政策,新增就业和再就业岗位7207个,其中安置下岗失业人员再就业3871人。做好"两个确保"和"城市低保"工作,推进三条保障线的衔接,全年发放城市低保金353.1万元;狠抓以煤矿安全为重点的安全生产工作,强化安全生产责任制,消除安全隐患,杜绝了重大安全事故的发生。

(李金岭)

【各项社会事业全面发展】 抓好"两基"教育,教学质量不断提高,6所学校被评为市级示范性学校;投入资金200多万元,新建、改建7所学校,基本消除了D级危房;体育工作得到加强,在市六运会上获得金牌总数第三名。人口自然增长率控制在4.53‰,圆满完成了人口和计划生育工作目标。围绕农业结构调整和企业技术进步搞好科技工作,再次荣获"全国科技进步先进区"称号。大力开展爱国卫生运动,全区疾病防控体系和医疗救助体系不断完善,完成了对既往有偿供血人员的普查工作。注重农村道路建设,全年投入资金331万元,新建改建北双路、银齐路、黄吉路等公路9条15.75公里。

(李金岭)

【精神文明和民主法制建设取得新成效】 开展"道德规范进万家、诚实守信万人行"活动,辖区公民素质进一步提高。创建国家级精神文明建设工作先进单位2个、文明行业先进单位2个,省级文明单位32个,市级文明单位58个。

严格执行人大及其常委会通过的决议和决定,自觉接受人大法律监督和政协民主监督,办理人大代表议案、建议和政协委员提案123件,办结率100%,满意率达到90%以上。

(李金岭)

石龙区

【概况】 总面积37.97平方公里,其中耕地面积970公顷,总人口5.45万人,其中农业人口2.34万人,非农业人口3.11万人,辖高庄、龙兴、龙河、人民路4个街道办事处,13个居委会,11个行政村28个自然村,77个村民组。

2004年,全区完成生产总值103146万元,增长80.1%。其中第一产业完成1531万元,增长2.9%;第二产业完成84474万元,增长136.8%;第三产业完成17141万元,增长13.7.%。工业总产值完成

170306万元,增长149.28%;农民人均纯收入达到3202.3元,增长17.19%;全社会固定资产投资完成24759万元,增长445.5%;人口自然增长率控制在4.12‰以内。社会各项事业呈现良好发展态势。

(冉秀娟)

【安全生产再创佳绩】 认真落实"一通三防"、"三长一员"、"四项制度"、"四项监督"等行之有效的措施,不断强化煤矿安全生产的现场管理和事故隐患的查处整改;全方位加大安全装备的投入,进一步夯实安全生产的基础条件,探索出适合石龙区安全生产管理的长效机制,实现了第6个煤矿安全生产年。

(冉秀娟)

【工业经济迅猛发展】 坚持"工业强区"的理念,奋力启动各类生产要素,相继建成了巨源、宝源、东鑫、虹剑等一批投资在5000万元以上的焦化企业。筹建了玻璃加工、煤化工及发电等一批相关产业,初步形成集煤—洗—焦—电为一体的更加科学合理的产业链条。完成了五七煤矿、区宾馆的改制工作。

(冉秀娟)

【农村经济得到长足发展】 通过政策引导、资金扶持、技术服务,巩固、发展了一批养猪、养鸡大户,养殖业已成为农民致富的首选产业。2004年底,生猪存栏达到1.8万头,蛋鸡存栏20余万只。荒山绿化和植树造林工作取得新成绩,一年植树70多万棵,完成1800亩的通道绿化和3500亩的荒山绿化任务,初步建成了刘庄、大庄两个绿色村庄。

(冉秀娟)

【财政收入创历史新高】 全年财政收入完成6312万元,同比增长128.7%,增幅居全市第一;支出完成7271万元,同比增长67%。

(冉秀娟)

【招商引资工作成效显著】 积极营造亲商、稳商、富商和全方位、深层次、大开放的格局,一批客商在石龙区安营扎寨。全年直接利用外资4.54亿元。

(冉秀娟)

【城市基础设施进一步完善】 坚持前瞻性、科学性原则,完成了石龙区城市规划,为拉大城市框架奠定了基础。投资1000多万元,完成宝山路延伸工程和刘庄大桥的建设任务;整修207国道,筹建了李高路慢车道;完成人民路二期工程,全面推进关庄水库综合整治和市政广场的建设工作;加强城市环境卫生管理,建成垃圾中转站和高庄货运停车场,成立了城市公交出租公司;完善城市供水管网工程,有效解决了制约石龙区经济发展的瓶颈问题。

(冉秀娟)

熏醋并不防感冒

用熏醋的方法杀灭房间的病菌,来预防感冒,是很多人熟悉的"偏方"。但消毒专家做过实验证明,醋对消毒、杀菌没有任何效果,更不能杀死病毒。中国疾病预防控制中心专家提醒道,对于家庭而言,预防感冒以及消毒最好的办法就是通风,而不要熏醋。熏醋如果浓度过高、时间过长,不但会引起呼吸困难和恶心等症状,还会对皮肤和呼吸道黏膜造成伤害。

(《健康时报》1.20　何佳颐文)

县(市)区经济发展论坛

县域经济发展应突出以人为本

汝州市人民政府市长 李全胜

以人为本,是科学发展观的本质和核心,也是全面建设小康社会的根本要求,而县域经济发展是全面建设小康社会的重要组成部分,因此,在县域经济发展决策中应突出以人为本的指导思想。

一、坚持以人为本,科学制定县域经济发展总体思路

以人为本,全面、协调、可持续的科学发展观,是着眼于丰富发展内涵、创新发展理念、开拓发展思路、破解发展难题而提出来的。县域经济是整个国民经济发展的基本单元,是国家宏观经济与微观经济的结合部及城乡经济的融合地带,全面建设小康社会的目标需要通过大力发展县域经济来实现。因此,在县域经济发展中也必须坚持以人为本的思想,坚持统筹兼顾,牢固树立和认真落实全面、协调、可持续的发展观,促进经济社会的全面发展。

汝州市在县域经济发展中,积极探索用以人为本的理念指导工作决策,使县域经济社会发展呈现出良好的势头。汝州作为河南省18个改革开放发展特别试点市和26个加快城镇化进程重点市之一,近年来,结合国家关于全面建设小康社会,省委、省政府关于实施中原崛起的战略部署,按照十六届三中全会提出的科学发展观的要求,不断调整完善,形成了符合汝州实际的经济社会发展总体思路,即以十六大和十六届三中、四中全会精神为指针,以“全省进位次,全国创特色”,建设“富裕汝州、文明汝州、平安汝州”为总体目标,以增加财政收入、增加干部职工和城乡居民收入,提高人民生活水平为根本出发点,以调整优化经济结构为主线,以增加投入为重要手段,积极实施项目带动和开放带动战略,大力发展非公有制经济,千方百计选上一批大项目,进一步培强做大能源、建材、冶金、食品四大支柱产业,积极推进工业化、城镇化和农业现代化进程;继续实施科教兴汝和强力推进可持续发展战略,全力做好信访稳定、安全生产、综合治理及人口、资源、环境保护工作,积极发展各项社会事业,努力开创全面建设小康社会的新局面。这一总体思路,从全市人民的迫切愿望和根本利益出发,实事求是地对城乡经济及各个产业发展进行准确定位,充分调动了全市广大人民群众思发展、谋发展的积极性,推动了全市经济社会快速发展。2004年,全市生产总值达到98.5亿元,比上年增长15.5%,增幅为十年来最高;全社会固定资产投资完成16.8亿元,比上年增长122.5%;地方财政收入完成17518万元,比上年增长57.4%;全市金融机构存款余额达39.63亿元,城乡居民储蓄存款余额达31.24亿元,城市居民人均可支配收入达5425.2元,农村居民人均现金收入达4047元;人口自然增长率为5.3‰。

二、坚持以人为本,积极走新型工业化道路

坚持以人为本,最根本的是要不断发展经济,不断提高人民群众的物质文化生活水平,并在经济发展的同时保护环境,珍惜和合理利用土地、水、空气、动物、植物等各类自然资源,维持生态平衡,为人和社会的长远发展与全面发展创造条件。工业是国民经济的基础性产业,工业化是城镇化和农业现代化的前提和重要保障,工业化发展的水平很大程度上决定着人类物质文明和精神文明享有的水平。

汝州市在工业经济发展中坚持以人为本的指导思想,提出要依托资源、市场、劳动力等优势,大力实施项目带动和开放带动战略,营造能够让一切劳动、技术、知识、管理、资本等活力竞相迸发,让一切创造社会财富的源泉充分涌流的发展环境,大上项目、上大项目,积极走新型工业化道路,不断丰富人民群众的物质文化生活。几年来,汝州市工业经济总量迅速扩大,仅2004年新建、改建、扩建投资超百万元工业项目115个,总投资80亿元,已完成投资10.5亿元。工业增加值完成50亿元,增长15.4%,限额以上工业企业总产值完成20.7亿元,增长22.5%;增加值完成7.7亿元,增长20.3%。

三、坚持以人为本,加快城乡一体化进程

坚持以人为本,要着眼于最广泛最充分地调动全社会的积极性和创造性,着眼于维护好、发展好、实现好最大多数人的利益,千方百计为广大人民群众创造良好的生产生活环境。近年来,汝州市坚持把以人为本的指导思想全面贯彻落实到城镇化及公路建设和农村工作中,提出了创建"国家级卫生城市、省级文明城市、省级园林城市"的目标和公路建设三年完成十年公路建设任务的目标,着力改善广大城乡群众的居住、出行环境。同时,从广大农民群众生产生活的迫切需要入手,全面加强农村工作,落实党中央关于农村的各种政策,发展经济及科教文卫等各方面社会事业,增加农民收入,改善农民生产生活条件,关注城乡贫困群众及老年人、妇女、儿童等方面弱势群体,创造出城乡经济与社会统一和谐发展的局面。2002年来,在城镇化建设中累计投入资金6亿多元,陆续新建、改建、扩建城市道路20多条,拉大了城市框架;完成了工会游园、煤山公园、中心广场等市政基础工程的建设;综合治理了洗耳河、"二五"跃进渠及幸福渠,引汝河水入城,美化了城市环境;建成了污水处理厂,扩建了二水厂,扩大了城市煤气供应管网,成立了诚信出租车公司;理顺管理体制,加强了城市管理。目前,城市绿化覆盖率达24.35%,人均绿地达到3.63平方米,城市路灯照明率达97%以上,城市主干道及沿街主要建筑全部实现了亮化。在公路建设方面,2002年来累计投入资金10亿多元,完成干线公路部分改造和县乡村公路建设近1019公里,其中2级路300余公里,372个行政村"村村通"公路全部硬化,全市公路通车里程达到1500公里,公路密度达到63.8公里/百平方公里。

汝州市还积极发展农业,繁荣农村经济,加强发展社会事业,提高城乡人民的物质文化生活水平。2004年,全市农业总产值预计完成23.1亿元,比上年增长7.7%;林业总产值达到9870万元,退耕还林12.1万亩,经济林面积发展到6.5万亩;牧业总产值达到13.45亿元,占农业总产值的54%以上,农民收入增幅逐年提高。积极落实降低农业税税率和粮食直补政策,全市农民负担总体减轻70.5%。近年来,不断加强农田水利建设,农产品市场建设及农网改造工作,改善了农民的生产生活条件。积极发展现代物流业,充分满足城乡人民的各种消费需求。几年来,汝州市还被评为全国科技工作先进市、体育工作先进市和武术之乡、广播电视工作先进市,并获得河南省卫生城市、双拥模范城、文化先进市等荣誉称号。

狠抓工业　大上项目
实现县域经济发展新突破

舞钢市市长　于　玲

舞钢市经济优势　一是资源丰富,地下矿产资源50余种,仅铁矿石储量就达6.6亿吨,占全省已探明储量的76%,是全国十大铁矿之一;二是邯钢集团舞钢公司等驻市大企业实力雄厚,发展地方工业前景广阔;三是经过30年的发展,逐步形成了重点突出、门类较为齐全的地方工业体系;四是在发展过程中,培养了一支懂经营、会管理的企业家队伍。近年来,舞钢市从本地实际出发,发挥地上地下资源优势,紧紧以大型企业为依托,以项目建设为中心,强力实施工业强市战略,积极探索加快县域经济发展的新路子,经济发展步伐逐步加快,综合经济实力有了较大增强。

实践催生工业路 舞钢市经济和社会发展大体经历了3个阶段:第一阶段(1970~1993年)发展起步阶段。1970年后,舞钢市因国家"三线"建设重点工程舞阳钢铁公司落户这里而成立独立行政区。以钢铁公司建设为龙头,上了100多家国有、集体和乡镇企业,带动了地方经济的快速发展,使舞钢由昔日的荒山僻壤变成了初具规模的钢铁工业城市。1993年,舞钢市财政收入接近亿元。第二阶段(1994~1997年)徘徊停滞阶段。1994年以后,随着税收政策、市场变化等多种因素影响,舞钢市经济结构单一、财源单一的弊端逐步凸现出来,财政形势急转直下,1998年财政收入仅3000万元,在全省综合经济实力排序中一直徘徊在90位左右,最低时下降到第102位,经济和社会发展陷入困境。第三阶段(1998年以后)改革发展阶段。为走出困境,我们提出了"全党抓经济,重点抓工业"的口号,大力实施"工业强市"战略,狠抓企业的改革与发展。集中精力对市属国有、集体企业和乡镇企业进行产权制度改革,极大地激发了经济发展活力。同时,大力发展地方工业,加速扩张工业经济,拉动县域经济快速发展,走出了一条具有舞钢特色的县域经济发展之路。1998年以来,国内生产总值、财政收入等主要经济指标连年以两位数的速度增长。综合经济实力由1997年的第89位上升到2002年的第43位,步入全国县域经济基本竞争力提升速度最快的百县市行列,并被河南省政府确定为全省首批对外开放重点县市。2004年,全市生产总值达到40.1亿元,增长17.8%,人均生产总值突破万元大关,财政收入实现历史性突破,达到2.198亿元,增长75.1%,步入舞钢市建市以来发展最快、形势最好的时期。

项目拉动抓支柱 舞钢市围绕打造钢铁、棉纺、造纸、食品、建材五大支柱产业,坚持"大中小"项目一起上、"内外项目"一起上,既抓"高、大、新"项目,又抓"短、平、快"项目,依靠项目建设调整经济结构,壮大工业经济实力,全面提升县域经济发展水平。以邯钢集团舞钢公司、安钢集团舞阳矿业公司为依托,近年来先后新上了中加炼铁、中加矿山、中天炼铁、盛博钢板深加工和华创、锦德鑫、兆汇、长远等矿业项目,实施了舞钢实业公司、镁碳砖厂技改项目,构筑了"采矿—选矿—烧结—炼铁—炼钢—轧钢—辅料生产"一体化的钢铁工业产业链。目前,全市拥有采矿、选矿企业17家,炼铁、炼钢企业14家,钢铁辅料生产企业18家,年产精铁粉近200万吨、钢铁100多万吨、板材100多万吨;以银龙棉纺集团为依托,先后实施了龙翔、振宇棉纺项目和协力包装项目,筹备上马前延及后续项目,着力构筑"棉花加工—纺纱—织布—印染—深加工"等一体化的纺织产业链;以海明造纸集团为依托,通过实施热电联供、黑液资源化配套处理等项目,着力构筑造纸产业链;以华懋双汇、舞钢大北农等企业为依托,新上欢欢宝乳业、万东牧业种猪场、九牧种猪场、美信乳业等项目,着力构筑集"饲料供应—防疫—繁殖—养殖—加工—销售"为一体的畜牧食品加工产业链;以市第一水泥厂、石漫滩水泥厂为依托,通过实施玄武岩开发、青石开发和花岗岩厂技改等项目,着力构筑"采掘—初级建材—中高级建材—新型建材"为一体的建材工业产业链。近年来,舞钢市按照"在建项目抓进度、拟建项目抓开工、储备项目抓规划"的总体思路,把项目建设做为拉动经济增长的关键,锲而不舍,常抓不懈,做到了月月有洽谈项目,月月有在建项目,月月有投产项目,初步形成"竣工一批、建设一批、储备一批"的滚动推进机制,为经济发展备足了后劲。2004年,工业项目建设继续保持强劲的发展态势,建成和在建项目78个,固定资产投资完成11.4亿元。

招商引资辟新径 做为地处内陆地区交通不很便利的县级市,要实现工业上的大突破,单靠自我积累远远不够,关键要靠招商引资,重点是要有一套招商、安商、亲商、富商的好机制。近年来,我们在采取领导招商、以改制招商、以诚招商、以环境招商、以会招商、以资源招商等全方位、多层次、宽领域的招商方法的同时,坚持创新招商机制不停步,使招商工作始终充满了活力。制定出台了《舞钢市招商引资奖励办法》,鼓励公民、法人或其他组织引荐境内外客商,采取合资、合作、独资等形式投资各类项目,对固定资产投资在100万元以上的,根据具体情况,按资金实际到位部分的0.5%至10%,给予现金奖励。从1998年到2004年,共签约招商引资项目180个,实际到位资金17.16亿元;合同签约率达到60%。

创新加压紧逼机制 全面推行"二分之一"工作法,从四大班子到各委局、乡镇、办事处,从领导到一般职工,一半人员坚守岗位搞好日常工作,一半人员离开岗位负责招商引资,定任务、定项目、定责任,一年一考核,严管、严奖、严惩。对各单位实行的千分制考核中,招商引资考核单列,基数分为600分,并可根据引资金额奖励提高分数,上不封顶。除每年对乡镇、街道、市直单位制定招商引资的任务外,还对四大班子领导、乡镇街道、市直委局主要负责人制定招商引资个人任务,捆在一起合并考核合并计分,重奖严惩。

创新让利企业机制 按照最大限度地变通、支持、减负的原则,制定了《舞钢市招商引资优惠政策》,外地有的优惠政策我们坚决提供,外地没有的我们创造性地提供。除在土地使用、规费减免采取一系列超常规的措施外,对投资超过5000万元人民币的外来企业,市政府还专题研究,一事一议,给予特别优惠。

非公经济唱大戏 坚持把放手发展非公有制经济做为促进县域经济发展的重要战略来抓,以政策支持、项目推动、典型引路、分层指导、环境优化为重点,通过吸引民间资本、金融资本和招商引资,努力提升非公有制经济整体水平。在非公有制经济发展上,采取"市乡联动法",即做强市一级、壮大乡一级。市政府在原六冶公司搬迁闲置的1200亩土地上划定范围,确定为舞钢市非公有制经济园区,制定《园区管理办法》,努力搞好水、电、路、通讯等各项基础设施建设,并对前5家入驻园区的非公有制项目实行零距离接触、零距离服务、零价位收费,所需手续全部由园区管理办公室协调办理,限时办结。在抓好市级园区建设的同时,采取措施充分调动乡镇发展非公有制经济的积极性,对乡镇新发展非公有制经济税收地方留成部分,实行市乡"四六"分成,贡献特别大、协调任务特别重的可提高分成比例,直至全额留给乡镇。由于方法措施科学,形成了市乡联手共谋非公有制经济发展的局面。2004年,全市非公有制经济已达13272户,实现入库税金9460万元,是1997年的18.9倍。非公有制经济已成为发展县域经济的又一重要着力点。

发挥资源优势 打造"中原盐都"

叶县县委书记 张朝显 县长 闫廷瑞

实现全面建设小康社会和中原崛起的宏伟目标,重点、难点在县域经济,潜力也在县域经济。如何发挥比较优势,找准本地的特色经济定位,是增强县域经济竞争力和实现快速健康发展的重要前提。叶县依托丰富的盐业资源和区位、已有产业等方面的优势,提出要着力打造名符其实的"中原盐都",努力培育活力强、发展快、效益高的支柱产业并带动相关产业发展,县域经济呈现出快速发展的良好态势。

一

拥有85万人口的叶县,是工业经济薄弱的农业大县,也是省级扶贫开发重点县。近年来,县委、县政府立足叶县实际,努力做好"工业兴县"、"畜牧富民"两篇文章,强力推进工业化、城镇化和农业产业化,成为全省经济发展最快的十个县(市)之一。面对成绩,我们充满了加快发展的决心和信心,同时也看到了自己与经济发展强县相比存在的差距和问题。认识到只有努力实现县域经济的跨越式发展,才能逐步缩小与先进地区的差距,才能不拖全面建设小康社会的后腿。

县域作为一个相对独立、相对完整的行政和经济区域,各县的自然资源、地理位置、生产要素、经济基础、社会文化等情况千差万别。加快县域经济发展既要最大限度地借鉴外地经验,更要立足县情,因地制宜,在充分调查研究和分析各种比较优势的基础上,找准本县的特色定位,努力使各种比较优势尽快转化为经济发展的竞争优势。区域经济发展理论表明,没有工业化就没有现代化,工业化作为"三化"的核心,城镇化要以之为依托,农业现代化要以之为基础,城镇化和农业现代化其实都是工业化的表现和结果。"无工不富"既是历史的逻辑,也是现实的真理。只有强力推进工业化,才能培育核心竞争力,才能快速增加经济总量和财富总量,才能实现经济的跨越式发展。因此,发挥比较优势,壮大县域经济,首先要发挥推进工业化方面的比较优势,培育有竞争力的支柱产业。叶县有储量2300亿吨、品位居全国之首的全国第二大内陆盐田,是实现"工业兴县"最宝贵的资源优势;有紧靠全国重要煤电基地平顶山市和交通便利的区位优势,为"工业兴县"提供了有利条件;农用三轮摩托车、清真牛羊肉、皮鞋、粮食深加工、机电零部件加工业的蓬勃发展,形成了初具规模的地方特色产业;叶氏祖地、文化积淀丰厚的优势,有利于推进城镇化进程,吸引二、三产业的集中布局;农业大县、畜牧大县特别是马庄乡作为"全国黄牛屠宰加工第一乡"的优势,为农产品特别是畜产品加工业奠定了良好的基础。把打造"中原盐都"作为叶县县域经济发展的特色定位,是我们因地制宜、眼光前瞻、审时度势的合理选择;用3~5年时间努力实现这一宏伟目标,将全面提升我县经济的整体竞争力,促进县域经济的跨越式发展。

二

发挥比较优势,打造"中原盐都",内涵包括物质文明和精神文明,体现了工业商会和历史文化名城的内在融合,是工业化、城镇化、农业现代化在叶县的具体化。

首先,依托盐、煤资源优势,大上工业项目。把煤、电、制盐和盐化工作为发展大工业的主线,拉长产业链条,做强做大工业经济。以蓝光环保电厂和平煤八矿二井为龙头,着力抓好蓝光电厂投资5亿元的1×13.5万千瓦二期工程的开工建设和投资30亿元的2×30万千瓦三期工程的立项报批工作,努力建设全国重要的环保发电基地。积极吸引大企业集团,科学利用开发储量丰富的盐业资源,做好制盐和盐化工这篇大文章。对投资近3亿元神马氯碱化工项目、对投资1.8亿元的中盐皓龙公司60万吨盐厂以及5000吨生产规模的大豆蛋白等在建项目,加强协调服务,力争尽快投产达效;对投资1.33亿元的河南省盐业物流配送中心建设,确保尽快建成投产;对投资1.6亿元的另一个60万吨盐厂等,做好前期准备工作的项目,创造条件促其早日开工建设;对投资20亿元的平煤集团50万吨甲醇等正在做前期准备工作的项目,千方百计促其早审批、早上马;加强与渤海石化、上海石化、齐鲁石化、新希望集团等大型化工企业特别是盐化工企业的联系与合作,争取早日达成投资合作意向,促使更多、更大的盐化工项目落户我县。

其次,依托已有产业基础,做强特色经济。特色就是优势和生产力。经过近几年的发展,叶县以民营经济为主的农用三轮摩托车、皮鞋、清真牛羊肉和粮食深加工量分别达到21.8万辆、532.5万双、7.35万吨、16万吨,依托平顶山大中型企业兴起的机电零件加工业也呈现出良好发展势头。下一步,要着力整合存量,实施板块聚集,构建现代企业制度,提高技术含量,叫响企业品牌,形成特色支柱产业。要以刘家鞋业集团、永威皮鞋厂等皮鞋生产企业为龙头,努力建成全省最大的皮鞋生产基地;以三益、迪可、西域等畜禽肉制品加工企业为龙头,努力建成全省最大的清真牛羊肉加工基地;以隆丰、树民等农用三轮摩托车生产企业为龙头,努力建成全省最大的农用机械生产基地;以玉叶面粉厂、永昌饼业集团等粮食深加工企业为龙头,努力建成全市最大的粮食深加工基地;以甲一工贸公司、东佳环保电器厂等企业为龙头,努力建成全市最大的机电零部件加工基地。

三

如何充分发挥各种比较优势,尽快打造出名符其实的"中原盐都",需要我们创新思路,找准"抓手",强力突破。

一要解放思想在先。尽管资源、区位等自然优势是影响县域经济竞争力的重要因素,但随着科技的不断进步,交通的更加便利,其影响作用也正逐步弱化。叶县今年在各级领导干部、机关工作人员、民营企业家及广大群众等不同层面广泛开展了思想解放大讨论,着力增强干部群众的机遇意识、发展意识和开放意识,解决封闭守旧、观念老化,本位主义、教条主义,小富即安、不思进取等方面的问题,努力突破思想和行动上的"盲区、误区、禁区",摒弃一切不利于发展开放型经济的观念,力争在激烈的竞争中先人一步、高人一头、快人一拍。

二要坚持大开放、大招商。缺资金、缺技术、缺人才是比较优势向竞争优势转化的最大障碍,是制约县域经济发展的主要因素。鉴此,必须把大开放、大招商作为打造"中原盐都"、实现跨越式发展的重中之重来抓,加大对优势资源、优势产业的推介力度,以"你发财、我发展,你获利、我收税"的双赢观念,制定更加优惠的政策,一切围绕项目转,一切围绕项目算,一切围绕项目干,采取登门招商、专业招商、委托招商、以情招商、以商招商、网上招商、利用"世叶会"招商等多种形式,努力形成多角度、全方位的招商引资态势。

三要强化"工业先行"意识,强力发展民营工业。加快发展工业,希望在民间,活力在民营。对非公有制经济,我们坚持在思想上放心放胆,在工作上放手放开,在政策上放宽放活,全力支持民营工业的发展。县里将通过建立中小企业担保服务中心,建立企业"捆绑担保"和"公证担保"机制,建立银企定期联系制度等,着力解决民营工业的发展资金难题;通过存量用地异地置换等办法,着力解决民营经济发展用地困难;引导企业建立现代管理制度,帮助民营企业开展技术创新、产品创新,实现规模扩张和效益递增。

四要不断优化经济发展的软硬环境。环境建设是发挥比较优势、集聚生产要素的重要基础。我县在努力创造良好的基础设施硬环境的同时,下决心营造工业立县、工业兴县的舆论环境,全方位支持、扶持工业发展的政策环境,手续简化、服务便捷的行政环境,诚实守信、童叟无欺的信用环境,安全稳定、有利于企业发展的治安环境,努力形成经济发展的"洼地效应"和"磁场效应"。

五要求真务实、锲而不舍。实现比较优势向竞争优势的尽快转化,需要在全县上下形成干大事、兴大业的创业文化:靠奋发向上、永不满足的进取精神,吃苦耐劳、百折不挠的拼搏态度,甘当风险、争创一流的工作标准,思想解放、勇于探索的争先意识,扑下身子抓工作,求真务实干事业,努力实现打造"中原盐都"的既定目标。

牢固确立科学发展观　努力构建和谐社会

平顶山市石龙区人民政府区长　赵　军

石龙区是一个以煤而主,以煤而兴的新型工业区。近年来,随着煤炭资源的逐步枯竭,一些深层次社会矛盾和问题日益凸现。面对困难,我们坚持科学发展观,不断解放思想,牢固树立"大开放大发展,不开放不发展"的拓展意识,"放水养鱼,欲取先予"的战略意识,"你图发财,我图发展"的双赢意识,"你来投资,我来服务"的市场意识,找机遇、抓机遇,抢占经济发展的制高点,掌握经济发展的主动权,用机遇加快发展速度,用机遇提升发展层次,较好地解决了经济和社会发展中的各种矛盾,实现了经济的持续快速增长。2004 年 GDP 完成 103152 万元,比上年增长了 77%,工业总产值完成 170306 万元,同比增长 149.28%,财政收入完成 6312 万元,同比增长 128.7%,人均 GDP26447 元,居全省前列。

一、坚持发展大工业,解决好资源型经济转型问题

在发展工业上,我们的定位是:基础在资源,优势在资源,发展壮大区域经济,必须立足资源优势,调整工业布局,优化产业结构,培育特色经济,扩大经济规模,增强市场竞争力。

着力发展循环经济,拉长产业链条。为强力实施地下工业向地面工业的战略性转移,我们把突破口选择在煤炭的深加工上,按照"煤—洗—焦—化—电—加工型企业"的发展构想,谋化经济发展。通过努力,我们建成了 6 个投资在 5000 万元以上,年产机焦在 30 万吨以上的焦化企业,初步形成了一个年生产能力在 250 万吨机焦的焦化工业园,并利用焦化企业产生的剩余能源和焦油发展了一批煤化工企业、玻璃制品企业、发电企业以及其它相关产业,形成了以煤为主,多业并举的能源和产业循环利用的产业群。

致力于一批高新产业发展。在高科技产业发展上,积极引导投资者面向国际市场,面向未来,占居经济的制高点,并做好政府搭好台,企业唱好戏这篇文章。为此,我们在清华大学建立了科技联络开发处,建立了与北京大学、清华大学等一批大专院校、科研院所共享的科技平台。建立科技项目库,每年都适时地发布一批适合各类投资者发展的项目。已建成的凯斯特染料厂,产品畅销香港、日本,年创汇 200 多万港元。一批如纳米碳酸钙等高科技化工项目相继在我区安营扎寨,拉开了全区工业经济向科技含量更高层迈进的序幕。科学技术在工业经济中的贡献份额提高了 1.7 个百分点。

二、坚持可持续发展战略,正确处理好工业发展与保护环境的关系

资源型地区对资源的长期开采,不同程度地给环境造成了损害。环境恶劣,人气不旺,人才难以汇集,最终会阻碍经济的发展。在经济转型过程中,始终高度重视经济建设与人和自然的和谐、统一,才是避免吃了子孙饭断了子孙路,用过度损害环境来换取经济一时繁荣的错位认识。我们按照这种理念,逐步实现了依靠资源而不依赖资源发展的经济增长模式。一是加大废水、废气、煤矸石等工业排放物的综合开发和治理工作,坚持谁污染谁治理的原则,严格落实环保"三同时"的要求,在新上项目的选定上,认真执行国家产业政策,鼓励朝阳产业的发展,限制对环境污染严重企业的发展,杜绝"十五"小企业的生产。近年来,我们先后关掉小造纸企业一家、小水泥企业一家、年产15万吨机焦生产线一条、改良焦生产线30多条,最大限度地减轻了环境的压力。加大了对传统企业的技术改造力度,对一些市场前景具有一定优势的发展项目,用发展的理念去认识污染,解放污染。主要是对年产80万吨以上的机焦生产企业进行了全方位的技术改造,完成了焦化企业无烟加工技术和捣固焦生产技术,加大了对废气、废水的综合治理力度,实现了达标排放。二是加大对资源的整合,实现有序开发。1998年以来,我们首先对乡镇煤矿进行了“关、停、并”的综合整治,使乡镇煤矿由原来的650余座锐减到73座,杜绝了过度开采、乱挖滥采造成的采掘活动无序性。2005年,我们又针对当前的煤炭资源储存情况,实施了乡镇煤矿的资源重组,又关停48座乡镇煤矿,从根本上实现了煤炭资源最大限度的保护。积极推广先进的采掘工艺,既稳定了原煤的产量,又提高了原煤资源的回收率和煤矿企业的效益,最大限度地延长煤炭资源为区域经济服务的支撑空间。对非煤资源的开发和利用工作,我们坚持高起点、避免低层次、粗放式开发。2005年,在对石灰石开发时,让具有雄厚经济实力,技术设备先进的天瑞集团进驻,筹建了两条日产5000吨水泥熟料生产线项目。资源有序整合后,提高了政府对资源开发的宏观调控力度,为资源实施有效管理奠定了前提条件。三是加大投入,改善生态。把水资源的恢复作为改善生态的前提和基础。2002年以来,通过项目扶持、自筹资金等方式,完成了对全区中小水库、坑塘的综合治理。其中2004年投入700余万元,对关庄水库进行了全方位的改造,把它建成一个集防洪、蓄水、休闲为一体的娱乐场所。大力推广节水农业,全面实施旱地水窖建设工程和屋顶节水工程。2003年以来,采取政府补贴的办法,投入100余万元,完成旱地、荒山水窖1000余座,从根本上解决了全区育林荒山开发对水的需求。与河南焦作矿院联合积极探索地质沉陷与地下水位下降的综合治理技术,努力使地表水位得到恢复。把绿化造林作为改善生态的重要手段,按照“谁植树、谁受益”的原则,明确了荒山、四旁植树的产权,充分调动了群众植树造林的积极性。2005年春季已完成了辖区育林荒山的植树造林工作。按照创建绿色家园,打造森林城区的目标,在各行政村实施绿色村庄建设工作。目前,全区已有20%的行政村实现了整体绿化的目标,村庄卫生、交通得到了很大改观,成为环境宜人的绿色家园。实施通道绿化和工业园区绿化工程,逐步在全区形成了一道道纵横交错的绿色屏障,工矿企业环境也得到了很大改变。2004年,投资1000多万元,完成了城区主干线的扩建改造。2005年,投资800余万元,完成了市政广场和文化广场的筹建工作。一个通畅、优美、亮丽的城市新形象已展现在人们面前。2004年,通过省级卫生城市验收,都市生活品位已凸现。

三、坚持把工作的落脚点放在农民增收上,在推进城镇化进程中解决“三农”问题

石龙区土地贫瘠,面积小,人均耕地少,加之工业经济发展对土地的占用,资源开发造成土地的塌陷,可耕种的土地人均不到0.2亩,而对天生弱质的土地,单纯依靠传统的农业种植模式难以满足农民快速增收的迫切需要。我们立足区情,参照国内一些经济发达地区解决农民增收的成功经验,确立了在强力推进城镇一体化进程中促进农民增收的工作思路。我们建立了农民青壮劳力档案,按照“技能和实用”的原则,对农民工进行了系统的培训,使农民工都能掌握一技之长,为企业、为经济发展所用。鼓励引导企业主动接纳本区农民工,同时加强了企业用工的管理,实现了农民工进厂务工的制度化和有序化。目前,全区70%以上的农民工在辖区企业得到了妥善安置,仅此,农民人均可增加收入700元。高度关注农村的弱势群体,扩大农村救助范围,提高救助标准,把农村特困户、困难户纳入救助范围,实施经济救助和开发帮扶。2004年,全区农民人均现金收入达到3411元。扩建了区敬老院,拓展了敬老院的赡养范围。筹建了残疾人服务设施,消除特困户,推动共同致富,实现了老有所养,弱有所资的社会帮扶机制,在努力构建和谐社会的道路上迈出了坚实的步伐。

附　录

2004年平顶山市国民经济和社会发展的统计公报

平顶山市统计局

2004年,全市人民在市委、市政府的正确领导下,认真贯彻十六大及十六届三中、四中全会精神,紧紧围绕"建设大城市,发展大工业"和全面建设小康社会的战略目标,全面落实科学发展观,认真贯彻国家宏观调控政策,在发展中顺应调控,在调控中谋求发展,抓住机遇,乘势而上,全市国民经济持续快速增长,经济增长的质量和效益显著提高,基础建设得到加强,市场繁荣稳定,城乡居民生活水平提高,各项社会事业全面协调发展,主要经济指标达到了多年来的最好水平。

一、综合

国民经济持续快速协调发展,经济总量和人均水平迈上新台阶。初步核算,全年全市实现生产总值470.7亿元,按可比价格计算(下同),比上年增长15.6%,经济总量排在全省18个市中的第6位,比2003年上升1个位次。其中,第一产业增加值60.9亿元,增长9%;第二产业增加值273.4亿元,增长18.9%;第三产业增加值136.3亿元,增长12.9%。人均生产总值9616元,比上年增长15%。全市人均GDP突破1000美元,标志着我市已走出低收入水平行列,经济建设进入了新的加速发展阶段。

市场物价总体涨幅渐趋平稳。全年居民消费价格总水平比上年上涨5.3%,其中食品类价格上涨13.4%,居住类价格上涨5.8%,烟酒及用品类价格上涨7%,医疗保健和个人用品类价格下降0.1%,衣着类价格下降1.3%,交通和通信类价格下降0.3%。商品零售价格总水平上涨4.5%。

就业形势基本稳定。全年城镇登记失业率控制在3.4%。各级劳动部门共培训失业下岗职工2.3万人次。通过推进再就业工作,使2.7万名下岗失业人员实现了再就业。

国民经济和社会发展中存在的主要问题是:经济结构性和体制性矛盾仍然较突出,城乡居民收入总体水平偏低,农业生产基础还不稳固,继续保持粮食增产和农民增收任务艰巨;信贷资金、建设用地供应偏紧,煤电油运依然紧张,资源约束日益明显;城乡新增劳动力较多,就业压力增大;物价上涨幅度较高,一些低收入群众的生活受到影响;社会保障体系还不够健全等。

二、农业

农村经济稳定发展。全市认真落实农业各项政策措施,加大对农业的投入,通过降低农业税率、粮食直补等措施,调动了广大农民的生产积极性,极大地促进了农业生产的发展。农业综合生产能力持续提高,农业经济的整体质量和效益普遍回升。初步统计,全年完成农林牧渔业总产值109.3亿元,比上年增长9.2%。其中农业产值50.5亿元,增长13.8%,林业产值3.7亿元,畜牧业产值53.1亿元,渔业产值0.56亿元,比上年分别增长0.1%、6.8%、1.8%。

粮食实现恢复性增长,名优特色种植业发展较快。全年粮食总产量达161.3万吨,比上年增产16.5万吨,增长11.4%。其中夏粮因灾减产,完成83.6万吨,下降1.5%;秋粮77.7万吨,增长29.7%。经济作物中,棉花总量产达4843吨,增长44.4%;油料总产量达 10.1 万吨,增长 13.8%;蔬菜瓜类总产量 210.1 万吨,增长 20.1%;烟叶总产量 2.2 万吨,增长 32.1%。全年造林面积 14853 公顷,其中新发展经济林 3920 公顷,零星植树 1220 万株。幼林抚育作业面积 46921 公顷次。

畜牧业生产稳定增长。全年肉类总产量 34.6 万吨,比上年增长 7.1%,其中猪肉产量 21.8 万吨,增长 7.8%;禽蛋产量 12.8 万吨,增长 5.5%;奶类总产量 2 万吨,增长 176.5%。大牲畜年末存栏头数 84.7 万头,比上年下降 0.8%,其中牛存栏 79.7 万头,增长 1%;生猪存栏 260 万头,增长 5.4%;山绵羊存栏 175.7 万只,增长 5.3%。猪牛羊出栏 484.2 万头(只),增长 4.9%,其中生猪出栏 289.8 万头,增长 4.8%。

渔业生产稳中有增。全年水产品产量 8230 吨,比上年增长 1.5%。

农村基础设施和生产条件进一步改善。新增有效灌溉面积 2040 公顷,新增旱涝保收田 2913 公顷,新增节水灌溉面积 4040 公顷,新打机井 2076 眼,治理水土流失面积 76 平方公里。年末农业机械总动力 222.1 万千瓦,比上年增长 11.2%;农用拖拉机和农用运输车分别达到 8.1 万台和 5.4 万辆,分别增长 10.8%和 11.3%;全年农村用电量 41815 万千瓦小时,增长 31.9%;化肥施用量(折纯)25.1 万吨,增长 6.3%。

三、工业和建筑业

工业生产继续保持较快增长。全年全部工业完成总产值 712.1 亿元,比上年增长 15.9%;完成工业增加值 247 亿元,增长 18.7%,其中国有工业企业及年产品销售收入 500 万元以上的非国有工业企业(简称限额以上工业企业,下同)增加值 143.8 亿元,比上年增长 23%。分所有制类型看,国有及国有控股工业企业完成增加值 86.9 亿元,增长 20%;集体工业企业增加值 4.8 亿元,增长 1.8%;外商及港澳台投资企业增加值 11.9 亿元,增长 18.2%。分轻重工业看,轻工业完成增加值 16.3 亿元,增长 15.6%;重工业完成增加值 127.5 亿元,增长 24.3%。

工业结构调整力度加大。煤炭、冶金、纺织、食品和造纸等工业行业淘汰落后生产能力取得实质性进展,主要工业产品产量有较大幅度增长(见附表二),一些主要行业增加值增速加快。与上年相比,限额以上煤炭采选业增加值增长 26.1%,黑色金属冶炼及压延加工业增长 25.3%,食品制造业增长 15%,纺织业增长 13.8%,专用设备制造业增长 61.8%,交通运输设备制造业增长 15.3%。高新技术产业得到加强,全年限额以上工业完成新产品产值 27.6 亿元,比上年增长 22.2%。

工业经济运行质量进一步提高,经济效益大幅好转。全年限额以上工业实现销售收入 360.8 亿元,比上年增长 43.2%;产销率 99.3%;实现利税 45.3 亿元,比上年同期增长 57.5%,其中利润 19.6 亿元,增长 96%;亏损企业 56 家,比上年增长 9.8%;亏损企业亏损额 1.6 亿元,下降 4%;亏损面为 15.4%,比上年同期增长 1.4%;产成品库存 18.8 亿元,比上年增长 38.3%。工业企业经济效益综合指数 128.2%,比上年提高 17 个百分点,其中总资产贡献率为 10.7%,上升 2.4 个百分点;成本费用利润率 5.8%,上升 1.6 个百分点;资本保值增值率 106.2%,下降 19.8 个百分点;资产负债率 62.4%,上升 5.5 个百分点;全员劳动生产率 53071 元/人,增长 39%;流动资金周转率为 1.6 次/年,提高 0.1 次/年。但仍有部分企业效益不理想。

建筑业快速增长。全年建筑业完成增加值 25.2 亿元,比上年增长 34.9%。资质等级三级及三级以上独立核算建筑施工企业完成房屋建筑面积 291.8 万平方米,比上年增长 15.8%;竣工面积 119.4 万平方米,比上年增长 61.6%。

四、固定资产投资

固定资产投资增势强劲,对经济发展的拉动力进一步增强。全年完成全社会固定资产投资 113.7 亿元,比上年增长 45.1%,其中城关镇及以上完成投资 94.9 亿元,增长 60.2%。从投资管理渠道看,基本建设投资完成 62.5 亿元,增长 69.2%;更新改造投资 20 亿元,增长 60.1%,房地产开发投资完成 4.9 亿元,增长 40.9%;其他投资 5.3 亿元,增长 25.5%。

投资结构进一步改善。全年国有及其他单位完成工业投资 44.6 亿元,增长 60%,完成交通运输邮电通信业投资 22.3 亿元,增长 93.4%。完成文教卫生福利业投资 2.8 亿元,增长 99.6%。

重点项目建设进展顺利。省重点项目许平南高速公路平顶山段已建成通车,白龟山水库除险加固工程、昭平台水库除险加固工程进度平稳,工程已接近尾声。平临高速公路项目、平东热电公司机组扩建工程已进入施工高峰期。公路建设项目拉动投资增长。全市公路建设项目,特别是高速公路项目完成投资较大,许平南高速公路平顶山段工程、平临高速公路项目、漯平高速公路平顶山段三个项目合计完成投资14.3亿元,占全市城镇以上投资额的15.1%,对全市固定资产投资的快速增长起到了很大作用。国有经济投资仍占主体,民间投资迅猛增长。全市国有及国有控股单位累计完成投资56.9亿元,同比增长45.3%,占全市投资总量的60%;与此相对应,全市民间投资异常活跃,累计完成投资37.1亿元,同比增长1.2倍,占投资总量的比例也由去年的28.3%增加到39.1%。新开工项目个数增加,投资规模逐步扩大。全市新开工项目365个,比上年同期增加56个,计划总投资在1亿元以上的项目19个。全年新增发电装机27万千瓦、日供水能力10万吨、日污水处理能力15万吨、高速公路通车里程52公里、国省干线公路53公里、县乡公路294公里。

城市建设取得新进展,承载能力不断增强。光明路南延全线贯通,湛河三座大桥已完成工程量的80%,高阳路二期、鹰城广场改造正在稳步实施,文园路步行桥、快速通道连接线及明珠广场、七彩虹游园等一批街头游园建成投入使用。旧城改造步伐加快,凯撒财富天下、劳动路农贸市场已建成投入使用,锦绣花园、明珠城市花园、东方骏景小区建设主体已完工,繁荣街改造工程开工建设。中水回用、西气东输天然气支线工程等公用事业建设步伐加快。这些项目的建成将进一步拉大城市框架,对改善城市形象、缓解市区交通拥挤状况起重要作用。

五、国内贸易

消费品市场繁荣活跃。全年实现社会消费品零售总额131.6亿元,比上年增长15.9%,扣除物价上涨因素实际增长10.9%。分城乡看,城市消费品零售额76.1亿元,增长18.1%;县的消费品零售额23%5亿元,增长14.1%;县以下零售额31.9亿元,增长12.1%。分行业看,批发零售贸易业零售额110.6亿元,比上年增长15%;餐饮业零售额17.7亿元,增长21.9%。全年批发零售贸易业实现增加值37.8亿元,增长8.9%。

六、对外经济

对外贸易快速增长,利用外资取得新进展。全年完成进出口总值29854万美元,比上年增长64.5%,其中出口总值12466万美元,增长25.8%,进口总值17388万美元,增长111%。全年实际利用外资3443万美元,比上年增长29%。年末实有“三资”企业296家,比上年增长17家。在出口总值中,神马集团和舞钢公司两家企业的出口总值占全部出口总值的85.9%。

七、交通和邮电通信业

交通运输业发展加快。全年完成公路货物周转量19.1亿吨公里,比上年增长13.1%,公路客运周转量17亿人公里,比上年增长26.5%。

邮电通信业快速发展。全年完成邮电业务总量21.4亿元,比上年增长57.5%。年末全市局用电话交换机总容量达97.8万门,比上年增长13.3%,固定电话及小灵通用户74.2万户,其中城市电话用户44万户,乡村电话用户30.2万户。计算机互联网络用户达到11.2万户,比上年增长13.3%。

八、财政、金融和保险业

财政收支快速增长。受全市经济形势持续走好的影响,财政收入增长加快。据财政部门统计,全年全市地方财政收入完成21.5亿元,比上年增长46.6%,其中一般预算收入19.96亿元,增长43.5%;市本级完成财政收入9.6亿元,增长40.3%;区级财政收入3.8亿元,增长42.7%;县(市)级8.1亿元,增长57%。全年累计地方财政支出37.96亿元,比上年增长32.3%,其中一般预算支出35.4亿元,增长28.5%。

金融运行基本平稳。年末全市金融机构存款余额390.2亿元,比年初增加75.5亿元,增长24%;城乡居民储蓄存款余额为274.5亿元,比年初增加43.2亿元,增长18.7%。金融机构贷款余额221.8亿元,比年初增加11.6亿元,增长5.5%,其中农业贷款增幅较大,全年共新增7.7亿元,增长18.3%。

保险事业稳步发展。全市财产险承保总额391.6亿元,保费收入1.7亿元,财产险支付赔款11575万元,人身险实现保费收入9亿元,人寿险支付赔款2670万元。

九、科学技术和教育

科技事业持续发展。2004年末,全市拥有各类专业技术人员6.6万人,组织实施科技项目。申请专利150项,审批119项。获市级以上科技成果奖177项,其中省级科技进步奖13项。全市共认定技术合同646件,技术合同交易额1300万元。“科教兴平”战略取得明显成效。

教育事业稳步发展。2004年末,全市各级各类学校总数3779所,教职工66278人,在校生人数100

万人，其中普通高等学校4所，在校生26854人；中等专业学校8所，在校生1.4万人；普通中学307所，在校生33.9万人。学龄儿童入学率100%，小学、初中、高中升学率分别为82.3%、39.2%和68.4%。成人高等学校招生2830人，在校生5582人，成人中等专业学校招生2342人，在校生17509人，职业技术培训学校在校生4.97万人。全市共扫除文盲4529人。

十、文化、卫生和体育

文化事业继续发展。2004年末，全市拥有各类文艺表演团体为9个，文化馆8个，公共图书馆7个，藏书58.2万册。《平顶山日报》全年发行量2340万份，《平顶山晚报》全年发行量2268万份。拥有广播电台4座，中波广播发射台1座，电视台4座，有线电视用户增加到11万户。档案事业在发展中不断完善提高，全市有国家综合档案馆11个，专业档案馆2个，各级各类综合档案室857个，保藏档案173万卷册，达到省级以上标准的馆室661个。

卫生事业稳步发展。2004年末，全市共有各类医疗卫生机构（含诊所、义务室、社区卫生服务站）526个，卫生技术人员15676人，其中执业医师5835人，护师和护士4430人。农村医疗点2886人。全市各种现代化的医疗设备有所增加，医疗水平明显提高，妇女儿童保健、职业病防治、社会无偿义务献血工作取得新的成绩。

体育事业成绩显著。全年我市运动员在省级以上体育比赛中共获奖牌124枚，其中金牌29枚、银牌39枚、铜牌56枚，其中获国家级金牌2枚、银牌4枚，铜牌3枚，获国际金牌1枚。男子团体射箭比赛破全国记录。

十一、环境保护

环境保护工作力度加大。全年我市环境保护工作以清理整顿不法排污企业为重点，加大工业污染防治力度，全面推进“蓝天工程”，大力开展城市环境综合整治，各项工作都取得了显著成绩。全年共对107家违法排污企业进行了清理整顿，其中，关闭了21家违法排污企业；取缔了113台燃煤小锅炉，强行关停了21台死灰复燃的小锅炉，有400多台锅炉改燃清洁燃料，使清洁燃料使用率达80%；取缔了市区周边437堆违法堆放的煤堆、煤泥堆；取缔库区养鱼网箱1700多箱，拆除130余间岸边餐饮摊点；在矸石山上植树5万多棵，喷洒抑尘剂治理矸石山和灰场80多万平方米。接受“环保110”投诉846起，处理812个，处理率96%。工业废水排放达标率96.7%，烟尘去除率98.1%，粉尘回收率93.5%，工业固体废物综合利用率65.0%，废水、废气、固体废物和工业噪声设施正常运转率分别达98%、99%、100%，全年出境水质达标率68.1%，比上年增加1.1个百分点。取得各类监测数据68696个。大气中二氧化硫年平均浓度0.07毫克/标立方米，超国家二级标准；二氧化氮年平均浓度0.049毫克/标立方米，达到国家二级标准；大气可吸入颗粒物年平均浓度0.174毫克/标立方米，超过国家二级标准；大气平均降尘量13.62吨/月平方公里；全年优良天数196天，优良率达53.6%，比上年增加0.7个百分点；市区交通噪声69.6分贝；全年没有酸雨。

十二、人口、社会、劳动保障与人民生活

人口控制工作取得新成效。全年人口自然增长率4.9‰。2004年末，全市总人口490.4万人，其中城镇人口162.9万人，农村人口327.5万人，城镇化率达33.5%。

城乡居民生活继续改善。全市城镇居民人均可支配收入7631元，比上年增长14%，扣除物价上涨因素实际增长8.3%；人均消费性支出5392元，增长6.9%。全市在岗职工平均工资12089元，增长16.6%，扣除物价上涨因素实际增长10.7%；农民人均纯收入2369元，增长13.5%，扣除物价上涨因素实际增长7.8%；农民人均现金收入2682元，增长16.6%。年末城镇居民每百户拥有彩电117台，冰箱89台，空调器105台，洗衣机100台。每百户农民拥有彩电68台，冰箱20台，空调器7台，洗衣机52台。居民收入差距依然较大，一部分低收入的城乡居民家庭生活比较困难，农村扶贫任务仍然艰巨。

劳动就业工作进一步加强。全市各类职业介绍中心（所）19个，组织6.2万人参加了就业培训，2.7万名下岗职工实现再就业，共发放下岗职工基本生活保障金7254万元。年末全市在岗职工人数43.81万人，比上年下降0.05%。

社会保障事业稳步发展。职工基本养老保险、大病医疗统筹和离退休人员离退休费统筹、医疗费用统筹保障制度继续推进。全市已有22.24万名职工和5.85万名离退休人员参加了社会养老保险统筹，44.2万名职工参加了失业保险统筹，参加基本医疗保险的职工与退休人员为50.1万人，其中参加基本医疗保险的职工39.8万人，退休人员10.2万人。

社会福利事业继续发展。全市社会福利院2个，

福利院床位68张,城镇老年福利机构11个,床位334张,农村老年福利机构75个,床位1864张。城镇社区服务网络不断完善。全年国家抚恤、补助各类优抚对象总人数13436人。优待优抚户数9466户,优抚对象享受定期抚恤金人数923人,优抚对象享受定期补助人数9721人。妥善安置了退伍军人的生活和就业,安置城镇义务兵2047人,转业、复员士官148人。

注:1. 本公报各项统计数据为初步统计数。

2. 国内生产总值及各产业增加值绝对数按现价计算,增长增速按可比价格计算。

3. 保险部分数据为中国人民保险公司平顶山分公司、中国人寿保险公司平顶山分公司、中国太平洋保险公司平顶山分公司、泰康人寿保险公司平顶山分公司合计数。

二〇〇五二月二十日

2004年度平顶山市环境状况公报

平顶山市环境保护局

根据《中华人民共和国环境保护法》第十一条规定,现将2004年平顶山市环境状况公告如下:

一、环境状况

1、大气环境

2004年,平顶山市(市区)可吸入颗粒物浓度年均值0.174mg/m³,超国家二级环境空气质量标准0.7倍;二氧化硫浓度年均值0.070mg/m³,超国家二级环境空气质量标准0.17倍;二氧化氮浓度年均值0.049mg/m³,符合国家二级环境空气质量标准;降尘量年平均值13.62吨/平方公里·月,符合国家推荐标准要求。空气中主要污染负荷排序,从大到小依次为:可吸入颗粒物、二氧化硫、二氧化氮,首要污染物是可吸入颗粒物。全年环境空气质量优良天数为196天,优良天数率为53.6%,比上年增长0.7%,全年没有出现酸雨。

2、水环境

(1)饮用水水源水质和地下水水质。地表饮用水源:据市环境监测中心站对白龟山水库水质各项指标监测分析统计,各项指标均符合《地表水环境质量标准》中的Ⅲ类标准,水质较好,水质级别属于“优良”。地下饮用水源:据市环境监测中心站对周庄水厂和光明路水厂水质进行监测,各项指标均符合《地下水质量标准》中的Ⅲ类标准,水质较好,周庄水厂的水质级别为“优良”,光明路水厂的水质级别为“良好”,全市地下饮用水源地水质级别为“优良”。

地下水水质全年对9个井位(周庄水厂、光明路水厂、张村、二矿水厂、胡杨楼、姚孟村、遵化村、小营村、市造纸厂)进行监测,有22.2%的井位水质级别为“优良”(分别是周庄水厂、光明路水厂),有44.4%的井位水质级别为“良好”(分别是张村、胡杨楼、二矿水厂和姚孟村),有33.3%的井位水质级别为“较差”(分别是遵化村、小营村和市造纸厂),2004年全市地下水水质较好,水质级别为良好,综合评价为“良好(Ⅰ类)”。

(2)河流水质。2004年全市河流有代表性的11个监测断面中,按各污染物年均值进行评价,符合《地表水环境质量标准》Ⅰ类水质标准的有1个,符合Ⅱ类水质标准的有6个,符合Ⅲ类水质标准的有1个,劣于Ⅴ类水质标准的有3个。符合ⅠⅡⅢ类水质标准的断面占全部监测断面的73%,有3个断面的水质劣于其相应水质功能要求,占全市河流监测断面的27%,分别是西斜路湛河桥劣Ⅴ类(水质功能要求为Ⅲ类)、新华路湛河桥劣Ⅴ类(水质功能要求为Ⅳ类)、韩庄湛河桥劣Ⅴ类(水质功能要求为Ⅴ类)。全市地表水污染类型为氮类污染、有机污染类型,依污染负荷大小,污染因子从大到小的顺序为:氨氮(44%)、生化需氧量(19%)、高锰酸盐指数(15%)、其它(22%)。

澧河为Ⅱ类水质,完全达到了Ⅲ类水质功能要求,水质稳定且无重大变化;滚河为Ⅱ类,达到了Ⅲ类水质功能要求;北汝河为Ⅱ类,达到了Ⅲ类水质功能要求;沙河的两个监测断面:昭平台水库水质为Ⅰ类,白龟山水库水质为Ⅱ类,均符合Ⅱ类水质功能要求;入库河流(澎河、应河、大浪河)是平顶山重要水源地白龟山水库的主要补给水源，除应河焦店断面氨氮项目枯水期瞬时值存在超Ⅲ类水质功能标准外，其它监测项目水质完全达到Ⅲ类水质功能要求，水质从好到较好依次为澎河、大浪河、应河；湛河是流经平顶山市区的一条主要纳污河流，所监控的三个断面均不符合相应水质功能要求，水质均为劣Ⅴ类，平均综合污染指数为4.06，高出全市平均综合污染指数的2.1倍，比去年下降78.75%，污染状况有所好转。其主要污染因子按污染分担率从大到小排序为：氨氮(61%)、生化需氧量(17%)、高锰酸盐指数(11%)。全市河流水质由优到差依次为：沙河、澧河、滚河、入库河流(澎河、大浪河、应河)、北汝河、湛河。

(3)水库水质。2004年对四座大中型水库(昭平台水库、孤石滩水库、白龟山水库、石漫滩水库)进行了监测，除昭平台水库水质为Ⅰ类外，其余水库水质均为Ⅱ类。

3、声环境

据市环境监测中心站监测，2004年昼间功能区噪声：居住、文教机关区噪声比去年升高0.1分贝，超标0.1分贝，居住、商业、工业混杂区噪声比去年升高3.4分贝，不超标，工业区噪声比去年下降0.1分贝，不超标；夜间功能区噪声：居住、文教机关区噪声和去年相比升高1.2分贝，超标4.1分贝，居住、商业、工业混杂区噪声比去年升高1.1分贝，超标1.7分贝，工业区噪声比去年升高0.6分贝，超标2.9分贝。交通噪声，2004年共监测城市路段总长度45965米，超标路段(大于70分贝)长度为19960米，占监测路段总长的43.4%，市区交通干线平均等效声级为69.6分贝，比去年升高0.8分贝，不超标，属于"较好"级别。区域环境噪声，2004年全市平均等效声级为53分贝，比去年下降了0.3分贝，质量级别为"较好"。具体监测统计结果下表。

单位：分贝

数值 年度	居住、文教区		居住、商业、工业混杂区		工业区		区域噪声	交通噪声
	昼间	夜间	昼间	夜间	昼间	夜间	昼间	
2003年	55.0	47.9	55.3	50.6	58.2	57.3	53.3	68.8
2004年	55.1	49.1	58.7	51.7	58.1	57.9	53	69.6

二、工业污染物排放情况

1、废水

2004年全市污废水排放总量为14185万吨，COD排放总量为31320吨。其中，工业废水排放量为5134万吨，废水排放达标量为4976万吨，工业废水排放达标率96.94%，COD排放量为10610吨，氨氮排放量为1423吨，挥发酚排放量为1.71吨，氰化物排放量为3.29吨，石油类排放量为94.67吨；生活污水排放量为9051万吨，生活COD挥放量为20710吨，生活氨氮排放量2724吨。

市区工业废水排放量2507万吨，比上年减少7.5%；废水排放达标量2479万吨；废水中化学需氧量排放量2612吨，比上年减少20.9%；石油类排放量60.9吨，比上年减少2.3%；氨氮排放量1365.5吨；市区废水治理设施147套，工业废水排放达标率98.9%。

2、废气

2004年，全市工业废气排放总量8480764万标立方米，二氧化硫排放总量为110849吨，烟尘排放总量为47495吨。其中，工业废气中二氧化硫排放量为96774吨、烟尘排放量为41684吨、粉尘排放量为22786吨；废气治理设施513套，二氧化硫去除率6.2%，烟尘去除率97.8%，粉尘回收率92.4%；生活二氧化硫排放量为14075吨，生活烟尘排放量为5811吨。

市区工业废气排放量5888961万标立方米，比上年增加3.1%，占全市排放总量的69.4%；工业废气中二氧化硫排放量76510吨，占全市排放总量的69%；烟尘排放量29911吨，比上年增加5.7%，占全市排放总量的63%；粉尘排放量4436吨，比上年减少1.9%，占全市排放总量的19.5%；市区废气治理设施219套，二氧化硫去除率4.2%，烟尘去除率98.3%，粉尘回收率91.9%。

3、工业固体废物

2004年，全市工业固体废物产生量678.5万吨，综合利用量548.5万吨，其中综合利用往年堆存量164.4万吨，综合利用率65.1%。市区工业固体废物产生量478.2万吨，其中粉煤灰161.5万吨，炉渣50.4万吨，煤矸石257.4万吨；市区工业固体废物综合利用量423.4万吨，其中综合利用往年堆存量128.1万吨，综合利用率69.8%。

三、环境监督管理工作

1、大气污染治理工作。一是强力取缔死灰复燃的小炼焦池900多道，解决了我市的重大环境热点、难点问题。二是加大扬尘污染防治力度。全年对18家堆放矸石山、粉煤灰和煤场的企业进行了限期治理。采用喷洒抑尘剂对矸石山和灰场进行表面固化，共治理矸石山和灰场80多万平方米;三是继续加大锅(窑)炉整顿力度,在全市范围内继续深入开展“扫黄除黑”活动。排除干扰、重拳出击,全年共取缔燃煤小锅炉113台;强行关停死灰复燃的小锅炉21台。四是禁燃高污染燃料、大力倡导集中供热和积极推广清洁能源。对20吨以下暂不能关停的锅炉,禁止燃用原煤、煤泥等高污染燃料,一律改燃洁净燃料。全年有400多台锅炉改燃清洁燃料,使清洁燃料使用率达80%以上。五是加大对老污染源的治理力度,对17家严重污染大气环境的企业进行了治理。六是摧毁了38座小石灰窑。

2、水污染防治工作。一是巩固上一年度关停整顿成果,严防死灰复燃。二是加大治理力度,“查漏补缺”,对6家不能稳定达标排放的企业进行了治理。三是对全市的废水排污口进行了规范化整治;四是为防止枯水期污染事故的发生,对华利药厂等多家企业进行了限产、限排。五是强行取缔了隐蔽的、“死灰复燃”的6家小造纸厂。六是对白龟山水库进行了大规模的综合整治。共取缔库区养鱼网箱1700多箱,拆除130余间岸边餐饮摊点,并全面禁止库区游泳,使白龟山水库水质有了明显的改善,其水质保持了二类地表水水质标准,确保全市人民喝上了放心水。

3、清理整顿违法排污企业工作。根据国务院和省政府部署的清理整顿违法排污企业专项任务的要求,确保人民群众的身体健康,2004年共对107家企业的110个违法排污项目进行了查处,全年共关停违法排污企业21家,完成治理任务36家,违反建设项目条例的28个项目全部停建补办手续。

4、新建项目管理工作。全年共审查审批市管以上新建项目187个,环评审批率达100%;验收市管以上新投产项目43个,“三同时”执行率达100%。

5、生态环境保护工作。一是为控制农村面源污染,对污染严重的规模化养殖场进行了全面调查,并筛选10家作为试点进行治理,现正稳步推进。二是为改善矿区生态环境,继续开展矸石山绿化工作。全年矸石山新栽种树苗5万多棵,成活率达90%以上,保证了矸石山绿化效果。三是鲁山生态示范县的建设工作稳步推进,部分生态建设项目已经建成投入使用(如:林丰庄园、张官营堤子葡萄基地、温泉渡假村、高效农业生态示范园等)。

6、环境法制工作。全年完成人大议案1件,政协提案9件的回复办理工作,处理市长热线交办件、市有关领导、部门、省环保局批转件26件,处理率100%。全年环境违法案件立案75起,下达处罚决定35起,处罚金额206万元;申请法院强制执行8起,强制执行案件标的34万元。

7、环境监察工作。一是严格执行“依法、全面、足额、及时”的排污费征收原则,加大排污费征收力度,开征氮氧化物排污费,全年市级共征收排污费2739万元,超额完成排污费年度征收任务。二是加大了对污染源的现场检查和管理力度。对市属以上企业492套环境污染防治设施运转情况进行了定期和不定期的监督检查,使废水、废气和固体废物及工业噪声污染防治设施正常运转率分别达到96%、97%和98%以上;三是强化服务意识,提高服务水平,环保“110”做到:“有警必接,快速出击,认真处理,及时回复”,全年共受理各类投诉电话846个,处理846个,处理率100%,有效地解决了群众关心的环境热点问题。

8、环境宣传工作。2004年环境宣传教育工作以“面向社会、面向公众,提高全民环境意识”为宗旨,紧紧围绕环保中心工作,有计划、有步骤地开展宣传教育。全年共在省级以上报刊杂志发稿28篇,市级报刊发稿310余篇,市电视台发稿150余条,电台80余篇;在“六·五”世界环境日开展了纪念宣传活动,布置了宣传一条街,设咨询台12个,宣传板面180多块;向市民发放各类环境宣传资料几千份;2004年我市有5所学校被授予省级“绿色学校”称号。

9、环境监测、科研工作。一年来,较好的完成了国家、省、市环保局下达的大气、水、噪声、汽车尾气、污染源监测、达标验收、排污申报、污染纠纷、环境科研、环境评价等方面的监测任务,报出各类监测数据68696个,质控合格率达98%以上。

环境科研和环境评价工作深入开展。完成了大气环境容量核算,水环境容量核算等四项科研课题。其中,络合法清除钛换热器中硫酸钙、碳酸钙复盐垢的工业研究与应用课题获市科技进步二等奖;全年共完成环境影响报告书(表)40项。积极开展清洁生产试点工作,成立了清洁生产领导机构,取得了清洁生产审核资质,确定了四家企业为我市进行清洁生产的单位,目前这项工作正按计划进行。

10、基础能力建设工作。2004年加大了基础能力建设的投入力度,完善了烟气黑度自动监测瞭望系统,将烟尘控制区置于自动监控之下;对重点污染源实施在线监控,目前,总控室已通过验收,已完成7家在线监控企业的安装调试工作。

2004年我市的环境保护工作在市委、市政府的正确领导和市人大、政协的监督、指导及全市各有关部门的大力支持下,环境保护工作取得了显著成绩,全市总体环境质量有较大改善。但是,我市面临的环境形势仍相当严峻,市区大气环境质量还没有达到二级标准,水环境质量尚未全部得到改善,出境水仍有超标排放现象,已经取得的污染治理成果不够稳定,生态保护和建设速度还比较缓慢,今后的环保任务还相当艰巨。望全市人民和各有关部门继续给予大力支持和密切配合,坚持走可持续发展之路,同心协力,与时俱进,为全面建设小康社会,努力改善我市的环境质量而奋斗。

二〇〇五年五月二十五日

吃什么肉好

肉是我们在日常营养中获取蛋白质和能量的重要来源。营养学家们建议,吃肉时应遵循的原则是:吃畜肉不如吃禽肉,吃禽肉不如吃鱼肉。

畜肉中,猪肉的蛋白质含量最低,脂肪含量最高,即使是“瘦肉”,其中肉眼看不见的隐性脂肪也占28%。因此,千万不要以为吃“瘦肉”就是安全的。除了猪、牛、羊等红肉中脂肪含量过高外,肉类中还含有嘌呤碱,这类物质在体内的代谢中会生成尿酸。尿酸大量积聚,会破坏肾毛细血管的渗透性,引起痛风、骨发育不良等疾病。

禽肉是高蛋白低脂肪的食物,特别是鸡肉中赖氨酸的含量比猪肉高13%。鸡肉最有营养的吃法就是熬汤。而鹅肉和鸭肉不仅总的脂肪含量低,所含脂肪的化学结构与猪肉也不同,更接近橄榄油,主要是不饱和脂肪酸,能起到保护心脏的作用。

鱼肉是肉食中最好的一种。它的肉质细嫩,比畜肉、禽肉更易消化吸收,对儿童和老人尤为适宜。此外,鱼肉的脂肪含量低,不饱和脂肪酸占总脂肪量的80%,对防治心血管疾病大有裨益。鱼肉脂肪中还含有一种22碳6烯脂肪酸,对活化大脑神经细胞,改善大脑机能,增强记忆力、判断力都极其重要。

(《科技日报》3.19　李兴民文)

单位和个人选介

单位选介

石 龙 区

石龙区位于平顶山市西部,距市区52公里,周边与宝丰县、鲁山县接壤。辖区总面积37.9平方公里,总人口约10万人,辖四个办事处,11个行政村,13个居委会,实行办事处带村体制。石龙区原名西区,建制历经三设两撤,1997年12月18日正式被国务院批准建制,设立石龙区。

近几年来,石龙区委、区政府立足实际,以“安全、稳定、发展”为主题,按照“政府创造环境,社会发展经济”的指导思想,充分利用资源优势,带领全区人民团结奋进,真抓实干,走出了一条具有石龙区特色的改革、开放、发展之路。全区经济快速发展,城乡居民生活水平不断提高,全区各项事业呈现出蒸蒸日上的良好发展态势。2004年底,全区生产总值达到103152万元,工业生产总值完成170306万元,全年财政收入完成6312万元,增幅居全市第一,农民人均纯收入达到3203.3元,全区社会稳定,人心顺和,已实现了乡镇煤矿连续七年百万吨死亡率为零的历史纪录,连续三年被省政府授予“安全文明生产县(市、区)”称号。

平顶山市卫生防疫站

平顶山市卫生防疫站是贯彻预防为主,开展防病灭病工作,保障人民健康的一个专业技术很强的公益性社会福利事业单位,正县级编制,成立于1957年。现任站长、法人代表马松臣,站党委书记谈华。现有在职职工206人,专业技术人员153人,其中副高级专业技术人员16人,中级人员69人。平顶山市卫生防疫站是平顶山市预防医学防疫业务技术指导中心。基本任务是进行流行病学、计划免疫、地方病预防、环境卫生、食品卫生、学校卫生、健康教育、慢性非传染病的监测和突发卫生事件处理、经常性、预防性监督,同时,开展科研、宣教、培训等工作。

平顶山市卫生防疫站担负全市488.79万人民的预防保健任务。受卫生行政部门委托,承担全市卫生行政执法工作。长期以来,由于平顶山市委、市政府对卫生防疫及卫生行政执法工作的重视,平顶山市卫生局的支持帮助,站领导班子团结奋进,务实求新,全站职工奋发进取,励精图治,一些严重肆虐的烈性传染病得以消灭或基本消灭,大部分得以控制或基本控制,特别是通过依法实施公共卫生和疾病控制的管理,“预防为主”的卫生思想逐步深入人心,人们的健康意识普遍增强。

近年来,平顶山市卫生防疫站先后被省技术监督局认定为“计量认证合格单位”,被省卫生厅命名为“质量认定合格单位”,被确认为“河南省麻疹监测网络实验室”、“全国质控网络实验室”、“HIV确认实验室”。获得“地方级一等卫生防疫站”、“省级文明单位”、“省级卫生先进单位”和“国家二级档案室”称号。

平顶山市卫生防疫站拥有气相色谱仪、原子吸收仪计、酶标仪、电子分析天平、液相色谱仪等先进设备和检测仪器,并取得河南省技术监督局颁发的计量合格认证。

平顶山市卫生防疫站在传染病防治方面,如期完成了2004年平顶山市的艾滋疫情调查技术指导工作,并通过了省级评审验收。在消灭“脊灰炎”为重点的儿童计免工作中,四苗接种率均达到95%以上,覆盖率达96%。开展了风疹及乙肝疫苗的大规模免疫活动,连续12年无野毒株“脊灰”病例发生。

平顶山市卫生防疫整体工作无论过去还是现在,始终名列全省卫生防疫系统前茅,预防医学理论与实践水平受到了全省同行的普遍赞誉,卫生体制改革及干部人事制度改革在全省系统内一直保持领先地位并不断创新。在搞好自身工作的同时,平顶山市卫生防疫站充分发挥职业优势,对各县(市)区卫生防疫机构技术指导到位、解决疑难到位、帮助关怀到位，带动了全市卫生防疫事业的普遍发展。

石龙区煤炭工业局

石龙区煤炭工业局始建于 1983 年，是石龙区乡镇煤矿安全生产的主管部门，省级文明单位，省级卫生先进单位。现有干部职工 120 人，内设有办公室、安监股、培训中心、煤管站、救护队等 17 个股、室、站、队。

近年来，石龙区煤炭工业局紧紧围绕全区“安全、稳定、发展”的整体工作安排和部署，以《石龙区乡镇煤矿“双化双上”实施细则》为指南，认真贯彻执行乡镇煤矿安全管理的各项规定及指示精神，以人为本，大胆实施人才战略，出台了一套行之有效的乡镇煤矿安全管理新举措，“三个委派”、“以风定产、以风定人、以产定药”等管理制度，为石龙区乡镇煤矿实现安全生产提供了可靠保证。如今，“三个委派”已完善成为“三长一员”(即安全、技术、机电副矿长和特派员)作为乡镇煤矿安全管理的成功经验，被国家安全生产监察局于 2004 年以一号文件向全国推广。

2004 年，石龙区生产原煤 283 万吨，顺利实现了安全生产六周年，各项工作取得了突破性进展，为全区的经济发展和社会稳定做出了积极贡献。

舞钢市林业局

在淮河上游群山怀抱之中，有一颗璀璨的绿色明珠——舞钢市。她依山而建，傍水而立，是一个因钢而兴，因钢而名的现代化生态工业旅游城市。

舞钢市林业局担负着全市造林绿化、林木管护、林地管理、护林防火、病虫害防治、野生动植物保护、林业新技术推广等一系列工作。该局设有办公室、植树造林科、资源林政科、林业公安分局等 15 个科室和二级单位，在职职工 115 人。近年来，该局确立了“铸一流队伍，树一流形象，创一流业绩”的工作理念。全局干部职工顽强拼搏，扎实实干，林业建设取得了长足发展。

机制创新是林业发展的不竭动力。现任林业局局长高庆祥于 2002 年 5 月到任后，根据舞钢市林业现状，提出了“以生态环境建设为重点，以林业产业结构调整为主线，大力发展生态经济林、速生丰产用材林和观光林业”的设想。几年来，在这一思想指导下，平原绿化得到了加强，初步构建了高级达标框架，基本上形成了以农田林网为主，点、片、网、带相结合的平原农田林网防护林体系；山区林业工作也在退耕还林、长淮防护林等林业大工程的带动下，实施了大规模的植树造林活动。从 2002 年以来，以突出调整林业产业结构为重点，已累计新造林 8.5 万余亩，初步形成了以涵养水源，保持水土为主的防护林、用材林、经济林等多林种多树种相结合的林业生态体系和林业产业体系。现在已建成火炬松基地 2 万亩，速生杨基地 6.2 万亩，板栗基地 2.3 万亩，桃、杏等小杂果基地 3.8 万亩，年创产值 9000 多万元，许多群众靠林果业走上了致富路，至 2004 年，舞钢市林业用地面积达到 35.6 万亩，森林覆盖率达到 34.6%。林业已成为舞钢市重要的支柱产业，为争创国家级生态园林城市、全国优秀旅游城市、全国绿化模范城市奠定了坚定的基础。

骄人的业绩使舞钢市先后获得省政府命名的造林绿化十佳(县)市，国家、省护林防火先进单位，省资源林政管理先进单位，省森林病虫害防治先进单位，省卫生达标单位。

平顶山市经济管理学校

平顶山市经济管理学校是首批国家级重点中等职业学校，省 10 所示范性中等职业学校之一，省级文明单位，连续六年被市教育局评为“对口升学先进单位”，2002 年被教育部、劳动和社会保障部等四部委授予“全国职业教育先进单位”。

学校占地 120 亩，环境优美、风景秀丽、交通便利，实行全封闭管理，是一所“花园式”学校，也是莘莘学子求学深造的理想场所。学校现有专职教师 153 人，其中高、中级教师 95 人。建有多个宽带网络教室，多媒体教室，电脑 400 多台，有 20 个专业实验室；教室配有大屏彩电，寝室装有电话；图书馆藏书 10 万余册，报刊杂志 400 多种。学校开办有普通中专、职业中专、3 + 2 大专、一年制短班和综合高中班，有计算机网络技术、工业电子、机电一体化、商品经营与管理、电子电器、文秘办公自动化、电脑美术设计、幼师、电算化会计、旅游服务与管理 10 个专业，其中计算机、工业电子专业为省级重点专业，机电一体化专业与江苏昆山职专合作办学，实行 2 + 1 学制。学校实行订单式教育，与苏州、昆山、上海等“长三角”地区外资企业签订用人协议，确保毕业生高质量就业。2004 年起，该校毕业生陆续送往苏州、昆山市的统一企业、微盟电子、禧玛诺自行车有限公司等外资企业就业,并办理了正式用工手续。由于这些企业工作条件好,工资待遇高,就业制度规范,各种保障完善,学生和家长非常满意。

安培计算机学校

平顶山安培外语计算机学校是于2000年7月经市教委批准,由平煤集团安培中心承办的一所集外语教学、计算机教学、电脑培训为一体的综合性专业学校。

校园占地150多亩,设有足球场、篮球场、400m标准化跑道、图书馆、阅览室等文化活动场所。购置了P3、P4微机300余台,装备了6个微机操作室、平面设计室、网络、装机维修室,配备了电子教室、大屏幕投影室等现代化教学设施。为确保教学质量,特组织一批富有教学经验的副教授、高级程序员主教,采用NIT先进的教学模式,用单人单机的方法强化训练,以提高学生的动手能力,把学生造就成为现代化建设的栋梁之才。自2002年起与漯河职业技术学院联合办学,招收成人高等教育专科班,连续几年在全国成招考试中入学率超过98%,毕业率达到100%,学生就业率超过99%。近年来,先后申办国内国际认证多项,并先后被教育部授予"全国教育网站示范单位"、平顶山市卫东区职工培训"定点基地"。2004年在全体师生的共同努力下,通过了ISO9001国际质量管理体系认证。目前,在校大专生600余人,年培训学员近2000人,形成了豫西南地区规模大、就业率高、质量诚信的培训基地之一。

舞钢中加钢铁有限公司

舞钢中加钢铁有限公司是由河南省舞钢市华宇物资有限责任公司与加拿大多伦多爱迪公司出资组建的中外合资中方控股的民营企业。公司座落在美丽的国家级旅游风景区——石漫滩国家森林公园马鞍山南麓,与国家宽厚钢板生产基地舞阳钢铁公司相毗邻,是平顶山市重点保护企业。厂区绿化面积达到33%,是一座现代化的花园式工厂。2004年底,总资产6.76亿元。公司现有员工1500人,大中专毕业生占员工总数的72.6%,中级以上专业技术管理人员153人,其中具有高级以上职称的管理和工程技术人员23人。增资扩股后将实现100万吨铁,100万吨精矿粉的企业规模。

中加公司一期工程是与舞阳钢铁公司相配套的炼铁项目,总投资1.65亿元人民币,占地11.08万m^2。主要建设两座208m^2高炉、两座24m^2带式烧结机、两台3000KW煤气发电机组及公辅设施。年产各种生铁50万吨,发电4320万度,总产值12亿元,利税1.8亿元。环保方面,采用静电和布袋干法除尘进行粉尘回收利用,使用高炉煤气转能发电,风、水、电、气全部实现闭路循环,全厂无三废排放,达到产业环保要求。2002年10月21日,一期工程奠基,2003年4月17日,1#高炉投产,建设工期仅179天,速度之快创全国记录。2004年2月8日、28日,烧结机、2#高炉先后投产。2004年5月22日,环保项目煤气发电机组正式并网发电。2004年10月8日,节能项目喷煤工程的投产,实现了工序能耗的合理降低。2004年12月六座4m^2球团竖炉先后生产,企业形成了整体生产配套能力。中加公司炼铁项目的投产,使中加公司和舞钢公司紧密地结合在一起,形成了相互依赖的供求产业链条。公司的主要产品炼钢生铁直接热送舞钢公司电炉,是舞钢公司不可缺少的重要炼钢原料基地。公司实行市场化和消耗定额管理,利用民企优势,充分调动广大干部员工的工作积极性,人均生产创效率达到76.5万元/年。2004年生产生铁31.7万吨,销售收入6.7亿元,实现税金2901万元。2003年被河南省农行评为AAA信用等级,被舞钢市委市政府授予"十强企业";2004年被省委省政府授予"优秀民营企业";被平顶山和舞钢市委、市政府授予"明星民营企业","五一劳动奖状"先进集体,被平顶山市工商局授予"重合同、守信用"先进企业。2004年董事长李刚被平顶山和舞钢市委、市政府授予"优秀民营企业家","功勋民营企业家";被平顶山市总工会授予"五一劳动奖章"。

河南平顶山湛南国家粮食储备库

河南平顶山湛南国家粮食储备库,始建于1957年,1992年12月被国家粮食储备局命名为国家粮食储备库。全库占地面积106亩,有现代化仓房19座,总容量66000吨,固定资产2300万元,其中2002年利用国债资金1322万元,投资增建了7座具备现代化储粮设施、设备的高大平房仓,新增仓容36000吨。现储备各类粮食近8万吨,长期承担着中央和地方粮食储备、收购和供应任务。现有员工90人,其中各类专业技术人员40名。

多年来,在平顶山市粮食局正确领导下,粮库始终坚持科技储粮的方针,设专职防化保管,实行持证上岗,技术力量较强,管理经验丰富,并具备微机检测系统和环流薰蒸系统,实现了对储粮温、湿度进行自动检测和绿色施药除虫技术。连年荣获省市"四无粮库"的称号。

在安全储粮的同时,湛南粮库大力开展小麦、玉米、大米、油脂等粮油商品的经营,与全国各地建立了长期的业务关系,年购销量达到3000万公斤。多次被有关部门授予"重合同、守信用单位"、"目标管理优胜单位"、"卫生先进单位"、"市级文明单位"、"省粮油科技先进单位"等荣誉称号。2004年4月,湛南粮库被命名为"省级文明单位"。

平煤集团香山公司

平煤集团香山公司位于平顶山市西部十五公里处,北靠香山,南依白龟山水库,现有职工2141人,其中研究生2名,大、中专生113名,专业技术人员116名。是国家中二型企业、全国100家最大煤炭采选企业之一。

平煤集团香山公司前身为平顶矿务局九矿,一九七五年五月投产,年设计生产量21万吨,产品为1/3焦煤,70年代末生产最鼎盛时期,产量突破42万吨。80年代末因矿井储量逐渐枯竭,经原煤炭部批准,核销统配生产能力,转产组建香山公司,按照"转产、搞活、奋斗、发展"的八字方针,坚持走"自力更生、滚动发展"之路,不断深化内部改革,相继建起了陶瓷厂、内衣厂、水泥厂等多个多经厂点,形成了以煤为主,多业并举的格局。如今由香山公司筹建的陶瓷厂、坑口电厂正产生着巨大的经济效益。

矿井经过资源划拨和扩边下延,服务年限延长,煤炭工业储量达2470万吨以上。目前,香山公司有年设计生产能力30万吨矿井,年生产能力60万平方米的地砖厂和年洗配能力达30万吨的洗配煤厂各一个,主要产品为电煤、1/3主焦煤、精煤和内墙砖。

多年来,香山公司多次获得平顶山市"重合同守信用"企业,煤炭部"多种经营先进企业",连续二十年获平顶山市"文明单位"等荣誉称号。

中共平煤集团香山公司第一次党代会提出了"夯实基础、确保安全、创新增效、加快发展"的发展战略,确定了"六十万、一亿元、三百万、一万三"的规划,为企业勾画了五年发展的宏伟蓝图。到2007年,香山公司主焦煤年产量要达到60万吨,工业总产值超过一亿元,年利润要达到300万元,职工人均工资达到13000元/年以上。

平顶山煤业(集团)有限责任公司铁路运输处

平顶山煤业(集团)有限责任公司铁路运输处是平煤矿区铁路的管理及使用单位,担负着平煤集团原煤入洗、煤炭外运、矿建物资运送和地方工矿企业的物资运输及职工通勤、城乡旅客输送的任务。

矿区铁路东起许昌市襄城县境内的平煤集团的十三矿,西至平顶山市石龙区境内的韩庄矿,贯穿平顶山市、许昌市的6个县(区),正线长约125公里,总延长约260公里,东与武汉铁路局平顶山市东站接轨,西与郑州铁路局宝丰站相连,设计运输能力2200万吨/年。现有车站26个,蒸汽机车22台,内燃机车5台,货车512辆,客车25辆,平板车11辆,捣固机1台,资产总额约3.19亿元,在册职工4196人,其中专业技术人员403人,下设八个生产段(厂)、六个后勤服务单位和五个多经公司(厂),已形成车、机、工、电、辆、客等工种齐全,结构完整,运用与检修配套的矿区准轨铁路运输企业。

该处以构建"一三八"共同愿景、创建学习型企业为目标,营造"工作学习化,学习工作化"的学习理念,强化"诚信友善,愉快奉献"的员工理念,培育"至诚同心,以优博强"的团队理念,叫响"精心做好每件事,认真干好每一天"的工作理念,倡导"经济规范、安全舒适、准确迅速、文明服务"的全面质量管理理念,实现"优质服务,高运高效,畅通无阻,保障有力"的经营理念,服务矿区,服务地方,服务社会,实施"三保两联"管理方法,建立职工安全健康和质量管理体系,全面提升企业核心竞争力,争创行业一流水平,建设矿区平安通道,引领职工共奔小康,开创了矿区铁路运输生产新局面。2004年完成铁路总运量3200万吨,运输收入21288万元,上缴利润16239万元,上缴税金719万元,共创出总运量、总收入、人均收入、资产回报、自备车运量、原煤入洗量、精煤外运量、机车日产量、货物周转量等九项指标新记录。

近年来,先后荣获中国煤炭工业优秀企业"金石奖",中国保护消费者权益产品质量服务信誉用户双满意先进单位,全国煤炭工业一级企业和质量标准化特级企业,全国煤矿铁路运输双文明先进单位,河南省文明单位、企业管理达标示范企业等荣誉称号。

河南地矿集团岩土工程有限公司

河南地矿集团岩土工程有限公司是具有独立法人资格的国有控股有限责任公司,持有国家颁发的岩土工程勘察乙级,劳务类(工程钻探、凿井)、地基与基础专业承包叁级等资质证书,同时还持有河南省建设厅颁发的企业施工安全生产许可证。主要从事岩土工程勘察、地基与基础施工、工程测量、工程物探、路桥施工、地质灾害评估与治理、供水管井施工等业务。

公司一贯坚持"质量第一,精益求精,以诚取信,信誉至上"的经营理念,赢得了良好的业绩和广泛的社会赞誉,涉及领域包括交通、建材、冶金、电力、化工及民用建筑等行业。在短短几年内完成了以河南天瑞集团2500T/d新型干法水泥生产线、河南神马氯碱化工股份有限公司新厂区扩建、河南圣光医药制品有限公司新厂区扩建、豫光金铅集团四、五期扩建工程、平顶山干线公路改建、平顶山市市政大厦为代表的省市重点建设项目的工程勘察及地基处理项目1000余项,其中有几十个项目获得省部级、地市级优秀成果奖励。面对未来,河南地矿集团岩土工程有限公司充满了信心,将继续坚持与时俱进,开拓创新,不断调整产业结构,进一步发挥潜能,恪守"诚信、高效、务实、创新"的准则,积极与各界朋友共谋发展,再创辉煌。

平顶山天安煤业股份有限公司田庄选煤厂

平顶山天安煤业股份有限公司田庄选煤厂,位于河南省平顶山市东部,1970年建成投产,是一座原来年原煤处理能力370万吨的矿区型炼焦煤选煤厂。厂区占地23.85万平方米,采用重介、浮选联合流程的选煤工艺。主要产品"天喜牌"1/3焦精煤,焦精煤,具有低灰、低硫、高发热量、粘结性好、质量稳定等特点,主要销往中南、华东等地,并远销日本、韩国、印度、巴西等国。1979年至今,"天喜"牌1/3焦精煤和焦精煤一直保持着"河南省优质产品"称号。

该厂重视用科技打造企业核心竞争力,先后与美国、英国、波兰、澳大利亚、奥地利等十几个国家进行技术交流,引进先进设备,改善工艺水平,提高了科技含量。自主研发的微泡浮选技术研究开发和应用项目达到国内首创、国际先进水平,并获得中国煤炭工业协会科技进步一等奖和河南省煤炭工业科学技术进步特等奖。为实现可持续发展,2000年以来,利用国家"八五"、"九五"科技攻关成果,采用先进、成熟、具备产业化条件的高新技术和新型设备,在不停产的情况下组织实施了大规模技术改造工程,使生产能力、产品竞争力进一步得到提高。2004年,入洗能力突破450万吨,产精煤270万吨,治炼精煤产量位居全国前列。

多年来,该厂通过学习型企业文化建设的深入开展和现代管理方法的应用,企业学习力及管理水平不断提高;1997、2001年分别通过ISO9002质量体系和职业安全健康管理体系认证;1997年至今,连续被授予河南省"重合同、守信用企业"荣誉称号;先后荣获全国"优质高效选煤厂"、全国"十佳选煤厂"等荣誉称号;并先后被命名为省级"文明单位"、"基层先进党组织"等称号。

个人选介

祝义方 男,1955年11月出生,汉族,河南省确山县人。1971年3月参加工作,1981年5月加入中国共产党。硕士研究生学历。2002年6月,毕业于北京大学政治学与经济管理硕士研究生班。现任中共舞钢市委书记、舞钢市人大常委会主任。

1971年3月,平顶山市郊区东高皇公社岳家村下乡知青,其后任生产队队长、大队长。1975年8月后在平顶山市郊区团委任干事、副书记。1985年4月任平顶山市郊区薛庄乡乡长。1988年4月任中共平顶山市郊区北渡乡党委书记。1992年12月任宝丰县人民政府副县长。1995年11月任中共宝丰县委常委、常务副县长。1997年12月任中共宝丰县委副书记。1999年4月任中共舞钢市委副书记、市长。2003年8月,任中共舞钢市委书记。2004年8月,兼任舞钢市人大常委会党组书记。2005年2月,在舞钢市七届人大三次会议上,当选为人大常委会主任。

于　玲 女,汉族,河南省淮阳县人。1962年3月出生于浙江省定海市。1981年8月参加工作,1986年6月加入中国共产党。硕士研究生学历。中共舞钢市委副书记、舞钢市人民政府市长。

1978年10月考入平顶山师专。1981年8月毕业

后到平顶山市二中任教。1982年3月调入共青团平顶山市委员会工作。1985年3月任团市委宣传部副部长，后任组织部副部长。1988年2月任团市委组织部部长。1994年9月任共青团平顶山市委员会副书记，1997年12月任共青团平顶山市委员会书记。2000年4月调任中共舞钢市委副书记（正县级）。2002年6月，中央党校硕士研究生班毕业。2003年8月，任舞钢市人民政府代市长。2004年4月，在舞钢市七届人大二次会议上，当选为市人民政府市长。

高宝山　男，1951年9月出生，汉族，河南省舞钢市人。1971年参加工作，1974年5月加入中国共产党。大学学历。政协舞钢市第七届委员会主席。

1971年参加工作，1972年8月后，历任舞钢区杨庄公社团委干事、党办干事、团委书记。1980年8月任舞钢区团委书记。1983年12月任杨庄乡党委书记。1987年9月任舞钢区体改委主任。1989年7月，任舞钢区商业局局长。1990年7月，任舞钢市政府办公室主任。1992年12月，任舞钢市人民检察院检察长。1995年2月，任汝州市人民法院院长。1997年12月，任中共叶县县委常委、政法委书记。2002年3月，任中共叶县县委副书记、纪委书记。2003年4月，在政协舞钢市第七届委员会第　次会议上，当选为政协主席。

吴孟铎　男，汉族，河南省汝阳县人，1963年10月出生，中共党员，天津大学管理科学与工程专业博士。1981年9月至1985年7月，在河南大学物理系学习，获理学学士学位；1985年7月至1992年1月，汝州市纸坊乡党委办公室秘书，团委书记，党委组织干事、组织委员、副书记，期间：1985年10月至1986年1月，洛阳地委党校中青班学习；1992年1月至1994年9月，汝州市焦村乡党委书记；1994年9月至1997年12月，汝州市政府副市长，期间：1994年10月至1995年1月，浙江萧山市政府挂职锻炼，任市长助理；1997年12月至2001年6月，汝州市委常委、市政府常务副市长；2001年6月至2004年3月，汝州市委副书记、汝州市人民政府市长。2004年3月至今，任汝州市委书记。

秦　亭　男，汉族，1948年10月生，河南襄城县人，1969年7月参加工作，1982年12月入党，河南教育学院物理专业毕业，大学学历。1969年7月至1981年7月，襄城县城关高中业务负责人；1981年7月至1983年12月，河南教育学院物理专业学习；1983年12月至1984年7月，襄城县体改办干部；1984年7月至1986年7月，襄城县委宣传部副部长；1986年7月至1989年12月，襄城县姜庄乡党委书记；1989年12月至1994年12月，汝州市委常委、宣传部部长；1994年12月至1995年11月，汝州市委副书记；1995年11月至1997年12月，汝州市委副书记，市政府副市长；1997年12月至1998年4月，汝州市人大常委会党组成员；1998年4月至今任汝州市人大常委会委主任、党组书记。

李全胜　男，汉族，生于1964年10月，中共党员，河南舞钢人。1972年7月至1981年7月，在家乡读小学、初中、高中；1981年7月至1983年7月在漯河师范学习；1983年7月至1986年7月在舞钢市枣林中学任教；1986年7月至1988年7月在河南师范大学生物系学习；1988年7月至1997年8月分别在舞钢市枣林乡、安寨乡、庙街乡任团委书记、党委秘书、纪委书记、党委副书记、常务副书记、书记；1997年8月至2000年1月通过公开选拔任平顶山市委党史研究室副主任、党支部书记；2000年1月至2003年3月通过公开选拔任中共汝州市委副书记；2003年3月至2004年3月任中共汝州市委常务副书记；2004年3月至今汝州市人民政府市长。

鲁更臣　男，汉族，1949年5月出生，河南省叶县人，1968年2月参加工作，1968年10月加入中国共产党，1992年8月至1995年7月参加河南省委党校政治专业函授学习，大专文化程度。

1968年2月至1983年1月在坦克6师24团2营曾任班长、排长、连政治指导员、营政治副教导员，1983年2月至1985年11月，在坦克6师机械化团1营任政治教导员；1985年12月至1989年11月，平顶山市纪委干事；1989年12月至

1993年10月，平顶山市纪委一室副主任，1993年10月至1995年1月，平顶山市纪委信访室副主任兼平顶山市政府举报中心主任；1995年2月至1997年11月，平顶山市纪委综合室主任；1997年12月至2001年7月，任汝州市委常委、纪委书记；2001年8月至2003年2月，任汝州市委副书记、纪委书记；2003年3月任汝州市政协党组副书记；2003年4月至今任汝州市政协主席、党组书记。

张朝显　男，汉族，1958年2月出生，大学学历，河南省舞钢市人，1975年5月参加工作，1984年12月加入中国共产党，1980年5月至1983年3月，在共青团舞钢区团委工作；1983年3月至1994年4月，在共青团平顶山市委工作，历任部长、主任、副书记、书记，在此期间，获得中共中央党校经济管理专业本科学历；1994年4月至1998年12月，任郏县县委副书记；1998年12月至2001年7月任郏县县委副书记、代县长、县长；2001年7月，任叶县县委副书记、代县长，2001年7月30日当选叶县县长，2003年11月至今任中共叶县县委书记，曾当选五届市政协常委、市六届人大常委、七届省政协委员、省十届人大代表。

杜学鹏　1953年1月出生，男，汉族，河南省襄城县人，大学文化程度，1970年12月参加工作，1973年7月加入中国共产党。1970年12月至1976年10月在部队服役；1976年10月至1979年10月在河南农学院农学系学习；1979年11月至1983年10月在襄城县农业局工作；1983年10月至1986年4月任襄城县汾陈乡党委副书记、书记；1986年4月至1987年3月任襄城县副县长；1987年3月至1995年4月任叶县副县长；1995年4月至1997年12月任中共叶县县委常委、纪检委书记；1997年12月至今任中共叶县人大常委会党组书记、主任。

阎廷瑞　男，汉族，1963年5月出生于河南省襄城县。1981年9月至1985年7月，在郑州大学历史系学习；1985年7月至1990年2月，在平顶山市委讲师团从事干部正规化理论教学与管理工作；1990年2月至1995年2月，在平顶山市纪委工作，历任副科级、正科级检查员；1995年2月至1998年5月，任平

顶山市纪委副县级检查员；1998年5月至2000年12月，任平顶山市纪委常委，主管案件检查和干部管理工作；2000年12月至2003年11月，任平顶山市纪委常委、秘书长（正县级），主管案件管理、调研室、办公室和机关常务工作；2003年11月至今，任中共叶县县委副书记，叶县人民政府县长。

冯国堂　男，汉族，叶县辛店乡辛店村人。1952年11月出生，1969年10月参加工作。1984年元月入党，大专文化程度，1986年8月任叶县计量局局长。1987年9月任县经委副主任、党委副书记（正科级）。1993年5月任县轻纺工业局局长、党组书记，兼经贸委员会副主任、党委副书记。1994年任叶县财政局局长。1995年2月任叶县副县长。2002年元月任叶县县委常委、县政府常务副县长。2003年4月任叶县政协主席、党组书记。任财政局长和主持政府财贸工作期间，财政收入由2140万元增至8312万元，甩掉历史包袱11800万元，消化赤字4000万元，使叶县财政步入良性循环。

王小平　1962年11月出生，河北省正定县人。1984年6月入党；1984年7月参加工作，1980年9月至1984年7月在河南师范大学上学，任班团支部书记。1984年7月至1985年在鹤壁市郊区石林乡任党委秘书、党委委员等职，1985年11月任鹤壁市郊区王峪乡党委副书记兼纪检书记，1987年5月任党委书记。1989年8月任鹤壁市郊区区委常委、宣传部长，1990年5月任鹤壁市郊区区委常委、区委办公室主任。1992年11月在浚县任县委常委、组织部长。1995年5月至1997年12月任浚县县委副书记，分管政法工作。1996年9月至1998年12月，在省委党校领导干部在职研究生班经济管理专业学习。1997年12月任鹤壁市山城区委副书记、区长。2000年9月至2001年1月在省委党校中青班学习。2001年7月任中共宝丰县委书记，2002年3月兼任县人大常委会主任。

严寄音　1956年6月出生，湖南省华容县人。河南大学历史系毕业，学士学位，中共党员。1974年11月

参加工作,1982 年 2 月任舞钢区枣林乡团委书记,1983 年 12 月任共青团舞钢区委书记,并当选为平顶山市第四届人大代表。1984 年 10 月任中共舞钢区委办公室主任,1986 年 9 月任舞钢区教育体育局局长。1989 年 12 月任宝丰县人民政府副县长,1994 年 11 月任中共宝丰县委常委、组织部部长,1997 年 12 月任中共宝丰县委副书记。2000 年 1 月当选为宝丰县人民政府县长。

胡成义　1949 年 3 月出生,宝丰县石桥镇大胡庄村人。大学文化,中共党员。1968 年 2 月入伍,在首都第一师四团历任副班长、班长、党小组长等职,多次被评为“五好战士”,并荣获连队嘉奖 4 次、营部嘉奖 2 次、团部嘉奖 1 次。1973 年 3 月退伍返乡,4 月被选为石桥公社团委副书记,8 月赴开封师院(今河南大学)政教系学习,1976 年 8 月毕业,被分配到中共宝丰县委党校任教员。1980 年 4 月调县委宣传部任理论干事。1983 年 4 月任县委党校副校长,主持工作。1984 年 4 月至 1987 年 10 月,任中共宝丰县委常委、宣传部部长。1987 年 4 月在县八届人大一次会议上当选为县政府副县长,主管文教卫生工作。1990 年 3 月在县九届人大一次会议上再次当选为副县长,主管财贸工作。1992 年 3 月任县委常委、办公室主任。1997 年 12 月任县政协党组书记。1998 年 3 月当选为政协宝丰县第六届委员会主席,2002 年 3 月再次当选为政协宝丰县第七届委员会主席。

刘全新　1955 年 10 月出生,汉族,河南省遂平县人。1976 年 7 月参加工作,1987 年 10 月入党。1976 年 3 月—1978 年 4 月,在遂平县任民办教师;1978 年 4 月—1980 年 4 月,汝南师范学生;1980 年 4 月—1992 年 12 月,先后任遂平县小学教师、县地名办、王山乡政府办事员,县委组织部、县委办公室办事员、干事。1992 年 12 月—1994 年 7 月,任遂平县委办公室副主任,1994 年 7 月—1997 年 12 月,任平顶山市委组织部办公室副主任、主任;1997 年 12 月—2001 年 9 月,任平顶山市石龙区区委副书记、组织部部长;2001 年 9 月—2003 年 11 月,任平顶山市石龙区区委副书记、区长;2003 年 11 月任鲁山县人民政府代县长;2004 年 2 月,任中共鲁山县县委书记至今。

辛根义　男,汉族,1948 年 11 月生,河南鲁山人,中共党员,1970 年 12 月参加工作,高中文化程度。1970 年 12 月—1972 年 3 月在鲁山县银行办公室工作;1972 年 3 月—1974 年 6 月在鲁山县财政局工作;1974 年 6 月—1993 年 6 月先后任鲁山县委办公室秘书、副主任、保密局局长;1993 年 6 月—1994 年 9 月任鲁山县政府党组成员、办公室主任;1994 年 9 月—1997 年 12 月任鲁山县人民政府副县长;1997 年 12 月—2003 年 3 月任昭平台水库管理局党委书记、局长;2003 年 3 月任鲁山县人大常委会党组副书记;2003 年 4 月当选为鲁山县人大常委会主任、党组书记。

贺国营　男,汉族,1964 年 7 月出生,河南平顶山人,财政部科研所研究生,经济学硕士,1985 年 8 月参加工作,1991 年 3 月入党,现任中共鲁山县委副书记,县人民政府县长。1983 年 9 月—1985 年 8 月,河南省财税专科学校财政专业学生;1985 年 8 月—1988 年 10 月,国家财政部办公厅工作;1988 年 10 月—1991 年 9 月,平顶山市财政局农财科副科长;(期间:1988 年 9 月—1991 年 6 月在中国青年政治学院经济管理专业学习);1991 年 9 月—1994 年 7 月,平顶山市财政局预算科副科长;1994 年 7 月—1997 年 12 月,平顶山市财政局副局长、党组成员;1997 年 12 月—2000 年 4 月,平顶山市财政局副局长、党组副书记;2000 年 4 月—2003 年 7 月,平顶山市人民政府副秘书长、市政府办党组成员兼市工农关系协调办公室主任(正县级);2003 年 7 月—2004 年 3 月,平顶山市人民政府副秘书长、市政府办党组成员;2004 年 3 月—2004 年 4 月,鲁山县委副书记、代县长;2004 年至今,鲁山县委副书记、县长。

郝元方　男,汉族,1955 年 10 月出生,河南省鲁山县人,1982 年 3 月加入中国共产党,1979 年 7 月参加工作,语文专业,大学学历。1976 年 9 月—1979 年 7 月,西藏民族学院语文系学习;1979 年 7 月—1984 年 10 月,任西藏错那县委办公室秘书;

1984年10月—1987年3月，任西藏错那县委办公室副主任；1987年3月—1993年6月，任西藏浪卡子县政府副县长；1993年6月—1998年3月，任河南省鲁山县政府副县长；1998年3月—2000年12月，任鲁山县政府党组副书记、副县长，石人山管理处党组书记；2000年12月—2003年3月任中共鲁山县委常委、县委办公室主任，石人山管理处党组书记，中共鲁山县委机关党委书记；2003年4月至今任鲁山县政协党组书记、主席。

王天顺　男，汉族，河南省镇平县人。1956年4月出生，中央党校研究生班毕业，1977年9月入党。1976年3月至1985年9月，在部队服役，历任排长、连长、副营长、军务股长；1985年9月至1992年12月，任汝州市人武部参谋、科长、副部长；1992年12月至1994年5月，任鲁山县人武部部长；1994年5月至1997年12月，任鲁山县政府副县长；1997年12月至2001年6月，任中共叶县县委常委、副县长；2001年6月，任中共郏县县委副书记、县长。2003年8月任中共郏县县委书记。

刘福文　男，汉族，1950年12月出生，河南省宝丰县人。1989年9月毕业于郑州工学院管理系，1966年3月参加工作，1969年10月加入中国共产党。1966年3月至1968年2月在宝丰县石桥镇吕寨村小学任教，1968年3月至1979年12月在北京警卫一师服役，历任战士、班长、司务长、副指导员；1980年1月至1980年12月在宝丰县工业局任人事股长；1981年至1989年11月在宝丰县委组织部工作，任科级干事，副部长兼知识分子工作办公室主任，期间于1987年9月至1989年6月在郑州工学院学习；1989年12月至1994年5月任中共郏县县委常委、组织部长，1994年5月至1996年1月任中共郏县县委副书记兼纪委书记，1997年1月至1997年12月兼任政协郏县委员会主席。1998年1月至2003年2月任平顶山市畜牧局党组书记、局长，2003年3月任郏县人大常委会党组书记、人大常委会主任。

王保华　男，汉族，河南省商丘市梁园区人，1963年11月出生，1982年8月参加工作，1985年6月加入中国共产党，大学学历。1979年9月至1982年8月，在商丘农校学习；1982年8月至1985年9月在商丘县农业局工作；1985年9月至1992年4月在商丘县委组织部工作，历任干事、干部组组长、副科级干事；1992年4月至1994年1月在商丘县委办公室工作，任办公室副主任、县委常委秘书；1994年1月至1996年12月在商丘县水池铺乡任党委书记、人大主席团主席；1996年12月至1998年2月在商丘市纪检委工作；1998年2月至2001年4月任商丘市纪检委办公室主任；2001年4月至2003年6月任商丘市纪委常委、商丘市监察局副局长；2003年6月至2003年8月任商丘市监察局副局长；2003年8月至2004年2月任中共郏县县委副书记、县政府党组书记、代县长。

郑　理　男，汉族，1964年7月出生，河南省叶县人，大学本科学历，中共党员，1986年2月参加工作，1986年2月至1987年11月，在平顶山市化纤厂工作；1987年11月至1990年11月，在平顶山市信托投资公司任科长；1990年11月至1994年9月，在中共平顶山市委政研室任正科级研究员；期间，于1992年3月至1993年3月，任市郊区北渡乡党委副书记；1993年3月至1994年3月，任焦店乡党委副书记、乡长。1994年9月至1997年12月，任平顶山市信访局副局长；1997年2月至2002年2月，任中共郏县县委常委、政法委书记；2002年12月，任中共郏县县委副书记。2004年2月任郏县人民政府县长。

李拴勤　男，汉族，1951年出生，河南省郏县人。大专学历，中共党员，1969年2月参加工作。1969年2月至1982年2月，在四川省军区服役。1982年2月至1995年2月，在郏县检察院工作，其间，于1982年10月至1992年12月，任副检察长，1993年1月至1995年2月，任检察长。1995年2月至1996年3月，在郏县人民武装部任政委。1996年4月至1997年12月，在郏县人民政府任副县长。1997年12月至2003年3月，任中共郏县县委常委、县委办公室主任。2003年4月任政协郏县第七届委员会党组书记、主席。

王 廷 男,汉族,1952年12月出生,平顶山市新华区人,大学学历,1976年7月参加工作,1990年6月加入中国共产党。1973年9月—1976年7月,在焦作矿业学院学习;1976年7月—1990年11月,在平顶山矿务局五矿地质测绘科工作,历任技术员、助理工程师、工程师、副科长;1990年11月—1993年2月,在平顶山市郊区北渡乡工作,任副乡长;1993年2月—1997年12月,在平顶山市湛河区煤炭局工作,历任副局长、局长、党委副书记;1997年12月—2000年6月任平顶山市石龙区政府副区长;2000年6月—2000年12月任汝州市副市长;2000年12月—2004年3月任平顶山市煤炭局局长,党组书记;2004年3月至今,任中共平顶山市石龙区区委书记。

李东林 男,汉族,1949年3月生,平顶市湛河区人,大学学历,1968年10月参加工作,1971年3月入党。1968年10月—1972年1月在本村任教;1972年1月—1975年3月在开封师院体育系学习;1975年3月—1976年7月在平顶山市郊区北渡乡高中任教;1976年7月—1977年8月任平顶山市郊区北渡乡第二联中校长;1977年8月—1981年7月任平顶山市郊区北渡乡高中副校长;1981年7月—1982年9月任平顶山市卫东区工业局秘书;1982年9月—1984年8月任平顶山市卫东区优越路办事处党总支副书记、副主任;1984年8月—1992年12月任平顶山市卫东区教体局党总支书记、局长;1992年12月—1994年9月任中共平顶山西区区委常委、宣传部长;1994年9月—1997年12月任中共平顶山市西区区委常委、区委办主任;1997年12月—2003年3月任政协平顶山市石龙区委员会主席;2003年3月至今,任平顶山市石龙区人大常委会党组书记、主任。

赵 军 男,汉族,1971年8月出生,河南省遂平人,硕士研究生,1992年10月参加工作,1997年2月入党。

1988年9月—1992年7月在河南财经学院学习;1992年10月—1994年10月在平顶山市税务局工作;1994年10月—1997年1月任平顶山市国税局团

委副书记、1995年2月任团委书记;1997年1月—1997年12月在平顶山市委宣传部工作;1997年12月—2001年9月任平顶山市石龙区人民政府副区长;2001年1月—2004年2月任中共平顶山市石龙区委副书记、组织部长;2004年2月至今,任中共平顶山市石龙区委副书记,平顶山市石龙区人民政府区长。

陈风云 男,汉族,1953年1月生,平顶山市石龙区人,本科文化程度,1972年6月参加工作,1985年11月入党。1972年—1977年在本村任民办教师;1977年—1982年在西区高中任代课老师;1982年—1984年在洛阳师专学习;1984年—1996年在西区教育局任股长、办公室主任、副局长、局长;1993年—1997年在郑州大学行政管理专业学习;1995年—2001年在石龙区(原西区)任区委统战部长、区政协副主席;2001年9月—2003年3月任中共平顶山市石龙区区委常委、统战部长;2003年3月至今,任政协平顶山市石龙区党组书记、政协石龙区委员会主席。

丁少青 男,1959年5月出生,汉族,河南省邓州市人,大学文化,中共党员,现任中共平顶山市卫东区委书记。1982年1月毕业于河南农学院,1982年1月至1991年3月,在平顶山市农机局工作,先后任市农机公司技术员、副经理、经理、农机局副局长;1985年12月加入中国共产党。1991年3月至1994年5月,任郏县人民政府副县长;1994年5月至1997年12月,任中共叶县县委副书记;1997年12月至1999年3月,任汝州市委副书记;1999年3月至2001年6月,任中共汝州市委副书记、市长;2001年6月至2004年3月,任中共卫东区委副书记、区长;2004年3月至今,任中共卫东区委书记。

李锦国 女,汉族,1952年4月出生,河南郏县人,大专文化,1970年8月参加工作,1983年10月入党,现任中共卫东区人大常委会党组书记。

1970年8月至1973年7月,郏县城关镇下乡知青;1973年8月至1975年8月,在许昌师范学习;

1975年8月至1977年5月，在郏县渣元乡任教师；1977年8月至1984年6月，在郏县糖烟酒公司、计委工作；1984年6月至1990年8月，在郏县物价局任副局长；1990年8月至1993年5月，任郏县物价局局长、党组副书记；1993年6月至1994年11月，任郏县县委组织部副部长；1994年12月至1997年11月，任郏县人民政府副县长；1997年12月至2003年3月，任中共卫东区委常委、组织部长；2003年3月至今，任卫东区人大常委会主任、党组书记。

王　朴　男，汉族，1967年8月出生，河南省巩义市人。1989年7月参加工作，大学学历，1988年6月加入中国共产党，现任卫东区人民政府区长。

1985年9月至1989年7月，郑州大学中文系汉语言文学专业学生；1989年7月至1992年7月，在郑州干部学校任教；1992年7月至1995年5月，在河南省劳动厅办公室、厅机关党委任副主任科员；1995年5月至1998年12月，在河南省劳动厅机关党委、安全生产管理局任主任科员；1998年12月至2000年4月，在平顶山市人民政府办公室任主任科员、助理调研员；2000年4月至2003年7月，任平顶山市人民政府副秘书长、办公室副主任、党组成员；2003年7月至2004年3月，任平顶山市人民政府副秘书长、办公室副主任、党组成员、市工农关系协调办主任；2004年3月至今，任平顶山市卫东区人民政府区长。

王星聚　男，汉族，1950年10月出生，河南省郏县人。1970年1月参加工作，大学学历，1983年10月加入中国共产党。现任卫东区政协主席、党组书记。

1968年12月至1969年12月，郏县高中毕业后，返乡务农，在鲁山县参加修建焦枝铁路；1970年1月至1972年5月，在郏县冢头公社王寨学校任民师；1972年5月至1975年3月，在河南农学院园林系学习；1975年3月至1984年5月，在郏县林业局、郏县“五．七”劳动大学、郏县人大常委会工作，曾任团委书记；1984年6月至1992年12月任中共郏县县委办公室副主任，曾兼任县委机要局局长、县保密局局长；1992年12月至1997年12月，任中共郏县县委常委、办公室主任；1997年12月至2003年3月，任郏县政协主席、党组书记；2003年3月至今，任卫东区政协主席、党组书记。

高文成　男，1962年8月出生，河南省鲁山县人，中共党员，大专学历，高级工程师。现任河南地矿集团岩土工程有限公司总经理兼总工程师。从事工程勘察及施工工作20余年，主持完成了以平顶山神马六六盐厂建设、河南神马氯碱化工股份有限公司新厂区扩建、河南圣光医药制品有限公司新厂区扩建、天瑞集团2800t/d干法水泥生产线、平顶山市区域内干线公路、平顶山市新城区0375首府、平顶山市“市政大厦”等为代表的省市重点工程项目的岩土工程勘察30余项，其中获省部级科技成果奖6项。发表或交流专业技术论文3篇，其中获河南省优秀科技论文三等奖一篇，连续6年被评为平顶山市勘察设计先进个人，1994年获平顶山市青年岗位标兵称号；2002年获第三届平顶山市青年科技奖，被授予“平顶山市优秀青年科技专家”称号。

张建立　男，汉族，河南省许昌县人，中共党员，1967年6月出生，本科文化程度。现任石龙区煤炭工业局局长。平顶山市第八届人大代表。1998年至2004年，带领石龙区矿山护队参加了本辖区及其它县(市)区20多次重特大煤矿事故的抢险救护工作，抢救遇难、遇险矿工300余人，为国家和集体挽回直接经济损失2亿多元。1999年，带领技术人员，开展了“石龙区乡镇煤矿水、火、瓦斯灾害防治与应用”项目研究，并获得省科技进步三等奖，该项目填补了河南省科学防治乡镇煤矿水、火、瓦斯灾害的空白。2001年，科学探索，大胆尝试，在石龙区推广实施适合该区实情的“双巷掘进”采煤工艺，提高了煤炭回采率，使该区煤矿服务年限延长了3~5年。

在张建立的带领下，石龙区煤矿连续安全生产六年有余，石龙区煤炭工业局连年被省、市、区评为安全生产先进单位，并获“省级卫生先进单位”、“省级文明单位”荣誉称号。他本人自1994至2004年多次被区、市及河南省煤炭工业局(厅)评为安全生产先进个人；1997年被授予平顶山市“青年突击手标兵”荣誉称号，并荣获平顶山市“五一”劳动奖章；2004年被省委组织部授予“省优秀共产党员”荣誉称号。

尚亚东　男，汉族，1955年9月出生，石龙区夏庄村人，大专文化程度。平顶山市第七届人大代表。现任石龙区煤炭工业局党组书记。

1998年至2003年,在任石龙区五·七集团公司党委书记兼总经理期间,把一个濒临破产的企业带出了低谷,为企业发展创造了良好的环境,使企业实现连续安全生产六年有余,生产原煤100余万吨。

2003年底,尚亚东到石龙区煤炭工业局任党组书记。在新的工作岗位上,带领局党组成员和全局党员干部,深入井下,现场排查、研究、解决实际问题。不断加强煤炭安全生产工作管理力度,培养高素质的党员队伍和煤炭干部队伍,严格执行上级廉洁自律规定,确保了各项安全工作扎实有效开展,为全区乡镇煤矿实现第六个安全生产年做出了积极贡献。他本人也多次被区委、区政府及市委、市政府授予"安全生产先进个人"、"优秀党务工作者"等荣誉称号。

范素海　男,1962年12月30日出生,中共党员,汉族,高中文化,是平顶山市燃气总公司的一名燃气具维修工。十多年来,他发扬雷锋精神,干一行、钻一行、精一行,扎实炼就全心全意为人民服务的本领。为了尽快掌握维修技术,他处处留心、细心钻研,自费购买了大量专业书籍,刻苦学习,仔细研究,熟练掌握了各种燃气具的维修技术。有时为了弄懂一个维修难点,他多次登门请教厂家技术人员,曾留下自费赴安阳百里求师的佳话。

范素海靠着对燃气事业的执着追求,用真心换真情,用"笑、诚、情、勤"开启用户的心扉。他平时随身带着一本特殊用户通讯录,上面记录着十余年来他上门服务过的孤寡老人、老干部、老红军、军烈属、下岗职工等详细情况,平时路过总要顺路上门为他们检修燃气具,并为老人们义务买米、买面、做家务,许多老人和贫困家庭把他当成亲人,他也被用户誉为"活雷锋"。他以高超的技术、热情的服务赢得了用户的交口称赞。他自觉以一个共产党员的标准规范自己的言行,时刻把用户的需求放在第一位,只要用户需要,不管份内份外,他都毫不犹豫,热情帮助用户排忧解难。为了使用户早日正常使用燃气具,只要接到用户的报修,不管在什么时间,他都立即行动,风雨无阻。由于他的技术高、服务好,在用户当中的知名度越来越高,广大用户亲切地称他为"鹰城徐虎"。他十几年如一日,立足本职,勤奋敬业,在平凡的岗位上做出了不平凡的业绩。总公司收到用户来人、来电、来信对他的表扬多达700余人次。范素海同志的先进事迹被河南省、平顶山市多家新闻媒体多次报道,他的优质服务标兵形象得到了社会各界的广泛认可,在社会上引起了极大反响。2002年5月22日,中共平顶山市委做出《关于开展向范素海同志学习活动的决定》,号召全市广大干部群众向范素海同志学习。荣获全国"五一"劳动奖章,省、市劳动模范。2003年2月被评为全国学习雷锋志愿服务先进个人,受到中宣部、中央文明办、解放军总政治部和团中央的表彰。

老人早餐三宜三不宜

宜迟不宜早:现代医学研究认为,人体经过一夜睡眠,绝大部分器官得到了充分的休息,但是消化系统在夜间仍旧工作繁忙,紧张地消化。一天中存留在胃肠道中的食物,到早晨才处于休息状态,至少需要2~3小时后,消化系统才能恢复正常功能。老年人各组织器官的功能都已逐渐衰老,如果过早进食,机体的能量被转移用来消化食物,自然循环必然受到干扰,代谢物不能及时排除,积存于体内则会成为各种老年疾病的诱发因子。所以,老年人的早餐一般应在8点半到9点之间较为合适。

宜软不宜硬:在早晨,老年人不宜进食油腻、煎炸、干硬以及刺激性大的食物,否则会劳脾伤胃,导致食滞于中,消化不良。老年人早餐宜吃容易消化的温热、柔软食物,如加些莲子、红枣、山药、桂圆和苡仁等保健食品,则效果更佳。

宜少不宜多:饮食过量超过肠胃的消化能力,食物便不能被消化吸收,久而久之,会使消化功能下降,胃肠功能发生障碍而引起胃肠疾病。另外,大量的食物残渣贮存在大肠中,被大肠中的细菌分解,其中蛋白质的分解物苯酚等,经肠壁进入人体血液中,对人体十分有害,并容易引起血管疾病,催人衰老。

(《人民日报·海外版》3.26　韦广亚文)

索　引

说明：一、本索引按类目、条目第一个字的汉语拼音字母顺序排列。

二、索引词条后的阿拉伯数字表示内容所在的页码，数字后的英文字母 a、b 表示栏别（a 为左栏，b 为右栏）。

D

H

J

K

L

M

X

Y

Z

图书在版编目(CIP)数据

平顶山年鉴.2005卷/平顶山市人民政府,平顶山市地方史志办主编.—郑州:中州古籍出版社,2005.12

ISBN 7-5348-2151-7

Ⅰ.平… Ⅱ.①平…②平… Ⅲ.平顶山市-2005-年鉴 Ⅳ.Z526.13

中国版本图书馆CIP数据核字(2005)第135593号

平顶山年鉴

(2005)

责任编辑:康　华

责任校对:宋新华

出版社:中州古籍出版社

(地址:郑州市经五路66号　邮政编码:450002)

发行单位:新华书店

承印单位:河南省九洲方志信息应用所制版　河南新华印务有限公司印刷

开本:889mm×1194mm　1/16

印张:21

字数:695千字　**印数**:3000册

版次:2005年12月第1版　**印次**:2005年12月第1次印刷

书号:ISBN 7-5348-2151-7/K·998　**定价**:160.00元

平顶山市燃气总公司

总经理 虎继远

西气东输工程施工现场

班子成员在平顶山天然气门站检查指导工作

全国劳模——燃气具维修班班长范素海

舞阳钢铁有

舞阳钢铁有限责任公司是我国首家宽厚钢板生科科研基地，始建于1970年，原为中央直属企业，1997年9月8日改制为邯钢集团控股的有限责任公司，是平顶山市仅次于平煤集团的第二大企业。经过多年的建设和发展，目前已成为与美国的卢肯斯、法国的阿塞洛、德国的迪林根、日本的新日铁并驾齐驱的在国际上的有较大影响的世界五大特厚钢板生产厂之一。2004年，舞钢单炉产钢128.5万吨，产钢板108.1万吨，实现不含税销售收入55.21亿元，实现利润4亿元，实现税金3.86亿元，资产总额59.78亿元，职工1.06万人。

装备一流。舞钢是采用电炉炼钢的短流程生产工艺，主体设备有两台电炉、一座连铸机、一座宽厚板轧机。其中，90吨超高功率电炉曾被誉为中国的“电炉之王”，目前冶炼效率世界第一。4200mm宽厚板轧机曾被誉为中国的“轧机之王”，被中国钢铁工业协会会长吴溪淳同志誉为中国的“功勋轧机”。舞钢有LF炉、VD炉、VOD炉等精炼、抽真空设备，钢水可100%精炼和抽真空，有常化炉、外机炉、车底炉等20多座热处理装置，是国内热处理设施最完善的钢板生产企业。

效益一流。2004年，与改制前的1996年相比，舞钢的钢、钢板产量均为原来的4.3倍，销售收入为原来的7.7倍，实现税金为原来的23倍，经济效益由改制前连续四年巨额亏损、年均亏损2.5亿元转变为盈利4亿元。在没有增加新的生产线的情况下，实现了“现在的一个舞钢是改制前的三个以至四个舞钢”的历史性跨越。

国家大剧院关键部位钢结构全部采用舞钢钢板

舞钢为西电东送开发的X70管线钢

平顶山市市郊

办公大楼

营业厅

平顶山市市郊农村信用联社成立于1984年5月,辖11个基层信用社,1个营业部,54个营业网点,共有员工482名。随着农村信用社改革的不断深化,市郊联社各项业务实现迅猛发展。截止2004年底,总资产已达22.5亿元,各项存款余额已达14.5亿元,年增长幅度达20%以上;各项贷款余额达11.1亿元;实现净利润856万元。近年来,市郊农村信用联社先后荣获各类奖牌、证书68个,曾荣获全国农村信用社系统安全竞赛先进单位、全省农村信用社系统"优质服务 优先支农"先进单位、"收贷收息收储"先进单位、全市金融系统先进单位、青年文明号等荣誉称号。

联系电话:0375—3409995

地　　址:平顶山市中兴路中段16号院

农村信用联社

送贷上门服务

农信社支持的辖区潘庄村果树喜获丰收

农信社支持的陶寨村“花花牛第31养殖基地”项目

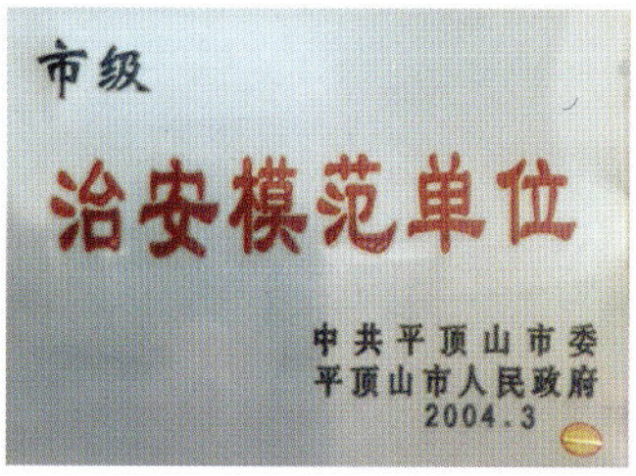

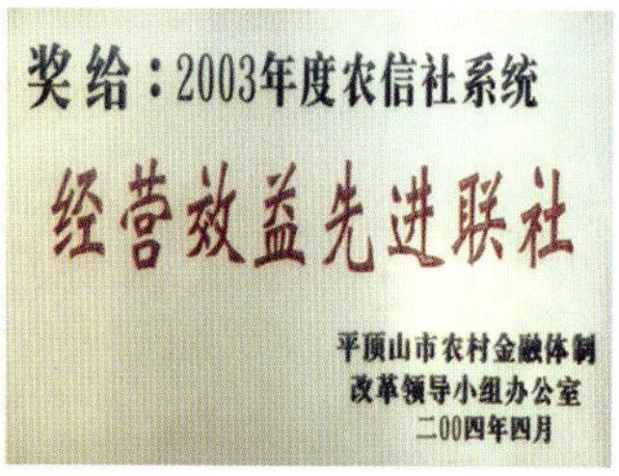

武汉铁路局

站　长 邓凤祥

书记 梁晓叶

平顶山东站是隶属于武汉铁路局的一等甲级区段站，下设运转、货运、客运3个车间及多、集经公司，管辖平顶山、姚孟、余官营、前聂、丁营、姜庄、裴城、仲李8个中间站，现有职工1200人。主要担负着平顶山市的煤炭外运和生产、生活资料、产品的运输任务，是京广、焦柳两大干线中转枢纽。平顶山东站组建于1970年，前身为始建于1957年的申楼车站。原隶属郑州铁路分局，1987年3月划归武汉铁路分局。平顶山东站位于河南省平顶山市东部，车站中心里程为孟宝线K61公里＋600米，站场分为一级两场，按作业性质为客货运站，按技术性质为区段站。

站内有列车到发、编组、货物装卸、牵出等各种线路30余条，2004年日均装车达1192车。每天有开往北京西、广州、青岛、重庆、无锡、汉中、郑州、宜昌、西安、南昌、太原、十堰、成都等7对旅客列车停靠。车站始终树立安全就是形象、安全就是效益、安全就是稳定的指导思想，坚持以机制保安全、以基础保安全、以科技保安全的工作思路，创建了长周期、高质量的安全成绩。截止2004年12月31日，车站实现安全生产5335天。车站运输收入从2001年的7.84亿元到2002年的8.47亿元，再到2003年的9.29亿元，成功的实现了“三级跳”。2004年运输收入达到9.95亿元，创历史最高纪录。车站先后荣获郑州铁路局“安全生产优质站”、武汉铁路分局“先进基层党委”、“六好班子”和“安全生产先进单位”称号。

团结务实的领导班子

平顶山东站

铁道部原部长傅志寰（中）在平顶山东站检查工作

车站领导到中间站现场办公

平顶山车站

平顶山东站安全生产5000天十大标兵

平顶山煤业（集

书记　颜世文

矿长　闫学太

平煤集团高庄矿位于平顶山市石龙区境内，韩梁矿区中部，井田勘探面积12.5平方公里，含煤面积9.6平方公里，年设计生产能力45万吨，属有限资源矿井。高庄矿历经36年的开采，资源严重枯竭，已进入衰老期。截止2004年12月底，矿井剩余工业储量314万吨，可采储量130.8万吨，圈定储量69.9万吨。目前，矿井有两个采区生产，己一采区正在开采煤柱采面，己四采区为矿井主生产采区。矿井煤种为三分之一主焦煤，自燃发火期为2-3个月。矿井1997年由中央边界抽出式通风改为中央并列式压入式通风。矿党政在坚持以煤为主，老井挖潜，精采细收的同时，为延长矿井服务年限，实现企业稳步发展，高庄矿实施了开发己$_{18}$煤层的发展规划，该项工程预计2005年底初步形成生产系统，2006年初简易投产，工业储量403万吨，可采储量280万，可延长矿井服务年限7年。大力发展非煤产业，不断拓宽非煤产业。目前，高庄矿的非煤产业正逐步由安置型向效益型转变。在巩固原石墨电极、智能甲烷报警仪、风筒、金属网等非煤产品市场优势的基础上，新成立的平顶山市三基炭素有限责任公司是高庄矿拉长非煤产业发展链条的又一重大举措，该项目主要生产高密度石墨电极，年设计生产能力为两万吨，工程分两步走，一期工程投资4950万元，2005年底可建成投产。为分流人员，提高效益，高庄矿在巩固建设基地的同时，积极拓展外部市场。目前，该矿有三个驻外工程部，承包了洛阳伊川何庄矿、瑞平公司庄山矿、新锋矿务局一矿的开拓和采煤工程。高庄矿1994年至2004年连续十年保持了省级文明单位荣誉称号。2001年以来，先后荣获平顶山市“先进基层党组织”、“优秀思想政治工作企业”、“宣传思想工作先进单位”、“安全工作先进单位”等荣誉称号，并多次被集团公司命名为文明矿和质量标准化达标矿井。

全体班子成员

团）公司高庄矿

高庄矿全景

中盐皓龙盐化

总经理 李晓峰

中盐皓龙盐化有限责任公司系中国盐业总公司直属企业，国家最大的食盐生产定点企业之一。下属平顶山分公司、天河公司、天源公司、天宇公司、康源公司等11个单位，拥有固定资产6亿多元，职工2800余人，主产品有精制碘盐、工业盐、多品种盐、大豆分离蛋白、碘酸钾等几大系列十几个品种。主产品“皓龙”牌精制碘盐各项指标均达到或超过国际优级精制碘盐标准，并通过ISO9001国际质量认证。公司本着“以销售为龙头、以生产为中心、以质量求生存、向管理要效益”的工作方针，不断深化改革、强化管理，使企业呈现出勃勃生机。2004年产盐66.76万吨，上缴税费4682.2万元，成为平顶山市有较大影响的大型企业。公司曾先后获得轻工部质量效益型企业、省“五一”劳动“奖状”、 省级治安模范单位、市文明单位、市安全生产单位等荣誉称号。

有限责任公司

团结奋进的领导班子

“歌唱祖国”歌咏比赛

省“皓龙”杯演讲赛颁奖仪式

产品仓库

河南省平顶山市

总裁 曹大有

公司大门

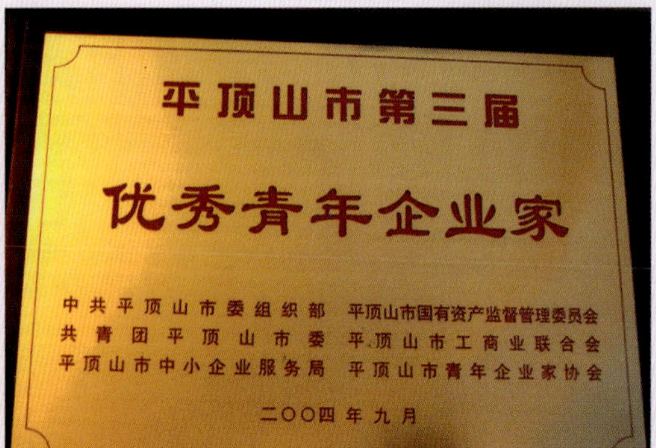

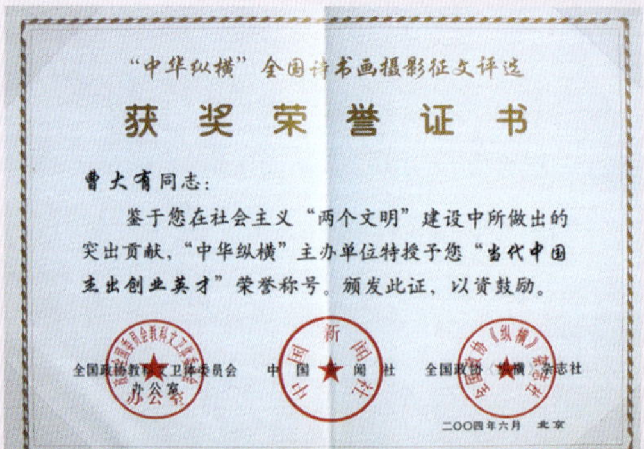

大有物资有限公司

务实奋进的领导班子

河南省平顶山市大有物资有限公司成立于2002年，主要经营钢材、建材、煤炭、焦碳和各种防爆电器。在平顶山市火车站拥有15个货位，汝州小屯街站货位15个，自备铲车、自卸车多部，每月向外地发煤3万吨。所属平顶山市落凫山煤矿位于平顶山市北环路街道下牛村附近，交通方便。1992年10月建成投产，设计生产能力为6万吨/年，煤层为戊8、戊9、戊10。

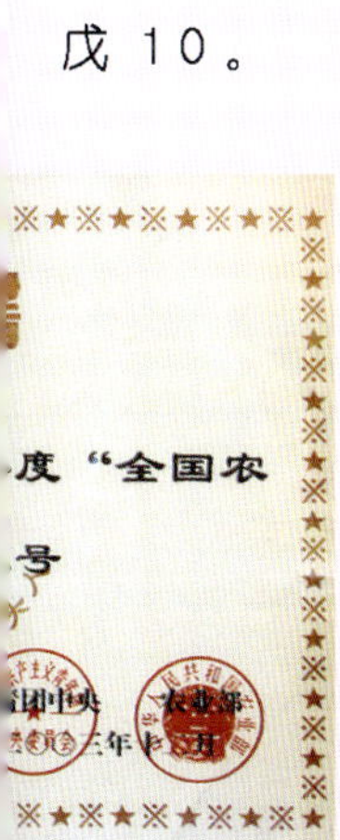

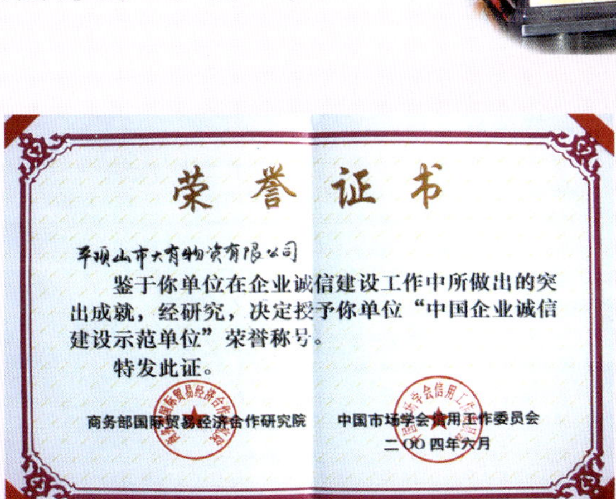

荣誉证书

平顶山市大有物资有限公司

鉴于你单位在企业诚信建设工作中所做出的突出成就，经研究，决定授予你单位“中国企业诚信建设示范单位”荣誉称号。

特发此证。

商务部国际贸易经济合作研究院　中国市场学会信用工作委员会

二〇〇四年六月

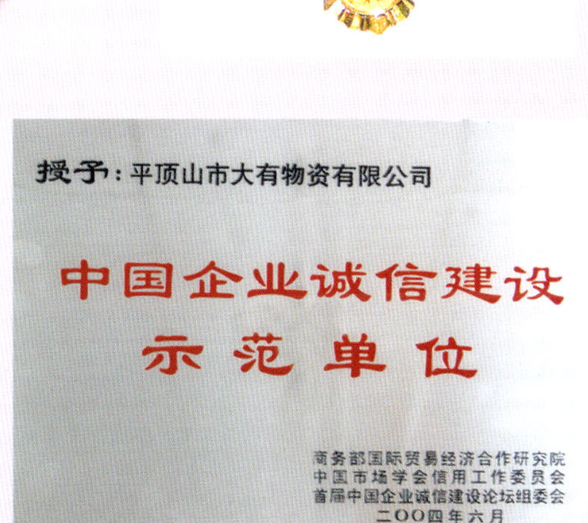

授予：平顶山市大有物资有限公司

中国企业诚信建设示范单位

商务部国际贸易经济合作研究院

中国市场学会信用工作委员会

首届中国企业诚信建设论坛组委会

二〇〇四年六月

中加钢铁

董事长 李 刚

市委书记邓永俭(右一)在舞钢市委书记祝义方（右二)、董事长李刚(左一)陪同下到中加公司视察

有　限　公　司

省委副书记王全书（左二）在市委书记邓永俭（右二）、舞钢市委书记祝义方（右一）和总经理韩宝军（左一）的陪同下视察工作

市长王照平（前排中）在舞钢市委书记祝义方（前左）、总经理韩宝军（前右）陪同下到中加公司调研

中加公司一角

平煤铁运处

与时俱进的领导班子

安全运输生产指挥中心

花园式工厂一角

蒸蒸日上的运输生产场景

平煤集团客运中心

机械化养路

信号实现微机连锁控制

河南天使集团

董事长、总经理 张先顺

市委书记邓永俭（中）在公司调研

公司年产 2000 万米高档服装面料生产线项目奠基

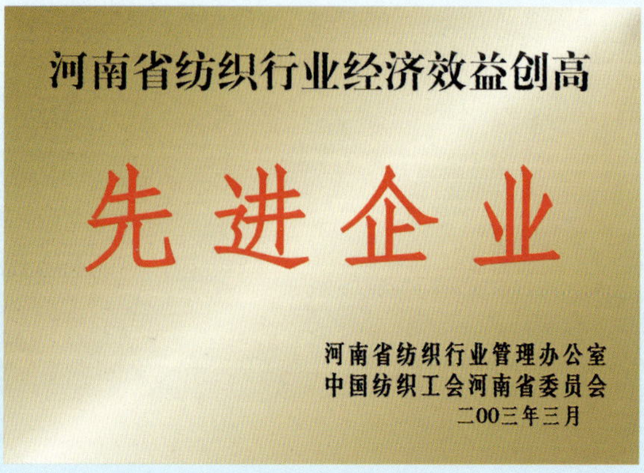

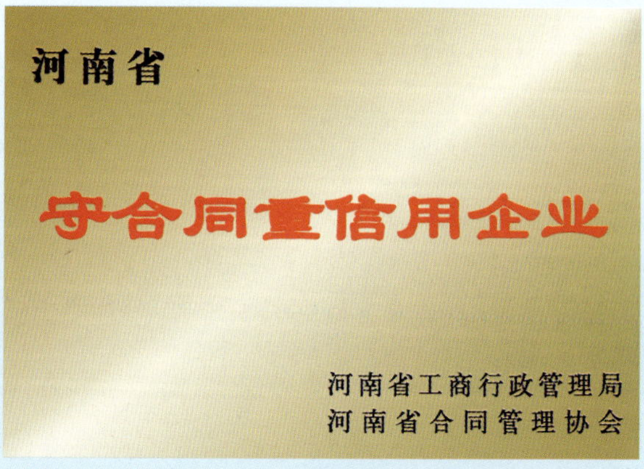

股　份　有　限　公　司

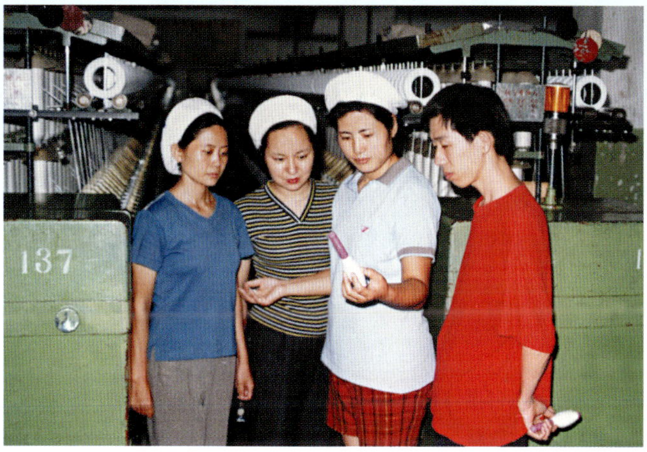

工程技术人员在检查产品质量

公司从意大利引进的自动络筒生产设备

公司全貌

丰富多彩的企业文化生活

平煤集团建井三处

处长 郝顺华

书记 郭成方

平煤集团建井三处是一家具有38年历史的国家矿山建筑安装工程壹级企业。该处设备先进，技术力量雄厚，重合同守信用、质量好、进度快，特别是在深井掘进和软岩支护方面具有优势。在煤炭基本建设中成绩显著，先后荣获“河南省煤炭工业先进企业”、“中国500家最佳经济效益建筑企业”、“中国行业百强”、“全国煤炭行业先进施工企业”、“全国煤炭行业(部级)等级处”、“省级文明单位”、“省级管理达标企业”、市“先进党组织”和“优秀思想政治工作单位”等称号。近年来，该处党政领导班子确立了“以转变观念为先导，以深化改革为动力，以制度建设为基础，以安全、质量和信誉为生命”的经营理念。积极开拓市场，先后承揽了多项外部工程，创出了用40天时间完成平煤十矿新风井井筒设计、图纸绘制、凿井设备加工及“四通一平”，创下了井筒前期开挖全国记录。2003年在十矿新回风井施工中实现连续三个月进度超百米，创河南省立井施工新记录。

创新进取的领导班子

建井三处建设的十三矿工程

宝钢集团董事长谢企华到建井三处首山一矿工地视察工作

平煤集团香山矿有限责任公司

香山矿2003年5月被平煤集团兼并收购以来，董事会和党政班子带领全矿员工，励精图治、卧薪尝胆，全面落实集团公司为我矿确立的“一年见成效、两年大改观、三年创水平”振兴战略，全方位开展安全治理整顿，加大安全生产装备投人，狠抓井上井下安全质量标准化建设，累计投人安全治理专项资金2000多万元，矿井达到了安全生产条件。同时，以平煤企业文化内涵为基础，建设具有香山矿特色的学习型企业文化，积极开展“六五四”创建和“三好”活动，恢复改造生活福利设施，建设园林化矿区，稳步提高职工收入，实现“两个文明”协调、同步发展。2004年香山矿提前实现振兴战略目标。

为保持企业可持续发展，我们重新对企业发展进行战略思考，提出“创精品香山、建和谐矿区”的发展战略，体现为“四化”和“六和谐”，即井下质量精品化、地面环境园林化、职工生活小康化、企业文化特色化，安全生产经营关系和谐、企业文化与矿井建设关系和谐、干群关系和谐、人际关系和谐、矿乡关系和谐、职工生活与矿区环境关系和谐，到2007年达到国家一级安全质量标准化矿井，地面建成花园园林化矿区。香山矿人正以前所未有的豪情和壮志重铸香山矿新的辉煌。

田庄选煤厂

厂 长 高亚平

选煤厂俯瞰图

平煤集团香山公司

党委书记　崔国治

经理　谭绍先

集团公司副总经理张富有到香山公司慰问特困职工

劳动模范颁奖仪式

平煤集团公司十二矿

矿党委书记 赵保安

矿长 胡殿明

宽敞明亮的井下大巷

平顶山煤业（集团）公司十二矿，位于平顶山东部，距市区9km，交通便利，环境优美，自然条件得天独厚，素以煤质优良而著称。煤种牌号为肥煤、1/3焦煤、低硫、低灰、高热值，被誉为精煤之“味精”。

十二矿始建于1958年，原设计能力年产30万吨，后经技改和扩建，从60万吨提高到140万吨。经历近50年风雨历程和艰苦创业，先后获得了全煤行业特级高产高效矿井、省级文明单位等多项殊荣。近年来，勤劳智慧的十二矿人，发扬特别能吃苦、特别能战斗的精神，绘制了“一建立、两创建、三实现”的宏伟蓝图。目前，全矿职工正朝着新的发展目标、同心同德，励志图强，共创美好的明天。我们深信，随着改革的不断深化和发展，这颗明珠将放射出更加璀粲的光彩。

现代化办公大楼

爱我中华大合唱

平顶山汽车运输总公司

总经理、党委书记　张服国

团结奋进的领导班子

丰富多彩的职工文体活动

平顶山长途汽车站综合楼

平临高速公路有限责任公司

总经理　李景山

求真务实的领导班子

平临高速公路有限责任公司是一家股份制企业，公司成立于2003年5月12日。负责平顶山至临汝高速公路的经营、建设和管理。公司由河南省盛润创业投资管理有限公司、河南省平顶山中亚路桥建设工程有限公司、平顶山市高速公路建设有限责任公司和中原信托投资有限公司四家股东出资组建。平临高速公路全长约106.4公里，概算总投资32.55亿元，是国家重点公路上海至洛阳高速公路的重要组成部分，也是河南省“十五”计划重点实施项目。东接漯平高速公路，西连洛阳至大安高速公路，途经叶县、湛河区、新华区、宝丰县、汝州市。按平原微丘双向六车道高速公路标准设计，路基宽28米，计算行车速度120公里/小时。全线共设互通式出入口6处。

3月23日，副省长李新民(左一)莅临平临高速公路现场调研

紧张有序的施工现场

平顶山市高速公路建设有限责任公司

总经理　徐会卿

党委书记　杨天河

2001年5月11日，市委、市政府决定成立平顶山市高速公路建设有限责任公司，规格为国家二级企业，市属正县级单位，独立法人。公司主要职责是：全面开展平顶山地区高速公路投资、建设、经营、管理业务，协调、管理、优化全市区域内的高速公路建设环境，负责高速公路建设信息传递，服务项目建设，确保高速公路建设顺利进展。公司现有员工44人，内设办公室、财务部、政工部、工程部、机关党支部五个部(室)。平顶山市高速公路建设情况：许平南高速平顶山段全长51.75公里，已于2004年11月建成通车。平临高速全长106.4公里，总投资32.55亿元。漯平高速平顶山段全长20.8公里，东出口立交桥主桥已于11月与许平南高速同步建成通车。另外，郑石(郑州至石人山)高速平顶山段、太澳(太原至澳门)高速平顶山段已通过评审，预计2007年建成通车。

公司领导到东出口立交桥工地检查指导工作

平顶山湛南国家粮食储备库

奋发有为的领导班子

平顶山市粮食局局长李顺和到库视察工作

鲜花掩映的现代化仓房

整洁的库区